Les Derniers Libertins

DU MÊME AUTEUR

Madame du Deffand et son monde, Seuil, 1986 ; Points, 1999.
L'âge de la conversation, Gallimard, 2002 ; Tel, 2005.
Reines et favorites : le pouvoir des femmes, Gallimard, 2007 ; Folio, 2009.
Marie-Antoinette et le scandale du collier, Gallimard, 2008.

Benedetta Craveri

Les Derniers Libertins

traduit de l'italien par Dominique Vittoz

Flammarion

Ce livre est publié sous la direction de Teresa Cremisi

La traduction de cet ouvrage a bénéficié du soutien du ministère italien des Affaires étrangères et de la Coopération internationale.

ISBN : 978-2-0812-4931-8

Pour Bernard Minoret

PRÉFACE

Ce livre retrace l'histoire de sept aristocrates dont la jeunesse coïncida avec le dernier moment de grâce de la monarchie française. Une élite entière crut alors possible de concilier un art de vivre fondé sur l'esprit de caste et les privilèges avec l'exigence de changement inscrite dans les idéaux de justice, tolérance et citoyenneté que véhiculait la philosophie des Lumières. « C'est toujours une belle chose d'avoir vingt ans », a écrit Sainte-Beuve à leur propos, mais c'était « chose doublement belle et heureuse » de les avoir en 1774, quand l'arrivée de Louis XVI sur le trône sembla préluder à une époque nouvelle qui permettait à ces « princes de la jeunesse », comme les appelait Fontanes, de « se trouver de même âge que [leur] temps, de grandir avec lui, de sentir harmonie et accord » [1] dans ce qui les entourait.

Ces fils de la noblesse française considéraient comme acquis d'accéder aux premières places dans l'armée ainsi qu'aux plus hautes charges à la cour et dans les ministères, et de vivre de rentes, mais ils semblaient avoir oublié les raisons historiques d'une telle prérogative. En tout cas, ils ne se demandaient pas jusqu'où ces avantages étaient compatibles avec les réformes dont ils se faisaient les hérauts. « Riants frondeurs des modes anciennes, de l'orgueil féodal de nos pères et de leurs graves étiquettes, tout ce qui était antique nous paraissait gênant et ridicule [2] », écrira a posteriori le comte de Ségur. « Liberté, royauté, aristocratie, démocratie, préjugés, raison, nouveauté, philosophie, tout se réunissait pour rendre nos jours heureux, et jamais réveil plus terrible ne fut précédé par un sommeil plus doux et par des songes plus séduisants [3]. »

Mais en alla-t-il vraiment ainsi ? Jeune et moins jeune, la noblesse libérale qui accueillit la convocation des états généraux comme l'occasion d'entamer les réformes nécessaires au pays et d'instaurer une monarchie constitutionnelle sur le modèle anglais manquait-elle réellement du sens des réalités et s'aperçut-elle trop tard qu'à manier avec témérité des théories philosophiques dont elle ne mesurait pas toute la portée [4], elle avait couru à sa propre perte ?

Ce n'est pas l'impression qu'on retire de la vie et des choix politiques du duc de Lauzun, des comte et vicomte de Ségur, du duc de Brissac, du comte de Narbonne, du comte de Vaudreuil et du chevalier de Boufflers, les sept personnages dont nous avons choisi de présenter l'histoire. Figures emblématiques d'une civilisation aristocratique qui jetait ses derniers feux, ils unissaient au privilège de la naissance les qualités dont la noblesse s'enorgueillissait le plus : fierté, courage, raffinement, culture, esprit, art de plaire. Conscients de leurs atouts et résolus à se faire valoir, ils répondaient à merveille aux exigences d'une société éminemment théâtrale où l'on se devait d'occuper le devant de la scène. Ils furent maîtres aussi dans l'art de la séduction et leurs nombreux succès galants auprès des dames du grand monde ne les empêchèrent pas de pratiquer le libertinage dans ses acceptions les plus diverses. C'est pour cette raison que nous les avons appelés les « derniers libertins », même si chacun finit par rencontrer la femme capable de le lier à elle pour le restant de ses jours. Après une longue quête, Lauzun découvrit l'amour sous forme d'amitié amoureuse, Brissac d'attirance érotique irrésistible, le chevalier de Boufflers de passion de l'intelligence et du cœur, les deux Ségur d'affinités électives, Vaudreuil de complicité sentimentale et Narbonne de communauté de goûts et d'habitudes de vie.

Ils étaient tous amis ou se connaissaient de longue date. Ils fréquentèrent les mêmes milieux, partagèrent les mêmes intérêts, poursuivirent les mêmes ambitions, courtisèrent souvent les mêmes femmes. Non seulement leurs biographies présentent de nombreuses analogies et s'éclairent mutuellement, mais elles en rappellent nombre d'autres. Les liens familiaux, les alliances matrimoniales, les amitiés, les amours, les relations mondaines, mais aussi les rivalités, les rancœurs ou le désir de revanche influencèrent leur conduite et leurs choix. Nous croiserons dans ces pages Marie-Antoinette, Catherine de Russie, le duc de Choiseul, Talleyrand, le baron de Besenval, le clan des Polignac, le duc d'Orléans, Laclos, Chamfort, Mirabeau, la princesse Izabela Czartoryska, Lady Sarah Lennox, le prince de Ligne qui fut le chroniqueur inlassable de cette élite cosmopolite, Élisabeth Vigée Le Brun dont les portraits surent en traduire la douceur de vivre, et beaucoup d'autres contemporains illustres, parce que, sans eux, les choix de nos sept gentilshommes seraient difficiles à comprendre. D'ailleurs, si nous en savons autant sur eux, c'est qu'ils se sont racontés dans force Mémoires, lettres et poèmes et qu'ils figurent dans les journaux et les correspondances de l'époque.

Bien que sortant du même moule d'une « civilisation perfectionnée[5] », prodigue d'un incessant commentaire sur elle-même, les personnages de ce livre étaient d'irréductibles individualistes.

Chacun d'entre eux voulut se forger un destin conforme à l'image qu'il se faisait de lui-même. Disciples des Lumières, doués d'une force de travail surprenante, ils ne nourrissaient aucun doute sur leurs capacités à œuvrer en politique, en économie, en littérature et en art, sans jamais renoncer au métier de soldat. Curieux de tout et partout à leur aise, Lauzun, Boufflers, l'aîné des Ségur, Narbonne, Vaudreuil furent de grands voyageurs que nous suivrons en Afrique, en Amérique, en Angleterre ainsi qu'en Italie, en Allemagne, en Pologne, en Russie. Alors qu'ils étaient convaincus de leur mérite, beaucoup d'entre eux durent se ranger à l'évidence : le mérite ne donnait pas l'assurance de « servir » le souverain à des postes de commandement. En bons sujets d'une monarchie absolue, ils auraient peut-être plié l'échine devant l'arbitraire de la faveur royale. Mais ils n'étaient pas disposés à laisser des intrigues de cour ou le pouvoir excessif d'un ministre trancher leur sort. Toutefois, ils ne prirent pas leurs distances avec la politique de Versailles pour de simples raisons personnelles. « Un régiment, une Ambassade, une commission militaire, tout est maintenant une affaire de faveur ou de société », écrivait, indigné, le duc de Lauzun à un ami[6]. L'expérience acquise dans l'armée, l'administration et la diplomatie ajoutée à la comparaison avec d'autres pays les persuadèrent que, pour répondre à la crise politique, économique et sociale qui menaçait le pays, la monarchie devait changer ses méthodes et se doter de nouvelles institutions. Tous voyaient un

11

modèle outre-Manche. À Londres, où ils se mêlaient à la vie mondaine, se passionnant pour les courses hippiques, ils purent envier les postes de commandement d'une noblesse engagée dans la politique et les affaires. La guerre d'indépendance américaine ne fut pas moins décisive pour le duc de Lauzun et le comte de Ségur, qui à cette occasion reçurent la preuve qu'un pays démocratique gouverné par des citoyens libres n'était pas pure utopie livresque.

À l'exception du comte de Vaudreuil, le seul qui, ayant tout misé sur la carte de la faveur royale, dut fuir en hâte la France à la prise de la Bastille, les personnages de cette histoire saluèrent avec enthousiasme la convocation des états généraux. Leurs routes ne divergèrent qu'ensuite, au cours de la Révolution.

Élu député à l'Assemblée constituante, Boufflers céda aux supplications de sa bien-aimée, royaliste intransigeante, et se rangea aux côtés des monarchistes de stricte obédience. Orateur médiocre, conscient de se battre pour une cause perdue, le chevalier ne brilla pas dans le débat institutionnel, mais, en parfaite cohérence avec sa passion pour la nature et son amour du beau, il sut protéger de la spéculation les forêts et les terres confisquées à l'Église et défendre le travail des artistes et des artisans privés du soutien des corporations. Quand l'Assemblée eut rempli sa tâche, rebuté par la violence du combat politique, il opta pour l'émigration.

Le premier des sept à tomber, victime de la fureur populaire, fut Brissac, le chevaleresque et fidèle amant de Mme du Barry, la dernière favorite de Louis XV. Obéissant à l'impératif de l'honneur – « Je fais ce que je dois aux ancêtres du roi et aux miens[7] » –, le duc avait accepté de prendre le commandement de la garde personnelle du souverain, en sachant pertinemment qu'il s'exposait à une mort certaine.

Constitutionnel convaincu, Narbonne fut le dernier ministre de la Guerre nommé par Louis XVI – grâce à la campagne obstinée menée en sa faveur par Mme de Staël qui avait perdu la tête pour lui –, mais son projet de redonner un prestige au roi par une guerre éclair contre l'Électorat de Trèves devenu quartier général de l'émigration tourna court. Le 10 août, après la prise des Tuileries et la chute de la monarchie, les Jacobins l'accusèrent de haute trahison et il réussit une fuite rocambolesque en Angleterre.

Constitutionnel comme lui, le comte de Ségur choisit pour sa part de rester en France avec sa famille et son frère, qui ne nourrissait plus d'illusions sur l'issue des réformes depuis longtemps. Pendant la Terreur, ils tentèrent de se faire oublier, mais le vieux maréchal de Ségur comme le vicomte connurent la prison, et seule la chute de Robespierre les sauva de la guillotine.

Pour eux tous, le procès et l'exécution du roi constituèrent un traumatisme irrémédiable et sanctionnèrent leur éloignement définitif de la Révolution.

Le seul qui jura fidélité à la République fut le duc de Lauzun, devenu le général Biron. Mais, malgré sa profonde rancœur à l'égard de la famille royale, il avait fini, lui aussi, par détester la violence jacobine et était conscient qu'on ne lui pardonnerait jamais ses origines aristocratiques. Soldat dans un pays en guerre, il avait le devoir de défendre sa patrie contre l'envahisseur étranger. À la différence de La Fayette et Dumouriez, il resta à son poste et commanda successivement l'armée du Rhin, l'armée d'Italie et les troupes chargées de réprimer la révolte vendéenne. Dans ce dernier cas, toutefois, il s'agissait d'une guerre civile, Français contre Français, et Lauzun n'y était pas préparé. Il tenta d'éviter les chocs frontaux, cherchant des compromis, jusqu'au moment où, devenu suspect aux yeux du Comité de salut public, il démissionna, signant ainsi sa condamnation à la guillotine.

Quand la Révolution fut derrière eux, Boufflers, Narbonne, les deux frères Ségur et Vaudreuil se trouvèrent face à de nouveaux choix. Les quatre premiers optèrent pour Napoléon, tandis que Vaudreuil ne revint en France qu'à la Restauration, dans le sillage de Louis XVIII et du comte d'Artois, dont il avait partagé l'exil. Tous, endeuillés par la mort sur l'échafaud de parents, amis, connaissances, étaient conscients de ne pas avoir accompli leur destin et se sentaient coupables de survivre à la disparition d'un monde qu'ils avaient intensément aimé et dont ils avaient contribué à accélérer la fin. Mais tous, indépendamment de leurs convictions, de leurs responsabilités et de leurs défaillances, avaient su traverser le danger, la pauvreté et l'exil sans manquer à la tradition de courage et de stoïcisme de leur caste. Et maintenant qu'ils revenaient vivre dans une société nouvelle où ils cherchaient leur place, ils se firent un point d'honneur de témoigner par leur courtoisie exquise, l'élégance de leurs manières et une bonne humeur imperturbable leur fidélité à une civilisation aristocratique dont ils avaient conscience d'être les derniers représentants.

NOTES

1. Sainte-Beuve, « Le comte de Ségur », in *Portraits littéraires, Œuvres*, édition critique de Maxime Leroy, Paris, Gallimard, 1960, 2 vol., vol. II, p. 367.

2. *Mémoires ou Souvenirs et Anecdotes par M. le comte de Ségur*, Paris, Alexis Eymery, 1824-1826, 3 vol., vol. I, p. 29.

3. *Ibid.*, p. 28.

4. Cf. François Furet, « La philosophie des Lumières et la culture révolutionnaire », in *L'Europe dans son histoire. La vision d'Alphonse Dupront*, sous la direction de François Crouzet et François Furet, Paris, P.U.F., 1998, pp. 153-167.

5. Sébastien-Roch Nicolas de Chamfort, *Produits de la civilisation perfectionnée. Maximes et pensées – Caractères et anecdotes*, préface d'Albert Camus, notices et notes de Geneviève Renaux, Paris, Gallimard, 1970.

6. Lettre du duc de Lauzun au marquis de Voyer, Paris, 6 septembre 1779, Université de Poitiers, Archives d'Argenson, P77.

7. Pierre de Cossé Brissac, *Histoire des ducs de Brissac. Maison de Cossé*, Paris, Fasquelle, 1952, p. 309.

LE DUC DE LAUZUN

> « Je vis passer, en habit de hussard, au grand
> galop sur un barbe, un de ces hommes en qui
> finissait un monde : le duc de Lauzun. »
>
> Chateaubriand [1]

Quand en 1811 Napoléon ordonna à la police de saisir le manuscrit des *Mémoires du duc de Lauzun* et de procéder à sa destruction [2], il relayait une préoccupation largement partagée. En effet, témoignage inattendu d'un passé à contre-courant des exigences du présent, les souvenirs du dernier libertin célèbre de la France d'Ancien Régime avaient commencé à circuler sous le manteau [3], suscitant l'inquiétude de la bonne société parisienne. Un heureux hasard avait voulu que la reine Hortense, désireuse de lire le manuscrit, l'ait fait copier en secret [4], et c'est grâce à cette transcription que, dix ans plus tard, en pleine Restauration, les *Mémoires du duc de Lauzun* parurent enfin, provoquant un véritable scandale.

Mais pourquoi les souvenirs de jeunesse d'une des innombrables victimes de la guillotine suscitaient-ils une telle réprobation ? Et pourquoi, des années plus tôt, les Mémoires du baron de Besenval – qui, lui, avait eu la chance de mourir dans son lit peu après la prise de la Bastille – avaient-ils déclenché la même réaction ? Leur publication posthume, en 1805, était due à un grand ami du duc, le vicomte Joseph-Alexandre de Ségur.

Pourtant, évoquer au prisme de son expérience personnelle les us et coutumes de l'aristocratie française n'était pas une nouveauté.

17

Depuis au moins trois siècles, de nombreux nobles avaient laissé une trace écrite de leurs vies et de leurs choix dans la sphère publique comme sur les champs de bataille. En outre, dès les premières années du XIXe siècle, cette exigence de témoignage se répandrait parmi ceux qui, ayant survécu à la Révolution, avaient connu la société d'Ancien Régime et voulaient fixer son souvenir. Beaucoup de ces mémorialistes – le prince de Ligne, le comte de Ségur, Mme de La Tour du Pin, Mme de Genlis, Mme Vigée Le Brun pour n'en citer que quelques-uns – avaient été des amis ou des connaissances de Besenval et Lauzun, et ils dépeindraient eux aussi, à partir des mêmes personnages et des mêmes contextes, le mode de vie aristocratique à son apogée.

En réalité, c'est la date de rédaction des témoignages de Lauzun et de Besenval qui les rendait périlleusement différents, et pour nous, lecteurs modernes, encore plus intéressants. Tous deux les avaient écrits avant la Terreur, ignorant la fin tragique qui attendait la société dont ils se plaisaient à décrire l'extrême liberté de comportement. Tous deux avaient appartenu au cercle des favoris de Marie-Antoinette, et le portrait qu'ils donnaient de la ravissante et frivole souveraine ainsi que de son entourage n'était guère conciliable avec l'image de martyre chrétienne qui s'était imposée après la Révolution. Sans compter qu'à l'époque de la publication de leurs Mémoires, un nombre non négligeable de grandes dames dont on révélait les exploits galants étaient encore de ce monde et avaient opté depuis longtemps pour un rôle de vénérables matrones [5]. Quant aux familles des gentes défuntes dont la disparition avait souvent été tragique, elles découvraient sans plaisir que la conduite de leurs nobles aïeules s'accordait mal avec la morale bourgeoise du nouveau siècle. En effet, morts pendant la Révolution, Besenval et Lauzun n'avaient pas eu le loisir de revisiter leurs écrits pour tempérer, à la lumière des événements, la liberté irrévérencieuse de leurs souvenirs. Et ceux-ci risquaient maintenant d'apparaître comme une dénonciation implicite des responsabilités morales qui avaient miné de l'intérieur la société de cour. Une dénonciation particulièrement embarrassante, parce que l'un comme l'autre avaient été des représentants en vue de cette société.

S'agissant de témoins dont l'irréfutabilité ne pouvait être mise en doute, la meilleure stratégie de défense pour les laudateurs du passé consista à nier d'emblée l'authenticité des deux ouvrages.

Mme de Genlis avait contesté les Mémoires de Besenval[6] et Talleyrand pour sa part avait déclaré en 1818 dans *Le Moniteur*[7], quand des exemplaires manuscrits de ceux de Lauzun circulaient à nouveau, qu'il s'agissait d'une vulgaire imposture[8]. C'était un mensonge éhonté parce que Talleyrand avait trop bien connu Lauzun pour nier la véracité des histoires sentimentales de son ami de jeunesse[9]. Mais passé au service de la Restauration, l'ancien évêque d'Autun se dressait maintenant, pour des raisons d'opportunité politique évidentes, en paladin de la respectabilité des survivants d'un monde qu'il avait lui-même contribué à détruire : « Tous ceux qui ont connu le duc de Lauzun savent que pour donner du charme à ses récits, il n'avait besoin que des agréments naturels de son esprit ; qu'il était éminemment un homme de bon ton et de bon goût et que jamais personne ne fut plus incapable que lui de nuire volontairement à qui que ce fût. C'est cependant à cet homme-là qu'on ose attribuer les satires les plus odieuses contre des femmes françaises et étrangères, et les calomnies les plus grossières contre une personne auguste (la Reine) qui, dans le rang suprême, avait montré autant de bonté qu'elle fit éclater de grandeur d'âme dans l'excès de l'infortune. Voilà ce qu'offrent de plus saillant les prétendus Mémoires du duc de Lauzun qui, depuis quelque temps, circulent manuscrits et dont j'ai une copie entre les mains[10]. »

Malgré la gratitude qu'elle éveilla chez les nobles dames du Faubourg Saint-Germain, l'intervention de Talleyrand n'empêcha pas l'« œuvre de ténèbres[11] » de paraître en 1821 sans que les lecteurs, indépendamment de leur opinion sur sa valeur, mettent en discussion son authenticité. Trente ans plus tard, devant la persistance des polémiques, Sainte-Beuve expliciterait enfin la portée politique des Mémoires de Lauzun : « [ils] existaient avant le démenti de M. de Talleyrand ; ils existent et comptent deux fois plus après, car on en sent mieux l'importance. Ils ne semblent que frivoles, au premier abord, ils ont un côté sérieux bien plus durable, et l'histoire les enregistre au nombre des pièces à charge dans le grand procès du XVIII\ siècle[12]. »

Ce n'était assurément pas l'état d'esprit de Lauzun quand il avait pris la plume à l'automne 1782. L'idée de retracer les trente-cinq premières années de sa vie lui était venue à l'issue de sa seconde mission militaire aux États-Unis, pendant qu'il attendait le navire qui le rapatrierait. Laissant derrière lui les succès de son aventure américaine, incertain sur les perspectives qui l'attendaient en France, suspendu entre deux mondes, le duc s'était amusé à passer en revue les expériences et les rencontres qui avaient compté pour lui. « L'on me verra successivement galant, joueur, politique, militaire, chasseur, philosophe et souvent plus d'une chose à la fois [13] », annonçait-il au début de ses souvenirs. Et comme la destinataire de son récit était sa maîtresse du moment, la marquise de Coigny, femme aussi belle que libre d'esprit, il était inévitable que sa vie amoureuse en constitue le fil directeur.

Rien d'original à tout cela. Un siècle plus tôt déjà, dans les temps morts d'une campagne militaire, le comte de Bussy-Rabutin n'avait-il pas rédigé l'*Histoire amoureuse des Gaules* pour amuser une maîtresse lointaine ? Dans ce cas aussi, il s'agissait d'un divertissement privé, destiné à un cercle restreint, qui n'était tombé que par inadvertance entre les mains d'un éditeur sans scrupules. Et si le cousin de Mme de Sévigné avait payé sa facétie d'une condamnation à vingt ans d'exil, on ne peut nier que sa chronique des us érotiques de la cour du Roi-Soleil était pour le moins outrageante.

En revanche, on ne trouve pas trace de satire dans les Mémoires de Lauzun où, dans l'ensemble, même les femmes les plus légères sont traitées avec respect. À l'époque du duc, la liberté érotique pour les deux sexes était un trait distinctif des mœurs aristocratiques et la morale se réduisait à une question de style. Stendhal comparait les souvenirs de Lauzun aux meilleurs romans libertins [14], mais il faut reconnaître que chez le duc le libertinage avait changé de nature. Contrairement aux personnages de Crébillon fils, Lauzun n'était pas un séducteur systématique, poussé à la répétition par une volonté de domination aveugle. Chez lui, la recherche du plaisir exigeait la caution du sentiment. Ses Mémoires nous apparaissent plutôt comme le roman de formation d'un individu qui, refusant un destin tracé par d'autres depuis sa naissance et les choix dictés par son rang, entend décider librement de sa vie.

Le 13 avril 1747, toutes les fées semblaient s'être donné rendez-vous autour du berceau d'Armand-Louis de Gontaut-Biron, pour le combler de leurs dons. En sus d'un nom illustre et d'un riche patrimoine, le futur duc de Lauzun « avait tous les genres d'éclat, beau, brave, généreux, spirituel [15] ». Mais il lui avait aussi été donné de naître dans une famille à peu dire singulière.

Son père, Charles-Antoine-Armand, marquis, puis duc de Gontaut, avait été un militaire valeureux jusqu'en 1743, date à laquelle, grièvement blessé à la bataille de Dettingen, il avait dû quitter l'armée. L'année suivante, malgré le surnom féroce d'« eunuque blanc » que son infortune lui avait valu, le marquis conduisit à l'autel Antoinette-Eustachie Crozat du Châtel, richissime héritière de seize ans. Certes, il avait « *most probably* [16] » délégué à l'amant de son épouse – le duc de Choiseul, à l'époque comte de Stainville, dont il était l'ami intime – la tâche de la rendre mère, mais la fin justifiait les moyens, puisque ce qui comptait pour lui était d'assurer la continuation de sa lignée. L'exultation de la famille à la naissance de l'héritier tant désiré avait toutefois été assombrie par la disparition de la marquise, emportée en quelques jours par une fièvre puerpérale. La dernière pensée de la jeune femme n'était pas allée à l'enfant qui lui coûtait la vie, mais à l'homme qu'elle aimait. Apparenté à la famille de Lorraine, brillant, intelligent et ambitieux, Choiseul manquait des moyens nécessaires pour faire carrière et, voulant assurer son avenir, Antoinette-Eustachie, sur son lit de mort, avait arraché à sa sœur d'à peine dix ans la promesse de l'épouser.

En effet, l'immense patrimoine que Louise-Honorine Crozat du Châtel lui apportait en dot et l'appui de Gontaut, ami intime de Louis XV et de la marquise de Pompadour, ouvriraient à Choiseul la voie de la réussite. Après avoir été ambassadeur à Rome et à Vienne, il gouvernerait la France pendant presque vingt ans, exerçant de fait les fonctions de Premier ministre.

Devenus beaux-frères, très liés, Gontaut et Choiseul choisirent d'habiter la même demeure, l'élégant Hôtel du Châtel, rue Richelieu [17], et manifestèrent par ailleurs la même froideur à l'égard du petit Armand-Louis. La seule personne qui témoigna de l'intérêt à l'orphelin fut sa tante, la douce, aimable et charitable Mme de Choiseul, qui ne connaîtrait jamais les joies de la maternité. Toutefois, le sentiment dominant chez la jeune duchesse était sa passion non payée de retour pour son mari, qui l'induisait à reléguer au second plan les autres liens affectifs et à se plier à toutes les volontés de l'homme qu'elle aimait. Lesquelles ne se révéleraient pas toujours favorables au petit Armand-Louis.

Choiseul ne se contentait pas d'être un don juan impénitent et de dilapider dans un train de vie princier la fortune de sa femme destinée à revenir en héritage à son neveu, il lui avait aussi imposé la présence de sa sœur chérie, la duchesse de Gramont. Jusqu'au seuil de la quarantaine, Béatrix de Choiseul-Stainville avait dû se contenter d'être chanoinesse à l'abbaye de Remiremont. Mais, devenu ministre, Choiseul l'avait voulue à ses côtés. Introduite dans l'intimité de Mme de Pompadour, élevée au rang de duchesse grâce à un mariage de convenance, Mme de Gramont n'avait plus dissimulé l'ascendant qu'elle exerçait sur son frère. Leur symbiose en effet était telle qu'elle poussait les plus malveillants à parler d'inceste. En tout cas, il ressortait avec évidence que la lutte perpétuelle entre les deux belles-sœurs pour occuper la première place dans la vie du duc voyait l'emporter la sœur et non l'épouse.

C'est avec ces données familiales qu'Armand-Louis dut apprendre à composer, mais en réalité son premier foyer fut la cour. Quand il était encore enfant et que les Choiseul représentaient le roi de France à Rome, puis à Vienne, le duc de Gontaut l'avait emmené à Versailles, où il vivait presque à demeure. « Ce fut à la cour, et, pour ainsi dire sur les genoux de la maîtresse du roi, que se passèrent les premières années de mon enfance [18] », rappelle-t-il, et Mme de Pompadour le réclamerait longtemps près d'elle, le chargeant de lui faire la lecture à voix haute et d'être son secrétaire personnel.

Si nous ignorons dans quelle mesure cette première rencontre avec l'incarnation même de la féminité, en la personne de la plus séduisante des favorites royales, a marqué son imaginaire érotique, Lauzun nous dit clairement que son initiation précoce à la vie de cour, dans des conditions de faveur si exceptionnelles, fut pour lui déterminante. Quand, à douze ans, admis dans le régiment des Gardes françaises, le roi lui promit qu'un jour il en deviendrait le colonel, comme avant lui son grand-père et son oncle, il sut qu'il était « destiné à une fortune immense et à la plus belle place du royaume, sans être obligé de [s]e donner la peine d'être un bon sujet [19] ». Pourtant, au fil du temps, sa certitude faiblirait, le poussant à se remettre sans cesse en question. Enfant de son époque, il entendait avant tout être lui-même avec bonheur et conjuguer faveur et mérite, sans prendre en compte que la monarchie française ne les associait pas nécessairement et que l'appartenance à un ordre privilégié imposait des règles auxquelles il n'était pas aisé de se soustraire.

Armand-Louis s'était heurté à la première discordance entre obligations familiales et inclinations personnelles quand il avait imaginé pouvoir épouser la jeune fille dont il était épris, Mademoiselle de Beauvau. Mais le duc de Gontaut nourrissait d'autres projets pour son fils désormais âgé de quinze ans et son choix, au regard de la coutume aristocratique qui fondait le mariage sur une logique d'alliances visant à renforcer le prestige de la lignée, n'aurait pu être plus judicieux. Amélie de Boufflers appartenait en effet à une famille illustre, apportait une dot considérable et était le chef-d'œuvre de sa grand-mère, la célèbre maréchale de Luxembourg qui, ayant fait oublier sa jeunesse libertine, s'était imposée à l'admiration générale comme l'arbitre suprême des bienséances aristocratiques. Jean-Jacques Rousseau, qui connut Mlle de Boufflers adolescente, a laissé d'elle un souvenir émerveillé : « Rien de plus aimable et de plus intéressant que sa figure, rien de plus tendre et de plus chaste que les sentiments qu'elle inspirait[20]. »

De l'aveu même de Lauzun, le duc de Gontaut était « un très parfait honnête homme, d'un cœur compatissant et charitable[21] », mais il ne se laissa pas émouvoir par les prières de son fils et se limita à lui accorder deux ans de liberté avant de se marier. Et quand, le 4 février 1764, fâché de subir la contrainte, Armand-Louis conduisit à l'autel une Amélie de Boufflers qui n'avait pas encore quinze ans[22], il s'était fait un point d'honneur de ne nourrir aucune attente sentimentale à l'égard de son épouse. Ce qui ne l'empêcha pas de lui témoigner au début les attentions requises par les circonstances. Mais, peut-être par timidité, inexpérience ou fierté, la jeune fille donna preuve d'un « éloignement » si « choquant »[23] qu'il décida de se cantonner avec elle dans des rapports de courtoise indifférence. La si jolie Mme de Lauzun fut donc la seule femme destinée à n'exercer aucun attrait sur lui.

Quand Lauzun se maria, à dix-sept ans, son éducation sentimentale était déjà faite. Selon l'usage, il devait son initiation érotique à une professionnelle experte qui « avait formé la plupart des jeunes gens de la cour » et qui pendant quinze jours lui avait imparti de « délicieuses leçons »[24]. De son côté, l'élève s'était montré si doué que l'enseignante avait refusé d'être payée.

Éclairé sur le comportement à adopter dans l'intimité de l'alcôve, Armand-Louis se hâta d'en vérifier l'efficacité sur les dames de la bonne société. C'est ainsi que débuta une longue quête de la plénitude amoureuse sous toutes ses formes, de l'amour goût à l'amour passion, en passant par l'amitié amoureuse et l'amour platonique. Mais en dépit de la succession d'expériences toujours différentes avec des femmes mariées ou des jeunes filles, des aristocrates ou des bourgeoises, françaises, anglaises, polonaises ou allemandes, prêtes à risquer leur réputation pour lui, il n'oublia jamais ses premières armes et pratiqua « les filles » toute sa vie dans les bordels, les bouges, les « petites maisons ». C'est l'une d'elles qui l'assistera, quand il se retrouvera aux abois, pauvre et malade, dans les mois tragiques qui préluderont à sa mort, restant à ses côtés presque jusqu'au pied de l'échafaud.

Mais c'est sa première vraie histoire d'amour qui marqua son entrée dans l'âge adulte, en le confrontant à la violence tapie derrière l'élégance des conventions mondaines et en lui révélant l'hypocrisie des comportements sociaux, la cruauté de l'institution matrimoniale et, surtout, la face sombre de sa famille.

En 1761, devenu ministre de la Guerre et décidé à constituer un clan familial à la hauteur de ses ambitions, le duc de Choiseul avait appelé à Paris son frère, le comte de Stainville, militaire impécunieux au service du duc de Lorraine, en le propulsant à un poste prestigieux dans l'armée et en lui arrangeant un beau mariage. Richissime, Mlle de Clermont-Reynel était aussi d'une beauté exceptionnelle et n'avait que quinze ans, tandis que le mari qu'on lui destinait en comptait quarante et ne brillait pas par l'amabilité. Lauzun la vit pour la première fois le jour de ses noces et il en tomba « tout de suite passionnément amoureux [25] ». C'était encore un adolescent de quatorze ans et, même si son adoration naïve attendrit un instant la jeune comtesse, il dut se résigner à être traité en gracieux chérubin ou à diriger ailleurs sa curiosité pour le beau sexe.

La première dans le cercle familial à s'apercevoir que Lauzun était devenu un jeune homme fort attirant fut Mme de Gramont qui ne se gêna pas pour le lui faire savoir. Dépourvue de beauté, nantie d'une voix d'homme, la duchesse était « une farouche Amazone [26] », hardie, hautaine, sans scrupules, mais aussi d'une grande intelligence et, quand elle le voulait, « du commerce le plus agréable[27] ». Avec l'ingratitude de la jeunesse, Armand-Louis n'avait pas caché qu'il la soutenait dans son conflit avec Mme de Choiseul et son orgueil était flatté par les avances d'une dame aussi influente. Il avait déjà vécu une fugace liaison avec Mme d'Esparbès, cousine de Mme de Pompadour, aussitôt passée à d'autres amours, et se targuer d'avoir séduit la grande dame « aux pieds de laquelle était toute la cour[28] » équivalait pour lui au plus « glorieux[29] » des débuts mondains.

Mais les attentions de Mme de Gramont n'avaient pas échappé à Mme de Stainville qui, passé la surprise de se retrouver liée pour la vie à un mari revêche et brutal, avait paré à la situation en adoptant les mœurs en vigueur dans le grand monde, qui permettaient par exemple de prendre un amant à la mode. Or rien n'était plus à la mode qu'un amant dérobé à une dame en vue. Ainsi la jeune comtesse regarda-t-elle avec des yeux nouveaux son petit soupirant éconduit deux ans plus tôt, décidant de l'arracher à sa belle-sœur. D'ailleurs les deux femmes ne s'appréciaient pas : la duchesse, jalouse de la beauté et des succès de Mme de Stainville et inquiète de l'ascendant que cette dernière pourrait prendre sur le duc de Choiseul, la tenait à distance. De son côté, la comtesse la redoutait, mais pas au point de résister à la tentation de lui causer un dépit.

Sommé de choisir entre les deux belles-sœurs, Armand-Louis écouta son cœur et « Mme de Gramont fut sacrifiée[30] ». Fière de sa victoire, Mme de Stainville était désormais prête à répondre au sentiment passionné qu'elle avait inspiré. Tous deux à peine sortis de l'adolescence – lui, dix-sept ans et elle, dix-huit –, beaux, animés d'un vigoureux appétit de vivre, rebelles au joug qui leur avait été imposé, ils étaient « trop amoureux l'un de l'autre » pour se rendre compte que leur secret était très mal protégé[31]. Naturellement, il n'échappa pas à la perspicacité de la duchesse de Gramont, laquelle se garda bien de trahir son dépit, mais dès lors battit froid à Lauzun et prit « sa pauvre petite belle-sœur dans une aversion dont elle lui a donné jusqu'au dernier instant des sanglantes marques[32] ». Le comte de Stainville en revanche ne dissimula pas sa jalousie et ordonna à sa femme de ne plus voir Lauzun en privé, obligeant les deux amants à user de tous les expédients canoniques – complicité des domestiques, loge secrète au théâtre, visites nocturnes rocambolesques – dont les relations clandestines étaient coutumières à l'époque. Mais le pire était à venir.

Comme l'avait craint Mme de Gramont, le duc de Choiseul ne tarda pas à s'enticher de Mme de Stainville et à lui manifester son intérêt. Il était informé de ses frasques extraconjugales et ne doutait pas de recevoir bon accueil. Après tout, c'était lui l'artisan de son brillant mariage et il était le chef de famille. Alarmée par les manœuvres du duc et décidée à lui résister sans faiblir, la comtesse avait voulu que Lauzun soit témoin d'un refus dont son jeune amant ne pouvait que se sentir flatté.

Tel un personnage de vaudeville, Armand-Louis, caché dans une armoire de la chambre de Mme de Stainville, avait pu assister au tête-à-tête entre beau-frère et belle-sœur. Devant l'échec de ses avances, repoussées dans le plus pur style du libertinage galant, Choiseul était vite passé aux menaces : « Ne faites pas plus long-temps la vertueuse, madame la comtesse, vous avez eu M. de Jaucourt, et vous avez présentement M. de Biron [Lauzun] ; prenez garde au dernier avis que je veux bien vous donner, car je ne souffrirai pas patiemment que vous vous moquiez toujours ainsi de moi ; votre petit amant est un insolent et un fat ; vous vous souviendrez de ce jour, et vous vous en repentirez tous deux [...] Ne vous faites pas un ennemi implacable d'un homme qui vous aime à la folie… et à qui rien n'est plus aisé que de perdre un rival aussi peu digne de lui [33]. »

Le ton était trop outrageux et Mme de Stainville trop indignée pour conserver la maîtrise de soi requise par la situation. Du reste la prudence n'était pas son fort et, soutenue par la pensée exaltante de s'adresser à son amant par personne interposée, la jeune rebelle ne prit pas la peine de nier, revendiquant le droit d'être maîtresse au moins de ses sentiments. « Vous êtes tout puissant, monsieur, je ne l'ignore pas ; mais je ne vous aime pas ni ne puis vous aimer. M. de Biron est mon amant, j'en conviens, puisque vous m'y forcez ; il m'est plus cher que tout ; et ni votre pouvoir tyrannique, ni tout le mal que vous pouvez nous faire, ne nous fera renoncer l'un à l'autre [34]. »

Choiseul était reparti en sommant sa belle-sœur de ne souffler mot de leur conversation, mais l'histoire était trop belle pour rester secrète et le duc, ayant appris que Lauzun avait tout entendu, « en fut dans une rage qu'il dissimula, mais dont les effets furent terribles [35] ».

Lauzun nous rapporte la scène en passant sous silence les émotions qu'elle éveilla en lui. Il ne pouvait ignorer que Choiseul avait été l'amant de sa mère et avait de bonnes raisons pour supposer qu'il était le fruit de leur relation. Mais son cas n'était pas insolite dans la société aristocratique : deux au moins des amis d'Armand-Louis, le comte de Narbonne, surnommé « Demi-Louis » pour sa ressemblance impressionnante avec l'effigie de Louis XV gravée sur la pièce du même nom, et le vicomte Joseph-Alexandre de Ségur, qui ressemblait de façon « indécente [36] » au baron de Besenval, n'étaient pas fils de celui dont ils portaient le nom. Mais contrairement à Joseph-Alexandre qui plaisantait volontiers sur le fait que le maréchal de Ségur n'était pas son père [37], Lauzun, comme Narbonne d'ailleurs, garde sur ce sujet la plus grande réserve.

Père naturel ou proche parent, l'image de Choiseul qui ressort du récit d'Armand-Louis est en tout cas assez sombre. Le masque tombé, le ministre à qui tout réussit, le grand séducteur capable de charmer une société entière, l'incarnation même de l'art de vivre de l'aristocratie française, révèle dans ces pages le visage odieux du libertin [38] hypocrite, décidé à bafouer toutes les règles et à s'imposer avec la force de l'imposture. Quoi de plus proche de l'archétype du père castrateur que ce chef de famille prêt à se livrer à l'inceste avec sa sœur, à séduire l'épouse de son frère et à se débarrasser par la violence d'un fils-neveu adolescent pour prendre sa place dans le lit de la femme qu'il aime ?

Les menaces furent suivies d'effet. Lauzun réussit, il est vrai, à échapper de justesse à une embuscade nocturne, mais Mme de Stainville céda à la peur et interrompit une relation devenue objectivement impossible. L'expérience toutefois ne l'assagit pas. Elle se replongea dans la vie mondaine et vola vers de nouvelles amours, confortée par l'indulgence de son mari à qui il suffisait d'avoir obtenu satisfaction en ce qui concernait Lauzun. Mais elle commit une erreur irrémédiable. Elle perdit littéralement la tête pour Clairval, un acteur à succès, et fut incapable de dissimuler sa passion. Prendre pour amant un domestique ou un comédien revenait à enfreindre le dernier tabou sexuel que la morale mondaine imposait encore aux femmes. Lauzun, qui était resté très proche d'elle, essaya en vain de la détourner d'« une inclination si déraisonnable [39] » et s'adressa à Clairval lui-même, brossant « tous les dangers qu'il courait, et tous ceux qu'il faisait courir à Mme de Stainville [40] ». La seule mesure de prudence que prit la jeune femme fut de confier à Lauzun les lettres qu'elle avait reçues du comédien.

Pour le duc de Choiseul et Mme de Gramont, c'était l'occasion rêvée de réduire leur belle-sœur à leur merci. Une nuit, alerté par un domestique, Lauzun surprit un homme qui forçait la serrure de son secrétaire. Mais à la faveur de l'obscurité, le voleur s'enfuit par la porte de communication entre la demeure de Lauzun et l'hôtel de Choiseul, repoussant une à une les portes derrière lui, jusqu'au moment où il claqua celle de l'appartement du duc de Gontaut. Alors seulement Armand-Louis, qui avait poursuivi le fuyard pistolet au poing, comprit qu'il avait couru le risque de tuer son père.

Pour finir, c'est la tentative maladroite de Clairval pour protéger Mme de Stainville des médisances qui causa la perte de la jeune femme. Effrayé par la tournure que prenaient les événements, le comédien avait tenté de brouiller les pistes en courtisant une de ses jeunes collègues, Mlle Beaumesnil [41], qui jouait à l'Opéra. Comme la plupart des actrices, elle menait une vie très libre et, telle une courtisane professionnelle, jouissait des largesses d'un riche amant. Par une coïncidence tout à fait malheureuse, l'amant en titre n'était autre que M. de Stainville, qui, dûment instruit par la duchesse de Gramont, ne supporta pas l'affront d'être en compétition avec Clairval pour la seconde fois. S'il ne prodiguait plus d'attentions à son épouse depuis longtemps, il ne toléra pas d'être trompé par sa jeune protégée. Et comme il ne pouvait se targuer d'aucune autorité sur cette dernière, il décida de se venger sur Clairval, en recourant au pouvoir qu'il avait sur sa femme.

Il saisit l'occasion du grand bal costumé chinois que la maréchale de Mirepoix donna à l'hôtel de Brancas en janvier 1767. Ainsi que le raconte Mme du Deffand à Walpole, « la coupable et infortunée madame de Stainville [42] » qui « devait figurer avec le prince d'Hénin » parmi les premiers danseurs avait toujours participé aux répétitions, mais deux soirs avant le bal, tout le monde remarqua qu'elle n'arrivait pas à retenir ses larmes. La même nuit, son mari muni d'un ordre signé du roi, obtenu par l'entremise du duc de Choiseul, la fit monter dans un carrosse et « eut la cruauté [43] » de l'accompagner en personne à Nancy pour l'enfermer au couvent sans un sou, en lui interdisant de communiquer avec ses deux filles. « Si du moins elle eût pris un homme de société, je lui aurais moi-même prêté mon cabinet [44] », aurait commenté Choiseul.

Légitime du point de vue juridique, le geste du comte contrevenait de façon spectaculaire aux bienséances aristocratiques et dévoilait la précarité d'une condition féminine en périlleux équilibre entre loi et usages. Devant l'indignation générale, Mlle Beaumesnil cessa tout rapport avec le mari brutal par crainte qu'on ne la soupçonne d'avoir pu prendre part à « une telle iniquité [45] ».

Personne ne dut être plus touché que Lauzun par le drame de celle qu'il aimait désormais comme une sœur [46] et pour qui il avait affronté sa famille. Mais la tristesse qui se lisait sur les traits du jeune duc attira l'attention de Lady Sarah Bunbury et constitua le point de départ d'une grande histoire d'amour.

Sourd à la jalousie de sa maîtresse du moment, l'impérieuse et impertinente Mme de Cambis, Armand-Louis avait courtisé Lady Sarah Lennox dès son arrivée dans la capitale française en compagnie de son mari, Sir Charles Bunbury, en décembre 1766. La jeune femme, dont c'était le deuxième séjour parisien, passait pour incarner la quintessence du charme anglais. À une époque d'anglomanie galopante, tenter de la conquérir constituait un impératif auquel un jeune libertin à la mode comme Lauzun pouvait difficilement se soustraire. Il avait alors vingt ans et elle vingt-deux.

Depuis qu'en 1763 la France et l'Angleterre avaient signé la paix qui mettait fin à la guerre de Sept Ans, un flot ininterrompu de visiteurs traversait la Manche dans les deux sens. À Paris en 1762, Horace Walpole témoigne de cette fascination réciproque : « Notre passion pour tout ce qui est français n'est rien auprès de la leur pour tout ce qui est anglais [47]. » Les élites françaises allaient en pèlerinage dans le pays dont, trente ans plus tôt, les *Lettres philosophiques* de Voltaire avaient célébré le respect des libertés individuelles et la forme de gouvernement, pour observer de près cette monarchie parlementaire que beaucoup d'entre eux considéraient comme un modèle possible pour l'avenir. Et tandis que les romans de Richardson, adaptés par l'abbé Prévost, dévoilaient les charmes de ce sentimentalisme puritain et bourgeois qui devait trouver dans *La Nouvelle Héloïse* une formidable caisse de résonance, chevaux, carrosses, chiens et tissus anglais conquéraient le marché français au nom d'un style de vie plus simple et spontané.

La *Correspondance littéraire* de Grimm, destinée aux têtes couronnées du nord de l'Europe, relevait ce phénomène non sans ironie : « Rien n'est plus plaisant, ce me semble, que le commerce de travers et de ridicules établi depuis quelque temps entre la France et l'Angleterre [...] Aujourd'hui, nous faisons autant de cas des postillons anglais qu'on en fait en Angleterre de nos pauvres huguenotes ; nous avons pour leurs chevaux, pour leur punch et pour leurs philosophes le même goût qu'ils ont pour nos vins, pour nos liqueurs et pour nos filles de théâtre [...] Enfin, il semble que nous avons pris à tâche de nous copier mutuellement pour effacer jusqu'aux moindres traces de nos anciennes haines. S'il n'en coûtait qu'un peu plus de ridicule aux deux royaumes, il serait trop heureux sans doute d'acheter à ce prix une paix éternelle [48]. »

Mais ce qui fascinait en premier lieu les Anglais, c'était la prédominance des usages mondains sur la vie privée et le savant naturel avec lequel la noblesse française se mettait en scène. Une représentation théâtrale vivante et raffinée, dans un décor riche en soies, ors et miroirs, à laquelle les deux sexes participaient d'un commun accord et qui requérait de l'autodiscipline, un art de comédien consommé, une promptitude de réflexes, l'habitude du monde, de la gaieté, de l'esprit, en d'autres termes cet ensemble de caractéristiques typiquement françaises que Lord Chesterfield appelait les Grâces [49]. Et même si tout le monde mesurait les sacrifices qu'imposait un tel modèle de comportement, le résultat de cet effort collectif semblait les justifier pleinement : jamais l'art de la sociabilité n'avait atteint une telle perfection et le plaisir qu'il dispensait était si intense qu'il faisait dire à Mme de Staël qu'à Paris on pouvait se passer d'être heureux [50].

Rivalisant d'hospitalité et de courtoisie, les deux pays étaient prêts à se découvrir l'un l'autre par-delà leurs différences, aidés en cela par le fait que, si on pratiquait peu l'anglais outre-Manche, le français en revanche s'était depuis longtemps imposé comme la langue internationale des élites.

Outre qu'elle parlait un français parfait et citait de mémoire Mme de Sévigné et La Rochefoucauld, Lady Sarah remplissait toutes les conditions pour que s'ouvrent devant elle les portes des hôtels particuliers parisiens les plus prestigieux. D'abord, elle appartenait à une famille qui détenait une position de premier plan dans la société anglaise. Son grand-père, Charles Lennox, premier duc de Richmond, était un fils illégitime de Charles II et de Louise de Kéroualle, espionne de Louis XIV. Certes ses parents étaient morts quand elle n'avait que cinq ans, mais ses deux sœurs aînées qui s'étaient occupées d'elle étaient mariées à des hommes très influents. Caroline avait épousé Henry Fox, premier Lord Holland, et Emily le duc de Leinster, *senior peer* d'Irlande. De plus, à son arrivée à Paris, Lady Sarah pouvait compter sur de nombreuses connaissances qu'elle avait faites deux ans auparavant, au cours de son premier séjour à la suite des Holland, à commencer par celle du prince de Conti et de sa maîtresse, la comtesse de Boufflers. Mais c'était l'amour malheureux que, toute jeune encore, elle avait inspiré au prince de Galles – en instance de devenir George III – qui avait suscité la curiosité générale. Et nous trouvons l'écho de l'accueil que Paris lui réserva dans les lettres de Mme du Deffand à ses correspondants anglais friands des exploits mondains de leur jeune compatriote.

Le bilan à n'en pas douter est triomphal : « Votre Milady Sarah a eu un succès prodigieux ; toute notre belle jeunesse en a eu la tête tournée [51] », écrivait-elle à son ami Crawford, mais cela ne l'empêchait pas, dans les lettres strictement confidentielles qu'elle adressait à son très cher Walpole, d'émettre quelques réserves sur les raisons d'un tel engouement. Des réserves qui montrent bien que, malgré l'anglophilie professée par la vieille marquise en hommage au châtelain de Strawberry Hill, les critères d'appréciation de la « parfaitement bonne compagnie » parisienne ne coïncidaient pas tout à fait avec ceux de la bonne société londonienne.

Ayant reçu plusieurs fois les Bunbury chez elle, Mme du Deffand avait eu le loisir de les soumettre à une observation attentive. Sa cécité ne lui permettait pas de juger de la beauté tant vantée de Sarah – « Aucune Madeleine du Corrège n'était aussi charmante et expressive [52] », avait déclaré Walpole –, mais dans la capitale française personne ne la trouvait « fort jolie ». De son côté, Sarah n'avait-elle pas déclaré que « Paris comptait très peu de belles femmes » et que celles que l'on considérait comme telles en Angleterre auraient été qualifiées tout au plus de « gracieuses » [53] ? Pour sa part, Mme du Deffand trouvait la jeune lady « aimable », « douce », « vive » et « polie », mais elle précisait que selon des critères français elle se comportait indubitablement en « coquette » [54].

Ce qui tracassait la marquise, c'était l'attitude de ce « pauvre Sir Charles » à l'égard de son épouse. Était-ce par amour ou naïveté qu'il se montrait disposé à supporter la présence aussi assidue qu'importune aux côtés de Lady Sarah de soupirants tels que Lord Carlisle – qui l'avait suivie depuis Londres – et Lauzun ? Ce n'est que peu avant le départ du couple que la vieille dame avait trouvé la réponse : « Je serais bien trompée si ce Sir Charles faisait le second tome de M. de Stainville, quand même la Milady aurait tout l'Opéra-Comique [55]. » Un mois avait suffi pour que l'infortunée Mme de Stainville cesse d'inspirer la pitié mais, avec l'acuité psychologique qui la caractérisait, Mme du Deffand avait deviné les raisons du drame qui mettrait bientôt un terme au mariage des Bunbury.

C'était Sarah qui avait choisi Sir Charles comme époux, quand la perspective d'un mariage avec le prince de Galles s'était évanouie pour des raisons politiques. Pourtant la jeune Lennox aurait pu prétendre à une union beaucoup plus prestigieuse. Bunbury n'appartenait pas à la haute noblesse comme elle et ne jouissait pas d'une grande fortune, mais il était beau, cultivé, élégant, courtois et surtout elle était amoureuse de lui. En parfait accord avec les mœurs de la noblesse anglaise, Sarah aimait l'intimité domestique, la campagne, les chevaux – ceux de Sir Charles étaient célèbres –, les chiens, et ses ambitions se bornaient à être une bonne épouse, à condition toutefois de se savoir aimée en retour par son mari. Mais de tempérament flegmatique et sexuellement indifférent, Bunbury n'était pas en mesure de répondre à ses attentes sentimentales et, après deux ans de vaines tentatives, Sarah avait dû prendre acte de l'échec de son mariage. Le destin voulut qu'à ce moment-là sa route croise celle de Lauzun.

Ce n'est pas la cour insistante dont le duc l'avait entourée, mais la douleur qu'il avait laissée transparaître devant le drame de Mme de Stainville qui l'avait prédisposée en sa faveur. Le récit qu'il lui avait fait de cette « funeste histoire [56] » l'avait émue au point de la pousser à lui donner rendez-vous le jour même, à l'occasion d'un dîner offert par Mme du Deffand. C'était probablement le

25 janvier[57] et, au cours de la soirée, Lady Sarah glissa dans la main de Lauzun un billet où il était écrit : « *I love you*[58]. »

Cette déclaration d'amour ne laissait toutefois place à aucun espoir de bonheur. Ainsi qu'elle en informerait Lauzun le lendemain, Lady Sarah n'envisageait pas un instant de tromper son mari, parce que, dans son pays, l'adultère était inadmissible. « Un amant, lui expliquerait-elle, est ordinairement à peine un événement dans la vie d'une femme française ; c'est le plus grand de tous pour une Anglaise ; de ce moment tout est changé pour elle, et la perte de son existence et de son repos est communément la fin d'un sentiment qui n'a en France que des suites agréables et peu dangereuses [...] Choisissant nos maris, il nous est moins permis de ne pas les aimer et le crime de les tromper ne nous est jamais pardonné[59]. » Si vingt-cinq ans plus tard, en exil dans la campagne anglaise, Mme de Staël vérifierait à ses dépens l'exactitude de cette analyse, Lauzun, avec une galanterie toute française, avait trouvé la phrase juste pour ne pas renoncer. « Je veux, lui avait-il répondu, que vous soyez heureuse ; mais il n'est pas de puissance au monde qui m'empêche de vous adorer[60]. » Sa ténacité serait récompensée, mais n'en rendrait que plus profonde son humiliation.

Écrite le 6 février de Calais, quand Sarah est sur le point de rentrer en Angleterre, la lettre qui figure dans les Mémoires de Lauzun montre bien l'engagement croissant de Sarah – « Vous avez tout changé mon cœur, mon ami, il est triste et brisé ; et quoique vous me faites tant de mal, je ne peux avoir d'autres pensées que mon amour[61] ». Quinze jours plus tard, Lauzun était déjà à Londres et, de là, suivait les époux Bunbury dans leur maison de campagne du Suffolk, où il passerait ce qui est resté pour lui comme le temps « le plus heureux de [s]a vie[62] ». C'est au cours de ce long tête-à-tête amoureux – l'imperturbable Sir Charles s'était promptement éclipsé – que Sarah se donna à lui, assumant l'entière responsabilité de son geste. Le lendemain, Lauzun en mesurerait la portée pour sa maîtresse anglaise, qui lui proposa, en lui laissant une semaine de réflexion, de recommencer une nouvelle vie en Jamaïque avec elle. Lauzun n'eut pas le courage d'accepter et Sarah jugea l'affaire close. En ne la considérant pas comme « nécessaire à son bonheur », il « avait détruit le sentiment qui l'attachait à lui »[63] et elle avait cessé de l'aimer. Le désespoir de Lauzun – il pleure, s'évanouit, crache du sang – fut inutile. Plus virile que lui, Sarah se préparait à affronter l'avenir à la lumière de ce qui lui était arrivé. « Ma morale n'est point gâchée par les Français, écrivait-elle sept mois plus tard de Barton à sa meilleure amie ; ils sont si éloignés de mon caractère et de ce que l'on m'a éduquée à juger juste qu'il faudrait avoir une bien piètre opinion de moi pour penser que trois mois pourraient défaire tout ce que la nature et l'habitude m'ont enseigné[64]. » Ce n'étaient pas de vaines paroles. Sarah avait une vocation d'héroïne romantique et ne tarderait pas à prouver qu'elle possédait toutes les qualités morales – courage, sincérité, cohérence – nécessaires pour la réaliser. Un an plus tard, ne pouvant concevoir une existence sans amour, Lady Bunbury noua une nouvelle relation avec un cousin désargenté et, après avoir donné le jour à une petite fille et décliné l'offre de Sir Charles de sauver les apparences, s'enfuit avec son amant. Leur fugue dura peu, mais le scandale fut énorme et Sarah, qui avait demandé le divorce, passa les douze années suivantes seule avec sa fille, complètement isolée, dans la propriété de campagne de son frère, le duc de Richmond, à Goodwood House. Puis, à trente-six ans, encore éclatante de beauté, elle avait enfin trouvé cette plénitude sentimentale et affective qu'elle avait tant recherchée en épousant le colonel George Napier, un militaire séduisant et courageux, et en mettant au monde pas moins de huit enfants. Désormais, dans la pourtant puritaine Angleterre, nombreux étaient ceux qui lui témoignaient leur admiration.

Pour Lauzun, le retour en France fut amer : il avait rencontré une femme extraordinaire et l'avait perdue par sa faute, sa vie d'autrefois n'avait plus aucun charme, « tout [s]on caractère était changé[65] ».

Il lui fallut la perspective de partir se battre en Corse pour retrouver la joie de vivre. En mai 1768, Gênes avait cédé l'île à la France et Choiseul, artisan de l'accord, avait décidé de mater les indépendantistes de Pasquale Paoli par une intervention militaire dans les règles. Le duc obtint d'y prendre part comme aide de camp du marquis de Chauvelin, commandant de l'expédition. C'était sa première occasion d'aller au combat, après sept ans de service dans les Gardes françaises. Depuis trois siècles, ses ancêtres s'étaient fait honneur sur le champ de bataille et le moment de s'illustrer était venu pour lui aussi. Certes, une armée improvisée n'était pas à priori un ennemi glorieux, mais le conflit corse allait se révéler aussi rude que périlleux et surtout hautement instructif. Cette première expérience sur le terrain lui apprit qu'« aucun adversaire ne doit être sous-estimé. La volonté de combattre, combinée à la connaissance du terrain, peut tenir en échec des troupes entraînées et dotées du meilleur matériel. Il n'oubliera pas cette leçon lorsqu'il affrontera le soulèvement de la Vendée [66] ». Cette campagne lui offrit aussi sa première rencontre avec Mirabeau, point de départ d'une amitié qui lui sera fatale [67].

Sans renoncer à ses exploits galants – il avait aussitôt séduit l'épouse de l'intendant de Corse, Mme Chardon, qui s'était mis en tête de le suivre à cheval tandis qu'il montait à l'assaut –, Lauzun sut conquérir l'affection de ses soldats et l'estime de ses supérieurs autant par sa fougue que par son esprit d'initiative, son sens des responsabilités et l'intelligence tactique qu'il déploya au cours de cette guerre. Ce fut avec un regret sincère qu'il quitta l'île et ses « rochers » pour aller porter au roi la nouvelle de la victoire définitive sur les insurgés. Il avait vécu en Corse une « année heureuse » qui l'avait réconcilié avec lui-même.

Lauzun arriva à Versailles le 24 juin 1769, puis rejoignit Louis XV dans sa résidence de chasse de Saint-Hubert, où il fut aussitôt introduit auprès du souverain qui tenait conseil avec Choiseul. Le roi l'accueillit avec « toutes sortes de bontés », lui décerna la Croix de Saint-Louis et l'invita à rester. Choiseul aussi « voulut se raccommoder avec [lui] et revint de si bonne grâce » que le jeune duc « y fu[t] sensible » [68]. Tout semblait donc inviter à l'optimisme. Louis XV confirmait la faveur qu'il lui avait toujours manifestée et Lauzun reprenait avec enthousiasme du service dans les Gardes françaises, plus convaincu que jamais de sa vocation de soldat. La vie parisienne retrouvait pour lui tous ses attraits, sans compter qu'Amélie de Boufflers, son épouse, ne semblait pas chagrinée de son indifférence et que, limitée au simple respect des formes, sa vie conjugale lui laissait la plus entière liberté, dont il ferait un usage immodéré, enrichissant la palette de ses expériences amoureuses tant dans le registre sentimental – la vicomtesse de Laval, la comtesse de Dillon, la princesse de Guéménée devaient se révéler des amies particulièrement tendres – que dans celui du libertinage classique. Mais sa famille d'élection, son point de repère affectif le plus stable furent ses deux amis de toujours, le duc de Chartres né le même jour que lui, et le prince de Guéménée, à qui s'ajouta à cette époque le marquis Marc-René de Voyer.

Bien vite, cependant, Lauzun constata que des temps difficiles se préparaient pour lui. Deux mois avant son retour de Corse, le 22 avril 1769, la comtesse du Barry avait été présentée à la cour, prenant la place de favorite du roi, que la mort de Mme de Pompadour avait laissée vacante. Abandonnant ses derniers scrupules, le souverain à la virilité déclinante avait voulu à ses côtés cette beauté de vingt-cinq ans devenue indispensable à son bien-être, mais dont personne n'ignorait le passé de courtisane. Le scandale était grand et, poussé par Mme de Choiseul et la princesse de Beauvau qui en avaient fait un point d'honneur, le duc de Choiseul prit ouvertement parti contre la favorite. Impliqué malgré lui dans le conflit, le duc de Gontaut lui-même, qui avait toujours eu le talent d'être en bons termes avec les maîtresses du Bien-Aimé, s'était vu fermer la porte des « petits appartements ». Naturellement, Lauzun n'avait pas manqué de faire la connaissance de la néo-comtesse quand l'Ange, comme on la surnommait, exerçait encore son ancien métier et, tout en entretenant avec elle des rapports plus qu'aimables, il n'avait pu éviter d'interdire à sa femme de la fréquenter. Dès lors, Louis XV ne lui adressa plus la parole. C'était la fin de la faveur royale, dont dépendait sa carrière militaire. C'était aussi le début d'une lutte d'influence entre le parti de la favorite, mené par le duc d'Aiguillon, et celui du duc de Choiseul, qui se conclurait par la défaite de ce dernier.

Trop sûr de lui, Choiseul avait-il cru que Louis XV, incapable de se passer de sa longue expérience ministérielle, lui sacrifierait la du Barry ? Et le roi, de son côté, n'avait-il pas toléré qu'on discute son autorité ? Lauzun était trop sagace pour ignorer que le différend entre le souverain et son ministre avait des raisons plus profondes et touchait à l'avenir politique de la France. Actuellement, les historiens tendent à faire remonter à l'issue désastreuse de la guerre de Sept Ans – qui avait coûté à la France son premier empire colonial – le début de la dérive des finances de l'État, ainsi que la crise de confiance des Français dans leur système de gouvernement, qui constituerait un des facteurs déclenchants de la Révolution [69]. Le premier à prendre pleinement conscience de la gravité de la défaite fut Louis XV lui-même, qui décida de ne plus jamais courir le risque d'une nouvelle guerre et misa sur une politique étrangère de maintien de la paix en Europe et sur une politique intérieure de renforcement de l'autorité royale, d'assainissement du déficit de l'État et de relance de l'économie. Or les plans de Choiseul étaient aux antipodes de ceux de son souverain. Sa politique étrangère passait par la revanche militaire de la France et la reconquête aussi bien d'un pouvoir colonial que de la prééminence en Europe, ce qui signifiait la reprise inévitable d'une guerre avec l'Angleterre. C'est pour cette raison que le duc poursuivit un ambitieux programme de réorganisation de l'armée et de renforcement de la marine, qui coûtait fort cher au trésor royal. En réalité, peu tournée vers les problèmes économiques, sa politique intérieure servait souterrainement un projet de modernisation du système monarchique sur le modèle d'outre-Manche. Loin de veiller à préserver l'autorité du souverain en un moment de crise, Choiseul entretenait des rapports plus que cordiaux avec le parti parlementaire et la nouvelle fronde aristocratique, lesquels ne perdaient pas une occasion de contester le monarque. Louis XV était routinier, il aimait son ministre, il appréciait sa grande intelligence, son immense capacité de travail, ses manières affables et il aurait voulu le garder à son service. Mais quand il apprit que Choiseul saisissait le prétexte d'un conflit tout à fait marginal qui opposait l'Espagne, liée à la France par le pacte de Famille, à l'Angleterre dans les lointaines îles Falkland, pour rouvrir les hostilités avec cette dernière, il décida de le limoger. Le 24 décembre 1770, le duc reçut l'ordre de présenter sa démission et de se retirer dans sa propriété de campagne de Chanteloup, à treize heures de Paris. En avril de l'année suivante, quatre mois après l'installation au cabinet du conseil du triumvirat formé par d'Aiguillon, Terray et Maupeou, Louis XV abolit la vénalité des charges et décida de dissoudre le parlement, qu'il remplaça par un autre, dont les pouvoirs étaient entièrement redéfinis. C'était le début d'une véritable révolution politique qui, si elle avait été poursuivie par Louis XVI, aurait peut-être évité 1789.

Mais, savamment manipulée par Choiseul, l'opinion publique préféra attribuer la disgrâce du ministre à l'arbitraire d'un vieux despote et à la revanche d'une prostituée. Jamais, en effet, départ en exil ne fut plus triomphal et plein d'espoir. Le duc n'avait que cinquante ans et l'état de santé de Louis XV laissait supposer que, bientôt, un nouveau roi – ce Dauphin dont il avait arrangé le mariage avec Marie-Antoinette – aurait besoin de ses conseils. Pour un fidèle monarchiste comme le comte d'Allonville, qui rédigerait ses Mémoires sous la Restauration, c'était précisément « à l'esprit frondeur de l'ex-ministre et de ses amis » qu'on devait « l'origine de ce déchaînement contre la cour dont la Révolution devait être le résultat »[70].

Quelles que fussent ses convictions intimes, l'honneur imposait à Lauzun de se montrer solidaire de ses proches, y compris au risque de compromettre son propre avenir. Et comme il était « courageux, romanesque, généreux, spirituel[71] », il n'hésita pas à partager le sort de sa famille[72] en se rendant aussitôt à Chanteloup. Le 7 janvier, il était déjà de retour à Paris[73] pour monter la garde à Versailles. Contrairement à ses prévisions, Louis XV n'avait pris aucune mesure à son encontre, se contentant de l'ignorer.

Les mois suivants, quand il n'était pas de garde, Lauzun séjourna souvent à Chanteloup, où sa femme, très liée à Mme de Choiseul, était chez elle. On trouve de nombreuses informations sur lui dans l'intense correspondance de cette période entre Mme du Deffand, la duchesse de Choiseul et l'abbé Barthélemy, qui, par crainte que le « cabinet noir » n'ouvre les lettres envoyées par la voie ordinaire, bénéficiait de ses services de facteur.

La disgrâce avait transformé Chanteloup en un lieu d'utopie. Tenus de vivre sous le même toit, les membres du clan Choiseul avaient remisé jalousies et rancœurs et s'employaient d'un commun accord à rendre l'existence quotidienne au château la plus sereine et agréable possible. La duchesse de Choiseul avait donné l'exemple : non contente de souscrire un pacte de non-belligérance avec sa belle-sœur, elle avait accueilli avec la plus grande amabilité la maîtresse de son mari, la – par ailleurs délicieuse – comtesse de Brionne.

C'était en effet par le spectacle du bonheur privé que la civilisation aristocratique française réaffirmait à Chanteloup son autonomie face aux ingérences du pouvoir, prouvant une fois de plus sa capacité à juguler ses émotions et à embellir la réalité par un art de vivre consommé. À eux seuls, l'attrait des lieux, le ballet incessant des visiteurs, le luxe raffiné de l'hospitalité, l'enchaînement de chasses, promenades, spectacles, parties de billard, trictrac et dominos n'auraient pas suffi à faire de Chanteloup une « île heureuse », il y fallait l'implication quotidienne de ses habitants. Et la contribution de Lauzun se révéla capitale.

Si, dans une lettre adressée au marquis de Voyer deux mois après la sentence d'exil qui avait frappé Choiseul, le duc, réconcilié avec sa famille, regrettait l'affluence d'invités troublant la tranquillité de leur résidence [74], il ne s'en prodiguait pas moins pour eux. Il montrait qu'il possédait au suprême degré cet « esprit de société » capable d'alléger l'atmosphère et de répandre la joie. En ce domaine, selon l'abbé Barthélemy, personne ne l'égalait : « À mon avis il est, de tous ceux qui viennent ici, celui qui a le plus d'esprit et le meilleur ton de la plaisanterie [75]. » Vingt ans plus tard, la marquise de Coigny, qui passait pour la femme la plus spirituelle de Paris, confirmerait le jugement de l'abbé : « Vos plaisanteries seules entretiennent la gaieté de mon caractère et l'intelligence de mes esprits [76]. »

Conscient de ses « agréments [77] », Lauzun associait en effet à une gaieté naturelle l'art délicat de la badinerie qui, depuis l'époque de l'hôtel de Rambouillet, était une des premières qualités requises chez l'homme du monde et il le déployait dans la conversation et autres divertissements propres à la vie en société. En matière de proverbes et couplets, Barthélemy le jugeait imbattable. « Il est impossible de voir plus de variété, de vérité, de chaleur et de bonnes plaisanteries [78] », écrivait-il à Mme du Deffand en lui faisant la chronique des distractions à Chanteloup. Produit perfectionné d'une civilisation éminemment théâtrale et attentif à toutes les nuances de la comédie mondaine – une de ses pièces en deux actes, *Le Ton de Paris ou les Amants de bonne compagnie*, le prouve [79] –, le jeune duc était aussi un excellent comédien. Mais ce n'était pas sur la scène mondaine qu'il aspirait à tenir un rôle de premier plan.

Lauzun était intelligent, versatile, tourmenté et avait l'ambition d'agir, d'être « bon à quelque chose [80] » comme il le confiait à son ami Voyer, mais il savait qu'il avait les mains liées, du moins tant que durerait le règne de Louis XV. En décembre 1772, dans l'attente de circonstances plus propices – après tout il n'avait que vingt-cinq ans –, il décida de retourner à Londres. Si des raisons sentimentales avaient dicté sa première visite, la deuxième devait lui servir à évaluer par lui-même ce qui avait permis à l'Angleterre de gagner la guerre de Sept Ans et de prendre à la France ses territoires d'outre-mer. De même, à la lumière de ses conversations avec Choiseul à Chanteloup, il cherchait les failles de l'immense Empire colonial britannique et de son intense commerce maritime dont la France pourrait tirer parti. C'est ainsi que, pendant les sept mois de son séjour londonien, Lauzun apprit l'anglais, fréquenta la bonne société, fut présenté au roi et informé par l'ambassadeur français des stratégies diplomatiques de Sa Majesté britannique. Il découvrit à cette occasion l'importance des journaux – en France encore rares et peu influents – quand il s'agissait de prendre le pouls de la vie politique et économique du pays.

Mais ce deuxième séjour londonien marqua aussi pour le duc le début d'une nouvelle aventure sentimentale, qui le pousserait à élargir son horizon politique en attirant son attention sur le drame en cours du partage de la Pologne par les puissances du nord de l'Europe. Le soir même de son arrivée à Londres, chez Lady Harrington où l'avait emmené l'ambassadeur français, le comte de Guînes, Lauzun fit la connaissance d'Izabela Czartoryska, qui passerait à l'Histoire comme une des grandes héroïnes de l'épopée nationale polonaise. Les *Mémoires* nous transmettent une image de la princesse où le jugement acéré du libertin habitué à soupeser les femmes à l'aune de leurs atouts et de leurs défauts physiques – comme il jaugeait les chevaux – semble laisser la place à cet ineffable je-ne-sais-quoi qui précède la cristallisation amoureuse : « Une taille médiocre mais parfaite, les plus beaux yeux, les plus beaux cheveux, les plus belles dents, un très joli pied, très bonne, fort marquée de petite vérole et sans fraîcheur, douce dans ses manières et dans ses moindres mouvements d'une grâce inimitable, Mme Czartoryska prouvait que sans être jolie on pouvait être charmante [81]. »

L'importance de la relation que le duc nouera quelques mois plus tard avec Izabela transparaît non pas tant dans la place qu'il lui accorde au sein de ses Mémoires – dont elle occupe en effet un cinquième – que dans l'incapacité manifeste où il se trouve encore, des années plus tard, à clarifier ses émotions de l'époque et les interpréter. Il préfère se limiter à constater que « les deux cœurs les plus tendres, les plus ardents de l'univers, peut-être, s'étaient rencontrés [82] ».

Lauzun n'était certes pas un novice en matière d'aventures sentimentales. Il avait déjà pratiqué toutes les variétés de l'amour « à la française », dont les règles exigeaient que les élans du cœur les plus sincères s'accordent avec le bon goût et le style prescrit par les bienséances. Avec Sarah il avait expérimenté l'intransigeance d'un sentiment passionné, fidèle aux impératifs de l'éthique puritaine. Avec la princesse polonaise, il allait découvrir un type d'amour inséparable du drame et, séduit par l'attrait du sublime tragique, se laisser entraîner dans un jeu complexe de passions et d'intérêts, dont le véritable enjeu était le destin de la Pologne.

Née à Varsovie en 1746, Izabela était la fille unique de Jan Jerzy Flemming, Grand Trésorier de Lituanie, et d'Antonina Czartoryska, morte en lui donnant le jour. Élevée par sa grand-mère maternelle, elle fut promise en mariage dès ses quinze ans à Adam Czartoryski, son oncle qui avait le double de son âge. Selon la coutume dans la noblesse polonaise, ce mariage visait à consolider les liens de parenté entre les différentes branches d'une des plus puissantes familles du pays ou, plus exactement, de la *Familia* tout court. Descendants des grands-ducs de Lituanie, les Czartoryski avaient vu croître leur influence politique au cours du XVIIIᵉ siècle. Toutefois, en dépit de la dot et de l'arbre généalogique dont pouvait se targuer Izabela, il ne fut pas facile de convaincre son fiancé de la conduire à l'autel. Bel homme, élégant, intelligent, polyglotte, éduqué par des précepteurs français [83], exceptionnellement cultivé, Adam Czartoryski à l'époque était amoureux de la comtesse Alexandrovna Prascovie de Bruce, séduisante dame d'honneur de Catherine de Russie, et éprouvait une authentique aversion pour sa jeune parente timide, insignifiante et, en outre, petite, gracile, marquée par la variole. Il dut céder aux injonctions de son père, le terrible prince Auguste, mais il ne fit pas mystère de son dépit et Izabela fut obligée de s'y résigner. De même qu'elle dut supporter l'hostilité ouverte de sa belle-sœur – une autre Izabela –, la belle et admirée princesse Lubomirska qui, très proche de son frère, nourrissait « pour cette enfant si infiniment son inférieure en grâces, en talents », « une antipathie invincible » [84].

La jeune princesse Czartoryska ne s'avoua pas vaincue : elle réussit à se faire accepter par son mari et à gagner son amitié, le suivant dans ses voyages vêtue en page, sollicitant sa fibre pédagogique, l'élisant pour Pygmalion. Il forma son goût et son intelligence : il orienta ses lectures, l'initia à l'amour de l'art, lui donna l'occasion de perfectionner sa pratique du monde en fréquentant avec elle les grands salons parisiens. Elle-même rappellerait non sans ironie qu'avant même d'avoir lu *La Nouvelle Héloïse*, son désir de connaître les dernières nouveautés l'avait poussée en novembre 1762 à rendre visite à Jean-Jacques Rousseau dans son ermitage de Montmorency[85].

Une dizaine d'années après son mariage, le vilain petit canard s'était transformé en une jeune femme douée de toutes les perfections mondaines, capable de s'imposer à l'admiration d'une célèbre aristocrate d'outre-Manche. « Ses talents, écrira en effet Elizabeth Berkeley, devenue, après son divorce de Lord Craven, margrave d'Anspach, étaient du premier ordre, et ses manières nobles, gracieuses et exemptes de toute affectation. Elle était excellente musicienne, peignait bien et dansait admirablement ; elle avait de l'instruction sans pédanterie ; et quand l'occasion de la montrer se présentait, elle le faisait sans ostentation [...] elle était grave et enjouée tour à tour[86]. »

La métamorphose d'Izabela ne toucha pas seulement sa personnalité, mais modifia jusqu'à son aspect physique. En 1765, elle mit au monde sa première fille, Teresa, et si l'on en croit ses contemporains, la maternité l'embellit : « Rien n'était comparable à l'éclat de ses yeux noirs et à la pureté de son incarnat[87]. » Il est toutefois assez probable que ces changements aient été déterminés par son impérieuse volonté de plaire. La princesse nous le confirme elle-même dans un autoportrait rédigé en 1783 à Puławy, alors qu'elle avait trente-sept ans, qui concorde avec la description donnée par Lauzun : « Je n'ai jamais été belle, mais j'ai souvent été jolie : j'ai des beaux yeux, et comme tous les mouvements de mon âme s'y peignent, cela rend ma physionomie intéressante [...] Ma figure est comme mon esprit, le plus grand mérite de l'un comme de l'autre tient à l'adresse avec laquelle je sais en doubler la valeur. Dans ma jeunesse, je fus très coquette, je le suis moins de jour en jour, même si mon teint de jeune fille me rappelle parfois que plaire est d'un grand charme[88]. »

Pour elle, plaire signifia avant tout se venger des nombreuses humiliations subies, et comme son mari continuait à lui préférer les autres femmes, sa coquetterie s'exerça en dehors de la sphère conjugale. Personne, rappelle Jean Fabre, « n'inspira de passions plus tumultueuses. Friedrich Brühl, Repnine, François Xavier Branicki, Lauzun, vingt autres soupirants, parfois éconduits, généralement comblés, furent amoureux d'elle à la folie [89] ». Heureusement pour elle, en matière d'adultère, la noblesse polonaise manifestait la même désinvolture que l'aristocratie française, et son mari le premier dissociait l'amour du mariage. Par libéralisme ou par indifférence, Adam laissa Izabela libre de disposer d'elle-même et se résigna avec élégance au fait que Teresa soit la seule des quatre enfants nés au cours de leur mariage dont on pouvait lui attribuer à coup sûr la paternité. Ce qui ne l'empêcha pas de se comporter en *pater familias* affectueux et de se montrer « toute sa vie l'ami intime de sa femme et le plus complaisant des maris [90] ».

Après avoir fait admirer ses talents de comédienne dans les spectacles d'amateur du Théâtre de Société, un des hauts lieux de la vie mondaine à Varsovie, et avoir tourné la tête à son organisateur, le comte Alois Friedrich von Brühl, Izabela put prendre sa revanche sur sa belle-sœur Lubomirska en nouant une relation avec Stanislas-Auguste Poniatowski, qui, depuis septembre 1764, occupait le trône polonais. Cousin désargenté des Czartoryski – sa mère appartenait à la *Familia* –, Stanislas-Auguste avait aimé sa cousine Izabela, future Lubomirska, mais le père de celle-ci, le prince Auguste Czartoryski, indifférent aux sentiments de sa fille, l'avait donnée en mariage au plus prestigieux Stanislaw Lubomirski. L'amitié amoureuse des deux cousins dura malgré tout, même si l'élection de Stanislas-Auguste comme roi de Pologne allait envenimer leurs rapports. En effet, à la mort du roi Auguste III de Saxe, tout semblait destiner Adam Czartoryski au trône, mais Catherine de Russie avait, par un tour de force, imposé à la Diète d'élire Stanislas-Auguste Poniatowski qu'elle connaissait bien – il avait été son amant dans les années difficiles où elle était encore grande-duchesse – et qu'elle jugeait plus fiable. Poniatowski appartenant à la *Familia*, les Czartoryski avaient été obligés de cacher leur déception. Toutefois, et en dépit du traitement de faveur qui leur serait réservé, ils ne perdraient pas une occasion de lui nuire. Blessée dans son orgueil pour l'élection manquée de son frère, la princesse Lubomirska elle-même se prévalut de l'ascendant qu'elle avait sur Stanislas-Auguste pour le faire souffrir par son comportement capricieux et infantile.

Adam Czartoryski fut le seul, alors qu'il était le plus directement concerné, à ne pas montrer de dépit après l'élection de son cousin, auquel il faut dire qu'il se sentait incommensurablement supérieur. Devenu très jeune général de Podolie et député de la Diète, il avait accepté diverses charges publiques, davantage pour répondre aux attentes familiales et par sens du devoir que par conviction personnelle, mais avait refusé par trois fois de présenter sa candidature au trône [91]. Sa vraie passion n'était pas la politique, mais les études, et si Jean Fabre le définit de façon impitoyable comme « un dilettante du pédantisme », il reconnaît toutefois que « philologue de vocation, il s'intéresse tout autant aux autres branches du savoir : littérature, histoire, arts, sciences, chimie, économie politique, art militaire » [92] et qu'il pouvait se vanter de compter Goethe et Herder parmi ses correspondants. Passionné de pédagogie, le prince suivra personnellement l'éducation de ses enfants en créant pour eux, dans sa propriété de Puławy, une petite université destinée à doter toute une génération de jeunes aristocrates polonais d'une nouvelle conscience culturelle.

Jusqu'au jour où le partage de son pays ferait de lui un patriote convaincu, la seule cause pour laquelle le prince Adam se montrait disposé à se dévouer était celle de la *Familia*. Pour préserver ses intérêts économiques et sa marge de manœuvre au sein de la Diète, il se révéla, à l'instar de son père, maître dans l'art du double jeu. S'il apporta son soutien officiel à Stanislas-Auguste et l'encouragea à s'émanciper de la tutelle de Catherine, il essaya en même temps de se concilier la protection de l'impératrice et œuvra pour la popularité de la *Familia* en affichant des sympathies aussi bien à l'endroit des nationalistes que des républicains. Et, du moins en matière d'intérêts familiaux, son épouse lui témoignerait une fidélité à toute épreuve.

Ce n'étaient pas seulement sa rivalité avec sa belle-sœur et la volonté empreinte de coquetterie de retenir l'attention du nouveau roi – par ailleurs beau, courtois et amant expérimenté – qui avaient poussé Izabela dans les bras de Poniatowski, mais une amitié qui remontait au début de son mariage, quand Stanislas-Auguste avait été le seul membre de la famille à lui faire bon accueil. « Occupé ailleurs [93] » et décidé à tirer profit de la situation, « son mari, comme le rappellera Stanislas-Auguste lui-même, s'était tellement accoutumé à voir dans le stolnik, et ensuite même dans le roi, le meilleur ami de sa femme, qui n'avait pas encore vingt-deux ans, que très souvent il la menait le soir au château et l'envoyait seule dans l'appartement du roi, avec la précaution de s'informer si sa sœur était chez le roi. Lorsqu'elle s'y trouvait, il emmenait sa femme ailleurs et la reconduisait une heure après au château, quand le roi était seul, et s'en allait lui-même. Ce qui faisait croire au roi que son cousin, qui s'amusait ailleurs, voulait lui-même que sa femme se plût chez le roi [94] ».

Couronnée en mars 1768 par la naissance de Maria-Anna – aussitôt surnommée par la malignité populaire le « petit veau » en allusion au taureau qui figurait sur le blason du souverain –, cette entente parfaite entre mari, femme et amant permit de franchir un pas de plus. En effet, Stanislas-Auguste et Adam demandèrent à Izabela de venir en aide à la Pologne et la *Familia* en s'attirant la bienveillance du tout-puissant ambassadeur russe, le prince Nikolaï Vassilievitch Repnine.

Fin 1763, alors qu'il n'avait pas encore trente ans, Repnine avait été envoyé à Varsovie par son oncle, le comte Panine, ministre des Affaires étrangères de Catherine, pour préparer le terrain en vue de l'élection de Stanislas, et y était resté comme ambassadeur. L'immense pouvoir dont il avait été investi en tant que porte-parole de Catherine était monté à la tête de cet homme pourtant intelligent, cultivé et courageux, et ses manières arrogantes combinées à des méthodes brutales l'avaient fait unanimement détester à Varsovie.

Repnine avait pour tâche de placer la Pologne sous protectorat russe en étouffant toute velléité d'indépendance. Il s'employa donc à affaiblir l'autorité du roi, jouer sur les rivalités entre les grandes familles, saboter les réformes institutionnelles – à commencer par la proposition d'abolition du droit de veto – sur lesquelles Stanislas comme les Czartoryski misaient pour combattre l'anarchie et moderniser le pays.

Devenue la maîtresse de Repnine, Izabela sut lui inspirer un sentiment passionné, prenant ainsi sur lui un ascendant indiscutable, dont elle n'usa toutefois pas en faveur de Stanislas, mais au bénéfice de la *Familia* dont les intérêts se dissociaient de plus en plus de ceux du souverain. L'époque était sans conteste difficile et, avec la présence croissante de troupes russes sur le territoire polonais et les ingérences continuelles de Repnine dans les affaires intérieures du pays, la situation politique devenait explosive. En février 1768, la noblesse polonaise indépendantiste réunie dans la Confédération de Bar prit les armes pour déposer Stanislas et se libérer du joug russe. Si bien qu'en avril de l'année suivante l'impératrice Catherine, jugeant Repnine coupable d'avoir négligé les intérêts de la Russie et donné des preuves de faiblesse à l'égard de la *Familia*, le rappela à Moscou et nomma Mikhaïl Nikitich Volkonski à sa place. Ce fut la fin de sa carrière d'ambassadeur, mais pas celle de sa relation avec Izabela, laquelle, le 14 janvier 1770, mit au monde un fils qui était son « vivant portrait [95] » et reçut le nom d'Adam Jerzy Czartoryski. Deux ans après, tandis que Russie, Prusse et Autriche annonçaient leur intention de se partager la Pologne, Repnine voyageait à travers l'Europe, dans le sillage des époux Czartoryski, et, début 1772, suivait Izabela en Angleterre. Personne dans la haute société londonienne n'ignorait la nature de leur relation, et quand, à la fin de l'année, Lauzun fit la connaissance d'Izabela, il fut tout de suite informé qu'un grand seigneur russe « l'adorait, et [...] avait tout quitté pour la suivre et se vouer absolument à elle [96] ».

Sans vivre un coup de foudre, le duc français et la princesse polonaise se rapprochèrent pour porter secours à une amie commune, Lady Craven, victime de la jalousie d'un mari moins rompu aux mœurs mondaines que le prince Czartoryski.

Âgée de vingt-deux ans à l'époque et mariée depuis six ans au baron William Craven, Elizabeth Berkeley avait déjà beaucoup fait parler d'elle. D'une beauté dont attestent les portraits de Gainsborough, Romney, Reynolds, Angelica Kauffmann et Élisabeth Vigée Le Brun, elle était aussi – Horace Walpole lui-même en convenait [97] – spirituelle, vive et douée pour plusieurs arts. Excellente comédienne, elle écrivait de la poésie et « avait une passion pour les aventures sentimentales, mais malheureusement elle ne limitait pas ce sentiment à ses vers [98] ». Coquette et très courtisée, elle se montrait peu farouche avec ses soupirants et son imprudence avait fini par lui être fatale. Pendant un bal fin avril 1773, son mari l'avait surprise enfermée à clé dans un petit salon, entre les bras de l'ambassadeur de France, le comte de Guînes, et le scandale avait été terrible. Craven avait défié Guînes en duel, lequel s'était engagé à lui donner satisfaction dès sa mission diplomatique achevée, et, en attendant de décider du sort de son épouse adultère, il l'avait recluse à la campagne. Dans l'urgence de choisir la bonne stratégie de défense, Guînes et Lauzun pensèrent que seule la princesse polonaise, grâce à son nom illustre et son amitié au-dessus de tout soupçon avec Lady Craven, pouvait espérer obtenir du mari outragé l'autorisation de rencontrer la coupable. La princesse Czartoryska réussit en effet à rendre visite à l'infortunée et à l'instruire sur la conduite à tenir. Si, comme il est assez probable, la maison de campagne en question était celle de Combey Abbey, près de Coventry, où à cette époque, sur demande de Lord Craven, le célèbre Capability Brown créait un parc de toute beauté, nous pouvons imaginer que la princesse tira profit de cette expédition : passionnée de jardins, Izabela doterait à son tour Puławy d'un parc réputé, inspiré des nouveaux critères esthétiques définis par le grand paysagiste anglais.

Lauzun affirme dans ses Mémoires qu'il dut aux mésaventures de Lady Craven de se rapprocher d'Izabela. Le « beau geste » de la princesse l'avait frappé et il tient à préciser que « [s]a sensibilité et [s]a générosité de cœur » le lièrent à elle presque sans qu'il s'en aperçoive. De son côté, Izabela était rassurée sur les dispositions du duc par l'histoire – désormais légendaire – de son amour pour Sarah Lennox. Si nous accordons autant d'attention à « l'affaire » Craven, c'est parce qu'elle constitue une preuve évidente de la relation de Lauzun avec la princesse Czartoryska et, au-delà, de l'authenticité des Mémoires dans leur ensemble.

Dans cette perspective, il faut noter que ce furent surtout les descendants d'Izabela qui menèrent une guerre à outrance contre les Mémoires du duc. Certes, leur publication en 1821 avait suscité un chœur de protestations, mais trente-quatre ans plus tard, l'attaque vint du fils aîné de la princesse, Adam Jerzy Czartoryski, décidé à empêcher la diffusion d'une nouvelle édition [99] qui – scandale supplémentaire – rétablissait tous les passages et les noms propres omis dans la première.

Né de la relation d'Izabela avec Repnine, élevé à la cour russe, ministre des Affaires étrangères du tsar Alexandre Ier et champion de l'indépendance polonaise, Adam Jerzy était un homme d'une grande intelligence et d'une vaste culture. C'est lui qui acheta pour

sa mère *La Dame à l'hermine* de Léonard de Vinci, fierté aujour-
d'hui du musée Czartoryski à Cracovie. En matière d'élasticité des
mœurs, sa vie privée n'avait rien à envier à celle de ses parents
– intime d'Alexandre Ier, il avait été l'amant de la tsarine. L'époque
avait toutefois changé : non seulement le moralisme du XIXe siècle
condamnait la désinvolture sexuelle du siècle précédent, mais les
péripéties de la vie sentimentale d'Izabela juraient avec le souvenir
que la princesse avait laissé dans l'imaginaire collectif, les déboires
de la Pologne ayant fini par l'ériger en icône du patriotisme et de
la conscience nationale. En 1858, quand sortit la nouvelle édition
des *Mémoires*, Adam Jerzy, qui avait quatre-vingt-huit ans et vivait
en exil à Paris où il entretenait une véritable petite cour dans son
hôtel particulier de l'île Saint-Louis, l'hôtel Lambert, exerçait une
influence politique à l'échelle européenne et déployait une intense
activité diplomatique en faveur de la Pologne.

Pour défendre la mémoire de sa mère, Czartoryski intenta un
procès aussi bien à Auguste Poulet-Malassis et Eugène-Marie
de Broise, éditeurs des *Mémoires*, qu'à l'auteur de la préface et des
notes, Louis Lacour. La justice lui donna raison et décréta la saisie
de l'œuvre, mais ce fut une victoire éphémère. Une deuxième édition vit le jour quatre mois plus tard[100]. Les *Mémoires* étaient
désormais entre les mains des lecteurs et le prince renonça à poursuivre son action en cassation. Une bonne nouvelle pour les éditeurs, qui avaient déjà été condamnés l'année précédente pour avoir
publié *Les Fleurs du mal* de Baudelaire.

Ce qu'il faut souligner ici, c'est que la sentence du tribunal cor-
rectionnel, loin de réfuter l'authenticité des *Mémoires*, conforta
implicitement l'hypothèse que Lauzun en était bien l'auteur, car elle
condamnait les éditeurs pour avoir rendu publics des « souvenirs
intimes » d'un « homme [...] qui n'aurait jamais voulu et qui n'a
voulu commettre l'indignité de les livrer à la publication et de
dévoiler ainsi des intrigues qu'il était de son honneur de tenir
cachées »[101].

Pour les descendants d'Izabela, des précautions étaient donc
nécessaires pour éviter qu'à l'avenir d'autres personnes mal inten-
tionnées ne fouillent dans le passé de leur illustre aïeule, et il est
probable qu'à cette époque la famille ait décidé de procéder à la
destruction d'une partie de la correspondance d'Izabela conservée
dans ses archives privées à Cracovie[102]. Est-ce un hasard si, à

l'exception de deux lettres envoyées de Londres à son mari en mars 1772 et en avril 1773, aucune des missives ayant échappé aux flammes n'est antérieure à 1805, date à laquelle la saison des amours et des enfants illégitimes était close ? Un hasard rendu encore plus singulier par le fait qu'à l'époque de la relation d'Izabela avec Lauzun les époux auraient eu davantage besoin de s'écrire, puisqu'ils étaient souvent séparés. À en juger par les deux lettres londoniennes, il est évident que mari et femme avaient l'habitude de correspondre souvent et – comme c'était de mise dans les élites européennes – de se donner des nouvelles réciproques de la gestion domestique, des événements familiaux, des relations mondaines, des événements politiques.

Deux lettres, pas plus, donc, mais d'autant plus précieuses pour nous aider à comprendre la personnalité d'Izabela.

Tout d'abord, ses trahisons systématiques et la présence de Repnine à ses côtés ne semblent pas remettre en question l'admiration qu'Izabela porte à son mari et la place centrale qu'il occupe dans son existence. « Je reçois dans l'instant votre lettre de Leipzig mon cher ami, lui écrit-elle le 16 mars 1772 de la capitale anglaise où elle s'apprêtait à passer plus d'un an. Vous êtes charmant de m'écrire si souvent ; vos moindres détails me paraissent intéressants, tout me plaît dans vos lettres et mon cœur vous rend bien vivement tous les sentiments que vous savez si bien exprimer. » Et la formule finale – « Adieu mon cher ami, je vous aime tendrement, toujours je vous aimerai de même, cela fait mon bonheur [103] » – va au-delà des simples formules de politesse utilisées à l'époque entre conjoints. D'ailleurs, ne confierait-elle pas bientôt à Lauzun qu'elle éprouvait pour ce mari dont elle n'avait jamais été amoureuse « une amitié bien tendre » qu'il méritait « chaque jour davantage » [104] ?

Écrite un an plus tard, la lettre suivante montre bien que le sentiment d'Izabela pour son mari – « jamais je ne pourrais vous rendre tout ce que je vous dois » – avait des racines profondes. De retour en Pologne – nous savons qu'un mois plus tôt encore il se trouvait à Londres où, au cours d'un bal à l'ambassade de France, il s'était illustré avec sa femme dans une danse cosaque [105] –, Czartoryski lui a fait la surprise de lui envoyer le portrait du petit Adam Jerzy, resté avec lui à Varsovie. On ne décèle alors pas trace de gêne dans sa fierté maternelle et la joie qu'elle lui manifeste : « Le portrait de mon fils [...] m'a fait pleurer de joie ; ce souvenir, cette attention, m'a exactement mise hors de moi-même [106] ». Il est évident pour tous deux que, dans le respect des mœurs aristocratiques, le pacte familial prime sur les inclinations personnelles et les accidents de parcours. Mais cet indubitable accord de points de vue s'accompagne dans leur cas d'une entente complice et affectueuse. Les déboires de Lady Craven en offrent la preuve.

Pas de doute – faits et dates coïncident – : la belle Elizabeth est cette « Lulli » dont Izabela évoque le drame dans sa lettre du 31 [sic] avril 1773, certaine que Czartoryski partagera son indignation contre le mari jaloux qui a eu la « cruauté » de reclure sa femme à la campagne, en la privant de tous ses domestiques. Un comportement « barbare », « qui fait la honte de l'humanité et dégrade furieusement les Anglais » [107] et auquel elle ne se sent en rien exposée. Si la correspondance londonienne d'Izabela parvenue jusqu'à nous s'interrompt sur cette dernière nouvelle, la raison est aisée à comprendre : Lauzun va faire irruption dans sa vie et on jugera nécessaire d'en éliminer toute trace.

Mais ce qui se dessine dans ces deux lettres, c'est surtout la prise de conscience d'Izabela d'une fidélité indéfectible à sa terre natale. « Je sens la situation de la patrie, écrit-elle dans la première lettre, et cela m'affecte on ne peut davantage [108] », et la lettre suivante, (celle du 31 [sic] avril 1773), précise son intention d'épouser le sort de son pays. En effet, après le partage de la Pologne, son mari envisage de s'établir ailleurs et cherche un endroit approprié. Richissime, élevé en Angleterre, se sentant chez lui en France comme en Hollande ou en Autriche, Czartoryski est un véritable citoyen de l'Europe et n'a que l'embarras du choix ; toutefois il n'entend pas décider sans sa femme. Londres étant une des options possibles, il y envoie Izabela en reconnaissance. Et de Londres, Izabela lui répond : « Vous me demandez, mon cher ami, s'il me serait agréable de tout vendre chez nous, et de nous établir ici, ou en France, ou partout ailleurs. Je vous dirais avec franchise ce que je pense là-dessus. Je vous l'ai dit et je le répète encore, que par inclination ou peut-être par habitude je tiens fortement à la Pologne et que c'est toujours là que je choisirais de préférence de vivre, pour peu qu'il y ait l'ombre de possibilité [...] de plus, mon tendre ami, on peut encore faire du bien chez nous, pourquoi vous y refuser.

Si ce n'est au pays en général, c'est à beaucoup d'individus en particulier. C'est un bonheur que d'en avoir les moyens, d'autant plus réel qu'il est de tous les âges [109]. »

Czartoryski écoutera sa femme et, au fil des années, au-delà des affections domestiques et des intérêts de la *Familia*, l'amour pour leur patrie deviendra le sentiment qui scellera définitivement leur union. Mais il faudra attendre la disparition tragique de leur fille Teresa, brûlée vive dans un incendie de cheminée, pour qu'Izabela, tournant le dos à la liberté de mœurs aristocratique du siècle des Lumières, devienne une grande héroïne de l'âge romantique.

À vrai dire, le portrait de la princesse que Lauzun nous a laissé révèle lui aussi, derrière la grâce séduisante d'une femme du monde, une nature passionnée et tragique. Après l'épisode du soutien à Lady Craven, leur relation avait obéi au rituel canonique de l'aventure galante. Il l'avait entourée d'une cour respectueuse, elle lui avait témoigné de la sympathie tout en acceptant – malgré son amitié pour « Lulli » – les attentions du comte de Guînes, lui-même ami intime du duc. Mais l'angoisse qui avait étreint ce dernier à l'idée qu'Izabela noue une relation avec l'ambassadeur français allait changer leur attitude à tous deux. La jalousie avait révélé à Lauzun la violence de sa passion en lui donnant l'audace de demander à la princesse quels étaient ses sentiments pour Guînes et de lui déclarer un amour éternel. De son côté, Izabela, émue par le désespoir du duc, avait renoncé au langage codifié du badinage galant en lui avouant la vérité. Elle éprouvait pour lui « un intérêt qui durera autant que sa vie », mais « des obstacles insurmontables » l'empêchaient d'avoir des amants. Ces premières confidences seraient bientôt suivies par d'autres. Les obstacles, lui confierait Izabela, étaient de nature morale et concernaient sa relation avec Repnine. Elle s'était donnée au prince par gratitude quand il avait défendu les intérêts des Czartoryski en s'attirant les foudres de Catherine. Et maintenant, avant même la pitié, c'était le sens de l'honneur qui l'empêchait de « faire mourir de douleur l'homme qui avait tout sacrifié pour [elle] et à qui il ne restait qu'[elle] dans le monde » [110]. Il était donc indispensable pour que Lauzun et elle continuent à se voir de renoncer à tout espoir d'intimité amoureuse et de s'astreindre à de simples rapports d'amitié.

Ils s'y efforcèrent les mois suivants, au cours desquels Izabela, toujours accompagnée de Repnine, séjourna d'abord à la station thermale de Spa, puis en Hollande. Lauzun les rejoignait souvent, donnant preuve de la plus grande discrétion, mais le langage du corps était là [111], incontrôlable, et rappelait ce que les mots n'avaient pas le droit de dire. Évanouissements, saignements, crises de nerfs, états de prostration étaient les signes tangibles de la violence de leurs souffrances et équivalaient à autant de déclarations d'amour. « Mon corps, dira Lauzun, ne pouvait suffire à la fatigue d'être loin d'elle [112]. » À plusieurs reprises, le désir, minant leur capacité de résistance, fut sur le point de les faire capituler. En fin de compte, c'est Izabela qui déposa les armes. Mais sa capitulation fut tragique. « Je me précipitai dans ses bras ; je fus heureux, ou plutôt le crime se consomma. Qu'on juge de l'horreur de mon sort ; même en possédant la femme que j'idolâtrais. Elle n'eut un instant de plaisir ; ses larmes inondèrent son visage, elle me repoussa : "C'en est fait me dit-elle, il n'y a plus de bornes à mes torts, il n'y en aura plus à mes malheurs" [113]. »

Après une tentative de suicide dictée par un sentiment de culpabilité, la princesse décida de tout dire à Repnine. « Cet aveu, fait par une âme généreuse fut reçu par une âme généreuse » et le prince quitta la pièce sans « une plainte ni un reproche » [114].

Rentrés ensemble à Paris sans la présence encombrante de Repnine, Lauzun et Izabela vécurent tous deux une expérience nouvelle.

Elle eut la révélation d'un sentiment qu'elle n'avait jamais éprouvé avant. C'était une femme sensuelle, encline à pratiquer l'amour en pleine liberté et les relations qu'elle avait nouées jusqu'à sa rencontre avec Lauzun, dictées par une volonté de revanche, la coquetterie, l'ambition ou l'intérêt, rentraient dans la logique compensatoire d'un pacte conjugal solide. Étrangère au drame polonais et aux exigences de la *Familia*, la relation avec le jeune séducteur français dut signifier pour elle la passion à l'état pur.

De son côté, il découvrit chez la grande dame polonaise qui s'était donnée à lui dans un climat de tragédie une dimension de la féminité qui lui avait été interdite jusque-là : celle de l'amour maternel et de l'intimité domestique. Pendant les mois qu'ils passèrent ensemble, Lauzun put constater en effet que la princesse était tendrement liée à ses enfants qu'il sentit rapidement comme les siens. Izabela en fut émue et, au moment de rentrer en Pologne, elle lui annonça qu'elle était enceinte par ces paroles surprenantes : « Tu as tant désiré un de mes enfants, tu l'auras ; je veux te laisser la plus chère, la meilleure partie de moi-même [...] J'aurai le courage de tout avouer à mon mari, d'obtenir que le gage le plus cher de notre ardent amour te soit renvoyé [115]. »

Submergé par l'émotion, victime comme toujours d'une sensibilité exacerbée, Lauzun s'évanouit et, quand il reprit connaissance, ne trouva plus la femme aimée à ses côtés. En effet, le vieux prince Czartoryski venu à la rencontre de sa belle-fille ne lui avait pas laissé le temps de dire adieu à Lauzun et, l'ayant prise à bord de son carrosse, était reparti pour la Pologne.

C'est donc à Varsovie que Czartoryski reçut les aveux de sa femme. Avec sa bonhomie habituelle, il se déclara prêt à reconnaître l'enfant : mais en échange il demanda à Izabela de sauver les apparences et de rompre avec Lauzun. Cela n'empêcha pas le duc de rendre visite incognito à la princesse en Pologne et d'y retourner une deuxième fois à la veille de la naissance. Arrivé secrètement au « palais bleu » – la demeure des Czartoryski à Varsovie – et enfermé trente-six heures dans une armoire placée derrière le lit d'Izabela, Lauzun assista aux douleurs du travail et à la venue au monde de son fils [116].

Se souvint-il alors d'une autre armoire d'où, dix ans plus tôt, il avait épié Choiseul qui tentait de lui voler son premier amour ? Ce qu'il ne pouvait assurément pas imaginer, c'est que sa relation avec la princesse touchait à sa fin.

De retour dans son pays, devant l'agonie de sa patrie et les incertitudes de la *Familia*, Izabela dut se rendre compte que la passion qu'elle portait à Lauzun était incompatible avec sa vocation patriotique et les responsabilités qui l'attendaient. Le détachement fut facilité par les séparations et les malentendus. Pour ne pas trop s'éloigner de Pologne et venir de temps à autre à Varsovie, Lauzun avait séjourné à Dresde et Berlin, mais l'écho de ses succès mondains irrita Izabela, minant leur entente. Le libre don de soi au nom d'un sentiment absolu était devenu pour la princesse polonaise un luxe déplacé.

Le comte Branicki, un des hommes les plus influents de la Pologne de l'époque, sut tirer parti de ce retour d'Izabela au réalisme. En tout point aux antipodes de Lauzun, Branicki appartenait à la petite noblesse et était un camarade de jeunesse de Poniatowski, à qui il devait son ascension sociale. Avide, opportuniste, fanfaron, prompt à se battre – son duel avec Casanova pour une histoire de femmes est resté célèbre –, mais doté d'une réelle intelligence politique, Branicki avait longtemps incité le souverain à s'imposer par la force aux rebelles de la Confédération de Bar et à prendre ses distances avec la Russie. Mais envoyé par Stanislas-Auguste à Moscou où il s'était lié d'amitié avec le prince Potemkine, le nouveau favori de Catherine, il avait changé de politique, abandonnant le souverain polonais à son destin et créant avec Adam Czartoryski un nouveau parti pro-russe. Amoureux de longue date d'Izabela, Branicki l'avait poursuivie d'une cour indiscrète, ne s'attirant que du mépris, mais sa nouvelle alliance avec les Czartoryski poussa la princesse à changer d'attitude. Et il fut bientôt clair pour tout le monde que le « risque-tout » polonais [117] avait supplanté le chevaleresque duc français.

Pourtant, en hommage à Izabela, Lauzun s'était passionné pour la politique polonaise. Pendant les mois qui suivirent le retour de sa bien-aimée dans son pays, et dans l'espoir d'être nommé ambassadeur à Varsovie, il avait élaboré un ambitieux projet de coopération politique entre la France, la Pologne et la Russie. Son idée n'avait rien de nouveau, puisque, malgré ses rapports privilégiés avec la Pologne depuis l'époque des Valois et l'engagement pris par Mazarin de garantir son intégrité, la France au cours du XVIIIe siècle avait mené à l'égard de son ancienne alliée une politique contradictoire. La diplomatie officielle de Louis XV n'empêchait pas des menées secrètes manifestement opposées, qui alimentaient les divisions intérieures du pays et fragilisaient Stanislas-Auguste, ce qui revenait à détruire toute possibilité de « porter une aide efficace à une nation marchant déjà à sa ruine [118] ». Opéré dans son dos, le partage de la Pologne entre Russie, Prusse et Autriche – en dépit du mariage de Marie-Antoinette avec le Dauphin, Marie-Thérèse n'avait pas cru nécessaire d'en informer Louis XV – obligeait la France à admettre son impuissance. « À cinq cents lieues, écrivait le roi français en 1773, il est difficile de secourir la Pologne : j'aurais désiré qu'elle fût restée intacte, je ne puis y rien faire que des vœux [119]. »

Rien de plus conforme, donc, aux préoccupations françaises que le projet d'aide à la Pologne conçu par Lauzun. L'alliance franco-russo-polonaise qu'il imagine présentait des avantages évidents pour les trois pays. En s'opposant, avec le soutien de Louis XV, au démembrement de la Pologne, la Russie la transformait en État satellite et endiguait le pouvoir croissant de son allié prussien, tandis que la France retrouvait son influence politique en Europe du Nord et que la Pologne préservait son intégrité territoriale. Si l'on en croit les *Mémoires*, le projet de Lauzun avait enthousiasmé aussi bien Adam Czartoryski que le baron de Stackelberg, ambassadeur de Russie à Varsovie, qui l'avait transmis à Catherine. L'impératrice à son tour s'était déclarée intéressée par cette solution et attendait qu'elle soit formalisée par le gouvernement français. C'était la mission que Lauzun espérait mener à bien en rentrant à Paris, mais il ne tarderait pas à découvrir que la mort de Louis XV avait modifié la politique polonaise de la France. Le nouveau ministre des Affaires étrangères, le comte de Vergennes, décida d'abandonner son vieil allié au bon vouloir de la Russie, en renonçant à entretenir en Pologne un courant pro-français.

En quittant Varsovie, Lauzun laissait derrière lui un pays dont ne survivrait bientôt plus que le souvenir, et c'est la femme qu'il avait tant aimée qui comprendrait la première la portée politique de cet état de fait. Dans les années qui suivirent, la princesse Czartoryska dota alors son magnifique jardin romantique de Puławy d'un sanctuaire de mémoire, destiné à accueillir tous les témoignages possibles de l'histoire polonaise. C'était l'idée, en avance pour l'époque, d'un musée de la nation capable de transmettre aux générations futures le souvenir vivant de la Pologne et l'espoir de la voir renaître un jour. Nous ignorons en revanche quelle trace avait laissée chez Izabela le souvenir de sa passion pour Lauzun, mais nous savons que celui de la princesse polonaise accompagnerait longtemps son amant français.

Fin mars 1775, Lauzun était de retour à Versailles, mais avant même d'arriver au château il s'était imposé à l'attention « de la cour et de la ville ». Le 7 mars, en effet, son cheval avait remporté la course organisée dans la plaine des Sablons [120], en présence de la reine et de la famille royale. Le duc n'était pas novice dans ces compétitions très populaires en Angleterre et tout à fait inédites en France. Au cours de son premier voyage outre-Manche, non content de courtiser Lady Sarah, il avait pu bénéficier des conseils de Sir Bunbury, grand expert en chevaux. Pendant son deuxième séjour londonien, il avait monté une petite écurie qui lui avait permis de participer victorieusement aux courses de Newmarket. Avec le comte d'Artois, le duc de Chartres, le prince de Guéménée et le marquis de Conflans, il avait lancé en France la mode des courses, mais c'est leur « maître à penser [121] », le marquis de Voyer, qui avait pris l'initiative d'implanter un grand élevage de pur-sang anglais dans sa propriété d'Ormes. Grâce aux efforts conjugués de ces grands aristocrates anglophiles, un nouveau cheval et une nouvelle culture équestre traversaient la Manche, influant sur les habitudes des élites françaises.

Fruit de décennies de croisements effectués par des éleveurs compétents en veine d'expérimentation, les pur-sang anglais se caractérisaient par leur forme longiligne, leur rapidité, « leur haleine, leur force, leur hardiesse et la légèreté avec laquelle ils franchissent les fossés [122] ». Combien de gens savaient que Godolphine Arabian, un des trois étalons mythiques de la nouvelle et précieuse race, était arrivé en Angleterre de France ? Offert par le bey de Tunis à Louis XV, qui n'aimait pas les chevaux orientaux, et bradé aussitôt pour finir comme animal de trait, le superbe cheval si malmené avait éveillé la pitié d'un voyageur anglais, qui l'avait acheté pour une bouchée de pain et emmené en Angleterre. Accueilli dans les écuries de Lord Godolphine dans le Cambridgeshire et baptisé du nom de son propriétaire, il se montra un reproducteur hors pair.

Si à l'origine des courses se trouvait le primat de la vitesse, comme le notait le marquis de Voyer, « c'est à l'appât de gagner la Coupe d'or, à l'émulation que donnent les prix royaux et provinciaux, au goût général pour les gageures, enfin au génie pour toute espèce de commerce que l'Angleterre doit ses haras [123] ». Poussés par l'espoir de stimuler l'économie française et développer le même esprit de compétition dans leur pays, Voyer et ses amis y avaient donc introduit les courses hippiques en même temps que les pur-sang anglais, et l'engouement était vite venu.

La nouveauté ne concernait pas seulement les montures, mais la façon même de monter. Y compris hors des pistes, où concouraient des jockeys soumis à des régimes et des purges pour peser moins lourd, la nouvelle équitation se souciait en premier lieu de ne pas surcharger le cheval en allégeant le plus possible le mors, la selle, les bottes et les vêtements. Les cavaliers remplaçaient donc les tenues de cour riches et sophistiquées par le confortable frac anglais qui, en présence de la famille royale, constituait une infraction à l'étiquette. L'ambassadeur de Marie-Thérèse n'en revenait pas que l'on ose paraître devant la reine « en bottes et en habit de cheval [124] ».

« De même la *monte à l'anglaise* fondée sur la chasse et l'équitation d'extérieur, imposant une posture libre et autrement assise du cavalier qui s'adapte mieux à tous les terrains, devient une allégorie des libertés britanniques qu'on oppose aux airs convenus et peu utiles du manège à la française [125]. » Les conservateurs, Louis XVI en tête, qui en matière de chevaux se montrait fidèle aux goûts de son aïeul, voyaient dans les paris et les jeux d'argent un phénomène pernicieux et dans l'adoption de modes et styles de comportement venus d'outre-Manche une insulte à la tradition ainsi qu'un préjudice à l'économie nationale [126], ce qui n'empêchait pas la jeune reine et sa suite de s'adonner à ces deux distractions.

Disposant des pur-sang les plus rapides comme des meilleurs jockeys, au centre de tous les paris, Lauzun ne se contenta pas d'accumuler les victoires, communiquant son « triste et ruineux goût [127] » aux princes du sang, mais ce nouvel atout rendit son retour à la cour « au moins aussi brillant qu'avait été [son] départ [128] » et suscita l'intérêt de la nouvelle souveraine.

Reine depuis quelques mois, Marie-Antoinette avait vingt ans à l'époque et, en attendant de consommer son mariage avec Louis XVI, vivait avec la cour française une courte lune de miel, qui ne se répéterait pas. Tandis que le pays tournait la page et, las d'une interminable série de favorites, se réjouissait de voir sur le trône une reine jeune et innocente, Marie-Antoinette enfin libre de décider du mode de vie qui lui convenait le mieux suppléait à son manque d'expérience et à son incoercible légèreté par le charme que lui conféraient sa grâce, sa courtoisie, sa beauté et l'élégance suprême de ses manières. Les innombrables témoignages de ses contemporains ne laissent aucun doute en la matière. Et si son besoin de distraction, d'amusements, d'amitiés personnelles était condamnable chez une reine, il constituait un antidote salutaire à sa solitude affective et à une impasse conjugale où, contrairement à ce que postulaient les rudes semonces de sa mère, elle n'avait pas de responsabilité.

C'est dans ce climat d'euphorie et de jeu que naquit la prédilection de Marie-Antoinette pour Lauzun, une faveur qui dura deux ans, jusqu'au moment où la souveraine – par un choix beaucoup plus compromettant – décida de s'en remettre à Polignac et dès lors sacrifia son autonomie de jugement aux intérêts d'un seul clan.

En ce printemps 1775, Marie-Antoinette partageait son amitié entre la princesse de Lamballe, qu'elle avait voulue comme surintendante de sa maison, la princesse de Guéménée, à qui elle s'apprêtait à confier la charge de Gouvernante des enfants de France, qui était l'apanage de la tante maternelle de la princesse, la comtesse de Marsan et la comtesse de Dillon, qu'elle avait appelées à Versailles comme dames de compagnie. C'est Mme de Guéménée et Mme de Dillon qui firent entrer Lauzun dans le petit cercle entourant la reine. Fille du maréchal de Soubise, femme du plus cher ami de Lauzun, la princesse de Guéménée était la doyenne du groupe. « Hardie, bruyante, joyeuse, libre, désinvolte, elle rassemblait autour de ses tables de jeu la meilleure société [129] », mais Armande-Victoire-Josèphe de Rohan-Soubise n'oubliait jamais que par sa naissance et son mariage elle appartenait à une des plus illustres familles de France, et ses manières de grande dame lui valaient le respect de la reine elle-même. La princesse nourrissait une prédilection pour Lauzun, avec qui elle avait entretenu une longue amitié amoureuse, et était la maîtresse officielle du comte de Coigny, dont le frère aîné, le duc de Coigny, deviendrait un des favoris de Marie-Antoinette. Par ailleurs, Guéménée ne semblait habité d'aucun ressentiment à l'égard de sa femme, laquelle, de son côté, était amie intime de la maîtresse de son mari, la comtesse de Dillon, dont Lauzun aussi avait été amoureux. « Douce, noble, généreuse », cette jeune femme possédait au plus haut degré l'essence de la grâce mondaine, « le désir, les moyens et la certitude de plaire » [130], mais, exempte de coquetterie et fidèle à la passion qu'elle portait au prince, elle ne témoignait au duc qu'une tendre amitié.

Comme Lady Sarah avant elle, Marie-Antoinette découvrait par les femmes de son entourage immédiat que l'adultère était un phénomène endémique dans la société aristocratique française, où il jouait le rôle de correcteur d'une institution matrimoniale indifférente à la volonté des contractants [131]. Respectueuse de l'autorité patriarcale, la monarchie française n'avait jamais intégré formellement les décrets du concile de Trente qui, en matière matrimoniale, confirmaient la doctrine consensuelle de l'Église, en reconnaissant aux enfants le droit de se marier sans l'accord du chef de famille [132].

L'édit d'Henri II de Valois en 1556, qui interdisait aux garçons de moins de trente ans et aux filles de moins de vingt-cinq de se marier sans l'approbation paternelle sous peine d'être déshérités, resterait en vigueur jusqu'à la Révolution, perpétuant ainsi dans la caste des privilégiés une éthique qui séparait intérêts familiaux et raisons du cœur. Comme l'écrivait Chamfort, « le mariage, tel qu'il se pratique chez les grands, est une indécence convenue [133] ».

Mais les bienséances, adoptées depuis longtemps comme « morale substitutive [134] », imposaient aux amants de ne jamais laisser transparaître en public la nature de leur lien, même si dans la « parfaitement bonne compagnie » les unions extraconjugales étaient en général de notoriété publique et n'avaient rien de répréhensible. D'ailleurs, y compris avec une touche de sarcasme, le strict respect des formes était de mise jusque dans les mariages les moins bien assortis, comme le montre l'anecdote que rapporte Chamfort : « On demandait à M. de Lauzun ce qu'il répondrait à sa femme (qu'il n'avait pas vue depuis dix ans), si elle lui écrivait : "Je viens de découvrir que je suis grosse." Il réfléchit, et répondit : "Je lui écrirais : Je suis charmé d'apprendre que le Ciel ait enfin béni notre union. Soignez votre santé ; j'irai vous faire ma cour ce soir" [135]. »

Ayant reçu une éducation morale rigoureuse, la reine avait bien conscience que sa position exigeait une réputation au-dessus de tout soupçon, mais cela ne l'empêchait pas de se sentir à l'aise et heureuse parmi une petite élite de privilégiés bien décidés à jouir de la vie. Naturellement coquette, elle ne dédaignait pas, comme d'autres reines dans le passé, d'être l'objet d'une galanterie respectueuse. Mais il s'agissait toujours d'un jeu dangereux – n'avait-il pas coûté cher à Anne d'Autriche ? –, même s'il était difficile en ce début de règne d'en prévoir les pièges.

Nous ne saurions être surpris par la préférence que Marie-Antoinette accordait à Lauzun : neveu du ministre qui avait été l'artisan de son mariage avec le Dauphin, intimement lié à ses meilleures amies, « produit perfectionné » de cette civilisation mondaine dont elle-même découvrait les charmes à l'époque, ayant « une belle figure, beaucoup d'esprit, de la grâce, de la bravoure, de la galanterie, une politesse noble comme son origine » [136], le duc était un chevalier servant idéal. Au fil des pages, les Mémoires de

Lauzun enregistrent les indices – chevauchées de concert, conversations en tête-à-tête, badineries, échanges de plumes de héron, jalousies, larmes, soupirs – qui font de lui, aux yeux de toute la cour, « une espèce de favori ». Mais quand le duc laisse entendre que la reine était sur le point de lui ouvrir ses bras, dit-il la vérité ? Certes, nous ne pouvons pas exclure que d'une part la vanité et d'autre part la rancœur d'avoir été sacrifié à des courtisans plus habiles l'aient poussé à accorder plus de poids que nécessaire à un moment de faiblesse d'une jeune femme qui devait en permanence masquer ses émotions. Mais il faut rappeler aussi qu'à l'époque où Lauzun écrivait ces pages, la réputation de Marie-Antoinette n'était plus irréprochable. En 1782, une bonne partie de la cour considérait comme acquise sa liaison avec le comte de Fersen et le duc pouvait se sentir autorisé à croire que ses impressions d'autrefois étaient plus que justifiées.

Il est certain que Lauzun espéra un bref instant mettre à profit l'ascendant qu'il avait pris sur la jeune reine pour relancer son projet d'accord franco-russo-polonais vite enterré par Vergennes. Si dans ses Mémoires il justifie son initiative en affirmant qu'il la poursuit pour la « gloire » de la reine – « Je voulus lui faire gouverner un grand empire, lui faire jouer à vingt ans le rôle le plus brillant qui pût à jamais la rendre célèbre. Je voulus enfin qu'elle devînt l'arbitre de l'Europe » [137] –, l'interprétation qu'en donnait le comte de Mercy-Argenteau, l'ambassadeur autrichien chargé par l'impératrice de veiller sur sa fille, était assez différente. « Parmi le nombre des étourdis auxquels la reine donne un accès beaucoup trop libre, écrivait le diplomate, il en est un fort dangereux par son esprit remuant et par l'assemblage de toute sorte de mauvaises qualités : c'est le duc de Lauzun, lequel a été ci-devant en Pologne, en Russie, et en a rapporté les projets chimériques de mettre M. le comte d'Artois sur le trône de Pologne. Le duc de Lauzun, après avoir manœuvré sur ce canevas, a vraisemblablement été tourné en ridicule par les ministres du roi, et il s'est proposé de se venger. Pour y parvenir il s'est adressé à la reine [...] La reine ayant daigné me confier toutes les circonstances et étant convenue que le duc de Lauzun était un mauvais sujet reconnu, je fis voir à S. M. tout le danger de la démarche dans laquelle on voulait l'entraîner [138]. »

Même s'il confondait les projets de Lauzun avec celui d'un autre aspirant favori, le chevalier de Luxembourg – le duc n'étant certes pas le seul à vouloir jouer le rôle de mentor politique de Marie-Antoinette –, l'ambassadeur de Marie-Thérèse était suffisamment informé de l'influence acquise par Lauzun sur la reine pour la combattre pied à pied. Il avait déjà dû prendre des mesures contre Besenval, « ni assez prudent, ni assez exempt d'intrigue pour que la reine puisse, sans danger, confier à ses soins des démarches importantes [139] ». Mais il s'agissait d'une guerre souterraine et exténuante, destinée à durer des années et qui avait pour enjeu, au-delà des personnes visées (dans sa correspondance, Mercy évite soigneusement de rapporter à l'impératrice les rumeurs qui circulent sur les amours présumées de sa fille), les amitiés et le mode de vie de Marie-Antoinette. Tout donc concourait à faire de Lauzun une véritable menace pour la réputation de la reine qui était têtue, certes, mais encore jeune et sensible aux rappels à l'ordre du porte-parole de sa mère et aux admonestations de son confesseur, l'abbé de Vermond. Un mois plus tard, Mercy pouvait crier victoire : « Nous sommes parvenus à lui démasquer le duc de Lauzun, qui était un des plus dangereux personnages, et la reine s'est décidée à lui refuser désormais tout accès de confiance. Il nous a réussi également de détruire le pernicieux crédit de la princesse de Guéménée, mais la reine, en la connaissant pour ce qu'elle vaut, la ménage encore pour pouvoir aller de temps en temps passer les heures de la soirée chez ladite princesse, qui rassemble chez elle la jeunesse de Versailles [140]. »

Mais Mercy-Argenteau et l'abbé de Vermond allaient vite s'apercevoir qu'ils avaient remporté une victoire à la Pyrrhus. La disgrâce de Lauzun était surtout le résultat des efforts conjoints d'un petit groupe d'intrigants bien plus aguerris et dangereux que lui, qui entendaient exercer sur la reine un contrôle absolu.

Lauzun n'imaginait peut-être pas qu'il avait été l'objet d'une campagne de dénigrement systématique de la part de l'ambassadeur autrichien, mais il n'avait manqué de voir de vieux rivaux, comme le baron de Besenval et le duc de Coigny, se coaliser contre lui et relancer leurs actions en s'alliant avec des amis et parents de la nouvelle idole de la souveraine. Le culte que Marie-Antoinette vouait à l'amitié n'impliquait pas nécessairement la constance, et son enthousiasme pour la princesse de Lamballe n'avait guère duré. S'étant aperçue que toute « douce, bonne et obligeante [141] » qu'elle fût, la princesse ne brillait ni par l'esprit ni par l'intelligence, la reine lui avait préféré la charmante comtesse de Polignac. Mais son amie d'autrefois lui donnerait une leçon de fidélité au moment de la Révolution : apprenant la situation tragique où se trouvait la famille royale, la princesse de Lamballe, qui avait quitté la France après la fuite à Varennes, reviendrait à Paris servir sa reine, s'exposant – elle qui, dit-on, s'évanouissait à la vue d'une écrevisse – à une des morts les plus atroces subies sous la Terreur.

Encore sensible au charme de Lauzun, mais soumise aux pressions insistantes de l'ambassadeur de sa mère et de sa garde rapprochée, Marie-Antoinette se résigna à sacrifier le duc à la paix des ménages. Celui-ci aurait eu plus d'une carte à abattre pour défendre sa position, mais il préféra se retrancher derrière une indifférence dédaigneuse. Son choix ne relevait pas que de l'orgueil. Les deux années passées dans le cercle de Marie-Antoinette avaient été très instructives. Il avait pu constater que la reine disposait déjà dans une large mesure des charges de la cour – lui-même avait reçu plusieurs propositions [142] –, mais il avait aussi pu vérifier que l'extrême indulgence que Louis XVI témoignait à sa jeune épouse ne passait pas le seuil du cabinet du conseil. Il s'était aussi rendu compte, lui à qui manquait la vocation de courtisan, que le service de la reine risquait de l'emprisonner pour toujours dans l'univers clos de Versailles. Or un besoin impérieux de donner la pleine mesure de ses talents l'animait, et comme ses ambitions allaient de la politique à la diplomatie en passant par les armes, il n'avait pas d'autre choix que de tenter sa chance.

Mais comment faire ? En ce début 1777, la reine n'était pas la seule à lui tourner le dos, la bonne fortune aussi. Tout d'abord Lauzun eut la désagréable surprise de rencontrer de sérieuses difficultés économiques. Au moment de son mariage, il était entré en possession d'un patrimoine de cinq millions de livres, héritage de sa mère, auquel s'était ajoutée la « petite » rente de cent cinquante mille livres apportée en dot par sa femme. Mais, comme c'était monnaie courante parmi les rejetons de la haute noblesse, Lauzun menait une vie plus dispendieuse que ne le lui permettaient ses revenus. Le goût du luxe et le mépris de l'argent, de rigueur chez un grand seigneur, joints à la passion pour les voyages et les chevaux de course, l'avaient obligé à emprunter. C'était un expédient auquel recouraient ceux qui, comme le duc, non seulement disposaient de biens considérables, mais étaient sur le point d'obtenir des emplois

importants. En outre, fils unique, il disposerait tôt ou tard du patrimoine paternel – auquel devait s'ajouter du côté maternel celui de
la duchesse de Choiseul. Pourquoi alors ses créanciers, qui jusque-
là avaient accepté de prolonger la durée de leurs prêts, s'étaient-ils
soudain coalisés pour exiger le remboursement immédiat d'une
dette qui atteignait le montant impressionnant d'un million cinq
cent mille livres ?

Dans ses Mémoires, Lauzun laisse clairement entendre qu'il a été
victime d'un complot familial ourdi par l'autoritaire – et pour lui
détestable – Mme de Luxembourg. En le mettant dans l'impossibilité de rassembler en quelques jours la somme demandée, on l'obligeait à « abandonner entièrement [sa] fortune et [sa] personne à
[sa] famille, qui voudrait bien disposer de l'une et de l'autre [143] ».

Ce qui est sûr c'est que sa femme ne vint pas à son secours et
que son père se limita à lui promettre de l'informer « si on lui
proposait de [le] faire enfermer ou interdire [144] », ainsi que l'en
avait menacé la Maréchale. Lauzun ne pouvait pas davantage compter sur l'indulgence du duc de Choiseul, occupé à dilapider allègrement le patrimoine qui lui était destiné. Après la réconciliation de
Chanteloup, c'était précisément la position de faveur dont Lauzun
semblait jouir auprès de la reine qui avait conduit à une nouvelle
et définitive rupture avec les Choiseul. En effet, Mme de Gramont
prétendait que Lauzun joue de son ascendant sur Marie-Antoinette
pour obtenir le retour de son frère au ministère et, devant ses objec-
tions justes, motivées et élégantes [145], « [lui] jura une haine éternelle [146] », s'associant à la cabale des Polignac contre lui.

Une fois de plus, la solidarité des amis compensa la dureté de la
famille. Tandis que la princesse de Guéménée se hâtait d'engager
ses diamants pour permettre au duc de faire face à la première
vague de créanciers [147] et que Lady Barrymore, une grande dame
libertine, rétive à tout lien, rentrait d'Angleterre pour mettre sa
fortune à sa disposition [148], le marquis de Voyer offrait à son jeune
ami une importante propriété non loin de la sienne [149].

Lauzun parvint à se tirer d'embarras définitivement en contrac-
tant un nouveau prêt. Puis « pour faire face à la situation et rétablir
la confiance », le 17 avril 1777, il donna une procuration à un
avocat du parlement, M. Pays, pour « gérer sa fortune et dédommager ses créanciers. En même temps, il décid[a] de faire appel au roi
pour mettre fin aux rumeurs qui ruin[ai]ent son crédit » [150].

Mais, conditionnée par son clan, Marie-Antoinette refusa d'appuyer sa requête. Et, pire encore, elle ne perdit plus une occasion de lui nuire. C'est elle qui, à la mort du maréchal de Biron en 1778, s'opposerait à ce que Lauzun lui succède, comme prévu, dans la charge de colonel des Gardes françaises. Une volte-face que l'ancien favori ne lui pardonnera pas. Lauzun décida alors d'accepter la proposition de son ami Guéménée, détenteur d'une immense fortune, de lui céder ses propriétés et ses dettes en échange d'une grosse rente. Pendant ce temps, sa femme obtenait la séparation de biens et, lasse du comportement irrespectueux de son mari, profita de sa débâcle financière pour retourner vivre chez Mme de Luxembourg [151].

La quarantaine de lettres envoyées au marquis de Voyer entre avril 1778 et décembre de l'année suivante [152] nous permet de mesurer la gravité de l'impasse où se retrouva Lauzun. En disgrâce à la cour, brouillé avec sa famille, sans patrimoine pour assurer ses arrières, avec le seul et peu exaltant commandement du Régiment royal des dragons sur lequel compter, le duc, à moins de trente ans, risquait d'avoir manqué son destin. D'où la recherche désespérée d'une occasion qui lui permette de remonter la pente, de prouver sa valeur, de se distinguer. Il avait l'ambition de « servir ». C'est le mot clé qui traverse la correspondance de Lauzun avec Voyer et le rapproche entre autres de ses amis Narbonne, Ségur et Boufflers.

Depuis toujours, il est vrai, les gentilshommes français plaçaient leur vocation la plus authentique dans le service du roi, sur les champs de bataille comme dans le cérémonial de la cour. Pour certains d'entre eux, dans les années précédant la Révolution, ce terme avait toutefois pris des implications nouvelles. Selon ces nobles formés à l'école des Lumières et animés par la certitude inébranlable d'être aptes à n'importe quelle haute responsabilité, servir signifiait avant tout faire preuve d'esprit critique, d'invention, d'initiative personnelle. Mais si l'idée de service s'individualisait, l'identité de son destinataire devenait moins claire. Certes on continuait à servir le roi, mais les ambitions des ministres, les luttes des différents groupes de pouvoir, les intrigues de cour avaient fini par estomper dangereusement son image. Ce roi qui déléguait la responsabilité de gouverner risquait en effet de devenir pour ses serviteurs un point de référence désincarné et abstrait, qu'on pouvait remplacer par des idées aux noms anciens, mais au sens dangereusement moderne, tels que pays, patrie, nation.

Marc-René de Paulmy d'Argenson, marquis de Voyer, incarnait ce nouveau profil de gentilhomme. Il appartenait à une grande famille de la noblesse de cour qui s'était illustrée au service du roi. Son grand-père avait occupé la charge de lieutenant de la police de Louis XV et de garde des Sceaux à l'époque de la Régence ; son père, le comte d'Argenson, et son oncle, le marquis d'Argenson, avaient été respectivement ministre de la Guerre et ministre des Affaires étrangères sous Louis XV. Voyer lui-même avait entrepris une brillante carrière militaire : promu maréchal de camp en 1748, il était nommé trois ans plus tard inspecteur de la cavalerie et des dragons et par la suite directeur des haras du royaume, grand maître de l'artillerie et gouverneur du château de Vincennes. Mais en 1756, pour des raisons qui demeurent mystérieuses, le comte d'Argenson avait reçu l'ordre de démissionner de sa charge de ministre et de s'exiler dans son château des Ormes, aux confins de la Touraine et du Poitou. Même si la disgrâce de son père n'ébranla pas sa propre position professionnelle, elle fut pour Voyer un événement traumatisant à la suite duquel, tout en continuant à accomplir son devoir avec loyauté, il se détacha du régime qu'il était appelé à servir. Mais ce n'était pas l'indignation devant l'arbitraire royal qui avait réveillé son esprit critique. Dans la famille d'Argenson, l'indépendance de jugement et l'intérêt pour la philosophie étaient bien partagées : l'oncle de Voyer était un réformiste visionnaire ; son père, grand ami de Voltaire, avait soutenu les premiers pas de l'*Encyclopédie*, qui lui avait été dédiée, et le marquis lui-même passait pour un esprit fort.

Voyer éprouvait de la sympathie pour les philosophes des Lumières, il protégeait Dom Deschamps, le moine bénédictin qui prêchait le matérialisme et l'athéisme et avait gagné le surnom de « général métaphysicien [153] ». La liberté de pensée et l'intérêt pour les spéculations philosophiques les plus audacieuses avaient certainement contribué à faire de Voyer le point de référence intellectuel d'un petit groupe de jeunes aristocrates – à commencer par le duc de Chartres –, attirés par les idées nouvelles. Mais le marquis défendait surtout la nécessité urgente d'une politique de réformes à l'anglaise sur la base de ses compétences techniques de haut gradé et de son expérience directe de la vie militaire : celle désastreuse de la guerre de Sept Ans où il avait payé de sa personne le manque de préparation et la rivalité des généraux, puis celle d'inspecteur de la cavalerie, qui l'avait confronté au manque de discipline des soldats, à l'insuffisance de leur formation technique, à la pauvreté des ressources et à l'absence d'un projet cohérent de modernisation de l'armée. Voyer saurait compenser par une intense activité économique l'amertume d'une carrière militaire où l'on n'avait pas reconnu ses mérites à leur juste valeur en lui refusant le bâton de maréchal.

Faisant fi des préjugés aristocratiques et de la loi de dérogeance – qui interdisait à la noblesse d'épée d'exercer d'autre métier que celui des armes –, Voyer entreprit de renforcer le patrimoine familial en investissant avec succès dans l'agriculture, l'élevage de chevaux, le commerce. Le témoignage de l'abbé Barthélemy, venu de la voisine Chanteloup en visite aux Ormes, est éloquent : « Il bâtit, il défriche, il améliore, il voit tout, il conduit tout : il anime les ouvriers, il éclaire les artistes, tout se fait chez lui avec lenteur, économie et intelligence [154]. » Bref, son esprit d'initiative et son dynamisme firent de lui un heureux exemple de cette « noblesse d'affaires [155] » qui se consolida au cours du siècle, décidée à conquérir un rôle de premier plan dans la vie économique et politique du pays.

Dans ses Mémoires, Talleyrand accusera Voyer de s'être prévalu de son ascendant intellectuel pour exercer une influence morale néfaste sur le cercle de ses jeunes adeptes, à commencer par le duc d'Orléans, le dénonçant comme théoricien du « désabusement » et « chef des hommes corrompus de cette époque » [156]. Ce n'est pas le sentiment qu'on éprouve en lisant les lettres que lui adresse Lauzun. Si le duc considère Voyer comme un guide et un conseiller, ce n'est pas seulement parce qu'il nourrit à son égard une admiration et une affection filiales : il sait son interlocuteur capable plus que quiconque d'apprécier sa « portion de talent et d'intelligence [157] » et de se reconnaître dans son besoin de se mettre à l'épreuve.

Leur échange épistolaire s'apparente à la conversation virile, et le ton de Lauzun y diffère nettement de celui qu'il adoptera pour se mettre en scène dans les *Mémoires*. On ne trouve pas trace ici de l'aplomb avec lequel, au souvenir de cette période d'incertitude et d'angoisse, il soutiendra qu'il était à l'époque « trop à la mode pour ne pas être employé d'une manière brillante [158] ». Ôtant le masque mondain, le duc supplie son ami Voyer de l'aider à trouver un emploi qui lui permette de ne pas rester sur la touche.

En effet, de nombreuses occasions de servir son pays semblent se profiler à l'horizon. La France a repris la politique militaire agressive voulue à son époque par Choiseul et se montre déterminée à défendre ses intérêts coloniaux en Inde et à prendre sa revanche sur l'Angleterre en projetant un débarquement sur ses côtes et en volant au secours des insurgés. Le gouvernement n'a pas encore dévoilé ses plans, mais Lauzun, régulièrement informé par Voyer qui est en contact étroit avec les ministres, sait que, pour obtenir un commandement dans une éventuelle expédition, il faut anticiper.

Dans sa longue lettre du 19 avril 1778, Lauzun se confie à cœur ouvert, poussé par l'urgence de sa situation et la peur d'être condamné à survivre à ses ambitions. Et même si l'honneur aristocratique reste son éthique, il n'hésite pas à paraphraser Rousseau pour donner de la solennité à son geste : quelles qu'en seront les retombées, sa lettre est avant tout une « profession de foi à l'homme qui peut le mieux l'entendre, la croire et l'expliquer ».

Lauzun s'y déclare prêt en cas de guerre à combattre sur terre ou sur mer, en Inde comme en Amérique, parce que, dit-il, « je vaudrai mieux partout là qu'en Europe, où je crains bien qu'il ne se trouve toujours des gens qui ne veuillent pas me permettre d'être bon à quelque chose ». En cas de paix, il entend jouer la carte de la diplomatie. Le voici donc qui supplie le marquis de « demander à son nom à M. le comte de Maurepas ou à M. le comte de Vergennes l'Ambassade d'Angleterre ».

Cette requête, qui pourrait sembler « téméraire » vu l'importance de la charge, s'appuie sur de solides raisons. « En vérité, se hâte-t-il de préciser, je n'y prétendrais pas si je ne croyais pas dans ce moment d'y avoir de prodigieux avantages de pouvoir faire ce que nul autre ne ferait à ma place. J'ose espérer que vous me croirez ; vous êtes le premier qui avez daigné remarquer en moi quelque aptitude aux affaires et qui avez eu le courage de le dire dans un temps où ce n'était pas la mode. Si nous conservons encore la paix, on ne peut raisonnablement se flatter que ce soit pour longtemps, mais l'intervalle qui précédera la guerre sera de l'intérêt le plus important. L'Angleterre ne se connaît pas en un jour, et selon toute apparence les événements s'y succéderont avec trop de rapidité pour laisser à l'Ambassadeur assez de temps pour prendre les connaissances qui lui sont indispensables, s'il ne les a pas déjà. Cette raison serait, je pense, suffisante pour m'excepter des règles qui prescrivent de passer par différents grades politiques avant de devenir ambassadeur. Je ne serais pas embarrassé s'il ne fallait que citer des exemples de gens qui ont débuté par être ambassadeurs dans des lieux qu'ils ne connaissaient pas sûrement aussi bien que je connais l'Angleterre. Je puis ajouter que j'ai tout lieu de croire que ce choix serait agréable au Roi d'Angleterre et qu'il ferait avec plaisir des démarches en ma faveur [...] Je trouverai fort simple d'être refusé, et mon amour-propre n'en sera point du tout blessé. Je voudrais que mon ambition fût aussi connue à tout le monde qu'à vous. Elle a beaucoup plus le but d'être utile que celui de jouer un grand rôle [159]. »

Indépendamment de leur motivation, les visées de Lauzun sur l'ambassade d'Angleterre n'étaient pas nouvelles. L'année précédente, la rumeur avait couru que le duc s'était rendu chez Maurepas, muni d'une lettre de recommandation de la reine, et que le vieux ministre – qui ne perdait pas une occasion de jeter le discrédit sur Marie-Antoinette et de manier son ironie ravageuse – lui aurait répondu « que si la demande était admissible, Sa Majesté aurait pu ordonner au lieu de prier, mais que, dans le cas dont il s'agissait, on ne pouvait que dire non. Il finit en disant : "Tout ce que je peux faire pour vous, monsieur le duc, c'est de vous recommander à la continuation des bontés de la Reine" [160] ». Si Lauzun remplissait indubitablement deux des conditions requises d'ordinaire pour un ambassadeur – posséder un nom illustre et entretenir un rapport personnel avec le souverain –, la troisième – posséder le solide patrimoine nécessaire pour exercer ces fonctions – lui faisait défaut. En effet, les diplomates devaient avancer, au moins dans un premier temps, l'argent de leurs frais de mission et les récentes mésaventures économiques du duc, dont « tous les biens étaient sous contrôle [161] », ne plaidaient pas en faveur de ses compétences de gestionnaire.

Pourtant Maurepas ne devait pas nourrir une si mauvaise opinion de Lauzun puisque, quelques mois plus tard, début 1778, profitant d'un nouveau séjour du duc en Angleterre, il lui avait demandé de jouer les agents secrets.

À Varsovie comme à Berlin, Lauzun s'était déjà frotté au vaste réseau des envoyés officiels, intermédiaires, agents secrets, espions et informateurs de tout poil au service de la politique étrangère française, et la requête du Premier ministre ne dut pas le surprendre. Quelle meilleure occasion pour lui de prouver la légitimité de sa candidature à l'ambassade de Londres et de montrer sur le terrain sa connaissance de la société anglaise ? Mais la situation diplomatique anglaise se compliquait du fait que Maurepas – qui contrairement à la majorité des membres du Conseil était défavorable à la guerre – entendait pousser Louis XVI à relancer la vieille politique parallèle du Secret du Roi, tombée en désuétude avec la mort du Bien-Aimé. En outre, Maurepas, mécontent de Lord Stormont, l'ambassadeur anglais à Paris, avait obtenu de George III qu'il accrédite comme « envoyé particulier à la cour de Versailles (13 février 1777) [162] » le chevalier Nathaniel Parker Forth, un gentilhomme anglais et homme du monde, familier de Paris et bien introduit à la cour comme à la ville.

Lauzun devait agir sur plusieurs fronts et interpréter des rôles qui n'étaient pas toujours compatibles. Sa première tâche – et aussi la plus simple – consistait à être simplement lui-même. Un grand seigneur français amoureux de l'Angleterre, qui, fort de l'amitié que lui portait George III, était en mesure de persuader de façon confidentielle le souverain que la volonté de son gouvernement était d'éviter la guerre à tout prix. Son deuxième rôle était celui d'observateur politique informant Maurepas de l'évolution du conflit anglo-américain, comme le montre son rapport envoyé au ministre et, pour information, à Voyer [163]. Le troisième enfin consistait en une activité très proche de l'espionnage. Entre deux aventures galantes, il enverrait à Maurepas « un mémoire très étendu et très détaillé sur l'état des défenses de l'Angleterre et de toutes les possessions anglaises dans les quatre parties du monde [164] ». Non seulement Lauzun fit preuve d'une grande puissance de travail et d'un sens de l'observation bien supérieur à celui de l'ambassadeur français en poste, mais il montra qu'il ne manquait ni d'esprit d'initiative ni d'imagination. Jugé inacceptable par Necker, son projet de provoquer la banqueroute de la banque d'Angleterre par la fuite des actionnaires anticipait des méthodes aujourd'hui éprouvées.

Convoqué à Versailles à plusieurs reprises, Lauzun fut envoyé outre-Manche une dernière fois, mi-mars, tout de suite après l'annonce par Vergennes au gouvernement anglais de la reconnaissance française des États-Unis. Prévoyant que « la ridicule déclaration » qui « donnait à l'Angleterre l'avertissement salutaire de se préparer à la guerre » [165] entraînerait vite le rappel des ambassadeurs des deux pays, Maurepas et Vergennes avaient demandé à Lauzun de retourner à Londres étudier de près ces préparatifs et engager une ultime tentative diplomatique auprès de George III. Mais le duc n'entendait pas se prêter à un double jeu qui seyait si mal à un gentilhomme et, le 4 avril, après une dernière rencontre protocolaire avec le souverain qui lui avait exprimé toute son amertume pour la décision française, il avait quitté l'Angleterre. Avant de s'embarquer pour Douvres, il avait écrit au comte de Vergennes pour justifier sa décision : « Je quitte l'Angleterre avec regret, et les ordres que vous me donnez de rester à Londres aussi longtemps que je pourrai augmenteront encore le chagrin que j'ai de partir dans un moment où je pourrais être de quelque utilité ; mais je n'ai pas cru devoir attendre, pour prendre mon parti, que je fusse devenu suspect, et risquer en prolongeant mon séjour la confiance et la considération dont je jouis ici et qui peut-être ne seront pas perdues un jour pour le service du roi [166]. »

Dès son arrivée en France, Lauzun rejoignit son régiment basé à Ardes, en Auvergne, d'où, le 9 avril, il reprit sa correspondance avec Voyer. Si, à Londres, il avait cru pouvoir compter sur l'estime de Maurepas et de Vergennes, il dut reconnaître dans la solitude d'Ardes que ses perspectives d'avenir se réduisaient à de vagues promesses. Ayant perdu l'espoir qu'on se souvienne de lui à Versailles, Lauzun avait demandé à Voyer dès sa lettre du 17 avril, comme nous l'avons vu, de se mobiliser en sa faveur. Les quatre mois suivants, lettre après lettre, il relancerait sa candidature « pour le service du roi ». L'incertitude qui planait encore sur les choix stratégiques du gouvernement en balance entre la paix et la guerre réclamait indubitablement flexibilité et capacité d'adaptation chez ceux qui aspiraient à occuper des postes de décision. Toutefois, dans son angoisse d'être oublié, Lauzun poussait plus loin, se déclarant prêt à accepter toute fonction compatible avec sa dignité. Le seul élément sûr dans cette recherche désespérée d'une occasion de ne pas rester hors jeu était la confiance intacte que le jeune duc avait en ses capacités de se mesurer avec les tâches les plus diverses.

Dans un scénario de paix, le premier objectif à viser restait l'ambassade de Londres, mais pour ce poste l'assentiment du roi était nécessaire, sans compter qu'il fallait aussi neutraliser l'hostilité du clan de la reine. Or sa compétence professionnelle sur le dossier anglais étant acquise, à quelles accusations ses détracteurs pouvaient-ils recourir pour prévenir contre lui « un prince juste et qui veut le bien [167] » ? Le ton clairement défensif – inutile avec un ami comme Voyer – de certains passages de ses lettres laisse supposer que Lauzun envisageait l'éventualité, aucunement improbable, qu'elles puissent être interceptées par le cabinet noir et que leur transcription tombe sous les yeux du roi. C'est du moins le souhait qu'il confiait à son correspondant le 23 mai 1778 : « Voilà mes sentiments, mon cher général, si l'on décachette ma lettre je ne serais pas fâché qu'ils soient connus, je puis les avouer sans embarras, sans fausse honte [168]. »

Les « sentiments » de Lauzun qui ressortent de ces lettres sont ceux d'un esprit libre qui ne veut pas apparaître différent de ce qu'il est, qui n'hésite pas à revendiquer sans hypocrisie le droit de vivre en accord avec son tempérament et ses aspirations, qui invoque la distinction nécessaire entre sphère publique et vie privée et demande à être jugé, non sur la base de ce qu'on dit de lui, mais sur les capacités dont il a donné la preuve. Et les premières accusations dont il dut se défendre furent bien sûr celles d'irresponsabilité économique et de libertinage.

« Peut-on me reprocher de mal vivre ou plutôt de ne pas vivre avec ma femme et d'avoir mangé une partie de ma fortune ; cela prouve peut-être que je ne suis pas bon à épouser et qu'il ne faut pas me prêter de l'argent, mais je n'en demande à personne, et d'ailleurs cela n'a rien de commun avec le service du Roi sur lequel je suis ferré à glace, politiquement et militairement [169]. »

On pouvait toutefois lui reprocher une autre faille, non moins grave : sa mésentente avec sa famille. Mais que dire alors du cynisme et de la dureté du traitement qui lui avait été réservé ? « Il y a dans ma vie depuis quelques années une remarque assez plaisante à faire, c'est que j'ai quelquefois été redevable à la faveur de la cour de la tendresse de mes parents, mais jamais à la tendresse de mes parents de la faveur de la cour [170]. »

D'un autre côté, il lui était impossible de reprendre sa place à la cour, cette cour où il reconnaissait s'être « souvent amusé [171] », parce que, déclarait-il : « Je n'ai ni le goût ni le talent pour l'intrigue, la cour m'ennuierait et je n'y réussirais pas. J'ai comme vous le savez souvent les formes contre moi ; mes ennemis n'ont d'autres mérites que les avoir pour eux. Je tâcherais de vivre dans les lieux où elles soient moins importantes [172]. »

Sa véritable vocation était de se distinguer sur le champ de bataille, pas d'intriguer à Versailles : « Si la paix n'était pas aussi certaine que tout le monde le croit et qu'il y eût quelque entreprise pour l'Inde, voilà par exemple ce qui me convient parfaitement : ne me laissez pas oublier que quand il n'y a que de la gloire à acquérir et que l'on n'y peut parvenir que par des dangers cherchés à quatre mille lieues de chez soi, on a rarement les courtisans pour rivaux [173]. »

En écrivant ces lignes, Lauzun ne pouvait pas savoir que la veille, 17 juin, au large de Roscoff, une frégate française, *La Belle Poule*, s'était heurtée à une frégate anglaise, *L'Arethusa*, donnant sans équivoque le signal de la guerre. La France trouvait là l'occasion tant attendue de profiter de la situation critique que connaissait la Grande-Bretagne depuis le durcissement du conflit américain et la mobilisation massive de ses troupes outre-Atlantique. Deux projets sur lesquels les espérances de Lauzun s'étaient concentrées les derniers temps, en sus de l'ambassade londonienne, étaient sur le point de se concrétiser : l'expédition en Inde où, après la Paix de Paris de 1753, la présence française s'était réduite au contrôle de quelques ports, pour frapper la Grande-Bretagne au cœur de ses intérêts économiques ; et le débarquement en grand style sur les côtes anglaises. Il semblait improbable en effet que l'Angleterre, déjà engagée militairement outre-Atlantique, puisse faire face à cette triple offensive.

Placé sous le signe du danger, de l'éloignement et de l'exotisme, le premier projet correspondait parfaitement au tempérament aventureux du duc et lui offrait la possibilité tant rêvée de faire reconnaître ses mérites : « Les espérances que vous me donnez sur l'Inde me plaisent infiniment. Vous n'ignorez pas que ce sont depuis longtemps mes châteaux en Espagne. S'ils se réalisent je serai bientôt plus connu que je ne le suis [174]. » Ce qui ne l'empêchait pas de s'enflammer à la perspective d'un débarquement sur les côtes anglaises – plan auquel travaillait Voyer – et de se lancer comme à son habitude dans la formulation d'analyses, l'élaboration de projets, la suggestion de stratégies politiques, économiques et militaires sur la base des connaissances qu'il avait acquises en Grande-Bretagne : « Puisque nous sommes prêts, pourquoi attendre que les Anglais le soient aussi ? Ils se préparent à nous rencontrer sur la côte du Sussex, elle est hérissée de troupes et de batteries. Le comté de Kent est resté presque sans défense. Pourquoi ne pas prendre le projet le plus hardi ? Les circonstances font quelquefois de la témérité le parti le plus sage. Pourquoi ne pas oser ce que les Hollandais ont osé une fois ? Pourquoi ne pas entrer courageusement dans la Tamise, brûler Chatham et tous les vaisseaux qui y font mouillage tandis que les troupes sont débarquées [...] Donnez-moi douze cents volontaires, je me charge de les mettre en position de soutenir notre débarquement pendant quatre jours si cela est nécessaire. Croyez-moi ce projet n'est pas celui d'un jeune homme qui compte pour rien le danger, c'est le résultat de bien des calculs [175]. »

Mais les élans d'enthousiasme du duc étaient régulièrement suivis de crises de découragement. La valse-hésitation du gouvernement, la rivalité entre les ministres, la lenteur de l'appareil administratif, les intrigues à la cour, la logique de la faveur avaient un effet paralysant. Depuis des mois, l'armée déployée le long des côtes atlantiques était inactive, dans l'attente de décisions chaque jour plus improbables, puisque l'ennemi avait eu le temps d'organiser sa résistance. « L'instant de se couvrir de gloire et d'acquérir sans un grand danger d'immenses avantages est passé, déclarait-il à Voyer début juillet toujours à propos du débarquement, nous ne tarderons pas à être attaqués par des ennemis hors d'état de se défendre contre nous il y a quelques mois [...] notre criminelle circonspection nous fait perdre tout le fruit que nous devions tirer des circonstances [...] l'Angleterre va bientôt reprendre toute sa supériorité sur mer [176]. » Comme il l'avait expliqué deux semaines plus tôt à Vergennes [177], Lauzun redoutait surtout que l'Angleterre ne finisse par trouver un accord avec les insurgés, s'assurant des alliés fidèles et des conditions d'échanges commerciaux préférentielles.

Un des éléments névralgiques de ces échanges, le trafic d'esclaves, essentiel pour le développement des plantations américaines, donnerait à Lauzun l'occasion, ou pour mieux dire, « le bonheur de servir [178] ».

En effet, grâce à leur réseau de comptoirs africains, les Anglais jouissaient – avec les Hollandais – d'une position dominante dans le commerce triangulaire de ce qu'on appelait l'« or noir [179] ». Vendus par les chefs de tribu africains aux trafiquants blancs en même temps que des matières premières précieuses telles que l'or, l'ivoire, le caoutchouc, le karité en échange de pacotille européenne, les Noirs embarquaient pour l'Amérique où ils étaient revendus au plus offrant. Et les mêmes bateaux retournaient en Europe chargés de sucre et de rhum.

À Londres, Lauzun avait étudié les modalités de ce commerce extrêmement lucratif, d'où la France avait été en grande partie exclue avec la perte du Sénégal, cédé à la Grande-Bretagne après la défaite de la guerre de Sept Ans. Le seul avant-poste resté aux mains des Français dans la région était l'île de Gorée, au large des côtes du Sénégal. Le duc savait donc bien que, pour défendre ses intérêts, le gouvernement anglais utilisait en Afrique un réseau de places fortifiées ou comptoirs, qui avaient pour double fonction d'inspirer le respect aux populations locales et d'entretenir des échanges systématiques avec les différents chefs de tribu.

Quand, en lisant le *London Magazine*, il tomba sur le compte rendu d'un débat parlementaire du 13 mai 1778 où l'on dénonçait l'état d'abandon et le manque de sécurité des forts anglais sur les côtes africaines [180], il en conclut que « les défenses de Saint-Louis du Sénégal, auxquelles les Anglais n'attachent pas une importance capitale, ont été négligées [181] ». Convaincu qu'il s'agissait pour la France d'une bonne occasion de retrouver une base commerciale en Afrique, Lauzun en avait informé le ministre de la Marine, Antoine de Sartine, qui, durant l'été, le chargea de mener l'opération. En réalité, il s'agissait d'une mission dans la mission, car, mi-juillet, le même Sartine lui avait annoncé la décision bien plus lourde de conséquences d'organiser l'expédition en Inde, le nommant vice-commandant sous les ordres directs de Bussy et lui confiant la tâche de constituer un corps de six cents officiers et quatre mille cinq cents soldats – les Volontaires étrangers de la marine, sorte de légion étrangère avant la lettre [182] – pour être en mesure de battre la Royal Navy. Dans le cadre de cette entreprise si ambitieuse, il avait été décidé qu'une petite unité navale, détachée de la flotte en route pour le continent indien, ferait un crochet par le Sénégal pour chasser les Anglais de Saint-Louis avant de poursuivre vers la destination finale.

Ayant retrouvé son aplomb de naguère, le duc était rentré à Versailles tête haute et, fêté par ses maîtresses anciennes et nouvelles, avait pris sa revanche sur la reine. Une revanche, si l'on en croit les *Mémoires*, articulée en deux temps.

Le premier temps était l'amour-propre. Fier de ses responsabilités, Lauzun avait tenu à en informer personnellement Marie-Antoinette qui, prise par surprise, n'avait pas su cacher son trouble : « Des larmes roulèrent dans ses yeux ; elle fut quelques minutes sans me dire autre chose que : "Ah ! M. de Lauzun ! ah ! Mon Dieu !" Elle revint un peu et continua : "Comment ! aller si loin, vous séparer si longtemps de tout ce que vous aimez et tout ce qui vous aime ! — J'ai cru, madame, que sur un théâtre si éloigné, mon zèle, le peu de talents que je puis avoir, rencontreraient moins d'obstacles, qu'on leur rendrait plus de justice, qu'ils auraient moins à lutter contre l'intrigue et la calomnie. — Vous nous quitterez, M. de Lauzun ! Vous irez dans l'Inde ! Ne puis-je donc pas l'empêcher ? — Non, madame, cela est impossible, je tiens irrévocablement à ce plan, quoi qu'il puisse m'en coûter pour l'exécuter [183]." »

Le duc aurait pu considérer la partie close. Victime de sa faiblesse, la reine avait trahi leur amitié et avait cru pouvoir jouer impunément avec ses sentiments. Ce n'était donc que justice qu'elle pleure à présent les erreurs commises. Certes, en laissant une trace écrite de leurs propos, Lauzun ne se montrait pas particulièrement grand seigneur, mais le dialogue qu'il rapportait pouvait aussi apparaître comme une simple confirmation de l'émotivité et du sentimentalisme auxquels la jeune souveraine cédait souvent. Au lecteur de choisir librement l'interprétation à donner à son récit savamment ambigu, comme toujours.

Pour inattendues qu'elles étaient, les larmes de Marie-Antoinette n'avaient toutefois pas suffi à apaiser la rancœur de Lauzun et, plutôt que favoriser une réconciliation, elles avaient exacerbé son besoin de revanche. Libéré de tout frein d'ordre sentimental, il souhaitait maintenant humilier celle qui l'avait humilié. Bien qu'elle soit fort peu crédible – à cette date Marie-Antoinette attendait enfin un enfant et Lauzun le savait [184]–, la seconde partie de son récit pourrait figurer dans un roman libertin.

Jusque-là la reine et Lauzun s'étaient affrontés en face à face, l'arrivée d'une troisième personne relança le jeu. Amie-amante du duc et intime de Marie-Antoinette, Mme de Guéménée n'avait pas hésité à jouer les entremetteuses pour garder la barre sur l'un comme sur l'autre.

Forte des confidences de Marie-Antoinette sur les sentiments qu'elle éprouvait encore pour son ex-favori, la princesse assura à Lauzun qu'elle était en mesure d'inciter la reine à lui ouvrir les bras s'il renonçait à partir. C'est donc elle qui ourdirait en coulisses une intrigue visant à pousser la vertu hésitante de la souveraine vers la « mer dangereuse [185] » de l'adultère.

Mme de Guéménée n'était certes pas un génie du mal comme la terrible marquise de Laclos, mais pour elle aussi, comme pour tant de membres de l'ordre des privilégiés, les mots clés de la civilisation aristocratique – amour, amitié, loyauté, honneur – ne répondaient plus à un code éthique partagé et leur signification variait dangereusement en fonction des personnes et des circonstances. En avance sur la marquise de Merteuil, la princesse n'hésita pas à souscrire avec son ancien amant un pacte de complicité incompatible avec le sentiment désintéressé de l'amitié et à abuser sans vergogne de la confiance que sa souveraine lui accordait, pour mieux la tenir sous sa coupe. Et Lauzun ne valut pas mieux.

Il s'était prêté au jeu de Mme de Guéménée pour trouver la façon la plus sûre de se venger de Marie-Antoinette, et quand la reine lui fit comprendre que, pour ne pas le perdre, elle était disposée à une reddition sans conditions, il la repoussa : « Je résistai à tout, quoique je ne me dissimulasse pas la grandeur du sacrifice. Ma vanité était satisfaite ; je refusais la reine avec fierté, je lui montrais que je ne voulais rien d'elle et que je pouvais jouer un grand rôle [186]. »

Prisonnier de son narcissisme et malgré son âme chevaleresque, Lauzun n'hésitait pas à sacrifier le sentiment qu'il avait voué à la reine sur l'autel du ressentiment.

Mais la fonction qui attendait Lauzun n'était pas le « grand rôle » qui avait cristallisé toutes ses espérances.

Dans les larmes et les soupirs, Lauzun avait déjà pris congé des personnes les plus chères, dont Mme de Martainville, sa maîtresse du moment, avec la solennité et le pathos de celui qui se prépare à une longue absence dans un pays lointain, quand on l'informa que l'expédition indienne était de nouveau repoussée. Il lui restait heureusement la mission africaine, mais il s'agissait d'un modeste emploi de gouverneur, destiné à ne durer que quelques mois dans un pays barbare et désolé comme le Sénégal, et pas d'une grande entreprise militaire au royaume des *Mille et Une Nuits.*

Pourtant, même dans ce contexte ingrat, Lauzun donna la preuve de sa remarquable capacité de travail, de son intelligence politique, de son sens des responsabilités et de son aptitude au commandement.

Le duc n'avait pas été le seul [187] à prôner l'opportunité de chasser les Anglais du Sénégal, mais personne n'avait exposé avec autant de clarté les conséquences économiques et politiques qui en découleraient. Dans son *Mémoire sur le commerce et les possessions des Anglais en Afrique* – un des nombreux rapports ministériels qu'il rédigea pendant cette période –, il montre bien que « la conquête des possessions des Anglais sur la côte d'Afrique ne doit pas être regardée sous le simple point de vue d'un tort considérable fait au commerce de nos ennemis et d'un accroissement à celui de la France [188] ». Une bonne politique de développement économique sur le continent noir permettrait non seulement à la France de ne plus dépendre des matières premières d'outre-Atlantique – coton, sucre, tabac –, mais aussi de saboter la production américaine en bloquant le commerce des esclaves.

Pendant sa courte mission, Lauzun attribuerait à l'avidité et à la brutalité des trafiquants bon nombre des tensions qui entravaient une collaboration stable avec les Noirs, en insistant sur l'inopportunité de déléguer aux marchands de la Compagnie de Guyane – la société commerciale française – la responsabilité de l'organisation civile et militaire des comptoirs sur lesquels les commissaires du roi, et eux seuls, devaient avoir le dernier mot.

Lauzun s'embarqua en grand secret à Lorient, le 3 décembre, sur le *Fendant*, le bateau du marquis de Vaudreuil, responsable de la petite unité (deux vaisseaux, deux frégates, trois corvettes) qui devait appuyer le débarquement, et arriva cinquante-six jours après en vue de Saint-Louis, la petite île stratégique par sa position dans la vaste lagune à l'embouchure du fleuve Sénégal.

Bien que son *Journal* tenu quotidiennement du 28 janvier au 19 avril 1779[189] rapporte avec exactitude le déroulement de son expédition – pour alimenter ensuite une version plus subjective dans les *Mémoires* –, nous ne nous attarderons pas sur les multiples difficultés que le duc rencontra pour atteindre Saint-Louis et y vivre. Nous reviendrons sur cet « amas de sable qui ne produit rien de bon[190] » dans le sillage du chevalier de Boufflers qui, sept ans après Lauzun, y exerça à son tour la charge de gouverneur du Sénégal. Une coïncidence singulière voulut que deux champions indiscutables de l'art de vivre en société, liés d'amitié et tous deux poussés, encore que pour des raisons différentes, par l'exigence de servir, aient été confrontés dans un délai rapproché à la même expérience de solitude sur une petite île africaine où sévissaient la misère, la maladie et la violence.

Lauzun réussit à mener à bien sa mission en un temps record. La garnison anglaise du fort, réduite à une poignée d'hommes, se rendit sans opposer de résistance et le duc édifia un nouveau système de fortifications pour imposer le respect aux chefs de tribu africains, améliora les conditions de vie à Saint-Louis, s'occupa des prisonniers et des nombreux malades avant de passer le flambeau à son adjoint, le lieutenant de vaisseau Eyriès qui, dans l'attente d'un nouveau gouverneur, devait assurer l'intérim. Pendant ce temps, la frégate commandée par le chevalier Pontevès-Gien neutralisait tous les forts anglais de la côte. À la fin des opérations navales, Lauzun avait veillé à ce que le marquis de Vaudreuil rejoigne la flotte française, commandée par le comte d'Estaing, qui se préparait à tenir tête à la flotte anglaise au large de la Martinique. Et à son tour, le 16 mars, le duc quittait Saint-Louis pour rentrer en métropole.

Même si l'expédition de Lauzun n'avait rien eu d'héroïque – il parlera lui-même dans ses Mémoires de « faciles succès » –, le but atteint était objectivement important. Grâce à la détermination du duc, la France s'était assuré – cette fois de façon définitive – le contrôle d'une position clé dans un pays destiné à devenir un des points forts de son système colonial. Mais à Paris, où les réputations se décidaient dans les salons, la cote de Lauzun, à en croire ce qu'écrivait Mme du Deffand à son correspondant anglais, n'était pas brillante. Ce qui n'avait rien d'étonnant puisque le duc de Choiseul était le premier à transformer en farce la mission de son neveu, sans même daigner en attendre la fin. C'était pourtant lui qui, du temps où il était ministre, avait jeté les bases de la stratégie politique que la France entendait alors poursuivre avec cette expédition africaine. « M. de Lauzun, avec deux vaisseaux et un très petit nombre de troupes, a pris votre Sénégal, qui était votre traite des nègres ; M. de Choiseul contait hier que M. de Sartine, en lisant au roi le détail de cette expédition, hésitait un peu à en dire toutes les circonstances ; M. de Maurepas l'obligea à n'en omettre aucune : il apprit donc au roi que la garnison anglaise consistait en quatre hommes dont il y avait trois malades, et M. de Choiseul nous dit que celui qui restait s'était apparemment rendu de bonne grâce, et qu'il ne doutait pas qu'on lui eût accordé les honneurs de la guerre. Si, dans cet exploit, M. de Lauzun avait trouvé quelque mine d'or, cela vaudrait bien autant pour lui que la gloire qui lui en reviendra [191]. »

À Versailles non plus, personne ne se donna la peine de féliciter Lauzun : Maurepas en désaccord avec Sartine avait intérêt à jeter le discrédit sur l'aventure sénégalaise, tandis que Sartine, qui en portait la responsabilité officielle, ne tenta rien pour la défendre. Quant à Louis XVI, il s'abstint de tout commentaire. Comme on ne lui avait pas proposé d'avancement, Lauzun refusa avec indignation « une gratification en argent ». Mais il y avait pire.

Lauzun découvrit que le projet d'expédition en Inde étant définitivement abandonné, Sartine, sans rien lui dire et malgré les assurances données, avait dissous le corps des Volontaires étrangers qu'il avait eu tant à cœur de former. Privé des « moyens de servir convenablement », Lauzun démissionna, mais cette fois le souverain en personne intervint en sa faveur en le nommant colonel d'une légion de mille huit cents fantassins et six cents cavaliers qui ne pouvait pas être dissoute [192]. En outre son expédition n'était pas dépourvue de sens : le dimanche 12 septembre, à la demande de Louis XVI, toutes les églises de Paris entonnèrent un *Te Deum* pour la victoire remportée en Afrique contre les Anglais. Une victoire jugée digne d'être célébrée dans une eau-forte, *La Prise du Sénégal*, qui représentait Lauzun recevant du gouverneur anglais la capitulation du fort [193].

Mais l'épreuve la plus difficile pour Lauzun fut d'affronter la cour réunie à Marly : « On n'a pas d'idée de la manière dont je fus traité par la reine et par conséquent par tout le reste », se rappellera-t-il dans ses Mémoires [194] en reconnaissant avoir hésité sur le comportement à adopter. Puis, tel un comédien qui, la crise de trac surmontée, affronte le public et le subjugue par la force de son interprétation, le duc retrouva « [s]on assurance » et « [s]a gaieté » : « Je fus moins maussade, je parlai à la reine, je fis des plaisanteries, elle rit, je m'amusai ; elle se souvint que ce n'était pas la première fois, fut avec moi comme elle l'aurait été trois ans plus tôt, et la fin de ma soirée fut aussi brillante que le commencement avait été terne [195]. » C'est une jeune femme qui lui avait redonné confiance en lui et allait occuper une place centrale dans sa vie, influençant ses choix de façon dramatique.

Fille de Louis de Conflans, marquis d'Armentières, belle, cultivée, intelligente, Louise-Marthe avait épousé à dix-sept ans, en 1775, le fils unique du duc de Coigny. Chez elle, la fierté de descendre du côté paternel d'une famille de la noblesse d'épée qui remontait aux croisades se mêlait aux valeurs intellectuelles et morales de la bourgeoisie parlementaire, à laquelle sa mère, fille d'un richissime magistrat parisien, était restée fidèle. Séparés depuis longtemps, ses parents menaient des existences très différentes : intime du duc de Chartres et compagnon de son libertinage, le marquis de Conflans fréquentait la bonne société, tandis que la marquise avait préféré vivre loin de la cour, recevant chez elle un petit groupe d'amis choisis. Rien de plus éclairant sur les rapports entre les deux époux et sur les habitudes de la France aristocratique que ce dialogue la veille des noces de Louise-Marthe : « Le mariage [...] a donné lieu à plusieurs soupers de famille, dans lesquels nous avons vu renaître l'ancienne gaieté française. Lorsqu'il fut question de ce repas, le duc de Coigny dit à M. le marquis de Conflans : "Sais-tu que je suis fort embarrassé ? — Et ! Pourquoi ? — C'est que je n'ai jamais soupé de ma vie chez ta femme. — Ma foi ! Ni moi non plus. Nous irons ensemble, et nous nous soutiendrons [196]." »

Confiée à sa mère, Louise-Marthe avait reçu une éducation complète loin de la cour et, à peine trois ans après son mariage, âgée de vingt ans, avait été présentée à Versailles où la famille de son mari jouissait de la faveur illimitée de la reine. Nullement impressionnée par les us et coutumes mystérieux du château, sûre d'elle, de ses atouts physiques et intellectuels, la marquise de Coigny avait abordé la vie de cour avec un esprit critique de franc-tireur. Partagée entre deux éthiques bientôt appelées à rendre des comptes, la jeune femme revendiquait cette indépendance jalouse qui caractérisait autant la magistrature que la haute noblesse et n'était disposée à se laisser effrayer par personne.

Ainsi, le soir où Lauzun avait fait son entrée à Marly, elle avait été la seule, en toute connaissance de cause, à lui adresser la parole. Il l'avait avertie « qu'elle ne réussirait ni à la cour, ni dans sa famille, en [lui] parlant autant, et qu'il fallait pour cela bien du courage. Elle [lui] répondit qu'elle le savait bien [197] ». Conquis par l'audace de la jeune femme, Lauzun avait récupéré son sang-froid, confondant ses adversaires et asseyant son prestige avec les armes de l'ironie et du rire. En effet, quarante ans plus tard, en pleine Restauration, malgré la *damnatio memoriae* qui pesait sur Lauzun, Louis XVIII se souvenait de son irrésistible art de la conversation : « Il était impossible d'être plus amusant qu'il était : moi qui te parle, je serais resté vingt-quatre heures à l'écouter [198]. » Mais dans les mois qui suivirent, la gratitude et l'admiration qu'il portait à Mme de Coigny se changeraient en un sentiment inédit pour Lauzun : « Je n'avais jamais vu tant d'esprit, tant de grâces, qui ne ressemblaient en rien à l'esprit et aux grâces des autres. Je me disais qu'il n'était pas raisonnable de l'aimer, que cela me rendrait bien malheureux ; mais aucun bonheur ne me convenait autant [199]. »

Héritier d'un siècle de libertinage, Lauzun redécouvrait le charme ambigu du vasselage amoureux et renonçait au plaisir des sens pour s'aventurer dans le Pays de Tendre. Tel un chevalier courtois, il se déclarait prêt à aimer sans rien demander en échange, mais l'objet de son culte était bien éloigné de l'ancien modèle de la femme longuement idéalisée, célébrée comme la garante suprême des règles sociales de l'ordre établi.

En effet, Mme de Coigny était un esprit rebelle, en lutte contre toute forme de règle imposée, et cultivait avec une détermination égale les aspirations contradictoires de son époque. Elle détestait la monarchie par esprit de clan, invitait Rousseau à venir lire chez elle les *Confessions* et battait froid à Laclos parce qu'elle le soupçonnait de l'avoir prise pour modèle de la marquise de Merteuil dans *Les Liaisons dangereuses*. Il faut dire que, comme les vrais libertins, Mme de Coigny était maîtresse dans l'art de parler et savait s'imposer à ses interlocuteurs par le mordant et l'élégance de sa conversation et par l'originalité de ses jugements lapidaires, mais elle tenait trop à sa liberté pour aller plus loin. Elle prit tôt ses distances à l'égard d'un mari qu'elle n'aimait pas. Elle avait choisi de s'en tenir au féminisme défensif des précieuses, déclarant qu'elle n'aurait « point d'amants parce que ce serait abdiquer [200] », mais sans se montrer nécessairement cruelle envers ses admirateurs.

Son extrême individualisme ne l'empêchait pas d'aimer la vie mondaine où elle n'admettait pas de rivales, et si de nombreuses anecdotes nous sont parvenues sur sa capacité à s'imposer à l'admiration de la cour et de la ville, à amuser, à séduire sans se donner, on ne manque pas de preuves non plus de sa morgue, de son esprit vindicatif, de sa perfidie. Mais c'est en amitié que la marquise donnait le meilleur d'elle-même et si l'on se souvient d'elle aujourd'hui, c'est pour avoir su convaincre les deux plus célèbres libertins de l'époque de cultiver les plaisirs délicats de l'amitié amoureuse et de lui rendre hommage dans leurs écrits. Quelques années plus tard, en effet, le prince de Ligne la choisirait comme destinataire d'un de ses plus beaux textes littéraires, les célèbres lettres écrites pendant son voyage en Crimée à la suite de Catherine de Russie [201]. Mais Ligne cultivait depuis trop longtemps l'heureuse certitude que l'amour était inséparable du plaisir pour ne pas nourrir des réserves sur la métaphysique amoureuse de la marquise et il finirait par les exprimer dans le long portrait à clé qu'il lui consacrait : « Elle a trop raisonné sur l'amour. De l'analyse elle a passé à l'anatomiser et ce petit squelette n'est pas bon à envisager. Il n'est charmant que lorsqu'on le prend, sans réfléchir, avec ses jolies petites formes rebondies. A-t-elle, n'a-t-elle pas ? a-t-elle eu ? aura-t-elle ? C'est une énigme. Si cela est arrivé, ce n'a été que par curiosité [...] Je voudrais que Carite trouvât un homme qui lui ressemblât, et alors nous verrions beau jeu [202]. »

Tout donnerait à penser que Louise-Marthe avait trouvé cet homme en Lauzun. Ils avaient les mêmes amis – les Guéménée, les Dillon, le marquis de Voyer, le duc d'Orléans –, ils nourrissaient les mêmes ressentiments – lui envers la reine qui lui avait tourné le dos, elle envers le roi qui avait refusé le Cordon bleu à son père –, ils détestaient tous les deux la cour et appelaient de leurs vœux une politique de réformes capable de renouveler les institutions en profondeur. Ils avaient aussi en commun la même incertitude sentimentale, le même « vide [...] dans [le] cœur [203] ». Sa rencontre avec Mme de Coigny ralluma chez Lauzun l'espoir d'y avoir enfin trouvé remède, le poussant à renoncer au vieux manège de la séduction qui n'avait plus de secrets pour lui et à miser sur la soumission et l'attente. De son côté, la marquise se révéla experte dans l'art de se dérober tout en laissant subsister l'espoir d'un avenir autre. « Elle ne me dit pas qu'elle ne m'aimerait jamais [204] », lisons-nous en effet dans les *Mémoires*. Un lien très fort s'était ainsi tissé, qui, sans changer leur vie, les aiderait à exorciser leur destin de solitude.

Il est assez probable qu'au cours de leur « beau jeu [205] », Lauzun ait fini par remporter la mise érotique, toutefois c'est là un aspect secondaire en comparaison de l'influence psychologique que la marquise exerça sur lui.

C'est elle qui, mêlant convictions politiques et passions personnelles, contribuerait à transformer en haine le ressentiment que le duc vouait à Marie-Antoinette, le poussant à tourner le dos à son souverain et à embrasser la Révolution. Mais il s'agissait chez elle d'une Fronde de salon qui ne l'empêcherait pas d'émigrer dès qu'elle flairerait le danger, tandis que Lauzun s'engluerait dans ses choix.

C'est l'esprit tourné vers Mme de Coigny que le 12 mai 1780 Lauzun fit voile vers les États-Unis pour participer à ce que l'on pouvait enfin qualifier de grande expédition. À la tête de sa Deuxième Légion, le duc avait passé l'été et l'automne 1779 en Bretagne en attendant l'ordre d'attaquer l'Angleterre et c'est là que Chateaubriand l'avait vu « passer en habit de hussard, au grand galop sur un barbe », reconnaissant en lui comme il l'écrirait plus tard dans les *Mémoires d'outre-tombe* « un de ces hommes en qui finissait un monde [206] ». Mais le projet de débarquement sur les côtes anglaises avait de nouveau été abandonné et, début février de l'année suivante, le roi avait décidé d'envoyer une expédition au secours des Américains. La responsabilité de la flotte fut confiée au chevalier de Ternay, celle de l'armée de terre au comte de Rochambeau, un brillant militaire de carrière. C'est à la demande de Rochambeau que Lauzun, promu brigadier général au commandement des troupes légères, avait obtenu de prendre part à l'expédition avec sa légion.

Observateur attentif du conflit qui avait éclaté entre la Grande-Bretagne et sa colonie d'outre-Atlantique, Lauzun n'y avait d'abord vu qu'une occasion pour la France de tirer avantage de la faiblesse momentanée de la nation rivale. En outre, il était persuadé – ainsi qu'il ressort de sa correspondance avec Voyer – qu'un désaccord dû à des raisons contingentes ne pouvait pas mener à une rupture définitive deux pays aussi étroitement liés. Connaissant le pragmatisme politique anglais, il craignait plutôt que les deux adversaires ne finissent tôt ou tard par trouver un accord qui léserait la France. Même s'il n'avait pas compris tout de suite la portée et l'irréversibilité des événements américains, le duc tendait à sympathiser pour plus d'une raison avec les revendications des insurgés. Une des premières était sans doute son affiliation à la franc-maçonnerie.

Introduite en France vers 1725 par les jacobites anglais, la franc-maçonnerie avait connu après un élan initial des années difficiles dues d'abord à l'hostilité conjointe du gouvernement et de l'Église, puis aux disputes intestines qui l'avaient déchirée sous la direction désastreuse de cet irresponsable débauché qu'était le comte de Clermont. Le mouvement avait résisté grâce au dévouement de son administrateur général, le duc de Montmorency-Luxembourg qui, à la mort de Clermont, le 24 mai 1771, avait fait élire grand maître un autre prince du sang, le duc de Chartres, tout en continuant à diriger la société d'une main ferme et en la réformant de l'intérieur. Ainsi, le 22 octobre 1773, après s'être dotée de nouveaux statuts qui lui conféraient autorité sur les trois cents loges françaises, la Grande Loge nationale de France, ou Grand Orient, se réunit-elle solennellement pour la cérémonie d'installation du duc de Chartres. Dans le nouvel organigramme de l'ordre, Guéménée et Lauzun figuraient au premier rang [207] et on retrouvait là beaucoup d'intimes du duc : les Coigny, Osmond, Laval, Chabot, Durfort, Fronsac, le prince de Ligne.

S'inspirant des idées rationalistes et philanthropiques du siècle, la franc-maçonnerie française de cette époque n'avait rien de subversif. Elle visait à « l'amélioration du sort des hommes. Les moyens qu'elle emplo[yait] pour atteindre ce but sont la propagation de la morale et de la bienfaisance ». Son caractère même d'association « irrégulière » la poussait à s'assurer la tolérance tacite du gouvernement par un comportement irréprochable. D'où son choix de désigner pour grand maître le cousin du roi, ce qui la plaçait « presque à l'ombre du trône » [208].

Et même si cette élection ne fut pas un geste politique en soi, comme le rappelle Gabriel de Broglie, « la présence de Louis-Philippe-Joseph à la tête de la franc-maçonnerie apporta un élément déterminant pour les forces du changement[209] ». Tandis que son prestige de prince du sang servit à attirer les élites provinciales qui s'affilièrent en nombre, le détachement dont Chartres fit preuve dans l'exercice de ses fonctions – qu'il traitait comme une sinécure sans intérêt – « laissa se développer les initiatives et la décentralisation » du mouvement maçonnique, ce qui lui valut une grande popularité interne. Au fur et à mesure que « le recrutement des loges s'élargit et se démocratisa […] orléanisme et franc-maçonnerie tendaient progressivement à s'identifier[210] », revêtant tous deux à la veille de 1789 un caractère de plus en plus politique.

Mais dans les années 1770, la franc-maçonnerie française s'imposa aussi comme phénomène mondain, perdant son caractère secret, s'ouvrant aux femmes et se lançant dans les initiatives les plus diverses. « Ils s'amusent et sont charitables[211] », commenta Sébastien Mercier. En 1775, le roi lui-même y entra, certes sans tapage, s'affiliant avec ses deux frères à la loge militaire des Trois Frères Unis « à l'orient de la cour », tandis que les salons parisiens se passionnaient pour les débats entre le Grand Orient, la loge mère de rite écossais, le Contrat social qui s'était implanté à Paris en 1776 et la prestigieuse loge des Neuf Sœurs, composée surtout d'hommes de lettres et de savants.

C'est à l'occasion du conflit anglo-américain que les francs-maçons français prouvèrent leur influence sur l'opinion publique en contribuant à l'orienter en faveur des insurgés et en nouant des liens durables avec leurs frères d'outre-Atlantique. Pendant que Benjamin Franklin, arrivé à Paris en janvier 1777 d'abord comme envoyé puis comme ambassadeur des États-Unis nouveau-nés, était admis dans la loge des Neuf Sœurs sur présentation de l'astronome Lalande, et suscitait l'enthousiasme général, une de ses lettres au Congrès annonçait la venue du franc-maçon français La Fayette qui, sans demander l'autorisation du roi, était allé se battre pour la cause américaine. George Washington accueillerait aussitôt l'officier français dans la loge de l'Union américaine. Il vaut la peine de rappeler qu'à la cérémonie qui suivit le serment du premier président des États-Unis sur une Bible prêtée par la loge Saint-John, la délégation française figurait parmi les cinq loges invitées ; et que c'est ceint du tablier maçonnique en soie blanche brodé pour lui par la femme de La Fayette que, le 18 septembre 1793, Washington poserait la première pierre du Capitole.

En France, la franc-maçonnerie se répandit parmi les hauts gradés de l'armée et nombreux furent les officiers volontaires qui partirent se battre aux côtés de leurs frères américains. Dans le cas de l'expédition de Lauzun, en plus du duc, il est avéré que son supérieur en grade, le vicomte de Rochambeau, était franc-maçon ainsi que beaucoup de ses amis et compagnons d'aventure, dont le comte de Ségur, le vicomte de Noailles, le chevalier de Chastellux, Alexandre et Charles de Lameth. Comme l'a écrit Jacques Brengues, « c'est peut-être par certains de ceux-là qui servirent en Amérique que l'idéologie libératrice des lumières maçonniques françaises a mieux pénétré les loges américaines », mais à leur tour les francs-maçons français qui participèrent à la guerre de Sécession « ont pu voir sur place le début de l'expérimentation de grandes idées vécues par anticipation dans leurs loges respectives : l'Amérique leur apportait la preuve historique que c'était désormais possible »[212].

C'est ce qui arriva à Lauzun. Ayant débarqué à Rhode Island le 11 juillet 1780 après soixante-douze jours de traversée, il dut attendre un an avant d'affronter l'ennemi sur le champ de bataille. Newport, où les Français installèrent leur quartier général, était – comme le rappellera Louis-Philippe de Ségur qui la visiterait deux ans après – une ville « bien bâtie, bien alignée, qui contenait une population nombreuse dont l'aisance annonçait le bonheur ; on y formait des réunions charmantes d'hommes modestes, éclairés, et de jolies femmes dont les talents embellissaient les charmes[213] » et Lauzun ne tarda pas à faire les délices des trois demoiselles Hunter, dont le salon constituait le cœur de la vie mondaine de la ville.

Les Anglais avaient concentré leurs forces à New York et à Yorktown en Virginie, deux villes dotées de grandes baies sûres qui permettaient à la Royal Navy de mouiller et d'assurer le ravitaillement et le transport des troupes. Washington et Rochambeau de leur côté comptaient sur l'unité navale française pour entraver les mouvements de la flotte ennemie, mais ils n'étaient pas d'accord sur les choix stratégiques. Le premier voulait que les Américains et les Français donnent ensemble l'assaut à New York, le second ne se considérait pas encore assez sûr pour quitter Newport et attendait des renforts de France.

Dans les mois d'immobilité qui avaient suivi, après avoir fortifié la base de Newport où Rochambeau avait installé le gros de l'armée, Lauzun s'était occupé de ses hussards, d'abord à Rhode Island, puis, l'hiver venu, dans le Connecticut, à Lebanon, « qui n'est composé que de quelques cabanes dispersées dans d'immenses forêts[214] », comme en Sibérie. Formée surtout de mercenaires allemands et alsaciens, dont beaucoup étaient des transfuges de l'armée anglaise, la Légion Lauzun, bagarreuse et indisciplinée, avait besoin d'une poigne de fer. Les officiers étaient les premiers à donner le mauvais exemple, saisissant au vol la moindre occasion pour se battre en duel, à commencer par le comte Arthur Dillon, colonel en second du duc. Mais ce qui importait à Lauzun était que ses hommes lui obéissent sur le champ de bataille et c'est le comte Fersen qui nous révèle l'emprise qu'il avait sur eux : « Il est adoré de son corps ; il est comme le père de tous ses officiers ; ils se feraient mettre en pièces pour lui[215]. » Par une coïncidence singulière, à des milliers de kilomètres de Versailles, le duc s'était lié d'amitié avec le bel officier suédois, lui aussi franc-maçon, venu se battre pour la cause américaine dans l'espoir de faire oublier à la cour française la prédilection que Marie-Antoinette lui avait manifestée. Et si Fersen ne pouvait ignorer que Lauzun l'avait précédé dans les faveurs de la reine, cela ne l'empêchait pas de subir lui aussi son charme : le duc, écrivait-il à son père, « est l'âme la plus noble et la plus honnête que je connaisse[216] ». Le froid glacial de Lebanon n'avait apparemment pas entamé sa bonne humeur : venu lui rendre visite, Chastellux avait été invité – faute de mieux – à le suivre à la chasse aux écureuils, se réchauffant ensuite à la chaleur de sa conversation : « Car il faut avouer que la conversation reste encore l'apanage particulier des Français aimables[217]. »

Mais ces mois d'inactivité forcée n'avaient pas été inutiles pour Lauzun. Ils lui avaient permis en effet de se familiariser avec la réalité américaine, de rencontrer Washington à plusieurs reprises, lequel lui avait d'emblée manifesté estime et sympathie, et de comprendre le caractère civique du patriotisme des alliés. « Jamais, cher général, écrivait-il à Voyer en janvier 1781, le spectacle de l'Amérique n'a été ni sera aussi intéressant qu'il l'est cet hiver. L'armée se dissout pour se reproduire au printemps avec plus de règles, de certitude. Chaque officier devient administrateur, va plaider avec

chaleur dans les états de province la cause de l'armée. Les subalternes dont l'influence est moindre se dispersent sur toute la surface
de l'Amérique, cherchent les hommes en état de porter les armes,
les engageant, les rassemblant et les instruisant à s'en servir.
M. Washington, plus grand qu'il n'a jamais été, partage le peu qu'il
a de troupes sur les points importants, reste au corps d'armée avec
deux mille cinq cent [*sic*] hommes et par des sages et courageuses
dispositions semble nous indiquer les secours qu'il ne devrait pas
être obligé de nous demander [218]. » Secours que, de l'avis du duc,
le trop prudent général français refusait « indécemment » de lui
fournir.

Tandis que dans les pages des *Mémoires* consacrées à l'expédition
américaine les remarques de Lauzun sur Rochambeau sont margi-
nales et dénotent un détachement élégant, dans les longues lettres
confidentielles envoyées à Voyer son jugement sur le général est
résolument critique : « Excellent pour exécuter sous les ordres d'un
chef mais incapable de calcul, de négociation car c'est ici la partie
principale de sa mission. Je ne crains pas de le dire, il n'a aucune
idée des affaires, il ne les entend pas, il n'a pas l'art de traiter avec
les personnes ce qui est cependant utile dans un pays où chacun a
quelque droit à l'égalité [219]. » Rochambeau en somme avait toutes
les vertus du subalterne, mais aucun don de chef. Toutefois l'acri-
monie de Lauzun ne venait-elle pas de ce qu'il pensait posséder les
qualités dont son supérieur manquait, sans qu'on l'appelle à les
exercer ? Une fois de plus, Lauzun laissait transparaître dans ses
lettres au marquis son indignation devant un système de gouvernement incapable de mener une politique cohérente et habitué à
sacrifier le mérite à la logique de la faveur et de l'arbitraire. Dans
un pays fondé sur l'initiative individuelle comme l'Amérique, sa
frustration était aggravée par l'obstination de Rochambeau à décourager toutes ses demandes d'entrer en action, comme celle de
rejoindre La Fayette au sud du pays. Mais, fidèle au code d'honneur
militaire, il continua à collaborer loyalement avec Rochambeau,
finissant même par lui reconnaître des qualités. De son côté le
général, tout en admirant le courage de Lauzun, n'entendait pas
courir de risques pour satisfaire son esprit d'aventure. Et le jugement sur le duc que son fils, le vicomte de Rochambeau, formule-
rait par la suite nous aide à comprendre que les obstacles à cette

reconnaissance qu'il désirait tant n'étaient pas tous dus à sa mauvaise étoile. Il était certainement « l'homme de France le plus aimable, le plus spirituel, le plus généreux, le plus loyal, quelquefois le plus sage, souvent le plus fou, le philosophe le plus gai [...] mais il n'eut jamais assez de force dans le caractère pour réussir [220] ».

Enfin, en octobre 1781, l'occasion tant attendue par Lauzun arriva. Mi-août, Washington avait appris que la flotte française de l'amiral de Grasse avait appareillé pour le golfe de Chesapeake, chargée d'hommes et d'argent, prête à instaurer un blocus qui empêcherait les forces navales anglaises concentrées à Yorktown de recevoir du renfort ou de repartir au large. Washington avait aussitôt changé de stratégie et, levant le siège de New York, ordonné à l'armée franco-américaine de rejoindre Yorktown au plus vite. Manquant de défenseurs et de vivres et comptant de nombreux soldats malades, la ville ne résisterait pas longtemps. En effet après la défaite navale du 5 septembre, la seule possibilité pour Lord Cornwallis de rompre l'encerclement avait été de traverser la rivière York qui entourait la ville et de fuir avec ses hommes vers le sud. Pour protéger sa retraite, le général anglais avait transformé Gloucester, la bourgade en face de Yorktown, en bastion tenu par un gros détachement d'infanterie et toute sa cavalerie.

L'honneur de lancer, le 3 octobre, la première attaque contre la légion du redouté colonel Tarleton revint aux hussards de Lauzun, ce qui démontrait aux Américains qu'« ils pouvaient non seulement boire, se provoquer en duel et voler comme le reste d'entre eux, mais aussi combattre avec les meilleurs d'entre eux. Ces Français n'étaient pas seulement, comme le colonel Fontaine de la milice de Virginie affirmait qu'on le lui avait fait croire, "des gens qui vivaient de grenouilles et de légumes crus" [221] ». Et malgré la double mortification d'avoir à se plier aux ordres d'un supérieur français et d'un général américain, le duc vola la vedette à tout le monde.

Ayant su que Tarleton « désirait beaucoup *to shake hand with the french duke* [222] », Lauzun s'était élancé au grand galop pour lui donner satisfaction. La vie redevenait amusante et la guerre une occasion de prouver son courage. « J'aperçus en arrivant la cavalerie anglaise trois fois plus nombreuse que la mienne ; je la chargeai sans m'arrêter ; nous nous joignîmes. Tarleton me distingua et vint à moi le pistolet haut. Nous allions nous battre entre nos deux troupes, lorsque son cheval fut renversé par un de ses dragons pour-suivi par un de mes lanciers. Je courus sur lui pour le prendre ; une troupe de dragons anglais se jeta entre nous deux, et protégea sa retraite : son cheval me resta. Il me chargea une deuxième fois sans me rompre ; je le chargeai une troisième, culbutai une partie de sa cavalerie, et le poursuivis jusque sous les retranchements de Glocester. Il perdit un officier, une cinquantaine d'hommes et je fis un assez grand nombre de prisonniers [223]. » L'action de Lauzun avait enlevé aux Anglais la dernière possibilité de se frayer un passage entre les armées ennemies et de violents combats eurent lieu les jours suivants. Mesurant la gravité de la situation, le 19 octobre 1781, Lord Cornwallis se rendit. « Lauzun fut envoyé pour traiter de la capitulation et en dresser les articles. Il se présenta seul, en parlementaire, agitant son mouchoir blanc dans sa main. Le cheva-leresque duc ne faisait rien comme un autre [224]. » En reconnais-sance de sa bravoure, il fut chargé par Rochambeau de porter « la grande nouvelle » à Versailles, où il reçut un accueil chaleureux du roi, qui lui « fit beaucoup de questions et [lui] dit beaucoup de choses honnêtes » [225]. Mais le duc jouait de malchance, car, le 15 novembre, Maurepas mourait, le privant de la seule protection dont il disposait. Dès lors, en effet, les nouveaux ministres de la Guerre et de la Marine, le comte de Ségur et le marquis de Castries, le « traitèrent aussi mal qu'ils purent [226] ».

Lauzun s'embarqua de nouveau pour l'Amérique en mai 1782 sans avoir obtenu de Ségur la moindre gratification ni pour son régiment ni pour lui, et profondément affligé de devoir quitter de nouveau Mme de Coigny. Pendant les six mois passés en France, l'amitié amoureuse de plus en plus intense qui le liait à la marquise était devenue délicieusement ambiguë. Incarnation parfaite de l'« allumeuse », Mme de Coigny condescendait à un jeu érotique qui avait pour modèle la tradition de l'amour courtois et dont le duc prouvait qu'il possédait les règles à la perfection. Il lui avait coupé une mèche de cheveux et elle avait prétendu qu'il la lui rende sans réussir à retenir ses larmes de devoir lui infliger un tel sacrifice. Au grand bal en l'honneur de la reine, qui s'était tenu à l'Hôtel de Ville pour célébrer la naissance du Dauphin, la marquise portait une robe ornée d'une splendide plume de héron noir et, la veille de son départ, Lauzun avait trouvé le courage de supplier la marquise de la lui offrir. Il s'était peut-être rappelé que, à l'époque où il était en faveur, Marie-Antoinette lui avait demandé la plume blanche qu'il portait à son chapeau, pour l'arborer ensuite dans ses cheveux. Certes, son imagination ne pouvait être plus en harmonie avec la vénération dont ses sentiments étaient empreints. « Jamais chevalier errant ne désira rien avec plus d'ardeur et de pureté [227]. » D'ailleurs Mme de Coigny était au diapason, car, tout en répondant « qu'il était impossible de la [lui] envoyer ; qu'un jour elle [lui] en dirait les raisons », elle réussissait à susciter en lui la conviction qu'elle en était profondément « fâchée » [228].

Lauzun se souviendra dans ses Mémoires que la douleur de la séparation d'avec la marquise, accrue par le soupçon de ne pas être aimé, l'avait abattu physiquement, lui causant des accès de fièvre et de délire pendant tout son voyage de retour aux États-Unis. Craignant une issue fatale, il avait fait coudre les lettres de la marquise dans son justaucorps pour les emmener avec lui dans la mort. Pourtant, si nous devons prêter foi aux souvenirs de son ami Louis-Philippe de Ségur, qui faisait partie lui aussi de cette seconde expédition américaine, Lauzun ne devait pas avoir perdu toute joie de vivre puisque, durant une escale à Terceyre, une île de l'archipel des Açores, il avait découvert l'existence d'un couvent « qui n'aurait peut-être pas été déplacé à côté des anciens temples d'Amathonte et de Gnide [229] ». Mais comme le duc destinait ses Mémoires à Mme de Coigny, son amnésie n'a rien de surprenant.

Lauzun passa cette dernière année en Amérique loin des champs de bataille, tandis que des nouvelles funestes arrivaient de Paris. Le 8 septembre 1782 disparaissait, emportée par la tuberculose à trente ans, la charmante Mme de Dillon, maîtresse adorée du prince de Guéménée, qu'une longue et tendre amitié liait au duc. Une semaine après, le 16 septembre, mourait brutalement le marquis de Voyer, que Lauzun avait choisi pour figure tutélaire. Enfin en octobre le duc reçut la nouvelle de la banqueroute spectaculaire – trente-deux millions de pertes – de son meilleur ami, le prince de Guéménée, à qui il avait cédé tous ses biens en échange d'une rente à vie.

Entre-temps la mission française touchait à sa fin. Début décembre, Rochambeau reçut l'ordre de s'embarquer avec le gros de l'armée, laissant le reste des troupes aux ordres de Lauzun. En effet, le 20 janvier 1783, la France et l'Angleterre signèrent les préliminaires du traité de paix de Versailles qui mettrait un terme à la guerre le 3 septembre. L'Angleterre reconnaissait l'indépendance de treize colonies américaines et de son côté la France obtenait la reconnaissance de ses comptoirs en Inde, au Sénégal, à Saint-Pierre-et-Miquelon et échangeait Saint-Domingue contre l'île de Tobago. Le 11 mai, le reste de l'armée française s'étant embarqué, Lauzun rentra en métropole. Dans l'attente d'un avenir pour le moins incertain, le duc prenait congé du passé en confiant aux *Mémoires* le souvenir de ses trente-sept premières années de vie.

Profondément marqué par l'aventure américaine, Lauzun put constater que la France changeait rapidement et découvrit aussi combien la monarchie avait du mal à s'adapter aux temps nouveaux. Il savait qu'il était désormais *persona non grata* et qu'il ne pouvait plus compter sur aucun protecteur, mais il était trop individualiste pour se retirer sans se battre et entendait continuer à servir son pays en vertu des compétences militaires et diplomatiques qu'il avait acquises au fil des années. Il avait sillonné l'Europe, séjourné en Prusse et en Pologne, connaissait l'Angleterre comme personne et en parlait la langue, avait poussé jusqu'en Afrique, s'était couvert de gloire en Amérique, disposait d'un vaste réseau de relations et pouvait fournir des analyses précises de chacun de ces pays.

Les longues lettres qu'il a envoyées à Montmorin, successeur de Vergennes au ministère de la Guerre témoignent de l'étendue de ses intérêts, de sa ténacité et de son inépuisable énergie. Fort des enseignements de Choiseul, et bien avant Napoléon, Lauzun considérait par exemple qu'il était vital pour l'avenir du commerce français de prendre les Anglais de vitesse et de s'assurer le contrôle de l'Égypte encore sous domination ottomane. D'où la nécessité de ne pas abandonner complètement l'ancien allié turc – qui battait en retraite devant l'armée de Catherine – et de mener en sa faveur une politique de médiation avec la Russie. L'enjeu égyptien se jouait à Saint-Pétersbourg où son ami Ségur avait été ambassadeur, mais aussi dans les chancelleries des grandes puissances européennes et, évidemment, à Londres. C'était dans la capitale anglaise qu'une fois de plus Lauzun demandait que le gouvernement l'envoie en mission, pas comme ambassadeur, mais avec la tâche de suivre « cette importante négociation si la paisible possession de l'Égypte en est le fruit [230] ». En vue du même objectif, il suggérait à Montmorin d'envoyer à Berlin d'abord son ami Mirabeau, puis le baron de Heyman, mais ces candidatures, la sienne en premier, étaient jugées trop proches du Palais-Royal pour paraître fiables. Devant le rejet systématique de toutes ses propositions, le duc ne cachait pas son indignation au ministre : « Trop de considérations étrangères à la valeur individuelle des hommes peuvent maintenant les appeler aux fonctions importantes ou les en exclure, pour qu'il soit permis d'en désirer aucune. On peut aimer et respecter le roi, faire des vœux ardents pour sa gloire, même lui sacrifier beaucoup, et de tels sentiments sont invariables dans mon cœur ; mais on ne peut plus servir monsieur le Comte [231]. »

C'étaient les mêmes réflexions qu'il avait partagées avec Voyer une dizaine d'années plus tôt, mais maintenant, comme beaucoup de ses contemporains, Lauzun commençait à croire qu'un changement était possible. Avec la guerre américaine, la politique était devenue une question d'intérêt public, elle avait cessé une fois pour toutes d'être secret d'État, l'affaire personnelle du roi.

La polémique autour de l'ordre de Cincinnatus – dont Lauzun fut décoré avec Dillon, Ségur et La Fayette – montre à elle seule les contradictions de fond dans l'alliance franco-américaine. À la fin de la guerre, le Congrès avait voulu témoigner sa reconnaissance aux étrangers qui s'étaient battus pour l'indépendance des États-Unis en créant pour eux et leurs descendants une association baptisée, dans l'esprit de l'époque, du nom du héros romain qui, après avoir sauvé la république, était retourné cultiver son champ. En autorisant pour la première fois ses sujets à porter une décoration étrangère, Louis XVI semblait ne pas relever que l'ordre de Cincinnatus était le symbole sans équivoque de cet héroïsme républicain qui avait poussé les Américains à renier leur souverain légitime. De son côté, ambassadeur des États-Unis à Paris, Benjamin Franklin incitait Mirabeau et Chamfort à souligner l'incohérence où tombait une jeune nation républicaine en créant une charge héréditaire. En cela, il ouvrait officiellement la voie à une dénonciation de l'imposture « qui consiste à fonder l'ordre social sur la naissance [232] ».

Lauzun ne se laissa pas décourager par l'échec que rencontraient ses tentatives pour obtenir l'oreille des ministres du roi et continua à s'occuper de politique. Comme il l'écrivit à Montmorin : « l'inutilité de mon zèle a mis des bornes à mon ambition personnelle, mais mon intérêt patriotique est un devoir sacré auquel j'obéirai toujours [233] ». Dans l'espoir de servir un jour une patrie plus juste envers ses citoyens que ne l'était un souverain prisonnier d'un système obsolète, Lauzun compléta sa formation politique en s'appliquant à l'étude de l'économie.

Depuis que Necker avait publié son *Compte rendu au roi*, en février 1781, révélant pour la première fois aux Français les arcanes de la finance publique, et que le terme « déficit » était entré massivement dans le langage quotidien, économie et politique semblaient en effet presque synonymes. Dès ses premiers séjours dans la capitale anglaise – « l'endroit du monde où se développaient les méthodes, les moyens, les techniques de la banque et du négoce modernes [234] » –, Lauzun avait compris que ces deux domaines étaient désormais inséparables. Mais c'est un banquier genevois, Jean-François-Isaac Panchaud, très critique à l'égard des choix de Necker, qui l'initia aux problèmes généraux de la gestion publique du crédit et de l'épargne. Beaucoup d'autres – Talleyrand, Mirabeau, Narbonne, Vaudreuil, Choiseul-Gouffier, Chamfort – furent conquis comme lui par les théories financières que Panchaud exposait dans les réunions qu'il tenait chez lui rue de Vivienne, et, devenu ministre des Finances, Calonne en appellerait à ses conseils.

Même si, à partir de la moitié des années 1780, le trio composé par Panchaud, Mirabeau et Talleyrand exerça indubitablement une influence déterminante sur l'évolution politique de Lauzun, le duc resta fidèle à ses vieux amis et à ses habitudes mondaines du passé, tout en constatant que la vie de société elle-même se transformait en champ de bataille.

La banqueroute de Guéménée qui avait frappé un grand nombre de gens – trois mille créanciers de toutes les conditions sociales, dont beaucoup avaient cédé leur patrimoine en échange d'une rente à vie – avait aussi modifié les équilibres à la cour. Les Rohan s'étaient déclarés prêts à tout pour sauver l'honneur de leur famille et conserver au prince la charge de Grand Chambellan et à son épouse celle de Gouvernante des enfants de France. Passé le premier moment d'indignation, Louis XVI – élevé par Mme de Marsan, née Rohan-Soubise, et ami personnel du prince de Soubise – aurait peut-être penché pour l'indulgence, mais Marie-Antoinette prétendit qu'on éloignât le couple. En réclamant une rigueur insolite, la reine entendait-elle défendre sa réputation déclinante ou s'emparait-elle simplement de ce prétexte pour se libérer d'une amitié qui désormais lui pesait ? Oubliait-elle que Mme de Guéménée avait contracté une bonne part de ses dettes afin de tenir maison ouverte pour elle ? Ou plus simplement profita-t-elle de la disgrâce de la princesse pour transférer la charge de gouvernante à sa nouvelle amie Mme de Polignac ? Ce qui est certain, c'est qu'en laissant les Rohan « s'effondrer dans l'ignominie d'une faillite, Louis XVI commettait une imprudence sans nom, et il portait lui-même le premier coup à la noblesse, encore intacte. Le second ne devait pas tarder, mais cette fois c'était la royauté qui allait être frappée en plein visage [235] ».

À peine trois ans plus tard, en effet, la famille royale recevait un coup mortel. Au cours de l'été 1785, le cardinal Louis de Rohan, Grand Aumônier de France, évêque de Strasbourg et prince de l'Empire, fut victime de l'hostilité de Marie-Antoinette et de la soumission croissante de Louis XVI aux désirs de son épouse. Le 15 août, le cardinal fut arrêté à Versailles, accusé par deux bijoutiers de s'être approprié, au nom de la reine, un fabuleux collier de diamants. Mais au cours du procès, il apparut avec évidence que le roi était convaincu de la culpabilité de Rohan sans en avoir les preuves réelles, alors que le cardinal avait été la victime inconsciente d'une escroquerie. Dans toute cette affaire, qu'on baptisera « l'affaire du collier », ce n'est pas seulement la famille Rohan qui s'élèverait contre le traitement réservé à un de ses membres les plus prestigieux. Jugée hâtive et arbitraire, l'arrestation du cardinal apparut à l'ordre des privilégiés comme un scandaleux exemple d'abus de pouvoir de la couronne. Non seulement le procès se conclut en mai 1786 par l'absolution pleine et entière de Rohan, mais elle entacha définitivement la réputation de Marie-Antoinette. Étrangère à toute cette histoire, la reine finit par apparaître comme son inspiratrice occulte et le prestige même de la monarchie sortit laminé d'un procès qui avait révélé la corruption de la cour, le manque de fiabilité des ministres et leur mésentente ainsi que la volonté de revanche des juges.

Le ressentiment des Rohan et de leur clan à l'égard de la famille royale avait déclenché une fronde aristocratique qui trouva son point de référence naturel en la personne du cousin du roi, au Palais-Royal. Traditionnellement, les Orléans se distinguaient par leurs positions libérales, tout en affichant, comme en témoigne l'exemple du Régent, leur loyauté vis-à-vis de la branche aînée de la famille des Bourbons qui occupait le trône. Mais vers la fin des années 1770, pour des raisons somme toute assez futiles, le duc de Chartres avait encouru l'ostracisme de Marie-Antoinette et, au début de la guerre de Sécession, après un exploit naval controversé au large de l'île d'Ouessant (27 juillet 1778), il avait vu lui échapper la charge de Grand Amiral de la Marine à laquelle il aspirait. Dès lors, Chartres déserta la cour, faisant du Palais-Royal – que son père lui avait cédé en 1780 – une sorte d'« anti-Versailles [236] » et adoptant un style de vie anticonformiste, à l'enseigne du progrès et de la modernité. Son admiration pour l'Angleterre, ses formes de gouvernement, ses us et coutumes ne pouvait pas ne pas sembler une critique implicite des institutions françaises.

Même si Lauzun n'avait pas été lié dès sa plus tendre jeunesse au prince de Guéménée comme au duc de Chartres, l'influence de Mme de Coigny aurait suffi à le rallier à leur camp. Non seulement la marquise était une intime des Guéménée, mais sa sœur cadette avait épousé le duc de Montbazon, fils aîné du couple, et la faillite du prince les concernait toutes deux aussi d'un point de vue patrimonial. Devant la dureté de cœur dont Marie-Antoinette avait fait preuve à l'égard des Guéménée, l'antipathie de la marquise pour elle s'était transformée en haine. Une haine tenace, belliqueuse, qui l'accompagnait dans ses succès mondains, se dissimulait derrière le brio de ses conversations et s'était transformée en un singulier défi féminin à distance. Informée des critiques qui lui étaient adressées, la souveraine avait reconnu mélancoliquement la défaite que la marquise lui infligeait dans la capitale : « Je suis reine de Versailles, mais c'est Mme de Coigny qui est reine de Paris [237]. » Toutefois la marquise n'entendait pas se contenter de cette première victoire et, en 1791, dans une lettre à Lauzun écrite de Londres où elle s'était réfugiée « pour aimer en sécurité la Révolution [238] », le désir d'humilier la reine se révèle plus fort que sa peur devant le pli que prennent les événements : « Vraiment, cette Marie-Antoinette est trop insolente et trop vindicative pour ne pas prendre plaisir à la remettre à sa place, en l'ôtant de celle du Roi qu'elle voudrait usurper. C'est un vrai service à rendre à la France, que de vous demander, comme bon patriote de ne pas vous y refuser [239]. »

Sa passion pour la marquise ne mit pas fin à la carrière de séducteur de Lauzun. Parmi les nombreux noms féminins qui allongèrent la liste de ses conquêtes, celui d'Aimée de Coigny, une cousine de Mme de Coigny, est demeuré célèbre. Fille du comte de Coigny, frère du favori de Marie-Antoinette, et très tôt orpheline de mère, Aimée avait été élevée par la maîtresse de son père, la princesse de Guéménée. Le souvenir de la période heureuse passée en compagnie de cette grande dame qui, tombée en disgrâce après la banqueroute de son mari, s'était retirée avec stoïcisme et dignité dans la solitude de son château de Vigny, devait s'imprimer pour toujours dans la mémoire de l'adolescente. En 1784, âgée d'à peine quinze ans, Aimée fut mariée à un garçon de six mois plus jeune qu'elle, le marquis de Fleury, qui deviendrait duc en 1788. Voué à l'échec, leur mariage permit à l'époux, un militaire de carrière qui ne brillait pas par l'intelligence, de gaspiller à la table de jeu la dot de sa femme et à l'épouse de vivre en accord avec ses inclinations. Inclinations qui, à dire vrai, se distinguaient par leur originalité. D'ailleurs la mère de la jeune duchesse, déjà, passionnée d'anatomie, avait donné preuve d'une grande bizarrerie en voyageant toujours avec un squelette dans ses bagages. Dotée d'une imagination romanesque, se consacrant au culte de la lune, Aimée s'était rebaptisée Zilia, comme l'héroïne des *Lettres d'une Péruvienne*, mais, contrairement au personnage de Mme de Graffigny, son souci principal semblait consister à ne pas prendre la vie trop au sérieux et à ne pas perdre une occasion de s'amuser. Mme de Genlis rappellera ses « accès de gaieté qui ressemblent un peu à de la folie » et qui avaient parfois « quelque chose d'indécent »[240]. Aimée était surtout exceptionnellement belle. Pour Walpole qui ferait sa connaissance à Londres à l'âge de vingt-deux ans elle était « de loin la plus jolie Française » qu'il eût rencontrée : « Bien que petite, sa taille est parfaite, avec des yeux et un nez très fins, une bouche et des dents très belles[241]. » Ses cheveux et ses yeux étaient si sombres que sa famille l'avait surnommée « Nigretta » et le témoignage d'Élisabeth Vigée Le Brun, dont les portraits fixaient à cette époque un nouveau canon de beauté féminine, ne laisse aucun doute : « La nature semblait s'être plu à la combler de tous ses dons. Son visage était enchanteur, son regard brûlant, sa taille celle qu'on donne à Vénus. » Mais le charme d'Aimée n'était pas seulement de nature esthétique, il portait la marque de son « esprit supérieur ». Mme Vigée Le Brun, qui avait fait sa connaissance à

Rome début 1790, affirme que dans le milieu cosmopolite de la ville des papes « le goût et l'esprit de la duchesse de Fleury brillaient par-dessus tout ». Et l'entente qui s'était instaurée entre l'artiste célèbre et l'aristocrate de vingt et un ans fuyant la France, toutes deux pareillement désireuses de découvrir les chefs-d'œuvre de l'art italien, ne peut que plaider en faveur de la sensibilité de la seconde : « Nous nous sentîmes entraînées à nous rechercher mutuellement ; elle aimait les arts, et se passionnait comme moi pour les beautés de la nature ; je trouvai en elle une compagnie telle que je l'avais souvent désirée. »

Bien qu'écrit une quarantaine d'années après cette rencontre romaine [242], à la lumière des épisodes dramatiques et souvent embarrassants qui marqueraient la vie de la duchesse, le portrait de Mme Vigée Le Brun reste empreint d'une profonde empathie. Et l'indulgence que l'artiste semble invoquer pour la duchesse est celle que le conformisme bourgeois de la Restauration accordait, du moins dans les livres, aux héroïnes romantiques exposées aux « dangers qui menacent tous les êtres doués d'une imagination vive et d'une âme ardente ». Mais Mme Vigée Le Brun savait bien qu'à l'époque de leur amitié, c'était plutôt la Révolution de 1789 qui « menaçait » l'impunité du style de vie aristocratique qui permettait à Aimée de disposer librement de son cœur : « Elle était tellement susceptible de se passionner qu'en songeant combien elle était jeune, combien elle était belle, je tremblai pour le repos de sa vie ; je la voyais souvent écrire au duc de Lauzun, qui était un bel homme, plein d'esprit et très aimable, mais d'une grande immoralité, et je craignais pour elle cette liaison, quoique je puisse penser qu'elle était fort innocente [243]. »

Innocente ne semble pas le bon mot du moment que la relation de la jeune duchesse avec Lauzun fut sa première aventure extra-conjugale. De vingt ans plus âgé qu'elle, le duc l'avait connue enfant chez Mme de Guéménée pour la retrouver, jeune mariée, au Palais-Royal où, à commencer par le duc de Chartres qui l'appelait « ma sœur », le clan Orléans lui avait ouvert les bras. Et comme elle était vraiment charmante, Lauzun s'offrit de l'initier à la vie amoureuse, trouvant en elle une élève hautement douée. Le fait qu'Aimée fût la cousine du mari de Mme de Guéménée était-il pour lui un attrait supplémentaire ? Est-ce qu'il vit là l'espoir de rendre jalouse la marquise ou plutôt l'occasion de renforcer leur complicité ? Et chez la jeune femme, le plaisir de rivaliser avec sa célèbre cousine ne joua-t-il pas en faveur de Lauzun ? Comme l'a écrit Adolfo Omodeo dans le beau portrait qu'il a consacré à Aimée, « la marquise de Coigny sut et laissa faire : sûre de son pouvoir sur son chevalier servant, elle lui laissa Nigretta comme un amusement ; elle montra avec un esprit supérieur de la pitié pour la faiblesse de sa cousine qui faisait ressortir sa [propre] fermeté [244] ».

Quoi qu'il en soit, Aimée s'éprit de Lauzun et fréquenta assidûment la folie que le duc possédait à Montrouge, jusqu'au moment où, en 1790, son mari trouva plus prudent de quitter la France pour chercher refuge en Italie. La jeune femme ne se targuait pas de constance et à Rome elle tomba vite amoureuse d'un très beau diplomate anglais, le comte de Malmesbury, avec qui Lauzun s'était d'ailleurs lié d'amitié à Berlin, à l'époque de sa passion pour la princesse Czartoryska. Mais dans une lettre qu'elle envoya de Naples au duc, le souvenir de leur intimité passée occupait encore largement ses rêveries, se confondant avec le « gémissement » de la mer, « agitée » par son amour pour la lune. « Je trouverais fort doux et même nécessaire de vous voir là étendu sur cette chaise longue, près de la mienne ; de causer avec vous tranquillement, d'y lire ou de n'y rien faire du tout, d'ouvrir tout simplement ma fenêtre qui donne sur la mer, d'écouter les flots qui battent presque contre ma maison, de rêver, de pleurer même […] puis, je vous parle toute seule, pendant une heure, sans que vous ayez seulement l'air de m'entendre [245]. »

Comme Aimée le savait bien, c'est la politique qui avait distrait Lauzun de la calme volupté de leur douce oisiveté : « Cette maudite Révolution vous occupe, vous fait agir, que sais-je ? vous tourne la tête, peut-être, et moi je l'ai oubliée, je ne la suis plus du tout et je la déteste [246]. » La Révolution, elle, ne l'oublierait pas.

NOTES

1. François-René de Chateaubriand, *Mémoires d'outre-tombe*, éd. critique de Jean-Claude Berchet, 2 vol., Paris, Librairie générale française, 2004-2005², vol. I, p. 170.

2. Gaston Maugras, *La Fin d'une société. Le duc de Lauzun et la cour intime de Louis XV*, Paris, Plon, 1909, pp. 10-11.

3. Dès 1805, Jean-Pierre-Jacques-Auguste de Labouïsse-Rochefort notait dans ses *Souvenirs* qu'il avait lu le manuscrit des Mémoires de Lauzun grâce à la « complaisance de M. le marquis de *** », détenteur du manuscrit, et il en citait de longs extraits en tous points conformes au texte que publierait Louis Lacour (*Souvenirs et Mélanges littéraires, politiques et biographiques par M. L. de Rochefort*, Paris, Bossange Frères, 1826, 2 vol., vol. II, p. 273).

4. Cf. *Bulletin du bibliophile et du bibliothécaire*, Paris, Techener, 1895, p. 367, et Geneviève Haroche-Bouzinac, « Madame Campan. L'écriture et la publication de ses Mémoires, 1797-1824 », in *Vérité de l'Histoire et vérité du moi. Mélanges offerts à Jean Garapon*, Paris, Honoré Champion, à paraître.

5. Labouïsse-Rochefort écrivait des Mémoires de Lauzun : « S'ils sont jamais imprimés, il y aura du *scandale dans Landerneau* ! » (*Souvenirs et Mélanges*, *op. cit.*, p. 273). De même, dans les *Souvenirs du Prince Clary-et-Aldringen. Trois mois à Paris lors du mariage de l'Empereur Napoléon Iᵉʳ et de l'Archiduchesse Marie-Louise*, publiés par le baron de Mitis et le comte de Pimodan (Paris, Plon, Nourrit et Cie, 1914, p. 242), l'auteur raconte qu'il a lu les Mémoires manuscrits de Lauzun et rapporte l'inquiétude qu'éprouve la princesse Czartoryska d'y figurer. Concernant le procès intenté par les descendants de la princesse à l'éditeur français des *Mémoires*, voir aussi notre Bibliographie. On trouve mention également des amours d'une amie de la princesse, Lady Elizabeth Berkeley – qui avait épousé en 1767 William, sixième baron de Craven, puis en 1791 Christian, margrave de Brandebourg-Anspach –, avec le comte de Guînes, ambassadeur français à Londres. Lauzun l'avait rencontrée à Londres en 1773. Auteur elle aussi de Mémoires (*Mémoires de la Margrave d'Anspach*, traduit de l'anglais par J. T. Tissot, Paris, Arthus Bertrand Libraire, 2 vol.), où l'on trouve un beau

portrait de la princesse de Czartoryska. Lacour affirme que parmi les aristocrates inquiètes se trouvait la vicomtesse de Laval, maîtresse de Narbonne et amie de Talleyrand, avec qui, en effet, Lauzun avait eu une courte liaison (cf. *Mémoires du duc de Lauzun (1747-1783)*, publiés entièrement conformes au manuscrit, avec une étude sur la vie de l'auteur, seconde édition, par Louis Lacour, Paris, Poulet-Malassis et De Broise, 1858, pp. LXII, 102-103 et 106).

6. *Mémoires inédits de Madame la comtesse de Genlis, sur le dix-huitième siècle et la Révolution française, depuis 1756 jusqu'à nos jours*, 10 vol., Paris, Ladvocat, 1825, vol. II, p. 67, note 1.

7. *Le Moniteur*, 27 mars 1818.

8. Le comte Armand-François d'Allonville affirme avoir entendu Lauzun en donner lecture chez Mme Buffon, maîtresse du duc d'Orléans, avant la Révolution (*Mémoires secrets de 1770 à 1830 par le comte d'Allonville*, Paris, Werdet, 6 vol., 1838-1845, vol. I, pp. 202-203), citant par ailleurs une conversation de celui-ci avec Marie-Antoinette qui ne figure pas dans les Mémoires de Lauzun.

9. Cf. aussi Emmanuel de Waresquiel, « Talleyrand en ses Mémoires », préface à *Mémoires et Correspondances du Prince de Talleyrand*, texte et notes d'Emmanuel de Waresquiel, Paris, Laffont, 2007, pp. VIII-IX.

10. Cité in Georges d'Heylli, « Lauzun et ses Mémoires », in *Mémoires du duc de Lauzun*, édition complète précédée d'une étude sur Lauzun et ses Mémoires par Georges d'Heylli, Paris, Édouard Rouveyre, 1880, p. XL.

11. *Ibid.*, p. XLI.

12. Charles-Augustin Sainte-Beuve, « Le Duc de Lauzun », in *Causeries du lundi*, Paris, Garnier Frères, [s. d.], vol. IV, p. 307. Cf. aussi Stendhal : « Quelle bonne chose que les mémoires d'un homme non dupe et qui a entrevu les choses ! C'est, je crois, le seul genre d'ouvrages que l'on lira en 1850 », lettre de Stendhal à Adolphe de Mareste, Grenoble, 22 avril 1818, Stendhal, *Correspondance générale*, édition critique de Vittorio Del Litto, Paris, Honoré Champion, 1999, 3 vol., vol. III, pp. 114-115.

13. *Mémoires du duc de Lauzun, op. cit.*, pp. 3-4.

14. Stendhal, *De l'amour*, éd. Henry Martineau, Paris, Garnier, 1959, p. 5.

15. *Mémoires du prince de Talleyrand*, publiés avec une préface et des notes par le duc de Broglie, Paris, Calmann-Lévy, 1891-1892, 5 vol., vol. I, p. 159.

16. Cf. Rohan Butler, *Choiseul*, vol. I, *Father and Son, 1719-1754*, Oxford, Clarendon Press, 1980, p. 684. Cf. aussi *Mémoires du prince de Talleyrand, op. cit.*, vol. V, p. 530, qui définit Lauzun comme le fils de Gontaut ou « plutôt fils de M. de Stainville ».

17. *Ibid.*, pp. 861 *sqq.*

18. *Mémoires du duc de Lauzun, op. cit.*, p. 5.

19. *Ibid.*, p. 7.

20. Jean-Jacques Rousseau, *Confessions*, in *Œuvres complètes*, sous la direction de Bernard Gagnerin et Marcel Raymond, Paris, Gallimard, 1959, vol. I, p. 535.

21. *Mémoires du duc de Lauzun, op. cit.*, p. 4.

22. Amélie de Boufflers était née le 5 mai 1751.

23. *Ibid.*, p. 44.

24. *Ibid.*, p. 25.

25. *Ibid.*, p. 12.

26. « Amazonian fierce, haughty dame » : lettre d'Horace Walpole à Thomas Gray, 25 janvier 1766, in *Horace Walpole's Correspondence with Thomas Gray, Richard West and Thomas Ashton*, édition critique de W. S. Lewis, George L. Lam et Charles H. Bennett, New Haven, Yale University Press, 1948, 2 tomes dans 1 vol., et *Horace Walpole's Correspondence*, vol. 14, p. 155.

27. Lettre de Mme du Deffand à Horace Walpole, 13 février 1774, in *Horace Walpole's Correspondence with Madame du Deffand and Wiart*, édition critique de W. S. Lewis et Warren Hunting Smith, New Haven/Londres, Yale University Press/Oxford University Press, 1939, 1962², vol. IV [sur 6 volumes], p. 18. La correspondance de Walpole avec Mme du Deffand est dotée d'une numérotation autonome de I à VI et constitue les volumes III-VIII de la *Horace Walpole's Correspondence*, publiée toujours dans l'édition de W. S. Lewis et Warren Hunting Smith, en 48 volumes, New Haven/Londres, Yale University Press/Oxford University Press, 1937-1983.

28. *Mémoires du duc de Lauzun, op. cit.*, p. 39.

29. *Ibid.*, p. 37.

30. *Ibid.*, p. 40.

31. *Ibid.*

32. *Ibid.*

33. *Ibid.*, p. 45.

34. *Ibid.*, pp. 45-46.

35. *Ibid.*, p. 46.

36. *Mémoires secrets de 1770 à 1830 par le comte d'Allonville, op. cit.*, vol. I, p. 173.

37. *Ibid.*

38. Selon Talleyrand, Choiseul n'aurait pas attendu que sa fiancée atteigne l'âge de la puberté pour la posséder avant même le mariage, compromettant pour toujours sa santé (cf. *Mémoires du prince de Talleyrand, op. cit.*, vol. V., p. 531).

39. *Mémoires du duc de Lauzun, op. cit.*, p. 52.

40. *Ibid.*, p. 53.

41. Cf. Gaston Maugras, *Le Duc et la Duchesse de Choiseul. Leur vie intime, leurs amis et leur temps*, Paris, Plon, Nourrit et Cie, 1902, 2 vol., vol. I, p. 292.

42. Lettre de Mme du Deffand à Walpole, 23 janvier 1767, in *Horace Walpole's Correspondence with Madame du Deffand and Wiart, op. cit.*, vol. I, p. 217 (volume II de l'édition Yale de *Horace Walpole's Correspondence*, édition critique de W. S. Lewis).

43. Jean-Nicolas Dufort, *Mémoires sur les règnes de Louis XV et Louis XVI et sur la Révolution*, introduction et notes par Robert de Crèvecœur, Paris, Plon, Nourrit et Cie, 1886, 2 vol., vol. I, p. 246.

44. *Mémoires secrets de 1770 à 1830 par le comte d'Allonville, op. cit.*, vol. I, p. 333.

45. Cf. Lucien Perey, *Histoire d'une grande dame au XVIIIᵉ siècle, Hélène de Ligne*, Paris, Calmann-Lévy, 1887, pp. 135-138.

46. *Mémoires du duc de Lauzun, op. cit.*, p. 64.

47. Lettre d'Horace Walpole à Horace Mann, 30 novembre 1762, in *Horace Walpole's Correspondence with Sir Horace Mann*, édition critique de W. S. Lewis, Warren Hunting Smith et George L. Lam, New Haven/Londres, Yale University Press/Oxford University Press, 11 vol., vol. VI (vol. XXII de la *Horace Walpole's Correspondence, op. cit.*), 1960, p. 10.

48. *Correspondance littéraire, philosophique et critique par Grimm, Diderot, Raynal, Meister, etc. revue sur les textes originaux comprenant, outre ce qui a été publié à diverses époques, les fragments supprimés en 1813 par la censure, les parties inédites conservées à la Bibliothèque ducale de Gotha et à l'Arsenal de Paris*, notices, notes et table générale par Maurice Tourneaux, Paris, Garnier Frères, 1877-1882, 16 vol., vol. X, avril 1774, p. 415.

49. Lettre de Lord Chesterfield à son fils, 9 juillet 1750, in *Letters to His Son. On the Fine Art of Becoming a Man of the World and a Gentleman*, édition critique d'Oliver H. G. Leigh, New York, Dingwall-Rock, Ltd, 1925, 2 vol., vol. I, p. 331.

50. « Une femme d'esprit a dit que Paris *était le lieu du monde où l'on pouvait le mieux se passer de bonheur* », Mme de Staël, *De l'Allemagne*, éd. Simone Balayé, Paris, Garnier Flammarion, 1968, 2 vol., vol. I, p. 104.

51. Lettre de Mme du Deffand à Crawford, 13 février 1767, in *Correspondance complète de Mme du Deffand avec la duchesse de Choiseul, l'abbé Barthélemy et M. Craufurt*, introduction du marquis de Sainte-Aulaire, Paris, Michel Lévy Frères, 1866, 3 vol., vol. I, p. 87.

52. Lettre d'Horace Walpole à George Montagu, 22 janvier 1761, in *Horace Walpole's Correspondence with George Montagu*, édition critique de W. S. Lewis et Ralph S. Brown Jr., 2 vol., New Haven/Londres, Yale University Press/Oxford University Press, 1970, vol. I (*Horace Walpole's Correspondence*, vol. IX, *op. cit.*), p. 335.

53. Lettre de Lady Sarah Bunbury à Lady Susan O'Brien, 22 juin 1765, in *The Life and Letters of Lady Sarah Lennox, 1745-1826*, édition par la comtesse d'Ilchester et Lord Stavordale, Londres, J. Murray, 1902, 2 vol., vol. I, p. 171.

54. Lettre de Mme du Deffand à Crawford, 13 février 1767, in *Correspondance complète de Mme du Deffand avec la duchesse de Choiseul, l'abbé Barthélemy et M. Craufurt, op. cit.*, vol. I, p. 87.

55. Lettre de Mme du Deffand à Walpole, 18 février 1767, *Horace Walpole's Correspondence with Madame du Deffand and Wiart, op. cit.*, vol. I, p. 239.

56. *Mémoires du duc de Lauzun, op. cit.*, p. 62.

57. Cf. lettre de Mme du Deffand à Horace Walpole du 16 février 1767, *Horace Walpole Correspondence with Madame du Deffand and Wiart, op. cit.*, p. 212.

58. *Mémoires du duc de Lauzun, op. cit.*, p. 63.

59. *Ibid.*, p. 64.

60. *Ibid.*, p. 65.

61. *Ibid.*, p. 68.

62. *Ibid.*, p. 71.

63. *Ibid.*, p. 75.

64. Lettre de Lady Sarah Bunbury à Lady Susan O'Brien, 23 octobre 1767, in *The Life and letters of Lady Sarah Lennox, op. cit.*, vol. I, p. 214.

65. *Mémoires du duc de Lauzun, op. cit.*, p. 77.

66. Clément C. Velay, *Le Duc de Lauzun (1747-1793) : essai de dialogue entre un homme et son temps*, Paris, Buchet-Chastel, 1983, p. 56.

67. Cf. Jean-Paul Desprat, *Mirabeau. L'excès et le retrait*, Paris, Perrin, 2008, p. 68.

68. *Mémoires du duc de Lauzun, op. cit.*, p. 94.

69. Cf. Edmond Dziembowski, *La guerre de Sept Ans 1756-1763*, Paris, Perrin, 2015.

70. *Mémoires secrets de 1770 à 1830 par le comte d'Allonville, op. cit.*, vol. I, p. 121.

71. *Mémoires du prince de Talleyrand, op. cit.*, vol. I, p. 159.

72. « Je n'hésitai pas à me vouer à sa fortune », *Mémoires du duc de Lauzun, op. cit.*, p. 106.

73. Cf. lettre de Mme du Deffand à la duchesse de Choiseul, 7 janvier 1771, in *Correspondance complète de Mme du Deffand avec la duchesse de Choiseul, l'abbé Barthélemy et M. Craufurt, op. cit.*, vol. I, p. 306.

74. « D'ici à peu de jours nous aurons beaucoup de monde, j'avoue que j'en suis fâché, nous étions bien, je ne désirais pas mieux », le duc de Lauzun à Marc-René de Paulmy d'Argenson, marquis de Voyer, Chanteloup, 23 février 1771, Université de Poitiers, Archives d'Argenson, P77.

75. Lettre de l'abbé Barthélemy à Mme du Deffand, 30 novembre 1772, in Mme du Deffand, *Correspondance croisée avec la duchesse de Choiseul et l'abbé Barthélemy*, augmentée de très nombreux inédits, recueillie, présentée et annotée par Pierre E. Richard, copyright Pierre E. Richard, 2011, 2 vol., vol. II, p. 630.

76. Cf. lettre de la marquise de Coigny au duc de Lauzun, [27 juillet] 1791, in *Lettres de la marquise de Coigny et de quelques autres personnes appartenant à la société française de la fin du XVIIIe siècle*, Paris, Imprimerie Jouaust et Sigaux, 1884, p. 66.

77. Cf. *Mémoires du duc de Lauzun, op. cit.*, p. 77.

78. Lettre de l'abbé Barthélemy à Mme du Deffand, Chanteloup, 3 mars 1772, in Mme du Deffand, *Correspondance croisée, op. cit.*, vol. I, p. 338.

79. Il existe de cette pièce écrite par Lauzun à Londres en 1787 pour l'acteur Le Texier une édition moderne par Auguste Ronel et Théodore Lascaris (Paris, Honoré Champion, 1911), la réédition de Félix Juven (Paris) sous le titre *Le Ton de Paris ou les Amants de bonne compagnie. Comédie en prose lue à Londres en 1787 par M. Le Texier*, de 1912 et celle de Slatkine Reprints (Genève) de 1973.

80. Cité in C. C. Velay, *Le Duc de Lauzun, op. cit.*, p. 65 : cf. lettre du duc de Lauzun au marquis de Voyer, 13 mai 1778, Université de Poitiers, Archives d'Argenson, P77.

81. *Mémoires du duc de Lauzun, op. cit.*, pp. 120-121.

82. *Ibid.*, p. 151.

83. Cf. Piotr Ugniewski, *Relations franco-polonaises de Callières à Vergennes*, in François de Callières, *Mon voyage en Pologne en l'année 1674*, Varsovie-Paris, Polska Akademia Nauk-Société Historique et Littéraire Polonaise, 2009, p. XIV.

84. *Mémoires du roi Stanislas-Auguste Poniatowski*, Saint-Pétersbourg, Imprimerie de l'Académie Impériale des Sciences, 1914, 2 vol., vol. I, pp. 364 et 528.

85. Cf. Raymond Trousson, *Rousseau raconté par ceux qui l'ont vu*, Bruxelles, Le Cri, 2004, pp. 80-82.

86. *Mémoires de la Margrave d'Anspach écrits par elle-même*, trad. de l'anglais par Jacques Théodore Parisot, Paris, Arthus Bertrand, 1826, 2 vol., vol. I, pp. 129-130.

87. Julian Ursyn Niemcewicz, *Pamiętniki czasów, op. cit.* in Gabriela Pauszer-Klonowska, *Pani na Puławach*, Varsovie, Czytelnik, 1978, pp. 22-23.

88. Izabela Czartoryska, « Mon portrait il y a dix ans » (1783), Cracovie, Fondation Czartoryski, Biblioteka XX. Czartoryskich, manuscrit 6067, p. 19-23. Sous son autoportrait, Izabela précise : « Ce portrait écrit à l'âge de trente-sept ans me peint heureuse et contente. Des douleurs bien vives ont changé peu à peu mon caractère. »

89. Jean Fabre, *Stanislas-Auguste Poniatowski et l'Europe des Lumières*, (1952), Paris, Éditions Ophrys, 1984², p. 145.

90. *Ibid.*

91. Adam Zamoysky, *The Last King of Poland*, Londres, Phoenix Giant, 1998, p. 89.

92. Jean Fabre, *Stanislas-Auguste Poniatowski, op. cit.*, pp. 146-148.

93. Adam Zamoysky, *The Last King of Poland, op. cit.*, p. 125.

94. Cf. *Mémoires du roi Stanislas-Auguste Poniatowski, op. cit.*, vol. I, p. 528.

95. Adam Moszczyński, *Pamiętniki do historyi polskiej w ostanich latach panowania Augusta III I pierwszych Stanisława Poniatowskiego* (*Mémoires pour l'histoire polonaise des dernières années du règne d'Auguste III et les premières de Stanislas Poniatowski*), Poznań, 1858, p. 84, *op. cit.* in Jean Fabre, *Stanislas-Auguste Poniatowski, op. cit.*, p. 145.

96. *Mémoires du duc de Lauzun, op. cit.*, p. 121.

97. Lettre d'Horace Walpole à William Mason, 28 mai 1780, *Horace Walpole's Correspondence with William Mason*, édition critique de W. S. Lewis, Grover Cronin, Jr. et Charles H. Bennett, Yale University Press, 1955, 2 vol. (édition Yale de *Horace Walpole's Correspondence*, vol. 28 et 29), vol. II (29), p. 43.

98. A. M. Broadley and Lewis Melville, « *Introduction* », in *The Beautiful Lady Craven. The Original Memoirs of Elisabeth Baroness Craven afterwards Margravine of Anspach and Bayreuth and Princess Berkeley of the Holy Roman Empire (1750-1828). Edited with Notes and a Biographical and Historical Introduction Containing much Unpublished Matter by A. M. Broadley et Lewis Melville*, Londres, John Lane The Bodley Head, 1914, 2 vol., 48 ill., vol. I, p. XIV.

99. Il s'agit de l'édition publiée par Louis Lacour, Poulet-Malassis et de Broise à laquelle nous nous référons dans le présent ouvrage.

100. 11 mai et 19 septembre.

101. Cour Impériale de Paris, Chambre des Appels et Police Correctionnelle, 14 mars 1859, feuille 5, Fondation Czartoryski, Bibl. Czartoryskich, manuscrit 6067, p. 5.

102. C'est l'hypothèse que se transmettent au fil des générations les bibliothécaires de la Bibliothèque Czartoryski de Cracovie.

103. Lettre d'Izabela Czartoryska à son mari, 16 mars 1772, Bibl. Czatoryskich, manuscrit 6030.

104. *Mémoires du duc de Lauzun, op. cit.*, p. 147.

105. Horace Walpole à Lady Ossory, 11 février 1773, *Horace Walpole's Correspondence with the Countess of Upper Ossory*, édition critique de W. S. Lewis et A. Dayle Wallace, New Haven, Yale University Press, 1965, 3 vol., édition Yale de *Horace's Walpole Correspondence*, édition critique de W. S. Lewis, 32-34, vol. I, p. 96.

106. Lettre d'Izabela Czartoryska à son mari, Londres, 31 [*sic*] avril [1773], Cracovie, Fondation Czartoryskich, Biblioteka XX. Czartoryskich, manuscrit 6030.

107. *Ibid.*

108. Lettre d'Izabela Czartoryska à son mari, 16 mars 1772, *op. cit.*

109. *Ibid.*

110. *Mémoires du duc de Lauzun, op. cit.*, p. 149.

111. Cf. Michel Delon, « Préface » à Duc de Lauzun, *Mémoires*, Paris, Nouveau Monde, 2006, pp. 12-13.

112. *Mémoires du duc de Lauzun, op. cit.*, p. 175.

113. *Ibid.*, p. 171.

114. *Ibid.*, p. 175.

115. *Ibid.*, p. 178.

116. L'enfant à qui on donna le nom de Constantin, fut déclaré à l'état civil un an plus tard pour rendre crédible la paternité d'Adam Czartoryski. Cf. Gabriela Pauszer-Klonowska, *Pani na Puławach, op. cit.*, pp. 47-48.

117. Adam Zamoyski, *The Last King of Poland, op. cit.*, p. 89.

118. Cf. Renaud Przezdziecki, *Diplomatie et protocole à la cour de Pologne*, Paris, Les Belles Lettres, 1934-1937, vol. I, p. 279.

119. Cf. Piotr Ugniewski, *Relations franco-polonaises, op. cit.*, p. XXI.

120. C'est le comte de Lauraguais qui organisa aux Sablons la première course de chevaux montés par des jockeys anglais (*Mémoires ou Souvenirs et Anecdotes par M. le comte de Ségur, op. cit.*, vol. I, p. 159).

121. Cf. *Mémoires du prince de Talleyrand, op. cit.*, pp. 152-156.

122. Philippe Salvadori, *La Chasse sous l'Ancien Régime*, Paris, 1996, p. 138, cité in Nicole de Blomac, *Voyer d'Argenson et le cheval des Lumières*, Paris, Belin, 2004, p. 200.

123. Marquis de Voyer, *Réflexions sur les courses relativement aux haras* (1776), Bibliothèque Universitaire de Poitiers, Fonds d'Argenson, cité in N. de Blomac, *Voyer d'Argenson et le cheval des Lumières, op. cit.*, p. 315.

124. Lettre de Mercy-Argenteau à Marie-Thérèse, 15 novembre 1776, in *Correspondance secrète entre Marie-Thérèse et le Cte de Mercy-Argenteau, avec des lettres*

de *Marie-Thérèse et de Marie-Antoinette*, publiée avec une introduction et des notes par M. le Chevalier Alfred d'Arneth et M. A. Geffroy, Paris, Firmin Didot Frères, 1874, 3 vol., vol. II, p. 525.

125. Daniel Roche, « Les Chevaux au XVIIIe siècle. Économie, utilité, distinction », in *Dix-Huitième Siècle*, 42 (*L'Animal des Lumières*), 2010, pp. 232-246.

126. Cf. *Mémoires ou Souvenirs et Anecdotes par M. le comte de Ségur, op. cit.*, vol. I, pp. 152-153.

127. *Correspondance secrète inédite sur Louis XVI, Marie-Antoinette, la Cour et la Ville de 1777 à 1792*, préface, notes et index par M. de Lescure, Paris, Plon, 1866, 2 vol., vol. I, p. 152, 4 janvier 1777.

128. *Mémoires du duc de Lauzun, op. cit.*, p. 213.

129. Jean-Christian Petitfils, *Louis XVI*, Paris, Perrin, 2005, p. 283.

130. *Mémoires du duc de Lauzun, op. cit.*, p. 113.

131. Cf. Mathieu Marraud, *La Noblesse de Paris au XVIIIe siècle*, Paris, Seuil, 2000, pp. 147-157.

132. Cf. Daniela Lombardi, *Storia del matrimonio. Dal Medioevo a oggi*, Bologne, Il Mulino, 2008, pp. 41-46 et 192-202.

133. S.-R. N. de Chamfort, *Produits de la civilisation perfectionnée. Maximes et pensées, op. cit.*, n° 396, p. 117.

134. Cf. Jean Starobinski, « La Rochefoucauld et les Morales substitutives », in *Nouvelle Revue française*, n° 163, 1966, pp. 16-34 ; n° 164, 1966, pp. 211-229.

135. S.-R. N. de Chamfort, *Maximes et pensées, op. cit.*, n° 721, p. 201.

136. *Souvenirs-Portraits du duc de Lévis, suivi de Lettres intimes de Monsieur, comte de Provence, au duc de Lévis*, introduction et notes de Jacques Dupâquier, Paris, Mercure de France, 1993, p. 198.

137. *Mémoires du duc de Lauzun, op. cit.*, p. 214.

138. Lettre de Mercy-Argenteau à Marie-Thérèse, 18 décembre 1776, in *Correspondance secrète entre Marie-Thérèse et le Cte de Mercy-Argenteau, op. cit.*, vol. II, pp. 539-540.

139. Lettre de Mercy-Argenteau à Marie-Thérèse, 18 septembre 1775, *ibid.*, vol. II, p. 378.

140. Lettre de Mercy-Argenteau à Marie-Thérèse, 17 janvier 1777, *ibid.*, vol. III, p. 8.

141. *Mémoires de la Baronne d'Oberkirch sur la cour de Louis XVI et la société française avant 1789*, Paris, Mercure de France, 1970, p. 362.

142. La survivance de la compagnie des gardes du corps du duc de Villeroy et celle de premier écuyer du comte de Tessé, cf. *Mémoires du duc de Lauzun, op. cit.*, pp. 219 et 224.

143. *Mémoires du duc de Lauzun, op. cit.*, pp. 261-262.

144. *Ibid.*, p. 263.

145. « J'assurai madame de Gramont qu'elle ne saurait plus mal juger l'espèce de liaison que j'avais avec la reine ; que je n'étais nullement à portée d'intriguer ni de lui donner des conseils ; et que, quand j'aurais sur elle une influence que je n'avais pas, je lui étais trop attaché pour la porter jamais à se mêler des ministres du roi ; que tout le monde savait combien j'étais dévoué à M. le duc

de Choiseul, et que, quand je le pourrais, je croirais lui rendre un très mauvais service en le mettant à la tête des affaires. » (*Ibid.*, p. 229).

146. *Ibid.*, p. 230.

147. *Correspondance secrète inédite sur Louis XVI, Marie-Antoinette, la Cour et la Ville, op. cit.*, vol. I, p. 531, 20 octobre 1782.

148. *Mémoires du duc de Lauzun, op. cit.*, p. 269.

149. *Ibid.*, p. 264.

150. C. C. Velay, *Le Duc de Lauzun, op. cit.*, p. 90.

151. Sur l'accord avec le prince de Guéménée et l'indignation des Choiseul, cf. Jean-Pierre-Jacques-Auguste de Labouïsse-Rochefort, *Souvenirs et Mélanges, op. cit.*, vol. I, pp. 286-298.

152. Elles font partie d'une soixantaine de lettres envoyées par Lauzun au marquis de Voyer, écrites entre février 1771 et avril 1781 et conservées aux Archives d'Argenson, à l'Université de Poitiers.

153. Nicole de Blomac, *Voyer d'Argenson et le cheval des Lumières, op. cit.*, p. 48.

154. Lettre de l'abbé Barthélemy à Mme du Deffand, 30 juillet 1777, in Mme du Deffand, *Correspondance croisée, op. cit.*, vol. II, p. 1049.

155. Cf. Guy Richard, *Noblesse d'affaires au XVIIIe siècle*, Paris, A. Colin, 1974.

156. *Mémoires du prince de Talleyrand, op. cit.*, vol. I, pp. 152-156.

157. Cf. lettre du duc de Lauzun au marquis de Voyer, Ardes, 19 avril 1778, Université de Poitiers, Archives d'Argenson, P77.

158. *Mémoires du duc de Lauzun, op. cit.*, p. 292.

159. Cf. lettre du duc de Lauzun au marquis de Voyer, Ardes, 19 avril 1778, Université de Poitiers, Archives d'Argenson, P77.

160. *Correspondance secrète inédite sur Louis XVI, Marie-Antoinette, la Cour et la Ville, op. cit.*, vol. I, p. 40, 3 avril 1777.

161. *Ibid.*

162. Cf. Amédée Britsch, *La Maison d'Orléans à la fin de l'Ancien Régime. La jeunesse de Philippe-Égalité (1747-1785). D'après des documents inédits*, Paris, Payot, 1926, p. 396.

163. Copie du rapport au ministre du 21 février et lettre à Voyer, écrite de Douvres le lendemain, Université de Poitiers, Archives d'Argenson, P77.

164. *Mémoires du duc de Lauzun, op. cit.*, p. 290.

165. *Ibid.*, p. 293.

166. Cité in Gaston Maugras, *La Fin d'une société. Le duc de Lauzun et la cour de Marie-Antoinette*, Paris, Plon, Nourrit et Cie, 14e édition, 1913, pp. 161-162.

167. Lettre du duc de Lauzun au marquis de Voyer, Ardes, 23 mai 1778, Université de Poitiers, Archives d'Argenson, P77.

168. *Ibid.*

169. Lettre du duc de Lauzun au marquis de Voyer, Ardes, 13 mai 1778, Université de Poitiers, Archives d'Argenson, P77.

170. *Ibid.*

171. Lettre du duc de Lauzun au marquis de Voyer, Ardes, 19 avril 1778, Université de Poitiers, Archives d'Argenson, P77.

172. Lettre du duc de Lauzun au marquis de Voyer, Ardes, 18 juin 1778, Université de Poitiers, Archives d'Argenson, P77.

173. *Ibid.*

174. Lettre du duc de Lauzun au marquis de Voyer, Ardes, 23 juin 1778, Université de Poitiers, Archives d'Argenson, P77.

175. Lettre du duc de Lauzun au marquis de Voyer, Ardes, 2 mai 1778, Université de Poitiers, Archives d'Argenson, P77.

176. Lettre du duc de Lauzun au marquis de Voyer, Ardes, 10 juillet 1778, Université de Poitiers, Archives d'Argenson, P77.

177. Lettre du duc de Lauzun au comte de Vergennes, 29 juin 1778 envoyée en copie au marquis de Voyer, Université de Poitiers, Archives d'Argenson, P77.

178. Lettre du duc de Lauzun au marquis de Voyer, 23 mai 1778, Université de Poitiers, Archives d'Argenson, P77.

179. Sur les trente-quatre forts européens ponctuant la côte occidentale de l'Afrique, dix-sept étaient hollandais, onze anglais, trois danois, un brandebourgeois, un portugais et un français. Cf. J. Monteilhet, « Le Duc de Lauzun, Gouverneur du Sénégal. Janvier-mars 1779 », *Bulletin du Comité d'Études Historiques et Scientifiques de l'Afrique Occidentale Française*, 1920, n° 2, pp. 207 et 193-237, n° 4, pp. 515-552.

180. Cf. *Mémoires du duc de Lauzun, op. cit.*, pp. 303 *sqq.*

181. C. C. Velay, *Le Duc de Lauzun, op. cit.*, p. 123.

182. La création de ce nouveau corps, composé de huit légions et d'une compagnie générale, avait été décidée par le ministre de la Marine, Sartine, le 1er septembre 1778.

183. Cf. *Mémoires du duc de Lauzun, op. cit.*, p. 300.

184. « Je suis charmé que la Reine soit grosse, cela est si important pour elle », écrivait-il à Voyer dès le 29 avril 1788 (Université de Poitiers, Archives d'Argenson, P77). La reine donnerait le jour à Madame Royale le 20 décembre.

185. Madeleine de Scudéry, *La Carte de Tendre.*

186. *Mémoires du duc de Lauzun, op. cit.*, p. 301.

187. Cf. J. Monteilhet, « Le Duc de Lauzun », *art. cit.*, n° 2, pp. 207-209.

188. *Ibid.*, p. 211.

189. Ce journal a été publié par J. Monteilhet in « Le Duc de Lauzun », *art. cit.*, n° 4, pp. 515-551. Lauzun en envoya aussitôt copie au marquis de Voyer.

190. Duc de Lauzun, *Mémoire sur le commerce et les possessions des Anglais en Afrique*, rédigé à son retour du Sénégal et publié sur la base du manuscrit retrouvé parmi les papiers de Biron saisis par le tribunal révolutionnaire par J. Monteilhet in « Le Duc de Lauzun », *art. cit.*, n° 4, pp. 515-551.

191. Mme du Deffand à Horace Walpole, 21 mars 1779, in *Horace Walpole's Correspondence with Madame du Deffand and Wiart, op. cit.*, vol. V (vol. VII de la *Horace Walpole's Correspondence, op. cit.*), p. 123.

192. Le 5 mars 1780, la 2e Légion des volontaires étrangers de la Marine change de nom pour devenir la 2e Légion des volontaires étrangers de Lauzun, ou Légion de Lauzun, qui le suit aux États-Unis de juillet 1780 à mai 1783. De

retour en France, elle passe au service du ministère de la Guerre comme Régiment des hussards de Lauzun. Le 1ᵉʳ janvier 1791, tous les régiments sont rebaptisés sur la base de l'arme où ils servent et de leur ancienneté dans cette arme ; le régiment de Lauzun devient le 6ᵉ hussards. En juin 1793, à la suite de l'émigration massive des hussards, il devient le 5ᵉ hussards. Cf. Robert A. Selig, « The Duc de Lauzun and his *Legion*. Rochambeau's most Troublesome, Colorful Soldiers », www://americanrevolution.org.

193. *La Prise du Sénégal* était la sixième gravure du *Recueil d'estampes représentant les différents événements de la guerre qui a procuré l'indépendance des États-Unis de l'Amérique*, cf. J. Monteilhet, « Le Duc de Lauzun », *art. cit.*, n° 2, p. 223.

194. *Mémoires du duc de Lauzun*, *op. cit.*, p. 313.

195. *Ibid.*, pp. 315-316.

196. *Anecdotes échappées à l'Observateur anglais*, t. I, p. 233, cité in *Lettres de la marquise de Coigny*, *op. cit.*, pp. 3-4.

197. *Mémoires du duc de Lauzun*, *op. cit.*, p. 315.

198. Lettre de Louis XVIII à Decazes, citée in Ernest Daudet, *Louis XVIII et le duc Decazes*, Paris, Plon, 1899. Cf. aussi *Mémoires d'Aimée de Coigny*, introduction et notes par Étienne Lamy, Paris, Calmann-Lévy 1906, « Introduction », p. 24.

199. *Mémoires du duc de Lauzun*, *op. cit.*, p. 358.

200. Cf. Paul Lacroix, « Notice sur la marquise de Coigny », in *Lettres de la marquise de Coigny*, p. 14. Cf. aussi Ligne, qui trouve cette idée neuve et profonde : Prince Charles-Joseph de Ligne, *Lettres à la marquise de Coigny*, éd. Jean-Pierre Guicciardi, Paris, Desjonquères, 1986, p. 36.

201. Il s'agit des *Lettres à la marquise de Coigny* citées à la note précédente.

202. Prince Charles-Joseph de Ligne, « Carite », in *Caractères et portraits*, édition critique dirigée par Daniel Acke, avec la collaboration de Raymond Trousson, Jeroom Vercruysse et Helmut Watzlawick, Paris, Honoré Champion, 2003, pp. 135-136.

203. *Ibid.*, p. 136.

204. *Mémoires du duc de Lauzun*, *op. cit.*, p. 360.

205. C.-J. de Ligne, « Carite », *op. cit.*, p. 135.

206. Chateaubriand, *Mémoires d'outre-tombe*, *op. cit.*, p. 170.

207. Organigramme in *La Jeunesse de Philippe-Égalité*, *op. cit.*, p. 240. On y trouve aussi en qualité de visiteur le prince Adam Czartorysky, p. 239.

208. René Héron de Villefosse, *L'Anti-Versailles ou le Palais-Royal de Philippe Égalité*, Paris, Jean Dullis Éditeur, 1974, p. 133.

209. Cf. Gabriel de Broglie, *L'Orléanisme. La ressource libérale de la France*, Paris, Librairie Académique Perrin, 1981, p. 114.

210. *Ibid.*, p. 115.

211. Cité in R. Héron de Villefosse, *L'Anti-Versailles*, *op. cit.*, p. 136.

212. Jacques Brengues, *Les Francs-Maçons français et les États-Unis d'Amérique à la fin du XVIIIᵉ siècle*, in *De l'Armorique à l'Amérique de l'indépendance. Deuxième partie du colloque du bicentenaire de l'indépendance américaine 1796-1976*, numéro monographique des *Annales de Bretagne et des pays de l'Ouest*, tome 84, n° 3, 1977, p. 298.

213. *Mémoires ou Souvenirs et Anecdotes, par M. le comte de Ségur, op. cit.*, vol. I, p. 394.

214. *Mémoires du duc de Lauzun, op. cit.*, p. 333.

215. Cité in C. C. Velay, *Le Duc de Lauzun, op. cit.*, p. 165.

216. *Ibid.*

217. François-Jean de Chastellux, *Voyages dans l'Amérique septentrionale dans les années 1780, 1781 et 1782, présenté par le duc de Castries*, Paris, Tallandier, 1980, p. 271.

218. Lettre du duc de Lauzun au marquis de Voyer, Lebanon, 10 janvier 1781, Université de Poitiers, Archives d'Argenson, P77.

219. Lettre du duc de Lauzun au marquis de Voyer, 21 septembre 1780, Université de Poitiers, Archives d'Argenson, P77.

220. Cf. Donatien-Marie-Joseph de Vimeur, *Esquisses historiques de la fin du XVIIIe siècle, extraits de documents inédits*, in *Le Cabinet historique*, tome XV, première partie : Documents, 1869, p. 66.

221. Cité in R. A. Selig, « The Duc de Lauzun and his *Legion* », *op. cit.*

222. *Mémoires du duc de Lauzun, op. cit.*, p. 354.

223. *Ibid.*, pp. 354-355.

224. G. Maugras, *La Fin d'une société. Le duc de Lauzun et la cour de Marie-Antoinette, op. cit.*, p. 245.

225. *Mémoires du duc de Lauzun, op. cit.*, p. 356.

226. *Ibid.*

227. *Ibid.*, p. 361.

228. *Ibid.*, pp. 363-364.

229. Cf. *Mémoires ou Souvenirs et Anecdotes, par M. le comte de Ségur, op. cit.*, vol. I, p. 324.

230. Cité in C. C. Velay, *Le Duc de Lauzun, op. cit.*, p. 217.

231. *Ibid.*, p. 218.

232. Cf. Jean-Paul Desprat, *Mirabeau, op. cit.*, p. 295.

233. Cité in C. C. Velay, *Le Duc de Lauzun, op. cit.*, p. 219.

234. Jean-Paul Desprat, *Mirabeau, op. cit.*, p. 294.

235. G. Maugras, *La Fin d'une société. Le duc de Lauzun et la cour de Marie-Antoinette, op. cit.*, p. 297.

236. Cf. R. Héron de Villefosse, *L'Anti-Versailles, op. cit.*

237. Cité in « Notice sur la marquise de Coigny », *Lettres de la marquise de Coigny, op. cit.*, p. 22.

238. Étienne Lamy, « Introduction » aux *Mémoires d'Aimée de Coigny, op. cit.*, p. 29.

239. Lettre de la marquise de Coigny à Lauzun, 1er septembre 1791, in *Lettres de la marquise de Coigny, op. cit.*, p. 78.

240. Mme de Genlis, *Souvenirs de Félicie suivis des Souvenirs et portraits par M. le duc de Lévis*, Paris, Firmin Didot, 1857, p. 61.

241. Lettre d'Horace Walpole à Lady Ossory, 8 octobre 1792, in *Horace Walpole's Correspondence with the Countess Upper Ossory, op. cit.*, vol. III, p. 164.

242. C'est autour de 1829, à soixante-quatorze ans, que Mme Vigée Le Brun, sur sollicitation de la princesse Natalia Kourakina, écrit la première partie de ses *Souvenirs*.

243. Élisabeth Vigée Le Brun, *Souvenirs 1755-1842*, texte établi, présenté et annoté par Geneviève Haroche-Bouzinac, Paris, Honoré Champion, 2008, p. 384.

244. Adolfo Omodeo, « Introduction » à Aimée de Coigny (La Jeune Captive), *La Restaurazione Francese dal 1814, Memorie*, traduction italienne d'Ada Prospero, Bari, Laterza, 1938, p. 16.

245. Lettre d'Aimée de Coigny, duchesse de Fleury, à Lauzun, duc de Biron, Naples (1791), in *Lettres de la marquise de Coigny, op. cit.*, pp. 187-188.

246. *Ibid.*

Le vicomte Joseph-Alexandre de Ségur

> « Les plus jolies, les plus agréables dames de la
> cour, ainsi que les courtisanes les plus en
> vogue, se le disputaient ou se désolaient de
> ses infidélités. »
>
> Comte d'Espinchal [1]

Il serait difficile de brosser le portrait du vicomte de Ségur sans en même temps évoquer ses liens avec le baron de Besenval dont le témoignage sur la cour de France fit scandale par sa véracité.

« J'ai parlé [...] du plaisir que m'ont fait les souvenirs de plusieurs auteurs [...] à plus forte raison ceux des gens avec qui l'on a passé sa vie, comme par exemple, le baron de Besenval dont le style est brillant comme lui. Ses portraits sont extrêmement vrais. Il n'y en pas un manqué. Tous les traits, les plus petites nuances sont à saisir. J'en suis enchanté. Je l'ai vu un moment amoureux de la reine, sans le savoir. Ce qu'il raconte au sujet de l'intrigue, où il me cite, le dégrisa [2]. »

Lisant en 1805 les Mémoires de Besenval publiés par le vicomte de Ségur quinze ans après la mort de leur auteur, le prince de Ligne y trouvait la trace d'une conversation qu'il avait eue jadis avec son vieil ami sur le changement d'attitude de Marie-Antoinette à l'égard du mémorialiste. Le prince s'était dit convaincu que le « refroidissement » de la souveraine était dû à des « méchancetés » [3] avancées sur le compte de Besenval pour endiguer la faveur excessive dont il jouissait. Bien informé des stratégies en vigueur à la cour et de la versatilité de Marie-Antoinette – « la reine s'occupe peu des gens qu'elle avait rapprochés d'elle, et s'en détache aisément[4] » –, le baron avait accueilli cette explication avec philosophie.

Rien mieux que l'approbation inconditionnelle d'un personnage comme Ligne – plongé alors dans la rédaction des centaines de pages qu'il consacrait aux souvenirs de cette ultime saison de la monarchie française qu'évoquait aussi l'œuvre de Besenval – n'aurait pu garantir la fiabilité des Mémoires du baron suisse. Pourtant cette publication fut âprement contestée[5], à commencer par la famille de l'auteur, même si le scandale qu'elle suscita n'égala pas celui provoqué par les souvenirs de Lauzun une quinzaine d'années plus tard. Aucun des deux textes, il est vrai, ne laissait de doute sur la corruption morale de la haute noblesse française et sur les intrigues de la cour, mais, comme il était d'usage dans les écrits des aristocrates, Besenval – dont la France était la patrie d'élection – adoptait un point de vue de témoin, alors que Lauzun mettait impudemment en scène sa vie privée. En revanche, dans un cas comme dans l'autre, les souvenirs relatifs aux années heureuses de Marie-Antoinette étaient, à l'époque de leur publication, inconcevables pour le public. En effet, ignorant tout comme Lauzun le destin tragique qui attendait la reine, Besenval avait laissé d'elle un portrait d'après nature, où l'admiration n'était pas exempte de critiques. Son affabilité, ses élans d'affection, sa noblesse de cœur s'accompagnaient de l'inconstance d'un tempérament capricieux et frivole, incompatible avec les devoirs d'une souveraine et les exigences de l'amitié authentique. C'est contre cette image inconciliable avec celle de la « reine martyre » qui s'était imposée après la Révolution que s'élèverait Mme Campan, auteur elle aussi de Mémoires que la publication des souvenirs de Besenval prendrait de vitesse[6].

Entrée au service de Napoléon et forte de l'approbation de l'Empereur, l'ancienne femme de chambre de Marie-Antoinette s'était fait un devoir de défendre l'honneur de sa reine et, les années passant, avait conféré à ses souvenirs – que par ailleurs elle ne se décidait pas à publier – un caractère de plus en plus apologétique. Dans ses *Souvenirs diplomatiques*, Lord Holland reprocherait ainsi à Mme Campan d'avoir caché la vérité sur la relation de Marie-Antoinette avec Fersen[7]. On peut donc supposer qu'ayant pris connaissance des Mémoires de Besenval, Mme Campan ait voulu dans les siens laver la reine de l'accusation d'inconstance qu'il portait contre elle, en fournissant une explication bien différente. Selon elle, le changement d'attitude de Marie-Antoinette était entièrement dû au baron, lequel, loin d'être « amoureux de la reine sans le savoir », comme l'avait noté le prince de Ligne, s'était rendu coupable d'une déclaration d'amour ridicule[8]. D'ailleurs, Mme Campan, qui avait sans doute lu les souvenirs de Lauzun quand le manuscrit circulait encore, n'accuserait-elle pas également le duc d'un comportement analogue ? Mais, au moins dans le cas de Besenval, les lettres du comte de Mercy-Argenteau à Marie-Thérèse montrent clairement que le « refroidissement » de la reine était dû à des raisons assez différentes de celles qu'alléguait Mme Campan. Informée par son ambassadeur que Marie-Antoinette avait été assez légère pour prendre Besenval comme confident des difficultés sexuelles de son mari[9], l'impératrice avait ordonné à sa fille de mettre un terme à son intimité avec le baron.

À vrai dire, depuis le XVIIᵉ siècle, les écrits, authentiques ou apocryphes, des mémorialistes se teintaient de politique pour décrier l'absolutisme royal[10]. Au cours du XVIIIᵉ siècle, la publication des *Mémoires* du cardinal de Retz, La Rochefoucauld ou Mlle de Montpensier avait donné la parole aux protagonistes de la Fronde, et des copies des *Mémoires* de Saint-Simon, avec leur réquisitoire contre le Roi-Soleil – dont le manuscrit était toutefois conservé au ministère des Affaires étrangères –, trouvèrent parmi les amis et connaissances du duc de Choiseul leurs premiers lecteurs avertis[11]. Choiseul lui-même rédigerait dans son exil de Chanteloup des Mémoires extrêmement critiques à l'égard de Louis XV[12]. Et ce n'est pas un hasard si Voltaire, qui considérait les écrits privés comme une source historique de première importance, adopta le genre des Mémoires pour proclamer avec fierté son affranchissement de toute dépendance du pouvoir et sa dignité d'homme libre. Cependant, dès l'aube de la Révolution, ils devinrent un instrument de propagande efficace, comme en témoigne le cas du maréchal de Richelieu[13]. Bientôt les émigrés eux-mêmes prendraient la plume pour dire leur vérité, tant du côté masculin avec Espinchal, Lévis, Tilly, Allonville, Chateaubriand et Talleyrand, que féminin avec Mme Vigée Le Brun, Mme de Genlis, Mme de La Tour du Pin, Mme de Boigne ou Aimée de Coigny. Mais les femmes

surtout, privées par la Révolution et l'Empire de la position dominante dont elles avaient joui sous l'Ancien Régime [14], et cantonnées
dans la sphère domestique, évoqueraient avec une nostalgie infinie
le monde qu'elles avaient laissé derrière elles. Nostalgie non seulement du passé mais « aussi des formes, de l'esprit, des manières
propres à la mondanité [15] ».

Pas de doute, les Mémoires constituaient désormais un terrain
d'affrontement et ces témoignages privés du passé seraient de plus
en plus écrits et interprétés en fonction des exigences du présent.
Pour sa part, « l'Empire avait jeté une chape de plomb sur les souvenirs de la Révolution et puni du pilon les rares tentatives pour la
lever », si bien qu'à la chute de Napoléon, quand la censure éditoriale fut abolie, « tout se conjuguait pour faire de la Restauration
une fête et un drame de la mémoire » [16]. Entre 1815 et 1848, la
France fut submergée par une avalanche de Mémoires inévitablement en écho les uns avec les autres [17]. C'était un bonheur, parce
que, à en croire Chateaubriand dans le *Génie du christianisme*, le
tempérament national se prêtait particulièrement bien à ce type
d'écriture. Depuis toujours « vain, léger, sociable », le Français
« réfléchit peu sur l'ensemble des objets », mais « il observe curieu-
sement les détails et son coup d'œil est prompt, sûr et délié : il faut
toujours qu'il soit en scène et il ne peut consentir, même comme
historien, à disparaître tout à fait » [18]. L'histoire récente lui avait
permis de donner libre cours à cette propension : « Il n'y a personne
qui ne soit devenu, au moins pendant vingt-quatre heures, un personnage, et qui ne se croie obligé de rendre compte au monde de
l'influence qu'il a exercée sur l'univers », constaterait ironiquement
l'écrivain en 1831, au plus fort de la « fièvre [19] » des Mémoires,
alors que lui-même rédigeait ses *Mémoires d'outre-tombe*. Mais
c'était aussi un drame, car, indépendamment du camp dans lequel
se rangeait chacun de ceux qui donnaient leur version des faits,
personne n'avait traversé la Révolution indemne.

Le vicomte Joseph-Alexandre de Ségur était si conscient du
malaise et des polémiques que suscitaient les souvenirs de Besenval qu'il éprouva le besoin de justifier leur publication devant les
nostalgiques du faubourg Saint-Germain dans une note introduc-
tive où il en précisait les circonstances. Ayant appris, nous dit-il,
que la personne à qui il avait confié le « précieux [20] » manuscrit

pendant la Terreur en avait subrepticement fait des copies, il avait voulu éviter que des éditeurs sans scrupules ne le publient de manière incorrecte. Mais ce n'était pas le seul motif de sa décision. Si, en tant qu'exécuteur testamentaire du baron, Ségur considérait de son devoir d'assurer l'avenir de ses Mémoires, il était aussi pleinement conscient de leur véracité et de leur valeur historique et souscrivait à leurs jugements. Certains d'ailleurs lui en attribuaient la paternité[21]. En réalité il exprimait ainsi sa dévotion filiale à un père qui, tout en l'aimant tendrement, n'avait jamais pu afficher sa paternité. Et puis le vicomte savait qu'il devait se hâter : la mort en effet l'emporterait le 27 juillet 1805, au moment où les trois volumes des *Mémoires* apparaissaient sur les étals des libraires.

Semblable en cela à Lauzun, Joseph-Alexandre de Ségur était un enfant de l'amour, et les ressemblances entre les deux amis ne s'arrêtaient pas là. Comme Lauzun, le vicomte portait un nom illustre. Comme lui, il était riche, beau, spirituel, élégant et plaisait follement aux femmes. Ils se connaissaient depuis leur jeunesse, fréquentaient les mêmes milieux et, dans les années précédant la Révolution, partageraient brièvement les mêmes idées politiques. Plus jeune que Lauzun de neuf ans, le vicomte ne cachait pas son admiration pour lui. Qu'ils n'aient en définitive pas choisi le même camp ne l'empêcherait pas de lui rendre hommage après sa fin tragique : « [Il] faisait, avec une grâce originale des contes qu'il était impossible de répéter, parce qu'ils tenaient à ce *je ne sais quoi* qu'on n'imite pas, et qu'on ne peut même définir[22]. »

Pourtant on trouverait difficilement deux personnalités et deux tempéraments plus éloignés. Lauzun était chevaleresque, sentimental, impulsif ; Ségur rationnel, lucide, calculateur. Le premier avait une vocation de soldat et l'ambition de servir, et ignorait la prudence ; le second avait entrepris la carrière militaire par obligation et y consacrait le temps strictement nécessaire pour avancer en grade. Le duc ne se lassait pas de rédiger des comptes rendus et d'échafauder des projets diplomatiques et militaires audacieux en rêvant à de grandes entreprises ; le vicomte nourrissait des ambitions littéraires et célébrait jour après jour dans un déluge de vers la joie de vivre au présent. Certes, tous deux se proclamaient libertins, mais leur comportement était très différent. Lauzun partageait ses attentions à égalité entre les dames de la bonne société et les prostituées, qu'il fréquentait seul ou avec ses amis. Les rapports de police signalaient sa participation aux orgies organisées par le duc de Chartres[23], ainsi que l'intense circulation de « filles » dans sa « petite maison » de Montrouge. Et même s'il s'agissait de mœurs répandues chez les grands seigneurs à l'époque, les expérimentations érotiques du duc – le prince de Conti l'avait même surpris en compagnie de deux géantes[24] – réussissaient encore à faire parler d'elles. Mais Lauzun n'aimait pas moins se livrer au jeu hautement codifié de la galanterie et se lancer à la conquête de femmes réputées inaccessibles dans l'espoir de distraire, même brièvement, sa fébrilité sentimentale. Il était toujours prêt à tomber amoureux, parce que dans l'amour, à l'instar du prince de Ligne, il aimait surtout la magie des débuts. Il n'avait toutefois pas reculé les rares fois où le charme avait duré. Mais c'était la femme alors qui l'avait abandonné.

Ségur en revanche trouvait les amours mercenaires trop faciles et son terrain de chasse préféré était la « bonne compagnie ». Séducteur impénitent, il ne se lassait pas de collectionner les trophées et, même s'il le dissimulait derrière une savante maîtrise des usages, avait pour objectif, comme les libertins des romans de Crébillon, de vérifier l'infaillibilité de ses méthodes sur le plus grand nombre de personnes possible. Cette éternelle répétition convenait à son hédonisme prudent et lui permettait de ne pas faire dépendre sa bonne humeur de variables inconnues ou du caprice d'autrui.

Le vicomte avait grandi dans une famille aussi libre d'esprit que celle qui avait échu à son ami, mais affectueuse et très soudée, contrairement à celle du duc. En effet, le ménage à trois des époux Ségur avec Besenval était si uni et heureux qu'il parvenait à étonner dans une société où toutes sortes d'arrangements domestiques avaient cours.

Philippe-Henri de Ségur n'était pourtant pas le genre d'homme enclin aux compromis. Né en 1724, le marquis descendait d'une famille d'origine huguenote qui s'était distinguée au service d'Henri IV. Il avait embrassé la carrière militaire, combattant en première ligne, campagne après campagne, pendant la guerre de Succession autrichienne (1741-1748) et se signalant par une force physique et un courage exceptionnels. Dans la sanglante bataille de Rocoux (11 octobre 1746), le jeune colonel avait eu la poitrine transpercée par une balle, et pendant le terrible siège de Laweld, malgré un bras pulvérisé par un coup d'arme à feu, il était resté à la tête de son régiment qu'il avait conduit à la victoire. « Des hommes comme votre fils, avait dit Louis XV à son père, mériteraient d'être invulnérables [25]. » La perte de son bras ne l'empêcha pas de participer à la guerre de Sept Ans, d'être blessé à nouveau dans la bataille de Clostercamp et de finir prisonnier des Prussiens. Son comportement à cette occasion est digne d'un poème chevaleresque. Surpris au cœur de la nuit par l'assaut de l'armée ennemie et sortant du campement à la tête de ses hommes, Ségur s'était retrouvé en face d'un gros détachement prussien commandé par le prince de Brunswick en personne. Diderot a raconté cette scène dans une lettre à Sophie Volland du 6 novembre 1760 : « Les deux troupes étaient à bout touchant. M. de Ségur allait être massacré. Le jeune prince l'entend nommer, il vole à son secours. M. de Ségur, qui ne sait rien de cela, l'aperçoit à ses côtés, le reconnaît et lui crie : "Eh ! mon prince, que faites-vous là ? mes grenadiers, qui sont à vingt pas, vont faire feu ! — Monsieur, lui répond le jeune prince, j'ai entendu votre nom, et je suis accouru pour empêcher ces gens-là de vous massacrer." Tandis qu'ils se parlaient, les deux troupes entre lesquelles ils étaient font feu en même temps. M. de Ségur en est quitte pour deux coups de sabre, et il reste prisonnier du jeune prince, qui cependant a été obligé de se retirer […] Ne serez-vous pas étonnée de la générosité de ces deux hommes, dont l'un ne voit que le péril de l'autre, et qui s'oublient si bien que c'est un prodige qu'ils n'aient pas été tués au même moment [26] ? » Le philosophe ne pouvait ignorer que le comportement des deux combattants s'inscrivait sous le signe de la morale aristocratique, pourtant ce n'était pas à la « grande bonté des anciens chevaliers [27] » qu'allait sa pensée, mais à la bonté naturelle de l'homme tout court : « Non, ma chère amie, la nature ne nous a pas faits méchants ; c'est la mauvaise éducation, le mauvais exemple, la mauvaise législation qui nous corrompent [28]. »

De retour en France la guerre finie, Ségur recueillit enfin le fruit de vingt ans de service avec une nomination comme inspecteur général de l'infanterie, d'abord dans le Hainaut, puis en Alsace et en Bourgogne.

En février 1749, nanti d'un capital de blessures et de gloire conséquent, mais d'un patrimoine modeste, il avait trouvé une réponse à ses soucis économiques en conduisant à l'autel une orpheline de quinze ans, héritière de vastes propriétés dans l'île de Saint-Domingue et dotée de cent vingt mille livres. Non pas belle mais très attirante, Anne-Madeleine de Vernon avait – de l'aveu même d'une personne aussi peu encline à la bienveillance que Mme de Genlis – « une physionomie douce, une taille charmante et beaucoup d'élégance par son maintien et la manière de se mettre [29] » et était aimée de tous pour sa bonté et sa gentillesse. Elle s'était tout de suite révélée une excellente épouse et, à la mort de son beau-père, n'avait pas hésité à accueillir chez elle la mère de son mari, se liant étroitement avec elle et animant avec son aide un salon fréquenté par de grands aristocrates, des notables et des hommes de lettres. La marquise assura aussi la continuité de la lignée en mettant au monde deux garçons : un aîné, Louis-Philippe, né en 1753, et un cadet, Joseph-Alexandre, trois ans plus tard. Mais ce dernier, du marquis de Ségur, n'avait que le nom.

Le père naturel de l'enfant était le meilleur ami du marquis, le baron suisse Pierre-Victor de Besenval, compagnon d'armes du marquis depuis la guerre de Succession autrichienne. Né en 1721 à Soleure et élevé en France, Pierre-Victor y avait entrepris la carrière des armes, servant dans le prestigieux régiment des Gardes suisses dont son père était lieutenant-général. Grâce à sa mère, une aristocrate polonaise apparentée à la reine Marie Leszczyńska, le jeune officier s'était vite initié à la vie de cour et avait adopté les us et coutumes de la haute noblesse française. À l'époque où il avait connu les Ségur, il formait avec le comte de Frise, neveu du maréchal de Saxe, et le duc d'Orléans, un trio inséparable de « roués [30] » à la mode. En effet, comme le rappellera le duc de Lévis, Pierre-Victor « avait une belle taille, une figure agréable, de l'esprit, de l'audace », qui lui valaient « beaucoup de succès auprès des femmes, cependant ses manières avec elles étaient trop libres, et sa galanterie était de mauvais ton » [31]. Le libertinage de ses jeunes années avait-il laissé sa marque ou bien, comme le soupçonnait Sainte-Beuve, était-ce « une manière comme une autre de se distinguer et de trancher [32] » ?

Née sur les champs de bataille, l'amitié entre Besenval et Ségur obéissait à d'autres préoccupations que le goût de la transgression et les stratégies d'alcôve. Ils étaient liés par leur passion commune pour le métier des armes, le respect de la déontologie militaire et le mépris du danger. Quant au courage, Besenval ne s'en laissait pas remonter par Ségur. Présent lui aussi à Clostercamp, il avait contribué de façon décisive à la victoire de la France, entraînant ses hommes à l'assaut d'un avant-poste ennemi apparemment inexpugnable : « Malgré le feu le plus terrible, il monte à la muraille, il gravit avec effort, se soutenant à peine sur ses mains ensanglantées par les pointes du rocher. Tout à coup, il se retourne et dit aux grenadiers, avec une gaieté piquante : "Morbleu ! Camarades, cette situation-ci n'est pas commode ; savez-vous bien que s'il n'y avait pas des coups de fusils à gagner, on n'y tiendrait pas !" Ce seul mot ranime des hommes qui commençaient à se décourager ; on redouble d'ardeur, de persévérance ; bientôt, après une perte affreuse des plus braves gens, la redoute est emportée ; M. *de Besenval* [en italique dans le texte] saute le premier sur le rempart [33]. » Et deux ans plus tard, à Amoenbourg, toujours avec Ségur, Besenval, qui avait exécuté l'ordre de mettre à l'abri les Gardes suisses décimés par l'artillerie prussienne, était remonté en première ligne. « Que faites-vous donc ici, baron ? Vous avez fini ! lui avait-on objecté. — Que diable voulez-vous, dit-il : c'est comme au bal de l'Opéra, on s'y ennuie et l'on y reste tant qu'on entend les violons [34]. »

La désinvolture joyeuse de Besenval s'accordait bien avec son indéfectible entrain. Protégé par sa bonne étoile, le baron se sentait invulnérable. Téméraire au-delà de toute limite, il n'avait jamais été blessé au combat ni frappé par l'adversité. « Je n'eus pas en vue de raconter mes malheurs ; je n'en ai jamais éprouvé [35] », déclarerait-il dans une lettre à Crébillon fils. Mais il serait peut-être plus exact de dire que c'était Besenval qui ne permettait pas au sort contraire de venir perturber sa joie de vivre. Son bouclier était une « légèreté toute française » qui « faisait oublier qu'il était né en Suisse » [36] et le rendait infiniment aimable malgré sa conduite dissolue.

À la différence du baron, Philippe-Henri de Ségur ne fréquentait pas les ballets de l'Opéra. Les séquelles de ses nombreuses blessures de guerre n'amélioraient pas son aspect physique et il n'avait pas l'ambition de plaire. Revêche, autoritaire, sévère, il ne se contentait pas d'être un soldat valeureux mais se passionnait pour les problèmes techniques, organisationnels et disciplinaires de la vie militaire. Son caractère était tellement aux antipodes de celui de Besenval qu'on pouvait supposer que c'était précisément leur vision différente de la vie qui permettait aux deux amis de se compléter et les rendait inséparables.

Encouragée par leur exemple, la tendre et aimable Mme de Ségur s'était sentie autorisée à les considérer comme nécessaires tous les deux à son bonheur et n'en avait pas fait mystère à son mari. Les soixante-dix années qui séparaient l'aveu de la princesse de Clèves de celui de la comtesse ne s'étaient pas écoulées en vain. Le marquis de Ségur avait estimé inopportun de demander à une épouse qui remplissait avec loyauté et dévouement toutes les obligations familiales et sociales prévues par le mariage aristocratique qu'elle renonce à l'amour, un sentiment étranger à la nature de leur contrat. Plus fort que l'amour, le sentiment supérieur de l'amitié imposait de bannir la jalousie et de savoir partager l'affection.

C'est la clé de lecture que Besenval semble suggérer au détour de son œuvre littéraire. Dans ses Mémoires, nous croisons l'histoire d'une jeune fille à marier qui refuse de choisir entre deux hommes qui lui sont également chers, les persuadant de partager son amour dans la tolérance et le respect réciproque. L'approbation de l'auteur pour la solution adoptée ne pourrait être plus explicite : « Ce qui me ferait douter de la vérité de cette histoire, c'est qu'il est difficile de croire que le hasard ait ressemblé trois personnes d'un sens aussi droit, aussi profondes dans la connaissance de la juste valeur des choses et si fort dégagées des préjugés [37]. » En revanche, dans *Spleen*, un court roman écrit en 1757, un an après la naissance de Joseph-Alexandre, le choix d'une jeune femme de suivre ses inclinations sentimentales se heurte à la réalité juridique et sociale de l'institution matrimoniale. C'est l'histoire d'une épouse qui, découvrant qu'elle attend un enfant de son amant, décide de demander à son mari, à qui elle a toujours manifesté « la plus véritable amitié, la plus sincère estime », d'« adopter » un enfant dont il n'est pas le père. Profondément troublé par cet aveu, le mari ne voudrait pas donner à leur enfant légitime un frère « indigne de lui », mais il finit par se résigner. En premier lieu parce que selon la loi, comme le lui rappelle son meilleur ami, tout le monde le considérera comme le père de l'enfant et ne pas le reconnaître signifierait déshonorer la mère, sans protéger son enfant de procès patrimoniaux à l'issue incertaine. Et la question : « Quoi ! Vous croyez […] que je pourrai gagner sur moi de m'y soumettre ? » s'attire une réponse qui n'admet pas de réplique : « Je dis plus : il le faut ; et, comme votre ami, je l'exige [38]. »

Si Besenval revendiqua à deux reprises, à travers le filtre du récit, la complexité psychologique et morale de l'expérience qu'il vivait avec les Ségur, rendant hommage à la courageuse prise de responsabilités de la femme aimée, il ne trouva toutefois pas d'autre langage, pour la défense de l'enfant dont il se savait le père, que celui du fait accompli. Mais Joseph-Alexandre de Ségur eut la chance de naître dans une famille où la propre mère du marquis de Ségur, Philippe-Angélique de Froissy, était fille naturelle du Régent. Philippe d'Orléans l'avait eue d'une actrice célèbre, Christine Desmares, et il s'était chargé de son éducation. Retirée à sa mère, la fillette avait été élevée dans un couvent mais avait refusé de prendre le voile à l'âge adulte. Conquis par sa douceur, le Régent l'avait donnée en mariage à François de Ségur, se décidant aussi à la reconnaître. Malgré l'avantage évident de s'apparenter, même par la petite porte, à la maison d'Orléans, les Ségur n'approuvèrent pas tous ce choix mais Philippe-Angélique sut les faire changer d'avis. Son mariage avec François de Ségur n'aurait pu porter de meilleurs fruits. La marquise, qui avait ses entrées aussi bien à Versailles qu'au Palais-Royal, se révéla « une des bonnes mères de famille et une des grandes épouses du dix-huitième siècle, donnant le spectacle et l'exemple d'un dévouement conjugal devenu historique [39] ». Et, quand elle fut veuve, dans la belle demeure de son fils et de sa belle-fille, rue Saint-Florentin, elle resta une sorte de dieu tutélaire pour toute la famille. Mais la marquise était la fille naturelle d'un père qui l'avait finalement reconnue, tandis que Joseph-Alexandre portait le nom d'un père qui n'était pas le sien et on ne pouvait qu'espérer pour lui que personne n'ait le mauvais goût de le lui rappeler. Toutefois, contrairement à Lauzun, Joseph-Alexandre n'en ferait pas mystère.

Sa naissance renforça la complicité entre les Ségur et leur ami suisse sans modifier leurs habitudes. Le marquis remplissait ses tâches de chef de famille, veillant à l'éducation des enfants qu'il destinait tous deux à la carrière militaire. La marquise était pleine d'attentions pour son mari et tenait avec beaucoup de grâce la place qui lui revenait en société. Et Besenval, tout en conservant sa position privilégiée dans le cœur des deux conjoints, continuait à récolter des succès. « Épicurien par principe et par goût [40] », le baron ne négligeait aucune des occupations qui pouvaient lui rendre la vie agréable. C'était un collectionneur raffiné [41] et, bien qu'il fût piètre lecteur, il adorait écrire et recevait avec élégance dans sa maison de la rue de Grenelle où il s'était installé en 1764. La *Correspondance littéraire* rapporte les vers qui circulèrent à cette occasion, où l'Amour en personne annonce l'arrivée dans la belle demeure jusque-là habitée par l'évêque de Rennes d'un « baron suisse », « à mes mystères tout propice », qu'escortaient « les Ris, les Grâces et les Jeux » [42]. Une attestation d'aimable libertinage que Besenval aura soin de ne pas démentir en choisissant pour l'alcôve du petit salon jouxtant sa chambre une des meilleures versions de *La Gimblette* de Fragonard, chef-d'œuvre de la peinture érotique du XVIIIe siècle [43]. Il se passionnait également pour la botanique, et les serres de son jardin, riches en plantes rares, lui permettaient d'envoyer en toute saison à ses amies de merveilleux bouquets de fleurs fraîches.

Nous ignorons quand Joseph-Alexandre s'aperçut qu'il lui ressemblait de façon « indécente [44] » et qu'il comprit qu'il était son fils. La « tendresse extrême » que le baron de Besenval lui manifestait aurait suffi à lui ôter le moindre « doute sur les obligations qu'il [pouvait] lui devoir à cet égard » [45]. Mais nous pouvons nous demander pourquoi, ayant appris l'irrégularité de sa naissance, le jeune vicomte ne suivit pas l'exemple de ses proches en adoptant la réserve requise en ces occasions. Le respect qu'il devait, tant à son père officiel qu'à son géniteur, l'affection qu'il portait à sa mère, le lien qui l'unissait à son frère auraient dû le lui imposer. Il reste que, contrairement à ses amis Lauzun et Narbonne qui partageaient sa situation, Joseph-Alexandre céda parfois au besoin de dire la vérité.

Dans ses *Mémoires secrets*, le marquis d'Allonville rapporte par exemple une discussion entre Joseph-Alexandre, le comte de Genlis et M. Decazes au sujet de l'homme le plus aimable du siècle. Chacun d'eux avait donné le nom de son père naturel : Decazes le marquis d'Entragues, Genlis le comte de Tressan et Ségur Besenval [46]. Le vicomte revendiquait-il la paternité du baron parce qu'il se sentait fier d'être le fils d'un homme qu'il admirait ? Ou tentait-il d'exorciser l'embarras et l'inconfort de sa situation en déclarant à voix haute ce que les autres murmuraient dans son dos ? Et quand une dame de Toul lui avait maladroitement demandé s'il était parent avec un « monsieur de Ségur, qui est quelque chose à Versailles », et qu'il avait répondu « on vous chantera dans le monde que je suis son fils, mais n'en croyez rien » [47], voulait-il simplement s'amuser aux dépens d'une provinciale ou trahissait-il le malaise que lui procurait sa position ambiguë dans sa propre famille ?

En tout cas, il ne fait pas de doute que Joseph-Alexandre choisit pour modèle de vie le baron de Besenval, et non le marquis de Ségur. Le vicomte avait la légèreté, la gaieté, la fatuité, l'hédonisme de son père naturel et, dès l'adolescence, s'attacha à imiter son style. Le portrait qu'Alissan de Chazet nous a laissé de Joseph-Alexandre dans sa maturité aurait parfaitement convenu pour Besenval : « Un des hommes les plus spirituels et les plus amusants que l'on pût rencontrer. Mots heureux, plaisanteries de bon goût, folies divertissantes, il trouvait tout et ne cherchait rien : chez lui le naturel ajoutait à l'esprit [48]. »

Comme son frère Louis-Philippe, de trois ans son aîné, le vicomte fut poussé dans la profession militaire. Le marquis de Ségur s'employa à faciliter sa carrière : entré à seize ans, en 1772, dans le corps de la gendarmerie comme sous-lieutenant, le vicomte succéda douze ans plus tard à son frère comme colonel commandant du régiment Ségur. Ne manquant ni de connaissances, ni de sens des responsabilités, ni de courage, il ne négligea jamais ses devoirs, mais la paix consécutive à la guerre de Sept Ans ne lui donna pas l'occasion d'éprouver ses qualités.

C'est la vie en société qui offrit à son esprit d'émulation le terrain le plus propice. Dans la belle biographie qu'il a consacrée au vicomte, Gabriel de Broglie rappelle que la conquête de la réputation mondaine constituait en effet pour les jeunes aristocrates de l'époque une entreprise plus ardue et incertaine que la reconnaissance de leurs mérites militaires [49], et beaucoup d'entre eux la recherchèrent avec détermination, à commencer par le propre frère du vicomte et leurs amis et connaissances : Lauzun, Boufflers, Vaudreuil et Narbonne. Mais pour Joseph-Alexandre, le succès mondain fut beaucoup plus qu'un jeu d'initiés ou une gratification d'amour-propre, ce fut sa raison d'être, la « grande affaire » de sa vie.

Dans une société où les femmes décidaient des réputations, Ségur se consacra à leur conquête. Dans une société fascinée par le théâtre, il fut comédien, auteur et musicien. Dans une société dont les étalons de valeur étaient l'amabilité, l'esprit et l'ironie, il érigea ces requis mondains en unique impératif moral de sa conduite. Mais le vicomte ne se limita pas à interpréter en authentique virtuose un modèle de comportement consacré par la tradition. Il le décrivit, l'analysa, le théorisa, jour après jour, dans ses vers comme dans ses pièces, essais et romans. En se proposant dans ses réflexions théoriques aussi bien que dans la pratique, comme l'incarnation parfaite du style de vie aristocratique, il trouva probablement la légitimation qui lui manquait. Avant que d'être le fils de Besenval ou de Ségur, il était le fils de cette civilisation aristocratique dont, en bien comme en mal, il portait le sceau.

Le vicomte de Ségur fit ses débuts dans le Paris galant à vingt-deux ans, en donnant une « publicité scandaleuse[50] » à sa relation avec une danseuse de l'Opéra. Prendre une actrice pour maîtresse était une habitude répandue parmi les jeunes seigneurs à la mode et Ségur ne fit que la suivre. Mais c'est la personnalité de l'élue qui créa l'événement.

En 1778, au début de sa relation avec le vicomte, Julie Careau avait vingt-deux ans déjà intensément vécus. Elle aussi était une fille naturelle, mais, contrairement à Ségur, elle n'aurait guère pu se glorifier de ses parents, dont elle tut longtemps le nom. On raconte qu'enfant elle assista terrorisée au fameux incendie d'avril 1763 qui réduisit en cendres l'Opéra de Paris et qu'un homme prévenant l'avait sauvée de la foule. S'étant enquis de son adresse, il l'avait ramenée chez sa mère, proposant ensuite de pourvoir à son éducation. Les études les plus récentes précisent qu'il n'en alla pas tout à fait ainsi.

Le sauveur de Julie était Pierre-Joseph Gueullette, un riche bourgeois qui connaissait parfaitement la fillette parce qu'il était l'amant de sa mère, Marie-Catherine Careau, ou Carotte, dite aussi « la veuve Tristan », qu'il entretenait avec générosité. Dotée d'un remarquable sens des affaires, Mme Carotte s'était assuré la propriété d'une vaste et luxueuse demeure, qui se transformait parfois, au mépris de la loi, en maison de jeu clandestine. Gueullette, qui avait une passion pour le théâtre, fit admettre Julie à l'école de ballet de l'Opéra. Même si la fillette se révéla médiocre danseuse, ce fut pour elle un épisode décisif. Elle apprit à se mouvoir avec grâce et à affronter le regard inquisiteur des inconnus, acquérant l'assurance nécessaire pour se sentir à son aise partout et avec n'importe qui. L'Opéra, avec ses *prime donne*, ses rivalités, ses solidarités, ses hiérarchies, sa discipline, son luxe et ses misères fut sa première grande école de vie. Même si elle renonça à une carrière vers laquelle elle ne se sentait pas portée, Julie garda un souvenir mythique de ses débuts officiels sur scène le 24 janvier 1772. On donnait *Castor et Pollux* de Jean-Philippe Rameau, en présence du futur Louis XVI, dans la nouvelle salle de l'Opéra, reconstruite au Palais-Royal après l'incendie, et la jeune femme y incarnait une des Ombres heureuses qui, au quatrième acte, chantent et dansent la béatitude des champs Élysées, où les « feux » de l'amour sont « purs » et « durables » [51].

Le rêve d'amour fondé sur la réciprocité et la transparence des cœurs, qui s'était cristallisé dans l'imaginaire de la jeune fille « impure », résisterait de façon tenace à la dure confrontation avec la réalité.

L'Opéra constituait un excellent tremplin pour les courtisanes. Contrairement aux comédiennes, chanteuses et danseuses, elles n'étaient pas passibles d'excommunication et, comme leurs consœurs de la Comédie, échappaient à la tutelle familiale et pouvaient vendre leurs faveurs sans encourir les rigueurs de la police. À ce qu'il paraît, Mme Carotte s'en prévalut pour destiner sa fille à la prostitution. « Le seul repère sûr, écrit Madeleine Ambrière qui a dépouillé tous les documents concernant Julie, date du 12 juin 1771, jour où Julie, juste âgée de quinze ans, bénéficie, par le truchement d'un banquier d'Amsterdam, de sa première rente viagère – sans d'ailleurs que soit précisé le nom du généreux donateur [52]. »

C'était le début d'une série de gratifications et récompenses qui, judicieusement investis dans l'immobilier par Mme Carotte, garantirent à la mère et à la fille un train de vie confortable et élégant. Pour protéger Julie, que sa condition de fille naturelle privait d'héritage, Mme Carotte décida de la donner pour son associée, justifiant ainsi leur communauté de biens. De même, elle hébergea discrètement jusqu'à sa mort, dans une chambre reculée de sa demeure, un mystérieux locataire qui n'était autre que l'homme avec qui elle avait eu Julie [53].

« Je comprends les personnes passionnées parce que je l'ai été [54] », confiera des années plus tard Julie Careau à Benjamin

Constant dans une lettre écrite six mois avant sa mort. Même si au cours de sa brève existence la passion se présenta sous diverses formes, la fidélité à sa façon de sentir et d'aimer fit d'elle une femme hors du commun. C'est sa rencontre avec Joseph-Alexandre de Ségur qui la révéla à elle-même et marqua le début de sa métamorphose.

À cette époque, la jeune courtisane sortait d'une relation avec le chevalier Flandre de Brunville, un riche procureur du roi suffisamment épris pour commander son portrait à Mme Vigée Le Brun, le peintre à succès du moment[55], et financer pour elle l'achat d'un terrain rue des Mathurins ainsi que le début de la construction d'un petit hôtel particulier, mais pas assez chevaleresque pour reconnaître l'enfant né de leur union. La maternité fut pour Julie une expérience cruciale et constitua le premier point d'ancrage de sa vie affective. Restée seule, elle n'hésita pas à s'occuper de son enfant. Désormais riche et libre de disposer d'elle-même, elle s'accorda même le luxe de choisir un amant à son goût. Le vicomte de Ségur avait tout pour lui plaire : jeune, séduisant, galant, il possédait au plus haut point l'art de s'amuser et d'amuser ses amis, répandant la joie autour de lui et donnant une priorité absolue aux jeux de l'amour.

De même Julie avait tout pour attirer Joseph-Alexandre : petite, menue, les yeux bleus comme lui, les traits délicats et une chevelure d'or, elle unissait une beauté lumineuse à une indiscutable élégance. Contrairement aux actrices et courtisanes, et en avance de trente ans sur Mme de Récamier, Julie ne se maquillait pas, ne portait pas de bijoux, ne s'habillait qu'en blanc et faisait de sa simplicité raffinée sa carte de visite. Naturellement fière, elle ne s'était pas laissé accabler par son passé mercenaire et n'avait pas renoncé à aimer l'amour et à espérer ses surprises. Ce n'est pas seulement l'entente érotique qui consolida sa relation avec le vicomte : ils partageaient une passion pour la musique et le théâtre et, frappé par l'intuition et la vive intelligence de Julie, Ségur avait pris plaisir à lui servir de Pygmalion en comblant les lacunes de son éducation, formant son goût et l'initiant aux us et coutumes de la bonne société. C'est un ami commun, le journaliste Jean-Gabriel Peltier, qui rappellera, vingt ans plus tard, la transformation de Julie à partir de sa rencontre avec Ségur : « Julie doit être comptée au nombre de ces femmes qui tenaient au peuple par leur naissance et à la haute société par leurs habitudes et leurs relations, et faisaient pardonner la source de leur fortune par l'élégance de leur esprit et de leurs manières [56]. »

Avant d'officialiser sa relation avec Julie, le vicomte exigea que sa maîtresse quitte la maison où elle habitait avec Mme Carotte et cesse toute relation d'affaires avec elle. C'est dans sa nouvelle maison de la rue Chantereine que la jeune femme devint mère à nouveau, mais cette fois le père se hâta de reconnaître l'enfant, qui reçut le nom d'Alexandre-Félix de Ségur.

Récemment construit près de la Chaussée d'Antin sur des plans de Perrard de Montreuil, et payé avec l'argent du baron de Besenval, l'hôtel de la rue Chantereine était « une petite folie, un nid d'amoureux, dans le dernier goût du jour, semblable [aux maisons] que Ledoux, de Wailly ou Brongniart construisaient sur les boulevards ou dans ce même quartier pour des financiers, des actrices, de jeunes aristocrates [57] ». Les deux amants s'étaient amusés à le meubler ensemble. Julie avait tendu les murs de sa chambre de tissu blanc et les meubles fabriqués spécialement pour elle avaient été laqués de la même couleur. Dans le salon trônait la harpe de Joseph-Alexandre et c'est là que, tout en continuant à loger officiellement à l'hôtel de Ségur, le vicomte passait une bonne partie de son temps et recevait ses amis. Rue Chantereine, grands seigneurs, petits-maîtres et écrivains à la mode pouvaient rencontrer dans la plus grande liberté actrices et chanteuses à succès avec pour seul objectif de s'amuser. Mais le principal attrait restait la maîtresse de maison. On croit volontiers ce que Benjamin Constant, dont la référence en la matière était Mme de Staël, écrit à propos de la conversation de Julie dans sa maturité. Conjuguant avec grâce « la gaieté la plus piquante » et « la plaisanterie la plus légère », « elle faisait valoir les autres autant qu'elle-même ; c'était pour eux autant que pour elle qu'elle discutait et elle plaisantait. Ses expressions n'étaient jamais recherchées ; elle saisissait admirablement le véritable point de toutes les questions sérieuses ou frivoles. Elle disait toujours ce qu'il fallait dire, et l'on s'apercevait avec elle que la justesse des idées est aussi nécessaire à la plaisanterie qu'elle peut l'être à la raison » [58]. Dans ses lettres, en effet, Julie manifeste une intelligence et une sûreté de jugement dont sa critique de *Delphine* [59] fournit un très bel exemple et que, sous la houlette de Ségur, elle avait coulées dans le canon de la conversation mondaine.

Mais après trois ans d'idylle, les amants reprirent leurs vieilles habitudes, le vicomte courtisant les dames de la bonne société et Julie écoutant ses admirateurs. Certes, elle ne s'était pas laissé émouvoir par la « terrible fièvre d'amour [60] » qu'elle avait provoquée sans le vouloir chez Chamfort. Malgré tout son génie, l'écrivain, « enfant de la nature » comme elle, était trop laid et trop pauvre pour la séduire. Mais les lettres que Mirabeau écrivit à Chamfort pour lui rapporter les fréquentations de celle qu'il appelait « notre Aspasie » et la stratégie qu'il déployait pour la convaincre d'accueillir son ami dans son lit montrent bien qu'aux yeux des habitués de la rue Chantereine Mlle Careau restait une courtisane [61].

Non seulement Julie se remit à fréquenter les études de notaires – un legs du duc de Chartres et un autre d'un avocat, tous deux de 1782, ne laissent aucun doute à ce sujet [62] –, mais en 1783 elle perdit la tête pour un gentilhomme irlandais à la réputation douteuse, l'irrésistible Antoine-Maurice de Saint-Léger, qui la rendit mère à nouveau.

L'aventure fut brève. Saint-Léger reconnut l'enfant et l'emmena en Angleterre tandis que Ségur continua de fréquenter la rue Chantereine. Malgré les trahisons systématiques de Julie, le vicomte ne ressentit pas le besoin de mettre un terme à leur relation et il ne cessa pas de l'entretenir, lui laissant l'initiative de la rupture définitive.

C'est en 1787, profitant des absences fréquentes de Joseph-Alexandre qui avait dû suivre son régiment à Pont-à-Mousson, que Julie ouvrit les bras à Talma, un acteur désargenté et ambitieux, de sept ans plus jeune qu'elle, destiné à révolutionner le style de jeu dans le théâtre français.

Si Talma trouva en Julie, son salon, ses multiples relations mondaines et sa solide situation économique le tremplin dont il avait besoin pour s'affirmer, elle vit chez le comédien à la beauté virile et au regard magnétique l'occasion de commencer une nouvelle vie. Comme elle, Talma était un enfant du tiers état, comme elle, il était un artiste libre de préjugés sociaux et en mesure de lui offrir cette relation entre pairs qui lui avait été refusée jusque-là. Ségur l'avait modelée à son image, il avait reconnu l'enfant né de leur union et partagé avec elle amitiés et divertissements, mais Julie savait bien que, malgré l'indubitable liberté de pensée dont il avait donné preuve à son égard, rien ne pourrait jamais le convaincre de légitimer leur union. Car, à y bien regarder, si elle restait une exclue parmi les invités qui se pressaient dans son propre salon, ce n'était pas pour des raisons morales – beaucoup de femmes de la bonne société ne vendaient-elles pas fort cher leurs faveurs[63] ? –, mais à cause de la tare indélébile de sa naissance. Julie était trop fière pour se soumettre, or une logique de caste la reléguait en marge de la société. Elle avait cessé d'aimer Ségur depuis longtemps, de même qu'elle était lasse de jouer pour lui le rôle d'Aspasie. Sa passion pour Talma lui donna le courage de tourner la page. On était à la veille de 1789 et tout, à commencer par les propos de nombreux habitués de son salon, concourait à lui insuffler l'espoir d'un avenir autre. Julie congédia donc Ségur et officialisa sa relation avec son nouvel amant en le recevant rue Chantereine et en contribuant de façon décisive à son affirmation au théâtre. Talma lui témoigna sa gratitude en la conduisant à l'autel un mois avant la naissance de jumeaux, qu'on baptisa des noms de Castor et Pollux en souvenir de cette soirée mythique où, « ombre heureuse » de l'opéra de Rameau, la petite danseuse avait expérimenté en personne la force transfiguratrice du théâtre.

En lui apportant la légitimité sociale qui lui avait toujours manqué, le mariage fit d'elle une mère, une épouse, une citoyenne et Julie épousa avec Talma les idéaux de la Révolution. Elle devint spartiate[64] en conservant toute sa grâce athénienne et prit sa revanche sur la société qui l'avait humiliée en partant en guerre contre les privilèges et les « préjugés de toute espèce[65] ».

Mais à en juger par deux billets qu'elle écrivit à l'acteur dans l'été 1788, la rupture définitive avec Ségur ne fut pas si simple. Dès le début de leur relation, Julie avait voulu donner à sa passion pour Talma une tonalité vertueuse, ce qui impliquait de reconnaître l'importance du lien qui l'unissait au vicomte. « Un autre a des droits sacrés sur moi, écrivait-elle solennellement à son nouvel amant, il va même arriver ; il faudra ne plus nous voir : ayez le courage de me fuir avant son retour : prévenez s'il se peut le malheur d'en voir un *autre* moins aimé mais plus heureux que vous. Il n'y a pas quinze jours que je l'assurais encore de ma tendresse, je n'aurais jamais l'audace de lui dire qu'en si peu de temps un autre a su me plaire[66]. »

Il ne fallut pas attendre longtemps pour que Julie trouve cette audace. Au cours de l'été, Ségur dut se résigner au caractère irréparable de la séparation. Il cessa d'envoyer à son commandement militaire les « demandes de gratifications qu'il multipliait depuis février 1786 pour soutenir le train de vie de Julie [67] ». Mais Julie avait-elle eu raison de voir dans la proposition du vicomte de partager ses faveurs avec d'autres le geste désespéré d'un « malheureux qui n'a plus rien du courage d'un homme [68] » ? Ségur n'avait-il pas plutôt voulu lui rappeler, en parfaite cohérence avec lui-même, que la fidélité n'avait jamais été requise dans leur relation et que c'était à sa complicité qu'il entendait ne pas renoncer ? À ses yeux, la véritable trahison était ailleurs. Il s'était employé à faire de Julie une nouvelle Ninon de Lenclos, et elle, annihilant tous ses efforts, avait perdu la tête pour un histrion et se prenait pour une héroïne de Jean-Jacques Rousseau. À ses yeux, Mlle Careau redevenait une courtisane comme les autres.

Julie partie, Ségur ne renonça pas à l'ambition de lier son nom à celui de la célèbre hétaïre : il en fit la protagoniste d'un roman épistolaire. Publiée en 1789, peu après leur rupture, la *Correspondance secrète entre Ninon de Lenclos, le marquis de Villarceaux et Madame de Maintenon* [69] était un projet qu'il avait caressé avec Julie. Faut-il croire, comme le veut une tradition qui fait autorité, que le vicomte a écrit son roman en utilisant leur propre correspondance ? Certes, l'hypothèse est séduisante et répond au goût narcissique du vicomte de se donner en spectacle, mais elle reste difficile à prouver. En tout cas, l'initiative de Ségur n'avait rien d'original et s'inscrivait dans le sillage d'une longue tradition littéraire.

Inaugurée avec les *Lettres portugaises* et consacrée par le succès des *Lettres persanes*, la vogue du roman épistolaire se poursuivrait jusqu'aux premières décennies du XIXe siècle et venait de trouver, avec *Les Liaisons dangereuses* de Laclos publiées en 1782, un élixir de jouvence [70]. En revanche, le choix de la forme épistolaire pour un pastiche littéraire était plus singulier.

La *Correspondance secrète* se donnait en effet aux lecteurs comme un recueil de lettres authentiques échangées autour de 1650 par Ninon de Lenclos, le marquis de Villarceaux, son « caprice » du moment, et la jeune Françoise d'Aubigné qui, encore au début de l'ascension sociale qui ferait d'elle un jour l'épouse secrète de

Louis XIV, hésitait sur les stratégies de vie à adopter. Le choix du personnage non plus n'était pas nouveau. Voltaire déjà, après avoir inauguré le mythe du « Grand Siècle » avec son *Siècle de Louis XIV*, s'était amusé à écrire un dialogue imaginaire entre Ninon et Françoise au faîte de leur carrière[71]. En cohérence avec l'éthique libertine qui avait fini par lui valoir la réputation d'« honnête femme », Ninon refusait l'hospitalité que sa vieille amie lui offrait à Versailles, au nom de la liberté de la vie privée. Par ailleurs, dans le demi-siècle précédent, on avait publié de nombreux recueils de lettres de Mme de Sévigné, celles de Mme de Maintenon, dans une édition de La Beaumelle où figurait un certain nombre de faux habilement forgés par ce dernier, et la correspondance de Ninon de Lenclos avec Saint-Évremond, qui avaient fasciné de nombreux lecteurs. Cet intérêt renouvelé pour des figures de femmes emblématiques du Grand Siècle se portait aussi sur la contrefaçon littéraire. En 1750, avant encore la *Correspondance secrète* du vicomte de Ségur, avaient paru les fausses *Lettres de Ninon de Lenclos et du marquis de Sévigné*[72] – fils de la célèbre épistolière –, tandis que Sénac de Meilhan avait publié de faux *Mémoires d'Anne de Gonzague, princesse palatine*. On a hélas perdu les *Épîtres de Ninon* où, pendant que Ségur travaillait à son roman épistolaire, Chamfort – comme nous le dit son ami Pierre-Louis Ginguené – évoquait « le tableau des mœurs frivoles et corrompues [...] de toute la cour de Louis XIV[73] ».

Dans sa critique du livre de Ségur, la *Correspondance littéraire* relevait qu'il contenait « de l'esprit et des prétentions, de la négligence et de la grâce[74] », mais lui reprochait un manque de vraisemblance historique. En réalité, par le biais de Ninon de Lenclos, Joseph-Alexandre entendait illustrer sa propre conception de l'amour. Choisir comme porte-parole la plus illustre des femmes galantes du XVIIe siècle était pour l'écrivain débutant une façon de se distinguer des romanciers contemporains, qui avaient fait de la liberté érotique l'emblème de la modernité, et de revendiquer l'actualité permanente de cet aimable épicurisme auquel l'« honnêteté » du XVIIe siècle avait donné sa caution mondaine. Il prenait aussi ses distances avec le libertinage dominateur et rusé qui avait fleuri parmi les élites à partir de la Régence et dont tous les romans de Crébillon fils révélaient la stratégie perverse. La célèbre leçon impartie par Versac au jeune héros des *Égarements du cœur et de l'esprit* était sans ambiguïté : pour avoir du succès dans la « bonne compagnie », il fallait sacrifier l'instinct vital du désir à une *libido dominandi* incompatible avec la volupté amoureuse.

Ségur, pour sa part, n'entendait pas renoncer à cueillir librement l'instant favorable à un plaisir affranchi de toute hypothèque. C'est pour cette raison qu'il préférait s'en remettre à l'hédonisme de Ninon de Lenclos, au savoir psychologique et à l'élégance formelle qui avaient caractérisé la civilisation aristocratique du siècle précédent, redonnant à la femme la prééminence qui garantissait la réussite du jeu amoureux.

Ainsi la *Correspondance secrète* constituait-elle pour Ségur un premier manifeste de cet art d'aimer où il se voulait maître et sur lequel il reviendrait inlassablement, aussi bien en vers, avec l'*Essai sur les moyens de plaire en amour*, qu'en prose, avec son long traité sur *Les Femmes, leur condition et leur influence dans l'ordre social chez différents peuples, anciens et modernes*, publié posthume en 1820.

Mais Joseph-Alexandre ne jouait pas de séduction qu'avec les femmes. Impératif mondain par excellence, la « nécessité de plaire [75] » constituait pour lui une exigence psychologique impérieuse, un défi chaque jour renouvelé. Plus rare que l'esprit, l'amabilité est une faculté indissociable de la volonté, or « la paresse d'esprit [...] est la disposition la plus commune dans la société, première raison pour que l'on rencontre plus aisément des gens spirituels qui se taisent, que des gens aimables qui cherchent à séduire [76] ». L'amabilité en revanche implique « un besoin de plaire presque continuel ; cette disposition de caractère est d'autant plus nécessaire à l'amabilité, qu'elle est presque l'amabilité ; et l'extrême envie de réussir, est déjà le commencement du succès [77] ».

Dans cet exercice collectif d'une société amoureuse d'elle-même qui avait fait du besoin et de la capacité de plaire sa principale préoccupation, il était difficile de tracer une ligne de démarcation entre séduction mondaine et séduction érotique, entre salon et alcôve. Maître dans les deux exercices, Ségur sut se prévaloir de cette contiguïté pour passer avec bonheur de l'une à l'autre, l'érigeant en point fort de sa stratégie amoureuse. Il n'en était pas toujours allé ainsi, mais dans son *Essai sur les moyens de plaire en amour*, le vicomte pouvait évoquer au passé les règles classiques de la conquête galante – « Nous plaire sans céder fut le bonheur des femmes, / Et vaincre leur refus le seul but de nos âmes » – pour reconnaître ensuite que « L'amour s'est corrompu, nous arrivons trop tard ; / Il faut bien, malgré nous, avoir recours à l'art[78] ». Et si une dame de la haute société pouvait déclarer à son soupirant : « Je n'ai pas le temps de vous estimer, si vous pouviez me plaire, ce serait plutôt fait[79] », le moment n'était-il pas venu pour la « bonne compagnie » la plus libre d'Europe de prendre en compte ouvertement l'impératif du désir, en indiquant la façon de le vivre pleinement dans le respect des formes ?

Depuis la Régence, romanciers, poètes, peintres, s'étaient mesurés à l'érotisme, mais aucun représentant de la bonne société n'avait eu comme le vicomte la présomption de théoriser l'art de la séduction à partir de son expérience personnelle. Dans *Essai sur les moyens de plaire en amour*, Joseph-Alexandre se plaît à illustrer une véritable campagne de conquête scandée en trois temps – *De l'attrait, De l'aveu, De la victoire* – où rien n'est laissé au hasard. Seul le premier moment, l'attrait, ce « penchant naturel indéfinissable » dont le « pouvoir secret règle nos destinées »[80] et sans lequel il n'y a pas d'art qui tienne, échappe à la programmation. Les cinq cent quatre-vingt-dix-sept alexandrins en rimes suivies qui composent l'*Essai* sont ensuite consacrés à l'étude des indices, à la pénétration psychologique, au choix du moment et du lieu, qui constituent les fondements d'une conquête masculine dont l'auteur semble avoir testé en personne l'efficacité. Abandonnant la posture licencieuse du style rocaille désormais passé de mode, le vicomte prend pour alliées la délicatesse, la pudeur, la grâce du goût néoclassique qui conquiert Paris pour raviver la flamme d'un désir exposé à languir par excès d'usure.

Ségur laisse ses lecteurs au pied de l'alcôve : destiné à des hommes et des femmes de la bonne société, l'*Essai* respecte les bienséances en évitant de se mesurer avec le langage trivial et trop égalitaire de la sexualité. Ainsi, après avoir usé d'un vaste répertoire de paraphrases, métaphores et circonvolutions pour évoquer la force de persuasion du désir, le vicomte, le moment de l'étreinte venu, choisit de se taire. Qu'est-ce qui mieux que le silence pouvait restituer une part de mystère à ce « contact de deux épidermes[81] » que, le premier, il s'obstinait à appeler amour ?

Le vicomte n'agissait pas toujours en parfaite cohérence avec ses théories, et son épicurisme souriant pouvait masquer une férocité de prédateur. Deux de ses exploits, arrivés jusqu'à nous grâce à la duchesse d'Abrantès et à la comtesse de Boigne – qui toutes deux écriraient leurs Mémoires après la Révolution –, ne dépareraient pas *Les Liaisons dangereuses*. Mais, comme l'a observé Gabriel de Broglie, « ce serait une erreur de penser que le vicomte de Ségur chercha à imiter les héros de Laclos. S'il ressembla au vicomte de Valmont, et le surpassa en rouerie, c'est qu'il fut une personnification du type d'homme que Laclos voulut représenter et stigmatiser dans Valmont [82] ».

C'était l'époque où la relation avec Julie Careau battait de l'aile. En 1780, grâce à l'appui de la duchesse de Polignac et aux menées de Besenval – « Ainsi dit-on que si l'on a à faire à M. de Ségur, il ne faut pas manquer de s'adresser au Suisse [83] », ironisaient les *Mémoires secrets* –, Ségur père avait été nommé ministre de la Guerre. Le vicomte et son frère entrèrent ainsi dans le cercle des intimes de Marie-Antoinette. Parmi les dames préférées de la reine, c'est la marquise de Bréhan qui attira l'attention de Joseph-Alexandre. Malgré ses neuf ans de plus que lui, c'était une femme séduisante à la beauté hors du commun et à l'extrême délicatesse. Mais son cœur était occupé ailleurs. Pour conquérir sa confiance et la lier à lui, le vicomte ourdit alors une machination dont la scélératesse laissa un souvenir durable puisque trente ans plus tard la duchesse d'Abrantès l'évoquait encore avec force détails dans le plus pur style du mélodrame romantique.

« Mme de B...n aimait avec un sentiment d'amour *idéalisé* le comte Étienne de D., celui qu'on appelait le beau Durfort. Il l'aimait également [...] Mme la marquise de B...n aimait avec trop de vérité pour ne pas s'apercevoir si elle-même était moins aimée. Elle s'aperçut d'une froideur et d'un tel changement dans leurs rapports qu'elle comprit que M. de D. ne l'aimait plus. Elle ne le dit à personne, elle renferma ce secret en elle-même et pleura en silence. Le vicomte de Ségur, homme fort spirituel mais très méchant, aimait depuis longtemps la marquise de B...n. Que pouvait-elle ? Lui défendre de l'aimer ? Elle l'aimait si peu qu'elle n'y songea même pas. Mais lui ne la perdit pas de vue. Aussitôt qu'il vit le gonflement de ses yeux, la pâleur de ses joues, il accourut et, prenant la main de la marquise, il la serra sans lui parler. Rien n'émeut autant que ces marques silencieuses d'un attachement qui,

tout méconnu qu'il est, ne laisse pas néanmoins d'être un des intérêts de la vie. Aussi, dès que le vicomte de Ségur eut seulement levé
les yeux sur la marquise, elle fondit en larmes.

— Qu'avez-vous ? lui dit-il.

Elle ne répondit pas, mais elle continua de sangloter et ne pouvait lui répondre.

— Pauvre enfant ! Vous souffrez, n'est-ce pas ? Vous n'osez pas
me le dire ? Pauvre petite, je sais quel est le sujet de vos larmes et
je dois à ma conscience de vous dire qu'il en est indigne.

Mme de B…n fit un mouvement d'indignation, mais le vicomte
passa outre.

— Oui, je soutiens que celui que vous pleurez n'en est pas
digne.

Mme de B…n poussa un cri déchirant.

— Eh quoi ! Vous n'avez pas plus de courage ?

— Non, je ne vous crois pas !

Le vicomte sourit sans répondre.

Mme de B…n vit son arrêt dans ce sourire, elle regarda le
vicomte avec une expression suppliante.

— Voulez-vous la preuve de ce que je vous dis ?

Mme de B…n fit un signe de tête affirmatif.

— Eh bien, vous l'aurez dans quatre jours, peut-être demain ! »

De fait la nouvelle maîtresse d'Étienne de Durfort s'appelait
Adélaïde Filleul et, fraîchement mariée au comte de Flahaut, constituait indubitablement une redoutable rivale. « Jolie comme un
ange » et très coquette, elle s'apprêtait à faire beaucoup parler d'elle,
prouvant qu'elle n'était pas du tout « sotte comme un panier », ainsi
que l'affirmait Mme d'Abrantès. Après Durfort, la comtesse serait
la maîtresse de Gouverneur Morris et de Talleyrand, et dirigerait
un des salons politiques les plus importants des années prérévolu-
tionnaires. Puis, la Révolution traversée, elle se marierait en
secondes noces avec l'ambassadeur du Portugal, le baron de Sousa,
et entreprendrait avec succès une carrière de romancière, échafaudant de romantiques histoires d'amour sur fond de société napoléonienne. Mais, à l'époque de la machination de Ségur, la comtesse
de Flahaut en était à ses premières armes, et le vicomte, qui la
connaissait intimement, la convainquit sans mal d'exiger de Durfort,
pour l'arracher définitivement à Mme de Bréhan, qu'il lui remette
ses lettres ainsi que le portrait et la bague que la pauvre marquise

lui avait donnés, contrevenant de la sorte à toutes les règles de chevalerie. Quand le tout fut entre les mains de Ségur, celui-ci « sourit avec cette joie infernale qui fait aussi sourire Satan, s'exclamant : "Maintenant elle est à moi !" ».

Mais Joseph-Alexandre se trompait. Son art d'aimer n'avait jamais tenu compte des imprévus de la passion et il révélait soudain ses limites. Mme d'Abrantès ne manque pas de le souligner : « En recevant cette preuve de l'infidélité du seul homme qu'elle eût aimé, la marquise de Bréhan ressentit une de ces impressions terribles qui vous montrent la mort comme un lieu de refuge, car vous souffrez trop ! » En effet la marquise s'était retirée dans sa chambre pour s'y empoisonner et les médecins ne la sauvèrent que par miracle. À la différence de la Présidente des *Liaisons dangereuses*, Mme de Bréhan survécut à l'épreuve, mais elle ne se débarrassa jamais du tremblement nerveux qui l'avait frappée au moment de la révélation. « Le vicomte comprit, cependant, que cette douleur sans cris et sans larmes avait une force devant laquelle toutes ses petites intrigues étaient bien nulles ! Il se retira sans parler et sans avoir la force de hasarder même une seule parole devant cette femme dont le deuil du cœur était si solennellement profond [84] ! »

Arrivée jusqu'à nous à travers Mme de Boigne – qui la tenait directement de sa mère, la comtesse d'Osmond, contemporaine de Ségur –, la seconde histoire est encore plus inquiétante. Concis et essentiel, d'une grande force dramatique, le récit de la grande mémorialiste élevée à l'école de l'Ancien Régime nous restitue avec une extrême efficacité la logique d'un libertinage qui n'obéit plus à l'impératif du désir, mais l'utilise pour des fins qui lui sont étrangères.

Comme dans *Les Liaisons dangereuses*, l'épisode dont Ségur est le protagoniste prend son origine dans la volonté de se venger d'un rival par personne interposée en séduisant la femme qu'il aime. Mais, dans le cas du vicomte, ce qui frappe avant tout, c'est la futilité de la dispute.

Selon la coutume, le 1er janvier 1783 donna lieu à Paris à une débauche de vers de toute sorte. En effet, comme en attestent abondamment les lettres de Mme du Deffand, les membres de la bonne société avaient l'habitude de fêter l'arrivée de la nouvelle année en échangeant des petits cadeaux amusants, souvent accompagnés de messages rimés sur l'air de chansons à la mode. En ce 1er janvier,

Ségur eut l'idée d'offrir aux dames de sa connaissance des bonbons accompagnés de devises qu'il avait inventées pour l'occasion. Doté d'une oreille musicale, le vicomte était un versificateur habile et il possédait au plus haut degré l'art de l'improvisation qui constituait un de ses atouts mondains les plus enviables.

Il n'était pas le seul. Le chevalier de Boufflers, par exemple, pouvait se targuer d'un talent semblable et se faisait le commentateur infatigable des événements petits ou grands dont était tissée la vie en société.

Une composante essentielle de ces jeux de compétition poétique était l'art délicat de la raillerie et le comte Henri-Charles de Thiard, connu autant pour son esprit que pour ses talents de versificateur, en fit usage pour commenter en vers les étrennes du vicomte. Dans son épigramme *Très humbles remontrances de Fidèle Berger, confiseur, rue des Lombards, à M. le vicomte de Ségur*, Thiard – qui avait probablement offert des confiseries lui aussi – reprochait de façon plaisante au vicomte, plus jeune et plus heureux que lui en amour, de lui faire une concurrence déloyale : « Vous, qui des amants infidèles / Présentez à toutes les belles / Et les charmes et le danger / Avez-vous besoin de voler, / Ségur, pour vous faire aimer d'elles, / les fonds du Fidèle Berger ? / Que deviendront mes friandises, / Mes petits cœurs et mes bonbons ? / Qui brisera mes macarons / Pour y chercher quelques devises [85] ? »

Jouant sur la célébration hyperbolique des inégalables succès amoureux du vicomte, l'aimable taquinerie se concluait par une demande de compensation : « Songez au dédommagement / Que vous devez à ma boutique, / Et donnez-moi votre pratique / Pour le baptême et pour l'enfant [86]. » Mais la pointe finale déplut au vicomte. L'effronterie l'avait-elle irrité ? Préfigurait-elle une possible invasion de territoire ? Ou Thiard voulait-il insinuer que Ségur ne déployait sa séduction que pour la parade ? Ce qui est certain, c'est que le vicomte décida de répondre par des faits. Il donnerait lui-même une leçon pratique de ses talents en choisissant pour la démonstration la maîtresse du versificateur outrecuidant.

La dame en question, désignée comme Mme de Z. dans le récit de la comtesse de Boigne, était la comtesse de Séran [87], qui se partageait avec bonheur entre Thiard et son époux, entre la vie à la ville et les séjours à la campagne. Ségur trouva le moyen de se faire envoyer en garnison non loin de la propriété de famille des Séran en Normandie et entoura la comtesse d'une cour assidue. Mais laissons la parole à Mme de Boigne : « Il joua son rôle parfaitement, feignit une passion délirante, et après des assiduités qui durèrent plusieurs mois, parvint à plaire et enfin à réussir. Bientôt Mme de Z. se trouva grosse ; son mari était absent et même M. de Thiard. Elle annonça au vicomte son malheur. La veille encore, il lui témoignait le plus ardent amour, mais ce jour-là, il lui répondit que son but était atteint, qu'il ne s'était jamais soucié d'elle. Seulement il avait voulu se venger du sarcasme de M. de Thiard, et lui montrer que son esprit était propre à autre chose qu'à faire des distiques de confiseur. En conséquence, il lui baisait les mains, elle n'entendrait plus parler de lui. En effet il partit sur-le-champ pour Paris, racontant son histoire à qui voulait l'entendre [88]. »

C'est encore sur une vengeance par personne interposée que repose l'intrigue de la deuxième œuvre du vicomte, *La Femme jalouse*, parue en 1790. En accord avec les mœurs aristocratiques, et comme cela avait déjà été le cas pour la *Correspondance secrète*, Ségur ne signa pas son roman épistolaire mais s'arrangea pour que tout le monde sache qu'il en était l'auteur. Cette fois, le modèle littéraire était indéniablement *Les Liaisons dangereuses* et, présentées sous un angle romanesque comme dans le chef-d'œuvre de Laclos, les stratégies de séduction et de manipulation retorses que Ségur n'hésitait pas à mettre en pratique dans la vie prenaient un sens moral et finissaient par mener les coupables à leur perte.

Tout en dénonçant le manque d'originalité de ce deuxième ouvrage du vicomte, la *Correspondance littéraire* le résumait consciencieusement pour ses lecteurs : « Le marquis de Sénanges, sous le prétexte de servir son ami le chevalier de Lincour auprès d'une jeune veuve dont celui-ci est éperdument amoureux, parvient à lui inspirer pour lui-même les sentiments les plus vifs. La baronne de Versac [89], maîtresse du marquis, suit cette intrigue avec toute l'inquiétude, avec toute la sagacité que peut donner le sentiment de la plus sombre jalousie. Peu délicate sur les moyens de se venger, c'est par le chevalier même qu'elle veut faire immoler son amant. L'événement trompe sa vengeance ; grâce aux artifices de la trame la plus noire, les deux amis se battent, mais c'est le chevalier qui se perce le cœur lui-même en se précipitant sur le fer de son ami qui ne voulait que se défendre [90]. »

L'amitié masculine semblerait survivre mieux que l'amour aux dérives du libertinage.

La Femme jalouse fut pour Ségur l'occasion de montrer sa connaissance parfaite des us et coutumes de la société contemporaine. Depuis Mlle de Scudéry, la littérature française avait fait de la description du style de vie de la « bonne compagnie » un de ses points forts et, à partir de la « révolution sociologique [91] » des *Lettres persanes*, les romanciers du XVIIIᵉ siècle, formés à l'école des moralistes classiques, s'étaient concentrés sur la dialectique entre individu et société.

Même si Ségur s'inscrivait dans cette tradition, son optique était différente de celle des écrivains professionnels. Lui-même était le produit perfectionné d'un art de vivre que les romanciers, malgré toute l'acuité de leur perception, n'appréhendaient que de l'extérieur. Son approche du monde des privilégiés, auquel il appartenait, était profondément empathique et son objectif n'était pas de dénoncer de manière plus ou moins explicite les ravages du conformisme mondain ou la corruption des élites. Au contraire, il entendait restituer le spectacle d'une société éprise de sa propre virtuosité formelle, qui reconnaissait pour seul critère de jugement la plus ou moins grande capacité de ses membres à jouer avec élégance le rôle qui était le leur. Au fond, la pointe d'une dame de la bonne société, au sortir de sa lecture de *La Femme jalouse* – « Si M. de Ségur aime à faire des romans, je lui conseille plutôt d'en être le héros que l'auteur [92] » – touchait juste. Le vicomte réservait le meilleur de lui-même pour la vie.

Prenant acte de l'accueil décevant que le public avait réservé à son deuxième roman, et fort de son habileté à rendre le caractère profondément théâtral de la vie mondaine, puisque la mise en scène de son personnage public constituait depuis toujours la clé de voûte de son identité, le vicomte finit par concentrer ses ambitions artistiques dans ce domaine.

On connaissait déjà dans les cercles mondains le talent de Joseph-Alexandre pour capter l'attention d'un public exigeant en lisant ses vers, chantant ses chansons ou racontant simplement ce qui lui passait par la tête. Gouverneur Morris, qui assista à la lecture d'une de ses petites pièces intitulée *Le Nouveau Cercle*, trouvait que le vicomte « lisait trop bien [93] » pour pouvoir juger de la valeur du texte. Dans sa maturité, Ségur lui-même soulignerait la nature théâtrale de l'art de raconter : « Enfin, un homme qui conte une histoire, au milieu d'un cercle, est presque un *acteur* sur la scène, avec cette différence que l'*acteur* récite ce qui lui est dicté, tandis que le *conteur* est obligé d'improviser, qu'on le voit de plus près, qu'il faut que son naturel soit bien plus vrai. Le prestige entoure l'*acteur* ; le *conteur* est entouré de ses modèles. C'est une *copie* qui doit être assez fidèle pour soutenir la comparaison continuelle avec l'*original*[94]. »

On ne sera donc pas surpris que, membre avec son frère Louis-Philippe de la compagnie amateur qui jouait dans le théâtre privé de Mme de Montesson, le vicomte se révèle excellent comédien.

Depuis l'époque de la Chambre bleue de la marquise de Rambouillet, théâtre et vie mondaine avaient été étroitement associés et, au cours du XVIIIe siècle, à Paris comme à Versailles, aristocrates et grands financiers avaient doté leurs demeures de salles de spectacle privées où ils se produisaient en compagnie de leurs amis. En 1781, se plaignant de la décadence des spectacles du Théâtre-Français, la *Correspondance secrète* observait : « On dirait que le talent du comédien s'est retiré exclusivement chez les grands seigneurs. On savait déjà à quel degré de perfection ils le possèdent ; mais jusqu'ici ce n'est pas dans les coulisses qu'ils l'avaient déployé[95]. » D'ailleurs, comme l'avait théorisé en son temps le chevalier de Méré, l'homme du monde ne devait-il pas interpréter son personnage avec la distance critique d'un comédien ?

Mais l'attirance de Ségur pour le théâtre était de nature plus personnelle et profonde et dépassait le champ des conventions mondaines. Suivant la mode lancée par Carmontelle une vingtaine d'années auparavant[96], il écrivait des « proverbes », courtes pièces en un acte qui illustraient une expression proverbiale assez connue pour que les spectateurs la devinent facilement avant l'énonciation finale, destinée à déclencher les applaudissements. Tout comme les charades et les devinettes, les proverbes étaient un divertissement mondain, mais Ségur voulut en faire le tremplin d'une affirmation à caractère professionnel. C'était un projet risqué, dont le venimeux Tilly perçait l'ambition : déjà gâté par le sort, le vicomte désirait maintenant s'assurer « une place parmi les écrivains, gens du monde, qui ont couru deux carrières à la fois[97] ».

En janvier 1787, Ségur en donna une première démonstration avec *Le Parti le plus gai*, où il interprétait lui-même le personnage principal, tandis que le premier rôle féminin était confié à Mlle Contat, une des actrices les plus applaudies du moment. Non seulement le vicomte contrevenait ainsi aux règles qui interdisaient aux comédiens amateurs de jouer aux côtés de professionnels (le précédent de la duchesse du Maine qui s'était produite avec le célèbre acteur Baron ne pouvait être attribué qu'à son extravagance), mais – premier pas stratégique pour se rapprocher de la Comédie – il choisissait pour la première de son proverbe, « en présence de la ville et de la Cour [98] », le théâtre privé de deux cent cinquante places dont Mlle Contat avait équipé sa maison d'Auteuil. Difficile d'imaginer meilleure publicité, car la maîtresse de maison était déjà un pôle d'attraction.

Fille de boutiquiers parisiens, née en 1760, Louise Contat avait été poussée dans la carrière théâtrale par le grand comédien Préville et sa femme, elle aussi actrice de renom, lesquels, frappés par l'aisance et la vivacité intellectuelle de la petite livreuse de blanchisserie, avaient pourvu à son éducation. Après avoir fréquenté en 1774 le cours de déclamation donné par Lekain et Préville, Louise était entrée deux ans plus tard à la Comédie-Française, dont elle devint sociétaire en 1778. Alors qu'elle montrait d'emblée des prédispositions pour les rôles à effets, la jeune sociétaire dut longtemps se contenter d'interpréter les seconds rôles, souvent peu indiqués pour elle, en attendant l'occasion de se mettre en valeur. Elle remporta ses premiers succès au foyer de la Comédie-Française, lieu de rendez-vous des passionnés de théâtre, gens de lettres et artistes qui échangeaient leurs impressions sur les nouveaux spectacles et l'actualité du jour.

Belle, Louise était aussi gaie et spirituelle et possédait le sens de la repartie mais, contrairement à ses consœurs, elle repoussait les avances des habitués en quête d'aventures et s'était gagné le surnom de Dédaigneuse. Consciente de son « prix », la jeune comédienne n'entendait pas se brader et ne céda que lorsqu'elle jugea que cela en valait effectivement la peine. Le premier à obtenir ses faveurs fut le riche René-Nicolas-Charles-Augustin de Maupeou, premier président du parlement de Paris, fils du célèbre chancelier de Louis XV, cultivé, affable, galant. Malgré la générosité du magistrat et la naissance d'un enfant accueilli avec joie et aussitôt doté avec largesse, Louise ne résista pas au plaisir d'être courtisée par le frère cadet de Louis XVI, le fringant comte d'Artois, et elle lui sacrifia son amant. Ce choix n'était pas exempt de risques parce que Artois ne se distinguait ni par sa prodigalité ni par sa constance, et Louise, présumant trop d'elle, voulut dicter les termes de sa reddition. Elle fit savoir à Artois qu'elle était prête à lui ouvrir les bras à condition qu'il s'engage à vivre publiquement avec elle, s'attirant pour réponse : « Dites-lui que je ne sais pas vivre[99]. »

Entamée vers 1780, sa relation avec le frère du roi dura le temps suffisant pour que naisse un enfant et que Louise effectue son ascension professionnelle à la Comédie-Française. Pour la seule année 1782, Mlle Contat obtint de figurer dans pas moins de sept créations et donna la mesure de son talent et de sa maturité artistique en 1784, dans *Les Courtisanes*, une médiocre comédie moralisatrice de Palissot visant un phénomène de société dont elle-même fournissait l'exemple. Aux prises avec un rôle ingrat, Louise rendit son personnage captivant à force de brio et d'ironie élégante, et arracha les applaudissements des « impures » venues au théâtre décidées à en découdre. « Je vous avoue que je ne croyais pas qu'il fût si amusant de se voir pendre en effigie[100] », avait concédé à la fin du spectacle Marie-Madeleine Guimard, la plus célèbre danseuse de l'époque à la non moins célèbre chanteuse Sophie Arnould. Le jugement flatteur des deux grandes vedettes de l'Opéra récompensait l'ambition tenace avec laquelle Mlle Contat, pourtant confinée dans des seconds rôles, avait travaillé son art et enrichi sa palette. « Son esprit prend toutes les formes[101] », dirait d'elle Julie Careau, et sa mémoire était si entraînée qu'elle pouvait retenir en vingt-quatre heures, comme elle le prouva sur une requête de Marie-Antoinette, pas moins de sept cents vers. Cet exploit accompli, elle avait déclaré : « J'ignorais où était le siège de la mémoire. Je sais maintenant qu'il est dans le cœur[102]. »

Au nombre de ses admirateurs on comptait Beaumarchais, aventurier génial épris de théâtre qui, non moins ambitieux et tenace qu'elle, l'observa plusieurs années avant de lui confier un rôle central dans la pièce incendiaire qu'il allait mettre en scène. Un choix gagnant parce que, non contente de créer de façon magistrale le personnage de Suzanne, Mlle Contat unit ses efforts à ceux du comte de Vaudreuil pour convaincre Artois de permettre au *Mariage de Figaro* de passer la censure et d'arriver sur la scène de la Comédie-Française après une saison de représentations privées. C'était le 27 avril 1784 et « cette soirée unique, où tous les comédiens triomphèrent avec l'auteur, fut par-dessus tout, la soirée de Contat. "La charmante fille ! dit Figaro, toujours riante, verdissante, pleine de gaîté, d'esprit, d'amour, de délices !..." et tout Paris le redit avec lui [103] ». Parmi les spectateurs se trouvait un Antoine-Vincent Arnault tout jeune, futur dramaturge à succès, à qui il convient de laisser le dernier mot : « Mlle Contat ajoutait à ce rôle, déjà si séduisant, une valeur dont Beaumarchais lui-même était étonné. L'esprit du rôle appartenait bien à Beaumarchais, mais non pas l'esprit avec lequel ce rôle était rendu ; celui-là appartenait tout entier à l'actrice, et elle en avait peut-être autant que l'auteur lui-même ; elle créait en traduisant [104]. »

Quand, deux ans et demi après, elle accepta la proposition de son vieil ami Ségur de jouer le rôle de l'épouse infidèle dans *Le Parti le plus gai*, l'actrice était à l'apogée de sa gloire et en état de grossesse avancé. Elle s'était éprise du comte de Narbonne, un ami du vicomte qui avait son âge et qui, comme lui, était la coqueluche des dames de la haute société. Un spectacle monté avec Joseph-Alexandre offrait une occasion sans pareille de jouir de son triomphe d'artiste et de femme au cours d'une soirée exceptionnelle où monde et demi-monde se retrouveraient côte à côte pour l'applaudir, de surcroît dans un théâtre privé et non dans un lieu public.

Cette initiative était possible grâce au libertinage effronté des jeunes princes du sang, depuis le comte d'Artois jusqu'aux ducs de Bourbon et d'Orléans. Avec « la solennité de leur tendresse et l'excès de leurs libéralités », ils avaient créé pour les courtisanes, comme le rappellera plus tard J. de Norvins, « un véritable rang dans le monde entre les dames de la société et les nymphes de la petite propriété [...]. Ces dames avaient de beaux appartements ou même de beaux hôtels, où affluait la meilleure compagnie en hommes, mariés ou non, et tellement choisie qu'il était à peu près d'usage d'y présenter les jeunes gens qui entraient dans le monde, afin d'y être connus de bonne heure des coryphées de la haute société » [105]. Déjà au début des années 1770, de retour de Paris, le prince Charles de Suède écrivait indigné à son frère Gustav qu'il avait vu « le Duc de Chartres avec le Duc de Lauzun, le Duc

d'Aumont et quelques autres Ducs se promener avec Mme de Mirepoix, Mme de Villeroy et Mme de Montmorency et les planter là
pour causer avec des filles, les prendre sous le bras, se promener
avec elles et partir pour souper avec elles, et les autres dames en
rirent disant *où vont-ils ces étourdis ?* [106] ».

Il fallait toutefois l'audace de Mlle Contat pour oser réunir des
dames du grand monde et des filles, mais les faits lui donnèrent
raison. À en juger par une lettre vibrante d'indignation de la comtesse de Sabran au chevalier de Boufflers, ce furent les courtisanes
qui tirèrent leur épingle du jeu. « Au milieu de l'occupation où l'on
est de l'Assemblée des notables, le vicomte de Ségur trouve le
moyen de faire parler de lui. Il vient de donner une petite pièce de
sa façon, qu'il fait jouer chez Mlle Contat à l'Auteuil, qui s'appelle
Le Parti le plus gai. Il me semble que c'est toujours celui qu'il prend,
et surtout dans ce moment-ci, car il a joué lui-même devant plus
de cent personnes de la bonne compagnie. Beaucoup de dames trop
connues ne se sont fait aucun scrupule d'aller l'applaudir, et il y est
arrivé, entre autres, une aventure assez désagréable [107]. »

L'incident en question était dû à la disposition tout à fait insolite
des places. Les dames de la haute société (qui dans les théâtres
publics suivaient le spectacle dans des loges souvent protégées par
une grille) avaient été invitées à s'asseoir à l'orchestre tandis que les
filles – une dizaine d'actrices et de courtisanes notoires parmi lesquelles se trouvait aussi Julie Careau – occupaient une grande loge
au fond de la salle. Ignorant cela, trois dames du beau monde
arrivées en retard étaient entrées par mégarde dans la loge des
actrices, qui s'étaient hâtées de leur laisser les meilleures places.
Moins courtois, en les voyant avec les courtisanes, le public dans
la salle les avait « huées » et « sifflées », les obligeant à « se sauv[er]
bien honteuses » [108]. Certains avaient même stigmatisé l'épisode de
façon perfide en lui attribuant le titre d'une pièce qui ferait fureur
aux Italiens : *Les Méprises par ressemblance*. Non moins perfide, le
comte d'Espinchal, qui avait assisté lui aussi à la soirée, notait dans
son journal que « beaucoup de ces dames seraient restées à souper
avec les demoiselles si elles l'avaient osé [109] ».

Mais la soirée réservait une mauvaise surprise à son triomphateur. Selon toute probabilité en effet, c'est à cette occasion que
Talma, venu à Auteuil à la suite de Molé – qui était son professeur
de déclamation dramatique et le partenaire habituel de Mlle Contat

146

avec qui il s'apprêtait à jouer *Rosaline et Floricourt* [110], la nouvelle pièce du vicomte –, rencontra Julie, dont il deviendrait l'amant peu après [111].

Le Parti le plus gai qui, avec *Le Parti le plus sage* [112], inaugurait la carrière d'auteur de comédies de Ségur, en annonçait les orientations.

Fragiles et évanescentes comme les petites brochures qui nous les ont transmises, les pièces du vicomte sont en général brèves et dépourvues d'une véritable intrigue. Ségur y expose une situation précise, crise conjugale, conflit de caractères, choix de vie, en mettant en scène des personnages – ou plutôt des silhouettes à peine esquissées – qui se comportent, raisonnent, parlent en accord avec les règles de la « bonne compagnie ». Les dialogues occupent une place de choix dans ce théâtre, tantôt enlevés et spirituels, tantôt évasifs et distraits, donnant leur crédibilité aux personnages, révélant les sentiments dissimulés derrière le jeu mondain et les formules de politesse. Des dialogues qui, dans de nombreuses pièces, gagnent en élégance et musicalité grâce à l'emploi du vers et de la rime, auxquels Ségur recourt infatigablement. Mais l'habileté du vicomte consiste surtout à garantir à ses pièces des acteurs renommés, en leur offrant des rôles mettant en valeur leur talent et en privilégiant des thèmes auxquels les spectateurs adhèrent d'emblée. En effet, Ségur ne se limite pas à mimer dans ses pièces les us et coutumes de la bonne société, il se veut l'interprète des attentes d'un nouveau public bourgeois.

Armé d'un moralisme indulgent et d'un aimable bon sens, le vicomte adopte dans les deux premiers proverbes le point de vue du mari – une figure que la comédie avait traditionnellement reléguée au second plan. Et dans les deux pièces, ce mari n'entend pas partager sa femme avec un autre.

C'est peut-être avant tout l'envie de s'amuser qui pousse le protagoniste du *Parti le plus gai*, le marquis de Fulvil, à jouer systématiquement les gêneurs dans les rencontres entre sa femme et le chevalier de Linval et à se moquer gentiment d'eux, contrariant leurs projets et poussant en définitive son rival à la fuite, ce qui illustre l'expression proverbiale « À bon chat, bon rat ». Mais dans *Le Parti le plus sage*, qui met en scène le milieu plus bourgeois de la haute magistrature, le Président est vraiment amoureux de sa femme. Dans leur cas, c'est une différence de caractère qui les sépare : tandis que le mari aime se retirer dans la solitude, son épouse a besoin de se distraire en compagnie. L'arrivée d'un marquis qui espère tourner à son avantage le besoin d'évasion de la Présidente incite le mari à demander pardon à sa femme de ne pas avoir su comprendre ses exigences et à se réconcilier avec elle. La morale de la comédie – « Plus fait douceur que violence » – invite à une entente conjugale fondée sur la compréhension réciproque. Indépendamment de ses convictions personnelles, Ségur reconnaît là que beaucoup de ses contemporains ne considèrent plus le mariage comme une simple formalité, mais comme une promesse de bonheur réciproque.

Dans *Rosaline et Floricourt*, la première comédie montée au Théâtre-Français le 17 novembre 1787, le moteur de l'intrigue est le caractère exécrable de l'héroïne, une mégère de shakespearienne mémoire, que la ténacité patiente de son soupirant et la ruse paternelle finissent par apprivoiser. Reposant sur les disputes et les prises de bec du couple, la pièce n'obtint toutefois pas le succès espéré et Ségur fut obligé de la raccourcir de trois à deux actes. D'après la *Correspondance littéraire*, l'interprétation des comédiens laissait à désirer. Mlle Contat, pour qui la pièce avait été écrite, « a rendu le rôle de Rosaline avec plus de manière et de minauderie que de grâce et de légèreté » et « Molé paraît aujourd'hui beaucoup trop vieux pour en être encore agréablement la dupe »[113]. Il n'en restait pas moins que Ségur avait réussi à faire son entrée d'auteur professionnel dans le monde du spectacle et qu'il entendait occuper le terrain. Et si son talent ne lui permit pas de laisser un souvenir durable, c'est sa réputation théâtrale, toute fragile qu'elle fût, qui le sauva d'une mort certaine sous la Terreur.

Ségur fit avant tout parler de lui sur la scène mondaine. À l'occasion du scandale suscité par la soirée d'Auteuil, le marquis Ximénès avait pris sa défense avec une remarque très pertinente : « Quelles sont les mœurs du siècle où nous vivons ! / La palme des talents ne peut parer nos fronts, / Sans que de nos aïeux les mânes en colère / Ne nous fassent rougir d'avoir su l'art de plaire[114]. »

En effet, comment décider du comportement approprié dans une société qui manquait d'un critère de jugement commun ? En retournant la question, le vicomte saisissait au vol l'occasion que lui offrait son ami de revendiquer une morale du plaisir personnelle, précisément au nom de la « tolérance » d'un « siècle aimable et frivole », où « tout est blâmé, tout est permis » : « Chacun établit un système / Sur le plan qu'il veut se former, / Et la raison ne sait plus même / Ce qu'il faut permettre ou blâmer. / Grâce à cette tolérance, / Je vois s'écouler mes beaux jours, / Et je me fixe avec constance / Près des Grâces et des Amours. / Je m'égare parfois, mais c'est avec ivresse ; / Le bandeau du plaisir est toujours sur mes yeux, / Et si quelques remords tourmentent ma vieillesse, / Au moins mes souvenirs pourront me rendre heureux »[115].

La monarchie française était la première à faire preuve de tolérance à l'égard de la liberté de parole de ses sujets, mais il fallait aussi savoir en mesurer les limites et parfois Ségur, trop sûr de lui, les évaluait mal. Il en avait fait l'expérience trois ans plus tôt, en mars 1784. Soucieuse de signaler à ses abonnés, parmi lesquels figurait la moitié des têtes couronnées d'Europe, l'esprit d'insubordination croissant des élites françaises, la *Correspondance littéraire* se hâtait de rapporter l'épisode : « La Reine, dit-on, ayant demandé des couplets à M. le vicomte de Ségur, celui-ci s'en défendit d'abord ; mais sa Majesté ayant insisté en ajoutant : *Vous n'avez qu'à me dire mes vérités*, il lui chanta les vers que voici :

Les *On dit*, chanson. *Sur l'Air : Mon père était pot, ma mère était broc, etc.*

Voulez-vous savoir les on dit
Qui courent sur Thémire ?
On dit que parfois son esprit
Parait être en délire.
Quoi ! De bonne foi ?
Oui ; mais, croyez-moi,
Elle sait si bien faire,
Que sa déraison,
Fussiez-vous Caton,
Aurait l'art de vous plaire.

On dit que le trop de bon sens
Jamais ne la tourmente ;
Mais on dit qu'un seul grain d'encens
La ravit et l'enchante.
Quoi ! De bonne foi ?
Oui ; mais, croyez-moi,

Elle sait si bien faire,
Que même les Dieux
Descendraient des cieux
Pour l'encenser sur terre.

Vous donne-t-elle un rendez-vous
De plaisir ou d'affaire ;
On dit qu'oublier l'heure et vous
Pour elle c'est une misère.
Quoi ! De bonne foi ?
Oui ; mais croyez-moi,
Se revoit-on près d'elle,
On oublie ses torts,
Le temps même alors
S'envole à tire-d'aile.

Sans l'égoïsme rien n'est bon,
C'est là sa loi suprême :
Aussi s'aime-t-elle, dit-on,
D'une tendresse extrême.
Quoi ! De bonne foi ?
Oui ; mais croyez-moi,
Laissez-lui son système ;
Peut-on la blâmer
De savoir aimer. »

Écervelée, sensible à l'adulation, inconstante, égoïste mais experte dans l'art de plaire : voilà des vérités que Marie-Antoinette, décidée à exercer une influence politique, n'avait pas envie de s'entendre rappeler, pas même sur le ton du badinage galant. Comme si cela ne suffisait pas, Joseph-Alexandre et son frère Louis-Philippe n'étaient-ils pas fils d'un ministre qui lui était redevable de son fauteuil ? Quatre ans auparavant, la reine – certes savamment manœuvrée par Besenval[116] et Mme de Polignac – n'avait-elle pas pour la première fois montré son ascendant sur son mari en imposant le maréchal de Ségur au ministère de la Guerre contre la volonté de Maurepas ? Mais c'était le comportement du vicomte avec sa dame de palais, Mme de Bréhan, qui avait par-dessus tout indigné Marie-Antoinette : Joseph-Alexandre avait trahi la confiance qu'elle lui avait accordée en l'accueillant dans l'intimité complice de son cercle et il ne méritait plus d'en faire partie.

La reine peinait à comprendre que les sentiments et la politique n'étaient pas régis par les mêmes lois et qu'exclure Ségur de son entourage signifiait s'attirer à coup sûr un ennemi. Depuis trois générations, les Ségur étaient liés aux Orléans par des rapports de parenté et d'amitié et, mal reçu désormais à Versailles, Joseph-Alexandre trouva naturellement une place au Palais-Royal, centre de l'opposition de la nouvelle Fronde aristocratique. Quand, en 1786, devenu duc d'Orléans, le futur Philippe Égalité le nomma premier gentilhomme de sa chambre, le vicomte se trouva inévitablement engagé à ses côtés dans une guerre d'opinion, à l'issue fatale pour la monarchie française.

Contrairement à son frère Louis-Philippe, devenu ambassadeur de Louis XVI auprès de Catherine de Russie en 1784, Joseph-Alexandre n'était pas animé d'une vision politique précise. Il se limitait à partager les espoirs réformistes et libéraux à l'ordre du jour dans nombre de salons parisiens, à commencer par celui de sa mère. Cela ne l'empêchait pas de suivre de près la valse des ministres et la multiplication des tentatives inutiles de parer au déficit public, qui donnaient l'occasion à son goût du paradoxe et à sa verve ironique d'amuser la « bonne compagnie ». Et si la présence du maréchal de Ségur au cabinet du conseil avait pu constituer un frein à son esprit caustique, la décision paternelle de rendre son mandat à son souverain donna libre cours à l'irrévérence du fils.

Le 23 mai 1787, à l'Opéra, comme le rapporte fidèlement la *Correspondance secrète*, le vicomte avait répondu à la personne qui lui demandait si son père allait démissionner de ses fonctions de ministre de la Guerre : « "Je n'en sais rien mais cela ne serait pas étonnant. Le Roi lui-même se dispose bien à donner la sienne !" Le sarcasme fut entendu et l'auteur, arrêté au sortir du spectacle, fut mis aux arrêts pour trois jours [117]. »

L'insolence était trop grande pour passer inaperçue et Joseph-Alexandre reçut l'ordre de se retirer à la campagne, à Luzancy, la belle propriété d'un cousin du côté maternel, le comte de Bercheny, non loin de La Ferté-sous-Jouarre, à une cinquantaine de kilomètres à l'est de Paris. Limité à quelques mois et loin d'être désagréable, cet exil se révéla riche de conséquences pour la maison d'Orléans et pour la monarchie française. C'est en effet à Luzancy que le vicomte fit la connaissance de Choderlos de Laclos, dont le régiment était en garnison dans les environs, et qu'il lui promit de l'aider à trouver un emploi au Palais-Royal.

Grand admirateur des *Liaisons dangereuses* – ce n'est pas un hasard si le titre de la pièce qui avait fait scandale, *Le Parti le plus gai*, reprend une expression de Valmont [118] –, le vicomte ne put qu'être heureux de rencontrer leur auteur. Mais savait-il que Laclos était relégué dans une petite ville de province par la rigueur du maréchal de Ségur ? Même si *Les Liaisons dangereuses* avaient été publiées de manière anonyme, le ministre de la Guerre n'avait pas caché son indignation en apprenant que l'auteur du roman était un militaire de carrière, et le coupable n'avait dû son salut qu'aux attestations d'estime de ses supérieurs directs. Mais quand, quatre ans plus tard, il eut l'imprudence de publier et signer une *Lettre à M. M. D de l'Académie Française sur l'Éloge de M. le Maréchal de Vauban* où il se permettait de critiquer le grand homme, Ségur réclama une punition exemplaire. Laclos dut quitter l'école d'artillerie de La Rochelle où, apprécié de tous, il avait mis à profit ses compétences de génie militaire, pour rejoindre son régiment en province, s'arrachant avec désespoir aux bras de sa jeune épouse qu'il adorait et qu'après mille difficultés il avait conduite à l'autel quelques jours plus tôt.

C'est alors qu'il décida de quitter l'armée. Il avait quarante-huit ans et, en vingt-huit années de service actif, n'avait jamais réussi à sortir du rang. Il n'avait obtenu d'avancement qu'à l'ancienneté et la prise de position du ministre ne lui laissait aucune illusion sur l'avenir. Pourtant, quelle carrière était plus irréprochable que la sienne ? Il appartenait à une famille de la petite noblesse cultivée qui s'était illustrée au service du roi. Il était intelligent, énergique, ambitieux et avait embrassé avec enthousiasme la carrière militaire en intégrant l'artillerie, le corps le plus rigoureux de l'armée, qui exigeait étude et préparation technique. Il s'y était distingué par son zèle, son esprit de sacrifice, son respect de la discipline, et quand Louis XVI avait déclaré la guerre à l'Angleterre, il avait pensé l'occasion enfin venue pour lui de briller sur les champs de bataille. Mais le rêve n'avait pas duré. Pendant trois ans, il avait parcouru les côtes de Normandie et de Bretagne pour projeter des fortifications qui se révéleraient inutiles, puisque l'expédition outre-Manche n'eut jamais lieu. Laclos n'était certes pas le seul déçu –

les lettres du duc de Lauzun ou du chevalier de Boufflers témoignent des mêmes frustrations, malgré des situations différentes –, mais il aurait pu se résigner comme tant d'autres officiers à passer à côté de son destin. C'est en voyant, après des années de travail ingrat, le retour triomphal des jeunes privilégiés auxquels, en revanche, on avait donné la possibilité de se couvrir de gloire en Amérique, que « son cœur éclata [119] ». Il était resté à son poste mais avait alors déversé toute sa bile à l'égard d'un système de gouvernement fondé sur la faveur au mépris du mérite dans une allégorie impitoyable, qui mettait en scène une société aristocratique oublieuse de ses valeurs originelles, barricadée dans sa vanité, aveugle devant le mal qui la minait de l'intérieur et vouée à l'auto-destruction. Prête comme toujours, du moment qu'elle s'y amusait, à décréter le succès des œuvres qui, tout en sauvegardant l'élégance des formes, faisaient son procès, la « bonne compagnie » dévora *Les Liaisons dangereuses* comme un roman à clé d'inspiration libertine. La signification politique du livre parut évidente à tous ceux qui mesuraient les problèmes réels du pays et l'urgence d'un renouveau moral. Dans le bateau qui les emmenait au secours des insurgés américains, des membres de cette jeunesse dorée que Laclos enviait tant s'étaient divertis aux dépens du baron de Montesquieu, petit-fils de l'auteur de *De l'Esprit des lois*, qui était le seul à ne pas avoir lu le roman et ne comprenait pas ce que voulait dire « liaisons dangereuses ». Quand leur bateau avait essuyé une canonnade ennemie qui brisa une partie du banc de quart où ils se trouvaient tous un instant plus tôt, « le comte de Loménie, qui était alors à côté de Montesquieu, le lui montrant, lui dit froidement : "Tu veux savoir ce que c'est *les liaisons dangereuses* ? Eh bien ! regarde, les voilà [120]." »

C'est sur la lancée du succès ambigu de son roman, à mi-chemin « entre le blâme et la louange, le mépris et l'estime [121] », que Laclos imagina une nouvelle vie pour lui au sein de la société parisienne, où le prestige de l'homme de lettres semblait avoir effacé les différences de classe. Or celles-ci persistaient dans la disparité de traitement que la monarchie française réservait à ses serviteurs. De quinze ans son cadet et largement moins compétent, le vicomte était déjà colonel d'un régiment qui portait son nom et jouissait d'une liberté à laquelle un simple officier ne pouvait évidemment prétendre. Tandis que, on l'a vu, le maréchal de Ségur – responsable d'une ordonnance anachronique qui réservait aux nobles l'accès aux grades supérieurs de l'armée [122] – ne se limitait pas à rappeler Laclos à l'ordre pour avoir publié un livre jugé amoral, mais le punissait durement pour avoir émis des doutes sur l'utilité des fortifications de Vauban, son fils, qui servait aussi dans l'armée, pouvait ériger le libertinage en idéal de vie, créer le scandale en se produisant au théâtre et se moquer du roi et de la reine sans encourir la moindre mesure disciplinaire.

Laclos était habitué à masquer ses sentiments et, indépendamment de son opinion sur le vicomte, sut gagner sa confiance. C'est ainsi que, de retour à Paris, Joseph-Alexandre proposa au duc d'Orléans de prendre l'auteur des *Liaisons dangereuses* à son service en qualité de secrétaire des commandements. En octobre 1788, Laclos quitta donc l'armée pour devenir le stratège occulte de la guerre que le premier prince du sang avait déclarée à Versailles.

Depuis plus d'un siècle et demi, la famille régnante française avait eu pour politique d'interdire aux Orléans toute charge leur permettant d'exercer un rôle public. Ainsi exclue de l'action et réduite à une oisiveté fastueuse, la branche cadette des Bourbons n'avait pas renoncé à ses velléités d'indépendance, se distinguant par son mécénat, ses idées libérales, son soutien au parlement. Aider l'opposition était son seul moyen d'obliger ses cousins couronnés à tenir compte de son existence. Après la glorieuse parenthèse de la Régence, les deux générations d'Orléans suivantes, chacune pour des raisons différentes, avaient quitté le devant de la scène, se retirant dans leurs palais, et les tentatives répétées du jeune duc de Chartres en quête de notoriété l'avaient exposé au ridicule. Mais devenu duc d'Orléans à la mort de son père en novembre 1785, le futur Philippe Égalité décida de relever la tête. La perte d'autorité de la monarchie et sa difficulté évidente à résoudre la crise économique lui permettaient d'espérer une revanche.

Bien des années plus tard, Talleyrand, maître dans l'art de survoler les souvenirs embarrassants, écrirait : « J'ai pensé qu'un tableau de la vie de M. le duc d'Orléans donnerait les traits et la couleur du règne faible et passager de Louis XVI ; qu'il mettrait sous les yeux d'une manière sensible le relâchement général des mœurs publiques et particulières sous son règne, ainsi que la dégradation

dans les formes du gouvernement et les habitudes de l'administration [123]. » Vérité pure, sauf qu'ils avaient été nombreux – et lui
parmi les premiers – à miser sur Orléans pour affaiblir davantage
ce règne et accélérer sa fin.

Les habitudes du duc rejoignaient celles de nombreux jeunes
représentants de la haute noblesse de cour pour qui la transgression
était devenue norme. Mais si le deuil pris par les « filles » de l'Opéra
pour son mariage n'avait guère duré, Chartres – à la différence de
Lauzun – veilla au moins à ne pas manquer d'égards envers son
épouse. Fille du duc de Penthièvre, descendante par voie illégitime
de Louis XIV, Louise-Marie-Adélaïde de Bourbon lui avait apporté
en dot en 1769 la promesse d'une immense fortune, l'avait rendu
père quatre fois et le duc lui avait manifesté sa reconnaissance. Ils
avaient fréquenté Versailles ensemble et entretenu des relations très
cordiales avec la famille royale. Ils étaient tous jeunes et partageaient la même envie de s'amuser. Tandis que la duchesse de Chartres conseillait à Marie-Antoinette de s'habiller chez Mme Bertin,
Chartres et Lauzun – alors en faveur à la cour – lançaient la mode
des courses et l'anglomanie et initiaient Artois au libertinage. Mais
vers la fin des années 1770, entre deux bals, les choses avaient
changé et le duc avait subi une longue série d'humiliations.

On lui avait refusé l'amirauté et on ne lui avait pas permis de
s'embarquer pour aller se battre en Amérique, de même qu'en
temps de paix on lui délivrait au compte-gouttes les autorisations
d'aller se divertir à Londres avec le prince de Galles ; Louis XVI
s'était permis d'intervenir dans sa vie privée en lui faisant la
morale ; à l'occasion de la visite de Maximilien de Habsbourg, frère
de Marie-Antoinette, enfreignant l'étiquette, on avait bafoué son
droit à la préséance sur les princes étrangers et on n'avait pas donné
suite au projet de mariage de sa fille avec le duc d'Angoulême. Et
que dire de Lauzun, son ami intime, qu'on avait évincé du commandement des Gardes françaises, qui lui était destiné de naissance ? Et du valeureux marquis de Conflans, à qui le roi avait
refusé le cordon bleu à cause de son aspect négligé, déchaînant la
haine implacable de sa fille, la marquise de Coigny, intime des
Orléans ? La liste des mécontents réunis autour du duc était très
longue. Et si la rancœur et l'esprit de revanche poussèrent Orléans
à l'opposition, l'ambition joua aussi.

À première vue, la Fronde du Palais-Royal pouvait sembler anodine, parce que le duc, vain, superficiel et inconstant, était esclave de ses caprices. Mais, outre qu'il portait un nom illustre, il était le chef de la franc-maçonnerie française, disposait d'une immense fortune et conjuguait sens des affaires et goût du luxe. Son train de vie, sa prodigalité, son affabilité finirent par lui gagner la sympathie populaire, alors qu'il avait été cruellement mis au pilori, et sa demeure princière au cœur de Paris devint le point de ralliement de ceux qui ne se reconnaissaient plus à Versailles. Forte de sa suprématie intellectuelle et mondaine, la capitale française visait maintenant à conquérir le primat politique. C'était à la ville et non plus à la cour que se décidait le sort du pays et le premier prince du sang n'aurait pu choisir meilleur tremplin.

Mais Orléans ne portait pas un projet politique clair et, trop indolent et inconstant pour en élaborer un, il avait délégué cette tâche à une maîtresse qui ne manquait ni de ténacité ni d'imagination. Depuis l'enfance, la passion de Félicité Ducrest de Saint-Aubin était de diriger son prochain, et l'engouement dont jouissait la pédagogie, mot clé des Lumières, lui avait montré le chemin à suivre. Autodidacte – son seul enseignant avait été un maître de musique –, lectrice méthodique et infatigable, graphomane, Félicité, qui était servie par une mémoire et une discipline peu communes, s'était dotée d'une culture de type encyclopédique lui permettant de professer une opinion sur tout et tout le monde. Elle avait exercé sa force de persuasion d'abord sur les enfants. Née en 1746 dans une famille de la petite noblesse de province, pauvre et tout juste jolie, elle avait convaincu le comte Brûlart de Genlis, puis marquis de Sillery, de l'épouser sans le consentement des Brûlart, conquérant peu à peu la famille de son mari et se faisant recevoir dans la bonne société. Mme de Montesson, qui était une demi-sœur de sa mère, avait involontairement favorisé son entrée au Palais-Royal en l'engageant comme actrice et dramaturge dans sa troupe de théâtre. La vivacité intellectuelle, les dons artistiques et la force de séduction de l'entreprenante comtesse avaient fait le reste. Nommée dame de compagnie de la douce et candide duchesse de Chartres et vite devenue la maîtresse du duc, Mme de Genlis avait casé toute sa famille : son mari – non moins libre d'esprit qu'elle –, comme capitaine des gardes, et son frère, le marquis de Crest, comme chancelier du prince, à qui, dans un second temps, s'ajouteraient ses deux gendres, Valence et La Woestyne. Quand elle eut pris le contrôle de la petite cour, Mme de Genlis obtint de son amant qu'il lui confie l'éducation de ses enfants [124]. Le succès obtenu par les quatre volumes de son *Théâtre à l'usage des jeunes personnes* paru en 1779 et suivi, trois ans plus tard, par *Adèle et Théodore, ou Lettres sur l'éducation*, constituait indubitablement une bonne référence. Mais on n'avait jamais vu jusque-là de « gouverneur » des jeunes princes en jupe, et encore moins de méthodes comme celles de la comtesse. La préceptrice transféra ses élèves dans le pavillon de Bellechasse et, profitant de son plein contrôle sur eux, forgea leur corps et leur esprit selon des critères pédagogiques résolument avant-gardistes. Un demi-siècle plus tard, devenu roi de France, l'aîné d'entre eux, Louis-Philippe, reconnaîtrait que, malgré sa grande rudesse, cette expérience lui avait beaucoup servi [125].

Si les méthodes de la comtesse s'inspiraient de Rousseau, son modèle était Mme de Maintenon qui, gouvernante des enfants illégitimes du Roi-Soleil, avait réussi à devenir son épouse et son inspiratrice secrète. L'influence que Mme de Genlis exerçait sur le duc d'Orléans, y compris quand elle ne partagea plus sa couche, était tout sauf occulte. Ambitieuse pour lui comme pour ses élèves, elle poussa le prince à profiter des difficultés face auxquelles se débattait la monarchie pour s'assurer un rôle de premier plan dans la direction du pays. C'est son frère et elle qui, en 1787, à l'occasion de la création de nouveaux impôts, avaient poussé Orléans à se mettre en avant pour la première fois en contestant devant Louis XVI la légalité des deux édits royaux que le souverain était venu faire enregistrer d'autorité par le parlement. Le duc fut aussitôt exilé à Villers-Cotterêts et le vicomte de Ségur, fraîchement nommé premier gentilhomme, dut le suivre. Mais « cette dernière crise parlementaire mit à nu la faiblesse du gouvernement. Necker fut rappelé, et le besoin d'argent contraignit le roi à convoquer les états généraux [126] ».

Exaltée par son rôle de mentor politique, Mme de Genlis recevait maintenant à Bellechasse les partisans les plus intransigeants de la nécessité d'un changement radical, comme Barnave, Camille Desmoulins, Pétion, Volney et, oubliant Mme de Maintenon, regardait l'avenir avec audace. Comment pouvait-elle imaginer que son ascendant sur le duc était menacé et que Laclos – dont elle avait tenté en vain d'empêcher l'entrée au Palais-Royal – prendrait le pas sur elle ? Le temps était venu que les femmes s'effacent : la Révolution serait une affaire d'hommes.

Laclos n'avait aucune sympathie pour le duc d'Orléans, ce prince vaniteux et velléitaire, aux choix dictés par l'orgueil de caste, qui concevait la politique comme une lutte interne à sa famille. À la mésestime s'était vite ajouté le ressentiment personnel. Lui ayant demandé pourquoi le brevet de gentilhomme ordinaire qu'il lui avait conféré tardait à arriver, il s'était entendu répondre dans un éclat de rire : « On dit que vous n'êtes pas gentilhomme. » Une insulte gratuite puisque Laclos possédait les quartiers requis pour cette charge. Une insulte dont il comptait se venger. Et à la comtesse de Bohm, qui, entendant l'épisode, s'était déclarée surprise parce que, « comme tout Paris », elle le croyait « au mieux avec le prince », Laclos, menaçant, avait annoncé : « Vous en saurez bientôt des nouvelles. Je le travaille [127]. »

Comme les libertins de son roman, l'auteur des *Liaisons dangereuses* possédait au plus haut degré l'art de la dissimulation et il s'en servit pour gagner la confiance de son maître et le manœuvrer à sa guise. Mirabeau avait été plus explicite : « S'il faut un mannequin, autant ce c... là qu'un autre [128]. » L'ambition du duc servirait d'écran à celle, si longtemps déçue, de son secrétaire. Une fois l'incapacité à régner de Louis XVI et l'indignité de Marie-Antoinette données pour acquises grâce à une campagne d'opinion bien orchestrée, c'est le premier prince du sang qui, dans le plein respect de la légalité et de la tradition, assumerait la charge de Lieutenant général du royaume. Ce qui porterait un premier coup très dur à l'absolutisme royal, mettrait fin au « despotisme ministériel », ouvrirait la voie à la constitution, mais permettrait aussi à Laclos d'arriver aux commandes et d'exercer enfin le pouvoir à visage découvert.

De Lauzun à Sillery, de Talleyrand à Liancourt, de Mirabeau à Sieyès, nombreux furent ceux qui partagèrent un temps ce projet, mais c'est sans aucun doute Laclos qui dirigea « dans les coulisses les manœuvres auxquelles se livra, de la fin de 1788 jusqu'aux journées des 5 et 6 octobre, la faction d'Orléans ». Puis chacun reprit sa route, abandonnant le duc à son tragique destin.

Mais pour le vicomte de Ségur, qui ignorait qu'il avait introduit au Palais-Royal son ange exterminateur, la politique restait un divertissement de salon. Trop intelligent pour ne pas comprendre la gravité de la crise, il préférait prendre ses distances en parodiant le langage de plus en plus improbable des bonnes intentions. La *Correspondance littéraire* ne manqua pas de rapporter sa *Harangue*, un « impromptu à un souper chez M. le Baron de Besenval », où l'on avait fêté le début de l'année 1789 : « Sire, vos enfans... le peuple... la nation... vous êtes son père... la constitution... la puissance exécutrice dans vos mains... la puissance législative... l'équilibre des finances... la gloire de votre règne... l'amour de votre peuple... Sire, le crédit... les fondements de la monarchie ébranlée... tout concourt... tout rassure... et votre équité... les yeux de l'Europe étonnée... l'esprit de sédition détruit... les larmes de vos peuples... la postérité... abondance... gloire... patriotisme... abus du pouvoir... clergé... noblesse... tiers état... sublime effort... vertu... confiance... le siècle éclairé... l'administration... l'éclat du trône... la bienfaisance si rare... les siècles à venir... sagesse... prospérité... voilà les aveux de votre royaume... puissante réunion d'une nation importante... époque à jamais mémorable... éclat de votre couronne et bénédictions... les vertus de Louis XII, la bonté de Henri IV... Sire, douze et quatre font seize [129]. » Quelques mois plus tard à peine, chargé en sa qualité de commandant en second de l'armée de Paris d'assurer l'ordre dans la capitale, le baron de Besenval serait parmi les premiers à se révéler inapte à la tâche qui – ironie du sort – lui avait été confiée huit ans plus tôt par son ami ministre, le marquis de Ségur [130], battant en retraite devant les insurgés. Mais ni lui ni son fils ne renonceraient pour autant à afficher leur imperturbable bonne humeur et à tourner la tragédie en farce [131].

NOTES

1. *Journal d'émigration du comte d'Espinchal*, publié d'après les manuscrits originaux par Ernest d'Hauterive, Paris, Perrin, 1912, p. 311.

2. Prince Charles-Joseph de Ligne, *Fragments de l'histoire de ma vie*, éd. Jeroom Vercruysse, Paris, Honoré Champion, 2008, p. 264.

3. *Ibid.*, p. 272.

4. *Mémoires du baron de Besenval sur la cour de France*, Paris, Mercure de France, 1987, p. 461.

5. Cf. Gabriel de Broglie, *Ségur sans cérémonie 1757-1805, ou la gaieté libertine*, Paris, Perrin, 1977, pp. 268-274. Cf. aussi Mme de Genlis qui nie l'authenticité des *Mémoires* et les attribue à Ségur (vieilles rancœurs du Palais-Royal) avant d'être contrainte de se raviser (*Mémoires inédits de Madame la comtesse de Genlis, op. cit.*, vol. II, p. 67), et les critiques que leur adresse le duc de Lévis in « Le baron de Besenval », *Souvenirs-Portraits de Gaston de Lévis (1764-1830), suivis de Lettres intimes de Monsieur, Comte de Provence au Duc de Lévis*, Paris, Mercure de France, 1993, pp. 163-165.

6. Mme Campan avait achevé une première version de ses Mémoires en 1799, mais, suspecte aux yeux des ultra-royalistes pour ses vieilles sympathies girondines et craignant de s'attirer des critiques, elle ne les publia pas et continua de réviser et compléter son texte. Ce n'est qu'en 1813, comme on le déduit d'une lettre qu'elle adresse à la reine Hortense – la même à qui l'on doit la survie des Mémoires de Lauzun ! –, que Mme Campan acheva une dernière rédaction de ses souvenirs, sans se décider toutefois à les publier. Ils ne parurent qu'après sa mort, en 1822, en pleine Restauration, et semblèrent à Stendhal très différents des pages lucides et convaincantes qu'il avait entendu lire dans un salon après le coup d'État de Napoléon le 18 Brumaire. Manifestement réécrits, ils étaient réduits à une « larmoyante rapsodie bien propre à émouvoir les dames du Faubourg-Saint-Honoré » (Stendhal, *Vie de Henry Brulard*, Paris, Gallimard, 1973, p. 407). Cf. Geneviève Haroche-Bouzinac, « Mémoires et temps dans les récits de Mme Campan », *Le Temps des femmes*, Paris, Garnier, 2014, p. 214. Sur la question de la fiabilité des Mémoires de Mme Campan, cf. aussi *Souvenirs des*

Cours de France, d'Espagne, de Prusse et de Russie écrits par Henri Richard Lord Hol-land, publiés par Lord Holland son fils et traduits de l'anglais par E. F., suivis du *Journal de Mistress Eliot sur sa vie pendant la Révolution française,* avec un avant-propos, des notes et des éclaircissements historiques par M. F. Barrière, Paris, Firmin Didot, 1862, pp. 15-16. Cf. aussi Jules Flammermont, *Études critiques sur les sources de l'histoire du XVIIIe siècle. I. Les Mémoires de Mme Campan,* Paris, Adolphe Richard, 1866, pp. 28-37.

7. Cf. Jean-Christian Petitfils, *Louis XVI, op. cit.,* p. 292.

8. Cf. *Mémoires de Madame Campan, Première femme de chambre de Marie-Antoinette,* édition présentée par Jean Chalon, notes établies par Carlos de Angulo, Paris, Mercure de France, 1988, pp. 159-160.

9. Lettre de Mercy-Argenteau à Marie-Thérèse, 9 octobre 1775, in *Marie-Antoinette, Correspondance secrète, op. cit.,* vol. II, p. 832.

10. Cf. Marc Fumaroli, « Les Mémoires au carrefour des genres en prose », in *La Diplomatie de l'esprit,* Paris, Hermann, 1998, p. 214, et *Chateaubriand. Poésie et Terreur,* de Fallois, 2003, pages consacrées à la problématique des Mémoires.

11. Cf. *Histoire des manuscrits de Saint-Simon,* in Saint-Simon, *Mémoires 1691-1701. Additions au Journal de Dangeau,* édition établie par Yves Coirault, Paris, Gallimard, 1983, vol. I, p. LXXVI.

12. Les *Mémoires du duc de Choiseul* furent imprimés dans la typographie privée du duc, installée à Chanteloup.

13. Pendant des années, le plus célèbre libertin du siècle avait accumulé avec un soin maniaque un trésor de documents publics et privés utiles à sa future autobiographie. Mais, trop pris par le plaisir de vivre, il était mort sans mener à bien son projet, offrant à d'autres la possibilité de le faire à sa place. Peu de temps après sa disparition, deux autobiographies apocryphes qui exploitaient librement les documents de première main de ses archives sortirent à un an d'intervalle : les *Mémoires du maréchal de Richelieu* et la *Vie privée du maréchal de Richelieu* (cf. Benedetta Craveri, « *Fatti della vita del maresciallo di Richelieu* », postface à *Vita privata del maresciallo di Richelieu,* Milan, Adelphi, 1989 ; « Pré-face » à *Vie privée du maréchal de Richelieu,* Paris, Desjonquères, 1993). Les *Mémoires du maréchal de Richelieu,* en cinq volumes parus entre 1790 et 1793, étaient l'œuvre d'un de ses anciens bibliothécaires, l'abbé Soulavie, qui avait jeté sa soutane aux orties et embrassé le credo révolutionnaire. L'ex-abbé avait déjà donné la mesure de sa désinvolture éditoriale en défigurant les *Mémoires* de Saint-Simon qu'il avait été le premier à publier et, entre ses mains, le mythe brillant du maréchal se transformait en légende noire de l'Ancien Régime. Sortie en 1791, la *Vie privée du maréchal de Richelieu,* en trois volumes, était probablement le fruit de la collaboration entre un obscur auteur de théâtre Louis-François Faur, qui avait été au service des Richelieu, et Jean-Benjamin de La Borde, un richis-sime fermier général qui se piquait de littérature. Malgré son imposture mani-feste, elle obtint l'aval des plus grands écrivains du moment. Pour Choderlos de Laclos, qui en rédigea une critique dans le journal des Jacobins, la *Vie privée* était la preuve évidente que « la révolution n'était pas moins nécessaire pour le

rétablissement des mœurs, que pour celui de la liberté » (article paru dans le *Journal des Amis de la Constitution*, 8 février 1791, puis in *Œuvres complètes*, texte et notes de Laurent Versini, Paris, Gallimard, 1979, pp. 642-643). Selon Chamfort, « elle suffirait seule pour nous faire mesurer l'abîme dont nous sortions » (S.-R. N. de Chamfort, *Sur la vie privée du maréchal de Richelieu*, in *Mercure de France*, 2, 9, 16 avril 1791, puis in *Œuvres complètes de Chamfort*, réunies et publiées avec une notice historique sur la vie et les écrits de l'auteur par Pierre-René Auguis, Paris, Chaumerot Jeune, 1824-1825, 5 vol., vol. III, pp. 229-294). Pour leur part, les héritiers de Richelieu tentèrent de rétablir la vérité et de défendre l'honneur familial en commandant à Sénac de Meilhan une vie du maréchal. Annoncés officiellement en septembre 1790 dans le *Journal de Paris*, les *Mémoires sur la vie du maréchal duc de Richelieu, pour servir à l'histoire du XVIIIᵉ siècle* ne virent toutefois jamais le jour. La situation politique s'aggravant, Meilhan, fidèle à ses convictions de réformiste modéré, choisit de quitter la France et de donner la parole aux victimes de la Révolution dans *L'Émigré*, un roman épistolaire inspiré de faits réels.

14. Cf. Mona Ozouf, *Les Mots des femmes, essai sur la singularité française*, Paris, Fayard, 1995, pp. 323-365.

15. Henri Rossi, *Mémoires aristocratiques féminins, 1789-1848*, Paris, Honoré Champion, 1998, p. 65. Cf. aussi Claudine Giacchetti, *Poétique des lieux. Enquête sur les Mémoires féminins de l'aristocratie française (1789-1848)*, Paris, Honoré Champion, 2009.

16. Pierre Nora, « Les Mémoires d'État : de Commynes à de Gaulle », in *Les Lieux de mémoire. La Nation. II*, Paris, Gallimard, 1986, p. 360.

17. Cf. Damien Zanone, *Écrire son temps. Les Mémoires en France de 1815 à 1848*, Lyon, Presses universitaires de Lyon, 2006, p. 35.

18. F.-R. de Chateaubriand, *Génie du christianisme*, édition critique de M. Regard, Paris, Gallimard (1802) 1978, p. 839, cité in D. Zanone, *Écrire son temps*, *op. cit.*, p. 97.

19. *Mémoires de Madame la duchesse d'Abrantès, Souvenirs historiques sur Napoléon, la Révolution, le Directoire, le Consulat, l'Empire et la Restauration*, Paris, Garnier Frères, 1893, 10 vol., vol. I., p. 181, cité in D. Zanone, *Écrire son temps*, *op. cit.*, p. 23.

20. « Avertissement de M. A. J. de Ségur, Exécuteur Testamentaire de M. le Baron de Besenval », in *Mémoires de M. le baron de Besenval, Lieutenant-Général des Armées du Roi, sous Louis XV et Louis XVI, Grand-Croix de l'Ordre de Saint-Louis, Gouverneur de Haguenau, Commandant des Provinces de l'Intérieur, Lieutenant-Colonel du Régiment des Gardes-Suisses, etc. ; écrits par lui-même, imprimés sur son manuscrit original, et publiés par son Exécuteur Testamentaire. Contenant beaucoup de Particularités et d'Anecdotes sur la Cour, sur les Ministres et les Règnes de Louis XV et Louis XVI, et sur les Événements du temps. Précédés d'une Notice sur la Vie de l'Auteur*, Paris, F. Buisson, 1805, 4 vol., vol. I, pp. III-IV.

21. « Il est bien connu aussi que ceux attribués au baron de Besenval ont été écrits par le vicomte de Ségur », *Mémoires secrets de 1770 à 1830 par le comte d'Allonville*, *op. cit.*, vol. I, p. 370.

22. J.-A. de Ségur, « Des conteurs et de l'art de conter », *Morceaux de littérature*, in *Œuvres Diverses du vicomte J.-A. de Ségur, contenant Ses Morceaux de Littérature, ses Poésies fugitives ; la Correspondance secrète entre Ninon de Lenclos, le Marquis de Villarceaux, et Mme de Maintenon. Précédées d'une notice sur la Vie de l'Auteur*, Paris, Dalibon, 1819, note p. 54.

23. Cf. Érica-Marie Benabou, *La Prostitution et la Police des mœurs au XVIIIᵉ siècle*, Paris, Perrin, 1987, p. 385.

24. S.-R. N. de Chamfort, *Maximes et pensées, op. cit.*, n° 1273, p. 344.

25. *Mémoires ou Souvenirs et Anecdotes par le comte de Ségur, op. cit.*, vol. I, p. 9.

26. Denis Diderot, *Lettres à Sophie Volland*, texte en grande partie inédit publié pour la première fois selon les manuscrits originaux, introduction, variantes et notes proposées par André Babelon, Paris, Gallimard, 3 vol., 1930 ; Paris, Éditions d'Aujourd'hui, 1978, 3 vol., vol. I, pp. 298-299.

27. Ludovico Arioste, *Roland furieux*, chant I, 22, v. 1.

28. Denis Diderot, *Lettres à Sophie Volland, op. cit.*, p. 299.

29. *Mémoires inédits de Madame la comtesse de Genlis, op. cit.*, vol. II, p. 31.

30. *Lettres et pensées du maréchal prince de Ligne*, publiées par Madame la baronne de Staël Holstein, Genève, 1809, cité in Jean-Jacques Fiechter, *Le Baron Pierre-Victor de Besenval*, Lausanne-Paris, Delachaux et Niestlé, 1993, p. 34.

31. « Le baron de Besenval », in *Souvenirs-Portraits de Gaston de Lévis (1764-1830), suivis de Lettres intimes de Monsieur, Comte de Provence au duc de Lévis, op. cit.*, pp. 158-159.

32. Sainte-Beuve, « Le baron de Besenval », in *Causeries du lundi, op. cit.*, vol. XII, p. 497.

33. « Avertissement de M. A. J. de Ségur, Exécuteur Testamentaire de M. le Baron de Besenval », in *Mémoires de M. le baron de Besenval, op. cit.*, vol. I, pp. III-IV.

34. Cf. *Œuvres du Prince de Ligne*, introduction d'Albert Lacroix, Bruxelles-Genève, Van Meenen et C.-Cherberliez, 1860, 4 vol., vol. III, p. 330.

35. Lettre à Crébillon publiée en appendice au vol. IV des *Mémoires de M. le baron de Besenval, op. cit.*, vol. IV, p. VII.

36. *Mémoires ou Souvenirs et Anecdotes par le comte de Ségur, op. cit.*, vol. I, p. 56.

37. *Mémoires de M. le baron de Besenval, op. cit.* (éd. 1805), vol. I, pp. 114-115. Avant lui, dans un « conte iroquois » intitulé *Les Deux Amis*, Saint-Lambert avait proposé comme modèle de sagesse souriante la formule du ménage à trois adoptée d'un commun accord avec la marquise du Châtelet et Voltaire.

38. *Spleen*, in *Mémoires de M. le baron de Besenval, op. cit.*, vol. IV, pp. 47-50.

39. Pierre de Ségur, *Le Maréchal de Ségur (1724-1801), ministre de la Guerre sous Louis XVI*, Paris, Plon, Nourrit et Cie, 1895, pp. 25-26.

40. Sainte-Beuve, « Le baron de Besenval », in *Causeries du lundi, op. cit.*, vol. XII, p. 497.

41. Cf. Colin B. Bailey, « Henri-Pierre Danloux, *The baron de Besenval in his "Salon de compagnie"* », in *An Aspect of Collecting Taste*, New York, Stair Sainty Matthiesen, 1986, pp. 5-6 et 48-53.

42. *Correspondance littéraire, philosophique et critique par Grimm, Diderot, Raynal, Meister, etc.*, op. cit., 1ᵉʳ octobre 1764, vol. VI, p. 86.

43. Cf. J.-J. Fiechter, *Le Baron Pierre-Victor de Besenval*, op. cit., p. 100.

44. *Mémoires secrets de 1770 à 1830 par le comte d'Allonville*, op. cit., p. 172.

45. *Journal d'émigration du comte d'Espinchal*, op. cit., les premiers mois de 1792, p. 311.

46. *Mémoires secrets de 1770 à 1830 par le comte d'Allonville*, op. cit., vol. I, p. 173.

47. *Ibid.*, p. 173.

48. *Mémoires, souvenirs, œuvres et portraits par René Alissan de Chazet*, Paris, Chez Postel, 1837, 3 vol., vol. II, p. 43.

49. G. de Broglie, *Ségur sans cérémonie*, op. cit., pp. 39 sqq.

50. *Journal d'émigration du comte d'Espinchal*, op. cit., p. 311.

51. Acte IV scène IV : « Castor : Séjour de l'éternelle paix, / Ne calmerez-vous point mon âme impatiente ? / L'amour jusqu'en ces lieux me poursuit de ses traits : / Castor n'y voit que son amante, / Et vous perdez tous vos attraits. / Séjour de l'éternelle paix, / Ne calmerez-vous point mon âme impatiente ? / Que ce murmure est doux ! que cet ombrage est frais ! / De ces accords touchants la volupté m'enchante : / Tout rit, tout prévient mon attente, / Et je forme encor des regrets ! / Séjour de l'éternelle paix. »

52. Madeleine et Francis Ambrière, *Talma ou l'Histoire au théâtre*, Paris, Éditions de Fallois, 2007, p. 91.

53. Il s'appelait François Pioch, était greffier général de la cavalerie de France et finit par reconnaître Julie. Cf. M. et F. Ambrière, *Talma ou l'Histoire au théâtre*, op. cit., pp. 100-101.

54. Lettre de Julie Talma à Benjamin Constant, 18 thermidor an XII [6 août 1804], in *Lettres de Julie de Talma à Benjamin Constant*, publiées par la baronne Constant de Rebecque, Paris, Plon, 1966, p. 214.

55. Ce tableau qui a été perdu figure sur la liste des portraits réalisés par l'artiste en 1775. Julie y est désignée sans nom de famille comme « Mademoiselle Julie qui a épousé Talma », É. Vigée Le Brun, *Souvenirs*, op. cit., p. 332.

56. Cité in Baronne Constant de Rebecque, « Notes biographiques sur Julie Talma », in *Lettres de Julie Talma à Benjamin Constant*, op. cit., p. LXVIII.

57. G. de Broglie, *Ségur sans cérémonie*, op. cit., p. 63.

58. Benjamin Constant, « Lettre sur Julie », in *Lettres de Julie Talma à Benjamin Constant*, op. cit., pp. VII-VIII.

59. Cf. les lettres des 4 et 16 janvier et des 1ᵉʳ et 24 février 1803, consacrées à l'analyse du roman de Mme de Staël, *ibid.*, pp. 137-151.

60. *Œuvres du comte P. L. Roederer*, Paris, Firmin Didot, 8 vol., 1853-1859, vol. V, p. 202, cité in Claude Arnaud, *Chamfort*, Paris, Robert Laffont, 1988, p. 132.

61. Cf. Claude Arnaud, *Chamfort*, op. cit., pp. 130-133. Cf. les lettres écrites par Mirabeau à Chamfort entre décembre 1781 et l'été de l'année suivante, in S.-R. N. de Chamfort, *Œuvres complètes*, édition présentée par Lionel Dax, Éditions du Sandre, 2010, 2 vol., vol. II, pp. 591-611.

62. Cf. M. et F. Ambrière, *Talma, op. cit.*, p. 105.

63. Cf. *Correspondance secrète entre Ninon de Lenclos, le marquis de Villarceaux et Madame de Maintenon*, lettre XXV, in *Œuvres diverses, op. cit.*, pp. 201-202.

64. « Je suis née à Sparte », écrivait-elle à Benjamin Constant le 7 janvier 1799, in *Lettres de Julie Talma à Benjamin Constant, op. cit.*, p. 11.

65. Benjamin Constant, « Lettre sur Julie », *ibid.*, p. III.

66. Cité in M. et F. Ambrière, *Talma, op. cit.*, p. 112.

67. *Ibid.*

68. *Ibid.*

69. Parue à Paris, chez l'éditeur Le Jay.

70. Cf. Lucia Omacini, *Le Roman épistolaire français au tournant des Lumières*, Paris, Honoré Champion, 2003.

71. Voltaire, *Madame de Maintenon et Mademoiselle de Lenclos, Mélanges II*, in *Œuvres complètes de Voltaire*, sous la direction de Theodore Besterman, Oxford, The Voltaire Foundation-University of Oxford, 1968-1977, 51 vol., vol. XXIII, pp. 498-499.

72. Œuvre probablement de Louis Damours.

73. Préface à *Œuvres de Chamfort. Recueillies et publiées par un de ses amis*, Paris, Chez le Directeur de l'Imprimerie des Sciences et des Arts, l'an III de la République, 4 vol., vol. I, pp. II-III.

74. *Correspondance littéraire, philosophique et critique par Grimm, Diderot, Raynal, Meister, etc., op. cit.*, vol. XV, p. 533, octobre 1789.

75. Cf. François-Augustin-Paradis de Montcrif, *Essai sur la nécessité et les moyens de plaire*, Paris, Prault, 1738.

76. J.-A. de Ségur, « L'homme d'esprit et l'homme aimable », *Morceaux de littérature, op. cit.*, p. 12.

77. *Ibid.*, p. 11.

78. *Essai sur les moyens de plaire en amour par Ségur le jeune*, Paris, Huet, 1797, p. 15.

79. *Ibid.*, p. 10.

80. *Ibid.*, vers 97, p. 6.

81. S.-R. N. de Chamfort, *Maximes et pensées, op. cit.*, n° 259, p. 110.

82. G. de Broglie, *Ségur sans cérémonie, op. cit.*, p. 95

83. Cf. *Correspondance secrète, inédite sur Louis XVI, Marie-Antoinette et la Cour et la Ville, op. cit.*, vol. I, p. 363.

84. *Histoire des Salons de Paris. Tableaux et Portraits du Grand Monde par la Duchesse d'Abrantès*, Paris, Garnier Frères, s. d., 4 vol., vol. I, pp. 183-189.

85. *Très humbles remontrances de Fidèle Berger, confiseur, rue des Lombards, à M. le vicomte de Ségur, qui avait envoyé à toutes les Dames de sa société des pastilles avec des devises de sa composition, par M. le comte de Thiard*, in *Correspondance littéraire, philosophique et critique, adressée à un souverain d'Allemagne, pendant une partie des années 1775-1776, et pendant les années 1782 à 1790 inclusivement, par le baron de Grimm et par Diderot. Troisième et dernière partie. Tome second*, Paris, F. Buisson libraire, 1813.

86. Cité in G. de Broglie, *Ségur sans cérémonie, op. cit.*, p. 102.

87. C'est Gabriel de Broglie qui nous révèle l'identité de Mme de Z., cf. *ibid.*, pp. 103-104.

88. *Récits d'une tante. Mémoires de la comtesse de Boigne née d'Osmond*, publiés d'après le manuscrit original par M. Charles Nicoulhaud, Paris, Plon, 1907, 4 vol., vol. I, p. 63.

89. Ce nom est une référence évidente au Versac des *Égarements du cœur et de l'esprit* de Crébillon fils.

90. *Correspondance littéraire, critique et philosophique, op. cit.*, août 1790, vol. XVI, p. 65.

91. Roger Caillois, « Préface » de Montesquieu, *Œuvres complètes*, texte présenté et annoté par Roger Caillois, Paris, Gallimard, 1949, 2 vol., vol. I, p. V.

92. *Correspondance littéraire, critique et philosophique, op. cit.*, août 1790, vol. XVI, p. 488.

93. *Journal de Gouverneur Morris, 1789-1792, ministre plénipotentiaire des États-Unis en France*, édition établie par Anne Cary-Morris, traduit de l'anglais par Ernest Pariset, texte présenté et annoté par Antoine de Baecque, Paris, Mercure de France, 2002, 30 novembre 1790, p. 228.

94. J.-A. de Ségur, « Des conteurs et de l'art de conter », *op. cit.*, p. 55.

95. *Correspondance secrète inédite sur Louis XVI, Marie-Antoinette, la Cour et la Ville, op. cit.*, vol. I, p. 369, 23 février 1781.

96. Cf. Clarence Brenner, *Les Développements du proverbe dramatique en France et sa vogue au XVIIIᵉ siècle, avec un proverbe inédit de Carmontelle*, Berkeley, University of California Press, 1937.

97. *Mémoires du comte Alexandre de Tilly pour servir à l'histoire des mœurs de la fin du XVIIIᵉ siècle*, Paris, Mercure de France, 1986, p. 241.

98. *Correspondance littéraire, philosophique et critique par Grimm, Diderot, Raynal, Meister, etc., op. cit.*, vol. XIV, p. 400, note 1, juin 1786.

99. Cité in *Mémoires secrets pour servir à l'histoire de la République des Lettres en France depuis 1762 jusqu'à nos jours, ou Journal d'un observateur... par feu M. de Bachaumont*, Londres, John Adamson, 1783-1789, 36 vol., cité in Béatrix Dussane, *La Célimène de Thermidor. Louise Contat (1760-1813)*, Paris, Charpentier et Fasquelle, 1929, p. 33.

100. *Mémoires de Fleury, de la Comédie-Française*, publiés par J. B. P. Lafitte, Paris, A. Delahays, 2 vol., Première série, 1757-1789, p. 301, cité in B. Dussane, *La Célimène de Thermidor, op. cit.*, p. 49.

101. Lettre de Julie Talma à Benjamin Constant, 18 thermidor an XII [6 août 1804], in *Lettres de Julie Talma à Benjamin Constant, op. cit.*, p. 213.

102. J.-P.-J.-A. de Labouïsse-Rochefort, *Souvenirs et Mélanges, op. cit.*, vol. I, p. 208.

103. B. Dussane, *La Célimène de Thermidor, op. cit.*, p. 43.

104. Antoine-Vincent Arnault, *Souvenirs d'un sexagénaire*, édition critique par Raymond Trousson, Paris, Honoré Champion, 2003, p. 102.

105. *Souvenirs d'un historien de Napoléon. Mémorial de Jacques de Norvins*, introduction et notes de Léon de Lanzac de Laborie, Paris, Plon, Nourrit et Cie, 1896-1897, 3 vol., vol. I : *1789-1793*, p. 191.

106. Lettre du Prince Charles au Prince Royal, Francfort-sur-le-Main, 20 septembre 1770, in *Gustave III par ses lettres*, Édition par Gunner von Proscwitz, Paris, Jean Touzot Libraire, 1986, p. 91.

107. Lettre de Mme de Sabran au chevalier de Boufflers, 8 janvier 1787, in Comtesse de Sabran et chevalier de Boufflers, *La Promesse, Correspondance, 1786-1787*, édition établie et présentée par Sue Carrell, Paris, Tallandier, 2010, p. 287.

108. *Ibid.*

109. *Journal d'émigration du comte d'Espinchal, op. cit.*, « Derniers préparatifs », p. 326.

110. *Rosaline et Floricourt. Comédie en deux actes et en vers libres, par M. le Vicomte de Ségur. Représentée pour la première fois sur le Théâtre Français le 17 novembre 1787*, Paris, Desemme, 1790.

111. Cf. M. et F. Ambrière, *Talma, op. cit.*, p. 110.

112. Joseph-Alexandre de Ségur, *Le Parti le plus sage. Proverbe en vers*, Londres/Paris, Desenne, 1787.

113. *Correspondance littéraire, philosophique et critique par Grimm, Diderot, Raynal, Meister, etc., op. cit.*, vol. XV, p. 174, décembre 1787.

114. *Vers du marquis de Ximénez au vicomte de Ségur*, in J.-A. de Ségur, *Poésies fugitives, Œuvres diverses, op. cit.*, p. 335.

115. *Réponse du vicomte de Ségur, op. cit.*, pp. 336-337.

116. Cf. *Mémoires de M. le baron de Besenval, op. cit.*, p. 325.

117. *Correspondance secrète inédite sur Louis XVI, Marie Antoinette, la Cour et la Ville, op. cit.*, vol. II, p. 144, 23 mai 1787.

118. Pierre-Ambroise-François Choderlos de Laclos, *Les Liaisons dangereuses*, seconde partie, Lettre LXXI.

119. Cf. Émile Dard, *Un acteur caché du drame révolutionnaire. Le général Choderlos de Laclos, auteur des « Liaisons dangereuses » (1741-1803)*, Paris, Perrin, 1905, p. 29.

120. *Mémoires ou Souvenirs et Anecdotes par M. le comte de Ségur, op. cit.*, vol. I, p. 362.

121. *Mémoires du comte Alexandre de Tilly, op. cit.*, p. 244.

122. Voulue d'abord par Louis XVI et le cabinet du conseil et émise par le maréchal de Ségur le 22 mai 1781, cette ordonnance exigeait pour les cadres militaires supérieurs des preuves de noblesse sur quatre générations au moins. Violemment critiquée, cette mesure prenait en compte les difficultés économiques de la noblesse pauvre qui, exclue des professions lucratives, avait pour seule ressource la carrière des armes. Cf. Pierre de Ségur, *Le Maréchal de Ségur, op. cit.*, pp. 256 *sqq.*

123. *Mémoires du prince de Talleyrand, op. cit.*, vol. I, p. 148.

124. Nommée en 1777 gouvernante de Mademoiselle d'Orléans, Mme de Genlis fut aussi chargée en 1784 de l'éducation des trois jeunes princes, qui à l'époque s'appelaient les ducs de Chartres, Montpensier et Beaujolais.

125. Louis-Philippe duc d'Orléans, *Mémoires 1773-1793*, Paris, Plon, 1973, 2 vol., vol. I, p. 18.

126. É. Dard, *Un acteur caché du drame révolutionnaire. Le général Choderlos de Laclos, op. cit.*, p. 145.

127. *Les Prisons en 1793, par Mme la comtesse de Bohm, née de Girardin*, Paris, Bobée et Hingray, 1830, p. 188, cité in G. de Broglie, *Ségur sans cérémonie, op. cit.*, pp. 113-114.

128. Cité in Émile Dard, *Un acteur caché du drame révolutionnaire. Le général Choderlos de Laclos, op. cit.*, p. 165.

129. *Correspondance littéraire, philosophique et critique par Grimm, Diderot, Raynal, Meister, etc., op. cit.*, vol. XV, pp. 382-383, janvier 1789. Puis in J.-A. de Ségur, *Morceaux de littérature, op. cit.*, pp. 117-118.

130. Cf. *Correspondance secrète inédite sur Louis XVI, Marie-Antoinette, la Cour et la Ville, op. cit.*, vol. I, p. 444, 24 octobre 1781.

131. « La Révolution, l'Assemblée Nationale, la constitution, les Jacobins, les différents partis, tout cela est pour lui, depuis deux ans, une source continuelle de bonnes ou de mauvaises plaisanteries dont il amuse journellement le public dans la feuille du jour dont il est le principal coopérateur, jusqu'à ce qu'il plaise aux sans-culottes de lui faire changer de ton. » (*Journal d'émigration du comte d'Espinchal, op. cit.*, février 1792, p. 312).

LE DUC DE BRISSAC

> « Oui, vous serez ma dernière pensée. »
> Duc de Brissac [1]

Avant de franchir le seuil de l'Hôtel de Brissac [2] pour passer en revue salle par salle la précieuse collection d'art qui y était rassemblée, le *Guide des Amateurs et des Étrangers voyageurs à Paris* de Luc-Vincent Thiéry prenait soin de présenter à ses lecteurs le maître de céans. Un grand seigneur, aimant la beauté et le faste, qui détenait par tradition familiale le privilège enviable d'occuper des fonctions militaires sous le commandement direct du souverain : « Messire Louis-Hercule Timoléon de Cossé-Brissac, Duc de Cossé, Pair de France », lisait-on en effet dans le guide, était « Maréchal des Camps et Armées du Roi, Capitaine-Colonel des Cent-Suisses, Gouverneur de la Ville, Prévôté et Vicomté de Paris, depuis le mois de Février 1775, et Chevalier des Ordres du Roi depuis 1776 [3] ».

La charge la plus prestigieuse du duc, outre sa fonction de *Premier Panetier de France* [4], était celle de gouverneur de la Ville, que son père avait occupée aussi. Une sorte de droit de famille puisque c'est un maréchal de Brissac, dans les débuts troublés du règne d'Henri IV, qui avait remis le 22 mars 1594 les clés de la capitale au souverain. Bien qu'elle fût désormais de caractère essentiellement honorifique, cette charge permettait de ne recevoir d'ordres que du roi et conférait « entrée, séance et voix délibérative en la Grand'Chambre du Parlement, en qualité de Conseiller d'honneur né [5] ». De plus, comme les princes du sang et les pairs laïcs, le gouverneur avait le droit de se rendre au parlement vêtu d'« un habit de drap d'or, ou de velours, ou de drap noir, un manteau-court, une toque ou bonnet de velours garni de plumes, et l'épée au côté » et d'être escorté par « des gardes et des pages » [6]. Les fêtes organisées par le duc pour son avènement montrent bien la solennité du moment : « Après un bal superbe donné le 25 février, et où ont assisté toute la Cour, la famille royale, même la Reine, qui n'en est sortie qu'à six heures du matin, [le duc] s'est fait recevoir au Parlement aujourd'hui et a fait son entrée, où il a joui de la prérogative précieuse et remarquable de distribuer de l'argent au peuple [7]. »

Mais sa qualité « la première et la plus belle après les grandes charges de la Maison du Roi [8] », du moins selon Saint-Simon, était sans conteste celle de capitaine colonel des Cent-Suisses, la garde du corps du roi.

Par ses titres et ses charges, Louis-Hercule Timoléon Cossé, devenu huitième duc de Brissac à la mort de son père en 1780, était un exemple typique de la haute noblesse de cour, intégré – comme le duc de Lauzun, les frères Ségur, le comte de Narbonne et tant d'autres membres du deuxième ordre – au cœur de l'appareil monarchique. Mais sa loyauté à la couronne ne se mesurait pas à l'aune de la faveur royale. Indépendamment de ses convictions personnelles, le duc, bien en cour ou en disgrâce, était un fidèle serviteur et avait le sens de l'honneur chevillé au corps. « Je fais ce que je dois aux ancêtres du roi et aux miens [9] », serait sa maxime au moment des choix difficiles.

En 1787, à la publication du guide de Thiéry, le duc de Brissac avait cinquante-deux ans et ne jouissait plus de la bienveillance des souverains depuis une dizaine d'années. Marie-Antoinette ne lui avait pas pardonné sa relation avec la dernière favorite de Louis XV, la comtesse du Barry, et le *Journal* du marquis de Bombelles illustrait l'indignation des bien-pensants à cet égard : « M. le duc de Brissac passe sa vie chez elle [la du Barry] et son sot orgueil se repaît du plaisir de remplacer dans les bras de Mlle l'Ange le monarque qui n'eût jamais dû la connaître, même de nom [10]. » Il n'en alla pas tout à fait ainsi, nous le savons, mais, pour rendre justice aux deux amants, il nous faut remonter le temps et retracer leur histoire.

Né en 1735, deuxième fils du maréchal de Brissac, Louis-Hercule-Timoléon avait un physique de géant, digne du héros mythologique dont son père lui avait de façon inattendue donné le nom, et s'était formé au métier des armes dès son jeune âge. Le superbe portrait de François-Hubert Drouais conservé au musée de Versailles nous le montre au seuil de la quarantaine dans son fastueux uniforme de colonel des Cent-Suisses : dans un beau visage lumineux aux traits réguliers, ses lèvres charnues ébauchent un sourire sous des moustaches châtain de mousquetaire.

À la mort de son frère en 1749, Louis-Hercule-Timoléon se retrouva en position d'aîné et ses parents lui cherchèrent sans tarder une épouse de sa condition. L'année suivante, il conduisit à l'autel Adélaïde-Diane-Hortense-Délie Mancini-Mazarini. C'était une union prestigieuse tant sur le plan patrimonial que social. Petit-neveu de Mazarin, duc et pair de France, grand d'Espagne, prince du Sacré Empire, ambassadeur de Louis XV, le père de la mariée, le duc de Nivernais, était une figure en vue à la cour comme à la ville et conjuguait une élégance d'homme du monde avec une vaste et solide culture. Non content d'être un véritable érudit, membre de plusieurs académies, Nivernais était un écrivain de talent dont les *Fables*, qu'il lisait avec une grâce inégalable, faisaient les délices de la bonne société. Son mariage avec Hélène-Angélique-Françoise Phélippeaux, fille du comte de Pontchartain et demi-sœur du comte de Maurepas, avait contribué à renforcer et étendre le réseau d'alliances de la famille, selon la stratégie gagnante de l'aristocratie d'Ancien Régime qu'avait bien comprise son grand-oncle Mazarin à son arrivée en France.

L'union du duc de Cossé, alors âgé de vingt-cinq ans, avec la « charmante Mancinette [11] » s'inscrivait dans cette logique, avec deux familles déjà liées par une sincère amitié. S'adressant au beau-père de son fils dans le style orné de la galanterie précieuse en vogue au siècle précédent, à laquelle il s'obstinait à rester fidèle – « l'on croyait voir un courtisan sortant des salons de Louis XIV [12] » –, le maréchal de Brissac exprimait son contentement affectueux pour ces nouveaux liens de parenté : « Je souhaite à de prompts préliminaires la course de mon fils vers son beau-père. La sainte émanation de vous si guirlandée de charmes qui allument ma vétusté, m'a écrit la lettre la mieux pensée. Ma chère petite n'a que faire de douter de l'amour le plus tendre, et le mieux ordonné à mes sentiments [13]. »

Si la « chère petite » n'était pas à tout à fait une « sainte émanation », elle s'était indubitablement formée à l'école paternelle. Le comte Louis-Philippe de Ségur – frère aîné du vicomte Joseph-Alexandre, comme lui non dépourvu de compétences en ce domaine – témoigne de l'impact du duc sur ses interlocuteurs : « Aucun livre n'aurait pu m'apprendre ce que me faisait connaître, en peu de conversations [...] le duc de Nivernais sur la finesse du tact, sur les nuances de la grâce, sur la délicatesse du goût [14]. » Ses *Lettres sur l'usage de l'esprit* [15] en sont la preuve éloquente. Il n'est donc pas surprenant qu'initiée dès l'enfance à un savoir mondain transmis par la pratique de génération en génération, la fille du duc en ait assimilé les traits essentiels. Outre qu'elle « ressembl[ait] à son père » et possédait « de l'agrément, de l'élévation dans le caractère, de la gaieté et de l'honnêteté » [16], la jeune duchesse de Cossé était jolie, et dans les premières années de son mariage, quand Walpole l'avait connue, « elle était vive, paraissait raisonnable et avait un excellent caractère [17] ». Elle était aussitôt tombée amoureuse du mari que sa famille lui avait choisi et n'en avait pas fait mystère. La comtesse de Rochefort, « amie *convenable* [18] » de Nivernais, nous la montre de retour à Saint-Maur, la résidence de campagne des Pontchartrain, après la première visite d'usage avec son mari à Versailles, « toujours charmante et très gaillarde [19] ».

Bien que Louis-Hercule-Timoléon fût un don Juan impénitent – selon un chroniqueur de l'époque, même à l'enterrement de son père ses regards s'attardaient sur les représentantes du beau sexe [20] –, il s'était montré plein d'attentions pour sa jeune épouse et le couple avait connu des années heureuses. De leur union étaient nés un fils et une fille et, trente ans plus tard, au moment de rédiger son testament, Brissac rappellerait à celle-ci l'affection qu'il portait à sa femme, dont il vivait séparé depuis longtemps : « Votre mère, que j'ai toujours tendrement aimée, ne sera pas fâchée de causer avec vous de moi ; elle me connaît parfaitement, elle m'a plaint, aimé, et moi aussi, je t'en assure mon enfant [21]. »

À l'automne 1771, alors que les Cossé fêtaient la naissance d'un héritier mâle, on perçut, à en croire les témoignages des contemporains, les premiers signes d'une crise conjugale déclenchée, semblait-il, par la comtesse du Barry. Tandis que la duchesse, contrevenant aux usages aristocratiques et suivant les préceptes de

Rousseau, prenait amoureusement soin de son enfant en le nourrissant au sein, son mari était subjugué par la nouvelle favorite du roi.

Toujours au courant des dernières nouvelles de Versailles grâce aux Choiseul, Mme du Deffand, le 25 septembre 1771, informait Horace Walpole que la duchesse de Cossé avait remplacé la duchesse de Villars, morte une semaine auparavant, comme dame d'atours de la Dauphine. Elle se hâtait de préciser : « Elle l'aurait refusé de grand cœur mais son mari, qui est le favori de la Sultane, l'avait demandé à son insu et l'a obligée de l'accepter ; mais comme elle nourrissait sa petite fille [en réalité le petit Jules-Timoléon âgé alors de trois mois] on lui permet de n'entrer en exercice qu'après qu'elle l'aura sevrée. Mme la Dauphine n'a pas d'éloignement pour elle ; mais elle est fâchée qu'on n'ait pas choisi pour cette place une de ses dames de compagnie [22]. »

Avec vingt jours de retard sur Mme du Deffand, le comte de Mercy-Argenteau, ambassadeur de Marie-Thérèse à Versailles, rapportait la situation à l'impératrice en des termes presque identiques. La Dauphine n'avait été informée qu'après coup, par un billet du roi, de la nomination de sa nouvelle dame d'atours et, à première vue, le choix de la duchesse de Cossé semblait inattaquable, car la jeune femme jouissait de l'estime générale. Mais, ajoutait l'ambassadeur, « la circonstance qui donne à penser, c'est que le duc de Cossé est entièrement livré à la favorite, que cette dernière a effectué le choix en question, et que, par conséquent, l'archiduchesse ne sera pas dans le cas d'accorder beaucoup de confiance à sa nouvelle dame d'atours [...] Tout ce que je crains à la suite de cette première démarche du parti dominant, c'est qu'il cherchera à entourer peu à peu Mme l'archiduchesse de gens voués à la cabale [23] ».

Intime de Louis XV dont il assurait la sécurité personnelle, le duc de Brissac avait eu l'occasion de côtoyer Jeanne Bécu, la jeune courtisane que l'on surnommait l'Ange dans les milieux de la prostitution de luxe, depuis que le souverain avait réclamé sa présence permanente à Versailles. Après sa présentation officielle à la cour, la nouvelle favorite avait été installée au-dessus de la chambre à coucher du roi, dans les appartements destinés au départ à Cossé en sa qualité de capitaine des Cent-Suisses. Relogé à l'étage supérieur, dans les mansardes, le duc se trouvait en contact étroit avec la néo-comtesse.

De quelle nature était le dévouement chevaleresque dont Cossé avait aussitôt fait preuve à son égard ? Était-ce la loyauté ou, plus simplement, une solidarité masculine à l'égard de son roi, qui, dès le début, l'avait rallié au camp de la favorite ? Ou avait-il été envoûté par la féminité triomphante de la très belle courtisane ? Ce que nous pouvons exclure, c'est que le duc ait cherché par ambition l'appui de la nouvelle maîtresse en titre, puisque, au cours des quatre années du règne de Mme du Barry, il ne bénéficia ni de nouvelles charges ni de promotions.

La seule faveur obtenue par Cossé grâce à l'intercession de la maîtresse du souverain était donc la nomination de son épouse comme dame de compagnie de la Dauphine. Mais la requête émanait-elle de lui ou n'était-ce pas plutôt une idée du roi ou de la favorite elle-même ? Louis XV avait-il voulu près de la Dauphine une jeune femme à la réputation irréprochable et attribué le mérite de ce choix à sa maîtresse ? Ou Mme du Barry elle-même avait-elle suggéré la candidature de l'épouse d'un homme à la fidélité incontestable, dans l'espoir que la charmante duchesse tempère l'hostilité que Marie-Antoinette s'obstinait à lui témoigner ?

Dans un cas comme dans l'autre, cette initiative s'avéra désastreuse.

Mme de Cossé n'apprécia pas d'être commise d'office à une tâche certes très honorifique, mais aussi fort contraignante. La duchesse n'aimait pas la vie de cour et était, à cette époque, tout absorbée par les soins que réclamait son dernier-né. En outre, comme sa mère, la duchesse de Nivernais, et la majeure partie des dames de la haute aristocratie, elle jugeait que l'installation d'une prostituée à Versailles constituait un scandale inacceptable et vécut sans doute comme une offense une nomination due au bon vouloir de la favorite. Elle s'y plia cependant pour complaire à son mari et par respect pour la Dauphine, mais n'eut pas besoin pour fixer sa ligne de conduite qu'un ressentiment né de la jalousie vienne grossir la rancœur que dictait l'orgueil.

Un an après sa nomination, forte de la confiance de Marie-Antoinette, la duchesse montra que non seulement elle n'entendait jouer aucun rôle de médiation en faveur de Mme du Barry, mais qu'elle pouvait aggraver les tensions entre la maîtresse en titre et la Dauphine. Le pauvre Mercy-Argenteau ne manqua pas d'en rendre compte à Marie-Thérèse : « Il y eut ce jour [le 28 octobre 1772] une grande tracasserie, dans laquelle je fus obligé d'intervenir. Le duc de La Vrillière donnait ce même soir à souper à la comtesse du Barry ; il invita à cette occasion la dame d'atours de Mme la Dauphine, la duchesse de Cossé, qui refusa de s'y rendre [...] Le refus [...] fit grand bruit ; il en résulta des reproches amers au duc de Cossé ; on exigea qu'il usât d'autorité vis-à-vis de sa femme [...] en vue de se réhabiliter auprès de la favorite, il écrivit à sa femme une lettre très forte par où il exigeait d'elle de témoigner à la comtesse du Barry toutes sortes d'attentions, et de ne se refuser à rien de ce qui pourrait lui plaire. La duchesse de Cossé répondit à son mari qu'en prenant possession de sa charge, elle avait été voir la comtesse du Barry, mais qu'après cette démarche, elle n'en ferait aucune qui pût la faire regarder comme étant de la société de la favorite, que jamais elle ne s'y résoudrait, et qu'elle préférait remettre la démission de sa place [24]. »

Mais les raisons pour lesquelles, trois ans après, Mme de Cossé finit par quitter le service de Marie-Antoinette n'avaient rien à voir avec Mme du Barry qui, depuis la mort du Bien-Aimé, avait quitté la scène. Elles étaient beaucoup plus graves. Dès ses premiers mois de vie, le petit Jules-Timoléon avait été de santé fragile et, malgré les tendres soins de sa mère, son état avait empiré. À plusieurs reprises, la duchesse avait exprimé à Marie-Antoinette, devenue reine en mai 1774, son souhait de se retirer, mais cette dernière, consciente de ses qualités [25], lui avait demandé de rester. Au printemps 1775, quand Mme de Cossé avait présenté de nouveau sa démission pour accompagner son fils à une cure thermale, l'ambassadeur de Marie-Thérèse avait encore réussi à la convaincre, dans l'intérêt de la reine, de renvoyer sa décision à son retour [26]. La démission fut ainsi présentée en juillet de la même année, mais de façon bien inhabituelle.

En quittant le service de Marie-Antoinette, la duchesse se sentit en devoir de lui dire, comme Mercy-Argenteau le reconnut malgré son souci du protocole, des « vérités fort intéressantes » : « Elle entra en détail sur les entours de la cour, sur les abus de la confiance que produit l'esprit d'intrigue et de parti, sur les moyens que l'on emploie pour pratiquer des surprises et les faire tourner au profit des vues personnelles. Ces réflexions furent appuyées sur des exemples de ce qui s'était passé en différents temps [27]. »

Nous pouvons supposer que ses difficultés pendant les années où triomphait Mme du Barry rentraient dans ces exemples, mais l'idée d'offrir à la reine, comme « *testament* de fidélité [28] », les réflexions qui avaient mûri pendant les quatre années passées à son service participait du plus pur style Nivernais et nous rappelle les pages pénétrantes de son père sur « l'état de courtisan [29] ».

Cette première prise de distance avec la vie de cour fut suivie peu après, à la mort de son fils, d'un éloignement d'avec son mari. Le deuil qui l'avait frappée ne laissait plus de place pour le rêve d'amour conjugal qui avait embelli les premières années de leur mariage, et les mœurs aristocratiques reprenaient le dessus sur les attentes sentimentales des temps nouveaux. Dès lors, son mari et elle mèneraient des vies séparées, sans pour autant faillir au respect réciproque et à l'engagement commun de défendre l'éclat de leur famille en donnant des réceptions somptueuses [30] et en veillant à l'avenir de leur fille unique. N'était-ce pas là tout ce qui importait ?

Contrairement à sa femme, Brissac garda ses fonctions à la cour et ne mit pas fin à la saison des amours. Nous ignorons quand sa relation avec la comtesse du Barry se transforma en un lien sentimental stable, mais nous savons que le duc n'avait pas hésité à prendre son parti pendant les années difficiles de sa disgrâce [31].

Deux jours après la mort du Bien-Aimé, manifestant bien peu de respect pour la mémoire de son prédécesseur, Louis XVI fit parvenir à Mme du Barry – qui s'était réfugiée chez le duc et la duchesse d'Aiguillon à Rueil – une lettre de cachet où il lui ordonnait de se retirer au monastère de Pont-aux-Dames, près de Meaux. Si la coutume voulait que les anciennes favorites quittent la cour, le recours à un moyen coercitif tel que la lettre de cachet, symbole par excellence de l'arbitraire royal, pour infliger à Mme du Barry le traitement réservé aux prostituées, n'était pas un début bien éclairé pour un jeune souverain. Que le souhait d'une punition exemplaire – « le roi s'est borné à envoyer la créature au couvent et à chasser de la cour tout ce qui porte ce nom de scandale [32] » – ait émané de Marie-Antoinette donnait à cette mesure un caractère de vengeance personnelle indigne d'une souveraine.

Isolée dans une cellule d'un lugubre bâtiment en ruine où elle était traitée en criminelle, Mme du Barry supporta avec dignité et courage l'épreuve difficile qu'on lui imposait. Sa vie d'irrégulière – de sa condition de fille illégitime d'une cuisinière et d'un moine jusqu'à son statut de courtisane – lui avait appris à s'adapter aux situations les plus diverses. Mais la dureté de son métier n'avait pas entamé sa joie de vivre et, aux bons comme aux mauvais jours, elle resterait fidèle à sa nature douce, compatissante et généreuse.

Élevée dans un institut religieux, Mme du Barry était familière de la discipline du couvent et, à Pont-aux-Dames, elle trouva une consolation dans les prières de son enfance. Son humilité et sa résignation lui gagnèrent la sympathie des religieuses qui s'employèrent à adoucir son quotidien. Devant ce comportement exemplaire et sous la pression de personnages illustres comme le prince de Ligne, Louis XVI se montra disposé à plus d'indulgence, accordant à la comtesse la possibilité de recevoir des visites et de reprendre en main la gestion de ses affaires. Au bout d'un an de réclusion, Mme du Barry retrouva la liberté, mais à condition de résider à au moins dix lieues de Paris et Versailles. Elle acheta pour cette occasion, sans regarder à la dépense, le château de Saint-Vrain, à trente milles de Paris, où ses neveux et sa belle-sœur la rejoignirent et où elle put renouer avec la vie en société. Enfin, à l'automne 1776, grâce à l'intervention du comte de Maurepas, oncle du duc d'Aiguillon, qui retrouvait des fonctions de Premier ministre après vingt ans d'exil, elle put s'établir à Louveciennes, le lieu qui lui était cher entre tous. La trentaine à peine entamée, très riche et encore très belle, l'ancienne favorite commençait une nouvelle vie.

Sans maître pour la première fois, Jeanne pouvait hors de toute contrainte faire passer son plaisir avant celui des autres. Louis XV lui avait permis de donner libre cours à sa passion pour les belles choses – vêtements, bijoux, objets précieux, mobilier, porcelaines, tableaux, statues – et son nom se trouvait ainsi lié, comme celui de la Pompadour avant elle, à un moment de transition de l'art français : le style du Barry [33]. La maîtresse en titre avait prouvé l'originalité et la sûreté de son goût au Petit Trianon, ce joyau d'architecture commandé à Gabriel par Louis XV pour la Pompadour dans le parc de Versailles. Mme du Barry avait choisi la décoration, tournant le dos à la grâce maniérée du style rocaille et misant sur une simplicité raffinée. Quant à Louis XVI, il donnerait à son épouse légitime les clés de ce *locus amoenus* cher aux favorites pour qu'elle y cultive les plaisirs innocents de la vie privée. Et Marie-Antoinette, qui, tout en voulant purifier la résidence royale de la présence des « créatures », avait adopté leurs choix esthétiques, les porta à leurs extrêmes conséquences. La rusticité apparente du Petit Trianon rendit son luxe encore plus scandaleux : « La royauté a fait ici des frais énormes pour se cacher à ses propres yeux, mais sans y réussir [34] », constatait en 1789 Gouverneur Morris. Et si, loin des obligations de la cour, Marie-Antoinette y trouva un refuge en compagnie de quelques intimes, cela en fit aux yeux des exclus un foyer de conspiration et d'amitiés suspectes.

Louveciennes, propriété de la couronne, avait été mis à la disposition de Mme du Barry par Louis XV au début de leur relation. C'était un véritable Petit Trianon pour elle toute seule, où elle pouvait vivre comme elle l'entendait. Entouré d'un parc magnifique, le château se dressait sur une colline qui dominait la vallée verte et boisée de la Seine, tandis qu'à l'horizon se profilaient les clochers des églises parisiennes.

Pour mieux jouir de la beauté du spectacle, la comtesse avait chargé Claude-Nicolas Ledoux, un jeune architecte au talent visionnaire, de construire un pavillon sur un terre-plein du jardin surplombant le fleuve. Avec son péristyle à trois colonnes d'imitation romaine, l'édifice inaugurait un rapport nouveau entre nature et architecture qui s'inspirait de l'Antiquité. Le grandiose vestibule ovale doté d'une tribune pour les musiciens sur le mur du fond, avec son plafond peint par Boucher et ses murs revêtus de marbre gris, pouvait servir de salle de réception ou de théâtre. Ciselés comme des bijoux, les accessoires en bronze doré – chandeliers, poignées, pare-feu – étaient l'œuvre des meilleurs artisans du moment.

Une gravure de Moreau le Jeune, *Le Souper à Louveciennes 1771*, a immortalisé le banquet offert par la favorite à Louis XV pour fêter l'inauguration du pavillon. Vêtue de blanc, la maîtresse de maison est assise à côté du souverain à une extrémité de l'immense table ovale, éclairée à giorno par les grandes torches qui se reflètent dans miroirs et agrémentée au centre d'un décor de colonnes doriques créé par Ledoux, tandis que les domestiques de la comtesse dans leurs élégantes livrées rouge et or servent les invités sous le regard de la Garde suisse du roi.

Le duc de Brissac était-il à Louveciennes ce soir-là ? L'hypothèse n'a rien d'improbable, mais il ne pouvait certes pas imaginer que quelques années plus tard il serait l'hôte de marque du luxueux pavillon. Dans le beau portrait qu'un descendant du duc de Brissac, historien reconnu de la maison de Cossé, nous a laissé de son ancêtre, on lit qu'« il fut des premiers à venir à Saint-Vrain ; il fut le premier chez elle à Louveciennes ; entre ces deux êtres qui s'étaient tacitement cherchés et sans mots promis, naquit alors l'amour, qui, jusqu'à leur mort, vivra [35] ». Mais l'auteur ne nous dit pas sur quoi repose cette affirmation et les recherches effectuées dans les archives familiales ne nous ont pas apporté de réponse. Même si nous sommes disposés à le croire sur parole, il faut attendre 1782 pour trouver un premier témoignage irréfutable de l'existence d'une relation amoureuse entre le duc et la comtesse. Il nous vient du comte d'Allonville, qui cette année-là avait fait la connaissance de Mme du Barry en Normandie, où Jeanne s'était rendue en compagnie de Brissac. En évoquant cette rencontre de nombreuses années après, le mémorialiste nous a transmis intacte sa surprise devant l'ancienne favorite : « Prévenu contre elle, mon premier mouvement appartint à la curiosité, mais l'intérêt lui succéda bientôt : en l'examinant je ne pouvais concilier ce que j'avais lu d'elle et ce que sa figure annonçait ; l'on ne retrouvait en rien les traces de son ancien état dans la décence de son ton, la noblesse de ses manières, et ce maintien également éloigné de l'orgueil et de l'humilité, de la licence et de la pruderie ; sa vue seule réfutait tout ce qui a été publié sur elle. D'ailleurs elle me paraissait extrêmement agréable, et j'eusse trouvé tout simple qu'elle inspirât des passions comme elle s'était acquis des véritables amis. Celui d'entre eux qui lui faisait plus d'honneur était le duc de Brissac, chez qui la droiture du cœur et l'élévation du caractère suppléant à l'esprit, lui inspirèrent, durant nos troubles, des mots et des actions devenus historiques. Sa disgrâce, dont il sortit si noblement, il l'avait due à son amitié pour Mme du Barry ; amitié dont la constance prouve qu'elle lui avait été inspirée non par l'attrait de la faveur, mais par les qualités réelles de cette femme, qui au reste me parut plus séduisante que spirituelle [36]. »

À partir de 1783, les *Nouvelles à la main* [37] font également allusion à la relation entre le duc et Mme du Barry comme à une histoire de longue date, mais alors que l'opinion populaire continue à s'acharner sur l'ancienne favorite, les positions à la cour changent nettement. Nous en trouvons l'écho dans les Mémoires postrévolutionnaires des aristocrates. D'Allonville sera rejoint dans son jugement par le duc de Croÿ [38], les comtes Dufort de Cheverny [39] et d'Espinchal[40] et le marquis de Belleval[41], qui feront amende honorable de leurs préjugés et témoigneront de leur admiration pour l'ancienne prostituée qui avait su devenir une parfaite « honnête femme ».

Certes, comme l'observe le comte d'Allonville, l'amour chevaleresque que lui portait Brissac contribuait à la placer sous un jour nouveau, mais c'est elle en premier lieu qui rendit cette métamorphose possible.

Fille du peuple, Jeanne possédait une élégance naturelle et des manières aristocratiques acquises pendant ses années de collège et perfectionnées au cours de sa carrière de courtisane. En la prenant sous son toit pour la destiner à la prostitution, Jean-Baptiste du Barry ne s'était pas seulement soucié de son éducation érotique, – il l'avait initiée aux us et coutumes de la bonne société. Sa clientèle, composée de grands seigneurs comme le maréchal de Richelieu, avait constitué pour elle une école de libertinage, mais aussi de bon ton. Talleyrand observera que, contrairement à Mme de Pompadour, qui, malgré son excellente culture, « avait mauvais ton, des manières de parler vulgaires dont elle n'avait pu se corriger, même à Versailles […], Mme du Barry était parvenue à avoir un langage assez pur […] et elle avait attrapé l'art de conter assez gaiement[42] ». Cela étant, il semblait indéniable que sa gentillesse, à laquelle il était difficile de rester insensible, n'était pas dictée par les bienséances mais venait du cœur. Malgré la « vie infâme[43] » à laquelle la nécessité l'avait contrainte, Jeanne ne renoncerait jamais à être bonne.

Pendant ses années de favorite, la jeune femme avait essayé de fuir les intrigues de la cour et n'avait jamais cherché à se venger des offenses reçues – « elle n'humilia pas même les personnes qu'elle pouvait perdre[44] » –, et pendant sa disgrâce elle continua de manifester la plus grande déférence à la famille régnante. On savait bien que la fortune scandaleuse qui était maintenant la sienne ne servait pas seulement à satisfaire de coûteux caprices, mais aussi à secourir les pauvres et les nécessiteux et à pourvoir au bien-être d'une tribu de parents naturels ou par alliance, qui pour la plupart ne méritaient pas sa générosité et ne lui causaient guère que des embarras.

Sa passion pour le luxe n'était pas de nature ostentatoire et frappait par sa singularité : « Elle tenait un grand état avec peu de monde. Elle s'était si bien habituée à la dépense que cela lui paraissait tout simple [45]. » Malgré une nuée de domestiques à son service et une demeure pleine à craquer de tableaux, statues, objets précieux de toute sorte, l'ancienne favorite menait une vie extrêmement simple. « L'été comme l'hiver, Mme du Barry ne portait plus que des robes-peignoirs de percale ou de mousseline blanche – rappelle Mme Vigée Le Brun qui fera son portrait dans cette tenue champêtre –, et tous les jours, quelque temps qu'il fît, elle se promenait dans son parc ou dehors, sans qu'il en résultât aucun inconvénient pour elle, tant son séjour à la campagne avait rendu sa santé robuste [46]. » Dans sa nouvelle vie à Louveciennes, le contact quotidien avec la nature ne répondait pas seulement à un souci esthétique en accord avec les impératifs de la mode mais constituait une source essentielle de bien-être physique.

Le style de vie de Mme du Barry força le respect de Laclos qui, après lui avoir adressé des vers insolents [47], quand elle était maîtresse en titre, n'hésita pas à lui rendre hommage en plein climat révolutionnaire : « Depuis qu'Elmire a dû quitter le séjour des Rois, elle a choisi une retraite paisible, où elle a vécu sans intrigues et sans projets, et sans cette inquiétude qui accompagne presque toujours les personnes qui ont joué un rôle, quel qu'il soit [...]. Vivant sans obscurité et sans dissipation, elle ouvre son ermitage enchanté à un petit nombre d'hommes qui croient que la chasteté est une convenance sociale, plutôt que la mère des vertus, et qu'on peut être fort tendre et fort aimable [48]. »

Brissac fut certainement l'un d'entre eux, mais il ne fut pas le seul. Avant de pouvoir faire la sieste sereinement dans le pavillon de Louveciennes [49], sûr des sentiments de la maîtresse des lieux, le duc avait dû faire preuve de patience. En effet, au cours de l'été 1779, Mme du Barry s'était entichée d'un gentilhomme anglais venu habiter près de chez elle. À cinquante ans, Henry Seymour, neveu du puissant duc de Somerset et demi-frère de Lord Sandwich, « était un homme qui, malgré ses relations prestigieuses, n'avait jamais pris conscience de ses talents [50] ». Bien qu'il ne manquât pas d'intelligence, son caractère exécrable avait entravé sa carrière politique et il avait quitté l'Angleterre couvert de dettes et brouillé avec sa famille. Seymour s'était installé dans un petit manoir sur la colline de Louveciennes, avec sa seconde épouse, une jeune comtesse française qui venait de donner naissance à un enfant, ainsi que deux filles de son premier lit, et il entretenait avec Mme du Barry des rapports de bon voisinage. Intriguée par ce bel Anglais hautain – un « fier prince[51] », comme l'avait qualifié Horace Walpole –, Jeanne se prodigua en amabilités. En 1781, en proposant à William Beckford de visiter le pavillon de Louveciennes, Ledoux se disait certain que Mme du Barry lui réserverait bon accueil car elle avait entendu parler de lui en bien par « M. Seymour, qui jouit en ce moment du soleil de ses faveurs ; et croyez-moi, c'est un éclat solaire, des plus éblouissants quand elle se montre disposée à les répandre[52] ». Huit courtes lettres de la comtesse, probablement écrites au cours des deux années qui suivirent l'arrivée de Seymour à Louveciennes, nous permettent de suivre cette trajectoire amoureuse de sa naissance à son déclin[53].

Les deux premières nous montrent Mme du Barry tendue vers la conquête de son voisin. « On dit depuis longtemps que les petits soins entretiennent l'amitié[54] », éprouve-t-elle le besoin de souligner en lui envoyant des présents attentionnés : un chiot pour sa fille malade, une pièce rare de l'époque de Louis XIV. Mais dès la troisième lettre, où elle déclare : « L'assurance de votre tendresse, mon tendre ami, fait le bonheur de ma vie [...] Je vous attends samedi avec toute l'impatience d'une âme entièrement à vous[55] », le doute n'est plus permis. C'est une femme amoureuse, et qui se sait aimée, qui écrit : un moment de grâce qui toutefois ne durera pas. De quelle nature sont les reproches que Seymour se sent vite en droit d'adresser à Jeanne ? Est-ce la présence d'un autre homme dans sa vie qui le rend jaloux ? S'agit-il de Brissac ? La comtesse a beau le rassurer – « Adieu, je vous attends avec toute l'impatience d'un cœur tout à vous et qui, malgré vos injustices, sent bien qu'il ne peut être à d'autres[56] » –, c'est en pure perte. Dur et arrogant, Seymour exige sans rien concéder et punit sa maîtresse en se refusant et en la laissant dans l'incertitude. De son côté, après avoir tenté en vain de l'adoucir, Jeanne, dans une lettre empreinte de dignité, se décide à rompre une relation qui remet en question ses choix de vie : « Vous n'avez pas daigné me rassurer sur ce qui affecte mon âme ; ainsi je crois que ma tranquillité et mon bonheur vous touchent peu ; c'est avec regret que je vous en parle, mais c'est pour la dernière fois. Ma tête est bien ; mon cœur souffre. Mais avec beaucoup d'attention et de courage, je parviendrai à le dompter [...] c'est le dernier sacrifice qui me reste à faire ; mon cœur lui a fait tous les autres, c'est à ma raison à lui faire celui-ci. Adieu, croyez que vous seul occuperez mon cœur[57]. »

Nous n'avons pour trace de la réponse de Seymour qu'une phrase rageuse écrite au dos de la miniature que Jeanne lui avait offerte et qu'il avait renvoyée à son expéditrice : « *Leave me alone* » (« Laissez-moi en paix ») [58].

Rescapée de la rudesse anglaise, Mme du Barry dut trouver délicieusement rafraîchissante la galanterie française de Brissac. Il est certain que dès lors le duc prit une place définitive dans sa vie. Le mariage de sa fille [59], à qui il était tendrement lié, lui permit de se sentir libre de vivre plus ouvertement sa relation avec l'ancienne favorite. À cette époque, sa femme semblait de plus en plus absorbée par des problèmes de santé. En butte à une forte hypocondrie, elle courait les médecins et les stations thermales et s'était décidée à suivre la cure de Mesmer, avec des résultats désastreux. « C'est encore une victime du magnétisme, commentait Mme de Sabran. Elle est dans un état à faire pitié : elle crache le pus et le sang. Les médecins lui ont défendu de prononcer une parole, et elle est au milieu de sa chambre à faire des signes à tout ce qui arrive, avec un visage de déterrée [60]. » Mais c'est probablement son mauvais état de santé qui lui sauva la vie. Quand la Révolution éclata, la duchesse se soignait à Nice, d'où elle passa en Italie pour ne rentrer en France qu'en 1798.

Comme dans les récits de chevalerie, Brissac avait surmonté toutes les épreuves auxquelles il avait été confronté – par amour pour Guenièvre, Lancelot ne s'était-il pas exposé au déshonneur en montant sur une charrette d'infamie [61] ? –, habité par la certitude que, noble par nature, le sentiment amoureux purifie celui qui en est l'objet. De son côté, l'ancienne courtisane se révélait à la hauteur de l'image radieuse qui avait embrasé l'imagination du capitaine des Cent-Suisses à l'époque désormais lointaine de Versailles. Et si la cristallisation amoureuse du duc résistait, intacte, à l'épreuve de la réalité, Jeanne trouvait en lui l'interlocuteur capable de la révéler à elle-même.

Tous deux aimaient l'amour physique et le pratiquaient en experts, mais ils n'étaient pas seulement liés par une complicité érotique. Chez le grand seigneur immensément riche, comme chez la fille du peuple qui s'était vendue pour de l'argent, le plaisir de vivre, le besoin de raffinement et de luxe s'accompagnaient d'une profonde bonté et d'une intime exigence de beauté. Malgré l'abîme social qui les séparait, Jeanne prouvait à son amant que la générosité et la loyauté n'étaient pas l'apanage exclusif de l'éthique aristocratique. Et de son côté Brissac permit à Mme du Barry d'activer sa part la meilleure en partageant avec elle idées, sentiments et habitudes.

Philanthrope convaincu, le duc ne se limitait pas à théoriser les principes de liberté, fraternité et égalité dans la loge maçonnique du Collège de Clermont où, en 1777, il avait succédé au prince de Conti comme grand-maître de l'ordre du Temple. À la mort de son père, il en avait donné une preuve concrète en entreprenant à ses frais et avec les méthodes les plus avancées la bonification d'un vaste marais qui minait la santé des habitants de Brissac et des environs depuis des siècles. Et comme on savait dans la région que le duc avait le cœur tendre, il n'était pas rare qu'un nouveau-né soit abandonné bien en vue au pied d'un des grands arbres de son parc. Il se chargeait toujours de l'enfant trouvé, jusqu'au moment où celui-ci, en possession d'un métier, pouvait subvenir à ses besoins. Lecteur de l'*Encyclopédie*, le duc croyait dans le progrès, et comme d'autres grands propriétaires de son époque – le marquis de Voyer, le duc de Penthièvre, le duc de Nivernais –, il entendait moderniser l'agriculture et exploiter ses terres, mais pas au détriment des animaux qui peuplaient ses forêts. Il ne pratiquait pas la chasse, boudant le sport aristocratique par excellence, parce qu'il ne supportait pas l'idée de tuer les cerfs, les daims, les chevreuils dont la beauté l'enchantait. Personne ne devait s'y adonner sur ses terres. Il préférait laisser le gibier abîmer les cultures, quitte à rembourser les dégâts aux paysans.

De son côté, en accord avec le credo philanthropique de Brissac, Mme du Barry s'employait à transformer Louveciennes en une oasis de bonheur préservée de la misère et, comme le révèlent les inventaires de ses tableaux [62], son intérêt pour les enfants et les animaux était ancien. Dès les années versaillaises, la comtesse avait acheté pour ses appartements privés de nombreuses œuvres de Drouais et Greuze qui représentaient des enfants jouant avec des chiots ou des chats. Un indice de sa sensibilité qui ne transparaissait pas dans sa collection officielle, constituée – en accord avec le canon aristocratique – de portraits royaux, sujets mythologiques, scènes allégoriques et paysages[63].

L'intérêt avec lequel autant Brissac que Mme du Barry suivaient la vie artistique contemporaine renforça leur complicité. Désormais affranchie des exigences d'une collection à visée ostentatoire symbolisant son prestige de favorite, la comtesse trouva chez Brissac un connaisseur passionné avec qui confronter ses goûts et ses choix. Le duc lui enseignerait à regarder les tableaux en connaisseur, c'est-à-dire en personne « pleinement instruit[e] des bonnes qualités d'une chose qu'on lui présente pour en juger[64] ».

Le duc avait donné une preuve irréfutable de ses compétences esthétiques en commençant à la fin des années 1760 une importante collection d'œuvres d'art. L'initiative en soi n'avait rien d'exceptionnel, car, après la mort de Louis XIV, les princes du sang, les grands seigneurs, les magistrats et les riches bourgeois s'étaient peu à peu substitués au mécénat royal et la collection privée était devenue un trait distinctif du style de vie des élites. Le duc de Choiseul, le baron de Besenval, le maréchal de Ségur, le comte de Vaudreuil, pour ne citer que quelques-uns des personnages dont nous nous occupons, en sont de parfaits exemples. On a calculé qu'au cours du XVIIIe siècle, rien qu'à Paris, plus de sept cents collections virent le jour, se constituant dans des délais plutôt rapides, souvent grâce au démembrement de collections préexistantes[65]. Que l'on pense au cas aussi exemplaire que célèbre de la vente aux enchères des collections du duc de Choiseul, où le prince de Conti avait acquis soixante-quatorze tableaux. Mais sa collection serait à son tour mise en vente à sa mort, à peine quatre ans plus tard. Quant à Mme du Barry, qui, grâce aux sommes énormes mises à sa disposition par Louis XV, avait rassemblé pendant la courte période de sa faveur une collection d'œuvres d'art remarquables, parmi lesquelles plusieurs tableaux ayant appartenu à Choiseul, elle fut contrainte à la mort du Bien-Aimé d'en vendre une bonne partie pour payer ses créanciers.

Ce qui distinguait l'initiative de Brissac et l'imposait à l'attention des amateurs et connaisseurs était la qualité des tableaux et objets d'art qu'il sélectionnait. Contrairement à celles de Choiseul, Vaudreuil ou Besenval, la collection du duc n'a pas encore été étudiée, mais le guide de Thiéry et les deux inventaires des œuvres confisquées par les autorités révolutionnaires à l'hôtel de la rue de Grenelle ne laissent aucun doute sur son importance. C'est surtout le second inventaire, rédigé par Jean-Baptiste-Pierre Le Brun, qui confirme la qualité du choix des tableaux. Collectionneur, critique, marchand, Le Brun était « un des meilleurs experts d'art de son époque [66] » au niveau européen et un grand amateur de peinture flamande. Contrairement à son épouse, Élisabeth Vigée Le Brun, peintre officielle de Marie-Antoinette, qui avait pris le chemin de l'exil dès 1789, Le Brun était resté en France, réussissant à se faire confier par le gouvernement révolutionnaire la tâche délicate de décider quelles œuvres confisquées aux ennemis du peuple méritaient d'aller enrichir les collections royales du tout nouveau Museum (futur Musée du Louvre) et lesquelles pouvaient être vendues. Pour chaque tableau, Le Brun identifia son auteur, le répertoria, donna sa cotation sur le marché. En évaluant la valeur de sa collection de tableaux à 191 638 livres et en destinant la moitié de ces œuvres [67] au patrimoine artistique de la nation, il rendait un hommage posthume au goût de l'ancien propriétaire [68]. La confiscation de la rue de Grenelle permit en outre à Le Brun de transférer au Museum de nombreux tableaux de genre de l'école flamande, condamnés par l'esthétique révolutionnaire friande de peinture historique, école d'héroïsme et de vertus civiques qui les considérait comme symptomatiques du goût aristocratique du passé.

En effet, dès le début du XVIIIᵉ siècle, pour des raisons difficiles à cerner, les élites françaises, qui avaient élu le raffinement et l'élégance pour signe distinctif, nourrissaient une véritable passion pour la peinture hollandaise, avec ses intérieurs paysans rustiques, et « les scènes bourgeoises et moralisatrices de la vie quotidienne rendues populaires par Greuze et imitées par Lépicié et Debucourt étaient elles-mêmes un hommage conscient à l'art flamand du XVIIᵉ siècle [69] ». La présence massive de l'école du Nord, avec des peintres tels que David Teniers, Gabriel Metsu, Gerard ter Borch, Gerard Dou, Paul Bril, Adriaen van Ostade – ainsi que deux portraits de Rembrandt –, ne compromettait pas l'éclectisme de la collection de Brissac. Comme nous le savons par le guide de Thiéry, l'art français y était largement représenté, que ce soit à travers la peinture de paysage, avec deux splendides marines de Claude Lorrain et des tableaux de Sébastien Bourdon et Joseph Vernet, ou les portraits royaux, avec un Louis XV de Van Loo et un Louis XVI en habit de couronnement. Bien que la peinture italienne fût passée de mode, le duc n'avait pas renoncé à se procurer un portrait de Charles Quint attribué au Titien et des œuvres de Carracci, Véronèse, Ricci et Bassano.

Comme la plupart des grands collectionneurs de l'époque, Brissac ne s'intéressait pas seulement à la peinture. Ses collections incluaient la statuaire antique et moderne, des meubles et des objets précieux, des porcelaines[70], répondant à ce goût classique que sa fréquentation des splendides collections d'art de son beau-père – héritier de Mazarin – avait probablement contribué à renforcer.

Si l'éclectisme du duc était typique des collectionneurs de son époque et si ses choix peuvent sembler convenus, il partageait avec Mme du Barry un goût affirmé pour le nouveau en matière de peinture contemporaine. Pour décorer son salon en cul-de-four de Louveciennes, peut-être sur une suggestion de Ledoux, la comtesse avait préféré à Fragonard, alors au sommet de son art[71], le style d'inspiration antique de Joseph-Marie Vien. Le sujet de ses quatre grands panneaux restait celui qu'avait traité Fragonard, *Le Progrès de l'amour dans le cœur d'une jeune fille*, et, puisque interdiction lui avait été faite de recourir à des personnages historiques ou mythologiques, Vien se vit « obligé d'imaginer ses quatre sujets allégoriques et, pour les ennoblir, les traita dans le style grec[72] ». L'élégance un peu froide du peintre n'empêcha pas Brissac d'utiliser ces tableaux pour se livrer avec Jeanne à un jeu amoureux fondé sur leurs goûts et intérêts communs et sur des échanges de cadeaux dont eux seuls possédaient la clé. En 1778, en hommage à la châtelaine de Louveciennes, le duc acheta *La Marchande à la toilette* ou *Marchande d'amours*, l'œuvre à qui Vien devait son succès au Salon de 1763. Inspiré d'une peinture romaine découverte à Stabies et conservée actuellement au musée archéologique de Naples, ce tableau – « le plus original et, peut-être, le plus célèbre de Vien[73] » – représente trois femmes de profil vêtues à l'antique, comme dans une frise sculptée. On y voit une jeune fille du peuple agenouillée, la main droite posée sur l'anse d'un panier empli de chérubins, tandis que, de la main gauche, elle en tient un par les ailes pour l'offrir à une jeune matrone assise. Nous savons qu'en 1787 *La Marchande d'amours* faisait « les délices[74] » de Brissac dans sa chambre à coucher de la rue de Grenelle[75] et, l'année suivante, pour lui donner un pendant, le duc commanda à Vien *L'Amour fuyant l'esclavage*. Ce n'était certes pas son emblème, écrivait-il avec galanterie à Mme du Barry en septembre 1789, et il convenait avec les critiques que le tableau pouvait sembler correct en dépit d'une certaine froideur et fadeur, « mais les détails et le fini, ainsi que le coloris, en sont beaux, et donneront toujours du charme à ce tableau[76] ». Cinq ans après, le 29 frimaire de l'an II, quand, Mme du Barry morte, on procéda à la confiscation de ses biens, *L'Amour fuyant l'esclavage* et *La Marchande d'amours* figuraient tous deux dans la chambre à coucher de la propriétaire des lieux[77].

Mais l'artiste contemporaine préférée de Brissac autant que de Mme du Barry était Élisabeth Vigée Le Brun. « Elle est faite, écrivait le duc à sa maîtresse à l'occasion du Salon de 1789, pour être généralement aimée et estimée, et pour paraître en public en quelque temps que ce soit[78]. » Personne mieux que la peintre de prédilection de Marie-Antoinette ne sut saisir la beauté de Jeanne et comprendre la modernité de son goût. Les deux grands portraits de la comtesse qu'elle a exécutés à la demande de Brissac – le très célèbre au chapeau de paille de 1781 et l'autre la rose à la main de 1789 – ne pourraient mieux illustrer le nouveau canon de féminité que la peintre proposa aux femmes de sa génération en leur apprenant l'art difficile de la simplicité. Un chapeau de paille ou un bandeau de gaze noué sur lequel se déverse une cascade de boucles avaient remplacé les coiffures vertigineuses de Léonard, une chemise en mousseline blanche à peine rehaussée d'un galon de dentelle ou une petite robe serrée sous la poitrine par un ruban les tenues sophistiquées de Mme Bertin. Dans ces portraits, le duc pouvait retrouver l'hédonisme souriant de la châtelaine de Louveciennes – cette « beauté, et bonté et douceur, et cette aimable et parfaite égalité d'humeur qui fait le charme d'une société habituelle[79] » – et saisir dans le regard de ses yeux étirés aux paupières légèrement abaissées la certitude d'une volupté libre de contraintes et de préjugés.

C'est probablement la capacité de Mme Vigée Le Brun à célébrer la beauté féminine en lui insufflant le mouvement de la vie saisi dans sa vibrante sensualité qui incita Brissac à collectionner les tableaux et à lui demander plusieurs portraits de sa bien-aimée[80]. Et la même raison sans doute le poussa à commander à cette artiste, en plein drame révolutionnaire, un portrait de Lady Hamilton.

À Naples, entre 1790 et 1792, Mme Vigée Le Brun avait exécuté trois portraits de la célèbre Emma Hart, maîtresse et bientôt épouse de Lord Hamilton, ministre plénipotentiaire de Sa Majesté britannique auprès de Ferdinand IV de Bourbon. Comme celle de Jeanne, la vie d'Emma était « un roman[81] », et pas des plus édifiants. Comme Jeanne, elle était d'humbles origines et, comme elle, sa beauté exceptionnelle lui avait permis de percer. Au cours de sa carrière de courtisane, la jeune femme avait cultivé un talent de mime qui lui permettait d'interpréter des états d'âme divers – joie, douleur, terreur, extase –, sur le droit fil de la mode naissante du Sublime. Cédée par son Pygmalion, l'honorable Charles Greville, à Lord Hamilton, grand expert de l'Antiquité, et installée à Palazzo Sessa, avec vue sur le Vésuve, Emma avait pu perfectionner sa technique en se spécialisant dans un répertoire de figures mythologiques inspirées des fresques de Pompéi et des peintures des vases grecs que son nouvel amant accumulait et dont il avait vendu une splendide collection au British Museum.

S'étant elle-même transformée en œuvre d'art, Emma devint un pôle d'attraction à Naples et plus d'un voyageur illustre – à commencer par Goethe – a rappelé la surprise que suscitaient ses tableaux vivants. Le comte d'Espinchal – dont nous avons déjà souvent mis à profit le témoignage sur la France aristocratique – n'hésitait pas à admettre son trouble au spectacle de la belle Anglaise. Arrivé à Naples au début de l'émigration, le sévère gentilhomme l'avait admirée, d'abord pendant qu'elle exécutait une fort peu innocente tarentelle – « Mme Hart y met une volupté, une grâce qui échaufferait l'homme le plus froid et le plus insensible » –, puis alors qu'elle donnait vie aux « chefs-d'œuvre des plus célèbres artistes de l'Antiquité »[82], et il finissait par avouer que si elle avait été sa maîtresse, il lui aurait demandé d'incarner pour lui toutes les déesses de l'Olympe. Faire le portrait d'Emma dut représenter pour Mme Vigée Le Brun un véritable défi[83], car en Angleterre la jeune femme avait déjà posé pour les plus grands peintres et George Romney en avait fait son modèle d'élection. En outre il s'agissait pour elle de revenir aux portraits de style mythologique – les Diane, Minerve et autres Hébé – qui dominaient la peinture de portraits au XVIIIe siècle et dont elle avait pris ses distances avec bonheur. Après l'avoir vue interpréter une « délicieuse » bacchante, « l'œil animé, les cheveux épars »[84], Mme Vigée Le Brun décida de la peindre au bord de la mer, étendue sur une peau de panthère, une coupe à la main, puis dansant les cheveux au vent, s'accompagnant d'un tambourin. Mais c'est la commande du duc de Brissac qui lui permit de trouver l'inspiration juste et d'interpréter la beauté d'Emma en plein accord avec son propre génie.

En effet, Élisabeth Vigée Le Brun ayant envoyé à Mme du Barry une longue lettre relatant ses impressions napolitaines [85], Brissac savait que sa peintre préférée se mesurait avec le portrait de la jeune aventurière anglaise dont tout le monde disait monts et merveilles, Brissac se hâta d'en réserver un, « en sibylle [86] », pour sa collection. Cette fois ce fut Mme Vigée Le Brun qui imposa sa vision esthétique. Elle trouvait qu'Emma s'habillait mal et que ses « costumes de scène » manquaient de goût. Ainsi, sans égard pour sa magnifique chevelure, lui avait-elle enveloppé la tête dans un châle « en forme de turban dont un bout tombait en faisant draperie [87] », lui donnant la pose et le regard inspiré de la sibylle du Dominiquin. Son portrait de Mme de Staël en Corinne à Cap Misène reproduirait exactement la même iconographie. Deux aristocrates françaises fuyant la Révolution, dont nous avons déjà plus ou moins directement croisé le chemin, assistaient, admiratives, à cette métamorphose. La première était la duchesse de Fleury, maîtresse du moment de Lauzun, et la seconde la princesse de Monaco, lointaine cousine du duc et fille de cette comtesse de Stainville qui lui avait inspiré sa première passion amoureuse [88].

Quand, la séance de pose terminée, Emma était réapparue dans ses propres vêtements, les deux amies françaises « avaient eu toutes les peines du monde à la reconnaître [89] » tant son aspect semblait ordinaire.

Mme Vigée Le Brun acheva le portrait à Rome, où elle était revenue en avril 1792, mais Brissac n'entra jamais en possession du tableau qu'il avait commandé parce que, cinq mois plus tard, il trouva la mort à Versailles, assassiné par la foule en furie. Un an après, Mme du Barry à son tour était exécutée à Paris sur ce qui s'appelait autrefois la place Louis XV.

Restée entre les mains de son auteur, la sibylle accompagna Mme Vigée Le Brun dans ses pérégrinations à travers l'Europe, prouvant son talent partout où elle allait. Si Brissac n'eut pas le plaisir de découvrir la beauté d'Emma Hart, sa commande nous apparaît aujourd'hui comme une preuve de son intuition de collectionneur. Universellement admirée, la sibylle anglaise est un des exemples les plus heureux de la manière dont la peintre sut raconter les femmes de son temps.

Le duc de Brissac ne brillait pas par sa conversation, son écriture était négligée et, dans une société où l'esprit et la vivacité intellectuelle abondaient, il ne jouissait pas d'une réputation de grande intelligence [90]. Mais cela ne l'empêchait pas de suivre avec attention ce qui se passait autour de lui. Rédigé deux mois avant la prise de la Bastille, le catalogue manuscrit [91] des livres de sa bibliothèque de la rue de Grenelle signale la présence d'œuvres phare de la culture des Lumières. Y figurent entre autres le *Dictionnaire* de Bayle, *Les Rêves d'un homme de bien* de l'abbé de Saint-Pierre, *De l'esprit des lois* de Montesquieu, les vingt volumes *in folio* de l'*Encyclopédie*, l'*Histoire philosophique des Indes par l'abbé Raynal*, les œuvres de Voltaire, Helvétius, Rousseau. Le catalogue prouve en particulier l'intérêt que le duc portait au débat politique et institutionnel de l'époque. Il contient les *Mémoires et pièces relatives à la Révolution actuelle, dont l'origine commence à l'Assemblée des Notables en 1780,* les documents concernant les *Troubles parlementaires – Collection des pièces tant manuscrites qu'imprimées, concernant l'administration Calonne, Brienne, de Lamoignon et Necker* et, à la rubrique *États généraux,* la *Collection entière de tous les écrits sur cette matière. Collection de tous les États généraux de 1789 ; Collection générale et complète de tout ce qui a paru relativement aux États généraux.* La liste des périodiques et journaux présents dans sa bibliothèque n'est pas moins instructive. À côté des publications institutionnelles comme le *Mercure de France* et l'*Année littéraire,* contrôlés par la censure, on trouve la *Gazette de Leyde* et le *Courrier de l'Europe,* publiés en dehors de l'Hexagone, la très critique *Correspondance secrète et littéraire* (1770-1789) et les scandaleux *Mémoires de Bachaumont* (1766-1789), où Mme du Barry est souvent malmenée. Deux petites notes du bibliothécaire dans la marge nous signalent que le 11 janvier 1790 le duc avait emprunté *L'An 2440* de Mercier et le lendemain *Du contrat social* de Rousseau [92]. Juste à temps pour constater que l'utopie visionnaire des deux œuvres prenait rapidement le pas sur la réalité.

La fréquentation de longue date des écrivains et des académiciens qu'il rencontrait chez le duc de Nivernais, son appartenance à la franc-maçonnerie, son engagement philanthropique conduisirent Brissac à espérer un avenir meilleur et à prendre part à l'effort réformateur par lequel la monarchie de Louis XVI tentait de parer à la crise économique et de répondre aux exigences de modernisation du pays. Il partageait ses convictions avec Mme du Barry. Nous savons qu'elle appréciait Necker[93] et qu'elle avait voulu rendre hommage à Voltaire quand, en 1780, après quarante ans d'absence, le philosophe était revenu à Paris. Au terme de sa visite, Mme du Barry avait croisé au pied de l'escalier un jeune homme à l'air timide qui lui avait demandé comment obtenir audience du vieux philosophe, malade et accablé de visites. Avec sa courtoisie et sa bienveillance coutumières, Jeanne était revenue sur ses pas pour intercéder en sa faveur auprès du marquis de Villette qui hébergeait Voltaire, accompagnant ensuite le visiteur jusqu'au seuil de l'appartement. Le jeune inconnu était Jacques-Pierre Brissot, le futur chef des Girondins, qui évoquerait cette rencontre dans ses Mémoires[94]. Rappelant « son sourire si plein de grâce et de bonté », le jeune révolutionnaire n'avait pu s'empêcher de prendre la défense de Mme du Barry auprès de Mirabeau et Laclos, en soutenant que, contrairement aux favorites qui l'avaient précédée, la dernière maîtresse de Louis XV n'avait pas abusé « despotiquement » de son ascendant. « Vous avez raison, lui avait répondu Mirabeau en citant un vers de Lingendes. Si ce ne fut pas une vestale, "La faute en est aux dieux Qui la firent si belle"[95]. »

Dans la dizaine de lettres du duc de Brissac retrouvées parmi les papiers de Mme du Barry au moment de son arrestation[96], on peut mesurer l'intensité d'une passion amoureuse que les années n'entament pas. « Mon impatience de vous rejoindre n'en diminue pas, écrit le duc à sa bien-aimée en août 1786, oui cher cœur le moment de me réunir à vous, non d'esprit, car je le suis toujours, mais de présence, est un violent désir qui ne peut se rallentire [*sic*] […] je vous baise milles [*sic*] et milles fois de tout mon cœur, à mardi, ou mercredi de bonne heure[97]. » Et dans un billet non daté, on retrouve la même effusion joyeuse : « Milles amours, milles remercîments, cher cœur ; ce soir je serai près de vous, oui c'est mon bonheur d'être aimé de vous. Je vous baise milles fois […] Adieu. Je vous aime et pour toujours [98]. »

Mais on constate aussi à l'approche de 1789 que la politique occupe de plus en plus de place dans leurs vies.

Dans une lettre du 16 août 1787, le duc confie à Mme du Barry sa déception de « ne pas avoir été nommé Président de l'Assemblée provinciale d'Anjou [99] » et s'interroge sur les raisons de cette exclusion. Une exclusion décidée en haut lieu, du moment que le nom du duc ne figurait même pas sur la liste des cent quatorze nobles (dont trente-six ducs, ses pairs) choisis par le gouvernement pour former l'Assemblée des notables convoquée en 1787 – puis de nouveau en 1788 – en vue de débattre des réformes nécessaires pour parer au déficit de l'État et au malaise de la population [100]. Il était donc logique que, craignant son ressentiment, le gouvernement n'entende pas confier à Brissac la présidence d'une assemblée provinciale en mesure d'exprimer à l'Assemblée des notables son mécontentement à l'égard de l'administration royale [101]. À l'évidence on ne lui avait pas encore pardonné sa relation avec Mme du Barry.

Cette rebuffade n'entama pas la bonhomie du duc. Mme du Barry comme lui applaudirent à la convocation des états généraux, convaincus que la monarchie devait prendre en compte les exigences des temps nouveaux. Et les premières manifestations de violence qui suivirent la prise de la Bastille ne désarmèrent pas son optimisme.

Il fallait se résigner à supporter de bon cœur « trois ou quatre personnes qui troublent la tranquillité qui règne dans tous ces alentours », écrivait-il de Brissac le 25 août 1789, parce que « la liberté est si précieuse qu'il faut bien l'accepter » [102]. Et quatre jours après, en réponse à une lettre « philosophique et savante » de la comtesse, il reconnaissait que les états généraux n'allaient pas assez vite « sur les vrais points principaux qu'attend toute la France », mais se déclarait convaincu que les nobles étaient prêts à accepter les sacrifices – à commencer par le vote à la majorité par tête et non par ordre – qui leur étaient demandés : « La nation doit être contente et tranquille sur leur compte car on les a trouvés partout et sans armes et sans défense [103]. »

Le duc ne se trompait pas : la longue guerre d'usure par laquelle la noblesse et le clergé avaient défendu leurs privilèges, en sabotant systématiquement les réformes qui semblaient les menacer, ne donnerait pas lieu à une nouvelle Fronde armée. Mais il ne prévoyait pas que la violence viendrait d'en bas et qu'impuissante devant la furie jacobine, la plus ancienne et courageuse noblesse d'Europe échouerait à se défendre. « L'éducation toute puissante, a soutenu Hippolyte Taine, avait réprimé, adouci, exténué l'instinct lui-même. Devant la mort présente ils n'ont pas le soubresaut du sang et de la colère [...] Jamais on ne verra un gentilhomme arrêté chez lui casser la tête du Jacobin qui l'arrête. Ils se laisseront prendre, ils iront docilement ; faire du tapage serait une marque de mauvais goût, et, avant tout, il s'agit pour eux de rester ce qu'ils sont, gens de bonne compagnie [104]. » Ce ne fut pas le cas du duc de Brissac qui, l'heure venue, vendit chèrement sa vie.

NOTES

1. Lettre de Brissac à Mme du Barry, 11 août 1792, Orléans, dix-huit heures, cité in Charles Vatel, *Histoire de Madame du Barry d'après ses papiers personnels et les documents des archives publiques : précédée d'une introduction sur Madame de Pompadour, le Parc-aux-cerfs et Mademoiselle de Romans*, Versailles, L. Bernard, 1883, 3 vol., vol. III, pp. 168-169.

2. Construit entre 1645 et 1647 par Jacques Le Coigneux, président à mortier du parlement de Paris, le grand hôtel particulier – qui aujourd'hui abrite la mairie du VIIe arrondissement – au numéro 116 de la rue de Grenelle avait été acheté en 1710 par le maréchal de Villars qui y avait fait construire la célèbre galerie de vingt-quatre mètres de long sur six de large et huit de haut, avec cinq grandes fenêtres de chaque côté. Trouvant ce cadre idéal pour ses collections d'œuvres d'art, le duc de Cossé avait racheté l'hôtel en 1772 et l'avait somptueusement meublé. En outre la demeure était dotée d'un magnifique jardin de plantes rares. Réquisitionné à la mort de Brissac, il devint le siège du ministère de l'Intérieur sous la Révolution (cf. C. L.-L. et M. Th. de T. de L., *Le Faubourg Saint-Germain : La Rue de Grenelle*, catalogue de l'Exposition organisée par la Délégation à l'action artistique et la Société d'histoire et d'archéologie du VIIe arrondissement, Galerie de la SEITA, 21 novembre – 20 décembre 1980, pp. 10-13).

3. *Guide des Amateurs et des Étrangers voyageurs à Paris. Description raisonnée de cette Ville, de sa Banlieue, et de tout ce qu'elles contiennent de remarquable : par M. Thiéry ; Enrichie de Vues perspectives des principaux Monuments modernes*, Paris, Hardouin et Gattey, 1787, 2 vol., vol. II, p. 561.

4. Officier de la couronne qui avait la juridiction de la boulangerie royale et qui, avec le grand échanson, servait le souverain à table les jours de cérémonie.

5. Conseiller en exercice au parlement (cf. Littré : « Conseiller-né se disait d'une qualité attribuée à certaines dignités qui donnait à celui qui la possédait entrée au parlement. »)

6. *Guide des Amateurs et des Étrangers voyageurs à Paris, op. cit.*, vol. II, p. 561.

7. *Mémoires secrets pour servir à l'histoire de la République des lettres en France*, édition en cours sous la direction de Christophe Cave et Suzanne Cornaud,

Paris, Honoré Champion, 2009, vol. I-V, vol. V, 4 mars 1775, p. 747. De toutes les fêtes somptueuses données par le duc et la duchesse, la réception en l'honneur de Gustave III fut mémorable avec cent mille bougies qui illuminèrent le jardin : « Le prince a déclaré qu'après celle de la reine donnée à Trianon, il n'en avait jamais vu de plus belle », *Le Faubourg Saint-Germain. La Rue de Grenelle, op. cit.*, p. 12.

8. Cité in P. de Cossé Brissac, *Histoire des ducs de Brissac, op. cit.*, p. 275.

9. *Ibid.*, p. 309.

10. Marquis Marc de Bombelles, 17 août 1783, *Journal publié sous les auspices de son arrière-petit-fils Georges, comte Clam Martinic*, texte établi, présenté et annoté par Jean Grassion et Frans Durif, Genève, Droz, 1977-2013, 8 vol., vol. I : *1780-1784*, p. 252.

11. *La Fin du XVIIIe siècle. Le duc de Nivernais 1754-1798 par Lucien Perey*, Paris, Calmann-Lévy, 1891, p. 19.

12. É. Vigée Le Brun, *Souvenirs, op. cit.*, p. 137.

13. Lettre du maréchal de Brissac au duc de Nivernais, Brissac, 1er octobre 1762, in *Œuvres posthumes du duc de Nivernais*, publiées à la suite de son éloge par N. François (de Neufchâteau), Paris, chez Maradan Libraire, 1808, 2 vol., vol. II, pp. 52-53.

14. *Mémoires ou Souvenirs et Anecdotes par M. le comte de Ségur, op. cit.*, vol. I, pp. 60-61.

15. Dans ses *Lettres sur l'usage de l'esprit dans la société, la solitude et les affaires*, le duc de Nivernais a laissé des réflexions très intéressantes sur l'importance de la conversation comme lien social et sur les règles à suivre (in *Mélanges de littérature, en vers et en prose*, 2 tomes, in *Œuvres du duc de Nivernais*, Paris, Didot Jeune, 1796, 8 vol., vol. III, tome 1, pp. 3-91).

16. Lettre de Mercy-Argenteau à Marie-Thérèse, 18 décembre 1774, in *Correspondance secrète entre Marie-Thérèse et le comte de Mercy-Argenteau, op. cit.*, vol. I, p. 228 et vol. II, p. 275.

17. Lettre d'Horace Walpole à Mary Berry, 19 mai 1791, in *Horace Walpole's Correspondence with Mary and Agnes Berry and Barbara Cecilie Seton*, édition critique de W. S. Lewis et A. Dayle Wallace, New Haven, Yale University Press (1948), 1970, 2 vol., vol. I, p. 268 (vol. 11 de l'édition Yale de *Horace Walpole's Correspondence*).

18. Lettre d'Horace Walpole à Thomas Gray, in *Horace Walpole's Correspondence with Thomas Gray, Richard West and Thomas Ashton*, édition critique de W. S. Lewis, George L. Lam et Charles H. Bennet, New Haven, Yale University Press, 1948, 2 vol (édition Yale de *Horace Walpole's Correspondence*, édition critique de S. W. Lewis, vol. 13-14), vol. II, p. 154. Italiques dans le texte.

19. Louis de Loménie, *La Comtesse de Rochefort et ses amis. Études sur les mœurs en France au XVIIIe siècle avec des documents inédits par Louis de Loménie*, Paris, Calmann-Lévy, (1870), 1879, p. 146.

20. Siméon-Prosper Hardy, *Mes loisirs*, cité in Charles Vatel, *Histoire de Madame du Barry, op. cit.*, vol. III, p. 39.

21. Cf. copie authentique du 19 septembre 1811 du testament de Louis-Hercule-Timoléon Cossé-Brissac, Archives départementales de Maine-et-Loire, Fonds de Brissac, 188 J 121, p. 5. Cf. aussi P. de Cossé Brissac, *Histoire des ducs de Brissac, op. cit.*, pp. 319-320.

22. Mme du Deffand à Horace Walpole, 25 septembre 1771, *Horace Walpole's Correspondence with Madame du Deffand, op. cit.*, vol. III, pp. 106-107.

23. Lettre de Mercy-Argenteau à Marie-Thérèse, 15 octobre 1771, in *Correspondance secrète entre Marie-Thérèse et le comte de Mercy-Argenteau, op. cit.*, vol. I, pp. 228-229.

24. Lettre de Mercy-Argenteau à Marie-Thérèse, 14 novembre 1772, *Correspondance secrète entre Marie-Thérèse et le comte de Mercy-Argenteau, op. cit.*, vol. I, pp. 371-372.

25. Lettre de Mercy-Argenteau à Marie-Thérèse, 18 décembre 1774, *ibid.*, vol. II, p. 275.

26. Lettre de Mercy-Argenteau à Marie-Thérèse, 20 avril 1775, *ibid.*, vol. II, p. 320.

27. Lettre de Mercy-Argenteau à Marie-Thérèse, 17 juillet 1775, *ibid.*, vol. II, p. 354.

28. *Ibid.*

29. Cf. duc de Nivernais, *Essai sur l'État de Courtisan*, in *Mélanges de littérature, en vers et en prose, op. cit.*, vol. I, pp. 127-177.

30. Cf. la lettre de Mme de Sabran au chevalier de Boufflers du 7 février 1786, où la comtesse décrit un dîner de soixante personnes donné par Mme de Brissac (La comtesse de Sabran et le chevalier de Boufflers, *La Promesse, op. cit.*, p. 28).

31. Cf. P. de Cossé Brissac, *Histoire des ducs de Brissac, op. cit.*, p. 299.

32. Lettre de Marie-Antoinette à Marie-Thérèse, 14 mai 1774, in *Correspondance secrète entre Marie-Thérèse et le comte de Mercy-Argenteau, op. cit.*, vol. II, p. 139.

33. Sur le « style » ou « goût » du Barry, cf. *Madame du Barry. De Versailles à Louveciennes,* sous la direction de Marie-Amynthe Denis, Paris, Flammarion, 1992.

34. *Journal de Gouverneur Morris, op. cit.*, 14 mai 1789, p. 58.

35. P. de Cossé Brissac, *Histoire des ducs de Brissac, op. cit.*, p. 299.

36. *Mémoires secrets de 1770 à 1830 par le comte d'Allonville, op. cit.*, vol. I, pp. 153-154.

37. Cf. Charles Vatel, *Histoire de Madame du Barry, op. cit.*, vol. III, pp. 43-44.

38. *Journal inédit du duc de Croÿ (1718-1784), publié d'après le manuscrit autographe conservé à la bibliothèque de l'Institut avec introduction, notes et index par le Vte de Grouchy et Paul Cottin,* Paris, Flammarion, 1906, 4 vol., vol. IV, pp. 116 *sqq.*

39. Jean-Nicolas Dufort, *Mémoires sur les règnes de Louis XV et Louis XVI et sur la Révolution, op. cit.*, vol. II, pp. 22-24.

40. *Journal d'émigration du comte d'Espinchal, op. cit.*, août 1790, pp. 146-151.

41. *Souvenirs d'un chevau-léger de la garde du Roi par Louis-René de Belleval, marquis de Bois-Robin...*, publiés par René de Belleval, Paris, Aug. Aubry, 1866, pp. 129-135.

42. *Mémoires du prince de Talleyrand, op. cit.*, vol. V, pp. 584-585.

43. *Journal de Mathieu Marais*, 27 septembre 1765, cité in Jacques de Saint-Victor, *Mme du Barry. Un nom de scandale*, Paris, Perrin, 2002, p. 69.

44. Pierre-Ambroise-François Choderlos de Laclos, « Elmire », in *Galerie des dames françaises*, in *Œuvres complètes, op. cit.*, p. 752.

45. *Journal inédit du duc de Croÿ, op. cit.*, vol. IV, p. 116.

46. É. Vigée Le Brun, *Souvenirs, op. cit.*, p. 235.

47. P.-A.-F. Choderlos de Laclos, « Épître à Margot », in *Pièces fugitives*, in *Œuvres complètes, op. cit.*, pp. 544-546.

48. Id., *Galerie des dames françaises, ibid.*, p. 753.

49. Cf. É. Vigée Le Brun, *Souvenirs, op. cit.*, pp. 236-237.

50. Joan Haslip, *Madame du Barry*, Londres, Weidenfeld & Nicolson, 1991, p. 119.

51. Lettre d'Horace Walpole à Henry Seymour Conway, 20 août 1782, in *Horace Walpole's Correspondence with Henry Seymour Conway, Lady Ailesbury, Lord and Lady Hertford, Mrs Harris*, édition critique de W. S. Lewis, Lars E. Troide, Edwin M. Martz... [et al.], New Haven, Yale University Press, 1974, 3 vol., vol. 3, p. 390 (édition Yale de *Horace Walpole's Correspondence, op. cit.*, vol. 37-39).

52. Cité in M. Gallet, « Madame du Barry et Ledoux, histoire d'une amitié », in *Madame du Barry. De Versailles à Louveciennes, op. cit.*, p. 22.

53. Jean-Paul Palewski, « Voisins de campagne : Henry Seymour et Mme du Barry », in *Revue d'histoire de Versailles*, 1937, XXXIX, pp. 159-169.

54. *Ibid.*, p. 165.

55. *Ibid.*

56. *Ibid.*, p. 166.

57. *Ibid.*, p. 167.

58. Cf. Joan Haslip, *Madame du Barry, op. cit.*, p. 125.

59. Adélaïde-Pauline-Rosalie de Cossé-Brissac s'était mariée en décembre 1782 avec le duc de Mortemart.

60. La comtesse de Sabran et le chevalier de Boufflers, *La Promesse, op. cit.*, pp. 416-417.

61. Chrétien de Troyes, *Lancelot ou le Chevalier à la triste charrette.*

62. Cf. M.-C. Sahut, « Le goût de madame du Barry pour la peinture », in *Madame du Barry. De Versailles à Louveciennes, op. cit.*, p. 106.

63. *Ibid.*

64. *Dictionnaire de Furetière*, cité in Patrick Michel, *Peinture et plaisir. Les goûts picturaux des collectionneurs parisiens au XVIIIe siècle*, Rennes, Presses universitaires de Rennes, 2010, p. 26, note 2.

65. Cf. Patrick Michel, *Peinture et plaisir, op. cit.*, pp. 29-34.

66. Francis Haskell, *Rediscoveries in Art. Some Aspects of Taste, Fashion and Collecting in England and France*, New York, Cornell University Press, Ithaca, 1976, p. 18.

67. Trente et une sur les soixante et une inventoriées.

68. Cf. l'*Inventaire* de Le Brun cité ci-dessus.

69. C. B. Bailey, « Henri-Pierre Danloux, *The baron de Besenval in his "Salon de compagnie"* » in *An Aspect of Collecting Taste*, New York, Stair Sainty Matthiesen, 1986, p. 5.

70. Outre des tableaux, Le Brun destina aussi au Museum de nombreuses pièces prises dans ces diverses collections.

71. Les quatre panneaux de Fragonard refusés par Mme du Barry sont conservés dans la Frick Collection, à New York.

72. Dezallier d'Argenville, cité in Thomas Gaehtgens et Jacques Lugand, *Joseph-Marie Vien 1716-1809*, Paris, Arthena, 1988, p. 188.

73. *Ibid.*, p. 172.

74. Lettre du duc de Brissac à J.-M. Vien, 15 février 1778, cité in Charles Vatel, *Histoire de Madame du Barry, op. cit.*, vol. III, pp. 96-97.

75. Cf. L.-V. Thiéry, *Guide des Amateurs et des Étrangers voyageurs à Paris, op. cit.*, vol. II, p. 572.

76. Lettre du duc de Brissac à Mme du Barry, in J.-A. Le Roy, *Madame du Barry, 1768-1793*, « Mémoires de la Société des Sciences Morales, des Lettres et des Arts de Seine et Oise », Versailles, 1859, tome V, p. 87.

77. Cf. Thomas Gaehtgens et Jacques Lugand, *Joseph-Marie Vien, op. cit.*, p. 207. *La Marchande d'amours* se trouve maintenant au château de Fontainebleau, *L'Amour fuyant l'esclavage* au Musée des Augustins à Toulouse.

78. *Ibid.*, p. 88.

79. *Ibid.*, pp. 87-88.

80. Cf. É. Vigée Le Brun, « Liste des Tableaux et Portraits », in *Souvenirs, op. cit.*, pp. 329-342.

81. *Ibid.*, p. 400.

82. *Journal d'émigration du comte d'Espinchal, op. cit.*, 28 janvier 1790, p. 89.

83. Cf. Geneviève Haroche-Bouzinac, *Louise-Élisabeth Vigée Le Brun, histoire d'un regard*, Paris, Flammarion, 2011, pp. 226-230.

84. É. Vigée Le Brun, *Souvenirs, op. cit.*, p. 402.

85. Cf. Charles Vatel, *Histoire de Madame du Barry, op. cit.*, vol. III, pp. 80-81.

86. É. Vigée Le Brun, *Souvenirs, op. cit.*, p. 400.

87. *Ibid.*

88. Cf. le chapitre consacré à Lauzun.

89. É. Vigée Le Brun, *Souvenirs, op. cit.*, p. 403.

90. Cf. *Mémoires secrets de 1770 à 1830 par le comte d'Allonville, op. cit.*, vol. I, p. 154.

91. *Catalogue Des Livres de la Bibliothèque de Monseigneur le Duc de Brissac, mai 1789*, Bibliothèque nationale de France, département des manuscrits,

NAF-317. Le catalogue prévoyait 972 titres, mais seulement 700 environ y figurent.

92. Respectivement numéros 603 et 568 du catalogue.

93. Cf. Charles Vatel, *Histoire de Madame du Barry, op. cit.*, vol. III, p. 114.

94. Jacques-Pierre Brissot, *Mémoires (1754-1793)*, publiés avec une étude critique et des notes de Claude Perroud, Paris, Picard, s. d., 2 vol., vol. I, pp. 146-153.

95. *Ibid.*, p. 148.

96. Archives nationales, liasse W/16 Vaubernier Dubarry Vendenquer D : 9. Titre porté sur la sous-chemise : *Lettres de Brissac avant et depuis la Révolution peu importantes si ce n'est qu'elles prouvent ses liaisons intimes avec elle, ainsi que sa façon de penser sur la Révolution. Il est à remarquer qu'elle a employé toute une nuit à brûler sa correspondance avec lui le jour de sa mort à Versailles.* Huitième liasse H, contenant dix lettres.

97. Lettre du duc de Brissac à Mme du Barry, La Flèche, 26 août 1786, deux heures du matin.

98. Lettre du duc de Brissac à Mme du Barry, s. l., s. d.

99. Lettre du duc de Brissac à Mme du Barry, Vendosme, 16 août 1787.

100. Déjà souhaitées par Turgot et les physiocrates et proposées à l'Assemblée des notables, les assemblées régionales furent instituées en août 1787 par Loménie de Brienne. Le règlement prévoyait que la moitié des membres de l'assemblée, formée de délégués des trois ordres, soit nommée par le roi et l'autre moitié élue.

101. Cf. Charles Vatel, *Histoire de Madame du Barry, op. cit.*, vol. III, pp. 90-92.

102. Lettre du duc de Brissac à Mme du Barry, 25 août 1789.

103. Lettre du duc de Brissac à Mme du Barry, Angers, 29 août à midi.

104. Hippolyte Taine, *L'Ancien Régime. La Révolution : L'Anarchie – La Conquête jacobine*, in *Les Origines de La France contemporaine*, Paris, R. Laffont, 1986, 2 vol., vol. I, p. 128.

LE COMTE DE NARBONNE

> « Jamais je n'ai connu d'âme meilleure. »
> *Mémoires de la duchesse d'Abrantès* [1]

« Je ne crois pas qu'à la fin du dernier siècle et dans les premières années du nôtre [...] il y ait eu un esprit plus rare et plus cultivé, un cœur plus généreux, un homme plus aimable dans le commerce de la vie, et plus hardi, plus sensé, plus capable de grandes choses que le comte Louis de Narbonne, Ministre du roi Louis XVI sous l'Assemblée Législative, et Aide de camp de l'empereur Napoléon en 1812. La fortune seule a manqué à ce mérite qui [...] semblait fait pour suffire à tout [2]. »

En 1856, au faîte d'une brillante carrière universitaire et littéraire qui lui avait valu le portefeuille de ministre de l'Instruction publique, Abel-François Villemain se sentait en devoir de rendre justice à la mémoire du grand seigneur, disparu depuis plus de quarante ans, qui l'avait initié à la réflexion politique et à la vie sociale, en lui consacrant un très beau portrait en ouverture de ses *Souvenirs contemporains*. Le destin manqué de Louis de Narbonne offrait également à l'illustre critique la clé de lecture de toute une époque. À bien y regarder, les occasions perdues du comte n'étaient-elles pas aussi celles de la monarchie française qui n'avait pas su se renouveler, de la Révolution qui avait trahi le rêve libéral de 1789, de Napoléon qui n'avait pas su s'imposer de limites ?

Mais il ne faut pas s'étonner qu'en traçant le profil intellectuel et moral de Narbonne Villemain ait consciencieusement passé sous silence sa vie privée[3]. Non seulement elle risquait de compromettre l'image exemplaire que l'auteur entendait donner de son héros, mais elle montrait combien les mœurs aristocratiques du passé étaient devenues incompatibles avec l'éthique bourgeoise du présent. Pourtant, aux yeux des contemporains du comte eux-mêmes, le lien entre sa vie privée et sa carrière publique s'était imposé avec évidence. À commencer par le mystère de sa naissance.

« La naissance du comte Louis de Narbonne, reconnaissait en 1792 un comte d'Espinchal pourtant bien informé, est un problème à résoudre et l'on fait à ce sujet tant de contes si singuliers qu'il serait difficile de démêler la vérité au milieu de tout ce qui s'est débité à cet égard[4]. » La seule certitude que nous ayons aujourd'hui est qu'il ne pouvait pas être le fils du comte Jean-François de Narbonne, puisque bien avant sa naissance, au cours de la guerre de Succession autrichienne à laquelle il avait participé avec le grade de capitaine, ce dernier avait été gravement blessé par un coup de feu au bas-ventre, qui lui avait ôté « tout espoir de postérité[5] ». Le comte en personne l'avait déclaré explicitement dans une supplique adressée à Louis XV en février 1747, où il demandait qu'on le garde dans l'armée à un emploi sédentaire compatible avec son infirmité.

Dernier descendant d'une vieille famille d'origine espagnole installée depuis le XIIᵉ siècle à Aubiac, non loin d'Agen, le comte de Narbonne pouvait se vanter de compter parmi ses ancêtres les comtes de Castille, mais sa situation économique était plus que précaire et la carrière militaire représentait pour lui – comme pour beaucoup de nobles ruinés – la seule possibilité de mener une vie digne. Sa supplique ne fut pas vaine et la bienveillance royale dépassa toutes ses attentes.

En effet, deux ans plus tard, le comte de Narbonne conduisait à l'autel Françoise de Châlus, dame d'honneur de la comtesse de Toulouse, et aussitôt après, sans reprendre le service actif, était promu colonel et presque en même temps nommé gentilhomme de la chambre de l'infant Philippe, duc de Parme, mari de Louise-Élisabeth, fille aînée de Louis XV. Narbonne se sépara aussitôt de son épouse pour retourner vivre à Aubiac et ne se montra plus à Versailles, sans que cessent les honneurs. Devenu maréchal de camp en 1762, il reçut le titre de duc et, deux ans après, celui de Grand d'Espagne.

À Versailles, personne ne douta que la cause de cette profusion de faveurs exceptionnelle était la comtesse de Narbonne, et l'arrivée de deux enfants – Philippe-Louis, né en 1750, et Louis-Amalric, en 1755 – en l'absence d'un mari qu'on savait par ailleurs incapable de procréer laissa le champ libre aux suppositions les plus diverses. Plusieurs pistes se présentaient. Tout de suite après son mariage, Mme de Narbonne s'était installée à Parme en qualité de dame d'honneur de la duchesse – ses deux fils naîtraient à Colorno –, mais elle était revenue plusieurs fois en France à la suite de la princesse et, à sa mort en 1759, était restée à Versailles en tant que dame de palais d'une autre fille de Louis XV, Madame Adélaïde qui, comme sa sœur, Madame Victoire, avait préféré ne pas se marier.

Pour certains, donc, Louis de Narbonne – parce que Philippe-Louis, de santé fragile et nettement moins doué intellectuellement que son cadet, n'intéressait personne – était le fils de Mme de Narbonne et du Dauphin[6] ou du duc de Parme. Pour d'autres, il était le fruit des amours incestueuses de Madame Adélaïde[7] avec son frère le Dauphin ou – supposition plus accréditée – avec Louis XV lui-même. Certains n'excluaient pas que la fille dont le souverain avait partagé la couche était plutôt Madame Victoire[8]. Dans un cas comme dans l'autre, Mme de Narbonne se serait donc prêtée à sortir d'embarras la famille royale en feignant d'être la mère de l'enfant.

En fin de compte, dans la succession de on-dit dont la noblesse de cour, devançant la presse à scandale prérévolutionnaire, alimentait sa campagne de diffamation systématique de la famille royale, la rumeur la plus insistante attribuait la paternité des fils de Mme de Narbonne au Bien-Aimé[9]. Leur naissance coïncidait en effet avec les années où, sa relation sexuelle avec Mme de Pompadour étant close et l'organisation du Parc-aux-cerfs encore à venir, Louis XV cherchait des jeunes femmes accortes et discrètes, qui ne portent pas ombrage à la marquise restée officiellement maîtresse en titre. On murmurait en outre que la comtesse de Toulouse – au service de qui se trouvait alors Mme de Narbonne – orientait les choix de son neveu à l'intérieur même de son cercle.

En tout cas, les habitants de Versailles avaient pu constater que, de retour d'Italie, les fils de Mme de Narbonne avaient été baptisés dans la chapelle privée du souverain, selon les modalités réservées aux bâtards royaux : on avait attendu que les enfants soient sortis de la petite enfance, tous deux avaient eu comme parrains des princes du sang et parmi les prénoms qui leur avaient été donnés ressortait celui de Louis. Et il n'avait pas dû échapper au regard attentif des courtisans que le comte de Narbonne n'était présent à aucune des deux cérémonies.

On peut se demander ce qui avait poussé le gentilhomme gascon malchanceux à accepter de jouer le rôle ingrat du mari complaisant. Soucis économiques à part, ses raisons ne devaient pas différer beaucoup de celles qui, quelques années plus tôt, avaient incité le duc de Gontaut à accepter de bon gré la relation de son épouse avec son ami Choiseul et à saluer avec joie la naissance d'un fils qui n'était pas le sien.

Tous deux gravement blessés au combat avaient perdu l'espoir de procréer et savaient que leur lignée risquait de s'éteindre avec eux. Dans une société où l'intérêt général de la famille passait avant les sentiments personnels, ils s'étaient probablement résignés à déléguer à un autre la tâche d'assurer sa continuité. Dans le cas de Narbonne, la fière devise transmise par ses ancêtres espagnols – « *No descendemos de reyes sino los reyes de nos* [10] » – ne semblait-elle pas en définitive lui montrer la route à suivre ? Du reste, l'attitude du comte à l'égard de ses fils ne différa pas de celle qui avait cours à l'époque au sein de la noblesse : il les suivit à distance, se préoccupant de leur avenir, les accueillant périodiquement dans son château d'Aubiac et s'imposant à leur respect.

Pour Louis de Narbonne, sa relation avec sa mère constitua certainement le point de référence central de son existence. Une relation qui n'avait rien de facile car, malgré tout son amour pour son cadet, Mme de Narbonne, au caractère autoritaire, intransigeant et dominateur, ne pouvait pas tolérer que des femmes de la même trempe qu'elle – Germaine de Staël en premier lieu – la supplantent dans le cœur de son fils préféré et influencent ses choix.

Élevé à Versailles où la comtesse de Narbonne dirigeait d'une main de fer la « maison » de Madame Adélaïde et de Madame Victoire [11], adoré par les deux princesses, Louis connut une enfance heureuse dans l'intimité de la famille royale. Le Dauphin s'intéressa à ses études ; il eut pour camarade de jeux le futur Louis XVI, le comte de Provence, le comte d'Artois ; et sa mère s'employa à lui donner une éducation hors du commun, « une éducation de jeune prince [12] ».

Après une formation humaniste au collège des Oratoriens de Juilly vint l'apprentissage militaire à l'école d'artillerie de Strasbourg. Pendant ses années alsaciennes, le jeune Narbonne – qui parlait déjà l'anglais – apprit aussi l'allemand et les mathématiques. Lecteur infatigable, il suivit les cours de droit international du célèbre Guillaume Koch et se consacra à l'étude de l'histoire.

De retour à Versailles, le ministre des Affaires étrangères en personne, le comte de Vergennes, l'instruisit du fonctionnement du ministère et du protocole ainsi que des traités et des correspondances secrètes. Personne, dirait plus tard Napoléon, « ne possédait mieux que Narbonne les négociations de l'ancienne Cour [13] ». Puis, décidé à compléter une formation qui devait le rendre apte à occuper toutes les grandes charges de l'État, il servit dans les différents corps de l'armée – dragons, gendarmes, cavalerie – et, en août 1778, à vingt-trois ans, fut nommé colonel en second du régiment d'infanterie d'Angoumois. Pourtant, contrairement à nombre de ses amis, il ne se laissa pas tenter par l'aventure américaine. Il savait bien que Louis XVI n'y était pas favorable et que son départ passerait pour un manque d'égards envers la famille royale à qui il devait tout. Il en profita pour sacrifier à la tradition aristocratique du Grand Tour et visita l'Italie, l'Autriche, l'Allemagne et l'Angleterre, rencontrant les chefs de file des élites européennes et apprenant à changer de ton en fonction du pays. Le prince de Ligne se souviendra que Narbonne, à l'époque aide de camp de Napoléon, de passage à Vienne après la terrible campagne russe, avait réussi par son amabilité à vaincre l'embarras général et « à faire la conquête de tous les enragés contre la France [14] ».

L'amabilité fut assurément le premier atout de Narbonne, la marque de sa personnalité – « c'était le plus aimable et le moins méchant des hommes », décréterait la perfide Mme de Boigne [15] – à une époque où être aimable constituait le trait commun d'une société entière et répondait avant tout à une obligation sociale. Son amabilité n'était pas le simple fruit d'une maîtrise parfaite des manières mondaines et n'était pas non plus dictée, comme dans le cas du vicomte de Ségur, par la « nécessité de plaire ». Elle découlait plutôt d'une cordialité spontanée et possédait l'immédiateté heureuse du don naturel.

D'ailleurs, comment ne pas se sentir aimable quand on a grandi dans un gynécée, idolâtré par sa mère, cajolé et gâté par deux grandes princesses, traité avec une bienveillance affectueuse par les autres membres de la famille royale ? Au fil des années, cette certitude d'être aimé de tous s'enracinerait en lui, car le délicieux chérubin s'était transformé en un très beau jeune homme, à l'intelligence et à la culture hors du commun, à son aise à la cour comme à la ville, à l'armée comme dans un amphithéâtre d'université ou une bibliothèque. Et maintenant c'étaient les femmes, toutes les femmes qui l'autorisaient à se sentir irrésistible.

Son apparence physique, il est vrai, devait être pour lui une source d'interrogations. À l'âge adulte, sa ressemblance avec Louis XV était devenue si criante qu'elle lui avait valu le surnom de « Demi-Louis », la pièce à l'effigie du Bien-Aimé. En effet, le comte avait emprunté au souverain ses traits réguliers, son teint ambré, son nez marqué de Bourbon, ses yeux et ses cheveux sombres, et ce port altier de la tête qui avait tant frappé Casanova quand il avait rencontré Louis XV [16]. Se peut-il que Narbonne n'ait pas eu conscience d'un fait aussi évident et qu'il ne se soit jamais interrogé sur les raisons de la faveur dont sa mère et lui jouissaient à Versailles ? Son silence face aux rumeurs qui circulaient sur son compte n'avait-il pas valeur de confirmation ? Qu'aurait-il pu faire d'autre sinon respecter un secret qui touchait à la vie privée du souverain ? On savait que, instruit par le scandale des enfants légitimés du Roi-Soleil et les nombreux désastres qui en avaient découlé, Louis XV n'avait pas voulu reconnaître les enfants nés de ses nombreuses amours, à l'exception de celui qu'il avait eu de Mlle de Romans, inscrit au registre paroissial de Chaillot sous le nom de Louis-Aimé de Bourbon, mais destiné à l'Église [17]. Louis-Amalric de Narbonne pouvait donc se considérer plus chanceux.

On ignore quelles implications psychologiques le mystère de sa naissance entraîna pour le jeune comte. Certes, plusieurs de ses amis n'étaient pas les fils des pères dont ils portaient le nom. De plus, il ne pouvait qu'être fier de son sang royal, et les privilèges qu'il lui devait étaient évidents. Pourtant sa position de « Demi-Louis » n'affranchissait pas Narbonne d'une certaine ambiguïté, en premier lieu dans ses rapports avec la famille régnante, puisque son avenir dépendait entièrement du bon vouloir de cette dernière. La réponse à ces ambivalences fut sans doute la décision de viser haut, de justifier la faveur royale par son mérite personnel.

Mais son ambition, son zèle pour les études, sa grande capacité de travail n'empêchèrent pas Louis de mener la vie joyeuse et insouciante des jeunes seigneurs de sa condition tels que le chevalier de Boufflers, le duc de Lauzun, les deux frères Ségur, pour ne citer qu'eux. Louis était gai, hédoniste, libertin et, tendance plus alarmante, panier percé [18], si bien qu'en 1782, lasses d'éponger ses dettes, Mme de Narbonne et Madame Adélaïde décidèrent de lui trouver une riche épouse.

Le choix s'arrêta sur Marie-Adélaïde de Montholon, fille unique du président du parlement de Rouen, héritière d'un patrimoine immense qui comptait aussi de grandes propriétés à Saint-Domingue. Quand Louis la conduisit à l'autel, Marie-Adélaïde était une timide et gracieuse adolescente de quatorze ans, qui attendit quatre ans pour mettre au monde la première de leurs deux filles, au grand dam de son beau-père qui, duc de fraîche date, avait enfreint ses habitudes pour venir à Paris assister à un mariage sur lequel reposaient tous ses espoirs de lignée.

La jeune comtesse tomba follement amoureuse de son mari, mais cela ne suffit pas à la rendre assez intéressante aux yeux de Narbonne pour qu'il change de mode de vie. En janvier 1783, Bombelles parlait de lui comme d'un « jeune homme fort à la mode, auquel tout le monde accorde de l'esprit » même si « les opinions sont bien partagées quant à ses principes » [19]. Pourtant, à peu de temps de là, il lui fallut prendre acte que son avenir n'était pas si bien assuré et que la faveur royale se détournait de lui.

Il en reçut un premier signe en 1784 quand, l'ambassade de Saint-Pétersbourg étant vacante, Madame Adélaïde proposa à Louis XVI sa candidature étayée de solides arguments. Même si le comte n'avait que vingt-neuf ans, personne ne pouvait se dire mieux préparé que lui pour un tel poste et plus susceptible d'être agréable à l'impératrice. Sauf que Marie-Antoinette, poussée par le baron de Besenval et le clan Polignac, suggéra le nom du comte Louis-Philippe de Ségur, fils du ministre de la Guerre, qu'elle avait pris sous sa protection. Et Ségur, qui n'avait que trois ans de plus que Narbonne et moins de compétences diplomatiques, obtint sa nomination. Ce fut cependant un choix heureux puisque Louis-Philippe saurait rentrer dans les bonnes grâces de la Sémiramis du

Nord. La même année, un autre grand ami de Narbonne, le comte de Choiseul-Gouffier, fut nommé ambassadeur à Constantinople.

Un deuxième signe survint l'année suivante. Madame Adélaïde était de nouveau montée au créneau en demandant pour son protégé un régiment de cavalerie, mais là encore Marie-Antoinette imposa son candidat. Narbonne à l'évidence faisait les frais d'une guerre intestine au sein de la famille royale.

Depuis qu'elle était devenue reine, Marie-Antoinette prenait ses distances avec les tantes paternelles de son mari, en qui, à son arrivée à la cour de France quinze ans plus tôt, jeune mariée sans expérience, elle avait trouvé son principal point de repère affectif. Attitude compréhensible puisque les deux princesses avaient profité de son ingénuité pour l'impliquer dans leur guerre personnelle contre Mme du Barry et, plus largement, dans leurs intrigues politiques. Mais de son côté – comme le comte de Mercy-Argenteau l'avait aussitôt révélé à l'impératrice Marie-Thérèse –, Madame Adélaïde, et donc avec elle Madame Victoire, était « entièrement subjuguée et gouvernée en tout par sa dame d'atours, la comtesse de Narbonne[20] », laquelle usait de son ascendant à des fins personnelles. L'ambassadeur n'avait pas manqué de mettre en garde la Dauphine contre « cette femme intrigante et dangereuse[21] », et pour une fois il avait été écouté. Toutefois, après la disparition inattendue de Louis XV, le point véritablement crucial pour Mercy-Argenteau devint la forte influence de Madame Adélaïde sur son neveu. Sur le conseil de sa tante, Louis XVI avait préféré rappeler à la direction des affaires le vieux comte de Maurepas plutôt que le duc de Choiseul – artisan en son temps de l'alliance avec l'Autriche –, dont Marie-Antoinette avait appuyé en vain le retour. En outre, nettement opposée à l'influence de Vienne et fidèle aux traditions de la vieille cour, Madame Adélaïde ne cachait pas qu'elle désapprouvait la conduite de « l'Autrichienne », qui, sourde désormais à ses conseils, ne refrénait plus sa légèreté, ses folles dépenses, son mépris pour l'étiquette, l'imprudence de ses amitiés et l'arbitraire de ses faveurs. Enfin, l'irruption de Fersen dans la vie de sa nièce l'avait profondément scandalisée. On raconte qu'ayant entendu un jour Marie-Antoinette exaspérée par les attaques dont elle était la cible s'élever contre ces « indignes Français », elle lui avait répliqué : « Dites *indignés*, Madame[22]. »

Entraver la carrière de Narbonne était ainsi devenu pour la reine un bon moyen de contrarier Madame Adélaïde, surtout que désormais la vieille princesse peinait à s'assurer l'appui de son neveu. En effet, non seulement Louis XVI était de plus en plus enclin à écouter sa femme, mais il jugeait sévèrement le joyeux libertinage de son ancien camarade de jeux.

Madame Adélaïde se consola en faisant du comte en 1785 son chevalier d'honneur et en lui assurant l'année suivante le commandement du régiment Piémont-Infanterie. Mais, comme le duc de Lauzun l'avait expérimenté une dizaine d'années plus tôt, l'attitude hostile et vindicative de Marie-Antoinette sapa les relations de Narbonne avec la famille royale et le poussa à prendre ses distances avec Versailles. À leur tour, Madame Adélaïde, Madame Victoire et sa mère, Mme de Narbonne, conscientes d'être déplacées dans une cour qui ne manifestait plus aucune considération aux vieilles gens, avaient quitté la cour pour se retirer au château de Bellevue, ancienne propriété de Mme de Pompadour.

Incomparablement plus intéressant et divertissant que Versailles, le Paris des années 1780 ne laissait guère de place aux regrets : c'était là que se projetait l'avenir du pays. Pour autant on ne renonçait pas à jouir des privilèges du passé et Narbonne prouva qu'il excellait dans un art de vivre où se mêlaient le jeu des idées et la recherche du plaisir, un comportement libre de préjugés et de manières élégantes. Quand Louise Contat apparut dans cet horizon, il put compter sur une complice d'exception. À cet égard, Antoine-Vincent Arnault, auteur de théâtre et de fables et académicien reconnu, laisserait d'elle dans ses *Souvenirs d'un sexagénaire* un portrait parlant : « Cette intelligence si juste et si vive, qui prêtait à son jeu tant d'esprit et de mouvement, se retrouvait dans ses discours. Comme l'acier fait jaillir le feu d'un caillou, elle tirait de l'esprit des gens qui en avaient le moins ; mais rencontrait-elle un interlocuteur en état de lui faire sa partie, elle se surpassait elle-même, et sa conversation n'était pas moins abondante en traits et en saillies que le plus piquant de ses rôles. » Elle surprenait par la profondeur de ses observations : « Elle s'exprimait avec pureté sans pédantisme, avec élégance sans recherche, et elle écrivait comme elle parlait, le plus spirituellement et le plus naturellement possible. » Arnault rappelle sa « facilité singulière pour saisir les ridicules et pour en donner. Aussi était-elle dangereuse pour ennemie », tandis que c'était une chance « de l'avoir comme amie. Il n'y avait pas de sacrifices dont elle ne fût capable en amitié » [23]. Au banc d'essai de la conversation mondaine, Mlle Contat prouvait qu'elle savait en interpréter magistralement l'esprit et les règles dans la droite ligne de l'honnêteté aristocratique. Après tout, une actrice comme elle n'avait pas besoin de fréquenter les dames de la bonne société pour apprendre les codes mondains. En effet, qu'était le théâtre de son époque sinon un répertoire inépuisable de caractères et de situations sociales, une relecture critique des mœurs, vertus, défauts, modes et ridicules de la « parfaitement bonne compagnie » ?

Narbonne avait connu Mlle Contat en 1786, chez Julie Careau où il avait été introduit par son ami Joseph-Alexandre de Ségur. À vingt-six ans, plutôt belle, dotée du « plus enchanteur des sourires [24] », l'actrice alors au faîte de son succès attira l'attention du comte qui ne tarda pas à remplacer le comte d'Artois dans ses « coûteuses faveurs [25] ». Mais contrairement à Julie avec qui elle était étroitement liée, Mlle Contat n'était pas une simple courtisane. C'était une grande artiste universellement acclamée et le théâtre était sa première raison d'être. Si elle attendait de ses amants qu'ils se conduisent avec elle de façon fastueuse, c'était parce qu'elle y voyait la reconnaissance de ses mérites. Le comte d'Artois en savait quelque chose, lequel au début de leur relation l'avait vue repousser avec dédain un hommage pécuniaire jugé trop modeste et, obligé de rectifier le tir, l'avait surnommée « princesse des coulisses [26] ». Avec le beau Narbonne, elle vécut avant tout une grande histoire d'amour, et tout donne à penser que c'était une passion partagée.

Alors qu'il était marié depuis quatre ans à peine et que son épouse s'employait à le rendre père, Louis ne fit aucun mystère de sa relation avec l'actrice : il l'emmena dans un voyage d'études en Angleterre et, en septembre 1788, reconnut la fille née de leur union, à qui il donna son frère pour parrain et Louise-Amalrique-Bathilde-Isidore pour prénoms, dévoilant ainsi son identité en même temps qu'il lui assurait une rente.

Dans la bonne société parisienne, beaucoup de petits-maîtres, mariés ou célibataires, considéraient comme indispensable à leur statut mondain d'avoir pour maîtresse une actrice et de l'entretenir dans le luxe. Mais ils ne s'exemptaient pas pour autant de l'obligation de s'intéresser aux dames du monde. Sa relation avec

Mlle Contat n'empêcha donc pas Narbonne de se tourner vers les femmes de sa condition sociale, à commencer par celles que courtisaient ses amis.

Si, pas plus que Lauzun qui lui avait voué un véritable culte, il n'avait réussi à convaincre la marquise de Coigny de descendre de son piédestal et de l'accueillir dans son lit, il avait quand même risqué la mort par sa faute. M. d'Houdetot, lui aussi amoureux de la marquise, voyant un jour Narbonne sortir de la chambre de la belle séductrice une rose à la main, s'était précipité sur lui en brandissant son épée. Pour dégainer la sienne, le comte avait serré la fleur entre ses lèvres mais, dans la fougue du duel, elle était tombée et c'est en se baissant pour la ramasser qu'il avait pu éviter l'arme de son adversaire, le touchant ensuite.

S'il avait échoué à voler à Talleyrand la pourtant peu cruelle Mme de Flahaut, il avait en revanche été élu, toujours en concurrence avec ce dernier, par Catherine-Jeanne Tavernier de Boullogne, vicomtesse de Montmorency-Laval, de sept ans son aînée et au passé amoureux bien rempli. Dans ses Mémoires[27], Lauzun raconte avec quel aplomb la vicomtesse lui avait fait de vaines avances pour reporter ensuite son attention sur son beau-frère, le duc de Laval. Quand, une dizaine d'années plus tard, Narbonne l'emporta sur Talleyrand, il ignorait à quel point – comme nous le verrons – cette rencontre avec Mme de Laval le marquerait.

Narbonne, Lauzun, Talleyrand, les frères Ségur ne se limitaient pas à échanger leurs maîtresses, ils fréquentaient les mêmes milieux, partageaient les mêmes idées, nourrissaient les mêmes ambitions et appartenaient au même cercle d'amis.

Narbonne avait formé un trio inséparable avec le comte de Choiseul-Gouffier et Talleyrand, alors abbé de Périgord, et, des décennies plus tard, ce dernier évoquera la frénésie mondaine de ces années 1780. Ils avaient conscience que leur avenir dépendait pour une large part de leur habileté à tisser les relations personnelles nécessaires pour se frayer un chemin, mais les choix qui les attendaient étaient loin d'être simples. Par la naissance ils appartenaient à la caste des privilégiés, mais il leur fallait aussi se forger une réputation d'hommes capables de marier le brio mondain aux compétences économiques et administratives. Le pouvoir de la société n'avait jamais été aussi grand, mais la confusion « se mit dans [s]es rangs » et son « esprit général subit des modifications de tout genre.

On voulait tout connaître, tout approfondir, tout juger. Les sentiments furent remplacés par des idées philosophiques ; les passions, par l'analyse du cœur humain ; l'envie de plaire, par des opinions ; les amusements, par des plans, des projets, etc. Tout se dénatura. Je m'arrête, car je crains de faire trop pressentir la Révolution française, dont plusieurs années et beaucoup d'événements me séparent encore » [28].

Ce qui apparaîtrait rétrospectivement comme des présages de la Révolution constitua pour le « triumvirat [29] » – et pour beaucoup de leurs amis et connaissances – l'occasion de vivre une expérience inoubliable.

Leur premier choix consista précisément à ignorer les différences de rang, pointer les atouts individuels et se lier « aux hommes les plus distingués par leur vie passée, ou par leurs ouvrages, ou par leur ambition, ou par l'avenir que leur promettaient leur naissance, leurs relations, leur talent [30] ».

Parmi les hommes qui se réunissaient tous les matins chez lui, Talleyrand mentionne dans le désordre « le duc de Lauzun, Barthez, l'abbé Delille, Mirabeau, Chamfort, Lauraguais, Rulhière, Choiseul-Gouffier, Louis de Narbonne ». Le ton de la conversation était libre et l'on parlait un peu de tout, mais « les questions de politique, de commerce, d'administration, de finances [31] » s'imposaient. Les leçons d'économie de Panchaud, de même que les théories physiocratiques de Dupont de Nemours montraient la route à suivre. Les institutions et le commerce anglais servaient de point de référence constant et le triumvirat autant que Mirabeau et Lauzun étaient conscients de la nécessité impérieuse de trouver des réponses adéquates aux problèmes économiques et financiers du pays. Narbonne, qui avait eu le temps de fréquenter Turgot – à son avis « l'esprit le plus droit parmi tant de penseurs, et le vrai sage parmi tant de philosophes [32] » –, était déjà profondément marqué par les idées du ministre.

Après ces matinées de réflexion, on se consacrait à l'exploration de la vie mondaine parisienne en visant les salons les plus influents : « Tous les prétendants aux ministères avaient chacun à leur disposition quelques maisons principales de Paris, dont ils faisaient les opinions et le langage [33]. » Talleyrand et Narbonne se retrouvaient dans celui de Mme de Montesson, épouse morganatique du duc d'Orléans, et dans les salons libéraux et constitutionnels de la comtesse de Brionne ou des ducs de Beauvau, de Mme Devaines ou du duc de Liancourt. Talleyrand prit ses distances avec les partisans de Necker en déclarant qu'il n'était « ni bon ministre des Finances, ni homme d'État [34] » et en s'abstenant de fréquenter sa maison. En revanche, Narbonne se rangea tout de suite du côté du banquier genevois et, se mêlant à la jeunesse dorée libérale – La Fayette, les frères Lameth, Mathieu de Montmorency –, devint un assidu du salon tenu par sa femme. Considérant les avantages qu'il pouvait en retirer, Talleyrand ne tarda finalement pas à suivre leur exemple. C'est là qu'en 1788 la fille du maître de maison, qui s'était mariée à peine deux ans plus tôt avec le baron suédois de Staël, ambassadeur de Gustave III à Versailles, s'éprit du « comte Louis [35] », le préférant à son vieil adorateur le comte de Guibert, au tout jeune Mathieu de Montmorency, fils de cette Mme de Laval qui pouvait revendiquer des droits sur le cœur de Narbonne, et à Talleyrand lui-même, décidé à ne négliger aucune occasion de faire carrière.

En effet, déçue par son mari nordique, Mme de Staël n'avait pas renoncé à l'espoir de vivre une grande histoire d'amour et le choix de Narbonne n'était pas surprenant. Intelligence, culture, élégance, esprit : le comte incarnait la quintessence de ce qu'elle aimait dans la seule société où elle désirait vivre et, élément rassurant, était connu pour son succès auprès des femmes.

De son côté, Narbonne ne résista pas à la fascination intellectuelle que Germaine exerçait sur tous ceux qui pensaient comme elle que le débat d'idées pouvait enfin se traduire en action politique. Conquis par son exaltation et son éloquence, il se laissa entraîner malgré lui dans une relation sentimentale des plus problématiques. Mais si Mme de Staël ne représenta pas pour Narbonne, comme elle l'exigeait, le grand amour de sa vie, elle orienta dramatiquement ses choix politiques en l'incitant à prendre avec elle le parti de la Révolution.

NOTES

1. *Mémoires complets et authentiques de Laure Junot duchesse d'Abrantès. Souvenirs historiques sur Napoléon, la Révolution, le Directoire, le Consulat, l'Empire, la Restauration, la Révolution de 1830 et les premières années du règne de Louis-Philippe*, première édition complète, Paris, Jean de Bonnot, 1967-1968, 13 vol., vol. VII, p. 192.

2. *Souvenirs contemporains d'histoire et de littérature par M. Villemain, membre de l'Institut. M. de Narbonne*, Paris, Didier, 1854-1855, 2 vol., vol. I, p. 1.

3. Celle-ci est soigneusement reconstituée dans l'excellente biographie d'Émile Dard, *Un confident de l'Empereur, Le comte Louis de Narbonne, 1755-1813*, Paris, Plon, 1943, à laquelle nous avons largement recouru.

4. *Journal d'émigration du comte d'Espinchal, op. cit.*, p. 325.

5. É. Dard, *Un confident de l'Empereur, op. cit.*, pp. 31-32.

6. C'est l'hypothèse que retient Jean-Denis Bredin, *Une singulière famille. Jacques, Suzanne et Germaine de Staël*, Paris, Fayard, 1999, p. 234.

7. *Récits d'une tante. Mémoires de la comtesse de Boigne, op. cit.*, vol. I, p. 58.

8. Victorine de Chastenay, *Deux révolutions pour une seule vie, Mémoires, 1771-1855*, présentation et notes par Raymond Trousson, Paris, Tallandier, 2009, p. 141.

9. Cf. É. Dard, *Un confident de l'Empereur, op. cit.*, pp. 36-37.

10. « Nous ne descendons pas des rois, mais les rois descendent de nous. »

11. Cf. *Récits d'une tante. Mémoires de la comtesse de Boigne, op. cit.*, vol. I, pp. 57-60.

12. É. Dard, *Un confident de l'Empereur, op. cit*, p. 45.

13. *Ibid.*

14. Ch.-J. de Ligne, *Fragments de l'histoire de ma vie, op. cit.*, p. 421.

15. *Récits d'une tante. Mémoires de la comtesse de Boigne, op. cit.*, vol. I, p. 58.

16. Giacomo Casanova, *Storia della mia vita*, introduction de Pietro Chiara, édition critique de Pietro Chiara et Federico Roncoroni, Milan, Mondadori, 1983, 3 vol., vol. I, p. 766.

17. Cf. Michel Antoine, *Louis XV*, Paris, Fayard, 1989, pp. 508 et 842.

18. « Le comte Louis était le premier à en rire ; car, dans ce temps, tout travers, tout vice, toute lâcheté franchement acceptés et avoués avec des formes spirituelles, étaient assurés de trouver indulgence », *Récits d'une tante. Mémoires de la comtesse de Boigne*, *op. cit.*, vol. I, p. 59.

19. M. de Bombelles, *Journal*, *op. cit.*, vol. I, p. 188.

20. Lettre de Mercy-Argenteau à Marie-Thérèse, 19 septembre 1770, in *Correspondance secrète entre Marie-Thérèse et le comte de Mercy-Argenteau*, *op. cit.*, vol. I, p. 56.

21. Lettre de Mercy-Argenteau à Marie-Thérèse, 28 juin 1774, *ibid.*, vol. II, p. 186.

22. *Journal de Gouverneur Morris*, *op. cit.*, 4 mai 1789, p. 51.

23. Antoine-Vincent Arnault, *Souvenirs d'un sexagénaire*, édition critique par Raymond Trousson, Paris, Honoré Champion, 2003, pp. 194-195.

24. É. Vigée Le Brun, *Souvenirs*, *op. cit.*, p. 219.

25. É. Dard, *Un confident de l'Empereur*, *op. cit.*, p. 51.

26. *Correspondance secrète de Louis XVI, Marie Antoinette et la cour et la ville*, *op. cit.*, 1ᵉʳ septembre 1780, p. 306.

27. *Mémoires du duc de Lauzun*, *op. cit.*, pp. 115-118.

28. *Mémoires du prince de Talleyrand*, *op. cit.*, vol. I, p. 67.

29. Définition de Marie-Antoinette.

30. *Mémoires du prince de Talleyrand*, *op. cit.*, vol. I, p. 33.

31. *Ibid.*, p. 37.

32. Cité in A.-F. Villemain, *M. de Narbonne*, *op. cit.*, vol. I, p. 15. Turgot était mort en 1781.

33. *Mémoires du prince de Talleyrand*, *op. cit.*, vol. I, p. 59.

34. *Ibid.*, p. 48.

35. Cf. lettre de Mme de Staël à Clermont-Tonnerre, vers 1789 : « J'ai aimé beaucoup et j'aime encore tendrement le comte Louis » (citée in Georges Solovieff, « Introduction » à Mme de Staël, *Lettres à Narbonne*, préface de la comtesse Jean de Pange, introduction, notes et commentaires de Georges Solovieff, Paris, Gallimard, 1960, p. 14).

LE CHEVALIER DE BOUFFLERS

> « M. de Boufflers a été successivement abbé, militaire, écrivain, administrateur, député, philosophe, et, de tous ces états, il ne s'est trouvé déplacé que dans le premier. »
>
> Prince de Ligne [1]

« C'est un grand présent que celui que vous m'avez fait en 1738 ; je ne sais pas où j'ai pu mériter tant de bonté de votre part, ni quel est le mortel généreux qui dans ce temps-là a plaidé ma cause et vous a enfin déterminée à vous donner pour moi des soins dont j'étais indigne [2]. »

Écrite en 1762, la lettre où Stanislas-Jean de Boufflers remerciait sa mère d'avoir eu l'amabilité de le concevoir vingt-quatre ans plus tôt avec la complicité de son amant du moment ne saurait mieux illustrer la liberté d'esprit qui régnait dans sa famille. La première à en faire preuve était justement Marie-Françoise-Catherine de Beauvau-Craon, marquise de Boufflers, qui s'était pleinement reconnue dans le surnom et la ligne de conduite revendiqués avec panache par la comtesse de Verrue dans son épitaphe : « Ci-gît, dans une paix profonde / Cette Dame de volupté, / Qui pour plus grande sûreté, / Fit un paradis en ce monde [3]. »

Pour Mme de Boufflers, le paradis sur terre, c'était la cour que Stanislas Leszczyński – l'ex-roi de Pologne déplacé en Lorraine [4] – avait tenue à Lunéville entre 1737 et 1766 et dont elle avait longtemps été la souveraine incontestée. Ce destin semblait tout écrit puisque la marquise appartenait par la naissance à une des familles les plus illustres du pays. Son père, Marc de Beauvau-Craon, prince du Saint-Empire romain, avait été l'homme de confiance du duc Léopold de Lorraine – dont le fils François III ayant épousé en 1736 Marie-Thérèse d'Autriche ceindrait la couronne impériale – et sa mère, Anne-Marguerite de Ligniville, la maîtresse en titre du même duc. Ce qui n'avait pas empêché les princes de Beauvau-Craon, qui s'apprêtaient à partir en Toscane représenter François III, de faire bon accueil au beau-père de Louis XV. Stanislas leur témoignerait sa reconnaissance en couvrant d'honneurs, charges et gratifications divers les membres de leur vaste clan familial. C'est ainsi que Marie-Françoise-Catherine, qui avait épousé le marquis de Boufflers en 1735, fut aussitôt nommée dame de palais de la reine polonaise, et son mari, capitaine des gardes du roi. Mais ce n'est qu'une dizaine d'années plus tard, après avoir mis au monde trois enfants et respiré à pleins poumons l'air de Paris et de Versailles, que la jeune marquise revint vivre à Lunéville. Elle était belle, intelligente, spirituelle, décidée à s'amuser et elle n'hésita pas à profiter de la passion qu'elle avait su inspirer à Stanislas et du vide laissé par la reine, Catherine Opalinska, morte en 1747, pour régner sans partage sur la petite cour. Le respect des formes et la grande différence d'âge (le souverain avait soixante-cinq ans et la marquise trente-six) pouvaient laisser croire à une relation platonique, mais nombreux étaient ceux qui pensaient le contraire, Voltaire le premier. Quelle qu'ait été la nature de leur relation, Stanislas ne prétendait manifestement pas à une préférence exclusive. Il finirait même par faire bon visage, à contrecœur peut-être, aux amours de la marquise avec un de ses ministres plus influent que lui. Antoine-Martin Chaumont de La Galaizière, qui était son chancelier et son garde des Sceaux, avait par ailleurs reçu les pleins pouvoirs de Louis XV pour administrer la Lorraine comme une terre conquise et préparer son annexion définitive à la France. L'extrême déférence de l'impeccable marquis et l'amabilité imperturbable de la favorite auraient permis de faire mine de rien, mais le vieux souverain n'avait pas résisté à la tentation de commettre un de ses mots d'esprit proverbiaux. On raconte qu'un jour, au cours d'un tête-à-tête galant avec Mme de Boufflers, Stanislas s'était aperçu qu'il n'était pas en mesure de le porter à sa conclusion et, « en se retirant avec dignité », lui avait annoncé : « Madame, mon chancelier vous dira le reste [5]. » Il paraît que l'anecdote aussitôt répercutée à Versailles avait ravi Louis XV.

Le mari de la favorite, Louis-François de Boufflers-Remiencourt, ne semblait pas souffrir non plus de jalousie. Nous ignorons si son fils avait de bonnes raisons pour mettre en doute sa paternité, mais, militaire de profession – en plus de sa charge de capitaine de la garde de Stanislas, le marquis servait dans l'armée française –, celui-ci ne devait pas passer beaucoup de temps en famille et il trouverait la mort dans un accident de voyage alors que Stanislas-Jean était encore enfant. Le chevalier était en tout cas très fier de porter son nom. Les Boufflers appartenaient à l'ancienne noblesse d'épée. Le père de la grand-mère maternelle de Stanislas-Jean, le célèbre maréchal Louis-François de Boufflers – dont Saint-Simon admettait que « jamais homme ne mérita mieux le triomphe [6] » –, avait été un des grands généraux de Louis XIV et le Roi-Soleil l'avait récompensé en l'élevant au rang de duc et pair de France.

Signe prémonitoire d'une vocation de chevalier errant, Stanislas-Jean était né en voyage. En effet, Mme de Boufflers perdit les eaux sur la route pour Nancy et, ayant fait arrêter le carrosse, le mit au monde assistée par le cocher. Elle aimerait à la folie cet enfant qui avait été si pressé de plonger dans la vie pour en jouir de toutes ses forces et serait, à son tour, adorée de lui.

En 1747, après avoir passé son enfance en compagnie de son frère Charles-Marc-Jean-François-Régis, son aîné d'un an, dans le château de leurs grands-parents Beauvau-Craon à Haroué, une splendide demeure à une vingtaine de kilomètres de Nancy, il avait retrouvé sa mère à Lunéville où, toujours avec son frère, il avait fait la connaissance de leur petite sœur, Marie-Stanislas-Catherine, née à Paris en 1744. Contrevenant aux usages des familles aristocratiques, la marquise garda ses enfants auprès d'elle pour veiller personnellement à leur éducation. Et si Charles-Marc-Jean-François-Régis dut bientôt partir pour Versailles où, grâce aux bons offices de Stanislas, il avait obtenu la charge prestigieuse de menin, Stanislas-Jean accomplit toute sa formation à Lunéville et y resta jusqu'à vingt ans passés.

Née sous le signe de l'éphémère, la cour de Stanislas était un monde à part, à mi-chemin entre l'opéra-bouffe et l'utopie. Le roi polonais avait voulu faire de sa terre d'exil un refuge heureux et il avait su conquérir l'amour de ses nouveaux sujets qui, dans un premier temps, avaient regretté le départ des Lorraine. N'ayant aucun pouvoir sur les choix administratifs, fiscaux et politiques qui se décidaient à Versailles, confiné dans un rôle de pure représentation, Stanislas s'était prévalu du riche apanage que lui avait accordé Louis XV et de la quantité de charges, emplois et bénéfices qu'il avait toute latitude de distribuer pour laisser un souvenir durable de lui et du royaume qu'il savait destiné à finir avec lui. Mécène et philanthrope convaincu, le souverain avait construit des écoles et des hôpitaux et impulsé nombre d'initiatives charitables et de bonnes œuvres. En outre, obéissant à sa passion pour l'architecture, les jardins, les arts décoratifs, les automates et les jeux mécaniques [7], il avait fait de Nancy, capitale du duché, l'une des plus belles villes baroques d'Europe. Il s'était aussi employé à rénover et embellir le château de Lunéville, construit par les Lorraine à une trentaine de kilomètres de Nancy, le transformant en un Versailles miniature. Mais ce qui rendait unique en Europe la petite cour de Stanislas, c'était son hédonisme joyeux, sa vivacité intellectuelle et l'atmosphère de liberté et de tolérance qu'on y respirait. Une alchimie heureuse qui ne résultait pas tant d'un choix raisonné que de l'exigence du souverain de vivre pacifiquement avec ses propres contradictions.

Catholique pratiquant, Stanislas n'entendait sacrifier à la dévotion ni sa liberté de pensée ni l'appel de ses sens. Il avait confié le soin de son âme à son confesseur, le père de Ménoux, et celui de son cœur et de son esprit au savoir mondain de Mme de Boufflers. Après s'être longtemps livré une guerre sans merci, le confesseur et la favorite avaient fini par se résigner à se supporter, d'autant plus que la marquise n'était pas le seul ennemi que le docte jésuite devait tenir en respect. Stanislas était aussi un apôtre convaincu des Lumières et sa cour accueillait, outre des écrivains lorrains [8], des personnalités illustres comme Montesquieu – qui y rédigea « plusieurs de ses plus beaux chapitres de *De l'esprit des lois* » –, Helvétius, le président Hénault et surtout la marquise du Châtelet et Voltaire, qui y composa « plusieurs de ses tragédies et de ses contes philosophiques » [9] et dont le père de Ménoux devrait supporter les redoutables sarcasmes pendant des années. Pourtant, à en croire le philosophe, c'était le jésuite qui avait encouragé sa venue à Lunéville en compagnie de sa maîtresse dans l'espoir que le charme de la divine Émilie sape le prestige de la favorite. Amie de vieille date de Mme de Boufflers, Mme du Châtelet arriva à Lunéville en compagnie de Voltaire en février 1747 pour un séjour qui devait décider de son destin. Mais l'espoir du père Ménoux serait vite déçu car, au lieu de concentrer son attention sur Stanislas, la visiteuse se lança dans la conquête du marquis de Saint-Lambert, grand-maître de la garde-robe du souverain, amant du moment de Mme de Boufflers. La favorite ne se donna pas la peine de retenir le marquis et savoura le spectacle comique d'une des femmes les plus intelligentes d'Europe cédant à son amour fou pour un jeune poète ambitieux plutôt tiède à son égard. Forte de sa détermination et indifférente au ridicule, Mme du Châtelet surmonta tous les obstacles : la réticence de son amant, l'indignation de Voltaire et une grossesse qu'il fallut mettre sur le compte d'un mari dont elle ne partageait plus le lit depuis des années. Ainsi, à l'été 1749, toujours escortée de Voltaire, Émilie revint à Lunéville donner naissance à l'enfant. Stanislas et Mme de Boufflers avaient veillé à leur offrir les meilleurs appartements du château et à les accueillir avec leur cordialité coutumière. Tout se passa pour le mieux. Entre deux dîners et sans perdre de vue son amant, Mme du Châtelet poursuivait sa traduction des *Philosophiae naturalis principia mathematica* de Newton, Saint-Lambert en profitait pour lire à Voltaire les premiers vers des *Saisons*, son poème en cours de rédaction qui, espérait-il, le ferait connaître à Paris, tandis qu'à son tour le plus illustre des philosophes, ses pensées déjà tournées vers la cour de Frédéric II de Prusse, se préparait à « accoucher [10] » d'une nouvelle tragédie, *Catilina*. Le marquis du Châtelet, qui n'était pas en reste de galanterie, manifestait son contentement pour une paternité si inespérée. Mais la joyeuse comédie qui amusait et scandalisait non seulement la Lorraine, mais la France entière, se termina en tragédie. Une quinzaine de jours après avoir donné naissance sans problème à une petite fille, Mme du Châtelet mourut à quarante-trois ans, emportée par une embolie. Il faudra attendre Mme de Staël pour retrouver une femme capable, comme elle, de défier les conventions sociales et de poursuivre jusqu'au bout sa vocation intellectuelle.

L'année précédant l'arrivée à Lunéville de Voltaire et de la divine Émilie, Stanislas-Jean de Boufflers avait été admis à résider dans le paradis maternel pour se préparer à tenir sa place dans le monde.

Son rang de cadet le destinait à l'Église, mais pendant longtemps personne ne sembla s'en souvenir. L'abbé Pierre-Charles Porquet, le précepteur qu'on lui avait choisi, était cultivé, aimable et spirituel, et le seul reproche qu'on aurait pu lui faire était son manque absolu de dévotion. Ses connaissances religieuses laissaient tellement à désirer que, devenu chapelain de Stanislas sur les instances de Mme de Boufflers et invité par le roi à réciter le bénédicité avant le déjeuner, il n'en avait pas retrouvé la formule. Chamfort raconte que Stanislas lui avait accordé un an pour essayer de croire en l'existence de Dieu [11], mais ses préceptes de vie parlaient clair : « M'amuser, n'importe comment, / voilà toute ma philosophie, / je crois ne perdre aucun moment, / hors le moment où je m'ennuie [12]. » En revanche, Porquet se fit aimer de son élève. Il lui donna une bonne formation humaniste, stimula son intelligence et lui communiqua sa passion pour la poésie. Stanislas-Jean apprit l'art de vivre auprès de sa mère dont, comme il le rappellerait, la constante « gaieté était pour son âme un printemps perpétuel qui n'a cessé de produire des fleurs nouvelles jusqu'à son dernier jour [13] ». En effet, sa désinvolture sentimentale n'empêchait pas Mme de Boufflers d'être une parfaite « honnête femme ». Outre des manières aristocratiques, elle avait reçu en partage la largeur de vues, la façon particulière de s'exprimer et le sens de l'humour qui caractérisaient toute sa famille. Comme pour les Mortemart, on aurait pu parler d'un « esprit Beauvau-Craon ». Intelligente et cultivée, la marquise était aussi excellente musicienne, elle peignait avec beaucoup de goût et n'étalait jamais son savoir. Elle s'exprimait avec une suprême élégance mais n'aimait pas prendre la parole, et quand c'était le cas, elle s'en tenait à l'idéal classique d'une conversation sans pédanterie, tournée vers l'écoute d'autrui et fondée sur la *brevitas* : « Il faut dire en deux mots / Ce qu'on veut dire ; / Les longs propos / Sont sots. / Il faut savoir lire / Avant que d'écrire, / Et puis dire en deux mots / Ce qu'on veut dire ; / Les longs propos / Sont sots. / Il ne faut pas toujours conter / Citer, / Dater, / Mais écouter. / Il faut éviter l'emploi / Du moi, / Du moi ; / Voici pourquoi : / Il est tyrannique, / Trop académique ; / L'ennui, L'ennui / Marche avec lui [14]. »

Changeante en amour, la marquise était loyale et fidèle en amitié. Toujours prête à utiliser son ascendant sur Stanislas au bénéfice de ses protégés, elle n'en profita jamais pour servir son intérêt personnel. Généreuse, hospitalière et douée du talent rare de rendre la vie agréable à elle-même et aux autres, elle avait trouvé chez le souverain polonais prodigue, débonnaire et désireux de se distraire un complice idéal. Sous leur règne, la petite cour de Lunéville, fastueuse mais libre des contraintes de l'étiquette et des conditionnements de la politique, au carrefour entre la France et les pays du Saint-Empire romain, proche de la station thermale très fréquentée de Plombières, devint un lieu de rencontre privilégié de la bonne société cosmopolite. Après une journée rythmée par les divertissements chers à la noblesse – la chasse, les promenades, les concerts, les représentations théâtrales –, on se retrouvait dans les appartements de la marquise pour parler des sujets les plus divers avec une liberté que la licence poétique favorisait. Traduire la réalité en vers, la dédramatiser, la transformer en jeu était en effet le divertissement préféré de la marquise et de son cercle. Un divertissement que cultivait la « belle compagnie » depuis l'époque de l'hôtel de Rambouillet, résistant – comme le montrait bien le succès obtenu en 1737 par la pièce d'Alexis Piron, *La Métromanie* – aux changements de goût et à l'inconstance de la mode. Encore plus que la conversation, l'emploi du vers exigeait à-propos et concision, compétence linguistique et oreille musicale, inventivité et respect des règles, et il répondait à l'impératif mondain de l'enjouement : contribuer à alléger, égayer l'existence et exorciser, même brièvement, la peur et la souffrance. Assez vite, Stanislas-Jean entra dans cette arène collective qui voyait le souverain et la favorite rivaliser d'esprit et de finesse avec leurs hôtes, et donna preuve d'un talent indéniable en faisant de la poésie son passeport mondain.

L'autre passion de la marquise, plus préjudiciable, était le jeu, un vice familial qui l'exposait à des pertes d'argent énormes auxquelles elle ne savait comment faire face et qu'elle transmettrait autant à Stanislas-Jean qu'à sa fille Marie-Stanislas-Catherine. Un vice pratiqué au mépris de la loi dans toutes les strates de la société et dont Versailles n'avait pas honte de donner l'exemple : la vertueuse Marie Leszczyńska elle-même était une joueuse invétérée et Marie-Antoinette ne le serait pas moins. Un an avant sa visite à Lunéville, Mme du Châtelet avait perdu presque mille louis dans les appartements de la reine à Fontainebleau et Voltaire l'avait sommée de renoncer au jeu parce qu'elle se mesurait à des tricheurs. Les chroniques de l'époque [15] ne manquaient pas de signaler qu'à l'instar des nombreux tricheurs professionnels, maîtres dans l'art de truquer les dés et les cartes, les princes du sang et les dames du plus haut rang aussi avaient l'habitude de tricher avec « une tranquille audace [16] », profitant de l'impunité attachée à leur position sociale. Devons-nous croire Mme du Deffand quand, bien des années plus tard, elle écrirait à Walpole que le chevalier et sa sœur, Mme de Boisgelin, prêtaient aussi le flanc au soupçon [17] ? La fréquence de leurs pertes et la recherche éperdue d'argent pour honorer leurs dettes laisseraient supposer le contraire, mais après la mort du roi Stanislas la vie était sûrement devenue moins paradisiaque pour la famille Boufflers.

Au cours de son heureuse jeunesse lorraine, la seule préoccupation de Stanislas-Jean fut de suivre librement ses inclinations. Il aimait la vie au grand air, excellait dans les exercices virils et se passionnait pour les chevaux. Parfaitement à son aise en société où il avait fait un début triomphal, le jeune Boufflers cultivait aussi d'autres intérêts. Doué comme sa mère d'un tempérament artistique affirmé, il peignait, jouait de la musique, faisait du théâtre, improvisait des vers, avec une désinvolture aristocratique qui masquait derrière la grâce et la légèreté un sérieux, une compétence et un *labor limae* d'homme de lettres formé à l'étude de la rhétorique et des auteurs classiques, comme l'atteste la traduction en vers qu'il donna d'une comédie de Sénèque dans sa prime jeunesse. Par ailleurs, les idées philanthropiques et réformistes que le roi Stanislas illustrerait dans son *Philosophe bienfaisant* [18] avaient été pour son filleul le point de départ d'une adhésion fervente aux Lumières. À dix-neuf ans seulement, il était déjà en mesure de collaborer à l'*Encyclopédie* pour l'entrée *Généreux, générosité* [19].

En 1760, on s'aperçut qu'il était grand temps que Stanislas-Jean pense à son avenir et entre au séminaire pour embrasser l'état ecclésiastique. Son désespoir n'y put rien. Stanislas, qui l'avait tenu sur les fonds baptismaux et l'aimait tendrement, aurait été disposé à céder, mais la Dame de volupté se montra inflexible. Contrairement au roi polonais, elle n'avait pas de scrupules religieux et le fait que son fils ne ressente aucune vocation lui semblait tout à fait secondaire. Il n'était pas nécessaire de croire en Dieu pour devenir prince de l'Église et il était du devoir de Stanislas-Jean de tenir haut le prestige des Boufflers et des Beauvau-Craon, y compris dans le premier des trois ordres de la société. Du reste, la situation économique de la famille ne permettait pas d'autre choix. En décembre 1760, désormais abbé de Longeville, Boufflers vit se refermer derrière lui les portes de l'austère séminaire de Saint-Sulpice où il ne resterait pas longtemps, car de façon inattendue son penchant pour la littérature vint à son secours. Grâce à l'intercession de Leszczyński, il avait obtenu l'autorisation de rendre visite à sa nombreuse parenté. Un soir, invité par la comtesse de Boufflers-Rouverel à L'Isle-Adam, la somptueuse résidence de campagne du prince de Conti, Stanislas-Jean, sous l'effet du champagne, oublia son nouvel état et improvisa des vers très libres, qui firent le tour de Paris. Dans la solitude du couvent, ses récréations littéraires gardaient une orientation résolument profane. La situation se précipita en 1761, avec la circulation dans les milieux mondains d'une nouvelle intitulée *La Reine de Golconde* – dont Grimm envoya aussitôt une copie à ses correspondants [20] – et sa publication dans le *Mercure* dans une version pourtant censurée [21]. Il s'agissait d'un récit d'une quinzaine de pages, éloge dans le style alerte et ramassé des contes philosophiques voltairiens de la morale souriante d'une jeune paysanne, qui, devenant courtisane par nécessité, d'aventure en aventure grimpait toute l'échelle sociale, jusqu'à retrouver dans sa vieillesse son premier séducteur. Fidèle, par-delà toutes les vicissitudes de la vie, à celui qui l'avait initiée à l'amour, elle le payait en retour en lui révélant le secret de la parfaite sagesse. Pour « fixer [22] » le plaisir dans la durée et être heureux, il fallait se dépouiller de toute ambition, transformer l'amour en amitié et vivre au contact direct de la nature.

Publiée dans l'été 1761, *La Reine de Golconde* qui marquait les débuts littéraires de Stanislas-Jean obtint un grand succès. En lisant la description du petit hameau qu'Aline, devenue reine, avait fait construire dans un recoin secret de son parc sur le modèle de la ferme où elle était née, la marquise de Pompadour en voulut un semblable au Petit Trianon [23] et Marie-Antoinette suivra son exemple. Mais le plus grand mérite de cette nouvelle fut de mettre un terme à la carrière ecclésiastique de son auteur. En effet, tout le monde ne partageait pas l'indulgence de Voltaire, qui écrivait à son ami Devaux : « Je n'ai point vu la reine de Golconde, mais j'ai vu de lui des vers charmants, il ne sera peut-être pas évêque ; il faut vite le faire chanoine de Strasbourg, primat de Lorraine, cardinal et qu'il n'ait point charge d'âme ; il me paraît que sa charge est de faire aux hommes beaucoup de plaisir[24]. » Le premier à prendre conscience de la gravité du scandale qu'il avait provoqué fut l'intéressé lui-même, qui trouva enfin le courage de passer outre la volonté familiale en quittant le séminaire de Saint-Sulpice. Dès lors, il s'appellerait le chevalier de Boufflers, même quand, à la mort de son frère en 1774, le titre de marquis lui reviendrait.

La *Correspondance littéraire* ne manqua pas de publier un compte rendu circonstancié de l'affaire[25]. Pour les deux rédacteurs en chef – l'anticlérical et athée Diderot et le protestant allemand Grimm – le cas de Boufflers était emblématique de l'hypocrisie et du laxisme moral de l'Église catholique prête à accueillir dans ses rangs des personnages hautement improbables. Mais la lettre écrite par le chevalier à son vieux précepteur, l'abbé Porquet, au moment de quitter Saint-Sulpice – que la *Correspondance* rapportait aussi dans son intégralité – n'avait rien de frivole ni de cynique : « Ce n'est point une petite affaire que de commencer, pour ainsi dire, une nouvelle vie à l'âge de vingt-quatre ans[26] », admettait-il en se livrant à un lucide examen de conscience d'homme libre qui n'entendait pas abdiquer, en échange d'un brillant avenir, le droit d'être lui-même avec bonheur. Il savait très bien qu'il lui aurait suffi d'un peu d'habileté pour obtenir des bénéfices et devenir un jour un haut prélat. Mais il était conscient aussi que son « sang bouillant », son « esprit inconsidéré », son « humeur indépendante » étaient incompatibles avec les devoirs de la condition ecclésiastique : un homme d'Église est obligé de « cacher tout ce qu'il désire, de déguiser tout ce qu'il pense, de prendre garde à tout ce qu'il fait »[27]. D'autres, plus ambitieux ou réalistes que lui – comment ne pas penser à Charles-Maurice de Talleyrand, abbé de Périgord, confronté au même dilemme une dizaine d'années plus tard, toujours au séminaire de Saint-Sulpice ? –, se résignaient à suivre la voie que leur famille avait choisie pour eux, mais lui en était incapable. Malgré le respect et l'amour qu'il portait à sa mère et la reconnaissance qu'il éprouvait pour Stanislas, c'était trop de sacrifier son bonheur à l'ambition et il savait qu'il pouvait compter sur leur indulgence.

En attendant, il célébrait ouvertement en poésie la joie de la liberté retrouvée :

J'ai quitté ma soutane
Malgré tous mes parents ;
Je veux que Dieu me damne
Si jamais je la prends.
Eh ! mais oui da,
Comment peut-on trouver de mal à ça ?
Eh ! mais oui da,
Se fera prêtre qui voudra.

J'aime mieux mon Annette
Que mon bonnet carré,
Que ma noire jaquette
Et mon rabat moiré.
Eh ! mais oui da,
Comment peut-on trouver du mal à ça ?
Eh ! mais oui da,
Se fera prêtre qui voudra [28].

Mais la liberté avait un prix et Boufflers ne tarderait pas à s'en apercevoir.

Hors l'état ecclésiastique, la carrière militaire était la seule solution pour un cadet de la noblesse désargenté. Le choix de l'ordre de Malte, avec sa double connotation religieuse et militaire, représentait pour le chevalier un compromis honorable. Cela lui permettait, comme le soulignait ironiquement la *Correspondance*, de conserver sans prendre l'habit les bénéfices ecclésiastiques que Stanislas lui avait procurés et le laissait libre de se gagner une réputation sur le champ de bataille. Il s'y disposa avec la fougue joyeuse et féroce que la noblesse française mettait à marcher sur l'ennemi :

Faisons l'amour, faisons la guerre,
Ces deux métiers sont pleins d'attraits :
La guerre au monde est un peu chère ;
L'amour en rembourse les frais.
Que l'ennemi, que la bergère,
Soient tour à tour serrés de près…
Eh ! Mes amis, peut-on mieux faire,
Quand on a dépeuplé la terre,
Que de la repeupler après [29] ?

Le chevalier eut le temps de servir sous les ordres du maréchal de Soubise dans la Hesse et de se distinguer par son courage à la bataille d'Amöneburg, au cours des derniers mois de la guerre de Sept Ans. Mais, en février 1763, la France se résigna à payer au prix fort une paix humiliante et, dans les années qui suivirent, le champ de bataille où Boufflers se distingua fut l'arène amoureuse.

Il revint donc à Lunéville, mais les jours du royaume de Stanislas étaient comptés. Avant de mourir d'une mort atroce en février 1766 – sa robe de chambre s'était enflammée alors que, seul dans la pièce, il allumait le feu –, le vieux souverain s'ingénia à lui confier des charges diplomatiques éphémères. À sa mort, la Lorraine fut définitivement annexée à la France, le palais royal devint une caserne, la petite cour de serviteurs et amis du souverain se dispersa, on vendit ses collections et l'utopie de Lunéville ne fut plus qu'un souvenir.

Enfin nommé en 1767, grâce aux bons offices de la duchesse de Gramont [30], maître de camp du régiment des hussards d'Esterházy, Boufflers voulut soutenir la cause polonaise et voler au secours des confédérés de Bar qui s'étaient insurgés en 1770 contre l'occupant russe, se faisant, comme l'écrivait avec mépris Catherine de Russie à Voltaire, « chevalier errant incognito pour les prétendus confédérés [31] ». Le filleul de Stanislas ne pouvait rester insensible au drame du partage de la Pologne et, d'un autre côté, le conflit russo-polonais lui offrait une excellente occasion de prouver ses capacités professionnelles. Mais le chevalier se lança dans l'aventure en négligeant les rivalités entre généraux polonais, l'état de semi-anarchie du gouvernement confédéré et la difficulté d'obtenir l'aval du ministère de la Guerre français, de qui il dépendait. Ce n'est qu'après de longues et vaines négociations qu'il se résigna à renoncer à l'entreprise. « Cela m'a appris, commenterait-il, que les Polonais étaient des fripons, ce que je savais déjà très bien, et que j'étais un sot, ce que je ne savais pas encore assez [32]. » Et bien qu'il n'ait pas été « haché ou pendu [33] », comme le redoutaient ses amis, ni relégué en Sibérie, comme l'en avait menacé Catherine de Russie [34], le bilan était amer : « J'ai manqué où j'attendais mon instruction, ma réputation et mon avancement [...] et je me replonge dans l'obscurité dont j'essayais de sortir [35]. »

Heureusement, les gentilshommes français pouvaient donner la mesure de leur valeur ailleurs que sur le champ de bataille et, en temps de paix, c'était l'art de vivre noblement dans l'oisiveté qui attestait leurs mérites. Boufflers l'avait appris dès son jeune âge à la cour du roi Stanislas, et même si l'environnement où il se trouvait maintenant était très différent de l'utopie de Lunéville, il n'oublierait pas cet enseignement. « Quel homme réunit à un plus haut degré le talent de briller, le don de plaire, le droit d'attacher [...] que cet aimable et célèbre chevalier de Boufflers [36] ? », dira dans son éloge funèbre le comte de Ségur, qui avait pourtant son frère Joseph-Alexandre comme point de comparaison. Ce parallèle avec le vicomte de Ségur aide d'ailleurs à cerner la singularité de Boufflers.

Contrairement au vicomte, le chevalier n'était pas fortuné, ne pouvait pas compter sur un père ministre pour faire carrière, n'était pas bien en cour à Versailles, n'avait pas de domicile à Paris et ne voyait pas dans la vie mondaine un but en soi. Il n'était ni beau ni élégant comme Joseph-Alexandre et ne possédait pas les manières parfaites du vicomte. Il pouvait être « sauvage », « distrait et bourru », avec des « manières de Huron » [37], mais il plaisait quand même aux femmes. Sa physionomie était si mobile que, dans les deux portraits littéraires qu'il lui a consacrés [38], le prince de Ligne se voyait obligé d'énumérer ses impressions en ordre dispersé : « Il avait de l'enfant dans le rire et la gaucherie du maintien. La tête un peu baissée, les pouces qu'il tournait devant lui comme Arlequin ; les mains derrière le dos, comme s'il se chauffait, ou tirait des gants ; des yeux petits et agréables qui avaient l'air de sourire ; quelque chose de bon dans la physionomie : du simple, du gai, du naïf, du négligé dans la tournure et du mal-tenu dans toute sa personne [39]. » Mais cette apparence de bonhomie indolente cédait rapidement le pas à une extrême agilité physique et mentale. Pour la décrire, Ligne n'avait pas trouvé mieux qu'un chapelet d'attributs opposés : le chevalier « avait du singe, du follet, du léger, du profond, de l'inquiet et de l'insouciant [40] ». Boufflers lui-même avouait qu'il se livrait volontiers à la paresse, mais il affirmait qu'« elle faisait manquer à tout sans dédommager de rien [41] ». Pour lui, elle était « l'opium de l'âme : elle lui procure un sommeil pénible et de tristes rêves [42] ». Ce changement continuel d'attitudes et d'humeurs comptait toutefois une constante, que Ligne ne sentait pas la nécessité d'évoquer : l'intérêt de Boufflers pour les femmes. Le chevalier lui-même nous dit que pour lui l'amour était un pur plaisir des sens – « en amour j'étais tout physique[43] » – et non un jeu de société. En outre, contrairement à Joseph-Alexandre de Ségur et aux libertins à la mode, il n'éprouvait pas le besoin d'étaler ses succès auprès du beau sexe.

Dans le métier des armes également, la disparité entre le vicomte et le chevalier était évidente : tandis que le premier obtenait très jeune, sans grand effort, une nomination de colonel, le second, en dépit de ses rêves de gloire, peinait à avancer en grade.

Sur le plan social, Ségur, malgré tous les avantages dont il jouissait, était prisonnier de son propre personnage mondain, tandis que Boufflers était libre de s'en forger un au gré des exigences changeantes de son génie personnel. Éternellement endetté et sans domicile fixe, il passait une bonne partie de son temps à cheval, seul, sans suite et sans bagages, libre de s'arrêter où il le voulait. Le comte de Tressan, un fidèle du roi Stanislas, qui l'avait rencontré en voyage, l'avait salué d'un « je suis charmé de vous trouver chez vous[44] ! » De son enfance au château de ses grands-parents maternels à Haroué, le chevalier avait conservé l'amour pour les arbres, les plantes et les animaux. Voyager en symbiose avec son cheval à travers la France, avec l'horizon pour seule frontière, lui procurait bien-être physique et jouissance esthétique. C'était l'occasion de vivre sa profonde empathie avec la nature : « On peut avoir des sentiments maternels pour des arbres, pour des plantes, pour des fleurs[45]. » Les moutons qui paissaient derrière une clôture ne lui semblaient pas si différents des hommes « qui se croient libres, parce qu'ils ne voient pas leurs chaînes, et qui pensent faire leur volonté en suivant le cours des choses[46] ». Il fut parmi les premiers à comprendre que la nature était un patrimoine qu'il fallait préserver. En 1790, en pleine Révolution, il incitera l'Assemblée nationale à voter une loi de sauvegarde des forêts expropriées à la noblesse et au clergé, qui risquaient de tomber entre les mains de spéculateurs sans scrupules[47]. Déjà, en 1768, il confiait à la duchesse de Choiseul son émotion de voyageur en route vers le sud : « C'est réellement un grand plaisir que de marcher l'hiver contre le midi. Il semble que la nature, qu'on a laissée morte dans le pays que l'on quitte, se réveille de moments en moments ; à chaque pas que vous faites, elle fait un progrès ; chaque heure de marche est un jour de gagné. Le printemps a l'air de venir à votre rencontre ; hier vous marchiez sur les glaces, aujourd'hui vous marchez sur les fleurs[48]. »

Dans ses déplacements il emportait toujours des pinceaux, s'arrêtait pour peindre ce qui le frappait le plus et, poussé par une curiosité insatiable, visitait sur sa route villages, églises et châteaux. Le comte de Cheverny nous le montre en action à l'occasion de la visite inattendue que le chevalier lui rendit à la moitié des années 1760 : « Ce fut à peu près dans ce temps-là qu'un chevalier, vêtu en hussard et voyageant par monts et par vaux, découvrit le château. Il venait de Chanteloup et allait en Lorraine. On vint me dire que cet étranger se promenait dans le parc ; il était l'heure du dîner, je le fis inviter à voir le château. Nous nous connaissions de vue, sans nous être jamais parlé. C'était l'aimable chevalier de Boufflers. Non seulement il dîna, mais il resta quatre ou cinq jours avec nous, et pendant quelques années il a été fidèle à nous venir visiter. C'est l'homme en France, après l'abbé Barthélemy, à qui j'ai trouvé le plus d'éloquence dans la conversation. Sans peine, sans efforts, le mot propre vient sur ses lèvres, les tournures les plus délicates sortent de son esprit. Paresseux, même pour s'instruire, il n'a pas l'esprit des autres ; il devine quand il parcourt un livre, et il a le mérite que tout est à lui et sort de son fonds [49]. »

Toutefois, son goût pour la solitude au contact étroit de la nature n'excluait pas une attirance pour la vie en société, et celle qu'il fréquentait était assurément la meilleure de Paris.

Dans la capitale française, le chevalier put compter sur la solidarité affectueuse du vaste clan des Beauvau-Craon, à commencer par la sollicitude paternelle du frère de sa mère, le prince de Beauvau, qui, formé à l'école des Lumières, s'était imposé au respect général tant par son intégrité morale que par sa vaste culture. Celui-ci l'introduisit à son tour dans le cercle des intimes de son très grand ami, lorrain lui aussi, le duc de Choiseul, et c'est probablement au cours de ses fréquents séjours à Chanteloup dans les années de disgrâce du maître de maison que le chevalier retrouva l'utopie d'une Arcadie heureuse qu'il avait déjà connue à la cour de Stanislas.

Puis venaient ses tantes maternelles, Mme de Bassompierre, Mme de Montrevel et surtout la maréchale de Mirepoix, dont le charme était irrésistible. « Elle avait, dirait le prince de Ligne, cet esprit enchanteur qui fournit de quoi plaire à chacun. Vous auriez juré qu'elle n'avait pensé qu'à vous toute sa vie. Où retrouvera-t-on une société pareille [50] ? »

L'accueil cordial que lui réservèrent ses parents du côté Boufflers ne fut pas moins précieux pour le chevalier. En effet, les deux centres mondains les plus huppés de la société parisienne de l'époque étaient tenus par deux cousines par alliance de son père.

La plus âgée des deux, Madeleine-Angélique de Neufville, veuve du duc de Boufflers et remariée avec Charles-François-Frédéric de Montmorency-Luxembourg, duc de Luxembourg, maréchal de France, était considérée comme l'autorité suprême en matière de bon goût et de bonnes manières, et son jugement sans appel faisait ou défaisait les réputations.

Après s'être distinguée dans sa jeunesse par une méchanceté « noire » et un libertinage « effréné » – dont le baron de Besenval, qui pourtant ne manquait pas de désinvolture, témoigne dans ses Mémoires [51] en traçant d'elle un portrait au vitriol –, Mme de Luxembourg réussit une métamorphose spectaculaire. La maturité venue, au lieu d'embrasser la religion et, telles les grandes dames du passé, de changer radicalement de mode de vie en renonçant aux vaines apparences du monde, la maréchale resta résolument au centre de la scène mondaine, adoptant pour arme de sa rédemption la morale des apparences. Elle prouva qu'elle en possédait les règles comme personne. « Elle est pénétrante à faire trembler : la plus petite prétention, la plus légère affectation, un ton, un geste qui ne seront pas exactement naturels, sont sentis et jugés par elle à la dernière rigueur ; la finesse de son esprit, la délicatesse de son goût ne lui laissent rien échapper [52] », écrivait son amie Mme du Deffand. De son côté, le duc de Lévis qui l'avait connue âgée rappellera que « son empire sur la jeunesse des deux sexes était absolu ; elle contenait l'étourderie des jeunes femmes, les forçait à une coquetterie générale, obligeait les jeunes gens à la retenue et aux égards ; enfin elle entretenait le feu sacré de l'urbanité française : c'était chez elle que se conservait intacte la tradition des manières nobles et aisées que l'Europe entière venait admirer à Paris et tâchait en vain d'imiter [53] ».

Cultivé, intelligent, spirituel, doté d'une solide expérience mondaine, capable de changer de ton selon ses interlocuteurs et le contexte, Stanislas-Jean était fait pour plaire à la maréchale, qui lui ouvrit les portes de son salon en le traitant comme un fils. C'est là que le chevalier se lia d'une affection sincère avec sa jeune et timide cousine, Amélie de Boufflers, fille du fils du premier lit de

Mme de Luxembourg, chef-d'œuvre de l'éducation donnée par la maréchale, destinée à épouser bientôt le duc de Lauzun.

Le seul grand cercle mondain en mesure de soutenir la comparaison avec celui de Mme de Luxembourg était le Temple. C'est Marie-Charlotte-Hippolyte Campet de Saujon, veuve du comte de Boufflers-Rouverel et maîtresse officielle du prince de Conti, grand prieur de l'ordre de Malte, qui en faisait les honneurs. Dans la vieille enclave des Templiers, au cœur de Paris, les préoccupations premières étaient de nature intellectuelle et politique. Après avoir été longtemps le conseiller politique de Louis XV, Conti était tombé en disgrâce et, ayant quitté la cour, protégeait ouvertement les philosophes, s'opposant à l'absolutisme royal et prenant la défense du parlement en 1770. De son côté, la comtesse de Boufflers alliait curiosité et érudition, et cultivait la passion des voyages. Elle connaissait trois langues et fut la première à Paris à recevoir des visiteurs étrangers, tandis que son voyage en Angleterre en 1763 fit date – « on remarquait qu'elle était la seule dame française de qualité qui fût venue en voyageuse depuis deux cents ans [54] » – et lança la mode de l'anglomanie. Son ambition sociale – que Mme du Deffand ne cessait de tourner en ridicule dans ses lettres – ne l'empêchait pas de partager avec passion les espoirs réformistes des Lumières. Sa correspondance avec David Hume et Gustave III de Suède aussi bien que la protection qu'elle accorda à Voltaire témoignent du sérieux de ses intérêts intellectuels.

Au Temple comme à L'Isle-Adam, la résidence d'été de Conti, Boufflers fut initié aux raisons de la nouvelle Fronde. En 1770, la disgrâce du duc de Choiseul, ainsi que la courageuse prise de position en sa faveur du prince de Beauvau-Craon, indiqueraient son camp au chevalier. Mais en attendant de comprendre quelle forme prendrait sa nouvelle vie, Boufflers jouissait avec insouciance de la liberté retrouvée dans un Paris alors à l'apogée de sa vie intellectuelle et artistique et il remerciait de l'accueil que lui réservait la plus parfaite des « parfaitement bonnes compagnies » par son originalité, sa gaieté inaltérable et son intarissable brio de versificateur.

La fébrilité avec laquelle Mme du Deffand – qui pourtant ne l'aimait guère, comme elle n'aimait ni sa mère ni sa sœur qu'elle avait surnommées les « oiseaux de Steinkerque [55] » – voulait être informée de ses exploits est symptomatique du succès de Stanislas-Jean. « Le chevalier de Boufflers vous a-t-il bien divertie ? S'il a fait des couplets, je vous demande en grâce de me les envoyer[56] », écrivait-elle à la duchesse de Choiseul en juillet 1766 et, des années plus tard, elle s'enquérait à nouveau : « N'avez-vous pas actuellement le chevalier de Boufflers ? Ne le trouvez-vous pas presque aussi raisonnable qu'il est aimable[57] ? » La question était à double tranchant parce que Mme du Deffand jugeait que Boufflers avait « plus de talents que de discernement, de tour et de finesse que de justesse[58] », mais en prenant sa défense la duchesse de Choiseul se révélait plus pénétrante que son amie, nous donnant une clé de lecture que l'intéressé aurait sûrement approuvée : « Je crois qu'il a la sagesse dans le cœur et cela suffit pour lui mais non pas pour nous, ce n'est pas l'égide de Minerve qu'il faut montrer aux hommes, c'est la marotte de la folie[59]. »

Son art de la raillerie est attesté par une autorité en la matière telle que Voltaire. En décembre 1764, Boufflers était allé rendre visite au vieil ami de Stanislas et de sa mère à Ferney et en avait profité pour visiter la Suisse. Comme la *Correspondance littéraire* se hâtait d'en informer ses abonnés, « il s'est avisé de se donner pour peintre ; et dans toutes les villes où il a passé, il a fait le portrait des principaux habitants, et surtout des plus jolies femmes. Les séances sûrement n'étaient pas ennuyeuses ; des chansons, des vers, cent contes pour rire égayaient les visages que le peintre devait crayonner sur la toile et pour achever de se faire la réputation d'un homme unique, il ne prenait qu'un petit écu par portrait ; mais lorsqu'arrivé à Genève, il a voulu reprendre son véritable nom, peu s'en est fallu qu'on ne l'ait regardé comme un aventurier[60] ». Voltaire n'aurait pu lui réserver un accueil plus chaleureux. « Il m'a reçu comme votre fils, et il m'a fait une partie des amitiés qu'il voudrait vous faire[61] », écrivait le chevalier à la marquise et, à son tour, Voltaire se hâtait de lui communiquer son enthousiasme : « J'ai l'honneur, madame, d'avoir actuellement dans mon taudis le peintre que vous protégez. Vous avez bien raison d'aimer ce jeune homme ; il peint à merveille les ridicules de ce monde, et il n'en a point ; on dit qu'il ressemble en cela à madame sa mère. Je crois qu'il ira loin. J'ai vu des jeunes gens de Paris et de Versailles, mais ils n'étaient que des barbouilleurs auprès de lui[62]. » Certes, Voltaire était toujours prodigue de compliments hyperboliques pour ses admirateurs, mais il s'amusait vraiment en compagnie de cet hôte qu'il était prêt à définir comme « une des plus singulières créatures qui soient au monde[63] ». Le séjour du chevalier se termina en une apothéose de vers, rires et plaisanteries grivoises et, après avoir été convié par le vieux poète à recueillir sa lyre – « C'est à vous, ô jeune Boufflers, / [...] C'est à vous de chanter Thémire, / et de briller dans les festins, / animé du triple délire / des vers, de l'amour et du vin[64] » –, Stanislas-Jean s'en était retourné à Paris, poète couronné de lauriers.

Mais tous les vers de Boufflers n'étaient pas d'aériennes « méringues [*sic*] », comme les définissait Chamfort[65], adaptées au goût délicat du public mondain. L'honnête raillerie dont il maîtrisait si bien la recette pouvait ne plus l'être du tout et étriller individus et institutions. C'étaient des moments de liberté absolue que le chevalier s'accordait dans son arrière-boutique, en comptant sur la complicité de quelques intimes. En véritable esprit fort, il célébrait le pur plaisir des sens, sans euphémismes ni métaphores, faisant fi des dogmes et de la morale sexuelle de l'Église pour mieux ridiculiser ses croyances. Il s'agissait de choisir à chaque fois l'occasion, le langage et le style les plus appropriés.

On rappellera les vers blasphématoires écrits à l'occasion de la première messe de l'abbé Petit :

Petit, Petit,
vous allez faire bonne chère,
Petit, Petit.
Tâchez d'avoir bon appétit.
Le Dieu du ciel et de la terre
pour votre dîner va se faire
petit, petit[66].

Ou ceux improvisés pour une vieille marquise octogénaire qui avait voulu mettre à l'épreuve sa « facilité en lui demandant un sonnet sur les bouts-rimés les plus bizarres qu'elle pût trouver » :

Enfants de Saint Benoît, sous la guimpe ou le froc
Du calice chrétien savourez l'amertume ;
Vous, musulmans, suivez votre triste coutume :
Buvez de l'eau pendant que je vide mon broc.
De vos raisonnements, moins ébranlé qu'un roc,
Je crains peu cette mer de soufre et de bitume

Où vos sots docteurs ont coutume
De noyer les Titus et les rois de Maroc.
Quel que puisse être le maroufle
Que vous nommez pape ou mouphti,
Je ne baiserai point son cul, ni sa pantoufle.
Prêtres noirs qui damnez Marc-Aurèle et Hamti,
Par qui Confucius comme un lièvre est rôti,
Le diable qui les brûle est celui qui vous souffle[67].

Des vers qui plairont à Diderot pour leur irrévérence, leur gaieté et leur folie, et qu'avec d'autres textes du chevalier, il recopiera pour Sophie Volland[68].

Mais l'amour offrait l'occasion par excellence de se moquer des conventions sociales, en premier lieu avec une facétieuse apologie du tabou de l'inceste. À Paris, le chevalier avait retrouvé sa sœur, Marie-Stanislas-Catherine, qui, assez mal mariée au comte de Bois-gelin, partageait son temps entre sa Lorraine natale, Versailles – où Stanislas l'avait fait nommer dame de compagnie de Madame Victoire, une des filles de Louis XV – et la capitale française, où sa tante Mirepoix l'accueillait dans le superbe hôtel de la maréchale, rue d'Artois. En grandissant, la « divine mignonne » était devenue irrémédiablement laide, mais cela ne l'empêchait pas de rencontrer un certain succès auprès des hommes. Le frère et la sœur étaient très liés et, formés à l'école de leur mère, possédaient le même sens de l'humour, le même lexique familial, la même liberté sexuelle.

Vivons en famille,
c'est le plaisir le plus doux,
de tous.
Nous sommes, ma fille,
heureux sans sortir de chez nous.
Les honnêtes gens
des premiers temps
avaient des plus douces mœurs,
et sans chercher ailleurs,
ils offraient à leurs sœurs
leurs cœurs.
Sur ce point-là nos aïeux
N'étaient pas scrupuleux.
Nous pourrions faire,

ma chère,
aussi bien qu'eux,
des neveux[69].

Après tout, les Écritures ne donnaient-elles pas l'exemple ? L'histoire des filles de Loth fournissait une excellente occasion d'en faire des gorges chaudes. Ici l'atout maître est la brièveté du raisonnement logique proposé comme exégèse du récit biblique :

Il but
il devint tendre
et puis il fut
son gendre[70].

Du reste, quelques années plus tôt, le chevalier avait consacré à sa mère un éloge qui exaltait ouvertement sa liberté de mœurs :

Reniez Dieu, brûlez Jérusalem et Rome,
pour docteurs et pour saints n'ayez que les amours :
s'il est vrai que le Christ soit homme,
il vous pardonnera toujours[71].

Selon le prince de Ligne, Boufflers avait répondu à sa mère, qui se désolait de ne pas savoir aimer Dieu, qu'il était certain que si Dieu redevenait homme, elle l'aimerait comme tous les autres[72].

Puis l'ironie allègrement blasphématoire de Boufflers s'en prend à la virginité de la mère de Dieu, dans les quintils relatant les mésaventures de la duchesse Marie de Durfort qui avait donné le jour à un enfant dont son époux pouvait difficilement être le père.

Votre patronne
Fit un enfant sans son mari.
Bel exemple qu'elle vous donne !
N'imitez donc pas à demi
Votre patronne.

Pour cette affaire,
Savez-vous comme elle s'y prit ?
Comme vous, n'en pouvant pas faire,
Elle eut recours au Saint-Esprit
Pour cette affaire.

Des vers promptement publiés par les *Mémoires secrets*[73], accompagnés du nom de la malheureuse, qui montrent combien l'ironie du chevalier pouvait devenir cruelle.

Les *Mémoires secrets* rapportaient aussi un épisode où l'on était passé des paroles aux actes. Une « belle marquise » non identifiée et infidèle, dont Boufflers s'était vengé par une « épigramme sanglante », avait invité le chevalier chez elle « pour sceller une réconciliation sincère ». « Le Chevalier connaissait trop bien les femmes pour aller sans défiance au rendez-vous. Il se munit de pistolets. À peine avait-on fait les premières explications, que quatre grands drôles arrivent, le saisissent, l'étendent sur le lit, le déshabillent autant qu'il était nécessaire pour exécuter leur dessein et lui administrent en cadence cinquante coups de verges sous le commandement de Madame. La cérémonie finie, le Chevalier se relève froidement, se rajuste. » C'est alors que, menaçant les quatre hommes de ses pistolets, il les oblige non seulement à fouetter la marquise – « Les pleurs de la belle n'empêchèrent pas que le satin de sa peau ne fût déchiré sans pitié » –, mais aussi à se fouetter les uns les autres. Et, pour faire bonne mesure, en prenant congé il assure la dame qu'il racontera la plaisante aventure à qui voudra l'entendre. « On prétend que la Marquise courut après lui, se mit à ses genoux, et le conjura tellement de garder le secret qu'il soupa chez elle le même soir pour déconcerter les indiscrétions ; on ajoute même que la recette opérant, la scène se termina plus gaiement qu'elle n'avait commencé[74]. »

Authentique ou pas, l'épisode rapporté par Metra confirme indubitablement la réputation de libertin que Boufflers s'était acquise par sa conduite comme par ses vers irrévérencieux. Mais ce n'était pas le seul talent du chevalier.

Après le succès de *La Reine de Golconde*, les lettres envoyées de Suisse à sa mère assirent sa réputation littéraire. Leur recueil constituait une sorte de journal de voyage où les remarques sur les us et coutumes du pays, ses habitants, ses beautés naturelles se présentaient avec l'immédiateté de la conversation et s'inscrivaient dans un filon littéraire qui – du *Voyage de Chapelle et Bachaumont* en Languedoc et Provence aux *Lettres de La Fontaine à sa femme, ou Relation d'un voyage de Paris en Limousin* – avait d'illustres précédents. Nous ignorons si le chevalier les rédigeait en envisageant déjà une publication, mais il savait certainement que sa mère les montrerait à ses amis et connaissances, les faisant ainsi circuler de salon en salon selon une pratique mondaine qui remontait à l'époque de l'hôtel de Rambouillet. L'édition pirate de ces missives, parue à Genève en septembre 1771, prouva la curiosité qu'elles suscitaient. Les lecteurs les plus attentifs reconnurent les références[75] : le comique virtuose de Voiture – l'abbé Porquet et sa perruque placés sur « la sommité chauve des Alpes » pour que « sa calotte devienne pour la première fois le point le plus élevé de la terre »[76] – et la souveraine ironie voltairienne. Entre deux mots d'esprit se glissaient des réflexions à caractère politique : il était aisé de se moquer de la rusticité des Suisses, mais ils avaient pour eux « le plaisir de faire eux-mêmes leurs lois », de même que le droit de cultiver leurs terres « les mains libres » et, exemptés de dîme et de taille, savourer seuls le fruit de leur travail[77]. Bien conscient du caractère polémique de ses observations, Boufflers priait sa mère de rassurer Stanislas sur le fait que « la vue des peuples libres ne [l]e portera[it] jamais à la révolte[78] », montrant par là qu'il ne tenait aucun compte de ce que l'on pouvait en penser à Versailles. Une erreur dont il paierait les conséquences.

La duchesse d'Aiguillon se hâta d'offrir le recueil à l'amateur passionné de littérature épistolaire qu'était Horace Walpole et ce dernier confia à Mme du Deffand qu'il en avait été enchanté. Il trouvait « joli[79] » tout ce que faisait Boufflers et appuyait son jugement en notant dans son journal un trait d'esprit typique du chevalier : « Il n'y a que Dieu qui ait un assez grand fonds de gaieté pour ne pas s'ennuyer de tous les hommages qu'on lui rend[80]. »

Pour sa part, le chevalier de Bonnard prenait acte du bon accueil réservé à l'ouvrage par un public aristocratique exigeant et donnait à juste titre « l'aisance » et « l'heureuse négligence »[81] de Boufflers comme raisons de sa popularité. Rousseau lui-même était disposé à reconnaître que le chevalier était « aussi brillant qu'il soit possible de l'être », mais, venant de lui, c'était plus un reproche qu'un compliment : « Avec autant d'esprit il eût pu réussir à tout, mais l'impossibilité de s'appliquer et le goût de la dissipation ne lui ont permis d'acquérir que des demi-talents en tout genre. En revanche il en a beaucoup, et c'est tout ce qu'il faut dans le grand monde où il veut briller. Il fait très bien de petits vers, écrit très bien de petites lettres, va jouaillant un peu du cistre et barbouillant un peu de peinture au pastel[82]. » Aux yeux de Rousseau, Boufflers était l'emblème d'une civilisation aristocratique artificielle et vaine, dont il s'apprêtait à dénoncer l'imposture dans *La Nouvelle Héloïse*. Il avait dû accumuler contre lui tout le ressentiment dont il était capable quand il l'avait vu papillonner à Montmorency sous le regard satisfait de la maréchale de Luxembourg, tandis que, paralysé par la timidité, lui-même n'avait pas osé prendre part à la conversation, tant, se rappellerait-il douloureusement dans *Les Confessions*, « la grâce et le sel de ses gentillesses appesantissaient encore [s]es lourds *spropositi* ». La « seule présence » du chevalier l'avait « écrasé sans retour » [83]. Il faut pourtant reconnaître que le jugement de Rousseau sur le talent littéraire de Boufflers serait difficilement contestable si nous ne savions ce que le philosophe ne pouvait savoir. L'aristocrate mondain des « petites lettres » écrites de Suisse pour son propre divertissement et celui d'autrui allait devenir un maître de l'art épistolaire. Mais cette métamorphose exigerait une authentique révolution sentimentale.

Au printemps 1777, pendant un de ses fréquents séjours parisiens, le prince de Ligne emmena Boufflers chez une de ses jeunes amies qu'il avait connue des années plus tôt à Versailles : la comtesse de Sabran. Après une période de deuil pour la mort de son mari, qu'elle avait passée à la campagne, la comtesse était revenue à Paris, avait acheté un somptueux hôtel particulier [84] donnant d'un côté sur le faubourg Saint-Honoré et de l'autre sur un magnifique jardin qui s'étendait jusqu'aux Champs-Élysées, où elle recevait un petit cercle choisi. C'était la première fois que Mme de Sabran et Boufflers se rencontraient, mais chacun avait sûrement entendu parler de l'autre. Célèbre pour ses succès littéraires, le chevalier était l'enfant gâté de la bonne société parisienne et Mme de Sabran ne pouvait l'ignorer. De son côté, elle aussi avait fait parler d'elle, même involontairement, par la singularité de son comportement et de ses choix de vie.

À la différence de Boufflers, Françoise-Éléonore Dejean de Manville, née en 1749 à Paris au sein d'une riche famille qui s'était distinguée dans la magistrature et l'administration, avait vécu une enfance et une adolescence malheureuses. Sa mère était morte en lui donnant le jour, son père s'était remarié avec la plus odieuse des marâtres, et sa grand-mère maternelle, qui s'était chargée de son éducation, l'avait soumise à toutes sortes de vexations. Les années passées au collège auraient pu être plus sereines si Éléonore n'avait dû protéger sa sœur aînée, très belle, mais déficiente mentale, des moqueries de leurs condisciples. La mort de sa belle-mère n'améliora pas la situation, son père continuant à ne pas jouer son rôle.

Mais, au moment de se marier, Éléonore, qui s'était soumise avec douceur et résignation à une suite ininterrompue de brimades et d'injustices, fut inflexible : le seul homme qu'elle était disposée à épouser, déclara-t-elle, était un vieil ami de la famille : Joseph de Sabran, comte de Grammont. L'élu avait quarante-sept ans de plus qu'elle et était pauvre, mais il descendait de Marguerite de Provence et de Saint Louis et on le considérait comme un héros. Parmi les nombreux exploits qui l'avaient rendu célèbre pendant qu'il servait dans la marine, l'épisode du *Centaure*, le navire dont il était le commandant, était entré dans la légende. En 1759, durant la guerre de Sept Ans, alors qu'il fendait les eaux de Gibraltar, le *Centaure* avait essuyé l'attaque de quatre vaisseaux de guerre anglais. Pour protéger les arrières de la flotte française, Sabran avait résisté à l'ennemi pendant de longues heures et ce n'est qu'après avoir épuisé toutes les munitions et chargé une dernière fois les canons avec sa propre argenterie qu'il s'était résigné à baisser pavillon pour éviter que ses marins ne sombrent avec le navire. Les premiers à lui témoigner leur admiration furent les Anglais. Quand il revint à Versailles à la suite d'un échange de prisonniers, Louis XV le complimenta pour son courage devant toute la cour et, se rappelant les ascendances royales des Sabran, le présenta au Dauphin en disant : « Il est de nos parents. »

Dix-sept ans plus tard, le jour du mariage de sa fille, Éléonore évoquera les attentes sentimentales qui avaient été les siennes en se présentant devant l'autel : « J'épousais un vieillard infirme dont je devais être moins la femme que la garde-malade [...] mais c'est qu'alors j'en sentais peu les conséquences : tout me paraissait également bien, également bon ; n'aimant rien, tout me paraissait digne d'être aimé, et je sentais pour mon bonhomme de mari le même sentiment que pour mon père et mon grand-père, sentiment fort doux alors et qui suffisait à mon cœur [85]. » D'ailleurs son choix se révéla sage. Le comte de Sabran était un homme probe, intelligent, sensible et il donna à cette jeune épouse dont la dot lui permettait de solder ses dettes toute la protection, l'affection et la douceur dont elle avait besoin. Lui témoignant une confiance inconditionnelle, il la présenta tout de suite à la cour et la laissa libre de choisir ses amitiés. Les premiers temps – se souviendra son fils –, « sa timidité et sa modestie étaient si grandes qu'elle cherchait à se cacher comme une autre eût cherché à se montrer. M. de Puységur, qui l'avait vue à son entrée dans le monde, m'a dit qu'il la découvrait toujours à Versailles derrière le panier d'une autre dont elle se faisait un rempart et un abri[86] ». Mais, comme écrirait Ligne, Éléonore n'avait pas besoin de parler pour se faire aimer : « Ses yeux sont la palette de son âme, et de son esprit. Vous y lirez tout ce que vous voudrez de bon, de délicat, de fin, et de sensible et de lumineux. Elle approuve, réprouve, blâme sans parler. Vous y verrez de l'indulgence, de la gaieté, de la profondeur, et de la raison[87]. » Et quand elle se décidait à prendre la parole, elle savait se faire pardonner son éloquence, sa « sensibilité » et son « élévation »[88], mais toujours avec l'air de s'excuser de ce qu'elle pourrait avoir raison.

Libre de préjugés et experte dans l'art de la dissimulation, la société de cour regardait avec bienveillance ceux qui arrivaient à Versailles armés de leur seule intégrité morale. La vertu innocente accompagnée de la grâce était une nouveauté qui apportait un courant d'air frais dans l'atmosphère confinée du château royal et ce n'est pas un hasard si Éléonore reçut le surnom de Rose des champs. Protégée par Mme de Marsan, qui détenait la charge de Gouvernante des enfants de France, la comtesse ne tarda pas à intégrer le groupe insouciant des jeunes suivantes de la Dauphine, et cette dernière, devenue reine, l'accueillit à bras ouverts dans le cercle de ses intimes.

Ce fut en revanche chez les Trudaine, à Paris comme dans leur belle résidence d'été de Montigny-en-Brie, que Mme de Sabran s'initia à la vie intellectuelle de la capitale.

En effet, selon la marquise du Deffand, pourtant si difficile à contenter, on rencontrait chez eux « un monde différent du monde qu'on trouve dans le monde[89] ». Éléonore y connut, outre les fils de la maison – Louis Trudaine de Montigny, magistrat intègre et protecteur de David, et Michel Trudaine de La Sablière –, tous deux amis intimes d'André Chénier, des figures en vue de la culture des Lumières comme Turgot et Malesherbes, se lia d'amitié avec le poète Delille, qui offrit de lui enseigner le latin, et tira grand profit des « conversations les plus sérieuses[90] » auxquelles elle eut l'occasion de participer.

Quand, en 1775, après moins de six ans de mariage, Mme de Sabran perdit son mari, elle en fut profondément affligée mais ne se laissa pas abattre. Elle savait exactement ce qu'elle devait faire. Sa priorité absolue était d'aimer, protéger et élever les enfants qu'elle avait eu le bonheur de mettre au monde : Delphine, née en 1770, et Elzéar, né en 1774. Elle devait donc tenir haut l'honneur des Sabran, occuper dignement la place qui lui revenait à la ville comme à la cour, maintenir les relations nécessaires pour leur avenir et rester fermement maîtresse d'elle-même. Son projet toutefois loin d'être fondé sur la renonciation et l'esprit de sacrifice s'appuyait sur un solide bon sens : elle était riche, indépendante, curieuse de tout, entourée d'amis et rien ne l'empêchait de mener une vie agréable dans le plein respect des convenances. À la différence des femmes de sa génération qui avaient lu, encore adolescentes, *La Nouvelle Héloïse*[91], Éléonore n'accordait aucune place à la passion amoureuse. Elle était pleinement satisfaite de l'existence qu'elle avait choisie : « Je suis bien persuadée que notre bonheur est en nous-mêmes, et que, avec de la raison et de la philosophie, on n'est point malheureux dans ce monde, ou très difficilement[92]. » Le chevalier de Boufflers l'obligerait à changer d'avis.

Nous pouvons imaginer qu'en ce jour de mai 1777, la première chose qui frappa le chevalier de Boufflers chez la jeune femme venue l'accueillir pour remplir ses devoirs de maîtresse de maison fut son aspect physique. Plus que belle, la comtesse de Sabran était irrésistiblement attirante. Ligne décrit sa silhouette de nymphe et son fils ses pieds minuscules et la grâce suprême de ses gestes. Son portrait par Élisabeth Vigée Le Brun[93] nous restitue sous une auréole de boucles son visage triangulaire au petit nez retroussé et ses deux grands yeux rieurs en parfaite harmonie avec son sourire. Le chevalier, qui évoquera dans ses vers la masse bouillonnante de ses cheveux blonds rebelles au peigne et aux épingles – « Sabran la mal-coiffée[94] » –, et qui la comparera à « une petite gazelle[95] », rappellera leur première rencontre en prêtant les traits d'Éléonore à l'héroïne de *Ah si...*, une des nouvelles de sa maturité[96] : « Imaginez non pas ce que vous avez vu de plus frappant mais, ce qui vaut bien mieux, de plus séduisant : une âme visible plutôt qu'une beauté ; voilà ce qui m'a saisi au premier coup d'œil, et la physionomie m'empêchait en quelque sorte de distinguer la figure ; mais cette figure a eu son tour ; et quel regard s'arrêterait impunément sur ces beaux cheveux dont le blond argenté contraste si agréablement avec la couleur des sourcils et des paupières ; sur ce teint délicat dont la blancheur ressemble à la candeur ; sur ces joues brillantes qu'on croirait toujours colorées par l'innocence... » Et il ne pouvait passer sous silence « cette bouche expressive qui a parlé avant que de s'ouvrir ; et ces yeux couleur de pensée, d'où il sort plus de rayons qu'ils n'en reçoivent ; et ce nez qui, par sa forme, sa finesse, par je ne sais quelle physionomie qui n'appartient qu'à lui, devient comme le point de réunion de tous les charmes du visage ; et même jusqu'à ce menton, qu'on ne peut s'empêcher de regarder aussi... » [97] ? Quant à la vertu d'Éléonore, elle ne pouvait que constituer une raison supplémentaire pour qu'un libertin professionnel comme Boufflers désire la courtiser. L'amour dut le prendre en traître : la comtesse était la version chaste de sa mère, la seule femme qu'il eût vraiment aimée jusque-là. Comme la marquise de Boufflers, Éléonore avait des manières exquises, une intelligence vive, une indépendance de jugement inhabituelle, une sensibilité artistique marquée, mais elle était réservée, pudique, délicate, et le mot « volupté » la jetait dans l'embarras.

Recourant à l'une de ces métaphores militaires que les libertins avaient coutume de mobiliser depuis l'époque de Bussy-Rabutin et de son *Histoire amoureuse des Gaules*, le chevalier, en bon stratège, comprit tout de suite qu'il n'était pas aisé de faire brèche dans le cœur de Mme de Sabran. Inutile de viser la vanité féminine – la comtesse n'était ni frivole ni coquette – ou de tenter la voie de la séduction érotique qui lui était manifestement étrangère. Avec elle, le badinage galant ne pouvait que s'en tenir aux limites établies par la bienséance mondaine. Il fallait plutôt essayer de s'introduire peu à peu dans sa vie sans l'alarmer, en créant une entente intellectuelle à partir d'intérêts communs. Le chevalier en repéra tout de suite trois, la musique, la peinture et la traduction des auteurs classiques, et il en fit son cheval de Troie.

Pour la première, les choses allèrent de soi. Tous deux avaient une belle voix et, tandis qu'elle chantait en s'accompagnant de la guitare, il répondait en improvisant des chansons au clavecin. Pour la peinture, ce fut presque plus facile. Il n'était pas rare que les dames de la bonne société maniaient avec grâce crayons et pinceaux, et tant la marquise de Boufflers que Mme de Montesson ou l'aimable marquise de Bréhan – victime des stratégies libertines du vicomte de Ségur – étaient réputées pour la beauté de leurs fleurs. Mais c'est un juge de grande autorité telle qu'Élisabeth Vigée Le Brun qui nous dit à quel point Éléonore était douée : « Elle copiait parfaitement les grands maîtres, dont elle imitait le coloris et la vigueur, au point qu'en entrant un jour dans son cabinet, je pris sa copie pour l'original. Elle ne me cacha point tout le plaisir que lui causa mon erreur ; car elle était aussi naturelle qu'elle était aimable et belle [98]. » Ainsi, inconsciente des risques auxquels elle s'exposait, la comtesse ne sut résister à la proposition de Boufflers d'exécuter chacun le portrait de l'autre. Quoi de plus intime et révélateur qu'une séance de pose ? L'objectif n'était-il pas de saisir la singularité irréductible du modèle qu'on se proposait de peindre ? Forcée de constater qu'il était impossible de « fixer » Boufflers « même en peinture » [99], Mme de Sabran arrivait aux mêmes conclusions que Diderot devant son propre portrait par Michel Van Loo, exposé au Salon de 1767 : « J'avais en une journée cent physionomies diverses, selon la chose dont j'étais affecté. J'étais serein, triste, rêveur, tendre, violent, passionné, enthousiaste ; mais je ne fus jamais tel que vous me voyez là [100]. » Mais même si un peintre ne pouvait rendre sur la toile qu'une seule des innombrables facettes d'un moi aussi multiple que trompeur, le chevalier avait de toute façon atteint son but, car l'artiste ne peut pas ne pas établir un rapport privilégié avec son modèle. La possibilité que lui donna Mme de Sabran de jouer auprès d'elle un rôle d'enseignant fut tout aussi précieuse. La comtesse, qui écrivait des vers charmants, souhaitait se frotter à la traduction des poètes latins et le chevalier se proposa de l'aider : nouvelle occasion de s'assurer des tête-à-tête autrement impensables, d'entrer en résonance avec la sensibilité de son élève, de l'encourager et de la complimenter, mais aussi de manifester sa supériorité intellectuelle. Les résultats ne se firent pas attendre. Au cours des dix mois qui suivirent leur première rencontre, Boufflers conquit l'amitié de Mme de Sabran. Tout en continuant à lui interdire de lui parler d'amour, la jeune femme l'avait désormais admis dans la sphère de ses liens familiaux, les seuls liens affectifs qui comptaient pour elle et dont elle avait une expérience. Elle l'avait baptisé « mon frère » et voulait qu'il l'appelle « ma sœur ».

Boufflers emploierait encore deux ans pour la persuader de tenir un autre langage et cette attente se serait sans doute prolongée indéfiniment si deux facteurs imprévus n'étaient venus à son secours : la séparation forcée et l'écriture épistolaire. La première plaça Éléonore devant le vide laissé dans sa vie par le chevalier qu'elle avait pris l'habitude de voir tous les jours ; la seconde lui donna la pleine mesure de l'humanité, de l'intelligence et de la verve de son correspondant. Pour Boufflers, l'éloignement et l'écriture épistolaire furent l'occasion de vaincre les résistances de la femme aimée et de la révéler à elle-même, en lui suggérant de mille façons différentes la véritable nature du sentiment qui les unissait et dont il lui était interdit de parler.

C'est en février 1778 que Boufflers dut quitter Paris pour rejoindre son régiment de Chartres-Infanterie, en garnison à Landerneau. Le ministre de la Guerre, le prince de Montbarrey, déployait sur les côtes françaises face à l'Angleterre un imposant dispositif militaire, tandis qu'une grande flotte de guerre se réunissait à Brest sous le commandement du comte d'Orvilliers. En effet, la France avait signé le 30 janvier un traité d'amitié et de commerce avec les États-Unis, suivi sept jours plus tard d'une alliance en cas de guerre franco-anglaise. Ayant enfin obtenu l'aval de Louis XVI, le ministre des Affaires étrangères, le comte de Vergennes, s'apprêtait à partir au secours des patriotes américains, mais aussi à effectuer un débarquement armé outre-Manche, double offensive antianglaise à laquelle devait s'ajouter la pression d'une expédition navale en Inde contre les intérêts coloniaux britanniques. C'était pour la France, forte du « pacte de famille » avec les Bourbons d'Espagne et de l'alliance avec les Pays-Bas, l'occasion tant attendue de laver l'humiliation de la guerre de Sept Ans. Et c'était pour de nombreux aristocrates français déçus par la cour l'occasion d'embrasser une nouvelle forme de patriotisme inséparable d'une idée de « liberté [101] » qui leur arrivait d'outre-Atlantique.

Comme le duc de Lauzun en garnison à Ardes, près de Calais, comme le comte de Ségur en Bretagne, comme Choderlos de Laclos inspectant les côtes normandes et bretonnes pour y édifier des fortifications, le chevalier de Boufflers vit dans la guerre la possibilité de prouver ses capacités de soldat. Il n'avait jamais joui de la faveur de Versailles : Marie Leszczyńska détestait la marquise de Boufflers ; le Bien-Aimé n'avait pas apprécié que le chevalier ait été des premiers à faire le voyage de Chanteloup après la disgrâce du duc de Choiseul ; et Louis XVI déplorait autant son libertinage que son irrévérence : sa chanson satirique sur la princesse Christine de Saxe, tante du souverain, n'aurait pu être plus impertinente [102] et, en 1776, le souverain avait rayé son nom de la liste des promotions en déclarant : « Je n'aime ni les épigrammes ni les vers [103]. » Ayant enfin été promu colonel, Boufflers obtint du duc de Chartres le commandement du régiment d'infanterie qui portait son nom.

Sur les côtes de Bretagne et de Normandie, le chevalier ne participerait à aucune entreprise héroïque mais se frotterait aux misères quotidiennes de la vie militaire. Comme Lauzun, le néo-colonel perçut tout de suite ce que le projet d'un débarquement en Angleterre avait de hautement aléatoire, tandis que l'indécision des ministres et généraux français, l'absence de directives, l'arbitraire des nominations et l'« ineptie [104] » des supérieurs choisis sur des critères de faveur apparaissaient en pleine lumière. À cela s'ajoutait la difficulté de maintenir la discipline des troupes, durement éprouvées par les épidémies saisonnières et maintenues sur le pied de guerre sans que jamais l'ennemi ne se montre à l'horizon. Après deux petits mois en Bretagne, Boufflers ne cachait pas son pessimisme : « Il n'y a rien de pis que le prélude de guerre que nous faisons. Mon régiment souffrirait moins en campagne. Il est fatigué, morcelé, ruiné, infecté de scorbut, de gale, etc. : il ne nous manque plus que la peste que j'attends. La guerre en personne serait bien moins fâcheuse que tout cela ; elle offrirait au moins quelque dédommagement. Mais, je le crains bien, nous n'irons point en Angleterre, et l'Angleterre ne viendra point ici. Nous passerons des années dans l'attente de ce qui n'arrivera pas, et plutôt avec l'air de craindre la guerre que de la préparer. Au lieu d'avoir la fièvre, nous aurons le frisson, ce qui n'est point du tout héroïque [105]. » Finalement, en juillet, le chevalier entrevit la possibilité de s'embarquer à Brest, sous les ordres du duc de Chartres, dans la flotte qui partait à l'attaque de la Royal Navy, ce qui marquait le début officiel de la guerre contre l'Angleterre. Mais Louis XVI s'y opposa : « J'ai fait ce que j'ai pu pour suivre mon colonel sur l'océan, mais son cousin s'y est opposé, écrivait tristement le chevalier à la comtesse de Sabran. Je suis bien fou d'aimer la gloire, elle ne veut pas de moi [106]. »

Le chevalier n'eut pas plus de chance quand, en janvier 1780, Louis XVI se décida à envoyer au secours des alliés américains un corps de cinq mille cinq cents hommes sous le commandement du comte de Rochambeau. Libre de choisir les régiments et les officiers qu'il préférait, le général ne retint pas le Chartres-Infanterie et, le 2 mai, la flotte française quitta le port de Brest pour faire voile vers l'Amérique, emmenant le duc de Lauzun, le comte Arthur Dillon, le marquis de Chastellux, le vicomte de Noailles, les frères Lameth, mais laissant à terre l'arrière-petit-fils du maréchal de Boufflers. Après deux ans d'engagement et de sacrifices qui auraient dû attester ses compétences et défaire sa réputation de légèreté, force était au chevalier – comme à Laclos du reste – de constater que « la gloire » continuait à lui tourner le dos. Il ne renoncerait pas pour autant à la poursuivre, car l'idée même de gloire avait acquis un sens nouveau depuis qu'il était épris de Mme de Sabran.

Après la mésaventure polonaise, Boufflers, privé désormais de la protection de Choiseul, mal vu à Versailles, cantonné dans l'armée à des fonctions qui ne correspondaient ni à son nom ni à ses capacités, avait fait de nécessité vertu : la vie était trop belle pour qu'on la gaspillât en regrets et il était trop sûr de son mérite pour dépendre de l'arbitraire d'autrui. Il se suffisait à lui-même et n'avait pas besoin de faire carrière pour être heureux. Tout était pour lui source de curiosité, d'amusement, de plaisir et – digne fils de sa mère – la gaieté qui émanait de lui suffisait à le rendre irrésistible. « Va, conserve longtemps pour ton repos cette légèreté aimable, et cette gaieté heureuse que rien ne peut altérer [107] », lui écrirait Mme de Sabran après en avoir été totalement subjuguée, mais elle lui rappelait que la « confiance aveugle » qu'il avait dans le hasard finissait parfois par « le perdre » : « Elle favorise la paresse que tu as pour penser, pour prévoir et calculer. Elle te débarrasse de tous les soins, il est vrai, mais aussi combien t'expose-t-elle [108]. »

C'était pourtant sa rencontre avec la comtesse qui l'avait poussé à remettre en question, aux approches de la quarantaine, cette existence délicieusement vagabonde, libre de responsabilités et d'obligations, et à rouvrir le chapitre de l'ambition. À la différence de ce qui s'était joué dans l'aventure polonaise de sa jeunesse, la gloire sur les champs de bataille n'était plus une fin en soi mais constituait la condition sine qua non pour conquérir l'amour de la femme aimée, la « monnaie » avec laquelle « payer le seul bien » qu'il trouvait « digne d'envie » [109].

Ce n'était certes pas là chose nouvelle. Depuis l'époque courtoise, la femme dans la morale de la noblesse était inspiratrice d'héroïsme et de vertu. Mais les raisons qui poussaient Boufflers à élire Mme de Sabran pour destinataire de sa quête chevaleresque obéissaient à des exigences pratiques précises. En effet, s'il réussissait à vaincre ses réticences et gagner son amour, quelle forme pourrait prendre leur relation ? Catholique pratiquante et profondément vertueuse, Éléonore tenait beaucoup à sa réputation et rien ne permettait de supposer qu'elle fût disposée à la mettre en péril. La seule proposition que la comtesse aurait peut-être accueillie était le mariage, mais le chevalier n'était pas en mesure de l'avancer. Il ne disposait d'aucune fortune : une bonne partie de son apanage de colonel passait dans son équipement et autres frais de la vie militaire et ses seules rentes lui venaient des bénéfices ecclésiastiques que Stanislas lui avait procurés en son temps et qu'il aurait perdus s'il avait quitté l'ordre de Malte, où le célibat était de règle. Une fois ses revenus ramenés à ses seuls émoluments militaires, l'honneur ne lui permettrait pas d'épouser une veuve jeune et riche comme Mme de Sabran et de vivre à ses crochets, au détriment des intérêts patrimoniaux de ses enfants. Avant de quitter l'ordre de Malte, il devait donc s'imposer par ses mérites et gagner une charge prestigieuse.

Mais en attendant, rien n'empêchait Boufflers de vivre en toute liberté le sentiment qu'il éprouvait pour Mme de Sabran. L'écriture épistolaire lui donna cette latitude sans que la comtesse – sauf à ne pas lire ses lettres – puisse se soustraire à une intimité croissante.

Loin de Paris, cloué à son avant-poste breton, le chevalier concentra sur la femme aimée sa proverbiale capacité de séduction, déployant pour elle, lettre après lettre, toutes « les qualités distinctives de son esprit à qui rien n'est étranger [110] ». Et cet esprit fort différent de l'« esprit des autres [111] » se caractérisait par « une sagacité sans bornes, une profonde finesse, une légèreté qui n'est jamais frivole, le talent d'aiguiser des idées par le contraste des mots [112] ». Le chevalier avait déjà déployé ces dons dans sa correspondance avec ses amis et ses parents, et il passait pour un virtuose d'une forme d'écriture inséparable de la vie mondaine. Mais de retour d'un dîner chez les « oiseaux de Steinkerque » où elle avait écouté la lecture d'une douzaine de lettres du chevalier à sa mère et à sa sœur, Mme du Deffand – qui avant de s'éprendre d'Horace Walpole avait été, avec Voltaire, la maîtresse absolue du genre – dénonçait les limites d'un jeu rhétorique qui ne visait qu'au divertissement : « Elles me parurent insupportables. Beaucoup de traits, je l'avoue, parfois naturels, mais le plus souvent recherchés, enfin fort semblables à ceux de Voiture, si ce n'est que le Chevalier a plus d'esprit [113]. » Pour la marquise, elles étaient la preuve que « sans le sentiment l'esprit n'est rien qu'une vapeur, qu'une fumée [114] ».

Mme du Deffand ne pouvait imaginer que, dix ans plus tard, Boufflers changerait complètement de registre en se lançant dans une correspondance amoureuse où sentiment et esprit se mêleraient de façon étroite, s'éclairant et se renforçant mutuellement. Après s'être moqué de la sensibilité et avoir célébré l'inconstance, le chevalier prouvait maintenant « qu'il était profondément sensible, et que le mérite uni à la grâce pouvait le fixer [115] ».

L'originalité et l'élégance avec lesquelles, dans ses premières lettres à Mme de Sabran, le chevalier manipule les ressources du badinage galant – l'art de la surprise, l'allusion plaisante, l'à-propos, la moquerie, l'apitoiement sur soi – et leur confère un charme nouveau sont au service d'un désir amoureux auquel il n'a pas encore été accordé de se déclarer. Au long de leur correspondance, c'est en recourant à son esprit que le chevalier rendra de plus en plus explicite le non-dit, jusqu'au moment où la passion gagnera le droit à la parole. Entre-temps, dès les premières lettres, il n'hésite pas à se raconter et à partager avec la femme aimée pensées, rêves, déceptions et espoirs, fort d'avoir trouvé en elle une interlocutrice capable de lui tenir tête.

Dès l'enfance, en effet, Éléonore, désireuse d'écrire à son père sans savoir comment s'y prendre, avait élu pour modèle les lettres de Mme de Sévigné qu'elle avait trouvées dans la bibliothèque du collège. Découvrir qu'« on pouvait écrire comme on cause [116] », de façon simple et naturelle, avait été pour elle une révélation. Dès lors elle avait éprouvé un authentique plaisir à s'entretenir par lettre avec ses amies. Commencée par jeu et vite devenue une nécessité, sa correspondance avec Boufflers ferait d'elle une merveilleuse épistolière, capable de se raconter avec la même sincérité et la même spontanéité que son premier modèle et de faire vibrer avec la même intensité les différentes tonalités de sa vie affective. De son côté, le chevalier qui, dès le début de leur relation, avait pris en main son éducation littéraire, contribua à faire mûrir son talent, l'encourageant à prendre confiance en elle et à s'abandonner à ses émotions.

Une correspondance comme la leur devait s'affranchir des conventions imposées par la société et Boufflers donnait l'exemple. Il ne voulait pas lui plaire en déployant une virtuosité formelle où il se savait maître, mais se révéler à elle dans toute sa vérité : « Il me semble en effet que vous m'avez mis en droit de ne point rechercher mon style avec vous, et s'il est vrai que vous aimiez mes lettres, il vaut mieux pour moi qu'elles soient négligées, au lieu que ce serait mon travail que vous aimeriez dans une lettre soignée. L'homme est bien plus à découvert dans les fautes qu'il fait que dans celles qu'il corrige et j'ai l'ambition de vous plaire avec mes défauts [117]. »

Un an plus tard, encouragé par l'intimité de plus en plus étroite où ils étaient entrés, le chevalier pouvait désormais indiquer à Mme de Sabran les lignes directrices d'une nouvelle esthétique de la forme épistolaire : « Écrivez-moi, ma chère fille, envoyez-moi des volumes, ne relisez jamais ce que vous aurez écrit, ne songez à aucune des règles de l'art d'écrire, ne craignez de vous répéter ni de manquer de suite, soyez tantôt gaie, tantôt philosophe, tantôt folle, suivant que vos nerfs, vos remèdes, votre raison, votre caractère, votre humeur, vous domineront. Vous n'avez pas besoin de me plaire, il faut m'aimer et me le prouver encore plus que me le dire ; il faut, pour notre bien commun, que vos idées passent continuellement en moi et les miennes en vous, comme de l'eau qui s'épure et s'éclaircit quand on la transvase souvent [118]. » Mme de Sabran releva le défi et composa avec Boufflers la plus belle correspondance amoureuse en langue française du XVIIIe siècle.

Tout en interdisant au chevalier de lui déclarer sa flamme, Éléonore ne pouvait éliminer de leurs conversations un mot d'usage quotidien comme « amour » qui, du caprice le plus éphémère aux sentiments les plus profonds, servait à exprimer toutes les nuances de la vie affective. Elle-même était obligée de l'employer pour dicter ses conditions et tenter de rassurer sa conscience : « Aimez-moi d'un sentiment calme, pur et constant, d'un sentiment que je puisse partager sans crainte. À nos âges ce n'est plus comme une chimère, et la plus rigide vertu ne peut condamner un sentiment fondé sur l'affection et l'estime mutuelles. C'est comme cela que vous m'aimerez toujours, n'est-ce pas, mon frère [119] ? » Mais avec ce « frère » qui lui devenait de plus en plus « *nécessaire* [120] », l'amour était un sentiment totalisant qui ne connaissait pas de limites. Il l'aimait « avec le courage d'un lion, la douceur d'un agneau, la tendresse d'une mère », il l'aimait « de tous les amours et les amitiés » [121]. Tout comme il aimait le sentiment qu'elle lui portait : « J'aime à être aimé par vous : il me semble que c'est par là que je tiens à la perfection [...] et jamais je n'ai pensé quelque temps de suite à vous sans en même temps sourire et avoir les larmes aux yeux [122]. » D'ailleurs, « si vous aimez à être aimée, à qui pouvez-vous mieux vous adresser qu'à moi, qui ne vis que pour vous et pour ainsi dire que de vous ? Car vivre, c'est penser et sentir, et vous êtes mêlée à tout ce que je pense et à tout ce que je sens [123] ». C'était précisément ce programme de vie que Mme de Sabran n'avait pas le courage de suivre. Alors Boufflers sortait parfois les griffes et lui reprochait sa frilosité en lui rappelant qu'avec l'âge « le cœur va toujours se refroidissant. Si cela est, prenez garde au vôtre. Songez, vous qui faites profession de tiédeur, que vous deviendrez un glaçon. Vous plairez peut-être encore comme un vieux livre bien écrit, mais vous ne serez plus aimée parce que vous n'aurez jamais aimé », car « pour conserver du sentiment sous vos cheveux blancs il faudrait en avoir montré sous vos cheveux blonds » [124]. Et puisqu'elle était aussi croyante, pourquoi ne prenait-elle pas exemple sur le fils de Dieu fait homme ? « Ne le haïssez pas, cet amour, ma bonne fille, et jugez par celui des hommes qui aime le mieux que plus on aime, et meilleur on devient [125]. »

Ce n'est pas l'éloquence de Boufflers qui fit capituler Mme de Sabran au bout de trois ans et demi de résistance acharnée, mais la peur incontrôlable qui l'assaillit par surprise à Anisy-le-Château, la résidence d'été de l'évêque de Laon, un neveu du côté Sabran à qui elle était très liée. Un jour, début décembre 1780, le chevalier qu'elle attendait avant la nuit avait dû changer de programme à cause d'une violente tempête de neige, et la « terreur » qu'il lui soit arrivé quelque chose de grave lui avait « arraché » une lettre où elle lui avouait « le secret de son cœur »[126]. Cet aveu avait décidé du « destin de sa vie[127] ». Boufflers n'hésitait pas à lui écrire que, plus heureux qu'Alexandre le Grand, il avait « conquis ce qu'il [lui] fallait » et ne désirait que « mériter et conserver »[128].

En réalité, cinq mois encore devaient passer avant que le chevalier puisse crier victoire, puisque c'est le soir du 2 mai 1781 seulement – date « à jamais mémorable dans ses fastes[129] » – que Mme de Sabran se décida à accueillir Boufflers dans son lit tapissé de bleu, inaugurant ainsi un nouveau chapitre de sa vie. Entre les bras experts de son amant, elle découvrit pour la première fois que l'amour pouvait être aussi attraction des corps et joie des sens et elle s'abandonna au bonheur d'aimer et être aimée. Il s'agissait pour elle d'une véritable métamorphose.

Elle qui avait tant pris soin de fonder son bonheur exclusivement sur elle-même ne le trouvait désormais plus que dans la symbiose avec l'homme aimé : le « cher frère » était devenu son « époux », son amant, son ami, tout son univers, son âme, son Dieu[130]. Et elle l'aimait comme une mère, comme une sœur, comme une fille, comme une amie, comme une épouse et, mieux encore, comme une maîtresse[131]. Grâce à lui, elle renaissait – « Je t'aime comme si je n'étais qu'à quinze ans, et que le monde fût au siècle d'or[132] » –, grâce à lui elle vivait une expérience unique : « Je t'aime comme on aimait jadis, comme l'on n'aime plus, et comme l'on n'aimera jamais[133]. »

Mais Éléonore ne tarda pas à découvrir que son bonheur tout neuf lui coûtait aussi bien des larmes. Elle souffrait de vivre dans le péché aux yeux de Dieu et de compromettre sa réputation sans tache aux yeux du monde. Elle souffrait du refus de l'homme aimé de régulariser leur union en l'épousant et lui en voulait de donner la préséance sur leur bonheur à un point d'honneur discutable. Elle souffrait des « tourments[134] » de la jalousie, craignant que le chevalier n'ait pas rompu avec les habitudes du passé et ne s'accorde encore des aventures passagères. Elle souffrait des séparations fréquentes imposées par les nécessités pratiques et parfois elle en attribuait avec tristesse la responsabilité au chevalier : « Pourquoi m'as-tu quittée ? Nous étions si heureux et si bien dans notre petit ménage [...] Ton départ a tout gâté : tu as emporté avec toi ma gaieté, mon repos et tout mon bonheur[135]. »

Mais c'était surtout la jalousie qui la rendait folle. Ayant surpris Boufflers au cours d'un voyage dans les Flandres en compagnie d'une « Dulcinée du Toboso [136] » locale, Mme de Sabran avait eu des mots d'une telle violence que le chevalier s'était emporté à son tour et l'avait comparée à Mégère et Alecto [137], avant de lui exprimer, son calme recouvré, toute sa consternation : « Tu m'as laissé la mort dans le cœur. Je ne vois pas d'espoir de bonheur dans l'avenir ; toutes mes illusions me quittent comme on voit tomber les feuilles dans les tristes frimas de l'automne où chaque jour annonce un plus fâcheux lendemain. Le courage me manque entièrement : j'éprouve un chagrin également au-dessus de mon âge, car à quarante-cinq ans l'amour devrait presque avoir perdu son nom et se fondre dans une douce et paisible amitié. Que nous sommes loin de cela [138] ! »

Ils en étaient loin parce que, en dépit de leur âge, tous deux se mesuraient pour la première fois avec l'absolu de la passion. Mais, en définitive, les conflits qui l'accompagnaient contribuaient à alimenter sa flamme. Demander pardon devenait ainsi pour Mme de Sabran l'occasion de renouveler ses déclarations d'amour : « Ne me hais pas, mon enfant, parce que je t'aime trop. Aie pitié de ma faiblesse, ris de ma folie, et qu'elle ne trouble jamais la paix de ton cœur. Je suis aujourd'hui accablée de ma honte et de mes remords. » Le bonheur du chevalier avait la priorité sur le sien : « Va, sois libre comme l'air, abuse si tu veux de ta liberté, et je l'aimerai encore mieux que de te faire sentir le poids d'une chaîne trop pesante. Je veux que ta volonté seule te guide vers moi, et que nul égard, nulle complaisance ne t'y porte : je ne peux pas être heureuse à tes dépens. » Mais elle ne pouvait s'empêcher de lui rappeler que son bonheur à elle dépendait entièrement de lui : « Adieu mon cœur. Aime-moi si tu veux, ou plutôt si tu peux, mais songe seulement que rien dans le monde ne t'aime et ne te chérit comme moi, et que je n'estime la vie qu'autant que je la passerai avec toi [139]. » Boufflers, qui détestait les conflits, ne tardait pas à la rassurer : « Je persiste dans ma bonne humeur et dans ma bonne volonté. Je te pardonne toutes tes vexations [140] », anxieux de lui rendre le sourire, parce que sans elle, sans son « joli enfant, joli amour, jolie Sévigné, jolie Deshoulières », il aurait été « le plus malheureux chien de la terre » [141].

Difficultés et malentendus n'empêchèrent pas les amants de vivre avec bonheur la dernière saison mondaine de la France d'Ancien Régime et de contribuer activement à sa légende. En reconstituant ces années inimitables, la comtesse de Genlis décrira Mme de Sabran comme une « des plus charmantes personnes que j'ai connues, par la figure, l'élégance, l'esprit et les talents ; elle dansait d'une manière remarquable ; elle peignait comme un ange ; elle faisait des jolis vers ; elle était d'une douceur et d'une bonté parfaite [142] ». L'incarnation idéale de « l'honnêteté » féminine, qui contrastait de façon délicieuse avec l'esprit d'indépendance, l'imprévisibilité et la fantaisie du chevalier, permettant aux amants de se compléter dans l'exercice commun de cette « chose si superflue et si nécessaire [143] » pour la vie en société qu'était la conversation.

À partir de 1780, des rééditions rapprochées de ses poèmes et de ses écrits en prose consacrèrent la réputation littéraire de Boufflers, tandis que ses impromptus continuaient à faire les délices de la « bonne compagnie ». La visite privée du frère de Frédéric le Grand, le prince Henri de Prusse, arrivé en France en 1784, en inspira de nombreux. Porte-parole de la cour, le marquis de Bombelles transcrivit d'une plume admirative dans son *Journal* les vers que le prince avait eu l'occasion de lire sous une copie en biscuit de Sèvres de son buste sculpté par Houdon, qui trônait dans le salon de la marquise de Boufflers : « Dans cette image auguste et chère / Tout héros verra son rival, / Tout sage verra son égal, / Et tout homme verra son frère [144]. »

Boufflers sut faire mieux en suggérant un impromptu au petit Elzéar qui, assis à l'Opéra entre le prince et le chevalier pour une représentation du *Castor et Pollux* de Rameau, avait demandé des explications sur les jumeaux. Henri lui avait répondu que c'étaient des frères nés d'un même œuf, en lui demandant pour plaisanter s'il était sorti d'un œuf lui aussi. Boufflers était alors venu au secours de l'enfant en difficulté devant cette question inattendue, en lui soufflant : « Ma naissance n'a rien de neuf ; / J'ai suivi la commune règle. / Je me croirais sorti d'un œuf / Si, comme vous, j'étais un aigle [145]. »

Mais les vers d'occasion de Boufflers étaient avant tout le reflet immédiat de ses humeurs, de ses habitudes, de ses fréquentations, et ils permettent de saisir en filigrane tout le réseau de ses amitiés. Ce sont des poésies, des quatrains, des couplets, des chansons dédiés à sa mère et à sa sœur, à des membres de son vaste clan familial – Mme de Mirepoix [146], Mme de Luxembourg [147], le prince de Beauvau-Craon [148] et sa fille, la vicomtesse de Cambis [149] – ainsi qu'à leurs amis, le duc de Choiseul [150] et Mme du Deffand [151]. Des vers qui transforment la banalité de la chronique quotidienne en occasion de jeu. Un cadeau, une guérison, une invitation sont pour Boufflers prétextes à gratifier avec élégance et habileté l'amour-propre de ses destinataires, les incitant à sourire de bonne grâce de l'attention dont ils sont l'objet et qui attire sur eux les regards de leur cercle, dont l'empathie peut alors s'exprimer et la complicité se renforcer.

Si, en ces années 1780, certaines figures qui avaient accompagné la jeunesse du chevalier se préparaient à quitter la scène, d'autres restaient bien présentes. C'était assurément le cas du duc de Nivernais, ami de vieille date de la marquise de Boufflers, à qui le chevalier envoya en cadeau une dizaine de moutons lorrains pour agrémenter les prés de Saint-Ouen, le célèbre château acheté par le duc dans les environs de Paris, où Boufflers et Mme de Sabran étaient souvent reçus. Délicieusement hyperboliques, les vers qui accompagnaient le cadeau prenaient soin de rappeler que la passion dominante du maître des lieux était la poésie : « Petits moutons, votre fortune est faite, / Pour vous ce pré vaut le sacré vallon ; / N'enviez pas l'heureux troupeau d'Admète, / Car vous paissez sous les yeux d'Apollon [152]. » Et au baron de Besenval, autre pilier de la mondanité parisienne, le chevalier témoignait son admiration en lui faisant trouver, épinglé sur son chapeau, un billet avec ces vers : « Amour, si tu vois la figure / De ce chapeau, / Tu vas conformer ta coiffure / À ce chapeau ; / Mais en vain mon talent s'éprouve / Sur ce chapeau, / Je n'ai pas tout l'esprit qu'on trouve / Sous ce chapeau [153]. »

Les vers facétieux en marge d'un cadeau du comte Louis de Ségur à sa jeune épouse [154] ou ceux dithyrambiques saluant l'*Essai sur les moyens de plaire en amour* du vicomte Joseph-Alexandre de Ségur [155] témoignent aussi des liens de Boufflers avec les personnalités les plus en vue de la jeune génération. Dans une lettre au roi de Suède, de novembre 1783, le comte de Creutz désignait le chevalier, avec le comte de Choiseul-Gouffier, le comte de Narbonne et l'abbé de Périgord, parmi ceux qui « donnent le ton dans la société [156] ».

De son côté, tout en déclarant ne pas y être portée[157], Mme de Sabran menait une vie mondaine intense, se partageant entre Paris et Versailles, voyageant à travers l'Europe, fréquentant les stations thermales à la mode. Sa meilleure amie, la comtesse d'Andlau, tante paternelle de la duchesse de Polignac, l'avait introduite dans le cercle des intimes de la favorite, où elle avait gagné les sympathies à la fois de la reine et du comte d'Artois. Son fils raconte qu'elle « joua la comédie avec lui à Choisy et [qu']il vint chez elle sous un déguisement à un spectacle de société où l'on jouait à minuit *Le Misanthrope* avec les anciens costumes du temps de Louis XIV[158] ». La comtesse savait bien que l'avenir de ses enfants – un beau mariage pour Delphine, une carrière brillante pour Elzéar – dépendait surtout de la faveur royale et de l'étendue de ses relations sociales, et elle agissait en conséquence. C'est elle par exemple qui introduisit Henri de Prusse dans la haute société parisienne, gagnant son amitié de façon durable. Excellente maîtresse de maison, elle s'empressa d'offrir au prince, revenu quelques années plus tard, un intermède théâtral en accord avec la mode de l'époque, au cours de la grande réception qu'elle donna en son honneur. À cette occasion, Boufflers avait adapté plusieurs scènes du *Bourgeois gentilhomme* de Molière, pour les interpréter avec la comtesse et ses enfants[159], qui avaient déjà une expérience théâtrale certaine.

En effet, en septembre 1782, hôtes du prince de Ligne à Belœil, les trois Sabran avaient été cooptés par le maître de maison pour une mise en scène du *Barbier de Séville*. En l'absence d'un adulte apte à tenir le rôle – bien qu'il fût grand amateur de théâtre, le prince ne se sentait pas à son aise sur scène –, c'était Elzéar, âgé de neuf ans seulement, qui avait interprété Figaro. Au dire de sa mère, le rôle lui allait comme un gant[160] et le comédien en herbe s'était révélé à la hauteur des attentes.

L'année suivante, le choix de Ligne tomba sur *Les Noces de Figaro*, qui en France n'avait pas encore obtenu le feu vert de la censure. Cette fois, c'était Boufflers qui avait triomphé dans le rôle de Figaro, tandis que Mme de Sabran jouait la comtesse d'Almaviva, Hélène de Ligne, la ravissante belle-fille polonaise du prince, Suzanne, et Elzéar, Chérubin.

Informée des succès théâtraux de Delphine et Elzéar, Marie-Antoinette – qui aimait beaucoup Éléonore et ses enfants – avait exprimé le désir de les voir jouer. À l'automne 1784, la duchesse de Polignac avait donc organisé chez elle, au seul profit de la famille royale, une soirée théâtrale qui prévoyait la représentation d'une tragédie et d'une comédie. La tragédie choisie était *Iphigénie en Tauride* : Delphine, « belle à servir de modèle au peintre le plus amateur de la beauté, à Greuze [161] », avait interprété Iphigénie, et Elzéar, Oreste. Les autres acteurs étaient le fils de la duchesse de Polignac, les filles de Mme d'Andlau et Mlle de Montaut-Navailles, future duchesse de Gontaut, qui garderait un vif souvenir de cette soirée où elle avait remporté un véritable succès personnel en récitant « La petite souris blanche », un couplet que Boufflers avait composé pour elle [162]. Fière du succès de ses « pauvres petits enfants à la cour », Mme de Sabran s'était hâtée d'écrire au chevalier que la reine avait été « touchée jusqu'aux larmes » par la tragédie et que le roi s'était amusé « comme un roi à la comédie » [163]. Le spectacle fini, « on avait préparé un souper pour ces jeunes acteurs ; on les fit mettre à table où le roi et la reine les servirent et se tinrent debout, l'un derrière Oreste, l'autre derrière Iphigénie [164] ».

1784 avait été une année riche en émotions pour Boufflers aussi. En janvier, le chevalier avait reçu le brevet de maréchal de camp qui lui permettait d'aspirer au commandement militaire d'une province ou d'une forteresse. Restait un problème crucial : trouver un poste vacant et y être nommé. De Nancy, où il était allé voir sa mère malade, Boufflers orchestra une campagne promotionnelle de grand style. Il écrivit à sa maîtresse et à sa sœur, en indiquant les initiatives à prendre et les personnes à solliciter. Il mobilisa amis et connaissances, caressant la possibilité d'une charge en Flandres ou dans l'armée. En plus du soutien du prince de Beauvau et du duc de Nivernais, Boufflers pouvait espérer dans les bons offices de Diane de Polignac, amie intime d'Éléonore, auprès de la reine, et dans l'appui du père de ses amis Ségur, le maréchal de Ségur, alors ministre de la Guerre, lequel en réalité ne leva pas le petit doigt pour lui [165].

La première occasion qui s'offrit à lui fut le poste de gouverneur du Sénégal et le chevalier la saisit au vol. Cette charge était inconfortable et peu prestigieuse, puisque l'enjeu était la traite des Noirs. Pour renforcer les comptoirs français sur la côte occidentale de l'Afrique, Louis XVI et le ministre de la Marine, le maréchal de Castries, avaient décidé d'envoyer au Sénégal un nouveau gouverneur capable de mettre un terme à l'inefficacité et aux abus des administrateurs qui s'y étaient succédé depuis la conquête éclair de Saint-Louis par Lauzun en 1779. On se souvient que le duc lui-même avait souligné l'importance essentielle pour l'avenir de cette colonie d'une « conduite modérée, sage, ferme et soutenue [166] ». Sur une indication de son ami Beauvau, Castries estima que Boufflers était la bonne personne.

Consulté en grand secret par le chevalier, Louis-Philippe de Ségur avait tenté de dissuader son ami de poser sa candidature. Mais ce dernier, proche de la cinquantaine et très endetté [167], ne l'écouta pas et, le 9 octobre 1785, il reçut son affectation officielle.

De Moscou où, supplantant le comte de Narbonne, il avait été nommé ambassadeur l'année précédente, Louis-Philippe de Ségur faisait le point sur la situation. Même s'il se sentait tenu de s'excuser d'avoir obtenu une charge tellement plus importante – « que je ne dois qu'au hasard et à la chaleur de mes amis [168] » – alors qu'il était de quinze ans son cadet, Ségur était si pénétré de son nouveau rôle qu'il n'hésitait pas à donner à son vieil ami de véritables directives diplomatiques. Mais, paternalisme à part, son diagnostic était juste : « Ton cœur va saigner de l'état où tu trouveras la colonie qui t'est confiée ; tu auras beaucoup d'opprimés à défendre et des friponneries à empêcher ; tu seras médiateur entre l'avide cruauté des blancs et la déplorable absurdité des noirs ; en ne pouvant empêcher ni les uns de se vendre ni les autres de les acheter, tu les empêcheras au moins de se tromper réciproquement. Ton âme souffrira de cette utile et pénible occupation, mais les précautions à prendre pour la sûreté intérieure du pays et pour sa défense dans le cas d'une guerre avec les Anglais offriront à ton esprit un champ plus vaste et moins aride. Tu trouveras tout négligé, tout à créer dans cette partie : les batteries de la côte mal placées, les forts mal construits, nulle prévoyance pour la communication des avis et des secours d'un poste à l'autre, nulle attention pour le logement des troupes ni pour les préserver de l'insalubrité du climat. Ainsi je prévois que tu y feras beaucoup de bien, que tu y conserveras beaucoup d'hommes, que tu nous enverras de beaux mémoires, de bons projets, d'excellentes cartes. L'histoire naturelle et la physique te devront aussi d'utiles observations ; mais ce que je désire, c'est que tu fasses très promptement ce bien-là [169]. » Comptant au petit nombre des intimes informés de la relation entre le chevalier et Mme de Sabran, il n'avait aucun doute sur le motif qui avait poussé son ami à risquer cette difficile aventure et il prenait congé de lui ainsi : « Adieu, monsieur l'abbé ; termine vite cette querelle de l'anneau et de la crosse qui a si longtemps brouillé Rome et l'Empire : défaites-vous [*sic*] de la crosse et donnez l'anneau à notre amie [170]. »

La conduire un jour à l'autel, c'était en effet la raison que Boufflers invoquait auprès de Mme de Sabran pour justifier sa décision. À la nouvelle de son départ pour le Sénégal, la comtesse avait sombré dans un tel désespoir [171] que, pour lui insuffler un peu de courage, il s'était déclaré convaincu que « cet être qui dirige les autres » ne l'arracherait pas pour toujours à l'homme qu'elle aimait et qui l'aimait. Il aurait fait plus encore : « Il te le rendra plus digne de toi ; et peut-être, quand tu reverras ton amant, tu seras fière d'être à lui, tu l'aimeras à la vue du ciel et de la terre, et tu feras un triomphe à la vue d'un amour dont tu faisais un mystère. » Mais n'était-ce pas une façon de lui rappeler que l'exigence de régulariser leur union aux yeux du monde venait d'elle et qu'il avait souhaité la contenter ? « Ma gloire, si je l'acquiers jamais, sera ma dot et ta parure, et c'est là ce qui m'y attache. Si j'étais joli, si j'étais jeune, si j'étais riche, si je pouvais t'offrir tout ce qui rend les femmes heureuses à leurs yeux et à ceux des autres, il y a longtemps que nous porterions le même nom et que nous partagerions le même sort [172]. »

Mme de Sabran connaissait trop bien Boufflers pour lui prêter entièrement foi. Dans les moments de tendresse, elle se limitait à le comparer au pigeon voyageur imprudent de la fable de La Fontaine, dont « l'humeur vagabonde » faisait « le désespoir de sa [ta] triste et fidèle compagne » [173], mais quand l'éloignement lui devenait insupportable, elle n'avait plus de place pour l'indulgence : « Ma vie est finie, tu l'as terminée le 22 novembre 1785 : ton ambition a tout détruit, *amour, bonheur et espérance* [174]. »

La comtesse semblait oublier que l'éthique nobiliaire associait étroitement amour, ambition et gloire. Le joyeux dédain avec lequel le chevalier avait encaissé la déception d'être tenu à l'écart des champs de bataille ne signifiait pas qu'il avait abdiqué tout espoir de se distinguer au service de son pays. Le retour triomphal de connaissances et amis tels que Lauzun et Ségur des États-Unis, le climat d'effervescence politique qui caractérisait la vie en société dans ces années, la responsabilité du nom qu'il portait, la faveur même dont jouissait à Versailles la femme qu'il aimait ne pouvaient pas ne pas émouvoir son orgueil, l'incitant à vivre jusqu'au bout sa vocation de gentilhomme et à donner la pleine mesure de sa valeur. Arrivé au seuil de la cinquantaine, il n'avait plus de temps à perdre.

C'est ce qu'il déclarerait avec la plus grande clarté à un ami lorrain qui s'était établi à Saint-Domingue : « J'ai d'ailleurs voulu montrer que si je suis resté oisif jusqu'ici ce n'était point faute de zèle et de courage, pas même peut-être de capacité, mais faute de circonstances ; j'ai saisi la première qui s'est présentée d'être employé dans mon grade [175]. »

Parti de La Rochelle le 5 décembre, Boufflers atteignit la colonie française de Saint-Louis le 14 janvier 1786. C'était une île longue et étroite, pauvre en végétation et en eau, dotée d'une grande forteresse en son centre et peuplée d'environ six mille habitants, pour la plupart des Noirs et des mulâtres. Elle n'était pas d'un accès facile. Située à l'embouchure de l'estuaire du Sénégal, qui donnait son nom à la région, l'île était séparée de la mer par un cordon littoral, appelé Langue de Barbarie. L'embouchure du fleuve était obstruée par une barrière de sable qui, située au point de rencontre entre courants marins et courant fluvial, changeait continuellement de forme, gênant l'arrivée des grands navires. Sept ans plus tôt, après avoir sondé la barre lui-même, Lauzun était parti à l'assaut du fort – heureusement pour lui à moitié vide – dans une chaloupe [176]. Arrivé comme le duc en janvier, à un moment où la navigation était particulièrement dangereuse, Boufflers fut lui aussi obligé de gagner l'île en pirogue, ses bagages n'arrivant que dans un second temps.

L'importance de Saint-Louis comme avant-poste français en Afrique était due à son « caractère imprenable [177] », mais aussi à sa position stratégique qui lui permettait de contrôler le fleuve. Dans les accords de paix de Paris, à la fin de la guerre américaine, la France s'était adjugé le monopole du commerce sur le fleuve Sénégal et l'Angleterre sur le Gambie, situé plus au sud. En remontant le Sénégal vers l'intérieur, les Français essayaient d'« intercepter à leur profit les convois d'esclaves que les chefs noirs allaient livrer aux Anglais [178] » pour les envoyer à Saint-Louis, dans l'attente d'une destination définitive. L'autre composante essentielle de ce qu'on appelait la « colonie du Sénégal » était l'île de Gorée. Située à soixante-cinq lieues de Saint-Louis, à la hauteur du Cap-Vert, Gorée comptait trois mille habitants et était célèbre pour la beauté de sa nature et la salubrité de son climat. Une petite constellation de comptoirs disséminés en des points commerciaux névralgiques complétait le tableau des possessions françaises récupérées à la fin de la guerre.

Siège du gouvernement et de l'administration de toute l'île, Saint-Louis était aussi celui de la Compagnie du Sénégal qui gérait le commerce triangulaire entre la France, les comptoirs africains et l'Amérique. En échange de la protection de l'État, la Compagnie devait payer une partie importante des dépenses de la colonie et assurer son ravitaillement avec ses propres bateaux [179], tandis que le gouverneur détenait l'autorité suprême en matière d'administration civile, militaire et judiciaire. C'était lui qui négociait les accords avec les chefs de tribu africains et s'imposait à leur respect en recourant si nécessaire à la force.

Au moment même où il mit le pied sur l'île, le chevalier comprit combien la tâche qui l'attendait était ingrate, mais il s'y attela aussitôt, sans se laisser décourager. Sa maison était « hideuse, délabrée », écrivait-il à Mme de Sabran. En effet, « aucune porte ne ferme, [...] aucun plancher ne se soutient, [...] tous les murs se réduisent en poudre, [...] toutes les chambres sont meublées de haillons couverts de poussière ». Il fallait la réparer au plus vite. Il manquait de l'argent, des bras, du bois nécessaires et pourtant il y parviendrait, « parce que si l'esprit de l'homme est effectivement le souffle de Dieu, il faut qu'il le prouve en se montrant créateur ». Il ne pouvait guère nourrir d'illusions non plus sur les quelques personnes à ses ordres : « Les uns meurent, les autres sont malades, d'autres sollicitent des congés, tous sont paresseux. Personne ne me dit la moitié de ce qu'il doit dire, personne ne fait la moitié de ce qu'il doit faire ; les uns me trompent, les autres ne m'entendent pas. » Pourtant il ne désespérait pas d'« être très utile » : « Et les obstacles m'animeront au lieu de m'abattre. » Maître dans l'art de la transition, il rappelait à la femme aimée la ténacité heureuse avec laquelle il l'avait courtisée : « Si les difficultés m'avaient rebuté, tu ne serais pas à moi : c'est là ce que je me dis pour me préserver du découragement » [180].

Six semaines après son arrivée, dans une très longue lettre au maréchal de Beauvau accompagnée d'un mémorial destiné au ministre de la Marine, Boufflers dressait un tableau circonstancié de la situation désastreuse de la colonie. Le chevalier, qui nourrissait pour le frère de sa mère une dévotion filiale et une admiration sans bornes, savait aussi qu'il lui devait son poste et c'était une raison de plus pour le rassurer sur son zèle et lui confier ses impressions personnelles en le laissant libre de décider s'il en parlerait au maréchal de Castries : « Vos bontés me consolent, mon cher oncle, et vos conseils me soutiennent, comme la voix invisible que Télémaque entendit en gardant les troupeaux à quelques lieues d'ici [181]. Je ne sais point encore si je surmonterai les difficultés que je suis venu chercher, mais au moins elles ne m'abattront point. Je suis quelquefois tenté de me décourager (comme vous semblez le soupçonner), au moins la honte suit de près la tentation, et je retrouve mes forces avant d'avoir montré ma faiblesse. Tout est à faire dans ce pays-ci, et même à défaire ; jamais la tâche et les moyens n'ont été aussi disproportionnés entre eux [...] mais je me dévoue ; j'écoute tout, je lis tout, je réponds à tout ; je ne repousse, je ne renvoie, je ne fais attendre personne, et puisque tout le monde ici est à mes ordres, je pense que par un juste retour, je dois être aux ordres de tout le monde [182]. »

Ce n'étaient pas des paroles en l'air. Pendant ses deux années de gouverneur, Boufflers manifesta une ténacité et une énergie extraordinaires. Il n'avait ni hommes ni moyens adéquats, il ne pouvait compter que sur son intelligence, son esprit d'initiative et son bon sens. Par chance pour lui, en bon lecteur de l'*Encyclopédie*, il s'intéressait à tout et croyait en la circularité du savoir. Grâce aux « livres, instruments de physique, outils de toute sorte de métiers » qu'il avait glissés dans les ballots de ses « pauvres effets » [183], il se transforma en urbaniste, architecte, chef de chantier, artisan. Il fit bâtir une église sur des plans de son cru, déplaça le cimetière à l'extérieur de l'agglomération, restaura de vieux bâtiments et en construisit de nouveaux, dota le fort d'une caserne pour les soldats, d'un hôpital et d'une prison décents. En attendant des embarcations plus sûres pour franchir la barre, il fit réparer les anciennes qui en avaient bien besoin. Il tenait tous les jours table ouverte chez lui pour les officiers, ses collaborateurs, les visiteurs de passage, s'ingéniant à offrir à ses hôtes des menus acceptables sans renoncer à une touche d'élégance. Il se dévoua patiemment à l'administration de la colonie, réglant les contentieux, instruisant les procès, tentant de mettre fin aux abus, formant les soldats de la garnison. Il signa un règlement qui interdisait aux populations de la côte de s'emparer des bateaux naufragés et de leur cargaison, organisant les représailles contre les pillards. Responsable non seulement de Saint-Louis, mais de tous les comptoirs français de cette région de l'Afrique, il les visita un à un, les trouvant le plus souvent dans un état pitoyable. Il remonta le fleuve Sénégal en bateau, s'aventurant à l'intérieur du pays et scellant de nouvelles alliances ainsi que des traités de commerce avec les différents royaumes riverains du fleuve. Il s'intéressa aux us et coutumes des Africains comme aux ressources naturelles du pays dans une perspective d'avenir.

Mais que pouvait son zèle contre la mort qui ne cessait de décimer ses gens ? Comment se défendre presque sans médicaments et avec des médecins incapables contre les piqûres d'insectes, les infections, les plaies, les bubons de toute sorte et la kyrielle de maladies – dysenterie, fièvre jaune, tétanos – qui sévissaient chaque année à la saison des pluies ? Et comment empêcher que la barre ne continue à faucher des victimes ?

Déjà avant d'arriver en Afrique, Boufflers savait qu'en réalité le premier ennemi à combattre était l'« infâme [184] » Compagnie du Sénégal. C'étaient les hommes de la Compagnie qui achetaient les esclaves auprès des chefs de tribu pour les revendre aux négriers qui les transportaient de l'autre côté de l'océan. Il avait sans doute été mis en garde par son ami Lauzun.

Dans son rapport de fin de mission, en effet, le duc avait signalé la nécessité de circonscrire la liberté d'initiative de la Compagnie au commerce. « L'expérience a prouvé depuis des siècles que les troupes des compagnies sont toujours mauvaises, et leur politique au détriment de la politique générale. Il est donc préférable qu'elles se servent des troupes du Roi et qu'elles conforment leur politique à celle du Ministère [185]. » C'est ce que Boufflers constata aussi tout de suite. Guidée par la seule logique du profit, la Compagnie ne respectait pas ses engagements, laissait pendant des mois la colonie sans ravitaillement, employait des individus corrompus et sans scrupules [186], se faisait haïr de la population pour ses méthodes inhumaines. Mais que pouvait-il y avoir d'humain dans le trafic d'esclaves, intérêt premier de la Compagnie ? Et le chevalier n'avait-il pas été envoyé en Afrique précisément pour augmenter ce commerce ? Les instructions qu'il avait reçues étaient très claires : « L'importance de la possession du Sénégal consiste dans l'aliment qu'elle offre au commerce ; les objets de traite sont de quatre espèces : les esclaves pour la culture de l'Amérique, la gomme, l'or et le morfil [187]. » Et c'est exactement ce qu'il fit, puisque, pendant les deux années de son mandat, le nombre d'esclaves vendus par les Français augmenta de façon considérable [188]. Il avait bien conscience qu'il s'agissait d'un « commerce barbare [189] », comme il le confiait à sa sœur, et il n'était pas le seul à le penser. En lui demandant quel « rapport » il pouvait y avoir entre sa « bonté », son « désintéressement » et « la dureté et l'avarice de ces horribles gens qui trafiquent du sang humain » [190], Mme de Sabran exprimait une indignation répandue parmi les élites cultivées. Dans *De l'esprit des lois*, Montesquieu avait dénoncé le phénomène avec une ironie féroce : « Les peuples d'Europe ayant exterminé ceux de l'Amérique, ils ont dû mettre à l'esclavage ceux de l'Afrique, pour s'en servir à défricher tant de terres [...] Il est impossible que nous supposions que ces gens-là soient des hommes ; parce que, si nous les supposions des hommes, on commencerait à croire que nous ne sommes pas nous-mêmes des chrétiens [191]. » Peu de lecteurs étaient restés insensibles à l'épisode de *Candide* où le pauvre esclave noir, à qui le trafiquant hollandais avait coupé une main et une jambe, concluait son récit par la phrase célèbre : « C'est à ce prix que vous mangez du sucre en Europe [192] ? » Mais il s'agissait de condamnations de principe d'un mal qui semblait inévitable et il avait fallu attendre 1770 et la parution (anonyme) de l'*Histoire philosophique et politique des établissements et du commerce des Européens dans les deux Indes*, due à l'abbé Raynal, pour que soit lancée une accusation circonstanciée contre les atrocités inacceptables du colonialisme et de la traite des esclaves. Bien qu'elle ait été condamnée à être brûlée en place publique, l'*Histoire* suscita « un enthousiasme général [193] », mais, écrite à la hâte et à plusieurs mains, elle manquait d'unité et présentait de nombreuses contradictions. C'est avec Condorcet que la cause de l'abolitionnisme trouva en France son premier grand défenseur. Publiées en 1781 en Suisse, sous un faux nom, ses *Réflexions sur l'esclavage des nègres* traitaient le problème à fond et sans ambiguïté : il fallait abolir l'esclavage et si ce n'était pas le cas d'ici la fin du siècle, la postérité n'éprouverait que « mépris pour ceux qui pensent incarner la raison et l'humanité[194] ». Au sein même de l'administration royale, on relevait de timides tentatives d'aborder le problème et Daniel Lescallier, commissaire général de la Marine et ordonnateur en Guyane, se déclarait favorable à un affranchissement progressif des esclaves. Mais pour que la cause des Noirs se transforme en un véritable mouvement politique, il fallut attendre 1788, quand, outre Condorcet, se mobilisèrent Brissot, La Fayette, Mirabeau, Kersaint, La Rochefoucauld, l'abbé Grégoire, Sieyès et d'autres Girondins. Finalement, le 4 novembre 1794, la Convention nationale décréta la fin de l'esclavage dans tous les territoires français.

On ne s'étonnera donc pas que, dans ses lettres du Sénégal, Boufflers se contente d'exprimer une indignation vague et générique contre la traite. Comment aurait-il pu, haut fonctionnaire représentant le roi de France en Afrique, critiquer ouvertement la politique de son gouvernement et remettre en question les consignes reçues ? Boufflers était un militaire habitué à obéir et il savait très bien que la France menait en Afrique une guerre de défense de ses intérêts économiques et coloniaux, dont le commerce des esclaves était le pivot. Et même s'il avait voulu exprimer des réserves à cet égard, il n'aurait pas été prudent de les confier dans une correspondance qui – comme il l'expliquait lui-même à Mme de Sabran[195] – pouvait facilement tomber entre des mains indiscrètes.

Par ailleurs, le comportement de Boufflers coïncidait parfaitement avec ce que théorisait deux ans plus tôt Emmanuel Kant dans sa réponse à la question de la *Berlinische Monatsschrift* : « Qu'est-ce que les Lumières ? » Le philosophe y distinguait nettement « l'usage public de la raison qui doit être libre en tout temps » et « son usage privé » : le premier est l'apanage du savant qui s'adresse au « public qui lit », le second s'impose à ceux qui recouvrent une fonction ou une charge publique. « Ainsi il serait très dangereux, concluait Kant, qu'un officier qui a reçu un ordre de ses supérieurs, se mît à raisonner dans le service sur l'opportunité ou l'utilité de cet ordre ; il doit obéir. Mais on ne peut pas légitimement lui interdire de faire, en tant que savant, des remarques sur les erreurs touchant le service militaire et les soumettre à son public afin qu'il les juge[196]. »

Le chevalier s'en tint donc aux ordres reçus, mais, donnant l'exemple le premier, se fit un point d'honneur d'interdire aux officiers, aux soldats et à tous ses collaborateurs de s'enrichir avec le commerce des esclaves. Ce qui toutefois, il faut le dire, ne l'empêcha pas de négocier pour la jeune comtesse de Ségur l'achat d'« une cinquantaine de beaux nègres à moins de la moitié du prix auquel elle les paye [197] ». En effet les Ségur possédaient des plantations aux Antilles et, en dépit des idées libérales qu'ils professaient, ne trouvaient pas malséant de bénéficier de rentes alimentées par le travail des esclaves.

Pris de pitié, Boufflers racheta au cours de sa mission des enfants noirs destinés à la traite, qu'il envoya en cadeau à ses amis français. Dans ses lettres, nous trouvons plus d'une allusion à « la belle Ourika [198] », une petite esclave qu'il avait offerte à son oncle et sa tante Beauvau, lesquels l'avaient accueillie comme une fille. Des décennies plus tard, la duchesse de Duras, fille d'un antiesclavagiste actif, racontera son histoire dans une nouvelle célèbre. Pour permettre aux cœurs sensibles et aux belles âmes de dormir en paix, la bonne conscience des Lumières recourait à l'illusion et à l'oubli mais, comme le montrait l'auteur d'*Ourika*, c'était un jeu dangereux.

Boufflers, en revanche, ne voulut pas oublier ce qu'il avait vu en Afrique et, de retour en France, décida de le faire savoir. Il n'adhéra pas à la Société des amis des Noirs, où son passé de gouverneur du Sénégal pouvait rendre sa présence incongrue, de même qu'il refusa de profiter de son élection à l'Académie française pour lancer d'une tribune institutionnelle son *j'accuse* contre la politique gouvernementale. Dans son discours de réception, il se limita à une allusion large « à ces hommes simples, réduits aux seuls besoins physiques, bornés à des notions pour ainsi dire animales », qui, au lieu de recevoir des Européens « les bienfaits que l'obscurité doit attendre de la lumière », avaient été victimes de leur cupidité barbare. Apparus aux Africains comme des dieux, les « vainqueurs de l'Océan » s'étaient révélés « comme des dieux malfaisants qui viennent exiger des victimes humaines » [199].

Pour sensibiliser les personnes en mesure d'orienter l'opinion, Boufflers préféra recourir à son vaste réseau de relations mondaines et au brio de sa conversation [200]. Mme de Staël – depuis moins d'un an épouse de l'ambassadeur de Suède à Paris – ne se limita pas à écrire à Gustave III : « Les détails que le chevalier de Boufflers m'a contés de cette traite des nègres sont déchirants [201] », mais elle choisit comme héroïne d'une de ses premières nouvelles, *Mirza*, une jeune Sénégalaise qui se livre aux négriers à la place de l'homme qu'elle aime, puis se donne la mort. Le souhait formulé par Mme de Staël répondait à celui de Boufflers : « Puisse un commerce libre s'établir entre les deux parties du monde [202] ! » Et toute sa vie elle exprimera « son indignation contre l'esclavage et la traite des Noirs ; elle plaidera encore en 1814, et son fils prendra la relève [203] ».

Malgré les horreurs de la traite, les innombrables difficultés pratiques et logistiques et la vaine attente des aides ministérielles, Boufflers garda une haute idée de sa mission. Caractéristique de l'esprit des Lumières, sa conception du colonialisme s'inscrivit sous le signe du progrès et de la civilisation [204]. Jusque-là la politique française en Afrique s'était limitée à s'assurer la possession de simples avant-postes commerciaux. Le chevalier en revanche visait une expansion territoriale à vaste échelle. Dans cette perspective, il étudia le climat, la flore, la faune, les ressources naturelles d'un pays qui, à son avis, représentait un formidable potentiel pour le développement de l'économie française et une occasion de salut pour les Africains. Il planta dans son jardin de Gorée « du coton et de l'indigo, qui réussissent admirablement et qui préparent la prospérité à venir de la colonie » et, fort de ces succès, il pouvait « promettre à la France des millions de la part de l'Afrique, soit qu'on les lui demande par le commerce ou par la cultivation » [205]. Pourquoi ne pas imaginer qu'au lieu de travailler comme esclaves dans les plantations américaines, les Noirs cultiveraient un jour librement le coton dans leur pays ? C'est dans cette perspective que La Fayette venait d'obtenir l'accord de Louis XVI et du maréchal de Castries pour lancer en Guyane une expérience visant à montrer que le travail des Africains libres était plus productif que celui des esclaves [206].

Dans l'attente de la meilleure des colonisations possibles, Boufflers essaya d'en produire le modèle à Gorée, où il s'était hâté de transférer le siège du gouvernorat. D'accès aisé, salubre et très fertile, l'île pouvait en effet attirer de nombreux colons et le chevalier

projetait, « moyennant un petit traité et un présent médiocre »,
d'acquérir pour le roi – et peut-être pour lui-même – une magnifique province et de « jeter les fondements du plus grand établisse-
ment qui aura jamais été fait hors de France »[207]. Au terme de sa
mission, le chevalier pouvait annoncer fièrement à la femme qu'il
aimait : « La colonie est rétablie, rebâtie, ressuscitée par mes soins
et presque à mes dépens ; les soldats et les officiers n'ont jamais été
si bien logés, ni si bien entretenus dans aucune colonie ; les malades
sont soignés comme par Mme Necker et mon hôpital devient le
modèle des hôpitaux […] Le commerce de son côté n'a jamais été
si florissant dans la partie que j'ai conservée sous ma direction,
jamais tant de liberté, jamais une protection aussi efficace, jamais
de secours aussi puissants, jamais tant de produits[208]. »

Mais, tenaillés par le problème du déficit, confrontés à une crise
politique sans précédent, le roi et le gouvernement avaient des priorités plus urgentes que le financement d'une colonie exemplaire et
ils prirent des décisions opposées à celles que suggérait Boufflers.
Quand celui-ci rentra définitivement en France, en décembre 1787,
le ministère ne jugea pas nécessaire d'envoyer au Sénégal un nouveau gouverneur et il confia toute la gestion des comptoirs à la
Compagnie.

Le chevalier philanthrope avait-il perdu la partie en poursuivant
des projets utopiques ? Sa mission en Afrique se concluait-elle vraiment, comme on l'a dit, par un « échec[209] » ? La politique coloniale du siècle suivant pousserait plutôt à croire que l'échec était
du côté de la monarchie française qui s'était révélée incapable de
penser l'avenir. Quel que soit le jugement que l'on porte sur les
résultats de l'action de Boufflers, une chose est sûre : c'est l'aventure
africaine qui lui offrit l'occasion de donner la pleine mesure de son
talent d'écrivain.

Au moment du départ de Boufflers pour le Sénégal,
Mme de Sabran et lui s'étaient promis de s'écrire tous les jours et,
à cet effet, Éléonore avait offert au chevalier une écritoire de voyage
en cuir vert fournie de feuilles blanches numérotées. L'un comme
l'autre respectèrent leur engagement, tout en sachant que leurs
lettres ne pouvaient pas partir au fur et à mesure et qu'elles s'accu-
muleraient en attendant le départ du premier navire en mesure de
les porter à destination. Certes, les deux amants avaient déjà une

longue pratique de la correspondance, mais les conditions inédites qui leur étaient imposées influèrent notablement sur leur façon de communiquer. Durant les longs mois qui s'écoulaient entre l'arrivée de deux paquets de lettres, ils continuèrent à relever jour après jour le défi d'un dialogue à distance et mirent au point une stratégie épistolaire apte à les préserver de la tentation de se replier sur eux-mêmes, transformant leurs échanges en un douloureux, et ô combien stérile, soliloque amoureux. La tâche la plus difficile revenait à Boufflers : c'est lui qui avait décidé de partir et il devait se faire pardonner ; il devait se montrer à la fois satisfait du choix qu'il avait fait et en déplorer les conséquences ; il devait préserver l'intimité, la complicité, la communauté d'intérêts qui le liaient à la femme aimée tout en étant coupé des habitudes, soucis familiaux et relations sociales qui avaient scellé leur union ; il devait lui faire partager sa nouvelle vie et les difficultés auxquelles il était appelé à faire face chaque jour ; il devait trouver des mots toujours nouveaux pour lui dire qu'il l'aimait et qu'il avait besoin de son amour et pour lui faire sentir à des milliers de kilomètres de distance le désir physique qu'il éprouvait pour elle. Il y réussit en mêlant ces différentes exigences dans un récit d'une merveilleuse unité. Il eut soin de donner aux lettres qu'il écrivait jour après jour et qu'il rangeait dans son écritoire en attendant de pouvoir les expédier une forme achevée, soulignée par la formule de salutation finale, autant qu'un caractère de vrai dialogue. Mais par sa continuité, ce flot épistolaire – qui, en l'absence de réponses auxquelles réagir, s'organisait en pleine autonomie, alternant en toute liberté des lettres de longueur variable et des séries de billets écrits dans l'urgence – présentait aussi toutes les caractéristiques du journal intime. Un journal qui, en se dérobant à la logique des genres, savait mêler avec un naturel heureux la chronique quotidienne et l'introspection sentimentale, la réflexion morale et les rêveries.

Seul un véritable écrivain pouvait accorder parfaitement deux registres stylistiques aussi différents que le discours amoureux et le récit de voyage [210]. Le premier, persuasif, ample, musical, riche d'observations générales ; le second, descriptif et informatif, plus rapide et incisif, prompt à saisir le pittoresque et l'exotique. En accord avec l'esthétique épistolaire qui, depuis Cicéron, voyait dans la lettre « une conversation de personnes absentes [211] », Boufflers obéissait aux impératifs de la variété et de la concision, et se montrait maître dans l'art de la transition, passant avec un extrême naturel d'un sujet à l'autre, jouant de surprise, misant sur l'originalité et l'inventivité tout en puisant dans une culture partagée. La diversité de ses formules de salutation suffit à nous donner une idée de son talent : « Adieu, amour. Je te permets de m'oublier si tu trouves quelqu'un qui t'aime de près autant que moi de loin [212] » ; « Adieu, pense à ton pauvre Africain. Nomme-le souvent dans tes conversations avec nos amis communs ; c'est le moyen de lui conserver la vie et même de le rendre presque présent aux lieux où tu es [213] » ; « Adieu, mon paradis [214] » ; « Adieu, la plus aimable, la plus aimée, la plus désirée de toutes les créatures de Dieu. Adieu, la plus chère et la plus tendre des femmes, adieu [215] » ; « Adieu, amour ; adieu ange ; adieu tout ce que le ciel et la terre ont fait entre eux deux de plus charmant [216] » ; « Adieu, ma bonne femme, ne te laisse pas de m'aimer [217] » ; « Adieu, je te baise et te rebaise avec un avant-goût très marqué du plaisir que j'aurais à te baiser et à te rebaiser à mon retour [218] » ; « Adieu, amour. Je te tiens devant mes yeux, je te porte dans mon cœur, et mon esprit te contemple intérieurement à chaque instant du jour [219] » ; « Ô mon joli palmier, quand irai-je boire de ton vin [220] ? » ; « Adieu, ma femme. Ton vieux mari t'embrasse et rajeunit [221] » ; « Adieu donc, la meilleure, la plus jolie, la plus aimée des femmes [222] » ; « Adieu, *fair creature, all my hope, all my comfort* [223] ».

Ce n'était pas seulement sa virtuosité stylistique qui conférait unité et cohérence aux lettres de Boufflers, mais la nature de la relation qui le liait à sa correspondante. Le sentiment qu'il portait à Mme de Sabran avait des facettes diverses, toutes essentielles pour lui. Il y avait l'entente du cœur et des sens, la communion d'intérêts, l'affinité de goût, l'admiration, le respect. Et pour chacune d'elles il savait trouver le ton juste. Écrire à la femme aimée signifiait aussi parler de lui, se raconter avec sincérité, exprimer son moi le plus profond. D'ailleurs, c'était exactement ce que faisait de son côté Mme de Sabran. « Ce ne sont point des mots comme dans tout ce qu'on lit : c'est la pensée, c'est le sentiment, c'est l'amour, c'est toi-même que je vois à chaque ligne [224] », constatait Boufflers en lisant ses lettres. Mais ne lui avait-il pas déjà écrit : « Nous pensons de même, nous sentons de même […] nous sommes de même, ou pour mieux dire nous ne sommes qu'un[225] » ? À la lumière de cette certitude, « penser », « sentir » et lui écrire étaient pour lui une seule et même chose. Comment s'étonner s'il lui demandait de ne pas lire à une tierce personne une correspondance aussi intime[226] ?

Émotions, réflexions, états d'âme se succèdent donc dans les lettres de Boufflers avec la liberté, l'urgence et l'intensité concrète de la vie. Les allusions au désir physique, dont « le lit bleu » est l'emblème, sont explicites et constantes, parce que « la mémoire, comme dit Locke, est une sensation continuée[227] ». Allusions joyeuses et délicates – « une fois la mer passée, j'entre dans ton lit et je n'en sors plus[228] » –, mais non moins surprenantes pour les conventions mondaines de l'époque. Toutefois il était aussi prompt à affirmer que, même si c'était « un grand plaisir de se voir », « le vrai bonheur, c'est de s'aimer, parce qu'on se voit, qu'on se parle, qu'on s'entend même dans l'absence »[229]. Et l'image lumineuse qu'il avait d'elle ne pouvait être ternie par le passage du temps, parce qu'« il n'y a en nous que la matière qui change, et il y en a si peu en toi qu'il me semble que je n'ai rien à craindre[230] ». Et quand l'angoisse d'une séparation qui risquait d'être longue à une époque de leur vie où aucun des deux n'était plus très jeune mordait au cœur Mme de Sabran, Boufflers essayait de la rassurer avec une métaphore pleine de poésie : « C'est pour nous que sont faits les beaux jours d'automne : ils commenceront dès l'automne prochain, et ils dureront tout l'automne de la vie, et comme l'automne aura conservé la chaleur de l'été, l'hiver conservera la chaleur de l'automne. Et j'aime à croire qu'après cet hiver-là, nous verrons naître un printemps perpétuel, où nous existerons l'un près de l'autre, l'un pour l'autre ; l'un par l'autre, peut-être sous d'autres formes, mais qu'importe, pourvu que nous nous aimions. Peut-être serons-nous des dieux, peut-être encore des hommes, peut-être des oiseaux, peut-être des arbres. Peut-être serai-je une plante, et toi ma fleur ; je m'armerai d'épines pour te défendre, et je t'ombragerai de mes feuilles pour te conserver. Enfin, sous quelque forme que tu sois, tu seras aimée[231]. »

Parfois le chevalier confiait la tâche de lui faire sentir ce qu'il éprouvait aux poètes qui lui étaient les plus chers[232] – Virgile, Horace, Ovide, Dante, Racine, La Fontaine, leur bien-aimé Milton (dont Mme de Sabran avait traduit en entier *Le Paradis perdu* pour apprendre l'anglais à son fils [233]) –, « tous ces anciens amis » grâce à qui il avait passé avec elle « de si bons moments » [234]. D'autres jours, des références savantes à la mythologie – « Je t'aime comme jamais Endymion, ni même Actéon, n'ont aimé la lune [235] » – conféraient solennité à ses déclarations. Dans les deux cas, il savait qu'il pouvait compter sur sa complicité de lectrice.

Journal intime d'un amour, les lettres de Boufflers sont aussi un journal de guerre. Une guerre très différente de celle qu'il avait espéré mener à la tête de son régiment. Il était assez stoïque pour supporter sans se plaindre le climat, la dureté de la vie et l'épuisement physique avec son cortège d'insomnies, migraines, coliques, fièvres, abcès, blessures purulentes. Mais parfois, quand l'« énergie morale et physique [236] » sur laquelle il avait l'habitude de compter l'abandonnait, il avouait loyalement à la femme aimée le prix qu'il payait pour son choix téméraire : « Tu n'imagines point, et personne n'imaginera jamais, tout ce que je souffre de peine et de contradictions dans ce maudit pays que je me suis engagé à rendre heureux, et qui n'en est point susceptible [237]. » Malgré tous ses efforts, il finissait « toujours par céder à ce chagrin intérieur, à cette humiliation secrète qu'inspire le zèle contrarié [238] ». Il était disposé aussi à admettre tout ce dont elle l'accusait : le poids excessif qu'il accordait à l'opinion publique [239], son abandon aveugle aux décisions du hasard [240], son imprudence [241], son impatience [242]. Mais il était trop orgueilleux et têtu pour se déclarer vaincu – « l'adversité est la pharmacie de l'âme [243] » –, trop fidèle à lui-même pour vouloir vraiment changer. Et il savait trouver l'argument décisif : « J'aime mieux rester comme je suis, bizarre, emporté, paresseux, inconséquent, mais surtout amoureux, puisque c'est comme cela que tu m'aimes [244]. »

Fidèle à la leçon des moralistes classiques, Boufflers sentait aussi le besoin de réfléchir sur ses contradictions et ses déchirures intérieures dans une perspective plus générale. Et il finit par adopter l'allégorie imaginée par La Fontaine dans *Les Deux Pigeons*. Une façon de boucler la boucle, puisque c'était la fable dans laquelle Mme de Sabran l'avait invité à « se mirer » – au sens indiqué par le fabuliste [245] – au moment même où il s'était jeté dans l'aventure sénégalaise.

« C'est une singulière chose que ces deux forces, l'une centrifuge et l'autre sottement nommée centripète, qui agissent et qui réagissent perpétuellement sur l'homme. L'une le force de s'élancer hors de lui, de ses goûts, de ses plus chers intérêts, hors de ses foyers, de sa patrie et presque hors du monde par l'appât de je ne sais pas quelle jouissance et de je ne sais quel mérite aux yeux des autres. L'autre force le ramène bientôt après vers tout ce qu'il a quitté, par des peintures plus distinctes et plus vraies du bonheur dont il manque, par mille images séduisantes de sa demeure, de ses premières habitudes, de sa famille, de ses amis, d'une femme qui l'aime, qui lui tend les bras [246]. »

En revanche, devant la brutalité et la rapacité des Blancs comme des Africains, il était obligé de remettre en question l'optimisme philosophique de son siècle, sa foi en la raison, la justice et la cohésion sociale au nom des valeurs partagées et la force civilisatrice du commerce [247] : « Je commence à voir qu'il y a dans le fond du cœur de l'homme un germe d'aversion pour tout ce qui n'est pas lui, qui le rend ennemi du bien général, parce qu'il trouve la part qu'il lui en revient toujours trop petite. Il est bien vrai que nous naissons méchants et avides, et qu'il n'y a que la philosophie et l'habitude des bonnes réflexions et des bonnes actions qui nous épurent [248]. » Philosophie qui, il fallait le reconnaître, pour « triste » qu'elle était, restait « le meilleur remède à toutes les afflictions, mais elle est comme les remèdes qui n'ont jamais bon goût » [249].

La confrontation permanente avec la mort – une mort qui survenait souvent après de terribles souffrances – le poussait à se reposer des questions métaphysiques dont il croyait s'être débarrassé une fois pour toutes quand il avait jeté sa soutane aux orties : « Le monde est-il, comme quelques-uns l'ont prétendu, un lieu de punition, un vestibule expiatoire, ou n'y a-t-il rien du tout hors de ce lieu et de cette vie, comme tant de bons esprits l'ont pensé ? Cependant, d'où seraient descendues ces hautes idées de justice et de perfection, si étrangères à la faiblesse humaine ? Comment l'homme a-t-il soupçonné qu'il avait une âme ? [...] Il y a bien des points qui mériteraient d'être éclaircis [...] Mais je serais en cela aussi fou que si je voulais lever pendant la nuit la carte de tout le continent d'Afrique avec une petite chandelle à la main. La nuit, c'est la vie ; le continent ignoré, c'est la métaphysique ; et la petite chandelle, c'est la raison [250]. »

Nous n'évoquerons ici que brièvement les voyages d'exploration réels accomplis par le chevalier au Sénégal, qui ne portent pas trace du mythe du bon sauvage. Hommes, comportements, rituels sont rendus avec un extrême réalisme et parfois de façon comique. Ce sont plutôt la beauté, la majesté et le pouvoir d'évocation du paysage africain qui fascinent le voyageur depuis toujours épris de nature et auxquels ses lettres rendent pleinement hommage.

Le 20 novembre 1787, Boufflers quitta définitivement le Sénégal. Les promesses de renforts en hommes et en moyens qu'on lui avait faites à l'occasion de sa visite en France entre fin août et début décembre 1786 étaient restées lettre morte et il ne pouvait plus compter sur l'appui du maréchal de Castries qui avait démissionné de son poste de ministre. Devant une situation sans avenir, durement éprouvé au physique comme au moral et pressé par Mme de Sabran et ses amis, il s'était décidé à demander un congé.

Pendant toute la durée de son aventure africaine, le chevalier s'était donné « pour maxime intérieure : Fais ce que dois, advienne que pourra[251] ». Il s'y tiendrait aussi au cours des années intenses qui l'attendaient dans la métropole. Mais comprendre où se trouvait son devoir ne serait plus aussi simple.

Débarquant à La Rochelle à la veille de Noël, Boufflers put embrasser sa « Pénélope[252] » aux premiers jours de 1788, mais il trouva une France très différente de celle qu'il avait quittée deux ans plus tôt. Concernant les liens affectifs, le chevalier ne pouvait plus compter sur celui de la marquise de Boufflers, morte pendant son premier séjour sénégalais – il lui consacrerait un portrait splendide[253] – ni sur la protection de la maréchale de Luxembourg qu'il considérait comme une « seconde mère[254] ». Il avait encore sa sœur avec qui, malgré le peu de sympathie qu'elle éprouvait pour Mme de Sabran, il était resté très lié, Mme de Mirepoix, qui à plus de quatre-vingts ans dansait encore à Versailles « avec la légèreté et la grâce de ses vingt ans[255] », le maréchal de Beauvau, qui, au seuil de ses soixante-dix ans, était toujours son point de référence éthique et politique. Mme de Sabran l'avait, il est vrai, régulièrement informé dans ses lettres de l'affaire du collier et du procès intenté au cardinal de Rohan, de l'Assemblée des notables, de la disgrâce de Calonne, le ministre des Finances, mais comme elle partageait en tous points les inquiétudes de ses amis Polignac, elle ne réussissait pas à saisir les véritables implications politiques. Boufflers, en revanche, comprit tout de suite que la perspective d'une convocation imminente des états généraux, voulue par l'Assemblée des notables et le parlement, lui offrait la possibilité de jouer à nouveau un rôle public et de se jeter dans l'action. 1788 fut pour lui une année enthousiasmante. Il reprit de plus belle la vie mondaine, tandis que la politique alimentait désormais toutes les conversations, il fréquenta à nouveau les vieux salons libéraux et réformistes des Beauvau, du duc de Nivernais – qui en 1787 avait été nommé ministre sans portefeuille – et de Mme de Montesson. Il put aussi réagir aux projets beaucoup plus audacieux qui se discutaient dans celui de Mme de Staël. Et comme Germaine s'étonnait que le chevalier ne soit pas encore entré à l'Académie, il lui avait répondu par un impromptu galant :

> Je vois l'académie où vous êtes présente
> Si vous m'en admettez, mon sort sera trop beau
> Entre nous deux nous ferons les quarante
> Vous comme chiffre et moi comme zéro [256].

Le rappel de Necker à la direction générale des finances le 26 août 1788 le remplit d'espoir car – constatait Mme de Sabran – « tout ce qui est Necker t'aime [257] ». Et quand, le 23 septembre, le roi annonça la réunion des états généraux pour janvier de l'année suivante, Boufflers se mit au travail. Il obtint avec l'aide de sa sœur la transformation de Malgrange, la propriété de campagne qu'ils possédaient ensemble, de « vacherie » en « fief » [258] et, courant octobre, réussit à se faire élire bailli d'épée à Nancy. L'année finit en beauté avec son entrée le 29 décembre à l'Académie française [259]. Le public venu assister à la cérémonie était si nombreux que les Gardes suisses avaient dû intervenir pour éviter une rixe et Mme de Sabran s'y rendit en compagnie du prince Henri de Prusse [260]. Par une heureuse coïncidence, c'est un autre Lorrain, le marquis de Saint-Lambert, l'ancien protégé de sa mère, qui l'avait connu enfant, qui répondit à son discours. Après avoir célébré les austères vertus de son prédécesseur, M. de Montazet, évêque de Lyon, Boufflers centra son intervention sur l'importance de la clarté du style dans tous les genres, depuis le plus humble jusqu'au plus élevé. Une clarté au service de la vérité qui devrait marquer aussi, selon lui, l'éloquence citoyenne prête à renaître sur les bancs des états généraux. Et lui-même en donnait un exemple en évoquant « l'auguste image de la patrie » : « Cette multitude immense, inconnue pour ainsi dire à elle-même depuis tant de générations ; c'est la France aussi éclairée par l'étude, par les discussions, par des sages conseils et par des longues souffrances ; ces maux ont touché le cœur vertueux et sensible de son roi ; il en médite la guérison. » Des projets généreux qui seraient assurément « payés de plus de gloire que jamais un roi n'en acquit, de plus de bonheur que jamais un roi n'en donna [261] ».

Il formait là des vœux sans nul doute sincères et largement partagés, pourtant la conclusion de son discours n'était pas faite pour rassurer. En effet, Boufflers choisissait le phénix comme « emblème » du processus qui permettrait à « la plus belle et la plus durable des monarchies » de « se régénérer » [262], mais pour pouvoir renaître, ne fallait-il pas nécessairement mourir ?

NOTES

1. Ch.-J. de Ligne, « Portrait de M. de Boufflers », in *Caractères et portraits, op. cit.,* p. 244.

2. Lettre du chevalier de Boufflers à la marquise de Boufflers, vers 1762, citée in Gaston Maugras, *La Marquise de Boufflers et son fils, le chevalier de Boufflers,* Paris, Plon, Nourrit et Cie, 1907, p. 85.

3. Cité in Gaston Maugras, *La Cour de Lunéville au XVIIIe siècle. Les marquises de Boufflers et du Châtelet, Voltaire, Devau, Saint-Lambert, etc.,* Paris, Plon, Nourrit et Cie, 1904, 16e édition 1925, p. 229.

4. Les accords stipulés entre la France et l'Autriche à la fin de la guerre de Succession (1733-1738) prévoyaient la renonciation au trône polonais de Stanislas Leszczyński, soutenu par le beau-père de Louis XV, en faveur d'Auguste de Saxe, candidat autrichien, en échange des duchés de Lorraine et de Bar ; territoires qui, à la mort de Stanislas, devaient passer sous la juridiction de la France. De leur côté, les Lorraine obtenaient en dédommagement le grand-duché de Toscane.

5. Gaston Maugras, *La Cour de Lunéville au XVIIIe siècle, op. cit.,* p. 232.

6. Saint-Simon, *Mémoires, op. cit.,* vol. III, p. 320.

7. Parmi les merveilles du parc du château conçues par Richard Mique, devenu ensuite l'architecte favori de Marie-Antoinette, il y avait un kiosque qui tournait au son de la musique et la reproduction sur un rocher d'un village habité par des hommes et des femmes s'affairant à leurs tâches quotidiennes.

8. À côté de Jean-François de Saint-Lambert, rappelons Mme de Graffigny et son jeune protégé François-Antoine Devaux, dit Panpan. Receveur particulier des finances de Lorraine et lecteur du roi Stanislas à partir de 1751, Panpan était devenu le « tendre veau », l'« animal privé » de la marquise de Boufflers. Cf. G. Maugras, *La Cour de Lunéville au XVIIIe siècle, op. cit.,* pp. 73 *sqq.*

9. *Réponse de M. de Saint-Lambert, Directeur de l'Académie, au Discours de M. le Chevalier de Boufflers. Discours prononcé dans l'Académie française, le mardi 9 décembre 1788, à la réception de Monsieur de Boufflers,* Paris, Demonville, 1789, p. 28.

10. Voltaire à René de Voyer de Paulmy, marquis d'Argenson, Lunéville, 4 septembre [1749], in Voltaire, *Correspondence and Related Documents*, in *Œuvres complètes, op. cit.,* vol. XI, p. 151.

11. S.-R. N. de Chamfort, *Maximes et pensées, op. cit.,* n° 938, p. 263.

12. Cité in Gaston Maugras, *La Marquise de Boufflers et son fils le chevalier de Boufflers, op. cit.,* p. 355.

13. « Portrait de Madame de Boufflers », in *Œuvres posthumes du chevalier de Boufflers,* Paris, Louis, 1816, p. 195.

14. Cité in G. Maugras, *La Cour de Lunéville au XVIIIe siècle, op. cit.,* pp. 180-181 ; cf. aussi « Portrait de Madame de Boufflers », in *Œuvres posthumes du chevalier de Boufflers, op. cit.,* p. 200.

15. *Correspondance secrète, politique et littéraire ou Mémoires pour servir à l'histoire des cours, des sociétés et de la littérature en France depuis la mort de Louis XV,* Londres, John Adamson, 1787-1790, 18 vol., vol. IV, pp. 277-278, cité in Gustave Desnoiresterres, *Voltaire et la société française au XVIIe siècle,* Paris, Didier et Cie, 1867-1876, 8 vol., vol. III : *Voltaire à la cour,* p. 135. L'épisode des dés truqués à la table de la reine est cité in *Correspondance secrète inédite sur Louis XVI, Marie-Antoinette, la Cour et la Ville, op. cit.,* vol. I, pp. 330-331, novembre 1780.

16. Louis-Sébastien Mercier, *Tableau de Paris,* édition établie sous la direction de Jean-Claude Bonnet, Paris, Mercure de France, 1994, 2 vol., vol. I, p. 857.

17. Lettre de Mme du Deffand à Horace Walpole, 7 mars 1770, in *Horace Walpole's Correspondence with Madame du Deffand, op. cit.,* vol. II, p. 381.

18. Stanislas I, *Œuvres du philosophe bienfaisant,* Paris, [s. n.], 1763, 4 vol.

19. Publiée en 1757, dans le tome VII de l'*Encyclopédie.*

20. « *La Reine de Golconde* est de l'abbé de Boufflers. Il paraît par ce conte, que vous trouverez sans doute très joli, que M. l'abbé de Boufflers a plus de vocation pour le métier de bel esprit que pour celui de prélat », *Correspondance littéraire, philosophique, critique par Grimm, Diderot, Raynal, Meister, etc., op. cit.,* vol. IV, 15 juillet 1761, p. 443. Cf. Friedrich Melchior Grimm, *Correspondance littéraire,* édition critique par Ulla Kölving, avec la collaboration de Marie Burkdahl et Mélinda Caron, Ferney-Voltaire, Centre international d'études du XVIIIe siècle, 2006-2013, en cours de publication, tome VIII, pp. 222-231. Ulla Kölving et Jeanne Carriat signalent que le conte de Boufflers parut non seulement dans le numéro du 15 juillet 1761, mais à nouveau dans celui du 1er mai 1766, à l'occasion de l'opéra de Sedaine et Monsigny tiré de *La Reine de Golconde* (Ulla Kölving et Jeanne Carriat, « Inventaire de la Correspondance littéraire de Grimm et Meister », *Studies on Voltaire and the Eighteenth Century,* Oxford, The Voltaire Foundation-University of Oxford, 1984, 3 vol., vol. I, p. 97).

21. La *Correspondance littéraire, philosophique et critique par Grimm, Diderot, Raynal, Meister, etc., op. cit.,* dénonce « la platitude et la bêtise » de cette version censurée, vol. IV, p. 471, septembre 1761.

22. Cf. *Aline, Reine de Golconde. Nouvelle,* in *Œuvres complètes de Boufflers, op. cit.,* vol. I, p. 22.

23. Cf. *Mémoires secrets pour servir à l'histoire de la République des Lettres en France*, cité in Octave Uzanne, « Notice sur la vie et les œuvres de Boufflers », in *Contes du chevalier de Boufflers*, Paris, A. Quantin, 1878, pp. XVI-VII.

24. Lettre de Voltaire au poète lorrain François-Étienne Devaux, 26 octobre [1761], in Voltaire, *Correspondence and Related Documents*, vol. XXIV, in *Œuvres complètes, op. cit.*, vol. CVIII, p. 66.

25. *Correspondance littéraire, philosophique et critique par Grimm, Diderot, Raynal, Meister, etc., op. cit.*, vol. VI, pp. 193-198, 15 février 1765.

26. *Lettre de M. l'abbé de Boufflers à M. l'abbé Porquet, écrite au commencement de l'année 1762, ibid.*, p. 193.

27. *Ibid.*

28. Cité in Gaston Maugras, *Dernières années de la cour de Lunéville*, Paris, Plon, Nourrit et Cie, 1925, pp. 311-312.

29. « Chansons, rondes et couplets », in *Œuvres complètes de Boufflers, op. cit.*, vol. I, p. 221.

30. Cf. Lettre du chevalier de Boufflers à sa mère, citée in G. Maugras, *La Marquise de Boufflers et son fils, op. cit.*, p. 84.

31. Lettre de Catherine de Russie à Voltaire [23 mai/4 juin 1771], in Voltaire, *Correspondence and Related Documents*, in *Œuvres complètes, op. cit.*, vol. XXXVII, p. 420.

32. Cité in G. Maugras, *La Marquise de Boufflers et son fils, op. cit.*, p. 141.

33. Lettre de Mme de Lenoncourt, citée *ibid.*, p. 134.

34. Lettre de Catherine de Russie à Voltaire, 30 mars [10 avril] 1772, in Voltaire, *Correspondence and Related Documents*, in *Œuvres complètes, op. cit.*, vol. XXXVIII, p. 334.

35. Lettre du chevalier de Boufflers au duc de Beauvau, 14 mai 1771, citée in G. Maugras, *La Marquise de Boufflers et son fils, op. cit.*, p. 145.

36. *Discours de M. le comte de Ségur aux Funérailles de M. le Marquis de Boufflers, le 23 janvier 1815*, Institut royal de France [s. l., s. n., s. d.], p. 2.

37. Lettre de Mme de Sabran au chevalier de Boufflers, 26 [1782 ?], in Comtesse de Sabran et chevalier de Boufflers, *Le Lit bleu, Correspondance, 1777-1785*, édition établie par Sue Carrell, Paris, Tallandier, 2009, p. 228.

38. Ch.-J. de Ligne, « Fleuros » et « Portrait de M. de B. », in *Caractères et portraits, op. cit.*, pp. 229-231 et pp. 244-246.

39. *Ibid.*, pp. 229-230.

40. *Ibid.*, p. 229.

41. Lettre du chevalier de Boufflers à Mme de Sabran, juin 1780, La comtesse de Sabran et le chevalier de Boufflers, *Le Lit bleu, op. cit.*, p. 166.

42. *Ibid.*

43. Cf. *Œuvres complètes de Boufflers, op. cit.*, vol. I, p. 44.

44. J.-P.-J.-A. de Labouïsse-Rochefort, *Souvenirs et Mélanges, op. cit.*, vol. II, p. 127.

45. Lettre du chevalier de Boufflers à Mme de Sabran, (Nancy, avril ou mai 1779), in *Le Lit bleu, op. cit.*, p. 105.

46. *Ibid.*

47. Cf. Nicole Vaget Grangeat, *Le Chevalier de Boufflers et son temps. Étude d'un échec*, Paris, Nizet, 1976, p. 93.

48. Lettre du chevalier de Boufflers à la duchesse de Choiseul, 8 février 1768, in *Œuvres complètes de Boufflers, op. cit.*, vol. I, p. 326. Voir aussi la lettre du chevalier de Boufflers à la duchesse de Choiseul, 26 janvier 1768, in *Correspondance complète de Mme du Deffand avec la duchesse de Choiseul, l'abbé Barthélemy et M. Craufurt, op. cit.*, vol. I, pp. 151-152.

49. Jean-Nicolas Dufort, *Mémoires sur les règnes de Louis XV et Louis XVI et sur la Révolution, op. cit.*, vol. I, pp. 522-523.

50. Cité in Gaston Maugras, *La Marquise de Boufflers et son fils, op. cit.*, p. 34.

51. Cf. « De la maréchale de L***, petite-fille du maréchal de V*** », in *Mémoires de M. le baron de Besenval, op. cit.*, vol. I, pp. 202-221.

52. « Portrait de Madame la Duchesse de Boufflers depuis Mme de Luxembourg, par Madame la Marquise du Deffand », « Portraits de Madame du Deffand », in *Horace Walpole's Correspondence with Madame du Deffand and Wiart, op. cit.*, vol. VI (vol. VIII de la *Horace Walpole's Correspondence, op. cit.*), p. 83.

53. *Souvenirs-portraits de Gaston de Lévis (1764-1830), suivis de Lettres intimes de Monsieur, comte de Provence, au duc de Lévis*, introduction et notes de Jacques Dupâquier, Paris, Mercure de France, 1993, p. 101.

54. Charles-Augustin Sainte-Beuve, *La Comtesse de Boufflers*, in *Nouveaux lundis*, Michel Lévy Frères, Paris, 13 vol., vol. IV, 1865, pp. 178-179.

55. Célèbre victoire remportée par les Français sur Guillaume d'Orange dans la guerre de la Ligue d'Augsbourg (1692), à laquelle le maréchal de Boufflers contribua de façon décisive.

56. Lettre de Mme du Deffand à la duchesse de Choiseul, 5 juillet 1766, in *Correspondance croisée avec la duchesse de Choiseul et l'abbé Barthélemy, op. cit.*, vol. I, p. 59.

57. Lettre de Mme du Deffand à Mme de Choiseul, 6 avril 1773, *ibid.*, vol. II, p. 699.

58. Lettre de Mme du Deffand à Horace Walpole, 19 novembre 1775, in *Horace Walpole's Correspondence with Madame du Deffand and Wiart, op. cit.*, vol. IV, p. 237 (et volume VI de la *Horace Walpole's Correspondence*).

59. Lettre de Mme de Choiseul à Mme du Deffand, 13 avril 1773, *ibid.*, vol. II, p. 701.

60. *Correspondance littéraire, philosophique et critique par Grimm, Diderot, Raynal, Meister, etc., op. cit.*, vol. VI, pp. 192-193, février 1765.

61. *Voyage en Suisse. Lettres à sa mère*, in *Œuvres complètes de Boufflers, op. cit.*, vol. I, p. 272.

62. Lettre de Voltaire à Marie-Françoise-Catherine de Beauvau-Craon, marquise de Boufflers-Remiencourt, Ferney, 15 décembre 1764, in Voltaire, *Correspondence and Related Documents*, in *Œuvres complètes, op. cit.*, vol. XXVIII, p. 247.

63. Voltaire à Louis-François-Armand du Plessis, duc de Richelieu, Ferney, 21 janvier 1765, *ibid.*, XXVIII, p. 345.

64. « Épître de Voltaire à Boufflers, en réponse à la précédente », reportée le 20 février 1765, in *Mémoires secrets pour servir à l'histoire de la République des lettres en France, depuis 1762 jusqu'à nos jours, op. cit.*, vol. I, p. 437 ; puis in *Pièces mêlées*, in *Œuvres complètes de Boufflers, op. cit.*, vol. I, p. 50.

65. Cf. J.-P.-J.-A. de Labouïsse-Rochefort, *Souvenirs et Mélanges, op. cit.*, vol. II, p. 127.

66. *Correspondance littéraire, philosophique et critique par Grimm, Diderot, Raynal, Meister, etc., op. cit.*, vol. VIII, p. 411, 15 décembre 1769.

67. *Correspondance secrète inédite sur Louis XVI, Marie-Antoinette, la Cour et la Ville, op. cit.*, vol. I, p. 422, 14 août 1781.

68. Lettre de Diderot à Sophie Volland, 3 février 1766, in D. Diderot, *Lettres à Sophie Volland, op. cit.*, vol. III, pp. 33-36.

69. *Correspondance littéraire, philosophique et critique par Grimm, Diderot, Raynal, Meister, etc., op. cit.*, vol. X, pp. 471-472, août 1774.

70. « Histoire de Loth », in *Pièces mêlées*, in *Œuvres complètes de Boufflers, op. cit.*, vol. I, p. 92.

71. *Bouquet à sa mère, ibid.*, p. 83.

72. Cf. *Journal et mémoires de Charles Collé sur les hommes de lettres, les ouvrages dramatiques et les événements les plus mémorables du règne de Louis XV (1748-1772)*, nouvelle édition augmentée de fragments inédits recueillis dans le manuscrit de la bibliothèque impériale du Louvre par autorisation de S. E. le Ministre de la Maison de l'Empereur et des Beaux-Arts, introduction et notes par Honoré Bonhomme, 3 vol., Paris, Firmin Didot, 1868 ; Genève, Slatkine Reprints, 1967, vol. II, p. 304.

73. *Mémoires secrets pour servir à l'histoire de la République des lettres en France depuis 1762 jusqu'à nos jours, op. cit.*, 28 avril 1771, vol. III, p. 1505.

74. Versailles, 22 août 1784, in *Correspondance secrète, politique et littéraire, op. cit.*, vol. XVI, pp. 395-396.

75. Cf. lettre de Mme du Deffand à Horace Walpole, 23 octobre 1769, in *Horace Walpole's Correspondence with Madame du Deffand, op. cit.*, vol. II, p. 288.

76. *Voyage en Suisse. Lettres à sa mère*, in *Œuvres complètes de Boufflers, op. cit.*, vol. I, p. 267.

77. *Ibid.*, pp. 260-261.

78. *Ibid.*, p. 268.

79. Cf. lettre de Mme du Deffand à Horace Walpole, 23 septembre 1771, in *Horace Walpole's Correspondence*, vol. III, p. 108.

80. Horace Walpole, *Paris Journals*, mars 1766, in *Horace Walpole's Correspondence with Madame du Deffand, op. cit.*, vol. V, p. 307. Cf. Chevalier de Boufflers, *Voyage en Suisse. Lettres à sa Mère, op. cit.*, p. 266.

81. « Épître du Chevalier de Bonnard à Boufflers », in *Pièces mêlées*, in *Œuvres complètes de Boufflers, op. cit.*, vol. I, p. 59.

82. Jean-Jacques Rousseau, *Confessions*, in *Œuvres complètes*, sous la direction de Bernard Gagnerin et Marcel Raymond, Paris, Gallimard, vol. I, p. 552.

83. *Ibid.*

84. Il était situé entre l'hôtel de Charost (aujourd'hui siège de l'ambassade britannique), l'hôtel d'Aguesseau et l'hôtel d'Évreux (aujourd'hui siège de l'Élysée).

85. Lettre de Mme de Sabran au chevalier de Boufflers, 31 juillet 1787, in *La Promesse, op. cit.*, p. 438.

86. Cf. Elzéar de Sabran, « Notice sur Madame la comtesse de Sabran depuis Marquise de Boufflers », in Alex Sokalski et Susan L. Carrell, « Les souvenirs d'un fils : documents inédits sur la comtesse de Sabran », *Studies on Voltaire and the Eighteenth Century*, n° 302, Oxford, The Voltaire Foundation-University of Oxford, 1992, p. 258.

87. Ch.-J. de Ligne, « Zirphé », in *Caractères et portraits, op. cit.*, pp. 141-142.
88. *Ibid.*

89. Lettre de Mme du Deffand à Horace Walpole, 6 juillet 1768, in *Horace Walpole's Correspondence with Madame du Deffand, op. cit.*, vol. II (vol. IV de la *Horace Walpole's Correspondence, op. cit.*), p. 100.

90. E. de Sabran, « Notice sur Madame la comtesse de Sabran », *op. cit.*, p. 258.

91. *Ibid.*, p. 255.

92. Lettre de Mme de Sabran au chevalier de Boufflers, 8 mai [1778], in *Le Lit bleu, op. cit.*, p. 64.

93. Exécuté selon la peintre en 1786. Cf. É. Vigée Le Brun, « Liste des Tableaux et Portraits », in *Souvenirs, op. cit.*, p. 339.

94. *À une dame mal peignée*, in « Chansons », in *Œuvres complètes de Boufflers, op. cit.*, vol. I, p. 167.

95. Lettre du chevalier de Boufflers à Mme de Sabran, 13 [juillet 1787], in *La Promesse, op. cit.*, p. 399.

96. Cf. Joseph Callewaert, *La Comtesse de Sabran et le chevalier de Boufflers*, Paris, Perrin, 1990, p. 101.

97. *Ah ! Si... Nouvelle Allemande*, in *Œuvres complètes de Boufflers, op. cit.*, vol. II, p. 159.

98. É. Vigée Le Brun, *Souvenirs, op. cit.*, p. 272.

99. Lettre de Mme de Sabran au chevalier de Boufflers, 12 [juin 1776], in *La Promesse, op. cit.*, p. 57.

100. Denis Diderot, *Les Salons,* Michel Van Loo, « Salon de 1767 », in *Œuvres esthétiques*, éd. Paul Vernière, Paris, Garnier, 1959, p. 510. Cf. aussi *Ruines et paysages : Salons de 1761 / Diderot*, textes établis et présentés par Elsa Marie Bukdahl, Mickel Delon, Annette Lorenceau, Paris, Hermann, 1995. Cf. Jacqueline Lichtenstein, « Qu'est-ce que le moi ? Portrait et autoportrait dans les *Salons* », in *Diderot, la pensée et le corps, Cahiers de littérature française*, tome XIII, dirigé par Gianni Iotti, décembre 2013, coédition Bergamo University Press Edizioni Sestante/L'Harmattan, pp. 17-32.

101. Cf. Simon Schama, *Citizens. A Chronicle of the French Revolution*, New York, Vintage Books, 1989, p. 40.

102. Envoyé en 1764 par Stanislas auprès de Christine de Saxe pour lui annoncer sa nomination comme coadjutrice de l'abbaye de Remiremont, Boufflers se vengea de l'accueil hautain de la « princesse boursouflée » par une moquerie féroce (cf. G. Maugras, *Dernières années de la cour de Lunéville, op. cit.*, pp. 360-362).

103. Lettre de Mme du Deffand à Horace Walpole, 19 avril 1776, in *Horace Walpole's Correspondence with Madame du Deffand and Wiart, op. cit.*, vol. IV (vol. VI de la *Horace Walpole's Correspondence, op. cit.*), p. 305.

104. Cf. Lettre du chevalier de Boufflers à Mme de Sabran, 25 [juillet 1779], in *Le Lit bleu, op. cit.*, p. 125.

105. Lettre du chevalier de Boufflers à Mme de Sabran, [Landerneau] Ce 28 [avril 1778], *ibid.*, p. 63.

106. Lettre du chevalier de Boufflers à Mme de Sabran, [Landerneau] 7 juillet 1778, *ibid.*, p. 80.

107. Lettre de Mme de Sabran au chevalier de Boufflers, 10 février 1786, in *La Promesse, op. cit.*, p. 31.

108. Lettre de Mme de Sabran au chevalier de Boufflers, 3 août 1786, *ibid.*, p. 149.

109. Lettre du chevalier de Boufflers à Mme de Sabran, [Landerneau, avril, 1778], in *Le Lit bleu, op. cit.*, p. 56.

110. Ch.-J. de Ligne, « Portrait de M. de Boufflers », in *Caractères et portraits, op. cit.*, p. 245.

111. *Mémoires du comte de Cheverny, op. cit.*, vol. I, p. 523.

112. Ch.-J. de Ligne, « Portrait de M. de Boufflers », in *Caractères et portraits, op. cit.*, pp. 244-245.

113. Lettre de Mme du Deffand à Horace Walpole, 23 octobre 1769, in *Horace Walpole's Correspondence with Madame du Deffand and Wiart, op. cit.*, vol. II (vol. IV de la *Horace Walpole's Correspondence, op. cit.*), p. 289.

114. *Ibid.*

115. *Mémoires inédits de Madame la comtesse de Genlis, op. cit.*, vol. II, p. 354.

116. E. de Sabran, « Notice sur Madame la Comtesse de Sabran depuis Marquise de Boufflers », *op. cit.*, p. 254.

117. Lettre du chevalier de Boufflers à Mme de Sabran, [Boulogne-sur-Mer] au soir [1779], in *Le Lit bleu, op. cit.*, p. 131.

118. Lettre du chevalier de Boufflers à Mme de Sabran, [Paris ?] 11 [octobre 1780], *ibid.*, p. 178.

119. Lettre de Mme de Sabran au chevalier de Boufflers, [Anisy, août 1779], *ibid.*, pp. 135-136.

120. Lettre du chevalier de Boufflers à Mme de Sabran, [Eu] 29 [octobre 1779], *ibid., op. cit.*, p. 178 (en italiques dans le texte).

121. Lettre du chevalier de Boufflers à Mme de Sabran, [Paris ? octobre 1780], *ibid.*, p. 180.

122. *Ibid.*, pp. 147-148.

123. Lettre du chevalier de Boufflers à Mme de Sabran, [Eu, novembre 1779], *ibid.*, p. 153.

124. Lettre du chevalier de Boufflers à Mme de Sabran, Raismes, 16 juillet 1779, *ibid.*, p. 122.

125. Lettre du chevalier de Boufflers à Mme de Sabran, [Boulogne-sur-Mer], 3 août [1779], *ibid.*, p. 130.

126. Dans une lettre du 28 avril 1787, Mme de Sabran déclare à Boufflers qu'elle l'aime « comme une folle depuis dix ans », in *La Promesse, op. cit.*, p. 305.

127. Cf. lettre de Mme de Sabran au chevalier de Boufflers, 9 novembre 1787, *ibid.*, p. 534.

128. Lettre du chevalier de Boufflers à Mme de Sabran, Au Val, près de Saint-Germain, 17 [décembre 1780], in *Le Lit bleu, op. cit.*, p. 189.

129. Lettre de Mme de Sabran au chevalier de Boufflers, 2 mai [1787], in *La Promesse, op. cit.*, p. 353.

130. Lettre de Mme de Sabran au chevalier de Boufflers, 31 mai 1786, *ibid.*, p. 44.

131. Lettre de Mme de Sabran au chevalier de Boufflers, Spa, août 1782, in *Le Lit bleu, op. cit.*, p. 242.

132. Lettre de Mme de Sabran au chevalier de Boufflers, [Anisy, avril 1784], *ibid.*, p. 279.

133. Lettre de Mme de Sabran au chevalier de Boufflers, Spa, [6 août 1783], *ibid.*, p. 263.

134. Lettre de Mme de Sabran au chevalier de Boufflers, Spa, [14 juin 1782], *ibid.*, p. 233.

135. Lettre de Mme de Sabran au chevalier de Boufflers, 1er septembre 1781, *ibid.*, p. 200.

136. Lettre de Mme de Sabran au chevalier de Boufflers, [Aix-la-Chapelle, 6 juillet 1783], in *Le Lit bleu, op. cit.*, p. 254. Cf. aussi la lettre du 12 [mai 1787], in *La Promesse, op. cit.*, p. 364, où Mme de Sabran écrit au chevalier qu'elle a rencontré la dame en question alors que celle-ci conversait joyeusement avec des officiers et qu'elle s'était sentie jalouse « non pas de ses succès, mais de son bonheur et je me disais : elle a connu ce pauvre Africain, elle l'a aimé, elle a fait encore plus, et elle a pu l'oublier, et elle peut en aimer d'autres. Comment cela se peut-il faire ? Je voudrais avoir sa recette ».

137. Lettre de Mme de Sabran au chevalier de Boufflers, À Saint-Germain, jeudi à 8 h [1782 ?], in *Le Lit bleu, op. cit.*, p. 230.

138. Lettre du chevalier de Boufflers à Mme de Sabran, 27 au soir [automne 1782], *ibid.*, pp. 245-246.

139. Lettre de Mme de Sabran au chevalier de Boufflers, À Saint-Germain, jeudi à 8 h [1782 ?], *ibid.*, p. 230.

140. Lettre du chevalier de Boufflers à Mme de Sabran, [Charleroi] 31 au matin [automne 1783], *ibid.*, p. 248.

141. Lettre du chevalier de Boufflers à Mme de Sabran, [Raismes], août 1783, *ibid.*, p. 263.

142. *Mémoires inédits de Madame la comtesse de Genlis, op. cit.*, vol. II, pp. 346-347.

143. « Pensées en prose et en vers », in *Œuvres complètes de Boufflers, op. cit.*, vol. I, p. 121.

144. M. de Bombelles, *Journal, op. cit.*, 2 février 1785, vol. II, p. 26. Cf. *Œuvres complètes de Boufflers, op. cit.*, vol. I, p. 112.

145. *Œuvres complètes de Boufflers, op. cit.*, vol. I, p. 71. Cf. *Mémoires ou Souvenirs et Anecdotes par M. le comte de Ségur, op. cit.*, vol. II, p. 146.

146. « Couplets pour la convalescence de Madame la marquise de Mirepoix », *ibid.*, p. 149.

147. « Couplet impromptu. À Madame la Maréchale de Luxembourg, en lui donnant un exemplaire de la Bibliothèque bleue », *ibid.*, p. 208.

148. « Vers à M. le Prince de B***, pour l'inviter à venir dans une campagne que sa sœur avait meublée pour le recevoir », *ibid.*, p. 67.

149. « Couplets. À Madame de Cambis, cousine de l'Auteur », *ibid.*, pp. 204-205.

150. « Quatrain. Pour le portrait de M. le duc de Choiseul » ; « Couplets. Sur le retour de M. de Choiseul à Paris », *ibid.*, pp. 112 et 168.

151. « Pour madame du Deffand, de la part de madame de Luxembourg qui lui avait donné pour étrennes une parure de couleur bleu », *ibid.*, p. 170.

152. « Pour M. de Nivernois, en lui donnant des moutons pour parquer dans une pièce de terre de son parc », *ibid.*, p. 82.

153. « Couplet, écrit sur une cocarde de papier attachée au chapeau du baron de Besenval », *ibid.*, p. 217.

154. « À M. le comte de Ségur, qui avait donné à sa femme une très jolie tasse de porcelaine, mais seule » et « Réponse de M. le comte de Ségur », *ibid.*, p. 79.

155. « Dans ces traits où la grâce à la ruse s'allie, / Qui ne reconnaîtrait un amant de Julie ? / En vers comme en amour je plains tous ses rivaux : / Il a parlé de l'*art de plaire* / Aussi bien que Sabran parlerait de tableaux, / Ou comme Henri lui-même a parlé de guerre », *ibid.*, p. 80. Des vers qui datent probablement de 1788, quand Julie Careau quittait Ségur pour Talma. L'*Essai sur les moyens de plaire en amour* fut publié à Paris (chez Huet, libraire) en 1797.

156. Lettre du comte de Creutz à Gustave III, 31 [*sic*] novembre 1783, *Gustave III par ses lettres, op. cit.*, pp. 239-240.

157. Cf. lettre de Mme de Sabran au chevalier de Boufflers, 31 [juillet 1786] et 11 [janvier 1787], in *La Promesse*, p. 144.

158. E. de Sabran, « Notice sur Madame la comtesse de Sabran depuis Marquise de Boufflers », *op. cit.*, p. 264.

159. Cf. « Épisode ajouté par le Chevalier de Boufflers à la quatrième scène du second acte du *Bourgeois gentilhomme* », in *Correspondance littéraire, philosophique et critique, op. cit.*, vol. XV, pp. 401-405, février 1799.

160. Lettre de Mme de Sabran au chevalier de Boufflers, [août 1782], in *Le Lit bleu, op. cit.*, p. 241.

161. *Mémoires complets et authentiques de Laure Junot duchesse d'Abrantès, op. cit.*, vol. XIII, p. 168, note 3.

162. *Mémoires de madame la duchesse de Gontaut, gouvernante des enfants de France pendant la Restauration, 1773-1836*, [1885], Paris, Plon, 1891, p. 7.

163. Lettre de Mme de Sabran au chevalier de Boufflers, [Paris, novembre ? 1784], in *Le Lit bleu, op. cit.*, p. 298.

164. *Mémoires complets et authentiques de Laure Junot duchesse d'Abrantès, op. cit.*, vol. XIII, p. 168, note 3.

165. « Il ne t'a jamais mieux traité que s'il eût été ton ennemi », est le bilan de Mme de Sabran au moment de la démission du maréchal de Ségur de son fauteuil de ministre de la Guerre (lettre de Mme de Sabran au chevalier de Boufflers du 4 [septembre 1787], in *La Promesse, op. cit.*, p. 521).

166. Lettre du duc de Lauzun à M. de Sartines, Au Fort Saint-Louis du Sénégal, le 15 février 1779, citée in J. Monteilhet, *Le Duc de Lauzun, op. cit.*, p. 528.

167. Ses émoluments de six mille livres comme maréchal de camp et les quarante-cinq mille de rentes de ses abbayes n'avaient pas empêché le chevalier d'accumuler soixante mille livres de dettes. Cf. O. Uzanne, « Notice sur la vie et les œuvres de Boufflers », in *Contes du chevalier de Boufflers, op. cit.*, p. XLVIII.

168. Lettre du comte Louis de Ségur au chevalier de Boufflers, Saint-Pétersbourg, 12 novembre 1785, cité in Paul Bonnefon, *Le Chevalier de Boufflers au Sénégal. Lettres et documents inédits*, in *Mercure de France*, t. 86, juillet-août 1910, p. 68.

169. *Ibid.*

170. *Ibid.*, p. 69.

171. « Souviens-toi quel fut mon premier mouvement en apprenant cette funeste nouvelle, ce que je dis. [...] Je me sentis sur-le-champ comme foudroyée », lettre de Mme de Sabran au chevalier de Boufflers, 20 juillet 1786, in *La Promesse, op. cit.*, p. 132.

172. Lettre du chevalier de Boufflers à Mme de Sabran, [Rochefort, 27 novembre 1785], in *Le Lit bleu, op. cit.*, p. 324.

173. Lettre de Mme de Sabran au chevalier de Boufflers, [24 novembre 1786], *ibid.*, p. 319.

174. Lettre de Mme de Sabran au chevalier de Boufflers, 6 [juin 1786], in *La Promesse, op. cit.*, p. 52.

175. Lettre du chevalier de Boufflers à M. d'Haillecourt, 18 janvier 1983, in P. Bonnefon, *Le Chevalier de Boufflers au Sénégal, op. cit.*, p. 78.

176. J. Monteilhet, *Le Duc de Lauzun, op. cit.*, 2, p. 216.

177. Duc de Lauzun, *Mémoire sur le commerce et les possessions des Anglais en Afrique*, in J. Monteilhet, *Le Duc de Lauzun, op. cit.*

178. N. Vaget Grangeat, *Le Chevalier de Boufflers, op. cit.*, p. 65.

179. P. Bonnefon, *Le Chevalier de Boufflers au Sénégal, op. cit.*, p. 29.

180. Lettre du chevalier de Boufflers à Mme de Sabran, 21 [janvier 1786], in *La Promesse, op. cit.*, pp. 88-89.

181. Cf. Fénelon, *Les Aventures de Télémaque*, in *Œuvres*, édition critique de Jacques Le Brun, Paris, Gallimard, 1827, 2 vol., vol. I, p. 20. Boufflers se réfère ici à l'épisode où Télémaque, réduit en esclavage et obligé de garder les moutons dans le désert égyptien, entend la voix de la déesse Athéna qui l'engage à supporter courageusement ses tribulations.

182. Lettre du chevalier de Boufflers au maréchal de Beauvau, 6 mars 1786, in *Correspondance inédite de la comtesse de Sabran et du chevalier de Boufflers, 1778-1788*, recueillie et publiée par E. de Magnieu et Henri Prat, Paris, Plon, 1875², p. 170.

183. Lettre du chevalier de Boufflers à Mme de Sabran, 3 [juin 1787], in *La Promesse, op. cit.*, p. 383.

184. Lettre du chevalier de Boufflers à Mme de Sabran, 6 [octobre 1787], *ibid.*, p. 496.

185. Duc de Lauzun, *Mémoire sur le commerce et les possessions des Anglais en Afrique*, in J. Monteilhet, *Le Duc de Lauzun, op. cit.*, pp. 560-561.

186. Comme l'avait déjà dénoncé Lauzun, les hommes de la Compagnie « offraient plutôt l'image d'une association de flibustiers qui se disputent du butin qu'une société dirigée par des lois », *ibid.*

187. *Mémoire du Roi pour servir d'instructions à M. le Chevalier de Boufflers, Maréchal de Camp, Gouverneur du Sénégal et Dépendances*, in Chevalier de Boufflers, *Lettres d'Afrique à Madame de Sabran*, préface, notes et dossier de François Bessire, Arles, Actes Sud, 1998, p. 439.

188. Cf. N. Vaget Grangeat, *Le Chevalier de Boufflers, op. cit.*, p. 70.

189. « Ces mots de captifs, de captiveries, d'esclaves, de chaînes, de fers, etc., me font saigner le cœur », lettre inédite, citée in S. Carrell, « Introduction au premier séjour du chevalier de Boufflers en Afrique », in *La Promesse, op. cit.*, p. 17.

190. Lettre de Mme de Sabran au chevalier de Boufflers [20 juin 1786], *ibid.*, p. 132.

191. Montesquieu, *De l'esprit des lois*, livre CV, chapitre 5.

192. Voltaire, *Candide* (1759), chapitre XIX.

193. *Mémoires ou Souvenirs et Anecdotes par M. le comte de Ségur, op. cit.*, vol. I, p. 293.

194. Élisabeth Badinter et Robert Badinter, *Condorcet (1743-1794). Un intellectuel en politique*, Paris, Fayard, 1988, p. 172.

195. Lettre du chevalier de Boufflers à Mme de Sabran, 6 mai [1787], *La Promesse, op. cit.*, p. 371.

196. Emmanuel Kant, *Réponse à la question : Qu'est-ce que les Lumières ?*, trad. par Heinz Wismann, in *Œuvres philosophiques*, Paris, Gallimard, 1985, vol. II, p. 212.

197. Lettre du chevalier de Boufflers à Mme de Sabran, 4 [février 1786], *La Promesse, op. cit.*, p. 98.

198. Lettre du chevalier de Boufflers à Mme de Sabran, 19 [juillet 1786] et 5 [avril 1787], *ibid.*, pp. 218-219 et 335.

199. *Discours de M. de Boufflers, lors de sa réception à l'Académie française*, 9 décembre 1788, in *Œuvres complètes de Boufflers, op. cit.*, vol. I, pp. 335-336.

200. Sur un mémoire de Boufflers traitant du problème de l'esclavage, lu à l'Académie française, cf. N. Vaget Grangeat, *Le Chevalier de Boufflers, op. cit.*, p. 72.

201. Auguste Geffroy, *Gustave III et la cour de France*, Paris, Librairie académique Didier et Cie, 1867, vol. II, p. 440-441, cité in S. Carrell, *La Promesse*, *op. cit.*, p. 239.

202. Mme de Staël, *Mirza*, in *Œuvres de jeunesse*, Paris, Desjonquères, 1997, p. 162.

203. Simone Balayé, « Introduction », in Mme de Staël, *Œuvres de jeunesse*, *op. cit.*, p. 12.

204. Cf. François Bessire, « Préface » au chevalier de Boufflers, *Lettres d'Afrique à Madame de Sabran*, *op. cit.*, pp. 14-15.

205. Lettre du chevalier de Boufflers à Mme de Sabran, 25 [septembre 1787], in *La Promesse*, pp. 491-492.

206. Cf. S. Carrell, « Introduction au premier séjour du chevalier de Boufflers en Afrique », in *La Promesse*, *op. cit.*, p. 18.

207. Lettre du chevalier de Boufflers à Mme de Sabran, 9 [mai 1786], *ibid.*, p. 181.

208. Lettre du chevalier de Boufflers à Mme de Sabran, 8 [novembre 1787], *ibid.*, pp. 549-550.

209. Cf. N. Vaget Grangeat, *Le Chevalier de Boufflers*, *op. cit.*, p. 73.

210. Pour une analyse du style de Boufflers, voir la préface pénétrante de François Bessire à son édition des *Lettres d'Afrique à Madame de Sabran*, *op. cit.*, pp. 15-18.

211. Madeleine de Scudéry, « De la manière d'écrire des lettres », in *« De l'air galant » et autres Conversations (1653-1684). Pour une étude de l'archive galante,* édition établie et commentée par Delphine Denis, Paris, Honoré Champion, 1998, p. 154.

212. Lettre du chevalier de Boufflers à Mme de Sabran 20 [janvier 1786], in *La Promesse*, *op. cit.*, p. 87.

213. Lettre du chevalier de Boufflers à Mme de Sabran 22 [janvier 1786], *ibid.*, p. 91.

214. Lettre du chevalier de Boufflers à Mme de Sabran 15 [février 1786], *ibid.*, p. 105.

215. Lettre du chevalier de Boufflers à Mme de Sabran 24 [avril 1786], *ibid.*, p. 171.

216. Lettre du chevalier de Boufflers à Mme de Sabran 30 [avril 1786], *ibid.*, p. 176.

217. Lettre du chevalier de Boufflers à Mme de Sabran 5 [mai 1786], *ibid.*, p. 178.

218. Lettre du chevalier de Boufflers à Mme de Sabran 6 [mai 1786], *ibid.*, p. 180.

219. Lettre du chevalier de Boufflers à Mme de Sabran 8 [mai 1787], *ibid.*, p. 373.

220. Lettre du chevalier de Boufflers à Mme de Sabran 16 [mai 1786], *ibid.*, p. 187.

221. Lettre du chevalier de Boufflers à Mme de Sabran 10 [mai 1786], *ibid.*, p. 182.

222. Lettre du chevalier de Boufflers à Mme de Sabran 22 [mai 1786], *ibid.*, p. 191.

223. Lettre du chevalier de Boufflers à Mme de Sabran 20 [juin 1786], *ibid.*, p. 205.

224. Lettre du chevalier de Boufflers à Mme de Sabran 18 [mai 1786], *ibid.*, p. 187.

225. Lettre du chevalier de Boufflers à Mme de Sabran 8 [mai 1786], *ibid.*, p. 180.

226. Lettre du chevalier de Boufflers à Mme de Sabran 24 [avril 1787], *ibid.*, p. 343.

227. Lettre du chevalier de Boufflers à Mme de Sabran 5 [juin 1787], *ibid.*, p. 384.

228. Lettre du chevalier de Boufflers à Mme de Sabran 24 [février 1786], *ibid.*, p. 109.

229. Lettre du chevalier de Boufflers à Mme de Sabran, 29 [mai 1786], *ibid.*, p. 194.

230. Lettre du chevalier de Boufflers à Mme de Sabran, 30 [mai 1786], *ibid.*, p. 195.

231. Lettre du chevalier de Boufflers à Mme de Sabran, 14 [mai 1786], *ibid.*, pp. 183-184. Quelques années plus tard, fuyant la Révolution, Mme de Sabran lui ferait écho : « Que m'importe que la vieillesse vienne glacer tous mes sens ! C'est mon âme qui t'aime. Mon amour sera immortel comme mon âme. C'est en Dieu que je t'aimerai, s'il y a un Dieu, quand elle se séparera de mon corps ; ou dans l'univers, s'il y n'a qu'un univers. L'être que j'animerai ensuite recherchera avec ardeur celui que tu animeras et peut-être cela fera-t-il le plus joli roman du monde », lettre de Mme de Sabran au chevalier de Boufflers, 18 août 1789, cité in Pierre de Croze, *Le Chevalier de Boufflers et la comtesse de Sabran, 1788-1792*, Paris, Calmann-Lévy, 1894, pp. 179-180.

232. Lettre du chevalier de Boufflers à Mme de Sabran, 29 [août 1787], in *La Promesse, op. cit.*, p. 475.

233. Cf. E. de Sabran, « Notice sur Madame la Comtesse de Sabran depuis Marquise de Boufflers », *op. cit.*, p. 267.

234. Lettre du chevalier de Boufflers à Mme de Sabran, 29 [août 1787], in *La Promesse, op. cit.*, p. 475.

235. Lettre du chevalier de Boufflers à Mme de Sabran, 3 [janvier 1787], *ibid.*, p. 257.

236. Lettre du chevalier de Boufflers à Mme de Sabran, 21 [janvier 1787], *ibid.*, p. 267.

237. Lettre du chevalier de Boufflers à Mme de Sabran, 27 [janvier 1787], *ibid.*, p. 271.

238. Lettre du chevalier de Boufflers à Mme de Sabran, 29 [janvier 1787], *ibid.*, p. 272.

239. Lettre du chevalier de Boufflers à Mme de Sabran, 30 décembre [1786], *ibid.*, p. 253.

240. Lettre du chevalier de Boufflers à Mme de Sabran, 2 [août 1786] et 1er avril [1787], *ibid.*, pp. 227 et 332.

241. Lettre du chevalier de Boufflers à Mme de Sabran, 13 [janvier 1787], *ibid.*, p. 263.

242. Lettre du chevalier de Boufflers à Mme de Sabran, 4 [août 1786] et 4 [février 1787], *ibid.*, pp. 228 et 308.

243. Lettre du chevalier de Boufflers à Mme de Sabran, 13 [avril 1787], *ibid.*, p. 338.

244. *Ibid.*

245. La Fontaine, « L'homme et son image », in *Fables*, livre I, fable XI. Où « la réflexion littéraire » sert de « contrepoids aux illusions pathologiques engendrées par l'amour-propre » (cf. Marc Fumaroli, *Notes* à La Fontaine, *Fables*, éd. Marc Fumaroli, Paris, Imprimerie nationale, 1985, p. 821).

246. Lettre du chevalier de Boufflers à Mme de Sabran, 24 [septembre 1787], in *La Promesse, op. cit.*, pp. 490-491.

247. Cf. Voltaire, « Sur le commerce », lettre X, in *Lettres philosophiques ou Lettres anglaises*, éd. Raymond Naves, Paris, Classiques Garnier, 1988, pp. 45-47.

248. Lettre du chevalier de Boufflers à Mme de Sabran, 4 [avril 1787], in *La Promesse, op. cit.*, pp. 334-335.

249. Lettre du chevalier de Boufflers à Mme de Sabran, 20 [avril 1787], *ibid.*, p. 341.

250. Lettre du chevalier de Boufflers à Mme de Sabran, 16 [août 1787], *ibid.*, pp. 468-469.

251. Lettre du chevalier de Boufflers à Mme de Sabran, 5 [avril 1786], *ibid.*, p. 156.

252. Lettre du chevalier de Boufflers à Mme de Sabran, La Rochelle, 24 [décembre 1787], *ibid.*, p. 570.

253. « Portrait de Madame de Boufflers », *op. cit.* (cf. note 13).

254. Lettre de Mme de Sabran au chevalier de Boufflers, 24 [janvier 1787], p. 296.

255. Lettre du 3 décembre 1778, in *Correspondance secrète politique et littéraire, op. cit.*, vol. VII, pp. 153-154.

256. M. de Bombelles, *Journal, op. cit.*, vol. II, p. 197.

257. Cf. lettre de Mme de Sabran au chevalier de Boufflers, 31 août 1788, citée in P. de Croze, *Le Chevalier de Boufflers et la comtesse de Sabran, op. cit.*, p. 133.

258. Lettre du chevalier de Boufflers à Mme de Boisgelin, citée in P. de Croze, *Le Chevalier de Boufflers, op. cit.*, p. 137.

259. Le chevalier y avait été élu à l'unanimité le 12 juin.

260. M. de Bombelles, *Journal, op. cit.*, 29 décembre 1788, vol. II, p. 267.

261. Discours de M. de Boufflers lors de la réception à l'Académie française, in *Œuvres complètes de Boufflers, op. cit.*, vol. I, pp. 362-363.

262. *Ibid.*, p. 364.

LE COMTE LOUIS-PHILIPPE DE SÉGUR

> « Je tremble que Ségur ne soit trop philosophe
> dans un pays où il faudrait une armée pour
> détruire la philosophie, et trop homme des
> lettres où il faudrait des hommes d'État. »
>
> Le prince de Ligne au prince Potemkine,
> lettre de Vienne du [21 janvier 1790] [1]

À partir de 1815, quand, l'aventure napoléonienne terminée, « ce génial despote eut disparu de la scène qu'il occupait tout entière [2] », de nombreux Français éprouvèrent la nécessité de faire le bilan du passé et de laisser une trace écrite des événements dont ils avaient été les acteurs ou les témoins privilégiés. « L'on peut établir pour règle que l'histoire de chaque individu devient d'autant plus vite une propriété publique que le rôle qu'il a joué sur la scène du monde a été plus important [3] », déclarait le duc de Lévis en 1815 dans une nouvelle édition de ses *Souvenirs et portraits* qui, deux ans plus tôt, avaient subi la censure impériale. On ne s'étonnera pas que Louis-Philippe de Ségur soit l'un d'eux, puisqu'il avait réussi à traverser sans encombre plusieurs régimes politiques. Né en 1753 [4] et engagé dans une brillante carrière militaire et diplomatique sous Louis XVI, Ségur fut en effet ambassadeur extraordinaire sous la Révolution, conseiller d'État sous le Consulat, Grand Maître des cérémonies sous Napoléon, sénateur sous la première Restauration [5]. Rallié de nouveau à l'empereur pendant les Cent Jours. Il connut, il est vrai, une période d'ostracisme pendant les premières années de la seconde Restauration, mais finit par retrouver son poste de sénateur.

Pour insolite qu'elle soit, sa décision de contrevenir aux habitudes et de publier de son vivant ses *Mémoires ou Souvenirs et Anecdotes* n'est pas si étonnante. Comme Mme de Genlis, qui releva tout de suite la nouveauté de cette initiative [6] dont elle avait été la première à donner l'exemple [7], Ségur n'avait assurément pas brillé par la cohérence de ses opinions politiques et il voulut s'en expliquer avant de mourir. Mais il adopta une stratégie opposée à celle de la comtesse. Au lieu de se placer dès le début des *Mémoires* au centre de la scène en parlant de lui, de ses convictions et des choix qui l'avaient marqué dans les années cruciales de sa jeunesse, Ségur se cacha derrière un portrait collectif. Sa façon de penser et de sentir, affirmait-il, avait été commune à toute sa génération. Ce qui laissait entendre que les erreurs de jugement dont il avait pu se rendre coupable étaient le fruit d'un aveuglement collectif.

Ce n'était pas seulement le besoin de se justifier qui poussait Ségur à faire l'hypothèse d'une responsabilité collective. Il s'était décidé à écrire ses Mémoires à soixante-dix ans, après s'être illustré par une vaste œuvre d'historien, et il mesurait la difficulté d'évoquer de façon convaincante, et très longtemps après, un moment crucial de sa vie mêlé d'aussi près aux vicissitudes qui avaient marqué la fin de l'Ancien Régime. Cela impliquait pour lui de remonter à l'origine du conflit jamais résolu « entre son patrimoine de valeurs aristocratiques et son attachement à des idées progressistes », devenu la source constante d'un « profond sentiment de culpabilité et de péché » [8].

Ségur décida donc de « tracer une esquisse morale [9] » et pas « un tableau historique [10] » de l'époque où il avait vécu. À la fiabilité contestable d'une mémoire tardive et viciée par une vision rétrospective il préféra une clé de lecture plus objective, au moins en apparence, en subordonnant ses souvenirs personnels à l'évocation du contexte social où il s'était formé et dont il avait partagé jusqu'en 1789 les valeurs et le mode de vie.

Sa démarche était loin d'être arbitraire. Jamais comme dans les dernières années de l'Ancien Régime en effet la société n'avait exercé d'influence aussi profonde sur les élites, uniformisant les comportements selon des modèles bien précis et, au cours du XVIIIe siècle, de nombreuses voix s'étaient déjà élevées contre les sacrifices qu'imposait cette tyrannie. Dans ses Mémoires, Ségur ne manquait pas de le rappeler : « Dans nos brillantes sociétés surtout, par un mélange et par un frottement continuels, les empreintes natives de chaque caractère s'effaçaient ; comme tout était de mode, tout était semblable. Les opinions, les paroles, se pliaient sous le niveau de l'usage ; langage, conduite, tout était de convention ; et si l'intérieur différait, chacun au dehors prenait le même masque, le même ton, la même apparence [11]. » Mais, comme toute représentation théâtrale, cette comédie mondaine permettait à ses meilleurs acteurs de se distinguer soit par l'élégance de leur style, soit par l'originalité de leur interprétation.

Après son début dans le monde et sa présentation à Versailles, Louis-Philippe joua à la perfection le rôle qui lui revenait par son âge, son éducation et son rang sur la double scène de la ville et de la cour. Naturellement porté à la réflexion et à l'étude, il ne négligea pas pour autant la vie mondaine et, grâce à quelques aventures galantes et deux ou trois duels notables, se fit pardonner un certain manque de spontanéité et un style un peu trop orné, obtenant ainsi les lettres de créance suffisantes pour intégrer la joyeuse bande de petits-maîtres qui avaient remis à la mode le jeu de la Fronde.

Fils aîné du maréchal de Ségur, Louis-Philippe avait grandi dans le culte de l'héroïsme paternel et, comme le voulait l'usage dans sa famille, embrassé le métier des armes. Indépendamment de ses aptitudes et de ses mérites, il monta vite en grade : lieutenant de cavalerie à seize ans, capitaine à dix-huit, le jeune Ségur obtint le commandement du régiment Orléans dragons à vingt-deux. Il faut savoir qu'à quatorze ans seulement, Louis-Philippe avait eu l'honneur, habituellement réservé aux Grands du royaume, de servir le roi à table avant de le servir sur le champ de bataille.

En 1767, Louis XV, venu à Compiègne assister aux grandes manœuvres militaires, avait accepté l'invitation à dîner du marquis de Ségur, chargé des opérations. Voyant que, selon l'étiquette, ce dernier se préparait à rester debout derrière sa chaise pour le servir, le roi déclara qu'il l'avait assez servi à la guerre et qu'il était temps pour lui de se reposer. Ayant donc convié le maréchal à s'asseoir à ses côtés, le souverain voulut, en signe supplémentaire de sa bienveillance, que le jeune Louis-Philippe remplace son père pour assurer le service à table. Au cours du repas, Louis XV adressa plusieurs fois la parole à l'adolescent, lui prédisant entre autres qu'il aurait de la chance à la guerre. Il se souvenait très bien que chez les Ségur, chance et malchance alternaient régulièrement d'une génération à l'autre, ainsi les nombreuses blessures de son père lui épargneraient-elles d'être lui-même blessé.

Cette rencontre précoce avec la personne du roi, qui lui avait permis de mesurer concrètement le lien de familiarité entre le souverain et ses nobles, laissa une profonde impression sur Louis-Philippe. C'est le premier des trois souvenirs à caractère personnel – les seuls relatifs à ses années de formation – qu'il choisit de mentionner en ouverture de ses Mémoires. Cet épisode lui permettait de revendiquer d'emblée de façon symbolique l'ancienneté de son attachement à la maison des Bourbons. Et le choix des deux autres souvenirs, liés eux aussi au destin de la monarchie, ne nous semble pas moins stratégique.

Le second remonte à ses dix-huit ans, quand il avait assisté aux feux d'artifice grandioses offerts par la ville de Paris à l'occasion du mariage du Dauphin avec Marie-Antoinette. Mais les mesures de sécurité s'étaient révélées insuffisantes : sous la pression de la foule prise de panique, beaucoup de gens étaient tombés dans une profonde tranchée ouverte sur une zone de chantier. Avec plus d'un millier de morts, la fête s'était transformée en une immense tragédie. Ségur ne manque pas d'y voir a posteriori le signe prémonitoire d'un autre événement : vingt-quatre ans plus tard, sur cette même place Louis XV rebaptisée place de la Révolution [12] et transformée en un « horrible théâtre », tomberaient aussi « les têtes des deux augustes époux » [13]. D'autres verraient plutôt dans cette explosion de feux d'artifice qui avaient embrasé le ciel de Paris, fauchant tant de vies humaines, la métaphore chère à l'imaginaire révolutionnaire du volcan en éruption qui ne détruit que pour mieux innover [14].

Le troisième épisode donne à Louis-Philippe la possibilité de réaffirmer son lien affectif avec la monarchie tout en se justifiant de ne pas avoir défendu sa cause jusqu'au bout. Il s'agit d'un apologue sur la mort du Bien-Aimé et la morale qu'on peut en tirer. « Ébloui, dès [s]on enfance, par l'éclat du trône, par l'étendue de la puissance royale » et douloureusement frappé par l'agonie et la mort du souverain, Ségur était allé à Versailles lui rendre un dernier hommage, s'apercevant avec stupeur que personne ne s'occupait déjà plus du défunt et que, en proie à « une espèce de joie », tout le monde forgeait des projets et ourdissait des intrigues, l'esprit tourné vers l'avenir. Sa première réaction avait été de s'indigner devant l'infidélité des courtisans, mais les expériences qui l'attendaient l'amèneraient à voir dans ce besoin de changement une pathologie commune à tous les hommes : « Il est dans la destinée des peuples, comme dans celle des individus, de vivre dans un état presque perpétuel de souffrance ; aussi les peuples, comme les malades, aiment à changer de position : tout mouvement leur donne l'espoir de se trouver mieux [15]. »

Du reste, pour toute cette génération, le désir de changement s'était annoncé sous la forme d'une euphorie collective : « Pour nous, jeune noblesse française, sans regret pour le passé, sans inquiétude pour l'avenir, nous marchions gaiement sur un tapis de fleurs qui nous cachait un abîme. [...] La gravité des anciennes doctrines nous pesait. La philosophie riante de Voltaire nous entraînait en nous amusant. Sans approfondir celle des écrivains plus graves, nous l'admirions comme empreinte de courage et de résistance au pouvoir arbitraire [...]. Jouissant à la cour et à la ville des distinctions de la naissance, élevés par notre nom seul aux grades supérieurs dans les camps, et libres désormais de nous mêler, sans faste et sans entraves, à tous nos concitoyens pour goûter les douceurs de l'égalité plébéienne, nous voyions s'écouler ces courtes années de notre printemps dans un cercle d'illusions, et dans une sorte de bonheur qui, je crois, en aucun temps, n'avait été destiné qu'à nous [16]. »

L'impératif de la légèreté n'empêcha pas Louis-Philippe de se prendre terriblement au sérieux. Ambitieux, il voulait faire carrière. À la différence de son frère, Joseph-Alexandre, il ne voyait pas dans la réussite mondaine une fin en soi, mais une étape obligée sur la route du succès. Il n'avait ni la beauté physique ni l'élégance naturelle du vicomte – lequel d'ailleurs les avait héritées du baron de Besenval –, et le libertinage n'était pas son fort. En revanche il était intelligent, volontaire, méthodique. Il compléta sa formation en suivant à l'université de Strasbourg, avec son ami Jean-Balthazar d'Adhémar, les cours de droit international du célèbre Guillaume Koch (dont Louis de Narbonne fut aussi auditeur). Puis il étudia avec le même sérieux à cette « grande école du monde » que constituait la vie en société.

À partir du cercle raffiné et ouvert aux idées nouvelles que sa mère tenait rue Saint-Florentin, le jeune comte fréquenta tous les grands salons de l'époque [17], se lia d'amitié avec des hommes de lettres et des philosophes [18], leur soumettant ses premiers écrits et recevant leurs conseils. Et il réussit à arracher une prudente « bénédiction littéraire » à Voltaire lui-même.

Revenu à Paris après vingt-huit ans d'absence, le patriarche des Lumières avait souhaité à deux reprises se rendre au chevet de la marquise de Ségur, alors en fin de vie. La rencontre entre les deux vieux amis, qui se déroula dans un silence respectueux en présence d'une cinquantaine de curieux, fut émouvante et Louis-Philippe en profita pour soumettre ses vers à l'illustre visiteur. Après avoir gratifié « l'amour-propre » du jeune comte en louant « avec grâce et finesse » sa « passion pour les lettres » et ses premiers « essais », Voltaire l'avait toutefois invité, avec toute la diplomatie requise, à se méfier de son « penchant pour la poésie », sauf à la pratiquer comme un exercice pour bien écrire en prose. La formule avec laquelle il prit congé n'aurait pu être plus claire : « Allez, jeune homme ; recevez les vœux d'un vieillard qui vous prédit d'heureux destins ; mais souvenez-vous que la poésie, toute divine qu'elle est, est une sirène [19]. »

En attendant de suivre les conseils de Voltaire et de devenir un prosateur infatigable, Louis-Philippe continua à commettre des chansons, des madrigaux, des épigrammes, des pièces en prose et en vers destinées au divertissement de la bonne société, trouvant dans son frère Joseph-Alexandre, de trois ans son cadet, un concurrent redoutable. Mais, loin de se transformer en rivalité, la « métromanie [20] » fut un jeu partagé qui scella leur complicité par-delà la grande différence de leurs choix de vie. Bien que très dissemblables, les deux jeunes Ségur s'appréciaient, avaient beaucoup d'amis communs et se retrouvaient souvent dans les mêmes lieux, remportant un succès égal. Nous ignorons si la conscience de ne pas être fils du même père pesa sur leur rapports, mais le vicomte, avec l'à-propos qui lui était habituel, s'était protégé de toute conjecture en déclarant : « Je pourrais en être jaloux, j'aime mieux en être fier [21]. » Fine sismographe de l'opinion mondaine, Mme de Necker pouvait affirmer que « chacun eût désiré les avoir pour fils, frères ou amis [22] ». Les deux frères partageaient la passion du théâtre mais, là aussi, c'est le vicomte qui occuperait le premier rang. Entre 1777 et 1780, ils firent partie de la troupe de comédiens amateurs invitée à jouer dans le prestigieux théâtre privé de Mme de Montesson, amie intime de leur mère ainsi que de leur grand-mère paternelle.

La vie mondaine n'était pas seulement un tremplin pour les nouvelles générations, elle leur offrait aussi l'occasion d'acquérir par la pratique une urbanité et un savoir qu'on ne trouvait dans aucun livre. Ségur en fit trésor en fréquentant les cercles de la génération précédente, fixant ensuite leur souvenir dans des pages devenues proverbiales : « On y voyait, écrit-il, un mélange indéfinissable de simplicité et d'élévation, de grâce et de raison, de critique et d'urbanité. On y apprenait, sans s'en douter, l'histoire et la politique des temps anciens et modernes, mille anecdotes sur la cour, depuis celle de Louis XIV jusqu'à la cour du roi régnant, et par là on parcourait une galerie aussi instructive, aussi variée en événements et en portraits, que celle qui nous est offerte dans les inimitables lettres de madame de Sévigné[23]. » On y discutait aussi, sans pédanterie et dans le respect des opinions de chacun, de philosophie, littérature ou poésie. Sur des sujets comme les réformes, l'économie et la situation politique, Ségur y recueillit les avis des grands serviteurs du royaume qu'étaient le président Malesherbes, le duc de Choiseul, le prince de Beauvau, le duc de Nivernais. Une expérience précieuse car, comme il le théoriserait ensuite : « Les entretiens des hommes qui ont obtenu une célébrité méritée nous éclairent encore mieux que leurs livres. Ils nous font connaître mille règles de tact et de goût, et une foule d'observations, de nuances, qu'il serait presque impossible d'expliquer par écrit[24]. » En les écoutant, le jeune Ségur s'initia à l'art de la conversation, essentiel pour un homme du monde. Il avait les compétences nécessaires – la maîtrise de la langue, la justesse de l'expression, les ressources d'une vaste et solide culture – pour faire bonne figure mais, ne se fiant pas suffisamment à son instinct, il demanda l'aide de Lekain, le plus grand acteur tragique de l'époque, aussi bien pour perfectionner le placement de sa voix que pour apprendre à lire en public la prose comme la poésie avec les bonnes modulations et les pauses justes. Les résultats de ce zèle ne se firent pas attendre. C'est probablement son portrait que Ligne brossa dans son *Alcippe* : « Il a, en entrant dans une société, tout ce qu'il faut pour plaire. On est content de lui sans savoir qu'on en sera enchanté. Si une conversation bruyante et générale, laisse à Alcippe le moment et la force d'y glisser deux mots, on est étonné de la grâce, ou de la valeur, ou de l'à-propos de ces deux mots [...] Il a sa marche, son calcul : il arrive sans paresse, ni dédain. La délicatesse de sa voix, de sa vue et de ses vues, paraissent [*sic*] servir la délicatesse de son esprit. S'il y a une plaisanterie de bon goût, une définition concise et piquante, des vers à faire, ou à dire, un spectacle de société, tous les succès épars d'Alcippe, qui les a eus sans les rechercher, se réunissent et forment un chorus général [...] Comment se fait-il qu'Alcippe convienne à tant de gens qui ne se conviennent pas entre eux [25] ? »

Louis-Philippe prouva rapidement qu'il avait « tout ce qu'il faut » pour devenir aussi un habile courtisan. Lui comme son frère avaient des liens de sang avec les Orléans et étaient plus chez eux au Palais-Royal qu'à Versailles. Néanmoins, à partir de 1776, une chance inespérée les fit admettre parmi les intimes de Marie-Antoinette. Les deux jeunes gens avaient été présentés à la comtesse de Polignac par le baron de Besenval, bien avant que Marie-Antoinette décide qu'elle ne pouvait pas vivre sans la belle Gabrielle-Yolande, et c'est cette dernière, installée à Versailles, qui les introduisit auprès de la reine. Marie-Antoinette aimait s'entourer de gens de son âge, s'étonnant que « passé trente ans, on osât paraître à la Cour [26] », elle se riait du protocole et des défenseurs de la tradition et réserva donc bon accueil aux jeunes amis de sa favorite qui apportaient les modes de la capitale.

Avec son frère Joseph-Alexandre, La Fayette, Noailles, Lauzun, Narbonne, les frères Lameth et le chevalier de Coigny, Louis-Philippe faisait partie de cette bande de jeunes aristocrates dont la joyeuse irrévérence et la soif de nouveauté allaient de pair avec la plus ancienne des vocations de leur caste : la guerre. Si les résultats désastreux de la guerre de Sept Ans avaient inspiré à Louis XV une politique de paix, le désir de revanche de la noblesse française avait grandi avec le temps. Choiseul le premier, au cours de son minis-tère, avait renforcé la marine et modernisé l'armée en vue d'une nouvelle politique d'expansion coloniale qui mènerait fatalement à un conflit armé avec l'Angleterre. La disgrâce du ministre préserva le pays d'une guerre à l'issue incertaine mais permit à la noblesse de manifester avec insolence son mécontentement. La fine fleur de l'aristocratie n'eut de cesse d'exprimer sa solidarité à l'illustre banni et le marquis de Ségur ne fut pas en reste : il fit lui aussi le voyage à Chanteloup en compagnie de son fils aîné. C'était le début d'une « nouvelle *fronde* » et l'élégant obélisque érigé dans le parc du château où l'on gravait les noms des visiteurs en était le « monument » [27]. Dès lors, l'esprit d'opposition de la noblesse déferlerait sur les quinze dernières années de la monarchie comme un torrent en crue. Après un début de règne heureux, la jeune génération trouva elle aussi dans la politique prudente et hésitante de Louis XVI un motif de mécontentement. Ségur et ses amis se sentirent autorisés à s'amuser aux dépens du parlement et du gouvernement, se battre en duel, s'habiller comme sous Henri IV ou en jockeys anglais, tant qu'ils ne pourraient donner un but à leur jeunesse et « réparer les affronts [28] » de la guerre de Sept Ans.

La « révolution [29] » américaine leur en donna l'occasion. Louis-Philippe reçut la nouvelle de l'insurrection de Boston alors qu'il se trouvait dans la très mondaine station thermale de Spa, où la « courageuse audace » des colons américains « électrisa tous les esprits, excita une admiration générale » [30]. Le comte s'émerveillait de voir tous ces visiteurs en provenance des différentes monarchies européennes prendre une telle part à « la révolte d'un peuple contre un roi » : à l'évidence, il n'était pas le seul « dont le cœur alors palpitât au bruit du réveil naissant de la liberté, cherchant à secouer le joug du pouvoir arbitraire » [31]. Avec le marquis de La Fayette et le vicomte de Noailles ils furent « les trois premiers Français, distingués par leur rang à la cour, qui offrirent le secours de leurs épées aux Américains [32] ». Les trois amis parlèrent longuement avec Silas Deane et Arthur Lee qui, en 1766, avaient été envoyés à Paris par le Congrès américain en compagnie de Benjamin Franklin pour solliciter l'aide de la France [33]. Quand ils apprirent que les conseils d'officiers qualifiés suppléeraient utilement au manque d'expérience et de connaissances techniques des insurgés, ils se proposèrent comme volontaires.

Leur projet conjuguait de façon idéale l'amour de la gloire et de l'indépendance, l'ancien esprit chevaleresque qui imposait de voler au secours d'une cause juste et noble et les nouvelles idées de liberté et d'égalité. Et il avait des précédents illustres. Un siècle plus tôt, les cousins du Roi-Soleil eux-mêmes [34] avaient défié l'ire du souverain en s'unissant aux Impériaux pour combattre les Turcs en Hongrie. Toutefois, rappellera Ségur [35], leur motivation première était le désir de revanche sur les Anglais. Et le cri de guerre de La Fayette – « *To injure England is to serve my country* [36] » – ne laissait aucun doute à ce sujet. Liberté, fraternité, égalité « n'apparaissaient nulle part, et quand la devise se matérialisait, elle le déconcertait [37] ».

Mais les trois amis avaient compté sans la cour et leurs familles. Le comte de Maurepas leur enjoignit de renoncer parce que le gouvernement, qui traitait secrètement avec les Américains, ne voulait pas risquer d'alerter les Anglais en donnant l'impression de cautionner leur départ. Quant aux familles, elles s'indignèrent de ne pas avoir été consultées, refusèrent l'appui économique nécessaire pour financer le projet et placèrent les imprudents sous surveillance. Le seul à ne pas se résigner fut La Fayette. Ségur raconte dans ses Mémoires que deux mois après ce rappel à l'ordre, à sept heures du matin, son ami entra « brusquement dans [s]a chambre, en ferma hermétiquement la porte, et, s'asseyant près de [s]on lit, [lui] dit : "Je pars pour l'Amérique ; tout le monde l'ignore, mais je t'aime trop pour avoir voulu partir sans te confier mon secret" [38]. »

Orphelin d'un père tué très jeune par l'artillerie anglaise et disposant d'une fortune considérable, le marquis avait acheté un navire à l'insu de sa famille, l'avait doté d'armes, de vivres et d'un bon équipage et s'était assuré le soutien de douze officiers décidés à participer à l'entreprise. Son départ prit ses proches au dépourvu, mais, frappé par un ordre du roi alors qu'il était encore en France, La Fayette fut arrêté. Refusant de s'avouer vaincu, il réussit à s'enfuir et s'embarqua hardiment sur son navire qui l'attendait en Espagne. À l'automne 1777, il appareilla pour l'Amérique. La nouvelle fit un tel bruit que son oncle, le marquis de Noailles, alors ambassadeur à Londres, demanda à Versailles s'il devait démissionner [39]. La Fayette avait dix-neuf ans et s'apprêtait à passer à l'histoire comme « le héros des Deux Mondes ».

En janvier 1778, la prise de position ouverte de la France en faveur des États-Unis fit espérer à Louis-Philippe qu'il ne serait plus un « spectateur oisif de la guerre [40] ». C'était aussi le vœu de la plupart des nobles dans l'armée qui rivalisèrent pour être envoyés sur les côtes bretonnes et normandes en vue d'un débarquement en Angleterre. Avec l'appui de Marie-Antoinette, Ségur obtint une nomination d'aide maréchal-général des logis dans les troupes stationnées en Bretagne [41] aux ordres du maréchal de Castries. Pour lui aussi, comme pour Lauzun et Boufflers, les mois passèrent « en exercices, en évolutions, en simulacres d'attaques, de défense, de débarquement, de reconnaissances militaires [42] », dans l'attente vaine de se mesurer avec l'ennemi. L'espoir revint d'un débarquement au printemps suivant, quand trente-deux navires de guerre français quittèrent Brest, et trente-huit navires de guerre espagnols Cadix, en direction de Plymouth. Le moment semblait enfin arrivé pour l'armée de traverser la Manche, mais une terrible tempête dispersa la flotte alliée, à l'instar du sort qui avait accablé l'invincible Armada trois siècles auparavant. Les navires rentrèrent dans leurs ports respectifs et le projet d'une invasion de l'Angleterre fut définitivement abandonné. Après tant d'attentes, la déception fut grande et un tir nourri de pamphlets, satires et épigrammes visa « l'ineptie du pouvoir ». Ségur aussi y alla de quelques couplets allègrement irrévérencieux. En supprimant la liberté – rappellerait le mémorialiste –, la monarchie absolue avait laissé à ses sujets la seule arme du ridicule, dont les effets se révéleraient beaucoup plus meurtriers qu'on ne l'avait supposé. « Faute de tribune, rappelait Ségur, les salons étaient nos champs de bataille et, ne pouvant livrer des combats réguliers, c'était par des escarmouches légères que notre liberté comprimée montrait encore que son feu était plutôt couvert qu'éteint [43]. »

À peu de temps de là, une déception encore plus grande attendait Louis-Philippe. En janvier 1780, le gouvernement français se décida enfin à envoyer au secours de l'Amérique une expédition commandée par le comte de Rochambeau. Ségur tenta par tous les moyens de l'intégrer, mais il se heurta à la ferme opposition de son père et, cette fois, il ne bénéficia pas du concours de Marie-Antoinette. En revanche, fort de l'appui de sa famille, le vicomte de Noailles réussit à partir. « Ainsi, des trois amis qui, les premiers en France avaient formé le dessein de combattre pour la cause américaine [44] », Ségur était le seul contraint à y rester. Mais peu de temps après, le revirement soudain de la situation politique ralluma son enthousiasme. On nomma respectivement au ministère de la Marine et à celui de la Guerre le marquis de Castries et le marquis de Ségur, qui s'entendirent à merveille avec le ministre des Affaires étrangères, le comte de Vergennes. Désireux que la France retrouve son prestige et triomphe sur terre et sur mer, les trois ministres souhaitaient la guerre. Tout espoir n'était donc pas perdu.

Entre-temps, dans l'attente d'une occasion propice à sa gloire, Louis-Philippe avait rencontré l'amour, avec ceci de tout à fait insolite pour les mœurs aristocratiques qu'il l'avait trouvé dans le mariage. C'est un grand ami de la famille, le marquis de Chastellux, qui en 1777 arrangea l'union de Louis-Philippe avec sa cousine Antoinette-Élisabeth d'Aguesseau. À travers le réseau de parentés qui faisait de la noblesse française une immense et unique famille, Ségur s'apparentait à ses meilleurs amis, La Fayette et le vicomte de Noailles. La mariée avait trois ans de moins que son époux et, d'après son portrait par Mme Vigée Le Brun en 1785 [45], était une beauté. Brune, des traits parfaits et de grands yeux noirs au regard profond, la jeune femme dont la peintre a fixé l'image alors qu'elle ébauche un timide sourire possède déjà une aura romantique. Fille du marquis d'Aguesseau et petite-fille du célèbre chancelier, Antoinette joignait à la sensibilité et à la grandeur d'âme l'intégrité morale de son illustre ancêtre, le chancelier d'Aguesseau, ardent défenseur des libertés gallicanes, et considérait qu'il fallait chercher le bonheur avant tout dans la sphère des attachements domestiques. Non seulement Louis-Philippe tomba amoureux de sa belle épouse, mais il la plaça au centre de sa vie affective. Le mariage marqua pour lui le passage à la pleine maturité. Avec Antoinette, il épousa aussi la tradition parlementaire de sa famille et prit le chancelier pour modèle de vie, dans l'espoir de réussir à « s'élever à la hauteur de ses immortels principes de vertu, de justice et d'amour de la patrie [46] ». Quelle meilleure leçon politique que ses discours qui montraient comment, ministre d'un monarque absolu, d'Aguesseau « ne perdait jamais de vue l'intérêt public, les droits des citoyens, et les limites prescrites au pouvoir par l'éternelle raison et par les lois fondamentales de l'État [47] » ?

Préfiguration aristocratique du mariage bourgeois du siècle suivant, l'idylle domestique des Ségur ne passa pas inaperçue. Malgré son penchant pour le libertinage, Gouverneur Morris ne manqua pas de noter dans son journal de bord parisien comment, marié depuis onze ans désormais, Louis-Philippe n'avait pas de difficulté à se déclarer fidèle à sa femme : de l'avis de l'envoyé de Washington, la comtesse de Ségur le méritait pleinement [48]. Invité chez eux, le visiteur américain avait assisté à un proverbe écrit par le comte [49] à l'occasion de la naissance de leur troisième enfant, Laure, et interprété par les deux premiers enfants qu'Antoinette s'était hâtée de mettre au monde tout de suite après leur mariage.

« [Proverbe] dont le Sujet est le plaisir que procure à toute la famille un nourrisson que la comtesse a récemment mis au monde.

La pièce est écrite par le père, auquel je m'adresse au Cours de ces lignes :

> Pour parfaire l'Art comique
> Laissez les autres occuper un Rôle unique
> Mais vous mon ami, avec une Âme plus noble
> Embrassez à la fois le grand Tout ;
> Car nous le voyons, de vous proviennent
> Le Sujet, la Pièce et les Acteurs [50]

Au printemps 1782, huit mois après la capitulation de Yorktown, Louis-Philippe obtint enfin l'autorisation tant attendue et, à la tête de deux régiments de renfort destinés à l'armée de Rochambeau [51], put s'embarquer sur la frégate *La Gloire*, dotée de trente-deux canons, et rejoindre à Rochefort une autre canonnière, elle aussi en partance pour l'Amérique [52].

Avant que les deux navires ne prennent le large, des rumeurs de paix imminente vinrent tempérer l'enthousiasme de Ségur : « Il est bien dur de quitter tout ce qu'on aime, écrivait-il à sa femme, et de faire deux mille lieues pour apprendre là-bas qu'on a fait un voyage inutile [53]. » En réalité la France et l'Angleterre ne signeraient les préliminaires de paix que sept mois plus tard [54], et même si Louis-Philippe arriva trop tard pour se battre contre les Anglais, l'expédition américaine constitua pour lui une aventure extraordinaire. On en veut pour preuve la longue évocation qu'il en donne dans ses Mémoires, ainsi que les lettres envoyées à sa femme au cours de sa mission, qui témoignent dans toute sa spontanéité de l'enthousiasme qu'éveilla chez lui la découverte outre-Atlantique d'une façon nouvelle de vivre et de penser. Et même si, un siècle plus tard, l'auteur de l'édition critique des lettres s'est senti en devoir de sacrifier les passages les plus intimes à la discrétion familiale, elles ne laissent aucun doute sur la réussite du mariage des Ségur. Amoureux et fier de sa jeune femme, Louis-Philippe ne perd pas une occasion de lui exprimer les sentiments qu'il éprouve pour elle, dès le moment où *La Gloire* quitte définitivement les côtes françaises : « Adieu, mon amour [...] Je vais m'éloigner de toi, j'ai le cœur bien triste et bien gros. Adieu, je ne puis dire davantage, je t'aime et je pars. Adieu [55]. »

Parmi les officiers qui s'embarquèrent avec lui sur *La Gloire* et *L'Aigle*, Ségur comptait de nombreux amis : le duc de Lauzun, qui s'était déjà valeureusement battu à Yorktown, en était à son second voyage américain ; le prince Victor de Broglie, fils aîné du maréchal qui, après avoir comme Louis-Philippe sollicité en vain sa famille, avait enfin obtenu l'autorisation de partir ; le baron de Montesquieu, petit-fils de l'auteur de *De l'esprit des lois* ; le marquis de Vauban, le comte Loménie de Brienne, le comte de Talleyrand-Périgord, qui s'était lui aussi distingué à Yorktown, le vicomte de Fleury, le vicomte de Vaudreuil, le chevalier Alexandre de Lameth. Ils portaient tous des noms illustres, ils avaient en commun le courage et la gaieté, ils étaient tous « suivant l'heure et le lieu, raisonneurs ou légers, graves ou étourdis, insouciants ou enthousiastes [56] », ils partaient tous en Amérique chercher une occasion de combattre au service de la plus ancienne monarchie d'Europe et s'enflammaient pour une république qui venait de naître.

Aucun d'entre eux ne pouvait le moins du monde deviner le destin qui les attendait. Lauzun et Broglie embrasseraient la cause de la Révolution et mourraient guillotinés ; Loménie subirait le même sort ; restés fidèles aux Bourbons, le baron de Montesquieu et le marquis de Vauban prendraient part au désastreux débarquement de Quiberon ; devenu en 1789 un des principaux chefs du Parti patriote, Alexandre de Lameth serait obligé, en 1792, avec La Fayette, de fuir en Autriche où il passerait de nombreuses années en prison. Dans une lettre écrite au moment de son départ et citée dans ses Mémoires, Louis-Philippe montre qu'un enfant gâté de la haute noblesse de cour, qui devait tout au système des privilèges, se sentait autorisé à affirmer que, dans une monarchie absolue, « où un petit nombre de personnes, élevées précairement aux grands emplois par la volonté d'un maître, ont seules part à la législation et à l'administration », et où « ce n'est point par des talents, mais par faveur qu'on avance », l'« amour de la gloire » était dicté par la vanité et non par l'amour de la patrie. Quant à lui, étouffant sous le poids d'un « pouvoir arbitraire », il avait quitté sa famille et tout ce qu'il aimait pour saisir l'occasion de se battre pour la liberté et « une juste cause » [57].

La traversée avait été pénible et aventureuse. Les deux navires n'avaient pas encore quitté la côte française qu'ils se trouvèrent aux prises avec des conditions météorologiques épouvantables, risquant de sombrer plus d'une fois. Broglie et Lauzun souffraient tant du mal de mer que lorsque Ségur leur annonça qu'ils allaient mourir, ils répliquèrent que peu importait[58].

Ils retrouvèrent tous leur entrain en abordant aux Açores. À part la beauté des paysages, la visite de Tercère n'aurait rien réservé de surprenant si Lauzun n'avait pris la situation en main. Avec ses six ans de plus que Louis-Philippe, le plus élégant et original des don Juan, auréolé de la gloire remportée à Yorktown, était l'idole de ses jeunes amis. « Il était difficile de trouver un compagnon de voyage plus aimable, rappellera Ségur, son caractère était facile, son âme généreuse, sa grâce originale et sans modèle[59]. » À cette occasion aussi il donna la preuve de son savoir-vivre. À peine débarqué à Tercère, le duc se lia d'amitié non pas avec le consul français, mais avec son homologue anglais, c'est-à-dire le représentant du pays ennemi, lequel disposait de la maison la plus hospitalière, du meilleur cuisinier, des invités les plus amusants, et eut tôt fait de l'introduire aux délices de l'île. Fort de son soutien, Lauzun emmena Ségur, Broglie et le vicomte de Fleury visiter un couvent, dont la mère supérieure se montra très arrangeante. Avec l'aide du consul qui jouait les interprètes, les quatre amis engagèrent une conversation galante avec les pensionnaires qui, tout en restant vertueusement derrière la grille du parloir, ne cachèrent pas le plaisir que leur procurait cette distraction. L'exemple en fut donné par une *senhorita* au nom illustre : « Frappée de la bonne mine, de la physionomie spirituelle et du costume de Lauzun, qui portait l'uniforme de hussard, elle lui jeta, en souriant, une rose à travers la grille, lui demanda son nom, lui présenta un coin de son mouchoir qu'il saisit et qu'elle tendit ensuite, en cherchant à l'attirer à elle, douce vibration qui sembla passer assez vite des mains au cœur[60]. » Il s'ensuivit un ballet de mouchoirs, lancers de fleurs, distribution de baisers et de compliments. Le lendemain, les visiteurs français se présentèrent à nouveau au parloir, la supérieure les accueillit avec la même amabilité et les pensionnaires se montrèrent plus complaisantes encore. On improvisa des chansons, on échangea des billets, des cadeaux — bracelets de cheveux, portraits, bagues, scapulaires. Lauzun, Ségur, Broglie et Fleury simulèrent une danse avec leurs demoiselles, dont ils n'étaient séparés que par une grille, et on parlait déjà d'éliminer ce dernier obstacle, quand les quatre amis reçurent l'ordre de rembarquer en urgence, les bateaux s'apprêtant à appareiller.

Dans la seconde partie de la traversée, *La Gloire* et *L'Aigle* bénéficièrent d'un temps magnifique et de vents favorables, mais rencontrèrent la flotte ennemie.

Les Anglais, qui s'étaient désormais résignés à reconnaître l'indépendance de leur ancienne colonie et à traiter avec la France et l'Espagne, avaient adopté aux États-Unis une stratégie purement défensive, mais sans cesser de se battre sur mer. En vue des côtes américaines, les deux frégates françaises furent attaquées par la Royal Navy et finirent par s'échouer en essayant de s'abriter. Obligés d'abandonner le navire, Ségur et ses compagnons réussirent à débarquer en canot sous le feu ennemi, sauvant ainsi deux millions et demi de livres destinées au gouvernement américain. Au plus fort de la mitraille, convaincu que son heure était venue, Louis-Philippe avait embrassé le portrait de sa femme qu'il portait contre son cœur. Attendri par le geste de son ami, Broglie avait demandé à l'embrasser lui aussi [61]. C'est peut-être ce geste qui leur porta bonheur.

Arrivé mi-septembre à Philadelphie après bien des aventures, Ségur avait aussitôt pensé à son frère. « Dis-lui, avait-il écrit à sa femme, que c'est de la *Ville des Frères* que je lui mande que je l'aime de tout mon cœur [62]. » Le jeune colonel fut accueilli par l'état-major français avec tous les égards dus au fils du ministre de la Guerre et eut l'honneur d'être présenté à Washington avec qui il s'entretint longuement. Il éprouva le même étonnement devant la discipline, l'ordre et la compétence de l'armée américaine, la même admiration pour Washington et l'esprit patriotique de la population que le duc de Lauzun à son premier séjour [63]. « Son extérieur annonçait presque son histoire : simplicité, grandeur, dignité, calme, bonté, fermeté, c'étaient les empreintes de sa physionomie, de son maintien, comme celles de son caractère [...] Il n'étalait point le faste d'un général de nos monarchies ; tout annonçait en lui le héros d'une république [64]. »

Le marquis de Chastellux, l'oncle bien-aimé de sa femme, que Ségur avait retrouvé à Philadelphie, se chargea de l'initier aux mœurs, coutumes et lois des États-Unis. Louis-Philippe n'aurait pu rêver meilleur mentor : disciple des philosophes, franc-maçon fervent, ami intime de Washington, le marquis avait été parmi les premiers à traverser l'Atlantique pour se battre, avec le grade de général, aux côtés des insurgés et, comme le montrent ses *Voyages dans l'Amérique septentrionale, dans les années 1780, 1781 et 1782*[65], il connaissait très bien le pays. Et quand, fin décembre 1782, après un séjour de trois mois aux États-Unis, Ségur s'embarqua à Boston aux ordres du général de Vioménil pour aller combattre les Anglais en Jamaïque, l'utopie du meilleur des mondes possibles était devenue pour lui une réalité. Il emportait dans son cœur le regret d'« un pays où l'on est ce que l'on doit être, franc, loyal, honnête et libre ». D'un pays où « on [...] pense, on [...] dit, on [...] fait ce qu'on veut » et où « en suivant un petit nombre de lois simples, en respectant les mœurs, on [...] est heureux et tranquille : c'est en les bravant qu'on est à la mode à Paris »[66]. D'un pays où il aurait voulu vivre avec sa femme puisque tous deux « aimaient la vertu[67] ». Mais il partait avec l'espoir qu'un jour pas trop lointain de la France suive l'exemple des États-Unis et devienne un pays vertueux et libre.

En Amérique du Sud, Ségur n'eut pas non plus l'occasion de s'illustrer sur le champ de bataille. Les Espagnols arrivèrent trop tard au Venezuela où la flotte de d'Estaing et les corps d'élite de Vioménil les attendaient pour partir à l'attaque des Anglais par terre et par mer. Mais les préliminaires de paix entre la France et l'Angleterre, signés à Paris en janvier 1783, mirent fin à ses espérances. Cela ne l'empêcha cependant pas d'avancer dans la carrière. Alors qu'il était encore à Puerto Cabello au Venezuela, Ségur reçut une lettre où son père lui communiquait sa promotion au grade de colonel commandant un régiment de dragons qui porterait son nom.

Sur le trajet du retour en métropole, Louis-Philippe eut l'occasion de faire étape à Saint-Domingue, la colonie « qui donnait annuellement à la France, par ses riches productions, un avantage de soixante millions dans la balance de son commerce[68] », et de visiter les plantations héritées de sa mère. Dans ses Mémoires, il stigmatiserait la barbarie de l'esclavage telle qu'il l'avait constatée dans ses propres domaines, même si sa première réaction avait été bien différente. « Je suis tout étonné d'être ici chez moi, écrivait-il à sa femme, au milieu d'une foule d'esclaves qui se mettent à genoux quand ils me parlent, et dont la vie ou la mort est entre mes mains[69]. » Mais désormais il avait surtout hâte de rentrer en

France. Même s'il n'avait pas conquis la gloire, le bilan de son aventure américaine était nettement positif. En moins d'un an, il avait visité un continent entier : « J'aurai vu un combat, des tempêtes, des naufrages, des camps près de l'ennemi, des marches de deux mois dans la neige, j'aurai vu des climats sauvages au sud où ne va jamais nul Européen [70]. »

Après un voyage de retour extrêmement pénible pendant lequel il écrivit *Coriolan* – une tragédie sur la lutte entre riches et pauvres inspirée par Washington et l'esprit héroïque de la révolution américaine –, Louis-Philippe arriva à Paris fin juin 1783. Le marquis de Bombelles, qui était alors en visite chez le maréchal de Ségur, fut témoin du bonheur de la jeune comtesse à embrasser de nouveau son mari [71].

Plusieurs événements s'étaient conjugués pour rendre toute leur confiance en eux aux Français : la signature du traité de Versailles [72] qui marquait l'indépendance des États-Unis, la nomination de Calonne au poste de contrôleur général des Finances, l'enchaînement de découvertes scientifiques et une liberté de parole croissante. Dans ses Mémoires, Ségur rappellera qu'il avait trouvé « la cour et la société de Paris plus brillantes que jamais, la France fière de ses victoires, satisfaite de la paix, et le royaume [...] florissant [73] ». Le mot « impossible » semblait avoir disparu de la langue française [74] et « la baguette magique » de Calonne laissait espérer qu'on était désormais sorti de l'impasse du déficit public.

Fêté à la cour, arborant l'ordre américain de Cincinnatus, invité avec ses amis à se mêler aux débats politiques dans les différents clubs de type anglais qui fleurissaient à Paris, Louis-Philippe n'eut pas le temps de se complaire dans cette euphorie collective, car dix-sept mois seulement après son retour des États-Unis, il dut repartir. Sur une suggestion de Vergennes, Louis XVI l'avait nommé ambassadeur auprès de l'impératrice Catherine. Le ministre des Affaires étrangères avait eu l'occasion de lire les lettres envoyées d'Amérique par Louis-Philippe à son père et, frappé par la pertinence de ses analyses politiques, lui avait demandé de travailler avec lui. Mais en proposant son nom pour l'ambassade à Saint-Pétersbourg, Vergennes entendait aussi contrer la mauvaise humeur du maréchal de Ségur, avec qui il avait eu récemment plusieurs désaccords, et complaire à Marie-Antoinette en soutenant la candidature d'un de ses protégés contre celle du comte de Narbonne, défendue par Madame Adélaïde, tante du souverain [75]. Louis-Philippe hésita à quitter la carrière militaire, à laquelle le liait la tradition familiale, pour embrasser la diplomatie, mais son père le poussa à accepter. Pour le marquis, il ne s'agissait en aucune sorte d'un abandon définitif, mais d'une expérience qui pouvait ouvrir à son fils la voie vers d'autres charges ministérielles ; en attendant, le commandement de son régiment passerait à son frère, le vicomte de Ségur [76]. Le marquis de Bombelles, en diplomate attentif à la logique de la faveur, voyait aussi dans la nomination de Ségur comme ambassadeur le début d'une grande carrière : « Avec de l'esprit, de l'instruction, il pourra se rendre nécessaire par la manière dont il servira en politique et, cheminant plus doucement, arriver plus sûrement au ministère à l'âge où la considération a eu le temps de s'établir [...] Sa guerre en Amérique fournira à ses amis des prétextes pour l'indiquer comme capable d'être ministre de la Marine ; et son travail dans le département des Affaires étrangères pourra le mener à être le chef de ce beau département [...] On doit regarder ce jeune homme comme un de ceux qui arriveront aux grandes places de ce pays [77]. » Il ne restait plus à Louis-Philippe qu'à se préparer à sa nouvelle mission. Il se plongea dans la lecture des correspondances des ambassadeurs français qui l'avaient précédé à Saint-Pétersbourg et passa deux semaines à Londres pour s'informer des relations anglo-russes auprès de son ami Adhémar, son ancien condisciple à Strasbourg, devenu grâce à Polignac ambassadeur à la Cour de Saint-James. Pendant son court séjour outre-Manche, Ségur trouva la confirmation de ses convictions politiques en constatant « la supériorité qu'un long usage de raison publique et de liberté donnait à cette monarchie constitutionnelle sur notre monarchie presque absolue [78] ».

À Paris, Louis-Philippe reçut une leçon de machiavélisme politique de la part de l'ambassadeur espagnol à Versailles, le célèbre comte d'Aranda. La tâche d'un diplomate, lui expliqua ce dernier, est de nature politique. Son objectif est de « connaître la force, les moyens, les intérêts, les droits, les craintes et les espérances des différentes puissances [...] et de pouvoir à propos les concilier, les désunir, les combattre, ou nous lier avec elles, suivant ce qu'exigent nos propres avantages et notre sûreté », et il suffisait de regarder la carte de l'Europe, puisque « toutes les puissances veulent conserver leurs saillies, et s'arrondir enfin suivant l'occasion »[79]. Si on prenait le cas de la Russie, le premier partage de la Pologne et l'annexion de la Crimée en étaient une preuve criante et laissaient présager de plus gros appétits encore.

Mais les observations les plus utiles émanèrent du baron de Grimm. Correspondant habituel de Catherine et « informateur » de l'ambassadeur russe à Paris[80], Grimm connaissait parfaitement les goûts et les habitudes de l'impératrice et fournit à Ségur de précieux conseils sur la façon de lui être agréable. Lui-même prit soin d'adresser à l'impératrice mille éloges sur le compte du nouvel ambassadeur, la prédisposant en sa faveur.

Muni de ce viatique, et après avoir pris congé de ses dragons et des personnes qui lui étaient chères, Ségur partit pour la Russie la veille de Noël 1784, sans imaginer que la France où il rentrerait cinq ans plus tard serait fort différente de celle qu'il quittait.

Sur la route de Saint-Pétersbourg, il s'arrêta à Berlin où il fut présenté aux membres de la famille royale et revit le prince Henri de Prusse dont il avait fait la connaissance à Paris. Il eut surtout l'honneur d'être reçu à Potsdam par le grand Frédéric, qui s'entretint longuement avec lui, déclarant qu'il avait toujours admiré la France et le rassurant entre autres sur le compte de Catherine. Bien qu'en froid avec l'impératrice, il savait de source sûre qu'elle n'était pas responsable de la mort de son époux et que c'étaient les Orlov qui, à son insu, avaient pris l'initiative d'assassiner Pierre III. En outre, Frédéric entendait recommander Ségur à son représentant à Saint-Pétersbourg, le comte de Görtz, pour qu'il lui donne tout l'appui dont il avait besoin. Il n'ignorait pas les buts de la mission diplomatique de Louis-Philippe et espérait dans l'intérêt de la Prusse que l'influence française en Russie contrebalançât celle de l'Autriche[81]. Et puisque le programme de Ségur prévoyait aussi une étape en Pologne, le roi philosophe lui exprima sa perplexité devant les contradictions d'un « pays libre où la nation est esclave, république avec un roi, vaste contrée sans population [...] toujours divisée en factions, en confédérations, et tellement enthousiaste d'une liberté sans règle, que, dans leurs diètes, le *veto* d'un seul Polonais suffit pour paralyser la volonté générale[82] ». Il négligea toutefois d'ajouter que c'était grâce à ces contradictions que la Prusse avait pu « arrondir » ses frontières aux dépens de la Pologne.

À Varsovie, Stanislas-Auguste le déconcerta en l'embrassant affectueusement et en se déclarant heureux de « le revoir ». Amusé par sa stupéfaction, le souverain lui raconta l'amitié qui l'avait lié à ses parents une trentaine d'années plus tôt, quand il n'était encore qu'un simple comte polonais en visite à Paris. Le jour de son départ, quand il avait voulu leur dire adieu, il avait trouvé porte close. La maîtresse de maison venait de donner le jour à un enfant et son mari était avec elle. Poniatowski ne s'était pas découragé et, forçant l'entrée, avait pu embrasser aussi bien les heureux parents que le petit Louis-Philippe, qu'il revoyait aujourd'hui dans son palais.

En évoquant dans ses Mémoires l'accueil que lui avait réservé le souverain et en traçant son portrait, Ségur observera que son bon caractère, et surtout cet art de plaire que Stanislas-Auguste avait tant exercé en France, se révéleraient, quand il deviendrait roi, un facteur de faiblesse, « les causes des malheurs [83] ».

Quant à Ségur, arrivé à Saint-Pétersbourg, il ne put compter que sur sa capacité personnelle de plaire à la Sémiramis du Nord pour remplir la mission difficile que lui avait confiée Vergennes : « Déterminer dans l'esprit de l'impératrice et dans sa façon de juger la France et les Français un changement décisif [84]. »

Pendant de nombreuses années, les rapports diplomatiques entre les deux pays avaient été orageux. Catherine courtisait les philosophes, entretenait ouvertement une intense correspondance avec Voltaire, achetait des œuvres d'art françaises, mais elle nourrissait une profonde aversion pour Louis XV et détestait Choiseul ; tous deux du reste ne cachaient pas qu'ils la considéraient comme une aventurière sans scrupules. Jugeant que la politique agressive de Catherine à l'égard de la Pologne constituait un défi aux intérêts de la France, le duc de Choiseul avait poussé la Turquie à déclarer la guerre à la Russie, mais la Sublime Porte avait été vaincue et Catherine avait fait main basse sur la Crimée en 1783, s'assurant un débouché sur la mer Noire. Contraint de se résigner au fait accompli, Versailles craignait toutefois que l'impératrice ne vise à long terme la dissolution de l'Empire ottoman, ce qui aurait bouleversé les équilibres européens. En revanche, l'impératrice pouvait espérer que la maison d'Autriche ne contrecarre pas ses vues expansionnistes aux dépens des Turcs, malgré l'intérêt de Vienne à étendre ses territoires au détriment de son ennemi de toujours. En outre, Russie, Autriche et Prusse étaient unies dans la perspective d'un partage de la Pologne, que Louis XV s'était révélé incapable de défendre. De son côté, Versailles, par l'intermédiaire de son nouvel ambassadeur à Constantinople, le comte de Choiseul-Gouffier, n'avait de cesse d'inciter en coulisse les Turcs à être vigilants, leur envoyant des armes, des ingénieurs et des officiers expérimentés. Les Anglais à leur tour avaient profité de l'irritation de Catherine envers la politique française pour obtenir, avec les Autrichiens, le monopole commercial dans les ports russes de la mer Noire, sans compter qu'ils bénéficiaient de l'appui du très puissant protégé de la tsarine, le prince Grigori Alexandrovitch Potemkine, qui détestait la France. Mais avec la disparition du Bien-Aimé, l'impératrice avait adopté une attitude moins inamicale, professant son estime pour le nouveau souverain, et Vergennes avait opté pour une politique de réconciliation, invitant Catherine à prendre ses distances avec la Prusse [85]. Au printemps 1782, tandis que l'armée russe envahissait la Crimée, le grand-duc Paul et sa femme, arrivés en France incognito, sous le nom de comte et comtesse du Nord, furent accueillis avec tous les égards à Versailles. Parmi les divertissements préparés pour eux ne pouvait manquer l'adaptation musicale d'*Aline, Reine de Golconde*, du chevalier de Boufflers. Si, à leur retour, la tsarine obligea sa bru à jeter tous les vêtements de la couturière de la reine, Mme Bertin, qu'elle avait rapportés de Paris, aujourd'hui encore on peut admirer à Tsarskoïe Selo le magnifique service de toilette en porcelaine de Sèvres, cadeau de Marie-Antoinette. Et l'impératrice ne pouvait pas rester insensible à la popularité dont elle jouissait à Paris grâce à la propagande menée en sa faveur depuis vingt ans par Voltaire, Diderot, Grimm et d'autres écrivains et agents à sa solde : tandis que « le théâtre s'empare de sujets empruntés à l'histoire russe et aux mœurs moscovites [...] Paris se remplit d'enseignes : "À l'impératrice de Russie". Il y a des "Hôtels de Russie", des "Cafés du Nord" à tous les coins de rue [86] ». L'intéressée avait beau déclarer qu'il s'agissait d'une simple mode, elle constituait une revanche plaisante face à un gouvernement qui lui avait toujours été hostile.

La tâche qui attendait Ségur à Saint-Pétersbourg consistait donc à profiter de ce climat de dégel apparent pour relancer des relations pourtant marquées par une divergence de vues et d'intérêts objective. Mais il ne disposait pas d'une grande marge de manœuvre puisque les projets expansionnistes de Catherine aux dépens de la Turquie et de la Pologne restaient inacceptables pour Versailles. De plus, contrairement à ses prédécesseurs, il n'avait pas reçu les fonds secrets nécessaires pour s'assurer la sympathie des courtisans. Le premier à douter du succès de l'entreprise était Vergennes [87], mais Ségur ne baissa pas les bras. Après avoir pu admirer à Philadelphie la dignité républicaine et la franche cordialité des généraux américains, tellement préférables au masque imposé par la courtoisie [88], Louis-Philippe comprit qu'à Saint-Pétersbourg il devait miser sur deux atouts : la maîtrise de l'éloquence, qui avait rendu imbattable la diplomatie française, et l'art délicat de l'adulation dans lequel Versailles était passé maître absolu. En évoquant, dans les années qui suivirent la Révolution, les mérites et les défauts de la société mondaine de l'Ancien Régime, Mme de Staël expliquerait les raisons historiques de cette double suprématie. La première qualité était à son avis liée à l'« esprit de conversation », qui avait « singulièrement développé dans les Français l'esprit plus sérieux des négociations politiques [89] », faisant d'eux des maîtres en cet art. « Il n'est point d'ambassadeur étranger qui pût lutter contre eux en ce genre, pouvait-elle affirmer indiscutablement en connaissance de cause, à moins que, mettant absolument de côté toute prétention à la finesse, il n'allât droit en affaires comme celui qui se battrait sans savoir l'escrime [90]. » La seconde qualité – l'art de gratifier l'amour-propre d'autrui – exigeait aussi un savant usage de l'éloquence, mais elle trouvait son origine dans le pacte de respect réciproque qui unissait le roi de France à ses nobles. En effet, le sens de l'honneur incitait l'ordre des privilégiés à vivre comme un libre choix l'obéissance due au souverain, leur conférant à la cour, nous dit Mme de Staël, cette « gaieté piquante » qui, « plus encore même que la grâce polie, effaçait toutes les distances sans en détruire aucune ». Et à son tour, en complimentant ou en punissant, le souverain lui-même ne pouvait ignorer une sorte de consensus public qui ne dépendait pas toujours de son bon vouloir. Pour cette raison, en France, « la flatterie qui sert à l'ambition exige beaucoup plus d'esprit et d'art que celle qui s'adresse aux femmes : ce sont toutes les passions des hommes et tous les genres de vanité qu'il faut savoir ménager, lorsque la combinaison du gouvernement et des mœurs est telle, que le succès des hommes entre eux dépend de leur talent mutuel de se plaire, et que ce talent est le seul moyen d'obtenir des places éminentes du pouvoir[91] ».

La stratégie de Ségur s'avéra donc gagnante. Habituée à régner en souveraine autocrate sur une cour asservie à ses volontés, Catherine apprécia vite l'adulation élégante et la mondanité savante du nouvel ambassadeur français qui lui avait présenté ses lettres de créance le 23 mars 1785. « Il retraçait l'idée de la cour de Louis XIV rajeunie[92] », se souviendra-t-elle des années après. D'ailleurs le baron Grimm n'avait pas été le seul à chanter les louanges de Ségur depuis Paris. L'irrésistible prince de Ligne en personne lui avait écrit de Vienne, annonçant avec enthousiasme l'arrivée du comte et vantant « son esprit et son cœur[93] ». Pourquoi alors ne pas espérer que les deux amis associés sachent l'amuser comme cela ne lui arrivait plus depuis qu'elle avait perdu Voltaire, le plus effronté et spirituel des adulateurs ?

Si pour plaire à l'impératrice – allègrement oublieuse de ses cinquante-six ans –, Ségur pouvait faire fonds sur sa coquetterie féminine et son intérêt pour la vie mondaine, artistique et intellectuelle française, il s'annonçait plus problématique d'entrer dans les grâces de Grigori Alexandrovitch Potemkine, prince de l'Empire russe et du Saint Empire romain, ministre de la Guerre, chef de la flotte et des forces armées. C'était pourtant une nécessité, puisque depuis deux décennies il exerçait sur Catherine – dont il avait été l'amant et peut-être l'époux morganatique – une influence sans égale. « Mon cher chéri, les lèvres les plus douces, ma vie, ma gaîté, mon adoré, mon pigeon, mon faisan d'or, je vous aime de tout mon cœur[94] », lui écrivait l'impératrice au temps de leur passion et, celle-ci retombée, c'était lui qui avait choisi les amants qui défilaient dans le lit de la tsarine. Lui aussi qui avait mené avec succès la politique d'expansion économique et territoriale du sud de la Russie, colonisé les côtes septentrionales de la mer Noire, finissant par créer à l'intérieur de la structure impériale russe une « nouvelle nation » dont il était devenu le gouverneur général. Et c'était lui encore « l'inventeur effectif de ce mélange de liberté cosaque et de rationalité bureaucratique, de magnanimité et de dureté, de tolérance et de violence qui laissa une marque indélébile sur la colonisation russe aux confins de l'Europe et de l'Asie »[95].

Son dernier exploit avait été l'annexion de la Crimée, qui lui avait valu le titre de prince de la Tauride. Non content de ces succès, Potemkine voulait maintenant pousser Catherine à réaliser leur rêve commun : conquérir Constantinople. Il savait qu'il pouvait compter à la fois sur la complicité de l'Autriche et la neutralité anglaise, et n'entendait pas permettre à l'ambassadeur français de défendre une opinion contraire.

Une stature de géant, le visage marqué par un coup de sabre du comte Orlov qui l'avait éborgné, Potemkine était insaisissable. Ségur comme Ligne ont brossé son portrait et souligné les contradictions de son caractère, mais en se situant dans des perspectives différentes. Dans ses Mémoires, Ségur évoque l'homme public qui restera dans l'histoire : « Jamais peut-être on ne vit dans une cour, dans un conseil et dans un camp, un courtisan plus fastueux et plus sauvage, un ministre plus entreprenant et moins laborieux, un général plus audacieux et plus indécis ; toute sa personne offrait l'ensemble le plus original par un inconcevable mélange de grandeur et de petitesse, de paresse et d'activité, d'audace et de timidité, d'ambition et d'insouciance [96]. » Ligne en revanche s'amuse en véritable virtuose du portrait à pénétrer l'intimité du prince et à décrire pour son ami Ségur, qui le connaissait pourtant très bien aussi, le Potemkine privé, jouet de ses oscillations psychologiques et morales : « Inquiet avec tous les dangers, gai quand il y est ; triste dans ses plaisirs. Malheureux à force d'être heureux, blasé sur tout, se dégoûtant aisément : politique sublime ou enfant de dix ans [...] croyant aimer Dieu, craignant le Diable [...] d'une main donnant des signes de son goût pour les femmes, de l'autre faisant des signes de la croix, les bras en crucifix au pied d'une figure de vierge, ou autour du cou d'albâtre de celles qui grâce à lui ont cessé de l'être [...] avec une grande apparence de dureté, très doux en vérité dans le fond de son cœur [...] voulant tout avoir comme un enfant, sachant se passer de tout comme un grand homme [97]. »

Quelle était alors la magie, se demandait Ligne, qui permettait à cet être aux mille visages d'être toujours différent et toujours égal à lui-même ? La réponse était simple : « Du génie, et puis du génie, et encore du génie [98]. » Un génie en vérité assez semblable à ceux qui peuplent les contes des *Mille et Une Nuits*.

Exception faite des ambassadeurs autrichien et anglais, Potemkine ne daignait pas donner audience aux représentants des pays étrangers et il eut l'insolence de faire faire antichambre à l'envoyé du roi de France. Mais quand il estima avoir assez attendu, Ségur s'en repartit à la stupeur générale, obligeant Potemkine à s'excuser et à lui proposer un autre rendez-vous. Comme, malgré ses manières de despote oriental, le favori de Catherine appréciait ceux qui lui tenaient tête, il lui réserva cette fois un accueil aimable : il lui posa beaucoup de questions sur les États-Unis et lui confia son scepticisme quant aux possibilités de réussite d'institutions aux antipodes du système de gouvernement russe. Ségur se préparait à prendre congé quand l'ordre de Cincinnatus qu'il portait épinglé sur la poitrine attira soudain l'attention du ministre. Potemkine aimait les décorations et la médaille américaine constituait pour lui une nouveauté absolue. Il s'anima, retint le comte, « voulut savoir si c'était un ordre, une association, une confrérie ; par qui elle avait été fondée ; quels étaient ses règlements [99] », et, habilement secondé par Ségur, se livra au plaisir de parler d'un sujet qui le passionnait, passant en revue les décorations russes et celles de la moitié de l'Europe qu'il avait réussi à collectionner. Quand, après une heure d'entretien, l'ambassadeur quitta Potemkine, aucun des points de tension dans les relations franco-russes n'avait été ne fût-ce qu'effleuré, mais une sympathie destinée à durer était née entre les deux hommes. Par un authentique caprice du hasard, l'attestation de mérite dont l'avait gratifié un pays libre et républicain permettait à Ségur d'entrer dans les grâces du tout-puissant ministre d'un régime despotique, lui indiquant la stratégie à suivre pour esquiver ses prises de position et tempérer ses terribles colères. Quand leurs discussions risquaient de s'envenimer, Ségur savait comment détourner l'attention du prince, en amenant la conversation sur les sujets qui lui étaient chers. Par exemple, passionné de théologie, Potemkine était capable de disserter pendant des heures sur les disputes entre les Églises grecque et latine ou les conciles de Nicée, Chalcédoine et Florence, et son esprit prompt et versatile pouvait passer avec un naturel total de problèmes d'importance cruciale aux divagations les plus farfelues.

Ségur eut vite la preuve qu'il avait choisi la bonne ligne de conduite. En effet, en mai 1785, trois mois à peine après son arrivée à Saint-Pétersbourg, il fut invité avec Potemkine et les ambassadeurs autrichien et anglais à rejoindre Catherine dans sa résidence d'été de Tsarskoïe Selo, pour l'accompagner ensuite dans un voyage à l'intérieur du pays. C'était un signe de grande faveur qui, comme il en référait à son ministre, avait excité la jalousie des autres diplomates, suscitant « beaucoup de folles spéculations politiques [100] ». Mais maintenant il lui fallait transformer son succès personnel en succès diplomatique pour son pays.

Au cours de ce premier voyage à la suite de la tsarine, Louis-Philippe proposa à Potemkine un traité commercial entre la France et la Russie analogue à celui dont jouissaient les Anglais et les Autrichiens, pour faciliter les échanges entre les deux pays. À sa grande surprise, Catherine donna immédiatement son accord, mais, en réalité, comme on s'en apercevrait deux ans plus tard, elle visait des accords politiques de tout autre ampleur. En 1787, le ministre des Affaires étrangères Bezborodko suggéra officiellement de former une coalition antiturque composée de la Russie, de l'Autriche et de la France et, l'année suivante, la possibilité se dessina d'impliquer aussi l'Espagne dans une alliance antianglaise. En échange, Saint-Pétersbourg demandait l'approbation implicite de la France au premier partage de la Pologne de 1772. C'était peut-être une façon de protéger la Pologne des partages suivants, mais Versailles n'accéda à aucune des deux propositions, tout comme elle avait dédaigné la perspective d'une alliance franco-russo-polonaise dont le duc de Lauzun s'était fait le chantre, une dizaine d'années plus tôt, par amour pour Izabela Czartoryska. Signé le 11 janvier 1787, l'accord commercial sur la mer Noire fut la seule négociation économique que Ségur put mener à bien au cours des cinq ans de sa mission russe. En revanche, il eut le privilège de participer à un voyage qui entrerait dans la légende.

Volontaire, pragmatique, méthodique, pleine de bon sens, Catherine II était aussi animée d'un grand optimisme et avait besoin de lâcher la bride à son imagination, bâtir de merveilleux châteaux en Espagne, se laisser transporter par l'enthousiasme. Personne ne savait mieux la faire rêver que le visionnaire Potemkine. Leur dernier mirage, que le prince avait « mis en action et traduit en romans d'aventures [101] », avait été l'annexion de la Crimée, aussitôt rebaptisée de son ancien nom de Tauride. Il s'agissait indiscutablement – et l'histoire n'a cessé de le confirmer – d'une acquisition de grande importance stratégique puisqu'elle assurait à la Russie un débouché sur la mer noire. Mais, dans l'imagination de Catherine, la conquête du bastion des Tartares était aussi le premier pas vers l'expulsion des Turcs de Constantinople et la renaissance de l'Empire grec, dont son petit-fils – qui ne portait pas par hasard le nom de Constantin – ceindrait un jour la couronne. C'était aussi le rêve de Potemkine qui, pour montrer à l'impératrice que sa réalisation était à portée de main et l'encourager à le poursuivre avec lui, l'invita à découvrir la nouvelle province dont il était devenu le gouverneur.

Catherine accepta avec enthousiasme cette proposition de voyage qui coïncidait avec sa vingt-cinquième année de règne et qui, outre l'amuser et gratifier son orgueil, remplissait également une fonction politique. Non seulement il s'inscrivait dans la tradition des voyages royaux qui, en permettant un contact direct entre les souverains et leurs sujets, renforçaient l'amour de ces derniers, mais c'était aussi l'occasion idéale de montrer aux représentants des principales monarchies européennes la force civilisatrice de la Russie. Enfin il permettait à la tsarine d'intimider la Turquie par le spectacle de sa puissance militaire et navale.

Catherine partit de Tsarskoïe Selo le 7 janvier 1787 pour revenir à Saint-Pétersbourg le 22 juillet. La première partie de l'expédition se déroula sur ses directives et, dans un déploiement inouï d'hommes et de moyens, prouva une fois de plus son sens du faste et l'excellence de son organisation. La seconde partie en revanche, de Kiev jusqu'en Crimée, releva de Potemkine : c'était à lui, prince de Tauride et gouverneur général de la Russie du Sud, de faire les honneurs de la maison à l'impératrice. Et avec lui, le spectacle de l'empire céderait le pas à la magie du conte de fées.

Pourtant, rien n'avait paru plus extraordinaire à Ségur, Fitzherbert et Cobenzl, les trois ambassadeurs invités à la suite de Catherine, que le cortège de quatorze voitures, aussi grandes et confortables que des maisons, montées sur des traîneaux tirés chacun par huit chevaux et suivies d'une longue file d'autres traîneaux aux dimensions plus modestes, qui glissaient sur la neige semblables à « des flottes de barques légères » et « traversaient avec une incroyable célérité ces plaines immenses, qui n'offraient alors que l'aspect d'une mer glacée »[102]. Cinq cent soixante chevaux attendaient la caravane à chaque relais de poste. La tsarine voyageait dans la première voiture avec sa dame de compagnie, le comte Alexandre Dmitriev-Mamonov – le favori du moment –, l'ambassadeur autrichien, le comte de Cobenzl, le Grand Chambellan

Chouvalov et le Grand Écuyer Narychkine. Ségur suivait dans la deuxième voiture en compagnie de l'ambassadeur anglais, Fitzherbert, et du comte Tchernychev, président du conseil de guerre. D'énormes tas « de sapins, de cyprès, de bouleaux, de pins, qu'on livrait aux flammes » étaient disséminés tout le long du trajet, à courte distance les uns des autres, « de sorte que nous parcourions une route de feux plus brillants que les rayons du jour : c'était ainsi que la fière autocratrice [*sic*] du Nord, au milieu des plus sombres nuits, voulait et commandait *que la lumière se fît* » [103]. Les voyageurs se rendaient visite d'une voiture à l'autre et s'arrêtaient la nuit dans les demeures préparées pour eux le long du chemin. Ayant banni l'étiquette, Catherine se joignait tous les soirs à ses hôtes pour s'entretenir avec eux dans un climat de grande cordialité. La conversation touchait les sujets les plus divers et chacun, à commencer par l'impératrice, y contribuait par des réflexions, des anecdotes, des histoires, et on s'amusait comme dans les salons parisiens à proposer énigmes, charades et bouts-rimés. Ségur pouvait faire valoir ses talents de versificateur et ses impromptus étaient très applaudis.

Un mois après son départ, le cortège impérial atteignit Kiev, où il attendit trois mois le dégel pour continuer son voyage par voie fluviale. Tandis que Catherine tenait cour dans son palais, les trois ambassadeurs donnaient audience dans les luxueuses résidences mises à leur disposition par l'impératrice, qui en assumait gracieusement les frais. « Tout l'Orient », rappellera Ségur, avait accouru dans l'ancienne capitale russe pour rendre hommage à la « moderne Sémiramis » [104]. Princes, notables, marchands, militaires, Cosaques, Tartares, Géorgiens, Kalmouks, les ethnies les plus diverses, les mœurs les plus exotiques formaient un caravansérail coloré qui témoignait de la diversité de l'empire sur lequel régnait Catherine. Mais presque tous les soirs, ses devoirs de représentation et de gouvernement remplis, l'impératrice se retirait dans ses appartements et retrouvait les plaisirs de la vie privée auprès de ses compagnons de voyage. Quand le prince de Ligne arriva enfin, son « petit cercle [105] » exprima tout son potentiel. Ségur surtout pouvait compter sur la complicité de son ami pour que l'esprit de société français continue à souffler sur les voyageurs, tempérant les divergences politiques, les rancœurs, les soupçons. Le prince belge en effet n'était pas seulement, comme l'écrirait Mme de Staël, un des hommes les plus aimables de France, mais peut-être « le seul étranger qui, dans le genre français soit devenu un modèle, au lieu d'être un imitateur [106] ». Le prince de Ligne avait conquis Catherine depuis longtemps. Il était arrivé la première fois à Saint-Pétersbourg en août 1780, envoyé par Joseph II travailler au rapprochement entre l'Autriche et la Russie contre la Prusse de Frédéric II et l'Empire ottoman, rapprochement inauguré par l'empereur lui-même en juin avec la rencontre historique de Moguilev. Un choix heureux, comme le constatait dès septembre de la même année l'ambassadeur anglais, James Harris : « Il a le talent, sous le masque de plaisanterie, de dire à l'impératrice les vérités les plus importantes […]. Son sens de l'humour et du ridicule a certainement causé aux partis français et prussien un tort irréparable [107]. » Et la tsarine provoquait la jalousie du baron Grimm en lui écrivant que Ligne était « un des êtres les plus plaisants et les plus aisés à vivre que j'aie jamais vus : voilà une tête originale qui pense profondément et qui fait des folies comme un enfant [108] ». De son côté, il lui vouerait une admiration sincère, forgeant pour elle l'expression « Catherine le Grand [109] ».

Ségur rappellera à plusieurs reprises dans ses Mémoires les raisons qui rendaient le prince irrésistible à Versailles, non moins qu'à Schönbrunn et Saint-Pétersbourg : il possédait « la gaîté franche et piquante, la grâce noble et naturelle, cette facilité d'humeur qui n'appartient qu'aux hommes spirituels et bienveillants, cette variété féconde dans l'imagination, qui ne permet jamais à la conversation de languir, et qui, dans une cour même, en dépit de l'étiquette, ne laisse pas la plus petite place à l'ennui [110] ». Mais le prince n'avait même pas besoin de parler pour séduire. « Son sourire, dira Mme d'Oberkirch, valait un discours [111]. » Bref, le « charmeur d'Europe » avait la capacité de créer autour de lui cette atmosphère de gaieté et de consensus qui constituait une des qualités les plus précieuses d'un homme du monde. Mais chez lui, l'enjouement n'était pas seulement une façon de respecter les impératifs de la sociabilité aristocratique, c'était aussi l'expression d'une authentique joie de vivre.

Fils d'un siècle qui avait placé l'aspiration au bonheur sur cette terre au cœur de sa recherche philosophique et morale, Ligne choisit d'être heureux en se fiant à son instinct [112], convaincu que la véritable philosophie était dictée non par la réflexion mais par le plaisir [113]. Un plaisir qu'il cueillait sans scrupules, au vol, où il se présentait, évitant toutefois autant que possible de faire souffrir son prochain. Son joyeux libertinage n'avait rien de pervers. Indulgent avec lui-même, il était prêt à avouer ses « écarts [114] » sans jamais s'en glorifier. Il se félicitait plutôt de « ne pas être pire qu'il était » et du « grand talent de tirer parti de tout pour [s]on bonheur » [115]. Ce qu'était ce « tout », Ligne l'a raconté dans des centaines de pages en essayant de suivre le rythme rapide de la vie, car écrire pour lui était une exigence proprement existentielle, « le moyen de ne pas cesser d'être [116] ».

Le prince aimait le métier des armes, le faste des cours, l'intimité des Grands, la vie en société, les femmes, les lettres, les arts, les jardins, les paysages, les animaux et passait d'une occupation à l'autre avec le même naturel qu'il se déplaçait, voyageur infatigable, d'un pays à l'autre, se sentant chez lui partout. On ne s'étonnera donc pas que Ligne professe son admiration pour son ami Boufflers. Du même âge que lui, le chevalier était son double sous bien des aspects. Comme Ligne, Boufflers était tout le temps en mouvement, curieux de tout, prêt à tout savourer, léger et profond, « trop supérieur pour avoir des prétentions », « ni sur la ligne, ni sur le chemin de qui que ce soit au monde » ; comme lui il était toujours et partout « le plus heureux et le plus aimable des hommes » [117]. Comme Boufflers, Ligne savait associer les autres à sa joie en leur communiquant sa bonne humeur : « Il racontait cent histoires plaisantes, et faisait à tout propos des madrigaux, des chansons [118]. » Comme le chevalier, « usant seul du droit de dire tout ce qui lui passait par la tête, il mêlait un peu de politique aux charades, aux portraits ; et, quoiqu'il poussait quelquefois la gaîté jusqu'à la folie, il faisait passer de temps en temps, au bruit de ses grelots, quelques utiles et piquantes moralités [119] ». Mais, comme le voulaient les règles de la mondanité, « ses plaisanteries faisaient rire, et ne blessaient jamais [120] ».

Ligne et Ségur aussi étaient amis de longue date. Tous deux intimes de Polignac, ils avaient fait partie depuis la moitié des années 1770 du cercle des favoris de Marie-Antoinette et étaient liés par une forte sympathie réciproque. Ce qui ne les empêchait pas d'être très différents. De vingt ans plus âgé, Ligne était un témoin lucide et désenchanté de la désinvolture politique des grands despotes éclairés, mais, fidèle au système traditionnel des monarchies européennes, il se gardait bien, contrairement à son jeune ami français, de rêver à un monde meilleur. Son secret désir était plutôt de voir son fils Charles, qui avait épousé la belle Hélène Massalska, monter sur le trône polonais. Tandis que Ligne s'était imposé à l'admiration en suivant avec bonheur ses inclinations naturelles, Ségur avait construit sa réussite avec application et ténacité, en se pliant aux impératifs de la vie mondaine. Ils avaient aussi une façon différente de faire leur cour à Catherine. Ségur ne pouvait pas oublier qu'il était tenu de défendre les intérêts et le prestige de son pays et, comme les deux autres ambassadeurs de la suite, vivait dans la crainte de commettre un faux pas. Ligne pour sa part n'avait aucune charge officielle et pouvait se permettre une liberté de parole qui amusait l'impératrice et donnait plus de charme à son adulation. En revanche, le comte disposait de ressources qui manquaient au prince : c'était un excellent comédien, auteur de plusieurs pièces, possédant de véritables compétences en versification et maîtrisant l'art de l'impromptu. Leur présence à tous deux permit à Catherine de se doter d'un petit cercle « portable », capable de lui assurer tous les divertissements qui avaient valu leur célébrité aux salons parisiens. Ce n'est pas un hasard si au cours du voyage, enthousiaste de l'expérience, l'impératrice relança sa vieille idée de créer une société ludique, sur le modèle du Sublime Ordre des Lanturelus de la marquise de La Ferté-Imbault, la fille rebelle de Mme Geoffrin, qui se livrait au badinage et à la moquerie aux dépens de ses membres [121]. Cette initiative, qui avait rencontré un vif succès – Catherine elle-même en était membre correspondante –, proposait l'image d'un monde à l'envers qui « proclamait le refus de l'esprit de sérieux et le désir de rompre avec ces salons où l'on ne cesse de réinventer le monde et la société [122] ». La société de Catherine fut baptisée la Société des ignorants et Ligne, Ségur, Cobenzl et Dmitriev-Mamonov fournirent à la tsarine un Certificat d'ignorance et un Brevet d'ignorante [123], trouvant dans la parodie une nouvelle occasion de l'aduler. De retour à Saint-Pétersbourg, la Société des ignorants céda le pas au Cercle de l'Hermitage, qui réalisait l'ambition de Catherine de représenter dans son théâtre des pièces écrites spécialement pour elle en français. Entre fin 1787 et l'hiver suivant, entre comédies et proverbes dramatiques, dix-neuf textes furent montés, dont cinq de Ségur [124], un de Ligne, un de Cobenzl, un de Dmitriev-Mamonov, cinq de Catherine qui, fière de son tour de force théâtral et espérant qu'ils encouragent la création d'un théâtre national russe[125], voulut les publier aussitôt[126].

Avec l'arrivée du printemps, le dégel rendit enfin navigables les eaux du Borysthène – l'actuel Dniepr – et, le 1er mai 1787, Catherine put embarquer sur sa galère, « suivie de la flotte la plus pompeuse qu'un grand fleuve eût jamais portée[127] ». L'extraordinaire cortège aquatique était constitué de sept immenses galères, véritables demeures flottantes meublées avec un luxe inouï[128], suivies de plus de quatre-vingts bâtiments avec trois mille hommes d'équipage. La première était occupée par Catherine, son favori et sa dame de compagnie ; une autre par le prince Potemkine et ses nièces-maîtresses ; une autre encore par les ambassadeurs autrichien et anglais. Ségur eut la chance de partager la sienne avec Ligne. Leurs chambres n'étaient séparées que par une simple cloison qui permettait de converser d'une pièce à l'autre, et tous les matins Ligne en profitait pour réveiller son ami et lui réciter des vers et des chansons qu'il venait de composer. Ce n'était qu'un début car peu après il lui faisait remettre, en exigeant une prompte réponse, de longues lettres « où la sagesse, la folie, la politique, la galanterie, les anecdotes militaires et les épigrammes philosophiques, étaient mêlées de la manière la plus originale[129] ». Surtout, le prince belge et le diplomate français eurent l'occasion de commenter ensemble l'incroyable expédition à laquelle ils participaient. Ils nous en ont laissé tous les deux un témoignage – soixante pages pour Ligne, deux cent trente pour Ségur – aussi précieux que différent. Ligne a raconté son expérience en neuf lettres, écrites au cours du voyage et envoyées à la marquise de Coigny – la « belle cruelle » aimée de Lauzun, que le prince courtisait aussi –, qui enregistrent en temps réel la succession rapide des impressions personnelles du voyageur. Comme les lettres que Boufflers avait écrites de Suisse à sa mère, celles de Ligne à son amie parisienne s'inspiraient de l'esthétique épistolaire mondaine, visant la surprise et l'amusement. Il savait que la marquise était un juge exigeant aussi bien en matière d'esprit que de style et qu'il ne fallait pas abuser de son attention. Pour sa part, Ségur se décida à raconter l'expédition en Crimée quarante ans plus tard, en mobilisant ses souvenirs et tout ce qui pouvait l'aider à combler les lacunes. Il avait sans doute gardé copie des rapports envoyés à l'époque à Versailles sur ce qu'il avait vu et entendu pendant son voyage et pouvait aussi exploiter les comptes rendus qu'en avaient donnés les journaux et les gazettes de la moitié de l'Europe. Entre-temps on avait publié les lettres de Ligne à la marquise de Coigny, qui, plus que toute autre source, durent stimuler sa mémoire.

À la différence de son ami, Ségur écrivait aussi à la lumière d'un passé plus récent et entendait fournir à ses contemporains un témoignage historique précis sur ce qu'avait été l'impérialisme de Catherine II. Pour les Français qui, en 1815, avaient vu les Cosaques abreuver leurs chevaux dans les fontaines de Paris, la Russie n'était plus un pays lointain, au charme exotique : c'était le pays qui avait vaincu Napoléon, et Ségur consacrait tout un volume de ses Mémoires à essayer de comprendre pourquoi. Il avait été ambassadeur à Saint-Pétersbourg à une époque où, « ainsi que le disait l'emphatique Diderot, *la Russie n'était encore qu'un colosse aux pieds d'argile* ». Depuis, pouvait-il écrire dans une conscience rétrospective, « on a laissé durcir cette argile, et elle s'est changée en bronze [130] ». Mais, trop libéral pour croire que le despotisme puisse avoir un avenir, Ségur avait peut-être été le premier à en sous-estimer la menace. Fasciné comme ses contemporains par la nouvelle grande puissance républicaine et démocratique d'outre-Atlantique, il avait tardé à mesurer qu'à partir des années 1770 la Russie despotique de Catherine avait bousculé la vieille logique des monarchies d'Ancien Régime et qu'elle constituait, avec les États-Unis d'Amérique, l'autre grande puissance émergente dont l'Europe devrait tenir compte à l'avenir.

Sujet de l'Empire austro-hongrois et allergique aux idées nouvelles, Ligne était infiniment plus réaliste. Il avait une perception exacte des ambitions de Catherine, applaudissait personnellement à sa guerre à outrance contre les Turcs et ne pouvait ignorer l'importance politique du voyage en Crimée. Mais, dans ses lettres à Mme de Coigny, il se gardait bien d'aborder ouvertement ces problèmes et optait une fois de plus pour l'esthétique de la légèreté. D'ailleurs le choix de sa correspondante ne devait rien au hasard. En écrivant à la marquise, alors à l'apogée de son succès mondain, Ligne avait la certitude de toucher un cercle de lecteurs très large. Lues à voix haute, commentées, recopiées, ses lettres circuleraient de main en main, faisant les délices du beau monde parisien. Du cœur de la Russie, le prince régalait de sa verve la société mondaine la plus exigeante d'Europe et l'invitait à prendre acte du pouvoir démesuré de Catherine. Le voyage de propagande politique, qui avait pour objectif un nouvel équilibre en Europe centrale et orientale, semblait se réduire sous sa plume à une partie de plaisir entre amis. Mais la métaphore n'en était pas moins claire : quelle autre monarchie aurait pu se permettre pareil divertissement ? « La flotte de Cléopâtre est partie de Kiovie, dès qu'une canonnade générale nous a appris la débâcle du Borysthène. Si on nous avait demandé, quand on nous a vus monter sur nos grands ou petits vaisseaux, au nombre de quatre-vingts voiles, avec trois mille hommes d'équipage : "Que diable allaient-ils faire dans ces galères ?" nous aurions pu répondre : "Nous amuser ; et voguent les galères !" Car jamais il n'y a eu une navigation aussi brillante et aussi agréable [131]. »

La première à être étonnée et heureuse de la magnificence du programme préparé pour elle par Potemkine fut l'impératrice, qui communiqua son contentement à ses compagnons de voyage, contribuant de façon décisive à l'enjouement de son petit cercle. Chacun de ses membres reprit son rôle avec une ardeur renouvelée : Cobenzl celui de l'aimable courtisan, Fitzherbert celui de l'Anglais caustique et mélancolique, et le Grand Écuyer Narychkine celui du bouffon. Ségur et Ligne possédaient un répertoire inépuisable de sujets de conversation et ne se lassaient pas d'improviser madrigaux, charades, proverbes, énigmes. Catherine elle-même avait une conversation brillante et nous connaissons par Grimm la « verve qui l'entraînait, [l]es traits qui lui échappaient, [l]es saillies qui se pressaient et se heurtaient pour ainsi dire en se précipitant les unes sur les autres comme les eaux limpides d'une cascade naturelle [132] ». L'impératrice était prompte aussi à se moquer d'elle-même. Après avoir pris des leçons de prosodie auprès de Ségur, elle suscita l'hilarité générale en s'arrêtant à la deuxième rime. Emportée par l'euphorie, elle sema la panique parmi ses invités en leur proposant de la tutoyer. Pourquoi devaient-ils lui montrer plus d'égards qu'ils n'en manifestaient à Dieu ? Ligne se tira d'embarras en multipliant les « ta Majesté », les autres ne savaient que dire, « et la Majesté tutoyante et tutoyée avait toujours l'air, malgré cela, de l'autocrate de toutes les Russies, et presque de toutes les parties du monde [133] ».

Mais quelle distraction pouvait soutenir la comparaison avec le spectacle qui se renouvelait jour après jour sous leurs yeux ?

Ligne [134] comme Ségur [135] employaient le terme de « féerie », mais c'est surtout le comte qui nous fait comprendre la raison d'un tel émerveillement. Au fur et à mesure que le cortège naval s'enfonçait dans les régions – quelques années plus tôt encore inhabitées – gouvernées par Potemkine, les voyageurs voyaient se succéder sur les berges du fleuve « [d]es villes, [d]es villages, [d]es maisons de campagne, et quelquefois [de] rustiques cabanes, [...] tellement ornés et déguisés par des arcs de triomphe, par des guirlandes de fleurs, par des élégantes décorations d'architecture, que leur aspect complétait l'illusion au point de les transformer à nos yeux en cités superbes, en palais soudainement construits, en jardins magiquement créés [136] ». Les manœuvres de la cavalerie cosaque et des troupes d'élite de l'armée animaient les zones de campagne encore désertes. Le metteur en scène de ce spectacle de conte de fées était bien sûr Potemkine. « Il savait, par une espèce de prodige, lutter contre tous les obstacles, vaincre la nature, abréger les distances, parer la misère, tromper l'œil sur l'uniformité des plaines sablonneuses, l'esprit sur l'ennui d'une longue marche, et donner un air de vie aux déserts les plus stériles. Toutes les stations étaient mesurées de façon à éviter la plus légère lassitude ; il avait soin de ne faire arrêter la flotte qu'en face des bourgs ou des villes situées dans des positions pittoresques. D'immenses troupeaux animaient les prairies ; des groupes de paysans vivifiaient les plages ; une foule innombrable de bateaux portant des jeunes garçons et des jeunes filles, qui chantaient des airs rustiques de leur pays, nous environnaient [*sic*] sans cesse ; rien n'était oublié [137]. »

Le ministre de Catherine n'était pas seulement un grand illusionniste, un magicien du trompe-l'œil, à tel point que les « villages Potemkine » deviendront synonymes de façade en carton-pâte [138], son incroyable mise en scène aurait été impossible sans l'œuvre grandiose de colonisation et de développement commercial qu'il avait lancée dans les immenses territoires conquis. Ségur, le premier, était obligé de reconnaître que Potemkine avait quadruplé la population, attirant des colons de toutes les nationalités, qu'il avait développé l'agriculture et le commerce et que de vrais villages surgissaient spontanément un peu partout. Le voyage auquel il avait convié Catherine était pour Potemkine avant tout l'occasion de mesurer avec elle le chemin politique parcouru et les résultats obtenus [139]. Certes il restait beaucoup à faire et il avait fallu déguiser la réalité, mais le spectacle qu'il lui offrait n'était pas entièrement une imposture : c'était le modèle du futur pays dont ils rêvaient tous deux et c'était aussi « l'invention d'un poète qui a connu, au moins une fois, l'ivresse de réaliser ses rêves [140] ».

De la même façon, le roi de Pologne venu au-devant de Catherine à Kaniev, une ville ukrainienne sur le Dniepr, n'avait pas regardé à la dépense pour lui rendre hommage, consacrant « trois mois et trois millions pour voir l'impératrice pendant trois heures [141] ». Le clou des réjouissances avait été un feu d'artifice qui simulait l'éruption du Vésuve. Si le spectacle se voulait l'allégorie de la puissance irrésistible de l'impératrice, l'idée ne fut pas de bon augure : six ans plus tard, avec le deuxième partage de la Pologne, Kaniev devenait territoire russe.

Cela faisait vingt-huit ans que Stanislas n'avait pas revu la seule femme qu'il eût jamais aimée et de qui, maintenant plus que jamais, dépendaient son destin et celui de son pays, et il espérait que Catherine se souviendrait du sentiment qui les avait unis. La rencontre eut lieu sur la galère impériale. À l'arrivée du roi, toute l'assistance se pressa vers lui « curieu[se] de voir les premières émotions et d'entendre les premières paroles de ces augustes personnages, dans une circonstance si différente de celle où ils s'étaient vus autrefois, unis par l'amour, séparés par la jalousie, et poursuivis par la haine [142] ». Mais les attentes furent déçues, parce que, après avoir échangé avec lui un salut « grave, majestueux et froid [143] », Catherine invita Stanislas à la suivre à l'intérieur du bateau pour une conversation d'une demi-heure, en la seule présence de Dmitriev-Mamonov. Nous ignorons ce que se dirent les ex-amants [144]. Probablement Stanislas se plaignit-il de l'arrogance avec laquelle l'ambassadeur russe – ce comte Branicki qui avait supplanté Lauzun dans le cœur d'Izabela Czartoryska – dictait sa loi à Varsovie, suscitant un fort ressentiment contre la Russie, et demanda-t-il l'appui de Catherine pour réaliser les réformes nécessaires à la stabilité de son pays. Et il ne manqua sûrement pas de lui témoigner sa loyauté et son éternelle reconnaissance. Mais à en juger par l'expression mélancolique avec laquelle il ressortit de l'entretien, l'impératrice ne dut pas le rassurer beaucoup. Ce qui la troubla, ce ne fut pas de revoir son ancien amant – que d'ailleurs, comme l'écrivit Grimm [145], elle avait trouvé très changé –, mais d'assister à la scène de jalousie aussi furieuse qu'improbable à laquelle se livra Dmitriev-Mamonov. La déception n'empêcha pas Stanislas d'être fidèle jusqu'au bout à son personnage. Après le dîner, au moment de prendre congé, il avait cherché son chapeau des yeux, et quand Catherine, qui l'avait touvé avant lui, le lui avait tendu, il s'était exclamé avec galanterie : « Deux fois couvrir ma tête ! », faisant allusion à la couronne qu'il lui devait. « Ah, Madame, c'est trop me surcharger de bienfaits et de reconnaissance [146] ! » L'impératrice ne se laissa pas émouvoir, elle ne participa même pas au bal donné en son honneur par Stanislas et avança son départ. « Pourquoi Catherine refusat-elle de s'attarder à Kaniev ? s'interroge l'historienne Isabel de Madariaga. Peut-être bien en raison de la gêne provoquée par la réunion avec un homme qu'elle avait aimé, puis traité ensuite avec tant de cruauté [147]. » Mais la tsarine avait surtout hâte de rencontrer un souverain beaucoup plus important que le roi de Pologne, à qui elle entendait montrer ses conquêtes.

À Kaidak en effet, village tartare près duquel Potemkine projetait Ekaterinoslav – aujourd'hui Dnipropetrovsk –, une ville grandiose à la gloire de Catherine, l'empereur Joseph II, voyageant incognito à son habitude sous le nom de comte de Falkenstein, la rejoignit. L'impératrice posa la première pierre de l'église qui s'y dresserait, en invitant son illustre hôte à poser la deuxième.

Après avoir traversé les steppes, presque arrivés en Crimée, les voyageurs firent étape à Kherson, une autre des villes voulues par Potemkine, bâtie sur les ruines de l'ancienne colonie grecque. En un temps record, le prince y avait fait construire des fortifications, des casernes, des églises, des édifices publics et un port grandiose doté d'une imposante escadre. Bien qu'encore au stade de vaste chantier, la nouvelle ville avait attiré beaucoup de colons de diverses nationalités et était déjà un centre commercial florissant. À Kherson, les deux despotes éclairés discutèrent de l'éventualité d'une politique étrangère commune et confrontèrent leurs points de vue sur des problèmes cruciaux pour l'un et l'autre : la tolérance religieuse, le servage dans les campagnes, l'œuvre de civilisation des pays sur lesquels ils régnaient [148]. Mais, d'après Ségur, au lieu d'influencer positivement Joseph II, le voyage en Crimée lui fit prendre conscience de la distance irrémédiable qui le séparait des méthodes de gouvernement de la tsarine de toutes les Russies. « Le strict *incognito* qu'il gardait, lui était aussi commode qu'utile pour mieux voir et pour mieux entendre [149] », et il lui permettait de visiter librement les lieux où leur caravane s'arrêtait. Doté d'une forte personnalité et d'une culture solide, curieux de tout, l'empereur montra tout de suite – comme Ligne ne manquait pas de le signaler à la marquise de Coigny [150] – qu'il appréciait la compagnie du comte. Au cours de leurs conversations, il laissa entendre à Ségur qu'il n'était pas disposé à seconder de façon inconditionnelle les projets de la puissance invitante. Il avait été favorable à l'annexion de la Crimée par la Russie, parce qu'ainsi ses États seraient à l'abri des attaques turques, mais l'ambition de Catherine de procéder à la conquête de Byzance représentait une menace pour des équilibres européens déjà précaires. Et s'il était disposé à saluer les progrès de la politique urbanistique et économique de Potemkine, il fallait rappeler aussi que tout était facile quand on puisait dans des réserves d'argent illimitées et qu'on disposait de la vie des hommes. Ce qui en Russie était normal aurait été impensable dans des pays comme la France et l'Allemagne : « Le maître ordonne ; des milices d'esclaves travaillent. On les paie peu ou point ; on les nourrit mal ; ils n'osent laisser échapper un murmure [151]. »

De son côté, Ségur saisit l'occasion de défendre la politique pro-turque française, essayant de convaincre son interlocuteur que « la puissance colossale des Russes avait encore plus d'élévation que de bases solides [152] ». Imprévisible, Potemkine était connu pour abandonner ses projets à mi-chemin et il manquait des qualités d'authentique administrateur. Toutefois, lui objectait l'empereur, si la politique intérieure de Catherine présentait de grands défauts, son immense pouvoir constituait un danger pour le reste de l'Europe : « Elle commande : les troupes se lèvent, les vaisseaux sont lancés. Il n'existe en Russie aucun intervalle entre l'ordre, quelque capricieux qu'il soit, et son exécution [153]. »

Les conversations entre les deux souverains que Ligne rapportait à la marquise de Coigny n'étaient pas tout à fait de la même teneur. « Ils se contaient les choses les plus intéressantes. "N'a-t-on jamais voulu attenter à votre vie ? Moi j'ai été menacé. — Moi, j'ai reçu des lettres anonymes [154]." » Ou bien : « J'ai trente millions de sujets, à ce qu'on dit, en ne comptant que les mâles. — Et moi vingt-deux, répond l'autre, en comptant tout. — Il me faut, ajoute l'un, au moins une armée de six cent mille hommes, depuis Kamtchatka jusqu'à Riga, compris le crochet du Caucase. — Avec la moitié, répond l'autre, j'ai juste ce qu'il me faut. » Et sur la politique des autres têtes couronnées, ils avaient tous deux les idées très claires. « Plutôt que signer la séparation de treize provinces comme mon frère George [George III], affirmait Catherine en faisant allusion au traité de Versailles par lequel l'Angleterre avait reconnu l'indépendance des États-Unis, je me serais tiré un coup de pistolet. » « Et plutôt que de donner ma démission, comme mon frère et beau-frère [Louis XVI] en convoquant la nation pour parler d'abus [l'Assemblée des notables], je ne sais pas ce que j'aurais fait [155] », répondait Joseph II.

Mais, concernant leurs projets, les deux augustes voyageurs restaient dans le vague. Même si Ligne avait l'art de tout transformer en jeu, son regard n'en était pas moins pénétrant : il avait été à bonne école d'ironie avec le « divin [156] » Voltaire. « Leurs Majestés impériales se tâtaient quelquefois sur les pauvres diables de Turcs. On jetait quelques propos en se regardant. Comme amateur de la belle Antiquité et d'un peu de nouveautés, je parlais de rétablir les Grecs ; Catherine parlait de faire renaître les Lycurgue et les Solon. Moi, je parlais d'Alcibiade ; mais Joseph II, qui était plus pour l'avenir que pour le passé, et pour le positif que pour la chimère, disait : "Que diable faire de Constantinople ?" [157]. » La « belle Antiquité », que les deux despotes éclairés évoquaient comme métaphore de leurs ambitions politiques, n'était pas celle de Lycurgue et Solon, mais celle d'Alexandre le Grand.

Malgré l'extrême liberté de ton de ses lettres, Ligne fut obligé de réserver pour ses Mémoires une anecdote qu'il ne pouvait pas raconter à la marquise de Coigny, parce qu'elle aurait aussitôt fait le tour de Paris et l'aurait mis en difficulté.

Dans une des premières étapes du voyage, le prince avait aidé le souverain à se tirer d'un embarras peu protocolaire. Au cours d'une promenade matinale, Joseph II avait, à l'en croire, « caressé, c'est-à-dire, pris peut-être un peu plus que sous le menton une fille [158] », provoquant la fureur de son maître, qui non seulement l'avait rossée d'importance, mais avait menacé l'impudent voyageur de porter plainte contre lui auprès du gouverneur de la région. Pour éviter que l'incident ne soit rapporté à Catherine, Ligne, à qui l'impératrice avait accordé le privilège de porter l'uniforme de l'armée russe, s'était à son tour isolé dans un fenil avec la jeune fille. Ensuite, en insultant le maître dans diverses langues, il l'avait menacé de rapporter à la Petite Mère les mauvais traitements qu'il infligeait à sa servante. Comme, à son arrivée, Joseph II lui avait fait comprendre qu'il n'appréciait pas qu'un officier autrichien porte un uniforme étranger en sa présence, le prince ne résista pas à la tentation de prendre une petite revanche en lançant : « Voilà à quoi sert l'uniforme russe [159]. »

Tandis que les deux souverains affichaient la plus affectueuse des amitiés et que Ségur et Fitzherbert les observaient avec inquiétude en essayant de comprendre jusqu'où Joseph II était disposé à seconder les ambitions « grecques » de Catherine, la féerie de Potemkine les transportait au pays des mille et une nuits. « Je ne sais plus où je suis, ni dans quel siècle je suis [160] », s'émerveillait Ligne. Après les Cosaques du Don, c'était maintenant les cavaliers tartares qui se produisaient dans des exercices téméraires, tandis que des campements d'une magnificence asiatique, prêts à accueillir les voyageurs, surgissaient à l'improviste dans le désert. Et que dire de la stupeur de Joseph II et de Ségur qui, se promenant un soir dans le désert tartare, après avoir admiré une caravane de chameaux qui défilait au loin, avaient vu avancer vers eux une gigantesque tente [161] ? Un instant, ils s'étaient crus pris dans un enchantement et ce n'est que dans un deuxième temps qu'ils s'étaient aperçus que la tente était portée par une trentaine de Kalmouks cachés à l'intérieur, qui l'avaient soulevée pour la déplacer.

Catherine et ses invités firent enfin leur entrée en Crimée, escortés des seuls guerriers tartares qui, quelques années plus tôt encore, semaient la terreur dans ses provinces, pour montrer que l'impératrice avait toute confiance en la loyauté de ses nouveaux sujets et qu'elle était prête à respecter leur religion et leurs coutumes.

La beauté lumineuse de la péninsule au chaud climat méditerranéen accueillit les voyageurs venus du nord dans une joyeuse étreinte. Ségur se souviendra avec émotion de ses vallées « riches de fleurs, de fruits, de bois, de ruisseaux, de cascades et de culture. Des arbres touffus de toute espèce, de riants bocages, des lauriers, des vignes qui se marient aux troncs des arbustes, des maisons de plaisance entourées de jolis jardins [162] ».

L'impact avec le monde musulman à l'arrivée à Bakhtchissaraï, ancienne capitale tartare, ne fut pas moins chargé d'émotion. L'impératrice et ses invités s'établirent dans le palais des Khan et, tandis que Catherine ne cachait pas sa fierté de femme, de chrétienne, de souveraine à s'asseoir sur le trône des Tartares, Ségur et Ligne s'abandonnaient à des rêves voluptueux. Ils avaient été logés avec les deux autres ambassadeurs dans le sérail du dernier Khan. Le hasard avait réservé au prince « la chambre de la plus jolie des sultanes, et à Ségur celle du premier de ses eunuques noirs [163] ». La pensée de Ligne allait non sans impertinence à son amie parisienne : « Ma maudite imagination ne veut pas se rider ; elle est fraîche, rose et ronde comme les joues de Madame la marquise [164]. » De son côté, allongé sur son canapé, « accablé par l'extrême chaleur, et jouissant cependant avec délice du murmure de l'eau, de la fraîcheur de l'ombrage et du parfum des fleurs », Ségur s'abandonnait à « la mollesse orientale, rêvant et végétant en véritable pacha » [165]. Non contents de rêver, les deux amis décidèrent de ne pas quitter le pays sans avoir vu une Tartare sans voile. Après une longue quête, ils finirent par réussir à surprendre trois paysannes, dénuées de toute beauté, assises au bord d'un ruisseau. S'étant aperçues de leur présence, celles-ci s'enfuirent en appelant à l'aide et obligèrent les deux imprudents à une fuite précipitée. Au lieu de s'en tenir là, les héros de cette mésaventure eurent la bêtise de la raconter à l'impératrice, laquelle, soucieuse de ne pas heurter la susceptibilité des musulmans, se fâcha au lieu de s'en amuser.

Parfaitement à son aise dans le rôle du satrape oriental, Potemkine se montra plus libéral. À la fin du séjour en Crimée, sortant du palais où logeait l'impératrice, Ségur eut la vision d'une jeune femme, vêtue à l'orientale, semblable à son épouse, et un instant – « l'imagination va vite [...] dans le pays des prestiges » – crut que c'était vraiment elle. Le voyant « immobile comme une statue », et ayant appris pour quelle raison, Potemkine avait éclaté de rire : « Eh bien ! *Batushka* [mon petit père], cette jeune Circassienne appartient à un homme qui m'en laissera disposer ; et, dès que vous serez à Pétersbourg, je vous en ferai présent [166]. » À quoi le comte dut lui expliquer qu'une « telle preuve de sentiment [167] » risquait d'apparaître étrange à Mme de Ségur, mais, pour ne pas l'offenser, il accepta un enfant kalmouk – celui peut-être que nous apercevons assis derrière le comte dans une gouache charmante qui montre Ségur sur un traîneau attelé à deux chevaux blancs, sur fond de Saint-Pétersbourg enneigée [168].

C'est à Sébastopol, où Potemkine avait en réserve son coup de théâtre le plus extraordinaire, que Catherine couronna sa marche triomphale. À l'extrême sud-ouest de la péninsule de la Tauride, le prince avait construit en des temps records un immense port avec une amirauté et jeté les bases d'une ville qui s'annonçait imposante. C'est l'impératrice qui avait désigné l'emplacement sur la carte, choisissant elle-même son nom. Logés sur les hauteurs de la colline dominant le golfe, Catherine et ses invités dînaient quand les fenêtres de la salle à manger s'ouvrirent tout grand : « Alors, rappelle Ségur, le plus magnifique spectacle frappa nos regards : à travers une ligne de Tartares à cheval qui se séparèrent, nous aperçûmes derrière eux une baie profonde […] Au milieu de cette rade […] une flotte formidable, construite, armée, équipée en deux années était rangée en bataille en face de nous. Cette armée salua sa souveraine du feu de tous ses canons, dont le bruit éclatant semblait annoncer au Pont-Euxin qu'il avait une dominatrice, et que ses armes pouvaient en trente heures faire briller son pavillon et planter ses drapeaux sur les murs de Constantinople [169]. »

Invité par Catherine à se prononcer sur ce qu'il avait vu, Ségur lui répondit qu'en créant Sébastopol elle avait achevé au sud ce que Pierre le Grand avait commencé au nord avec Saint-Pétersbourg. Il ne lui restait donc d'« autre gloire à conquérir que celle de vaincre la nature, en peuplant et en vivifiant toutes ces nouvelles conquêtes et ces vastes steppes que nous venons de traverser [170] ». Mais désormais, tout le monde, à commencer par l'ambassadeur de France, savait que la gloire à laquelle aspirait l'impératrice était de chasser les Turcs de Byzance. Le spectacle naval auquel ils avaient assisté équivalait en effet à une déclaration de guerre.

La caravane impériale reprit le chemin de Saint-Pétersbourg, selon un autre itinéraire qu'à l'aller, mais pas moins riche de surprises. À Poltava, par exemple, Potemkine enthousiasma Catherine en lui offrant la reconstitution de la célèbre bataille qui avait marqué la victoire de Pierre le Grand sur Charles XII. Mais le temps n'était plus à l'euphorie. Le mécontentement suscité par les réformes de Joseph II avait poussé les Pays-Bas à la révolte, obligeant l'empereur à rentrer en hâte. De son côté, Catherine dut faire face à une terrible famine qui frappait durement une grande partie de ses provinces. Et d'autres urgences plus graves s'imposeraient dans un futur proche.

Le 13 août de la même année, acculé par les provocations de Catherine, l'Empire ottoman prit l'initiative de déclarer la guerre à la Russie. L'année suivante, c'était au tour de Gustave III de Suède de descendre dans l'arène contre l'impératrice qui s'opposait à ses visées sur la Norvège. Et tandis que la cour de Saint-James prenait ses distances avec elle, il était évident que Joseph II, le seul allié sur qui elle puisse compter, s'interrogeait sur la politique à suivre et sur l'éventualité d'un rapprochement avec la Prusse.

Les positions personnelles de Ligne et de Ségur devenaient du même coup délicates. En Belgique, la famille de Ligne avait pris l'initiative de se ranger ouvertement du côté de la révolte, rendant pour le moins délicates les relations du prince avec l'empereur. Ligne ne pouvait pas courir le risque d'être appelé à prendre les armes contre son propre peuple et il trouva une issue cohérente avec son irréductible individualisme : il retourna en Crimée combattre les Turcs aux côtés de Potemkine. Après tout, c'était là, à Parthenizza, « ce séjour enchanté » dont Catherine lui avait fait cadeau, que dans une parfaite solitude Ligne avait eu l'occasion de « rentrer en lui-même » et de faire « sans s'en douter une récapitulation de toutes les inconséquences de [s]a vie » [171]. C'était là qu'il était descendu comme jamais auparavant dans les profondeurs de son être et qu'il avait éprouvé un de ses « charmants annullements [...] où l'esprit se repose tout à fait, où l'on sait à peine qu'on existe [172] ».

De son côté, Ségur comprit que la mission qui lui avait été confiée n'était plus d'actualité. Il avait réussi non sans difficulté à désamorcer le mécontentement répété de Catherine devant le soutien que la France apportait en coulisse à la Sublime Porte afin de décourager les ambitions de conquête de l'impératrice, mais le déclenchement de la guerre russo-turque sanctionnait l'échec de la politique de médiation menée par Vergennes. En outre, la mort du ministre des Affaires étrangères en février 1787 avait privé Ségur de son interlocuteur. Il tenta en vain de convaincre son successeur, le comte de Montmorin, d'adopter le projet de Catherine de constituer, en réponse à la triple alliance entre l'Angleterre, la Prusse et les Pays-Bas, une quadruple alliance incluant la France, la Russie, l'Autriche et l'Espagne [173]. Mais Versailles ne recueillit pas la proposition et Ségur perdit tout espoir de sceller une entente politique entre la Russie et son pays. Il décida donc de demander un congé, et seule l'insistance de Catherine le convainquit de repousser son départ. Plus encore que l'inconfort de sa position, c'étaient les nouvelles arrivant de France qui le poussaient à rentrer. La convocation

Fig. 1   Georges Rouget, *Armand–Louis de Gontaut, duc de Biron.*

Fig. 2   Joshua Reynolds, *Lady Sarah Bunbury sacrifiant aux trois Grâces*, 1765.

Fig. 3   Kazimierz Wojniakowski, *Portrait d'Izabela Czartoryska*, 1796.

Fig. 4   École française, *Le conseil de guerre du 26 juin 1792 à Courtrai* :
les généraux Berthier, Lameth, Beurnonville, Biron, Luckner, le duc
de Chartres (debout), Valence, Duhoux, d'Aboville et Lynch prennent la décision
de poursuivre l'offensive qui mènera à la victoire de Valmy deux mois plus tard.

Fig. 5   Pierre Adolphe Hall, *Le vicomte de Ségur contemplant le portrait d'une femme*.

Fig. 6   Henri–Pierre Danloux,
Le baron de Besenval dans son salon de compagnie, 1791.

Fig. 7   François–Hubert Drouais, *Louis–Hercule–Timoléon de Cossé, duc de Brissac,*
1770 ca.

Fig. 8   Élisabeth Vigée Le Brun, *Portrait de Madame du Barry*, 1781.

Fig. 9   Herminie Déhérain, *Portrait du comte de Narbonne*.

Fig. 10   Firmin Massot, *Madame de Staël à côté du buste de son père, Jacques Necker.*

Fig. 11 *Le comte Louis–Philippe de Ségur dans un traîneau russe à Saint–Pétersbourg*, 1786.

Fig. 12 Ary Scheffer, *Portrait du comte Louis–Philippe de Ségur*, 1825 ca.

Fig. 13   Élisabeth Vigée Le Brun, *Portrait d'Antoinette–Élisabeth–Marie d'Aguesseau, comtesse de Ségur*, 1785.

Fig. 14   François–Hubert Drouais, *Le comte de Vaudreuil*, 1758.

Fig. 15   Élisabeth Vigée Le Brun, *Portrait de la duchesse de Polignac*, 1782.

Fig. 16　Le chevalier (puis marquis) de Boufflers.

Fig. 17　Élisabeth Vigée Le Brun, *Madame de Sabran, marquise de Boufflers,* 1786.

Fig. 18 Hubert Robert, *La Distribution du lait à la prison de Saint-Lazare*, 1794.

Fig. 19 Hubert Robert, *Vue de la cellule du baron de Besenval*, 1789.

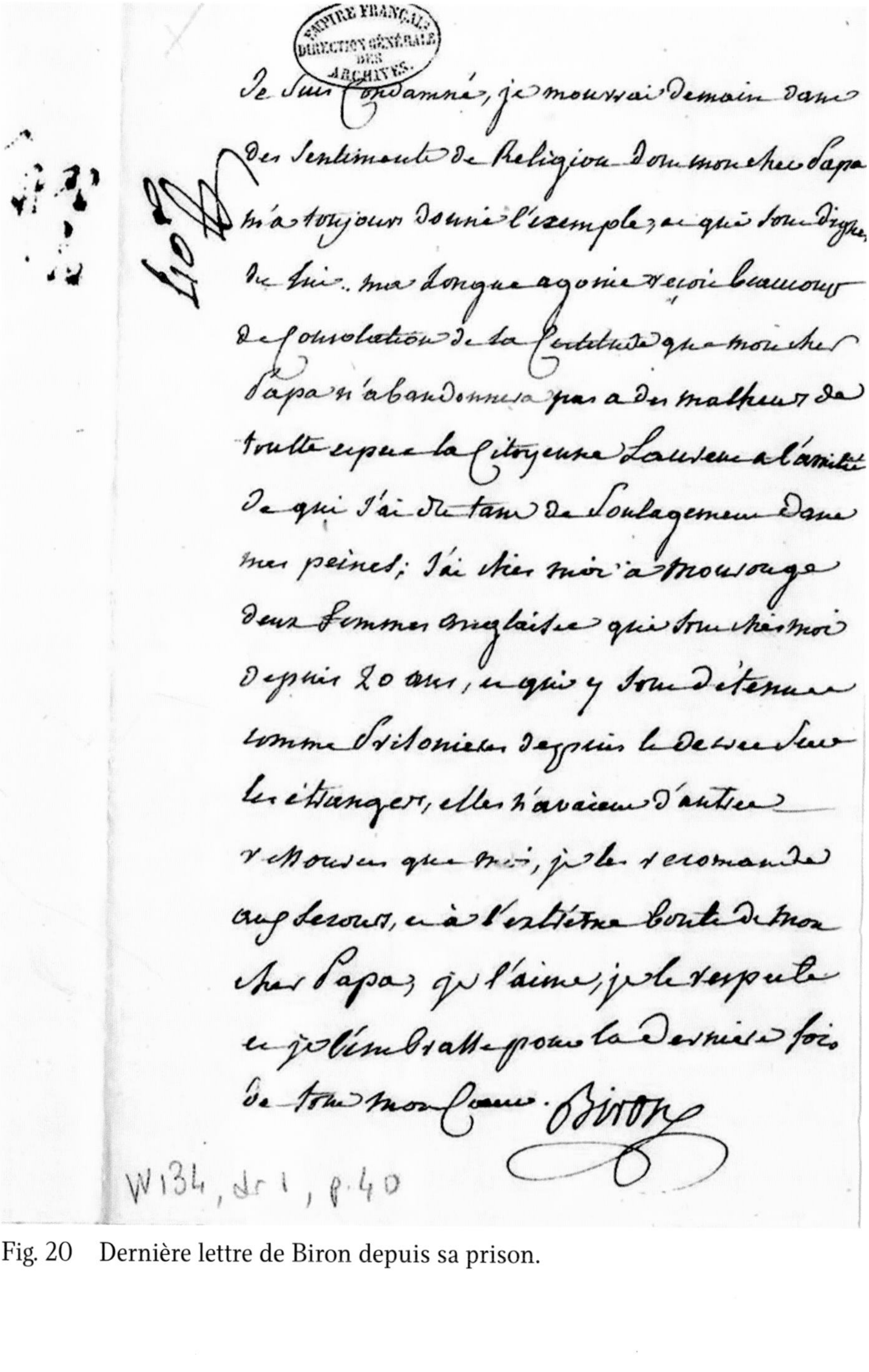

EMPIRE FRANÇAIS DIRECTION GÉNÉRALE DES ARCHIVES
Je suis condamné, je mourrai demain dans
des sentiments de religion dont mon cher papa
m'a toujours donné l'exemple, et qui sont dignes
de lui. Ma longue agonie reçoit beaucoup
de consolation de la certitude que mon cher
papa n'abandonnera pas à des malheurs de
toute espèce la citoyenne Laurent à l'amitié
de qui j'ai dû tant de soulagement dans
mes peines; j'ai chez moi à Montrouge
deux femmes anglaises qui sont chez moi
depuis 20 ans, et qui y sont détenues
comme prisonnières depuis le décret sur
les étrangers, elles n'avaient d'autres
ressources que moi, je les recommande
aux secours, et à l'extrême bonté de mon
cher papa; je l'aime, je le respecte
et je l'embrasse pour la dernière fois
de tout mon cœur. Biron
W134, dr 1, p. 40

Fig. 20 Dernière lettre de Biron depuis sa prison.

des états généraux l'avait comblé : le rêve de vivre dans un pays libre était enfin à portée de main. Mais il fallait savoir le réaliser, ne pas commettre de faux pas, empêcher que les forces de la réaction prévalent sur la volonté de renouveau, et il brûlait du désir de participer en personne à cette grande aventure. Il était convaincu d'être le mieux placé pour savoir ce qu'il fallait faire et la lettre adressée dix-neuf jours après le début des états généraux à son ami Boufflers ne laisse pas de doute à cet égard. Le chevalier avait quinze ans de plus que lui et une naissance plus illustre que la sienne, il avait été gouverneur du Sénégal, il jouissait d'une indiscutable réputation littéraire et il était connu pour son anticonformisme. Pourtant Ségur ne résistait pas à la tentation de lui donner une leçon de politique en des termes qui auraient sûrement surpris les ambassadeurs et les têtes couronnées dont il avait été le compagnon de voyage en Crimée : « À Pétersbourg, ce 24 mai 1789. Eh ! bien, mon cher chevalier, Catulle, Tibulle autrefois, aujourd'hui Démosthènes [*sic*] : vous allez donc monter dans la tribune et rendre votre éloquence aussi utile à la patrie qu'elle a été agréable dans la société [...] Prêchez la conciliation, l'union, la suite, la sagesse [...] Tonnez contre la plus lourde erreur qu'on ait pu faire en politique, faites sentir que si les députés, au lieu de pouvoirs limités, n'ont pas de pleins pouvoirs, les États généraux seront nuls, et que si la minorité n'est pas autorisée à se soumettre à la pluralité sur tous les points sans exception, il ne peut y avoir de résultat. Représentez que les députés rassemblés et présidés par le roi renferment toute la souveraineté [...] que la résistance à la volonté de la pluralité des États est un crime de lèse-nation qui ne peut nous conduire qu'à l'anarchie et au chaos. Parlez aussi politique ; ouvrez des yeux qu'on tient imprudemment fermés. C'est lorsqu'on rebâtit sa maison qu'il faut en défendre l'extérieur. C'est le moment où nous devrions prendre un langage qui ôte l'espérance que donne notre faiblesse. Donnez promptement de la force au pouvoir exécutif ; les Français oublient l'Europe, et moi qui suis une des sentinelles de la patrie, je vous crie qu'elle est en danger, que nos rivaux amassent la vengeance, forment une ligue menaçante, épuisant ceux qui pourraient nous secourir et que l'orage plane déjà sur nos têtes [...] Adieu, mon cher chevalier. Je vous souhaite les plus brillants succès ; ne me souhaitez que le plaisir d'être libre assez tôt pour en être encore témoin [174]. »

Ségur ne se trompait pas quand il prévoyait que les monarchies européennes se coaliseraient contre la France révolutionnaire, tentant de profiter de sa faiblesse. Pensait-il aussi à Catherine ? Pour l'heure, la réaction de la Sémiramis du Nord oscillait entre l'indignation et la peur. La nouvelle de la prise de la Bastille avait suscité un tel enthousiasme dans la population russe que la première réaction de l'impératrice fut d'éviter la contagion de l'épidémie libertaire par des méthodes qui lui étaient propres : censure, contrôle, intimidation. La position de Ségur était devenue objectivement insoutenable et la lettre qui le rappelait en France dut lui faire l'effet d'une libération.

Début octobre 1789, non sans émotion, le comte prit donc congé de l'autocrate de toutes les Russies qui, une fois de plus, lui témoigna sa bienveillance. Elle éprouvait pour lui de l'affection et de l'estime, mais elle ne se faisait aucune illusion sur ses idées politiques et désirait le mettre en garde contre lui-même. La sincérité était la dernière preuve d'amitié qu'elle pouvait lui donner : « Je vous vois partir avec peine : vous feriez mieux de rester près de moi, et de ne pas aller chercher des orages dont vous ne prévoyez peut-être pas toute l'étendue. Votre penchant pour la nouvelle philosophie et pour la liberté vous portera probablement à soutenir la cause populaire ; j'en serai fâchée, car moi je resterai aristocrate, c'est mon métier : songez-y, vous allez trouver la France bien enfiévrée et bien malade [175]. »

NOTES

1. Prince Charles-Joseph de Ligne, *Correspondances russes*, textes réunis, introduits, établis et annotés par Alexandre Stroev et Jeroom Vercruysse, Paris, Honoré Champion, 2013, 2 vol., vol. II, p. 689.

2. Benedetto Croce, *Histoire de l'Europe au XIXᵉ siècle*, traduction et préface d'Henri Bedarida, Paris, Gallimard, 1959, p. 41.

3. F.-G. de Lévis, Préface à *Souvenirs-Portraits de Gaston de Lévis (1764-1830)*, *op. cit.*, p. 52.

4. Le 10 décembre 1753.

5. Cf. Pierre de Ségur, « Le comte Louis-Philippe de Ségur (1753-1830) », in *Revue des deux mondes*, cinquième série, vol. XLIII, 1908, p. 241.

6. *Mémoires inédits de Madame la comtesse de Genlis, op. cit.*, vol. VII, p. 342.

7. Ses *Mémoires de Félicie* parurent en 1804. Les *Souvenirs-Portraits* du duc de Lévis seront publiés en 1813.

8. Leon Apt, *Louis-Philippe de Ségur. An Intellectual in a Revolutionary Age*, La Haye, Martinus Nijhoff, 1969, pp. XI-XII.

9. Sur Ségur « moraliste », cf. Charles-Augustin Sainte-Beuve, « Le comte de Ségur » [1843], in *Portraits littéraires*, édition établie par Gérald Antoine, Paris, Robert Laffont, 1993, pp. 597-611.

10. *Mémoires ou Souvenirs et Anecdotes par M. le comte de Ségur, op. cit.*, vol. I, p. 2.

11. *Ibid.*, p. 105.

12. L'actuelle place de la Concorde.

13. *Mémoires ou Souvenirs et Anecdotes par M. le comte de Ségur, op. cit.*, vol. I, p. 36.

14. Cf. Cyril Le Meur, *Les Moralistes français et la Politique à la fin du XVIIIᵉ siècle*, Paris, Honoré Champion, 2002, p. 534.

15. *Mémoires ou Souvenirs et Anecdotes par M. le comte de Ségur, op. cit.*, vol. I, p. 38.

16. *Ibid.*, pp. 28-30.

17. Dans ses Mémoires, Ségur mentionne les salons de Mme Geoffrin, de la marquise du Deffand, de la maréchale de Luxembourg, de la duchesse de Choiseul, de la princesse de Beauvau, de Mme de Montesson, épouse morganatique du duc d'Orléans, de la duchesse d'Enville et de la comtesse de Tessé.

18. Ségur rappelle les noms de d'Alembert, Raynal, Guibert, Chamfort, Suard, Delille, La Harpe, Marmontel (*ibid.*, p. 64).

19. *Ibid.*, pp. 198-199.

20. « Notre époux trop enclin à la métromanie », lit-on dans une affectueuse parodie en vers de son épouse, la comtesse de Ségur, citée in Ch.-A. Sainte-Beuve, « Le comte de Ségur », in *Portraits littéraires, op. cit.*, p. 600.

21. Cf. G. de Broglie, *Ségur sans cérémonie 1757-1805, op. cit.*, p. 232.

22. Cité in Pierre de Ségur, « Le Comte Louis-Philippe de Ségur (1753-1830) », *Revue des deux mondes*, cinquième série, XLIII (1908), p. 245.

23. *Mémoires ou Souvenirs et Anecdotes par M. le comte de Ségur, op. cit.*, vol. I, pp. 62-63.

24. *Ibid.*, p. 65.

25. Ch.-J. de Ligne, *Caractères et portraits, op. cit.*, pp. 166-167.

26. Jean-Christian Petitfils, *Louis XVI*, Paris, Perrin, 2005, p. 298.

27. *Mémoires ou Souvenirs et Anecdotes par M. le comte de Ségur, op. cit.*, vol. I, p. 21.

28. *Ibid.*, p. 117.

29. *Ibid.*, p. 86.

30. *Ibid.*, p. 87.

31. *Ibid.*

32. *Ibid.*, p. 120.

33. Cf. Stacy Schiff, *A Great Improvisation. Franklin, France, and the Birth of America*, New York, Henry Holt and Company, 2005.

34. Louis-Armand de Bourbon, prince de Conti, et son frère François-Louis, prince de La Roche-sur-Yon.

35. *Mémoires ou Souvenirs et Anecdotes par M. le comte de Ségur, op. cit.*, vol. I, pp. 117-118.

36. « Frapper l'Angleterre, c'est servir mon pays. »

37. S. Schiff, *A Great Improvisation, op. cit.*, p. 78.

38. *Mémoires ou Souvenirs et Anecdotes par M. le comte de Ségur, op. cit.*, vol. I, p. 124.

39. S. Schiff, *A Great Improvisation, op. cit.*, p. 78.

40. *Mémoires ou Souvenirs et Anecdotes par M. le comte de Ségur, op. cit.*, vol. I, p. 219.

41. En Bretagne les troupes étaient regroupées à Paramé, aux ordres du marquis de Castries, en Normandie à Vaussieux, aux ordres du maréchal de Broglie.

42. *Mémoires ou Souvenirs et Anecdotes par M. le comte de Ségur, op. cit.*, vol. I, p. 222.

43. *Ibid.*, p. 229.

44. *Ibid.*, p. 244.

45. Maintenant au musée de Versailles.

46. *Ibid.*, p. 323.

47. *Ibid.*, p. 324.

48. Voir *Journal de Gouverneur Morris, op. cit.*, 4 décembre 1789, p. 175.

49. *Le Trésor, ou Contentement passe richesse*, publié en 1790.

50. Gouverneur Morris, *A Diary of the French Revolution*, édition critique de Beatrix Cary Davenport, Boston, H. Mifflin, 1939, 2 vol., 21 novembre 1790, vol. II, p. 67.

51. Avec le grade de colonel en second du régiment de Soissons.

52. *Mémoires ou Souvenirs et Anecdotes par M. le comte de Ségur, op. cit.*, vol. I, p. 327.

53. Lettre du comte de Ségur à la comtesse de Ségur, Rochefort, 2 juillet 1782, in *Extraits de Lettres écrites d'Amérique par le comte de Ségur, colonel en second, et la comtesse de Ségur, dame de Madame Victoire (1782-1783)*, in *Deux Français aux États-Unis et dans la Nouvelle Espagne en 1782, Journal de Voyage du Prince de Broglie et Lettres du comte de Ségur*, éd. par le duc de Broglie, Paris, Imprimerie Lahure, Société des Bibliophiles français, Pièce n° 6, *Mélanges*, 1903, p. 56.

54. Ils furent signés à Versailles le 20 janvier 1783.

55. Lettre du comte de Ségur à la comtesse de Ségur, « À bord de *La Gloire*, sous voile, le 14 juillet 1782 », in *Extraits de Lettres écrites d'Amérique, op. cit.*, p. 160.

56. Duc de Broglie, « Avant-propos » à *Deux Français aux États-Unis, op. cit.*, p. 7.

57. *Mémoires ou Souvenirs et Anecdotes par M. le comte de Ségur, op. cit.*, vol. I, pp. 322-325.

58. Lettre du comte de Ségur à sa femme, Nantes, 24 mai 1782, in *Extraits de Lettres écrites d'Amérique par le comte de Ségur, op. cit.*, p. 152.

59. *Mémoires ou Souvenirs et Anecdotes par M. le comte de Ségur, op. cit.*, vol. I, p. 320.

60. *Ibid.*, p. 341.

61. Lettre du comte de Ségur à sa femme, Philadelphie, 16 septembre 1782, in *Extraits de Lettres écrites d'Amérique par le comte de Ségur, op. cit.*, pp. 164-165.

62. *Ibid.*, p. 166.

63. Cf. les lettres envoyées d'Amérique par le duc de Lauzun au marquis de Voyer, citées dans notre chapitre sur le duc de Lauzun.

64. *Mémoires ou Souvenirs et Anecdotes par M. le comte de Ségur, op. cit.*, vol. I, p. 412.

65. Publiés en deux volumes à Paris en 1786. Une traduction anglaise par George Greive sortira l'année suivante (*Travels in North-America, in the years 1780, 1781, and 1782, by the Marquis de Chastellux* ; translated from the French by an English gentleman, who resided in America at that period ; with notes by the translator. Londres : Printed for G. G. J. and J. Robinson, 1787).

66. Lettre du comte de Ségur à sa femme, Boston, 11 décembre 1782, in *Extraits de Lettres écrites d'Amérique par le comte de Ségur, op. cit.*, pp. 182-183.

67. Lettre du comte de Ségur à sa femme, « Au camp de Crampont », 5 octobre 1782, *ibid.*, p. 170.

68. *Mémoires ou Souvenirs et Anecdotes par M. le comte de Ségur, op. cit.*, vol. I, p. 517.

69. Lettre du comte de Ségur à sa femme, « Dans mon habitation, au Cul-de-sac, près de Port-au-Prince, ce 15 avril 1783 », in *Extraits de Lettres écrites d'Amérique par le comte de Ségur, op. cit.*, p. 204. La lettre a été coupée après cette première phrase. Il serait intéressant de vérifier si le passage omis comporte des réflexions sur l'esclavage que l'éditeur aurait jugé opportun d'enlever.

70. *Ibid.*, pp. 204-205.

71. M. de Bombelles, *Journal, op. cit.*, vol. I, pp. 231-232 (22 juin 1783).

72. Signé à Paris le 3 septembre 1782.

73. *Mémoires ou Souvenirs et Anecdotes par M. le comte de Ségur, op. cit.*, vol. II, p. 28.

74. *Ibid.*, p. 40.

75. *Ibid.*, p. 73.

76. *Ibid.*, pp. 72 et 104.

77. M. de Bombelles, *Journal, op. cit.*, vol. I, pp. 305-306.

78. *Mémoires ou Souvenirs et Anecdotes par M. le comte de Ségur, op. cit.*, vol. II, p. 79.

79. *Ibid.*, pp. 98-101.

80. Cf. M. de Bombelles, *Journal, op. cit.*, vol. I, p. 250.

81. *Mémoires ou Souvenirs et Anecdotes par M. le comte de Ségur, op. cit.*, vol. II, p. 141.

82. *Ibid.*, p. 140.

83. *Ibid.*, p. 167.

84. Kazimierz Waliszewski, *Le Roman d'une impératrice, Catherine II de Russie, d'après ses Mémoires, sa Correspondance et les documents inédits des archives d'État*, Paris, Plon, 1908, p. 390.

85. Cf. Hélène Carrère d'Encausse, *Catherine II. Un âge d'or pour la Russie*, Paris, Fayard, 2002, pp. 397-398.

86. K. Waliszewski, *Le Roman d'une impératrice, op. cit.*, p. 389.

87. Cf. L. Apt, *Louis-Philippe de Ségur, op. cit.*, p. 49.

88. *Mémoires ou Souvenirs et Anecdotes par M. le comte de Ségur, op. cit.*, vol. I, p. 413.

89. Mme de Staël, *De l'Allemagne, op. cit.*, vol. I, p. 105.

90. *Ibid.*

91. Mme de Staël, *De la littérature*, édition critique par Gérard Gengembre et Jean Goldzink, Paris, Garnier-Flammarion, 1991, pp. 273-275.

92. Lettre de Catherine de Russie au prince de Ligne, Peterhof, 30 juin 1791, in Ch.-J. de Ligne, *Correspondances russes, op. cit.*, vol. I, p. 200.

93. Lettre du prince de Ligne à Catherine, Vienne, 14 avril 1784, *ibid.*, vol. I, p. 133.

94. *Lettres d'amour de Catherine II à Potemkine*, correspondance inédite, introduction et notes de Georges Oudard, Paris, Calmann-Lévy, 1934, p. 177.

95. Franco Venturi, *Settecento riformatore* [Dix-huitième siècle réformateur], Turin, Einaudi, 1969-1989, 5 vol., vol. IV : *La Caduta dell'Antico Regime (1776-1789)* [La chute de l'Ancien Régime (1776-1789)], tome 2, *Il patriottismo repubblicano e gli imperi dell'Est* [Le patriotisme républicain et les empires de l'Est], 1984, p. 790.

96. *Mémoires ou Souvenirs et Anecdotes par M. le comte de Ségur*, op. cit., vol. II, p. 260.

97. *Portrait. Le Prince Charles-Joseph de Ligne au comte de Ségur, Au camp sous Oczakow, ce 1er août 1788*, in Ch.-J. de Ligne, *Correspondances russes*, op. cit., vol. II, pp. 642-643.

98. *Ibid.*, p. 645.

99. *Mémoires ou Souvenirs et Anecdotes par M. le comte de Ségur*, op. cit., vol. II, p. 282.

100. Cf. K. Waliszewski, *Le Roman d'une impératrice*, op. cit., p. 390.

101. *Ibid.*, p. 239.

102. *Mémoires ou Souvenirs et Anecdotes par M. le comte de Ségur*, op. cit., vol. III, p. 14.

103. *Ibid.*, p. 12.

104. *Ibid.*, p. 55.

105. *Ibid.*, p. 73.

106. Mme de Staël, « Préface » à *Lettres et pensées du Prince de Ligne d'après l'édition de Madame de Staël (1809)*, introduction et notes, chronologie et bibliographie par Raymond Trousson, Paris, Tallandier, 1989, p. 69.

107. Cité in Philippe Mansel, *Le Prince Charles-Joseph de Ligne. Le charmeur de l'Europe (1735-1814)*, Paris, Perrin, 2002, p. 95.

108. Cité in Ch.-J. de Ligne, *Correspondances russes*, op. cit., vol. I, p. 441.

109. Lettre du prince de Ligne à Grimm, Moscou, 3 juillet 1787, *ibid.*, p. 448.

110. *Mémoires ou Souvenirs et Anecdotes par M. le comte de Ségur*, op. cit., vol. III, p. 5. Voir aussi p. 73.

111. *Mémoires de la baronne d'Oberkirch*, op. cit., p. 238.

112. *Lettres et pensées du Prince de Ligne d'après l'édition de Madame de Staël*, op. cit., p. 286.

113. *Ibid.*, p. 262.

114. Prince Charles-Joseph de Ligne, *Mes écarts ou ma tête en liberté et autres pensées et réflexions*, édition critique de Jeroom Vercruysse et Daniel Acke, Paris, Honoré Champion, 2007.

115. Ch.-J. de Ligne, lettre V, de Parthenizza, in *Lettres à la marquise de Coigny*, op. cit., p. 71.

116. *Ibid.*, p. 63.

117. Ch.-J. de Ligne, « Fleuros », in *Caractères et portraits*, op. cit., pp. 229-231.

118. *Mémoires ou Souvenirs et Anecdotes par M. le comte de Ségur*, op. cit., vol. III, p. 73.

119. *Ibid.*

120. *Ibid.*

121. Cf. Benedetta Craveri, « Mme de La Ferté-Imbault (1715- 1791) et son monde », in *Revue d'histoire littéraire de la France*, 2005, n° 1, pp. 95-109.

122. Didier Masseau, *Les Ennemis des philosophes. L'antiphilosophie au temps des Lumières*, Paris, Albin Michel, 2000, p. 89.

123. Cf. Ch.-J. de Ligne, *Correspondances russes, op. cit.*, vol. I, pp. 95-101.

124. *Crispin Duègne, comédie, en trois actes et en prose* ; *Caius-Marcius Coriolan, tragédie, en cinq actes et en vers* ; *Le Sourd et le Bègue, proverbe en un acte, en prose* (« À quelque chose malheur est bon ») ; *L'Enlèvement, comédie-proverbe en un acte, en prose* (« Chat échaudé craint l'eau froide ») ; *L'Homme inconsidéré, comédie en un acte, en prose.*

125. Cf. Isabel de Madariaga, *La Russie au temps de la grande Catherine*, trad. par Denise Meunier, Paris, Fayard, 1987, p. 574.

126. *Recueil des pièces de l'Hermitage*, 3 vol., [Saint-Pétersbourg, s. n., 1788-1789]. Cf. aussi *Théâtre de l'Hermitage de Catherine II, Impératrice de Russie, composé par cette Princesse, par plusieurs personnes de sa Société intime, et par quelques Ministres Étrangers*, Paris, Buisson, l'an VII de la République [1799], 2 vol.

127. *Mémoires ou Souvenirs et Anecdotes par M. le comte de Ségur, op. cit.*, vol. III, p. 110.

128. Chaque galère possédait, en plus des chambres à coucher, une salle de musique, un salon avec une bibliothèque, et sur le pont une tente pour s'abriter du soleil.

129. *Ibid.*, p. 136.

130. *Ibid.*, p. 214.

131. Ch.-J. de Ligne, lettre III, de Kherson, in *Lettres à la marquise de Coigny, op. cit.*, p. 43.

132. Cité in K. Waliszewski, *Le Roman d'une impératrice, op. cit.*, p. 240.

133. Ch.-J. de Ligne, lettre III, de Kherson, in *Lettres à la marquise de Coigny, op. cit.*, p. 46.

134. *Ibid.*, p. 44.

135. *Mémoires ou Souvenirs et Anecdotes par M. le comte de Ségur, op. cit.*, vol. III, p. 111.

136. *Ibid.*, p. 112.

137. *Ibid.*, pp. 131-132.

138. H. Carrère d'Encausse, *Catherine II, op. cit.*, p. 461.

139. Cf. F. Venturi, *Settecento riformatore, op. cit.*, vol. IV, tome 2, pp. 801-802.

140. Georges Oudard, Introduction à *Lettres d'amour de Catherine II à Potemkine, op. cit.*, p. 27.

141. Ch.-J. de Ligne, lettre III, de Kherson, in *Lettres à la marquise de Coigny, op. cit.*, pp. 44-45.

142. *Mémoires ou Souvenirs et Anecdotes par M. le comte de Ségur, op. cit.*, vol. III, p. 125.

143. *Ibid.*

144. Cf. F. Venturi, *Settecento riformatore*, *op. cit.*, vol. IV, tome 2, p. 803.

145. Cf. J. Fabre, *Stanislas-Auguste Poniatowski*, *op. cit.*, p. 227.

146. Ch.-J. de Ligne, lettre III, de Kherson, in *Lettres à la marquise de Coigny*, *op. cit.*, p. 45.

147. Isabel de Madariaga, *La Russie au temps de la grande Catherine*, *op. cit.*, p. 405.

148. Cf. F. Venturi, *Settecento riformatore*, *op. cit.*, vol. IV, tome II, pp. 805 *sqq.*

149. *Mémoires ou Souvenirs et Anecdotes par M. le comte de Ségur*, *op. cit.*, vol. III, p. 149.

150. Ch.-J. de Ligne, lettre III, de Kherson, in *Lettres à la marquise de Coigny*, *op. cit.*, p. 52.

151. *Mémoires ou Souvenirs et Anecdotes par M. le comte de Ségur*, *op. cit.*, vol. III, p. 150.

152. *Ibid.*, p. 212.

153. *Ibid.*, p. 214.

154. Ch.-J. de Ligne, lettre IV, de Bakhtchissaraï, 1er juin 1787, in *Lettres à la marquise de Coigny*, *op. cit.*, p. 54.

155. *Ibid.*, pp. 52-53.

156. Cf. la plaque qui figurait au pied de la statue du philosophe que Ligne avait érigée dans son jardin de Belœil, dans le catalogue de l'exposition *Le Prince Charles-Joseph de Ligne et son temps*, Château de Belœil, 8 mai - 19 septembre 1982, par Georges Englebert et Martine Englebert, ministère de la Communauté française, Direction générale de la culture, Bruxelles, 1982, illustration 15, p. 60.

157. Ch.-J. de Ligne, lettre IV, de Bakhtchissaraï, 1er juin 1787, in *Lettres à la marquise de Coigny*, *op. cit.*, pp. 54-55.

158. Ch.-J. de Ligne, *Fragments de l'histoire de ma vie*, *op. cit.*, vol. II, p. 134.

159. *Ibid.*

160. Ch.-J. de Ligne, lettre IV, de Bakhtchissaraï, 1er juin 1787, in *Lettres à la marquise de Coigny*, *op. cit.*, p. 50.

161. *Mémoires ou Souvenirs et Anecdotes par M. le comte de Ségur*, *op. cit.*, vol. III, pp. 159-160.

162. *Ibid.*, p. 163.

163. Ch.-J. de Ligne, lettre IV, de Bakhtchissaraï, 1er juin 1787, in *Lettres à la marquise de Coigny*, *op. cit.*, p. 49.

164. *Ibid.*

165. *Mémoires ou Souvenirs et Anecdotes par M. le comte de Ségur*, *op. cit.*, vol. III, pp. 176-177.

166. *Ibid.*, pp. 204-205.

167. *Ibid.*, p. 205.

168. Catalogue de l'exposition *Le Prince Charles-Joseph de Ligne et son temps*, *op. cit.*, illustration 8.19, pp. 119-120.

169. *Mémoires ou Souvenirs et Anecdotes par M. le comte de Ségur*, *op. cit.*, vol. III, pp. 180-181.

170. *Ibid.*, pp. 183-184.

171. Ch.-J. de Ligne, lettre V, de Parthenizza, in *Lettres à la marquise de Coigny, op. cit.*, p. 58.

172. *Ibid.*, pp. 65-66.

173. Cf. François-Emmanuel Guignard de Saint-Priest, *Mémoires, Règnes de Louis XV et de Louis XVI*, publiés par le baron de Barante, Paris, Calmann-Lévy, 1929, 2 vol., vol. I, p. 216.

174. Cité in P. Bonnefon, *Le Chevalier de Boufflers au Sénégal, op. cit.*, pp. 85-86.

175. *Mémoires ou Souvenirs et Anecdotes par M. le comte de Ségur, op. cit.*, vol. III, p. 531.

LE COMTE DE VAUDREUIL

> « Il n'y a que deux hommes qui sachent parler
> aux femmes, Lekain sur le théâtre et
> M. de Vaudreuil à la ville. »
>
> Princesse d'Hénin [1]

Quarante ans avant Chateaubriand, Joseph-Hyacinthe-François de Paule de Rigaud, comte de Vaudreuil, gagna le surnom d'Enchanteur. Contrairement au grand écrivain, Vaudreuil ne s'imposa à l'admiration du beau monde qu'en vertu de ses fêtes splendides et de sa capacité personnelle de plaire. Bien que limité à un petit groupe de privilégiés, son ascendant eut des conséquences fatales pour la monarchie française.

Un beau portrait de Drouais de 1758 nous le montre à dix-huit ans, au moment de son entrée dans le monde : un jeune aristocrate au corps souple et élancé, vêtu avec une extrême élégance (col et poignets en dentelle blanche, pourpoint en velours bleu, gilet brodé d'or, souliers à boucle d'argent et talons rouges), les cheveux poudrés retenus dans la nuque et deux grands yeux sombres qui éclairent un visage aux traits réguliers d'une beauté presque féminine avec son front haut, son nez droit, sa bouche rouge et charnue, son menton gracieusement rond. De la main droite le jeune comte soulève l'extrémité d'une grande carte géographique et de l'index gauche il montre ses propriétés à Saint-Domingue, tandis que l'armure à ses pieds rappelle qu'il a embrassé la carrière des armes et participé à la guerre de Sept Ans sous les ordres du prince

347

de Soubise. Semblable à une somptueuse carte de visite, le tableau décline toutes les qualités sociales – noblesse, beauté, richesse, élégance – destinées à assurer au jeune comte un brillant avenir. Tout discrets qu'ils soient, ses talons rouges le désignent comme un petit-maître à la mode [2]. Dans les décennies suivantes, Vaudreuil prouva en effet qu'il savait jouer chacun de ces atouts avec une grâce qui n'appartenait qu'à lui, ce charme indéfinissable auquel peu de gens résistèrent.

Né en 1740 dans la colonie française de Saint-Domingue, Joseph-Hyacinthe-François descendait d'une des plus anciennes familles du Languedoc, mais aucun de ses ancêtres n'avait donné de prestige à leur nom par quelque entreprise remarquable, et son grand-père, Philippe de Rigaud, aussi bien que son père, Joseph-Hyacinthe de Rigaud, avaient cherché fortune outre-Atlantique. Le premier avait été gouverneur du Canada, le second – devenu commandant en chef des îles-Sous-le-Vent – avait épousé Marie-Claire-Françoise Guyot de La Mirande, veuve d'un riche colon de Saint-Domingue. C'est grâce aux vastes plantations de canne à sucre de sa mère et à l'exploitation des esclaves qu'à la mort de son père, Joseph-Hyacinthe-François, à peine âgé de vingt-quatre ans, disposa de rentes énormes qui lui permirent de mener sa vie à sa convenance. Laissant à son cousin, le marquis de Vaudreuil, la tâche de faire honneur à leur famille par une brillante carrière dans la marine, il se réserva d'exceller dans la vie mondaine. Il possédait toutes les qualités requises pour réussir à la cour comme à la ville. « Ardent, adroit à tous les exercices et jouissant d'une forte réputation de loyauté, rappellera le comte de Saint-Priest, c'était un vrai caractère français [3]. » Brillant causeur, il racontait à merveille, improvisait des vers et des épigrammes qui forçaient l'admiration et chantait délicieusement les couplets à la mode. Mme Vigée Le Brun voyait en lui le modèle parfait de l'art de vivre en société : « Le comte de Vaudreuil avait beaucoup d'esprit, mais on était tenté de croire qu'il n'ouvrait la bouche que pour faire valoir le vôtre, tant il vous écoutait d'une manière aimable et gracieuse ; soit que la conversation fût sérieuse ou plaisante, il en savait prendre tous les tons, toutes les nuances car il avait autant d'instruction que de gaieté [4]. » Le comte de Tilly, dont la bienveillance n'était pourtant pas le fort, lui reconnaissait « beaucoup d'esprit et de grâce, et des manières nobles ; il était heureux dans ses expressions et dans la tournure de ses phrases [5] ». Vaudreuil possédait en outre un atout irrésistible pour une société éprise de théâtre. C'était un excellent comédien et il le prouva en rivalisant avec Molé lui-même dans les théâtres privés des plus grands seigneurs de l'époque : à Bagnolet chez le duc d'Orléans, à Petit-Bourg chez la duchesse de Bourbon, à Berny chez le comte de Clermont [6]. La *Correspondance littéraire* le signalera à ses lecteurs comme « le meilleur acteur de société qu'il y ait peut-être à Paris [7] ». Et il suffit de penser au vicomte de Ségur, au chevalier de Boufflers ou au comte de Ségur pour se rappeler combien la concurrence était rude. Mais le point fort de Vaudreuil était son ascendant sur le beau sexe. Et il savait s'en servir en cas de besoin.

Nous ignorons tout de sa relation de jeunesse de laquelle naquit en 1766 Marie-Hyacinthe-Albertine de Fierval, qu'il ne reconnut pas, mais dont il suivit l'éducation, veillant à lui trouver un mari et entretenant avec elle des rapports affectueux [8]. Rien en revanche ne fut moins secret que le lien sentimental qui l'unit pendant plus de vingt ans à une cousine éloignée, Gabrielle-Yolande de Polastron qui, en 1767, avait épousé le comte Armand-Jules-François de Polignac. À en croire une légende familiale, on avait envisagé un mariage entre Vaudreuil et Mlle de Polastron, mais la jeune pensionnaire que le comte avait aperçue fugacement au parloir du couvent où elle était élevée n'avait pas trouvé grâce à ses yeux. Quand il la revit quelques années plus tard, mariée au comte de Polignac, elle était devenue si belle qu'il eut du mal à la reconnaître. Sa silhouette laissait peut-être à désirer [9], mais, avec un cou de cygne, elle était souple et élégante. Une cascade de boucles brunes encadrait un visage aux traits fins, un petit nez retroussé, une bouche vermeille aux dents éclatantes et de grands yeux bleus suavement étonnés. Il tomba amoureux d'elle et fut aimé en retour.

On l'a dit, la morale aristocratique se montrait indulgente envers les amours extraconjugales, surtout quand elles obéissaient aux raisons du cœur et respectaient les formes consacrées de la galanterie. Leur durée au fil des années – pensons au chevalier de Boufflers et à Mme de Sabran, ou au duc de Nivernais et à la comtesse de Rochefort – équivalait à une véritable légitimation sociale. « Il était convenu que Mme de Polignac *avait* M. de Vaudreuil. Cela suffisait pour que la femme qui engageait Mme la duchesse de Polignac à souper, engageât aussi M. de Vaudreuil ; elle aurait failli à la politesse et au bon goût sans cette attention, et aucune femme du grand monde n'y aurait manqué [10]. » Nous ne savons pas quels étaient les sentiments personnels du comte de Polignac à ce sujet. Tilly affirme que « plus ami qu'amant de sa femme, il se contenta constamment de ce premier titre, et supporta sans humeur de n'en avoir pas d'autre [11] ». Il est certain qu'à partir du début des années 1780, Polignac, sa femme et Vaudreuil formèrent un ménage à trois en toute complicité, partageant habitudes, divertissements, amitiés, centres d'intérêt. Et si, par égard pour la femme qu'il aimait, l'Enchanteur renonça à se marier, tout le clan Polastron-Polignac l'accueillit comme un membre de la famille.

Les Polignac comme les Polastron pouvaient se prévaloir d'arbres généalogiques respectables et avaient été au cours des siècles des serviteurs fidèles de la monarchie. Mais, comme Vaudreuil, ils manquaient d'ancêtres remarquables et n'appartenaient pas à la haute noblesse de cour. Au début du XVIIIᵉ siècle, le cardinal de Polignac avait donné un certain éclat à leur blason, sans en retirer toutefois d'avantages substantiels. Militaire de carrière, son neveu Armand-Jules-François était loin d'être riche, mais ni son épouse ni lui ne semblaient s'en plaindre. Ils résidaient habituellement à Claye, une propriété de campagne aux environs de Meaux, et passaient l'hiver dans un modeste appartement à Versailles. La modicité de leurs ressources ne les empêchait pas de vivre heureux en compagnie de leurs parents et amis. La seule personne de la famille qui affichait une quelconque ambition était Diane de Polignac, sœur du comte Jules, qui servait à Versailles comme « dame pour accompagner » de la comtesse d'Artois, mais c'est le charme indolent de Gabrielle-Yolande qui changerait le destin de Polignac.

Du baron de Besenval à Mme Campan, en passant par le comte de Tilly, la comtesse de Genlis ou la baronne d'Oberkirch, les contemporains de la comtesse Jules – comme on appelait ordinairement Gabrielle-Yolande pour la distinguer de sa belle-sœur, la comtesse Diane – n'ont pas manqué de l'évoquer dans leurs Mémoires. Et tous, indépendamment de leur jugement sur son rôle de favorite, reconnaissaient le pouvoir qu'exerçaient « son regard et son sourire célestes » [12] ainsi que le caractère « angélique [13] » de sa beauté. « Elle avait une de ces têtes où Raphaël savait joindre une expression spirituelle à une douceur infinie. D'autres pouvaient exciter plus de surprise et plus d'admiration, mais on ne se lassait point de la regarder [14] », rappellera le duc de Lévis.

Le premier portrait que lui a consacré Mme Vigée Le Brun en 1782 confirme cette impression. Non seulement la peintre a donné à Gabrielle-Yolande de Polignac, alors âgée de trente ans, l'aspect d'une charmante adolescente, mais elle semble s'être totalement identifiée à elle. Très proche de l'autoportrait exécuté quelques mois avant, le portrait de la comtesse Jules confirme le nouveau canon de beauté féminine auquel Mme Vigée Le Brun invitait les femmes, en les représentant « comme elles rêvaient d'être admirées [15] ». Une beauté innocente, sans fard ni poudre sur les cheveux, en simple négligé de mousseline, qui avait pour emblème un chapeau de paille. De retour d'Anvers où elle avait admiré les jeux de lumière sur le chapeau du célèbre portrait de Suzanne Fourment par Rubens [16], l'artiste ne s'était pas limitée à en porter un identique sur son autoportrait : elle avait voulu les mois suivants couronner du même chapeau de paille deux femmes aussi différentes l'une de l'autre que la comtesse du Barry et la comtesse Jules. Outre leur beauté hors du commun, l'ancienne favorite de Louis XV et l'amie de cœur de Marie-Antoinette partageaient la même aspiration à mener une vie moins artificielle et en harmonie avec leurs sentiments les plus intimes. Il serait intéressant de savoir lequel des deux portraits fut peint le premier : celui de l'ancienne courtisane, qui nous séduit par son sourire radieux et son regard complice ? Ou celui de « la plus belle, la plus douce, la plus aimable femme qu'on pût voir [17] », qui se réfugie derrière une réserve timide ?

Mais la « figure céleste [18] » de la belle Gabrielle-Yolande était-elle vraiment, comme semble nous le dire Mme Vigée Le Brun, le reflet fidèle de son âme ? Et fallait-il déranger les anges du ciel pour expliquer son charme ? Le pouvoir de séduction de la comtesse Jules n'obéissait-il pas plus simplement à cette esthétique du naturel qui dès le début de la civilisation mondaine avait eu pour fonction de masquer, avec un art devenu seconde nature, la séparation entre l'être et le paraître ? En rappelant que chez elle « pas la moindre chose ne paraissait empruntée à l'art, rien n'était factice [19] », Tilly oubliait-il que déjà deux siècles plus tôt, Castiglione avait employé les mêmes mots pour définir l'art suprême de la nonchalance ? Et plutôt qu'expression d'une « bonne conscience [20] », comme le supposait Mme d'Oberkirch qui l'avait rencontrée à l'apogée de sa faveur à Versailles, la sérénité de la jeune femme, son « calme inaltérable [21] », sa douceur n'étaient-ils pas le fruit de la nonchalance ou, plus simplement, de l'indifférence ? Rien en effet ne semblait lui tenir réellement à cœur en dehors du cercle de ses proches. Et un de ses meilleurs amis, le baron de Besenval, qui n'avait pas besoin de garanties morales pour décider de ses sympathies, l'admettait entre les lignes [22]. D'ailleurs, d'une intelligence médiocre – comme il ressort de plusieurs témoignages [23] –, la jeune femme avait un éventail d'intérêts assez limité et le reconnaissait volontiers. « Jamais la présomption n'avait pu l'atteindre, et on lui entendait souvent répondre de bonne foi : "Ce que vous me dites là est au-dessus de ma portée" [24]. » Aimant la tranquillité, « paresseuse [25] » et dépourvue d'ambition personnelle, elle laissait à sa belle-sœur Diane, laide mais intelligente, la tâche d'intriguer pour la famille, et à Vaudreuil, devenu son amant, celle de lui dicter son comportement.

Les dons intellectuels ne constituant certes pas une priorité pour Marie-Antoinette, la beauté délicate et la grâce naturelle de Mme de Polignac suffirent à la conquérir. L'enthousiasme de la reine pour la princesse de Lamballe, au profit de qui elle avait rétabli la charge de Surintendante de sa maison, s'était refroidi et elle cherchait une nouvelle confidente auprès de qui s'épancher. « Elle se cherchait une amie comme elle eût cherché à remplir une place dans sa maison [26] », rappellera perfidement Saint-Priest, et la reine trouva chez la comtesse Jules toutes les qualités qu'elle désirait. Elle la rencontra pour la première fois au printemps 1775 [27] chez la comtesse d'Artois, où Diane de Polignac prêtait service, et exprima aussitôt le désir de la voir plus souvent au château. La comtesse lui ayant répondu avec beaucoup de simplicité que son mari et elle étaient trop pauvres pour fréquenter la cour, Marie-Antoinette y remédia.

C'est dans la correspondance secrète entre le comte de Mercy-Argenteau et Marie-Thérèse que nous pouvons constater l'irrésistible ascension des Polignac et l'inefficacité des efforts conjoints des conseillers de Marie-Antoinette, de sa redoutable mère et enfin de Joseph II lui-même pour l'entraver.

Dès août 1775, Mercy-Argenteau informait l'impératrice que sa fille « s'était prise pour une jeune comtesse Polignac d'un goût bien plus vif » que celui qu'elle avait montré pour les favorites précédentes, la princesse de Chimay, la comtesse de Dillon, la princesse de Lamballe, la princesse de Guémenée. Et, prévoyant le pire, il observait qu'il était impensable qu'on nomme dame de la reine une personne aussi jeune, qui n'avait jamais eu de charge à la cour et dont la famille « n'était pas en mesure de figurer à Versailles[28] ». Un mois plus tard, l'ambassadeur était déjà sûr de disposer des preuves irréfutables pour démontrer à Marie-Antoinette « que la comtesse de Polignac sa favorite, n'a[vait] ni l'esprit, ni le jugement, ni même le caractère nécessaire à jouir de la confiance d'une grande princesse[29] ». Et dans la lettre suivante, il ajoutait que la jeune femme avait « très peu d'esprit » et était « conduite par des entours fort dangereux »[30].

Puisque la liste de ses dames d'honneur était complète, Marie-Antoinette contourna l'obstacle et s'assura de la présence de sa favorite à Versailles en nommant, non sans scandale, le comte de Polignac son premier écuyer. Comme la charge était déjà occupée par le comte de Tessé, Polignac en recevait la survivance, c'est-à-dire le droit d'accompagner le comte dans l'exercice de ses fonctions pour en hériter ensuite au moment de son décès. Non seulement cela impliquait de doubler le coût d'une charge déjà très onéreuse, au moment précis où Malesherbes, depuis peu secrétaire de la Maison royale, essayait de réaliser des économies draconiennes, mais cela signifiait à la fois offenser le comte de Tessé, mari d'une Noailles, qui n'avait que quarante ans et remplissait parfaitement ses fonctions, et déchaîner l'indignation de la famille de son épouse, qui considérait comme apanage familial la charge de premier écuyer.

Consciente des critiques auxquelles elle prêtait le flanc et certaine que sa mère en serait aussitôt informée, Marie-Antoinette préféra lui annoncer la nouvelle en personne. Le comte de Polignac, assurait-elle, était d'excellente famille et avait une épouse qu'elle aimait « infiniment ». D'ailleurs son choix était aussi dicté par l'exigence politique de contenir les prétentions des Noailles, « qui sont une tribu déjà trop puissante ici »[31]. C'était la première fois que Marie-Antoinette évoquait avec l'impératrice, même si ce n'était qu'en passant, l'existence de sa favorite, ignorant que le comte de Mercy-Argenteau l'avait précédée avec des informations bien plus détaillées. Comme il l'avait prévu dès le début, Mme de Polignac se révélait un très mauvais exemple pour la reine. La jeune comtesse qui jouissait maintenant de la « faveur la plus illimitée » prétendait « se mettre au-dessus de ce que les esprits faibles et corrompus appellent préjugés », elle affichait sans vergogne un amant, et sa « conduite en matière de dogme »[32] exerçait une influence si néfaste sur la reine que l'abbé de Vermond voulait renoncer à son rôle de directeur de conscience et quitter la cour. Et que dire des « mortifications inimaginables » que l'abbé et lui avaient subies dans la malheureuse « affaire du comte de Tessé », où Marie-Antoinette était restée sourde à leurs conseils – des conseils qui auraient pourtant « mis à couvert toute apparence de légèreté ou d'injustice »[33] –, se laissant manipuler par la comtesse de Polignac et son entourage. En outre, la favorite était une intrigante patentée : nièce du comte de Maurepas et liée à ce qu'on appelait le « parti Choiseul », elle jouait un double jeu et rapportait au vieux ministre les propos qui se tenaient dans le cercle de la reine.

Marie-Thérèse réussit à persuader l'abbé de Vermond de ne pas quitter sa charge, parce que sa fille, « qui court à grands pas à sa perte, étant entourée de bas flatteurs qui la poussent pour leurs propres intérêts[34] », avait plus que jamais besoin de son aide. L'impératrice ne cessa de rappeler Marie-Antoinette à l'ordre, tandis que l'abbé et l'ambassadeur se prodiguaient en conseils. Joseph II lui-même, en visite à Versailles, mit sa sœur en garde contre sa docilité devant les exigences de la comtesse de Polignac et de son clan. Mais la « mise à sac[35] », comme la définissait Mercy-Argenteau, ne faisait que commencer. Une première occasion se présenta en 1778, quand le roi forma la maison de Madame Élisabeth, sa sœur âgée de quatorze ans. Malgré sa réputation douteuse, Diane de Polignac s'adjugea la charge de dame d'honneur de la très vertueuse princesse, le comte d'Adhémar celui de premier écuyer, le comte de Coigny celui de chevalier d'honneur. Et Vaudreuil en profita par la suite pour assurer à son protégé Chamfort le poste de secrétaire[36]. L'année 1780 s'avéra encore plus profitable. Louis XVI accorda une dot de huit cent mille livres à la fille de la favorite pour son mariage avec Antoine-Louis de Gramont, duc de Guiche, à qui il promit la charge de capitaine des gardes, puis il conféra au comte de Polignac le titre héréditaire de duc[37], très convoité, qui donnait à son épouse le droit au tabouret – c'est-à-dire l'autorisation de s'asseoir en présence du roi et de la reine –, en finançant pour lui l'achat de la baronnie de Fénétrange qui était assortie d'une rente de soixante-dix mille livres. Le père du comte, dont la présence était gênante pour la famille, fut nommé ambassadeur en Suisse. Quant à Vaudreuil – qui avait obtenu l'année précédente une pension de trente mille livres en dédommagement de la perte de ses revenus de Saint-Domingue, due à la cessation des échanges commerciaux provoquée par la guerre d'indépendance américaine –, il fut nommé en juillet inspecteur des troupes et, en décembre, Grand Fauconnier. La fauconnerie était tombée en désuétude depuis longtemps et les fonctions de Grand Fauconnier se limitaient à recevoir solennellement les gerfauts d'Islande, cadeau du roi du Danemark, ou les faucons en provenance de Malte. Toutefois, cette charge extrêmement honorifique était en général réservée à un membre de la grande noblesse qui s'était distingué au service de la couronne. Ces deux choix furent âprement critiqués : l'abbé de Véri estimait que le comte manquait des compétences militaires nécessaires pour remplir la première de ces charges [38] et le marquis de Bombelles qu'il n'avait ni la naissance ni les mérites requis par la seconde [39].

En rapportant à Marie-Thérèse ces nouvelles désolantes qui indignaient l'opinion publique, Mercy-Argenteau citait pour la première fois le nom de l'amant de la comtesse de Polignac, dénonçant les cadeaux que la favorite extorquait pour lui. Chapitrée par sa mère, Marie-Antoinette se défendit en soutenant que Vaudreuil n'avait pas besoin de ses recommandations parce qu'il bénéficiait déjà de la protection de son beau-frère, le comte d'Artois [40], et que Mme de Polignac était très aimée du roi. Lequel du reste donna une preuve irréfutable de sa faveur à l'occasion de la naissance du dernier enfant de Gabrielle-Yolande. Ce fut la seule visite effectuée par le souverain dans une maison particulière après son accession au trône [41]. Ce qui n'empêcha pas les mauvais esprits de se demander si l'on devait attribuer la paternité de l'enfant au comte de Vaudreuil ou à la reine [42]. Mais le pire du scandale était l'indulgence sans limites de Marie-Antoinette, et non la désinvolture sentimentale de sa favorite, du reste inscrite dans les mœurs aristocratiques qui, on l'a dit, considéraient le mariage comme une affaire de famille et laissaient aux conjoints la liberté de disposer de leur cœur.

La première convaincue de l'opportunité de s'en tenir à cette conception du mariage était Mme de Polignac. Remise de son accouchement, elle fêta au cours du mois de juillet le mariage de sa fille Aglaé-Louise-Françoise, âgée d'à peine douze ans, avec le duc de Guiche, dont les attraits personnels laissaient beaucoup à désirer. Mais l'essentiel pour elle et son mari était d'assurer à leur fille, qu'ils aimaient tendrement, l'aisance financière et un nom illustre. Plus belle encore que sa mère, la petite Guichette ne tarderait pas à suivre son exemple en prenant un amant. En juin [43], le demi-frère de Mme de Polignac, Denys-Gabriel-Adhémar, comte de Polastron – « qui ne donnait pas des grandes espérances » mais « jouait du violon » [44] –, avait épousé une beauté de quinze ans, Mlle d'Esparbès de Lussan, aussitôt surnommée Bichette, qui accroîtrait encore l'influence des Polignac en devenant à dix-sept ans seulement dame de palais de la reine et en retenant auprès d'elle comme amant le volage comte d'Artois. Dans la famille Polignac, c'étaient les femmes qui avaient le don de plaire en haut lieu.

À la fin de l'année, non content d'accumuler honneurs, charges et prébendes, le clan Polignac prouva qu'il était en mesure d'influer aussi sur les nominations ministérielles. Dûment instruite par Vaudreuil, Besenval et Adhémar, la favorite poussa Marie-Antoinette à soutenir la candidature du marquis de Ségur au ministère de la Guerre. Ce n'était pas une entreprise facile parce que Maurepas défendait un autre candidat, et, bien que sa valeur de soldat et son intégrité morale fussent indiscutables, Ségur semblait trop vieux pour affronter une tâche à laquelle il n'était pas préparé. Mais les Polignac ne laissèrent aucun répit à Marie-Antoinette qui, le matin de Noël, finit par arracher à Louis XVI la nomination de son protégé. Maurepas avoua à un ami que « cet ordre avait été le coup de poignard le plus sensible qu'il eût reçu de sa vie [45] » : le « parti » de la reine avait gagné sa première bataille politique.

Emportée par une pneumonie fin novembre, Marie-Thérèse n'était plus là pour mettre en garde sa fille. Si la mort la priva de la joie de la naissance de ce Dauphin [46] qu'elle avait si ardemment désiré, elle lui épargna l'humiliation de voir Marie-Antoinette déléguer à sa favorite la tâche de tenir cour dans son propre château. En 1782, à la suite de la terrible banqueroute de son mari, la princesse de Guéménée dut en effet présenter sa démission de la charge de Gouvernante des enfants de France et Marie-Antoinette voulut que Mme de Polignac la remplace. La favorite essaya de se soustraire à une responsabilité trop fatigante et trop lourde pour elle, mais les pressions de sa famille – auxquelles elle avait répondu en larmes : « Je vous hais tous à mort ; vous voulez me sacrifier [47] » – furent relayées par une requête explicite du roi, soucieux comme toujours de satisfaire les désirs de sa femme. Obligée de céder, la duchesse se vit assigner le plus beau et le plus vaste des appartements de Versailles réservés aux courtisans. Bientôt l'affluence des visiteurs fut telle qu'on dut lui ajouter une longue galerie en bois. « Mme de Polignac recevra-t-elle toute la France ? demandait de Bruxelles le prince de Ligne au chevalier de Lisle. — Oui, répondait ce dernier, trois fois la semaine : mardi, mercredi, jeudi. Pendant ces soixante-douze heures, ballet général : entre qui veut, dîne qui veut, soupe qui veut. Il faut voir comme la racaille des courtisans y foisonne. On habite, durant ces trois jours, outre le salon, toujours comble, la serre chaude, dont on a fait une galerie, au bout de laquelle est un billard [48]. »

Mais les quatre autres jours, les portes du salon ne s'ouvraient que pour les intimes et la favorite pouvait retrouver les plaisirs de la vie privée : « Elle menait une véritable vie de château, écrira le duc de Lévis, une douzaine de personnes formaient, avec sa famille, sa société : il y régnait une aimable liberté [...] on y jouait ou faisait de la musique ; on causait ; jamais il n'était question d'intrigues ou de tracasseries, pas plus que si l'on eût été à deux cents lieues de la capitale et de la cour [49]. »

Parmi les invités permanents, on comptait la comtesse Diane, la comtesse de Polastron, la comtesse d'Andlau, tante paternelle de la favorite, et sa belle-fille – l'amie intime de Mme de Sabran –, la belle Marie-Adélaïde d'Andlau, née Helvétius. Il y avait aussi le comte de Guînes, l'ami de Lauzun qui, pendant les années de son ambassade à Londres, n'avait pas fait parler de lui que pour ses amours avec Lady Craven : il avait été au centre d'un scandale financier retentissant [50] dont il était sorti indemne grâce à la faveur royale et avait même été fait duc à son retour d'Angleterre. Enfin les trois Coigny : le duc, un beau gentilhomme aux cheveux blancs pour qui, murmurait-on, la reine avait eu un faible ; le comte, amant officiel de la princesse de Guéménée ; le chevalier, surnommé Mimi[51], infatigable faiseur d'anagrammes et « de nature gaie et aimable[52] ». Enfin, il va sans dire que le prince de Ligne était accueilli à bras ouverts par tout le monde chaque fois qu'il était à Versailles.

Mais les trois personnalités centrales de cette société étaient le baron de Besenval, le comte d'Adhémar et, naturellement, le comte de Vaudreuil.

Ami de longue date des Polignac, Besenval les avait précédés à Versailles au début des années 1770 quand, à la suite de la disgrâce de Choiseul, le régiment des Gardes suisses dont il était lieutenant-général était passé sous le commandement du comte d'Artois. Inutile de dire que l'irrésistible baron s'était aussitôt assuré la faveur du jeune prince, gagnant également la sympathie de Marie-Antoinette[53]. L'arrivée des Polignac avait relancé après un moment de froid sa cote auprès de la reine et Besenval en avait profité pour introduire les deux jeunes Ségur à la cour. Pour Mme Campan, le baron était « le conteur le plus agréable du cercle » où « la chanson nouvelle, le bon mot du jour, les petites anecdotes scandaleuses formaient le seul sujet d'entretien »[54].

Intelligent, audacieux, ambitieux, le comte d'Adhémar[55] était bel homme. « Il chantait agréablement, jouait très bien la comédie, et faisait des jolis couplets[56] », et, grâce à l'aide conjointe de Besenval, du marquis de Ségur et de Vaudreuil, avait réussi à faire reconnaître son ascendance nobiliaire, à épouser – pour s'en désintéresser aussitôt – une riche veuve beaucoup plus âgée que lui et à se faire nommer colonel-commandant du régiment de Chartres-Infanterie. Mme de Polignac, qui avait un faible pour lui, ferait le reste en lui assurant le poste d'ambassadeur à Londres, auquel aspirait également le duc de Lauzun.

Amant officiel de la maîtresse de maison, Vaudreuil tenait incontestablement la vedette, déployant toutes ses qualités mondaines – cette « galanterie recherchée », cette « politesse d'autant plus flatteuse qu'elle partait du cœur », cette « urbanité » et cette « gracieuse aisance » qui, rappellera Mme Vigée Le Brun, constituaient « le charme de la société à Paris »[57] – et sauvant par ses talents de comédien la médiocrité des spectacles de théâtre dont Marie-Antoinette était l'animatrice infatigable[58]. Le comte ne se limitait pas à contrebalancer par son inventivité et sa verve l'indolence de

Mme de Polignac, il exerçait sur la favorite un ascendant impérieux, en lui prescrivant son comportement avec la reine.

C'était lui, appuyé par Besenval et la comtesse Diane, qui décidait des stratégies du clan et soufflait au fur et à mesure à sa maîtresse les requêtes à avancer auprès de Marie-Antoinette, liées en premier lieu à ses exigences économiques personnelles et à celles des membres de la famille Polignac. Mais Vaudreuil se livrait aussi à l'intrigue pure, comme fin en soi, car, avec Besenval, il adorait agir en coulisse, favoriser la carrière de leurs amis, faire et défaire les ministres. Dans ce but, ils veillèrent à éliminer du cercle les concurrents les plus redoutables, en commençant par le duc de Lauzun, et encouragèrent, du moins à en croire Saint-Priest [59], les amours de la reine avec Fersen qui, par son statut d'étranger, était préférable à un Français ambitieux. Bref, ils se prodiguaient en efforts pour que la maison de la favorite apparaisse à Marie-Antoinette comme une « île heureuse » préservée de l'atmosphère empoisonnée de la cour, où l'amitié régnait sans partage.

Repensant à ces années lointaines, le prince de Ligne a rappelé une scène entre la reine et la comtesse Jules qui ne pourrait mieux illustrer le climat enjoué qui régnait dans le cercle et le rapport d'incroyable familiarité qui s'était établi entre les deux amies : « Un jour que je leur faisais la chouette au billard [60], elles se disputèrent et elles se battirent pour savoir qui des deux était la plus forte. La reine prétendait que c'était elle. "C'est que vous faites la reine, disait son amie. Brouillez-vous, leur dis-je, croyez-moi. — Eh bien, si nous nous brouillons, dit l'une, qu'est-ce que vous ferez ? Oh ! je pleurerai bien, dit l'autre, je pleurerai, je pleurerai, mais je m'en consolerai, parce que vous êtes une reine [61]." » Et c'était justement pour l'oublier – « Quand je suis avec elle, je ne suis plus la reine ; je suis moi-même [62] » – que Marie-Antoinette passait ses soirées chez la duchesse. Tandis que la souveraine s'abandonnait « au charme d'une vie monotone et tranquille [63] », sa favorite avait pour tâche de lui exposer suavement les requêtes du clan, en faisant appel à sa sensibilité et en prévenant tout refus.

Mais quels étaient les véritables sentiments de Gabrielle-Yolande ? Éprouvait-elle une amitié sincère pour Marie-Antoinette ou était-elle une intrigante sans scrupules ? Fallait-il voir en elle une victime sacrificielle ou partageait-elle pleinement les ambitions de sa famille ? Il y a de telles divergences d'opinion entre ceux qui l'ont connue que, comme l'observe Simone Bertière, il est impossible de le dire [64] : elle reste pour nous une authentique énigme. Mais nous savons qu'elle n'était pas toujours prête à obéir sans réserve aux consignes reçues, et dans ce cas, Vaudreuil ne se faisait pas scrupule de recourir à la manière forte. Tombant le masque de l'amabilité, l'Enchanteur révélait alors « son caractère violent, impérieux [65] » et la rappelait à l'ordre dans des scènes terribles. Il ne restait plus à la duchesse qu'à pleurer et courber la tête. « Jamais homme n'a porté la violence dans le caractère aussi loin que lui », rappelle Besenval qui passait pourtant pour très colérique lui aussi. D'après le baron, Vaudreuil ne tolérait pas la moindre contrariété et « ses fureurs étaient encore moins le produit d'un sang aisé à s'enflammer que celui d'un amour-propre sans mesure, qui non seulement ne supportait aucune supériorité, mais même s'irritait de l'égalité [66] ». Le Grand Fauconnier ne témoignait ainsi aucun respect à l'abbé de Vermond et traitait avec suffisance le ministre de la Maison royale, le baron de Breteuil, qui jouissaient tous deux de la confiance de la reine. Mais ils n'étaient certes pas ses seules victimes. Quand, scandalisé par son ton impérieux, le marquis de Castries lui avait rappelé qu'il s'adressait à un maréchal de France et ministre du roi, il s'entendit répondre : « Je ne puis l'oublier, c'est moi qui les ai faits : ce serait à vous de vous en souvenir [67]. » Marie-Antoinette elle-même n'était pas tout à fait à l'abri de ses accès de colère. Un jour, montrant à Mme Campan sa magnifique queue de billard taillée d'un bloc dans une défense d'éléphant, brisée en deux, elle lui avait dit : « Voilà de quelle manière M. de Vaudreuil a arrangé un bijou auquel j'attachais un grand prix. Je l'avais posée sur le canapé, pendant que je parlais à la duchesse dans son salon ; il s'est permis de s'en servir, et dans un mouvement de colère pour une bille bloquée, il a frappé la queue si violemment contre le billard qu'il l'a cassée en deux. Le bruit me fit rentrer dans la salle ; je ne lui dis pas un seul mot ; mais je le regardai avec l'air du mécontentement dont j'étais pénétrée [68]. » Cet incident toutefois lui avait confirmé que Vaudreuil était inapte à la charge de gouverneur du Dauphin à laquelle il aspirait alors [69]. Et selon Mme Campan, Marie-Antoinette aurait commenté sagement : « C'est bien assez d'avoir agi selon mon cœur pour le choix d'une gouvernante et je ne veux pas que celui du gouverneur du dauphin dépende en rien de l'influence de mes amis. J'en serais responsable à la nation [70]. »

C'était plus en accaparant les charges qu'en ponctionnant de l'argent que le clan Polignac desservait la monarchie française. Comme l'observera le comte de La Marck – ami et exécuteur testamentaire de Mirabeau –, qui pourtant ne les aimait pas, « le comte et la comtesse Polignac n'ont reçu que ce qu'il fallait au juste pour soutenir à Versailles une maison devenue pendant quelque temps la maison de la reine, et où le roi se montrait quelquefois [...], mais il fallait à leurs amis et à leurs parents des places de la cour, des ambassades [...]. Le mal, et c'était un mal grave, je le reconnais, c'est que ces places ne se donnaient pas à ceux qui les avaient méritées et qui les auraient bien remplies [71] ».

Ce furent les nominations ministérielles arrachées dans les larmes qui suscitèrent les premières récriminations chez Marie-Antoinette, déclenchant derechef d'autres larmes. D'après Besenval, un jour où la reine reprochait à sa favorite de l'avoir « sacrifiée à des vues particulières » en l'incitant à soutenir la candidature du marquis de Ségur comme ministre de la Guerre, celle-ci n'hésita pas à répondre qu'« il ne convenait plus à ce qu'elle se devait de lui être attachée ; qu'elle allait partir sur-le-champ pour ne plus remettre les pieds à la cour, et que prenant ce parti, elle ne devait pas conserver les bienfaits qu'elle avait reçus d'elle ; que dès cet instant elle les lui remettait tous, jusqu'à la charge de son mari, qui ne l'en dédirait sûrement pas » [72]. Devant cette froide détermination, Marie-Antoinette « finit par se jeter aux genoux de madame de Polignac, pour la conjurer de lui pardonner, et lui dire tout ce que le regret de l'avoir offensée, tout ce que l'amitié la plus tendre purent lui inspirer [73] ». Les deux amies tombèrent en pleurant dans les bras l'une de l'autre. Et c'est peut-être à la vue de cette scène que, pénétrant dans la chambre de la reine sans se faire annoncer, le comte d'Artois s'était excusé « d'avoir troublé une telle scène d'amour [74] », à voix assez forte pour que tout le monde entende. Rosserie ou simple gaffe, cette exclamation nourrit les calomnies qui circulaient déjà sur une relation saphique entre les deux amies, alimentées par la jalousie de la reine face au grand ascendant que Vaudreuil exerçait sur sa maîtresse [75].

De son côté, conscient de ne pas avoir séduit la reine, l'Enchanteur s'employa à gagner l'amitié du comte d'Artois, qu'il accompagna en Espagne dans une expédition militaire malheureuse, à l'été

1782. Le prince avait obtenu de Louis XVI l'autorisation de participer au siège de Gibraltar, qu'à la faveur de la guerre d'indépendance
américaine Espagnols et Français tentaient de soustraire au contrôle
anglais. Entourés d'une « nuée d'aides de camp empanachés qui
voyaient dans la guerre le prolongement, non de la diplomatie,
mais des fêtes galantes, des petits soupers et des intrigues de
cour [76] », Artois et Vaudreuil arrivèrent juste à temps pour assister
le 13 septembre à la désastreuse attaque navale française contre la
citadelle. Les embarcations chargées de munitions – les « batteries
flottantes [77] » – imaginées par un ingénieur militaire français pour
écraser la résistance anglaise sous une tempête de feu ne résistèrent
pas aux canonnades ennemies et explosèrent, entraînant dans une
mort affreuse les centaines de marins et de soldats qui se trouvaient
à bord. Quels que fussent les sentiments de Vaudreuil face à cet
affreux spectacle, il aurait sûrement été surpris de lire ce que consi-
gnait dans son journal le valet de chambre qui l'avait accompagné
en Espagne : « Que de larmes font répandre les conseils des Rois !
C'est du sein des plaisirs et de la mollesse, quelquefois d'après les
caprices d'une maîtresse, que sont envoyés ces ordres sanguinaires
qui dévouent à la mort des milliers de victimes [...]. Si le spectacle
affreux d'un tel carnage était présent à leurs yeux, s'ils entendaient
les cris des mourants, les lamentations des pères et des épouses qui
perdent leurs enfants et leurs maris, ils ne signeraient pas avec
autant de légèreté l'arrêt de mort d'une multitude de braves [...]
mais Dieu a créé les rois dans sa colère [...] heureuses sont les
nations qui ont su s'affranchir de leur tyrannie, et qui sont assez
sages pour se gouverner elles-mêmes [78]. »

Le 21 novembre, Artois et sa suite étaient de retour à Versailles et
Vaudreuil se lança dans le jeu d'influences souterraines qui, l'année
suivante, évinça les partisans de Necker et assura à son grand ami,
le comte Charles-Alexandre de Calonne, la charge de contrôleur
général des Finances. Ce n'était pas un choix incongru car, sous des
apparences de frivolité, Calonne avait l'intention de remédier au
déficit en luttant contre la vénalité des charges et en répartissant
les impôts de façon plus équitable. Parmi les projets à l'étude figurait une taxe sur les rentes terriennes, possessions de la couronne et
du clergé comprises, appelée subvention territoriale, qui sera adoptée à la Révolution. Et si l'Assemblée des notables, qu'il convoqua

pour vaincre la résistance du parlement et soutenir la réforme fiscale, ne parvint pas à trouver un accord, sa tentative laissa une trace. Les représentants des trois ordres appelés par le roi à discuter des réformes économiques nécessaires pour le bien du pays, « bien qu'on leur ait assigné le rôle d'un chœur muet, découvrirent soudain que, individuellement et collectivement, ils avaient une voix puissante – et que la France les écoutait. Cette brutale prise de conscience fut enivrante, et l'on peut considérer que, bien qu'on les écarte habituellement comme un ultime avatar de l'Ancien Régime, dans une certaine mesure, les Notables furent les premiers révolutionnaires [79] ».

Le rapport privilégié avec celui qui détenait les clés du Trésor public se révélerait fort utile à l'Enchanteur. La « baguette magique » du ministre tira prêts et subsides des caisses à moitié vides de l'État, permettant à Vaudreuil de tenir à distance, certes provisoirement, ses créanciers. D'un autre côté, elle accentua « l'éloignement », pour ne pas dire « la répugnance » [80], que Marie-Antoinette éprouvait pour lui. La reine haïssait le ministre, bien que ce dernier eût tout fait pour se concilier ses bonnes grâces, et considérait Vaudreuil coupable d'avoir œuvré pour sa réussite et de l'avoir introduit chez sa favorite. En 1790, la reine raconterait au comte de La Marck qu'elle s'était un jour « hasard[ée] » à « exprimer à Mme de Polignac la déplaisance que lui inspiraient plusieurs des personnes qu'elle rencontrait chez elle » [81]. Outre Calonne, ce « plusieurs » englobait-il Vaudreuil ? C'est plus que probable, vu que « Mme de Polignac, soumise à ceux qui la dominaient, et malgré sa douceur habituelle, n'eut pas honte de répondre à la reine : "Je pense que, parce que votre Majesté veut bien venir dans mon salon, ce n'est pas une raison pour qu'elle prétende en exclure mes amis" [82] ».

Dès l'époque du salon de la marquise de Rambouillet, la noblesse française avait revendiqué le droit de vivre chez elle avec qui et comme elle l'entendait. Mais Mme de Polignac avait maintenant la prétention inouïe de le faire dans un appartement de fonction, dans le sanctuaire même de la monarchie absolue. C'était le monde à l'envers et la responsabilité en revenait à Marie-Antoinette la première. Ne s'était-elle pas entêtée à vivre son rêve d'une vie privée incompatible avec le cérémonial de Versailles ? N'avait-elle pas voulu adopter la vie de sa favorite ? Ne se montrait-elle pas incapable de la rappeler à l'ordre, préférant lui trouver des excuses plutôt que de remettre leur amitié en question ? C'est ce que Marie-Antoinette avait déclaré à La Marck : « Je n'en veux pas pour cela à Mme de Polignac ; dans le fond elle est bonne et elle m'aime ; mais ses alentours l'avaient subjuguée [83]. » La déception n'en fut sans doute pas moins cuisante et, à partir de 1785, les Polignac perdirent le monopole absolu de la faveur de la reine. Par ailleurs, Marie-Antoinette n'était plus la jeune « tête au vent » que Joseph II avait dû rappeler à l'ordre. Les joies de la maternité, sa relation avec Fersen, la considération et l'amour croissants que lui manifestait son mari avaient enrichi sa vie affective, lui apportant indépendance psychologique et maturité de jugement. Tout en gardant un lien étroit avec celle à qui elle avait confié l'éducation de ses enfants, la reine se rapprocha de la princesse de Lamballe [84] et se lia d'amitié avec la comtesse d'Ossun, sa nouvelle dame d'atours. La comtesse ne brillait pas non plus par son intelligence, mais, « parfaitement bonne et douce, et douée d'une haute vertu [85] », elle était profondément désintéressée. « Dévouée de cœur et d'âme à la reine », elle désirait avant tout que celle-ci « se plût chez elle et fût contente d'elle » [86]. Et ce fut le cas. Marie-Antoinette prit l'habitude de passer souvent la soirée dans ses appartements, ce qui provoqua le ressentiment des Polignac. C'est en vain que Mme d'Ossun, dont le frère avait épousé la fille de Mme de Polignac, se montra discrète et loyale à leur égard et qu'elle refusa toute intrigue. Le clan de la favorite se vengea en lançant des rumeurs tendancieuses sur leur bienfaitrice – « Mme de Polignac, dans ses entretiens intimes, la qualifiait quelquefois de femme perverse [87] » – qui alimentèrent une légende noire dont ils seraient les premiers à payer les conséquences.

Le plus effronté et irresponsable de tous fut sans nul doute l'Enchanteur. En 1783 – nous en reparlerons –, le comte s'employa à ce qu'autorisation soit donnée à la Comédie-Française de jouer *Le Mariage de Figaro*. L'enthousiasme du public pour cette satire de la société d'ordres fut tel que Marie-Antoinette elle-même – qui pourtant avait voulu mettre en scène *Le Barbier de Séville* dans le petit théâtre du Trianon, en invitant Beaumarchais à la représentation [88] – finit par comprendre la gravité de la provocation. L'année suivante, quand éclata le scandale du collier, Vaudreuil donna la mesure de son ingratitude en prenant parti pour le cardinal de Rohan. Mais il ne put empêcher la chute de son ami Calonne en avril 1787 ni éviter que sa disgrâce le touche. L'enquête ouverte sur les agissements du ministre des Finances, qui s'était réfugié à Londres, révéla que Vaudreuil avait abusé de son crédit et « puisé près d'un million sans justification quelconque dans le trésor public[89] ». En outre, la suppression par souci d'économie de la charge de Grand Fauconnier et la banqueroute du baron de Saint-James, son banquier de confiance[90], le privèrent de ressources devant l'assaut de ses créanciers. Épaulé par les Polignac, le comte tenta de recourir de nouveau à l'intercession royale, mais cette fois Louis XVI se contenta de déclarer : « Ils n'ont qu'à payer, je n'entends plus être responsable de leurs folies[91]. » Et Marie-Antoinette elle-même resta inflexible.

Courtisan intrigant et avide à Versailles, Vaudreuil se révélait à Paris un mécène éclairé et un authentique connaisseur. Son utilisation en ville des sommes extorquées à la faveur royale comme de sa fortune personnelle semblait l'absoudre de tout soupçon de vénalité. Fidèle à la tradition nobiliaire, le comte se faisait un point d'honneur de mener un train fastueux, de disposer de demeures magnifiques, de subventionner écrivains et artistes et de collectionner des œuvres d'art. Ses amis, le baron de Besenval, le comte d'Adhémar et le comte de Calonne étaient aussi collectionneurs mais n'avait pas sa compétence artistique ni sa largeur de vues. Son premier guide dans le monde artistique de la capitale avait été un cousin du côté paternel de dix ans son cadet, le comte de Paroy[92], qui avait su concilier les exigences de la carrière militaire et sa vocation la plus authentique. Doté d'une vaste culture artistique, c'était un miniaturiste et graveur habile, il dessinait bien et joignait une imagination infatigable à de remarquables talents d'artisan. De son atelier sortaient des gravures, des emblèmes, des décorations de fête, des lanternes magiques ou des longues-vues selon l'inspiration du moment. Non seulement Paroy initia Vaudreuil aux problèmes de la pratique artistique et à ses différentes techniques, mais, locataire rue de Cléry d'un appartement de l'hôtel Lubert, il le présenta à ses propriétaires. Jean-Baptiste-Pierre Le Brun – qui avait installé sa galerie à la même adresse – était un des marchands d'art parisiens les plus importants et les mieux informés, et son épouse, Élisabeth

Vigée Le Brun – qui avait là son atelier – était une peintre reconnue. En 1778, à vingt-trois ans seulement, on l'avait demandée à Versailles pour faire le portrait de la reine. Mais d'autres artistes aussi avaient trouvé asile à l'hôtel Lubert, qui était devenu une véritable « ruche » : « Durant le jour les ateliers sont actifs, les tableaux entrent et sortent des magasins. Le soir, dans l'enthousiasme du travail accompli, on se réunit. De quoi parle-t-on encore ? De peinture [93]. » C'est là que, vers 1780, devenu un habitué des soirées chez les Le Brun, Vaudreuil se passionna pour la peinture contemporaine, ses différentes tendances esthétiques et le débat théorique qui les sous-tendait, se liant d'amitié avec les artistes présents, se mettant à leur écoute, achetant leurs œuvres. Et si, très probablement, il ne commença sa collection d'art moderne qu'à son retour de l'expédition à Gibraltar avec Artois, tout laisse à penser qu'il était déjà depuis des mois l'amant de la maîtresse de maison.

Il semble [94] que l'Enchanteur ait été le seul homme qu'Élisabeth Vigée Le Brun se soit autorisée à aimer, dérogeant à sa stricte discipline de travail et au solide bon sens qui la guidaient au cours de sa longue carrière. Et même si dans ses *Souvenirs*, écrits la vieillesse venue, elle s'abstient de toute allusion à sa vie sentimentale, l'image lumineuse de Vaudreuil – « l'un des hommes les plus aimables que l'on pût voir [95] » – et le souvenir de sa générosité, de « son âme noble et pure [96] » reviennent vibrants d'émotion. Même si les lettres que le comte lui écrivit d'Espagne et qu'elle conserva jalousement ne nous sont pas parvenues [97], nous savons que Mme Vigée Le Brun – qui tenait pourtant énormément à sa réputation – ne craignit pas de s'exposer aux médisances en se montrant en sa compagnie. En 1784, appelé pour redessiner le parc de la propriété de campagne que le comte avait achetée à Gennevilliers, Thomas Blaikie – le jardinier écossais à la mode, surnommé le Capability Brown français, que le comte d'Artois avait déjà sollicité pour Bagatelle – y avait croisé Élisabeth et déduit sans hésitation de son comportement qu'il s'agissait de la maîtresse du propriétaire [98]. Deux ans après, écrivant au roi de Suède, Mme de Staël évoquait la relation entre Vaudreuil et Mme Vigée Le Brun comme étant de notoriété publique [99]. Si publique que le poète Écouchard-Lebrun, dit Lebrun-Pindare, les célébrait ensemble, les désignant par leurs noms dans un poème intitulé *L'Enchanteur et la Fée* [100].

Mme de Polignac ne sembla pas en prendre ombrage, et, quand elle était à Paris, elle ne manquait pas d'honorer de sa présence les soirées de l'hôtel Lubert. Leur relation n'empêchait pas le comte de jouir d'une solide réputation de libertin, et Chamfort célébrait ses « exploits amoureux [101] » dans des vers franchement sacrilèges. D'ailleurs, il était tout à fait improbable qu'une duchesse se montre jalouse d'une artiste peintre. En tout cas, c'est dans les *Souvenirs* de cette dernière que nous trouvons l'écho des « loisirs » de Gennevilliers. Le comte avait loué, puis acheté cette demeure, à moins de dix milles de la capitale, au duc de Fronsac, fils du célèbre maréchal de Richelieu, pour y inviter à la chasse le comte d'Artois, et l'avait « embellie autant que possible [102] », la dotant bien sûr d'un théâtre, construit « en bois de rose [103] ». Élisabeth y avait joué, ainsi que son frère et sa belle-sœur, tous deux excellents comédiens amateurs, en compagnie d'acteurs et chanteurs professionnels réputés comme Mlle Dugazon et Garat, en présence du comte d'Artois et de sa suite [104]. « Le dernier spectacle qui fut donné dans la salle de Gennevilliers, rappelle l'artiste, fut une représentation du *Mariage de Figaro* [105]. »

En effet, après plusieurs lectures privées à Paris et Versailles, la pièce avait été frappée du veto de Louis XVI – « C'est détestable, cela ne sera jamais joué [106] » – et semblait destinée à ne jamais être montée, quand l'Enchanteur se mit en tête de « rendre au public un chef-d'œuvre qu'il attend avec impatience [107] ». Avec l'aide du comte d'Artois et du clan Polignac, il arracha l'autorisation de la jouer dans son théâtre privé avec les acteurs de la Comédie-Française, après quelques amendements par la censure. Le 26 septembre 1783, au cri de « Hors le *Mariage de Figaro* point de salut [108] », la pièce fut donc représentée pour la première fois à Gennevilliers en présence du comte d'Artois, de la duchesse de Polignac et de la fine fleur de la cour. Au dernier moment, une indisposition avait empêché Marie-Antoinette de se joindre à eux. Contrairement à ce qu'écrirait après coup Mme Vigée Le Brun [109], les invités ne montrèrent pas d'embarras aux tirades de Figaro dénonçant leurs vices et privilèges, et la comédie eut « un énorme succès [110] ». Après tout, que pouvait importer à la « parfaitement bonne compagnie » – si empreinte de sa supériorité qu'elle s'offrait le luxe d'accepter la moquerie de ses inférieurs – qu'on l'accuse d'immoralité et d'abus de pouvoir, si on rendait justice à son élégance ?

Il semble que, « ivre de bonheur » pour les applaudissements reçus, Beaumarchais « courait de tous côtés, comme un homme hors de lui-même ; et, comme on se plaignait de la chaleur, il ne donna pas le temps d'ouvrir les fenêtres, et cassa tous les carreaux avec sa canne, ce qui fit dire, après la pièce, qu'il avait doublement cassé les vitres » [111]. Sept mois plus tard, le 23 avril 1784, *La Folle Journée* était enfin montée à la Comédie-Française et restait neuf mois à l'affiche.

Vaudreuil pouvait à juste titre s'enorgueillir de ce triomphe personnel : il avait fait preuve d'esprit d'indépendance en imposant une fois encore ses choix à Versailles comme à Paris. Mais il n'entendait sûrement pas défendre la cause du tiers état. Si, dans la pièce de Beaumarchais, Figaro empêchait le comte Almaviva de se prévaloir du « droit du seigneur [112] » pour le précéder dans le lit de sa femme, on ne peut pas dire que les paysans de Gennevilliers remportaient le même succès en matière de droit de chasse, que Vaudreuil exerçait sur ses terres en compagnie d'Artois. En 1789, les cahiers de doléances des habitants dénoncèrent les ravages que le gibier en liberté – qu'ils n'étaient pas autorisés à abattre – provoquait systématiquement dans les vignes et les récoltes, réduisant pas moins de trois cents familles à la mendicité. Plaintes que Vaudreuil et Artois ne s'étaient jamais donné la peine d'écouter. « Les flatteurs des princes ont dit que la chasse était une image de la guerre, écrivait Chamfort. En effet, les paysans, dont elle vient de ravager les champs, doivent trouver qu'elle la représente assez bien [113]. » Et si le comte avait pris à la légère l'irrévérence subversive de la pièce qu'il avait si ardemment défendue, Beaumarchais de son côté, pour avisé qu'il était, n'avait pas compris que son protecteur si libre d'esprit suivait un code d'honneur très différent du sien. En effet, Mme Vigée Le Brun raconte qu'un jour l'écrivain était allé trouver Vaudreuil pour lui demander de soutenir un projet financier de son invention, lui offrant en cas de réussite une grosse somme d'argent : « Le comte l'écoute avec le plus grand calme, et quand Beaumarchais a tout dit : "Monsieur de Beaumarchais, lui répondit-il, vous ne pouviez venir dans un moment plus favorable ; car j'ai passé une bonne nuit, j'ai bien digéré et jamais je ne me suis mieux porté qu'aujourd'hui ; si vous m'aviez fait hier une pareille proposition, je vous aurais fait jeter par la fenêtre" [114]. » Pour surprenant que cela soit, le génial auteur de comédies qui avait pratiqué tous les métiers et fréquenté tous les milieux n'avait pas encore compris ce que signifiait être un grand seigneur.

L'appui donné à Beaumarchais ne fut pas un geste isolé. À partir du début des années 1780, Vaudreuil témoigna un intérêt croissant pour le monde des arts et des lettres, se montrant un protecteur généreux et clairvoyant. Le mécénat était un trait distinctif de la haute noblesse et la considération dont jouissaient écrivains et philosophes dans la vie mondaine l'encourageait. De Talleyrand à Norvins, les mémorialistes n'ont pas manqué de souligner la familiarité surprenante qui, au nom du prestige intellectuel, s'était instaurée entre les différentes classes sociales. Mais le choix de Vaudreuil de fréquenter de préférence la « société des artistes et des gens de lettres les plus distingués [115] » était semble-t-il dicté par un authentique respect et une profonde admiration. Le courtisan colérique et orgueilleux, capable d'arrogance avec les ministres du roi, était prêt à traiter ses protégés sur un pied d'égalité, les inviter à sa table et leur offrir son amitié. « Il trouve très bon, très simple qu'on ait du talent, du mérite, même de l'élévation, et qu'on soit honoré à ces titres [116] », constatait l'acariâtre Chamfort, en voyant dans cette attitude la promesse d'un monde nouveau.

Dans le domaine des arts, l'essai de Colin B. Bailey nous permet de mesurer l'importance du mécénat exercé par Vaudreuil et la singularité de son parcours de collectionneur [117]. Un parcours bref, moins d'une décennie, et marqué par deux ventes aux enchères importantes. La première remonte à novembre 1784, quand le comte décida de sortir de sa collection pour les vendre les « anciens maîtres » qui constituaient à l'époque – que l'on pense au duc de Brissac – la base de toute collection digne d'intérêt. Confiés aux mains expertes de Jean-Baptiste-Pierre Le Brun, les tableaux mis aux enchères atteignirent des sommes considérables, grâce entre autres au comte d'Angiviller, Surintendant des bâtiments du roi, qui acheta pour le compte de la Couronne trente-six œuvres de maîtres hollandais et flamands du XVIIᵉ siècle, déboursant trois cent mille livres. Nous ignorons si l'argent tiré de cette vente était destiné à faire taire les créanciers ou s'il devait financer les travaux de réhabilitation et d'embellissement du somptueux hôtel particulier de la rue de la Chaise que le comte avait acheté deux mois plus tôt. Pour Bailey, la bonne explication est plutôt celle que suggère

Le Brun dans le catalogue des enchères, où il souligne ce que Vaudreuil n'avait pas mis en vente : « L'amateur n'a pu se refuser au plaisir de conserver l'école française. Cette espèce d'hommage qu'il rend à nos artistes et à ceux qui les ont précédés, le dédommage en quelque sorte de la privation qu'il s'est imposée [118]. »

En effet, à partir du début des années 1780, le comte avait dirigé son ambition de collectionneur vers les artistes français. En se couvrant de dettes, il acheta à un rythme soutenu et au prix fort plus de quatre-vingts toiles de l'école française ancienne et moderne. Après avoir acquis par l'intermédiaire de Le Brun des chefs-d'œuvre comme la *Bacchanale devant une statue de Pan* de Poussin – dont le comte de Paroy exécuta une gravure exposée au Salon de 1787 – et *Les Plaisirs de la danse* de Watteau, Vaudreuil accumula entre 1784 et 1787 les œuvres des principaux peintres des XVIIe et XVIIIe siècles. En accord avec les orientations de la critique, l'Enchanteur entendait fournir une preuve concrète de l'existence d'une grande tradition picturale française qui, ayant rivalisé avec les Italiens grâce aux maîtres du Grand Siècle, affirmait désormais sa suprématie à l'échelle européenne. Il fallait pour cela vaincre l'idée, largement répandue, d'un déclin de la manière française au cours du XVIIIe siècle, imputable à l'hypertrophie décorative de Boucher, et expliquer l'excellence de la peinture française à la lumière d'une fidélité ininterrompue au goût national. Pour montrer la diversité et la richesse des expériences dont celle-ci s'était enrichie au fil du temps, le comte s'en tint à un strict éclectisme, accrochant côte à côte des tableaux de style différent comme *Hercule et Omphale* de Boucher (1734) et *Le Serment des Horaces* de David (1784).

Naturellement, Vaudreuil commença sa campagne d'acquisitions d'œuvres contemporaines par celles de Mme Vigée Le Brun et se laissa guider par ses conseils et ceux de son mari. Après la reine, le comte fut le plus gros client de la peintre : il commanda au moins cinq portraits et sa collection comptait *Vénus liant les ailes d'Apollon*, le magnifique *Autoportrait au chapeau de paille*, deux portraits de la duchesse de Polignac, un de la duchesse de Guiche et une sensuelle *Bacchante*. Il commanda également de nombreux tableaux à des peintres comme Hubert Robert et Claude-Joseph Vernet à qui Élisabeth Vigée Le Brun vouait une grande admiration. Il soutint plusieurs artistes qui fréquentaient l'hôtel Lubert, depuis François-Guillaume Ménageot jusqu'à son cadet, bientôt célèbre, Jean-Germain Drouais. Et il compléta la pension du tout aussi jeune et prometteur sculpteur néoclassique Antoine-Denis Chaudet pour lui permettre de passer cinq ans à l'Académie de France à Rome. C'est probablement chez les Le Brun qu'il fit la connaissance de David. Le *Guide des Amateurs et des Étrangers voyageurs à Paris* de Thiéry, paru en janvier 1787, nous donne la preuve de la réussite du projet de l'Enchanteur. Avant de commencer la visite de l'hôtel de la rue de la Chaise et de décrire salle par salle les tableaux et les sculptures, ainsi que la profusion de meubles Boulle, bronzes dorés, lampadaires en cristal et objets précieux de fabrication française pour la plupart, Thiéry indiquait à ses lecteurs le principe directeur qui avait inspiré les choix du maître de maison : « L'amour de la patrie et pour les talents qu'elle produit, guidé par un goût exquis, écrivait-il, paraît avoir déterminé M. le Comte de Vaudreuil à rassembler une collection composée de tableaux des meilleurs maîtres de l'École française, qui puisse soutenir la comparaison des autres écoles et faire honneur à notre nation [119]. »

Le mécénat de Vaudreuil se teintait résolument de patriotisme. Un quart de siècle après, même un révolutionnaire convaincu comme Pierre-Louis Ginguené rendra hommage à sa passion « pour tout ce qui honorait le nom français [120] ». En effet, pour le comte, la France ne s'enorgueillissait pas seulement de la plus fastueuse cour d'Europe et d'un art de vivre supérieur, c'était aussi la patrie des Lumières, le pays à l'avant-garde de la civilisation. Les arts et les lettres lui apparaissaient comme autant de points forts essentiels de l'identité nationale. En parfait honnête homme, Vaudreuil soutenait avec la même conviction qu'il fallait s'en tenir fidèlement aux us et coutumes de son pays. L'anglomanie lui apparaissait comme une mode pernicieuse et il continuait à s'habiller et à monter à cheval à la française. Comme il ne se faisait pas faute de le rappeler au comte d'Artois, qui, dévoyé par Lauzun, avait adopté le style équestre d'outre-Manche, « il croyait qu'un Français ne devait prendre que les usages de son pays [...] et qu'un homme de sa sorte ne doit jamais montrer du goût pour ce qui est étranger, mais donner l'exemple [121] ». Pour lui les Anciens restaient les seuls modèles où le génie français pouvait se reconnaître pleinement, ainsi qu'en attestaient les chefs-d'œuvre du Grand Siècle. Il accorda par conséquent beaucoup de place dans sa collection à la peinture d'inspiration mythologique, historique et de paysage. En accord avec le goût néoclassique alors triomphant, il se procura une copie du *Serment des Horaces*, que le comte d'Angiviller avait commandé à David pour les collections royales, et son dernier achat fut une vue d'une ville antique de Pierre-Henri de Valenciennes, théoricien et précurseur de la peinture de paysage moderne.

Vaudreuil encouragea également Artois à suivre son exemple en soutenant une peinture d'avant-garde qui puisait dans l'histoire antique la métaphore d'une renaissance artistique et morale difficilement compatible avec l'ordre en place. Comme dans le cas du *Mariage de Figaro*, Vaudreuil continuait-il à ne pas mesurer les implications politiques des œuvres qu'il défendait ? Il n'était assurément pas le seul. Ses choix de collectionneur étaient partagés par une petite élite d'amateurs, qui s'opposeraient à la Révolution en 1789 alors qu'ils figuraient parmi les meilleurs clients d'artistes qui embrasseraient le credo républicain. Mais les collectionneurs des années 1780 pouvaient difficilement prévoir que la célébration des vertus antiques, alors générales, deviendrait un mot d'ordre révolutionnaire. En dernière instance, la signification d'un tableau pouvait varier selon le lieu auquel il était destiné et l'optique dans laquelle on le regardait. « Dans la maison du patricien du moins, écrit en effet Bailey, la mode, l'instruction et la préférence patriotique atténuaient la résonnance radicale du sujet historique et du style classique [122]. » Nous pouvons en outre utiliser la même clé de lecture pour expliquer d'une façon plus générale la schizophrénie d'une société prête à applaudir ceux qui menaçaient son existence. Dans le climat des salons, les idées des écrivains, des philosophes, des moralistes les plus audacieux arrivaient filtrées par le respect d'un code esthétique partagé et finissaient par se réduire à un pur jeu de l'esprit. Ainsi, loin d'inquiéter par leur éventuelle incidence sur le réel, elles plaisaient par leur dimension de provocation intellectuelle.

L'espoir de succéder au comte d'Angiviller comme directeur général des bâtiments a peut-être accentué le caractère patriotique du mécénat de Vaudreuil. Prestigieuse et bien rémunérée, cette charge – que l'on pourrait considérer comme l'équivalent de ministre de la Culture aujourd'hui – recoupait les intérêts du comte et lui aurait permis de rétablir ses finances. Mais là aussi, comme pour la charge de Gouverneur du Dauphin, ses attentes furent trompées : non seulement il n'obtint pas sa nomination et perdit sa fonction de Grand Fauconnier, mais, avec la démission de Calonne, l'accès aux prêts du trésor royal lui fut barré. Écrasé de dettes, privé de l'appui de Louis XVI, le comte fut obligé de se défaire de son patrimoine. Pendant l'année 1787, il vendit Gennevilliers et la charge d'intendant de la capitainerie de chaise en attendant d'en faire autant avec l'hôtel de la rue de la Chaise, placé sous scellés à la demande de ses créanciers. Le 26 novembre, à la galerie de Le Brun, il mit aux enchères ses meubles, ses porcelaines et sa collection de tableaux. Mais pas tous : ceux de Mme Vigée Le Brun par exemple ne figuraient pas sur la liste des œuvres en vente.

Le comte ne se trouvait pas à Paris au moment de la dispersion de sa collection. Dès septembre, ayant chargé le duc de Polignac de payer ses créanciers, il était parti pour Rome avec son cousin Paroy, son protégé Ménageot – appelé à diriger l'Académie de France – et son filleul Auguste-Jules-François de Polignac, un enfant de sept ans. Accueilli avec tous les égards par l'ambassadeur de Louis XVI à Rome, le vieux et charmant cardinal de Bernis, Vaudreuil oublia ses tracas financiers en visitant la ville du pape, ses musées, ses célèbres collections archéologiques et ses antiquaires, en compagnie de ses deux guides experts. Il ne cessa de se passionner pour le prestige de l'art français, en commandant pour le Palazzo Mancini un moulage de l'Hercule Farnèse appartenant aux Bourbons de Naples. De retour en juin 1788 à Paris où il n'avait plus de toit, Vaudreuil trouva à se loger aux Tuileries, dans une petite dépendance de l'Orangerie, grâce au comte d'Angiviller. Il revint à la cour et à la ville, gai et brillant comme toujours : après tout, l'argent est fait pour être dépensé et, dans l'attente confiante d'en trouver à nouveau, il pouvait être très plaisant de mener une vie d'artiste.

Preuve en fut la soirée « à la grecque » organisée par Mme Vigée Le Brun pour fêter son retour. L'idée venait de sa lecture du *Voyage du jeune Anacharsis en Grèce*, évocation érudite et pittoresque de l'Antiquité par l'abbé Barthélemy – le fidèle ami de la comtesse de Choiseul –, qui, publié cette année-là, remportait un grand succès. Lisant la description détaillée d'un repas grec, Mme Vigée Le Brun décida d'en offrir un semblable aux invités qu'elle attendait ce soir-là. La scène mérite qu'on cite longuement le récit qu'en donna la maîtresse de maison dans une page de ses *Souvenirs* devenue célèbre : « Comme j'attendais de fort jolies femmes, j'imaginai de nous costumer tous à la grecque, afin de faire une surprise à M. de Vaudreuil et à M. Boutin [123], que je savais ne devoir arriver qu'à dix heures. Mon atelier, plein de tout ce qui me servait à draper mes modèles, devait me fournir assez de vêtements et le comte de Paroy, qui logeait dans ma maison, rue de Cléry, avait une superbe collection de vases étrusques [...] Je nettoyai tous ces objets moi-même, et je les plaçai sur une table de bois d'acajou, dressée sans nappe. Cela fait, je plaçai derrière les chaises un immense paravent, que j'eus le soin de dissimuler en le couvrant d'une draperie, attachée de distance en distance, comme on en voit dans les tableaux du Poussin. Une lampe suspendue donnait une forte lumière sur la table ; enfin tout était préparé, jusqu'à mes costumes, lorsque la fille de Joseph Vernet, la charmante madame Chalgrin, arriva la première. Aussitôt je la coiffe, je l'habille. Puis vint Mme de Bonneuil, si remarquable par sa beauté ; Mme Vigée ma belle-sœur, qui, sans être aussi jolie, avait les plus beaux yeux du monde, et les voilà toutes trois métamorphosées en véritables Athéniennes. Lebrun-Pindare entre ; on lui ôte sa poudre, on défait ses boucles de côté, et je lui ajuste sur la tête une couronne de laurier, avec laquelle je venais de peindre le jeune prince Henry Lubomirski. [...] Le comte de Parois avait justement un grand manteau pourpre, qui me servit à draper mon poète, dont je fis en un clin d'œil Pindare Anacréon. Puis vint le marquis de Cubières. Tandis qu'on va chercher chez lui une guitare qu'il avait fait monter en lyre dorée, je le costume ; je costume aussi M. de Rivière (frère de ma belle-sœur), Ginguené et Chaudet, le fameux sculpteur. L'heure avançait : j'avais peu de temps pour penser à moi ; mais comme je portais toujours des robes blanches en forme de tunique, il me suffit de mettre un voile et une couronne de fleurs sur ma tête. Je soignai principalement ma fille, charmante enfant, et Mlle de Bonneuil, qui était belle comme un ange. Toutes deux étaient ravissantes à voir, portant un vase antique et très léger, et s'apprêtant à nous servir à boire. [...] À dix heures nous entendîmes entrer la voiture du comte de Vaudreuil et de Boutin, et quand ces deux messieurs arrivèrent devant la porte de la salle à manger, dont j'avais fait ouvrir les deux battants, ils nous trouvèrent chantant le chœur de Gluck : *Le Dieu de Paphos et de Gnide*, que M. de Cubières accompagnait avec sa lyre. De mes jours je n'ai vu deux figures aussi étonnées, aussi stupéfaites que celles de M. de Vaudreuil et de son compagnon [124]. »

La vente de l'hôtel de la rue de la Chaise mit également fin à une cohabitation qui risquait de devenir embarrassante. Depuis au moins quatre ans, Vaudreuil hébergeait Chamfort, dont les idées politiques s'avéraient chaque jour plus inconciliables avec les siennes. Et, « sentant peut-être qu'ils seraient plus sûrs l'un et l'autre de la durée de leur amitié si le même toit ne les réunissait plus [125] », ce dernier s'était installé dans un petit appartement aux arcades du Palais-Royal. C'est là que se donnaient rendez-vous tous ceux qui, comme lui, voulaient faire de la France un pays libre. En littérature comme en peinture, le seul impératif qui avait guidé jusque-là les choix de Vaudreuil était celui du goût. Pour lui l'élégance, l'audace intellectuelle, la maîtrise du style primaient sur les contenus idéologiques. Rien de plus significatif à cet égard que le témoignage de Pierre-Louis Ginguené. De convictions républicaines avouées, le fondateur de *La Décade philosophique, littéraire et politique* fut étroitement lié aussi bien à Ponce-Denis Écouchard-Lebrun qu'à Chamfort et, après leur disparition, se chargea de la publication de leurs œuvres. Malgré leurs idées politiques tous deux avaient reçu la protection de Vaudreuil, souligne Ginguené, et dans les deux cas le critique n'hésita pas à rendre hommage au libéralisme du comte dans des années où celui-ci était réduit à la pauvreté et à l'exil. Oublié aujourd'hui, Lebrun, dit Lebrun-Pindare, était considéré comme le plus grand poète lyrique de son époque et le jeune André Chénier – le seul qui mérite vraiment ce titre – trouvait ses odes sublimes. En attendant de mettre sa lyre au service de la Révolution, Lebrun fut sauvé de la misère où l'avait jeté le procès intenté par son épouse grâce à l'intervention de Vaudreuil qui obtint pour lui une pension de Calonne et le combla d'attentions. En remerciement, le poète le célébra dans *L'Enchanteur et la Fée* – « Aimer tous les arts fut sa gloire ; / Se faire aimer fut son bonheur [126] » –, introduisit une strophe sur Gennevilliers dans son ode *Le Triomphe de nos paysages* [127] et le défendit contre ses détracteurs en lui rendant hommage dans plusieurs compositions poétiques [128], mais il ne fit jamais mystère de ses opinions politiques. Lebrun, raconte en effet

Ginguené, avait l'habitude de lire aux invités de l'Enchanteur des extraits du poème qu'il composait sur *La Nature ou le Bonheur philosophique et champêtre*. Restée inachevée, cette œuvre marquait le début d'une « poétique nouvelle, engagée, citoyenne, préromantique » et énonçait « les vérités les plus hardies » [129] sans que personne parmi les *happy few* – comte d'Artois compris – s'en montre troublé. Mais, rappelle Ginguené : « quand certaines idées paraissaient cependant un peu trop fortes, cet excellent M. de Vaudreuil disait d'un ton aimable que je n'ai jamais vu qu'à lui : ces poètes sont vraiment fous ! Mais les beaux vers ! Les beaux vers ! et il demandait à Lebrun une élégie ou sa *Psyché*, qui raccommodait tout [130] ». Comme l'écrit Ginguené, admiratif, « jamais un grand ne mérita peut-être et n'inspira plus d'amitié ; jamais aussi Lebrun, qui était très susceptible de ce noble sentiment, n'en éprouva autant pour personne [131] ».

L'amitié fut aussi la passion dominante de Chamfort, l'ultime illusion qui, malgré les multiples déceptions, résista longtemps à la fureur inquisitrice du moraliste. Il la vécut intensément et, parce qu'elle lui permettait de « réinventer » les relations humaines dans une société qui les avait oubliées [132], la célébra pour sa valeur salvatrice dans de nombreux écrits [133], discours de réception à l'Académie française [134] compris. Dans cette « civilisation perfectionnée » dont il ne se lassa jamais de dénoncer l'imposture, Chamfort compta malgré tout sur des amis sûrs. Quand, en 1783, ayant coupé les ponts avec la vie littéraire et choisi de vivre retiré, il perdit la femme auprès de qui il avait trouvé la sérénité qui lui avait toujours manqué, Narbonne et Choiseul-Gouffier étaient venus à son secours et, après une visite au prince de Ligne à Belœil, l'avaient emmené en Hollande pour le distraire.

Son amitié pour Vaudreuil occupa une place à part. Les deux hommes s'étaient probablement connus en 1776, à l'époque où la tragédie de Chamfort, *Mustapha et Zéangir*, avait triomphé – « facilement, trop facilement [135] » – à Versailles. L'écrivain jouissait alors de la protection du clan Choiseul, il fréquentait déjà le triumvirat formé par Narbonne, Talleyrand et Choiseul-Gouffier, et les occasions de rencontrer l'Enchanteur n'avaient assurément pas manqué. Mais l'année qui marqua définitivement leurs rapports fut 1784, quand, après le voyage en Hollande, Vaudreuil – qui « le recherchait et l'aimait de plus longtemps [136] » – le ramena de sa campagne pour l'installer avec lui. Et quand Noël Aubin, un ami des années de bohème littéraire, lui demanda avec perplexité combien de temps cette situation pouvait se prolonger, Chamfort répondit : « C'est à la vie et à la mort [137]. » Dans une lettre à l'abbé Roman, il était encore plus explicite : « Ma liaison avec le comte de Vaudreuil est devenue telle qu'il n'y a plus moyen de penser à quitter ce pays-ci. C'est l'amitié la plus parfaite et la plus tendre qui se puisse imaginer [...] car on voit souvent des intérêts combinés produire entre des gens de lettres et des gens de la cour des liaisons très constantes et très durables ; mais il s'agit ici d'amitié, et ce mot dit tout dans votre langue et la mienne [138]. »

Essayons de comprendre ce qui pouvait lier ces deux hommes si différents, qui semblaient n'avoir que leur date de naissance en commun.

En 1785, Vaudreuil et Chamfort avaient l'un et l'autre quarante-cinq ans, mais tout avait souri au premier dans une existence éhontément privilégiée, tandis que le second avait accumulé les échecs, dont Claude Arnaud a mis en évidence l'enchaînement dans une biographie remarquable [139].

Né à Clermont-Ferrand, fils naturel d'une dame de haut lignage et d'un obscur chanoine, le petit Sébastien-Roch avait été adopté par des parents d'origine très modeste – un épicier et une domestique – qui lui offrirent une enfance sereine et, grâce à une bourse d'études, il fréquenta le collège réputé des Grassins à Paris.

Beau, intelligent, volontaire, cultivé – il avait remporté le concours du meilleur étudiant du royaume –, le jeune provincial refusa d'embrasser la carrière ecclésiastique. Les raisons qu'il exposa au supérieur des Grassins rappellent celles du chevalier de Boufflers dans une circonstance analogue et constituent en soi un programme de vie : « Je ne serai jamais prêtre : j'aime trop le repos, la philosophie, les femmes, l'honneur, la vraie gloire ; et trop peu les querelles, l'hypocrisie, les honneurs et l'argent [140]. » Résolu à être l'artisan de son destin, comme l'enseignait Voltaire, le jeune homme abandonna le nom de famille de Nicolas pour adopter celui plus belliqueux de Chamfort. Mais le souvenir humiliant de sa naissance illégitime continua à lui peser et ses protecteurs aristocratiques ne manquèrent pas de la lui rappeler [141]. Alors qu'il n'avait que vingt-cinq ans, une maladie vénérienne mina la santé de cet

« Hercule, avec les formes d'Adonis [142] » qui brillait par ses presta-
tions érotiques, ruinant son physique et mettant un terme au chapitre de l'amour et du plaisir. Pour lui désormais l'optimisme n'était
plus de saison.

Rétabli, Chamfort se mit en quête d'un autre lui-même en se
consacrant à la littérature. Il fréquenta les écrivains et les salons et
bénéficia de la protection du très influent Duclos, secrétaire perpétuel de l'Académie française depuis 1755. Doté d'une solide culture
humaniste et formé à l'école classique de l'imitation, il se mesura
avec les genres littéraires les plus en vogue : comédies, tragédies,
récits en vers, éloges académiques, apologues. Si ses personnages
et ses intrigues manquent d'originalité et si son style est encore
académique, les principaux thèmes de sa réflexion de moraliste – la
critique de la civilisation des masques, la condamnation des
Grands, l'analyse des relations entre riches et pauvres, l'éloge de
l'amitié, la mise en garde contre l'amour – transparaissent déjà en
filigrane [143]. Favorisé par la pénurie de jeunes talents qui frappait
une culture paralysée par le culte de Voltaire et Rousseau, Chamfort
reçut des marques de reconnaissance flatteuses, mais le succès de
son *Mustapha et Zéangir* à Versailles – la reine lui exprimant son
admiration et lui accordant une pension – déchaîna la jalousie de
ses rivaux. La première de la tragédie à Paris fut un fiasco retentissant. S'il n'était pas rare que le public de la capitale démente les
verdicts de Versailles, cette fois la critique, à commencer par son
ancien ami La Harpe, fut la première à fustiger Chamfort. Blessé
dans son amour-propre, écœuré par la mesquinerie du monde littéraire, l'écrivain jura de ne plus rien publier et même son élection à
l'Académie française en 1781 ne le fit pas changer d'avis. Déçu une
fois de plus dans ses attentes, en proie au ressentiment et à l'amertume, Chamfort décida de « retirer sa vie tout entière dans lui-
même [144] », à la Rousseau, loin des venins de la société. Mais il
n'était pas taillé pour la solitude, il avait besoin d'interlocuteurs
sûrs auxquels se confronter et il trouva refuge chez Mme Helvétius
à Auteuil. Dans la maison hospitalière de la veuve de l'auteur de
De l'esprit, qui ferait le pont entre les derniers philosophes des
Lumières et la nouvelle génération des idéologues, Chamfort
retrouva de bons amis comme l'écrivain Thomas, l'éditeur Pan-
ckoucke, l'abbé Morellet. C'est chez Mme Agasse, à Boulogne, qu'il
rencontra Marthe-Anne Buffon, une veuve d'une dizaine d'années

plus âgée que lui, avec qui il rouvrira le chapitre des sentiments qu'il croyait définitivement fermé. Ce qui les unissait plus fort que de l'amour, c'était « une réunion complète de tous les rapports d'idées, de sentiments et de positions [145] » qui les rendait indispensables l'un à l'autre. Dans la maison de campagne de Marie-Anne à Vaudouleurs, près d'Étampes, où ils s'étaient établis, Chamfort renacquit à la vie et découvrit qu'il pouvait être encore intensément heureux. Un bonheur qui ne durerait pas car, au printemps 1783, après six mois de vie commune, Mme Buffon mourut, jetant Chamfort dans le désespoir. C'est à Vaudouleurs, « devenu désormais horrible » pour lui, que Vaudreuil ira le chercher « en chaise de poste » [146] pour le ramener rue de la Chaise.

Née d'une fascination réciproque, l'amitié entre Chamfort et l'Enchanteur fut le miroir où chacun des deux tenta de résoudre ses propres contradictions en se cherchant de façon narcissique dans l'image sublimée de l'autre. Malgré leurs divergences de caractère, d'idées et de statut social, les valeurs qu'ils partageaient – fierté, sens de l'honneur, esprit d'indépendance, générosité – les poussèrent à une émulation constante qui scella leur entente. Pour surprenant que cela paraisse – Mme Vigée Le Brun elle-même s'en étonnait [147] –, Vaudreuil n'aimait pas la vie de cour. Était-ce lui ce M. de … qui déclarait : « La rareté d'un sentiment vrai fait que je m'arrête quelquefois dans les rues, à regarder un chien ronger un os : c'est au retour de Versailles, Marly, Fontainebleau que je suis plus curieux de ce spectacle [148] » ? Et après tout, pouvait-il vraiment se sentir comblé par ses succès de courtisan ? Il se voulait chevaleresque et savait qu'il devait son pouvoir à des stratégies d'alcôve, à sa capacité de faire pression sur sa maîtresse et, à travers elle, sur la fragilité affective de la reine et sur la faiblesse de Louis XVI à l'égard de son épouse. Il aimait son pays mais usait de son crédit pour soutenir des ministres dont le principal mérite était de compter au nombre de ses amis. Il percevait la crise que traversait la monarchie mais préférait en ignorer la gravité et penser à son propre intérêt. « Vous n'avez pas de taie dans l'œil, mais il y a un peu de poussière sur votre lunette [149] », n'hésitait pas à lui dire Chamfort. Paris lui permettait d'ôter le masque du courtisan, de prendre ses distances avec les intrigues, les bassesses, les compromis et de s'imposer à l'admiration d'un public exigeant par ses seules qualités : le goût, l'élégance, l'esprit, le charme du verbe. L'intérêt qu'il portait à la

vie artistique et la possibilité de rendre enfin un hommage désintéressé au mérite le réconciliaient avec son amour-propre. Pour ce
Vaudreuil honnête homme, la conquête de l'estime de Chamfort
constituait une confirmation de sa propre valeur. Ce n'était pas
seulement l'intelligence « électrique [150] » si merveilleusement conta-
gieuse de ce dernier qui fascinait l'Enchanteur, mais son intégrité
morale, sa liberté de jugement, de même que – chose rare – son
absence d'ambition personnelle et sa détermination à ne pas quêter
de faveurs. Cet enfant du tiers état qui remettait en cause la société
d'ordres avait beau être différent jusqu'à la provocation, il cultivait
des manières élégantes d'aristocrate accompagnées d'une verve
extraordinaire. Seul le don réciproque de l'amitié pouvait les réunir
par-delà ce qui les opposait et, pour s'en montrer dignes, tous deux
rivalisèrent en générosité et en intelligence. Le comte partait avec
un net handicap, parce que la supériorité de sa condition sociale
exacerbait la susceptibilité de Chamfort, exigeant de lui encore plus
de tact et de délicatesse. Mais surmonter cette épreuve signifiait
pour l'arrogant et irascible Vaudreuil remporter une victoire sur
lui-même.

L'attirance que Chamfort éprouvait pour le comte était à son
tour un exemple des contradictions qui caractérisaient son existence
et que l'écrivain était le premier à souligner. « Ma vie entière, lisons-
nous dans un passage célèbre, est un tissu de contrastes apparents
avec mes principes. Je n'aime point les princes, et je suis attaché
à une princesse et à un prince [151]. On me connaît des maximes
républicaines, et plusieurs de mes amis sont revêtus de décorations
monarchiques. J'aime la pauvreté volontaire, et je vis avec des gens
riches [152]. » Dans le cas de Vaudreuil, le contraste n'était qu'apparent : chez l'Enchanteur, Chamfort avait rencontré son double.

Quand Nietzsche traça le portrait de Chamfort dans *Le Gai
Savoir* après le « choc » éprouvé à la lecture de ses fragments, il
trouva dans « la haine » que l'écrivain portait à « toute aristocratie
de naissance » la seule explication lui permettant de comprendre
qu'« un connaisseur des hommes et des masses, tel que Chamfort,
se rangeât du côté des masses », qu'au lieu de rester « à l'écart par
réaction et par renoncement philosophiques » [153], il prît parti pour
la Révolution. Et on ne peut pas ne pas penser à Chamfort en
lisant les réflexions de Nietzsche sur le « ressentiment [154] » quelques
années plus tard.

Ce n'était pas pourtant le ressentiment qui le poussait à stigmatiser l'inadéquation de la monarchie avec l'anachronisme scandaleux de sa hiérarchie sociale, l'imposture d'une Église sans foi et l'inégalité des citoyens devant la loi, mais l'espoir d'un monde meilleur. Comme tant de ses contemporains, il voulait un pays différent et il avait manifesté cette conviction dès sa jeunesse quand, éduqué à la vertu dans une famille honnête et travailleuse, consciente de ses capacités intellectuelles depuis l'époque du collège, fier d'être « du peuple », il voyait la vie devant lui riche de promesses. Certes, il ne pouvait raisonnablement regretter le fait que sa mère, en ne le reconnaissant pas, l'ait exclu d'une classe sociale qui avait perdu son sens et qu'il méprisait, mais il restait l'amertume qu'éveillait ce déni. En effet, si son père aussi avait été un grand seigneur – comme dans le cas de Lauzun, Narbonne ou Ségur –, ses parents n'auraient peut-être pas tenu à se débarrasser de lui. À cela s'ajoutait une fascination secrète pour ce que la noblesse considérait comme son signe de reconnaissance le plus sûr, c'est-à-dire son style. Il fut donc tenté de s'en emparer. Après tout, ne disait-on pas que c'était héréditaire ? Mais force lui fut de constater que, malgré ses prouesses de mimétisme, l'opération était périlleuse. Comme il avait pu y réfléchir dans son étude sur Molière [155], jouer un personnage d'une autre condition que la sienne signifiait s'exposer à la sanction redoutable du ridicule. Le rôle qui lui revenait n'était donc pas exempt de risques : pour avoir du succès dans le grand monde, beaucoup d'écrivains abdiquaient leur dignité et, semblables aux courtisanes et aux coquettes, faisaient de l'art de plaire un « métier [156] ». La seule reconnaissance à laquelle pouvait aspirer l'écrivain honnête homme était celle du mérite, et Chamfort était pleinement conscient du sien. Mais comment ne pas éprouver d'aigreur en constatant que, dans une société fondée sur l'inégalité, cette confirmation était par force inégale et requérait un combat inégal ? « Ce n'est qu'avec beaucoup de peine, disait M. [c'est-à-dire Chamfort lui-même – N.d.A.], qu'un homme de mérite se soutient dans le monde sans l'appui d'un nom, d'un rang, d'une fortune : l'homme qui a ces avantages est, au contraire, soutenu comme malgré lui-même. Il y a, entre ces deux hommes, la différence qu'il y a du scaphandre au nageur [157]. » Et quand il ironisait sur les « meringues [158] » de Boufflers, comme il appelait les poèmes du chevalier, il ne pouvait pas imaginer que des privilégiés tels que ce dernier ou Lauzun éprouvaient la même amertume que lui à ne pas voir leur mérite reconnu.

L'amertume de Chamfort était combative. Déterminé à prendre sa revanche sur l'ordre social qui l'avait exclu, il choisit la conversation comme champ de bataille où nobles et intellectuels pouvaient s'affronter à armes égales. Bien sûr, il s'agissait d'une liberté codifiée qui, indépendamment du sujet abordé, se donnait pour objectif le plaisir et le divertissement, selon des stratégies bien précises comme la politesse, l'esprit, la galanterie, la complaisance, l'enjouement, la flatterie. Si les nobles jouissaient indubitablement de l'avantage d'en avoir intériorisé les règles dès l'enfance, elles n'en restaient pas moins les mêmes pour tous les participants. Comme le révèlent les *Maximes*, Chamfort les avait étudiées en profondeur, jusqu'à en connaître toutes les nuances et les limites, et s'en servit pour vaincre ses adversaires. L'écrivain n'était pas réfractaire à l'esthétique de la variété et de la légèreté qui marquait la conversation mondaine. Comme pour Voltaire, Mme du Deffand et tant d'autres de ses contemporains, le divertissement était le moyen, tout temporaire qu'il fût, de s'évader des drames de l'existence. Dans sa superficialité, la conversation mondaine était fausse, délibérément trompeuse : « Pour avoir une idée juste des choses, il faut prendre les mots dans la signification opposée qu'on leur donne dans le monde [159]. » Il se servirait de ce même art de « détourner les choses [160] » pour humilier ceux qui l'avaient humilié.

Chamfort était un causeur exceptionnellement doué et c'est dans la conversation que, comme l'écrit Claude Arnaud, « il était au mieux de lui-même, qu'il s'abandonnait sans réserve au plaisir [161] ». Son « arme [162] » fut donc l'exercice subtil de la plaisanterie qui exigeait un tact parfait et constituait une forme supérieure d'adulation [163]. Il le déclare lui-même ouvertement : « C'est la plaisanterie qui doit faire justice de tous les travers des hommes et de la société. C'est par elle qu'on évite de se compromettre. C'est par elle qu'on met tout en place sans sortir de la sienne. C'est elle qui atteste notre supériorité sur les choses et les personnes dont nous nous moquons, sans que les personnes puissent s'en offenser, à moins qu'elles ne manquent de gaieté ou de mœurs. La réputation de savoir bien manier cette arme donne à l'homme d'un rang inférieur, dans le monde et dans la meilleure compagnie, cette sorte de considération que les militaires ont pour ceux qui manient supérieurement l'épée. J'ai entendu dire à un homme d'esprit : "Ôtez à la plaisanterie son empire, et je quitte demain la société." C'est une sorte de duel où il n'y a pas de sang versé, et qui, comme l'autre, rend les hommes plus mesurés et plus polis [164]. » Une fois sûr de son succès mondain, l'écrivain jouant d'audace passa à la provocation. Il feignit de vouloir fuir les personnes importantes pour qu'elles le recherchent et « pour se ménager le droit de les tancer plus à son aise [165] ! » Avec l'assurance que lui donnait la conscience d'être plus intelligent que ses interlocuteurs, il n'hésita pas à « tout dire et penser bien haut devant ceux qui n'osent ou ne peuvent ni l'un ni l'autre, et qui vous sauront toujours gré de l'oser pour eux. Le plus sûr moyen de plaire et d'être à la mode, le voici : c'est de donner de l'esprit à ceux qui n'en auraient pas sans nous [166] ». Le succès du *Mariage de Figaro* de son ami Beaumarchais – c'est lui qui l'avait présenté à Vaudreuil – ne répondait-il pas à cette logique ?

D'après Ginguené, sa supériorité verbale rendit l'écrivain plus indulgent envers les nobles qu'il fréquentait : « Il [en] trouvait moins insupportables les défauts et les ridicules, depuis qu'il avait acquis le privilège et qu'il s'était même fait auprès d'eux un mérite de les fronder [167]. » Mais ses amis lettrés s'en indignèrent : « En même temps qu'il nous disait de vingt manières piquantes que les gens de la Cour étaient des sots, des oppresseurs insolents, des bas valets, des courtisans avides, et leurs femmes étaient des caillettes, et des catins, il nous parlait de Mme Jules, de Mme Diane et du duc de Polignac, et de l'évêque d'Autun et de M. Saisseval, et surtout de M. de Vaudreuil, dont il était le commensal et le divertisseur, comme de gens infiniment estimables, du plus beau caractère, de l'esprit le meilleur et le plus fin, le plus profond [168]. » La contradiction était manifeste mais n'avait pas l'amour-propre pour seule cause. Cette société rétive à l'arbitraire, formée d'« automates » et de « marionnettes » condamnés à jouer toujours la même comédie, cette « scène de folies et d'iniquités qu'on appelle le monde » [169], l'indignaient tout en exerçant sur lui une attraction magnétique. Il se surprenait à reconnaître malgré lui le goût sûr de ses acteurs et l'à-propos de leurs reparties, à rire de leurs extravagances, à s'étonner de leur liberté d'esprit sans bornes. Sa rencontre avec Vaudreuil l'avait poussé à vivre cette contradiction jusqu'au bout. Plus forte que l'« inégalité des conditions », leur amitié avait abattu « la barrière qui sépare les âmes faites pour se rapprocher » [170] : elle lui permettait de se sentir parfaitement à son aise dans la demeure la plus luxueuse et d'admirer sans réserve chez l'Enchanteur tout ce qu'il condamnait sur le plan idéologique. Aux yeux de Chamfort, Vaudreuil incarnait la quintessence du style aristocratique dans sa dimension mythique, hors d'atteinte du verdict de l'histoire. Beau malgré les marques laissées par la variole, il représentait par son élégance, son brio, son mépris de l'argent et sa réputation de libertin tout ce que Chamfort aurait voulu être à vingt ans, quand il avait gagné le surnom d'Hercule Adonis. Maintenant qu'il avait atteint la quarantaine, il ne pouvait pas ne pas admirer son mécénat éclairé, sa recherche de la perfection esthétique et la courtoisie exquise de ses manières. En lui accordant son amitié, Vaudreuil opéra son enchantement le plus puissant. En offrant à Chamfort une image idéalisée dans laquelle se réfléchir, il permit à son ami d'exorciser le rejet maternel et de prendre acte sans rancœur de ce qui aurait pu advenir, si le destin n'en avait décidé autrement.

L'hôtel de la rue de la Chaise fut ainsi pendant presque deux ans l'abbaye de Thélème où Chamfort réussit à vivre avec naturel sa double identité. N'était-ce pas « l'amitié entière » qui développait « toutes les qualités d'âme et d'esprit » [171] ? Et l'amitié délicate que l'Enchanteur lui offrait – si délicate qu'elle était « blessée du repli d'une rose [172] » – le mettait à l'abri de tout soupçon d'infériorité. Il accepta donc, lui si jaloux de son indépendance, le poste honorifique de secrétaire interprète du régiment des Suisses aux ordres d'Artois et l'augmentation, demandée par Calonne, de la pension annuelle qui lui avait été accordée pour *Mustapha* [173]. Il était assez riche désormais pour répondre à son bienfaiteur chagriné qu'il ne lui fasse pas l'amitié de solliciter un prêt de lui : « Je vous promets de vous emprunter vingt-cinq louis quand vous aurez payé vos dettes [174]. »

Pour complaire à Vaudreuil et à ses invités, tout en préservant sa différence, Chamfort sublima son agressivité en jeu pour leur offrir – et à lui-même avant tout – le plaisir d'interpréter en authentique virtuose tous les divertissements de la tradition mondaine. Après avoir dénoncé leur caractère théâtral, il accepta de se donner en spectacle, en parfaite intelligence avec les réactions de son public. En se souvenant de ce moment de grâce, Noël Aubin nous a laissé une image de l'hôtel de la rue de la Chaise au plus fort de sa splendeur : « Là [Chamfort] vécut en original, pour trancher davantage avec des hommes qui se ressemblaient tous par l'amabilité, les grâces de l'esprit et le meilleur ton de société. C'était une espèce d'ours qui ne s'apprivoisait qu'en spectacle. Alors on obtenait de lui mille tours, mille gentillesses d'esprit. Il lisait, dans cette société, des aperçus rapides, des contes pleins de finesse, de légèreté, et de malice en applications. Chaque trait lancé arrivait à son but, était aussitôt recueilli ; rien n'était perdu pour cette société choisie qui relevait la moindre grâce avec le même charme qui l'avait fait naître. C'est pour elle qu'il imagina de peindre les *soirées de Ninon*, qu'il y récitait, en vers qu'on ne saurait trop regretter [...]. C'était le sel attique ; c'était la grâce unie au savoir-faire ; une facilité qui cache d'autant plus d'art qu'elle est le sceau de la perfection [175]. » Malheureusement, ces vers, ces récits, ces « portraits frappants de ressemblance [176] », de même que sa relecture du siècle précédent à travers les lettres de Ninon de Lenclos, ne sont pas parvenus jusqu'à nous.

Si, après l'échec de *Mustapha et Zéangir*, Chamfort avait renoncé à publier, il n'avait toutefois pas cessé d'écrire. Au contraire, l'humiliation subie s'était révélée salutaire en l'émancipant des conventions littéraires dont il avait été prisonnier jusque-là. Le premier de la classe avait trouvé sa vocation la plus authentique : raconter la réalité contemporaine sans la médiation de la fiction théâtrale ou romanesque, ni de l'œuvre philosophique ou morale, ni même de la simple chronique journalistique. La forme qui se prêtait le mieux à la « représentation mimétique d'une société mondaine dépourvue de sens [177] » était le fragment. À partir de la fin des années 1770, il nota donc sur des centaines de feuillets des maximes, des réflexions, des anecdotes, des portraits, des détails révélateurs des mœurs du temps. Ginguené était convaincu que Chamfort avait l'intention d'organiser ces milliers de morceaux en une seule et unique mosaïque. Et quand, à la mort de son ami, il décida de publier ce qui avait survécu au saccage de ses manuscrits, il suivit les indications portées sur un feuillet retrouvé parmi ses papiers et intitula l'ouvrage *Produits de la civilisation perfectionnée*.

Ce titre reflétait la double perspective de Chamfort, à qui la rue de la Chaise s'offrait comme un terrain d'observation privilégié. C'est là qu'il avait compris que la civilisation mondaine ne coïncidait pas nécessairement avec l'artifice, mais qu'elle pouvait trouver un sursaut de vie dans la grâce, le naturel, le dédain. C'était un défi renouvelé jour après jour et soutenu non par des « produits » – matière inerte, modelée dans un même moule –, mais par des hommes et des femmes qui avaient fait de l'émulation esthétique une seconde nature. Cela ne suffisait certes pas à justifier l'existence d'une société aliénée qui se survivait, mais tout en la condamnant, Chamfort ne pouvait s'empêcher de suivre son agonie avec fascination et, en même temps qu'il la racontait, de « l'aider à mourir [178] ».

La Bruyère avait observé la vie des Grands à une distance déterminée par sa position subalterne, convaincu le premier de la nécessité d'une hiérarchie sociale aux frontières infranchissables. La Rochefoucauld avait pris les vertus et les vices de la société à laquelle il s'honorait d'appartenir comme unité de mesure de la nature humaine. Chamfort s'appropria la forme littéraire dont les deux grands moralistes avaient révélé l'extraordinaire efficacité pour renverser leur conception métaphysique de l'homme prisonnier de son égoïsme naturel et de la rigidité de l'ordre social. C'était plutôt l'absolutisme qui avait fait de la France un pays sans histoire. Son terrain d'enquête se limitait à la société de son époque, il n'englobait pas l'humanité tout entière. En partant du particulier, du détail révélateur, il voulait saisir l'influence que les institutions politiques et sociales exerçaient sur les mœurs et montrer comment les abus généraient la corruption [179]. C'était justement à travers la parcellisation, la « déconstruction » du corps social en milliers de fragments que la « vérité ultime et intégrale de la monarchie » [180], son incapacité à gouverner, devait se révéler dans toute son évidence.

Nous ne savons pas jusqu'à quel point Chamfort informait Vaudreuil des projets de monarchie constitutionnelle dont il débattait dans la « petite maison » de Talleyrand rue de Bellechasse avec ses amis Narbonne, Choiseul-Gouffier, Lauzun, Lauraguais, ou de ceux beaucoup plus radicaux qu'il ourdissait avec Mirabeau, dont il était devenu inséparable depuis 1780. Quoi qu'il en soit, Chamfort donna à Vaudreuil *Des lettres de cachet et des prisons d'État*, la brochure que Mirabeau avait rédigée à partir de son expérience personnelle. Vaudreuil à son tour la fit lire à Louis XVI qui, « impressionné de l'étendue de son propre pouvoir [181] », ordonna de fermer le donjon où, après d'autres, Mirabeau avait été reclus. Il est certain que l'écrivain avait l'habitude de parler de politique avec l'Enchanteur sans lui cacher ses convictions. Lui-même rappellera qu'ils étaient souvent d'avis opposés et évoquera en particulier leur « discussion très vive » de l'été 1786 sur le projet de réforme fiscale de Calonne ; pour autant ils ne cessèrent jamais de « s'entendre et s'aimer »[182]. Quand, en novembre 1788, Necker convoqua la deuxième Assemblée des notables pour décider de la composition des états généraux et des modalités d'élection de leurs membres, le comte demanda à Chamfort, qui déjà dans le passé lui avait prêté sa plume pour une « bagatelle[183] » anticléricale, d'en écrire une analogue contre la prétention du tiers état de doubler sa représentation de façon à contrebalancer celles du clergé et de la noblesse. Mais le temps était fini des discussions théoriques, et le moment venu pour tous deux de choisir leur camp. « Vaudreuil pensa et parla comme les hommes de sa caste[184] », tandis que Chamfort se rangea du côté de son ordre au nom de la nation tout entière. La lettre qu'il écrivit à son ami pour se soustraire à sa requête marquait un point de non-retour dans leur relation : « Je vous assure qu'il me serait impossible de faire un ouvrage plaisant sur un sujet aussi sérieux que celui dont il s'agit. Ce n'est pas le moment de prendre les crayons de Swift et de Rabelais, lorsque nous touchons peut-être à des désastres [...]. En effet, de quoi s'agit-il ? D'un procès entre vingt-quatre millions d'hommes et sept cent mille privilégiés [...]. Ne voyez-vous pas qu'il faut nécessairement qu'un ordre de choses aussi monstrueux soit changé, ou que nous périssions tous également, clergé, noblesse, tiers-état ? [...] On parle de dangers attachés à la trop grande influence du tiersétat ; on va même jusqu'à prononcer le mot de *démocratie.* La démocratie ! Dans un pays où le peuple ne possède pas la plus petite portion du pouvoir exécutif ! Dans un pays où le plus mince suppôt de l'autorité ne trouve partout qu'obéissance, et même trop souvent abjection ! Où la puissance royale ne vient que de rencontrer des obstacles de la part des corps dont presque tous les membres sont des nobles ou des anoblis ! Où le luxe le plus effréné et la plus monstrueuse inégalité des richesses laisseront toujours d'homme à homme un trop grand intervalle ! [...] Pourquoi ne pas dire nettement, comme quelques-uns : "Je ne veux pas payer !" Je vous conjure de ne pas juger les autres par vous-même. Je sais que, si vous aviez cinq ou six cent mille livres de rente en fonds de terre, vous seriez le premier à vous taxer fidèlement et rigoureusement

[...] Et c'est ainsi qu'ils intéressent leur conscience à faire de l'oppression du faible le patrimoine du fort, de l'injustice la plus révoltante un droit sacré, enfin de la tyrannie un devoir [...] Et vous voulez que j'écrive ! Ah ! je n'écrirais que pour consacrer mon mépris et mon horreur pour de pareilles maximes ; je craindrais que le sentiment de l'humanité ne remplît mon âme trop profondément, et ne m'inspirât une éloquence qui enflammât les esprits déjà trop échauffés ; je craindrais de faire du mal par l'excès de l'amour du bien. Je m'effraie de l'avenir [185]. »

Dans son indignation, Chamfort change ici de registre : abandonnant le style épigrammatique, le moraliste d'esprit classique, qui comptait sur l'intelligence critique du lecteur pour interpréter les données souvent ambiguës d'une enquête qu'il présentait comme objective, cède le pas à un orateur doté du génie de la formule, qui n'admet pas la réplique. Pressé par l'urgence d'ouvrir les yeux à l'Enchanteur, l'écrivain résume la véritable signification des divisions qui déchirent le pays. Son « procès entre vingt-quatre millions d'hommes et sept cent mille privilégiés » armait ainsi la Révolution d'un mot d'ordre destiné à passer dans l'histoire. Mais quand il tente une dernière fois d'en appeler à la part la plus noble de la personnalité de Vaudreuil, il laisse parler son cœur avec beaucoup de délicatesse : « Je vous supplie, au nom de ma tendre amitié, de ne pas prendre à cet égard une couleur trop marquante. Je connais le fond de votre âme ; mais je sais comme on s'y prendra pour vous faire pencher du côté anti-populaire. Souffrez que j'en appelle à la noble portion de cette âme que j'aime, à votre sensibilité, à votre humanité généreuse. Est-il plus noble d'appartenir à une association d'hommes, quelque respectable qu'elle puisse être, qu'à une nation entière, si longtemps avilie, et qui, en s'élevant à la liberté, consacrera les noms de ceux qui auront fait des vœux pour elle, mais peut se montrer sévère, même injuste, envers les noms de ceux qui lui auront été défavorables ? [...] Je vous parle du fond de ma cellule, comme je le ferais du tombeau, comme l'ami le plus tendrement dévoué, qui n'a jamais aimé en vous que vous-même [...]. J'ai cru remplir le plus noble devoir de l'amitié en vous parlant avec cette franchise ; puissiez-vous la prendre pour ce qu'elle est, c'est-à-dire pour l'expression et la preuve du sentiment qui m'attache à tout ce que vous avez d'aimable et d'honnête, et à des vertus que je voudrais voir apprécier par d'autres, autant qu'elles le sont par moi-même [186]. »

Mais l'imprudence avait été le mot d'ordre de Vaudreuil jusque-là et il était de toute façon trop tard pour parer au danger. Les craintes de Chamfort se vérifieraient bel et bien et, dix mois plus tard, l'Enchanteur prendrait le chemin de l'exil.

NOTES

1. Cité in *Mémoires inédits de Madame la comtesse de Genlis, op. cit.*, vol. I, pp. 314-315.

2. Cf. Geneviève Haroche-Bouzinac, *Louise Élisabeth Vigée Le Brun, histoire d'un regard, op. cit.*, p. 120.

3. F.-E. de Saint-Priest, *Mémoires, Règnes de Louis XV et de Louis XVI, op. cit.*, vol. II, p. 66.

4. É. Vigée Le Brun, *Souvenirs, op. cit.*, p. 268.

5. *Mémoires du comte Alexandre de Tilly, op. cit.*, p. 137.

6. Léonce Pingaud, Introduction à la *Correspondance intime du comte de Vaudreuil et du comte d'Artois pendant l'émigration (1789-1815)*, introduction, notes et appendice de M. Léonce Pingaud, Paris, Plon, Nourrit et Cie, 1889, 2 vol., vol. I, p. VII.

7. *Correspondance littéraire, philosophique et critique par Grimm, Diderot, Raynal, Meister, etc., op. cit.*, vol. XII, p. 428.

8. Mlle de Fierval épousa en 1778 Pierre-Charles Davrange de Noiseville.

9. *Mémoires de la baronne d'Oberkirch, op. cit.*, p. 210.

10. *Histoire des Salons de Paris... par la Duchesse d'Abrantès, op. cit.*, vol. I, p. 214.

11. *Mémoires du comte Alexandre de Tilly, op. cit.*, p. 132.

12. *Mémoires inédits de Madame la comtesse de Genlis, op. cit.*, vol. II, p. 35.

13. « La duchesse de Polignac », in *Souvenirs-Portraits de Gaston de Lévis, op. cit.*, p. 156.

14. *Ibid.*

15. Pierre de Nolhac, *Madame Vigée Le Brun, peintre de la reine Marie-Antoinette*, Paris, Goupil & Cie/Manzi, Joyant & Cie, 1912, p. 5.

16. É. Vigée Le Brun, *Souvenirs, op. cit.*, p. 179.

17. *Ibid.*, p. 284.

18. *Ibid.*

19. *Mémoires du comte Alexandre de Tilly, op. cit.*, p. 210.

20. *Mémoires de la baronne d'Oberkirch, op. cit.*, p. 210.

21. *Mémoires de M. le baron de Besenval, op. cit.*, p. 193.

22. *Ibid.*

23. Cf. *Mémoires inédits de Madame la comtesse de Genlis, op. cit.*, vol. II, p. 35 ; *Mémoires de la marquise de La Tour du Pin. Journal d'une femme de cinquante ans (1778-1815), suivi d'extraits inédits de sa Correspondance (1815-1846)*, édition critique de Christian de Liedekerke Beaufort, Paris, Mercure de France, 1979, 1989², p. 40 ; *Histoire des Salons de Paris... par la Duchesse d'Abrantès, op. cit.*, vol. I, p. 207.

24. *Mémoires de M. le baron de Besenval, op. cit.*, p. 192.

25. É. Vigée Le Brun, *Souvenirs, op. cit.*, p. 284.

26. F.-E. de Saint-Priest, *Mémoires, op. cit.*, vol. II, p. 66.

27. Dans une lettre au comte de Rosenberg du 17 avril 1775, Marie-Antoinette mentionne le comte de Polignac parmi les « hommes aimables » admis à participer aux concerts – où « toute étiquette est ôtée » – qui se tiennent dans ses appartements tous les lundis.

28. Lettre du comte de Mercy-Argenteau à Marie-Thérèse, 16 août 1775, in *Correspondance secrète entre Marie-Thérèse et le comte de Mercy-Argenteau, op. cit.*, vol. II, p. 367.

29. Lettre du comte de Mercy-Argenteau à Marie-Thérèse, 18 septembre 1775, *ibid.*, p. 378.

30. Lettre du comte de Mercy-Argenteau à Marie-Thérèse, 19 octobre 1775, *ibid.*, p. 391.

31. Lettre de Marie-Antoinette à Marie-Thérèse, 14 septembre 1776, *ibid.*, p. 486.

32. Lettre du comte de Mercy-Argenteau à Marie-Thérèse, 17 septembre 1776, *ibid.*, pp. 488 et 490. Sur l'irréligiosité de Mme de Polignac, cf. aussi les Mémoires du comte de Saint-Priest.

33. *Ibid.*, p. 491.

34. Billet de Marie-Thérèse à l'abbé de Vermond, joint à sa lettre à Mercy-Argenteau du 1er octobre 1776, in *Maria Theresia und Marie Antoinette, ihr Briefwechsel*, édition critique d'Alfred Ritter von Arneth, deuxième édition augmentée, avec les lettres de l'abbé de Vermond au comte de Mercy-Argenteau, Leipzig, K. F. Köhler, 1866, p. 192.

35. Cité in J.-Ch. Petitfils, *Louis XVI, op. cit.*, p. 283.

36. Le 12 septembre 1784.

37. Le 20 septembre 1780.

38. *Journal de l'abbé de Véri, publié avec une introduction et des notes par le baron Jehan de Witte*, Paris, Plon, 1933, 2 vol., vol. II, p. 323.

39. Cf. M. de Bombelles, *Journal, op. cit.*, vol. I, pp. 53-54.

40. *Lettre de Marie-Antoinette à Marie-Thérèse*, 13 avril 1780, *Correspondance secrète, op. cit.*, vol. III, p. 486.

41. Cf. Antonia Fraser, *Marie-Antoinette*, trad. par Anne-Marie Hussein, Paris, Flammarion, 2006.

42. Hector Fleischmann, *Madame de Polignac et la Cour galante de Marie-Antoinette, d'après les libelles obscènes, suivi de la réédition de plusieurs libelles rares*

et curieux et d'une bibliographie critique des pamphlets contre Madame de Polignac, avec notes et commentaires, Paris, Bibliothèque des curieux, 1910, p. 32.

43. Le 5 juin 1780.

44. *Mémoires du comte Alexandre de Tilly, op. cit.*, p. 138.

45. *Mémoires de M. le baron de Besenval, op. cit.*, vol. II, p. 373.

46. Le 22 octobre 1781.

47. *Mémoires de M. le baron de Besenval, op. cit.*, vol. II, p. 280.

48. Cf. Victor du Bled, « Un client de l'Ancien Régime. De L'Isle, Mme de Choiseul et ses amis – Le Salon de la duchesse de Polignac », in *Revue des deux mondes*, n° 101, 13 septembre 1890, p. 377.

49. *Souvenirs-Portraits du duc de Lévis, op. cit.*, p. 156.

50. En avril 1771, le comte avait porté plainte contre son secrétaire Barthélemy Tort de La Sonde, l'accusant de s'être servi de son nom pour spéculer sur les fonds publics. Arrêté, Tort avait déclaré qu'il avait agi sur ses instructions, convainquant de son innocence le duc d'Aiguillon, alors ministre des Affaires étrangères. Protégé de Marie-Antoinette, Guînes fut ensuite jugé par une commission spéciale de conseillers d'État expressément nommée par le roi et reconnu non coupable par sept voix contre six, et le duc d'Aiguillon perdit son poste.

51. *Mémoires inédits de Madame la comtesse de Genlis, op. cit.*, vol. I, p. 373.

52. *Mémoires de la marquise de La Tour du Pin, op. cit.*, p. 89.

53. F.-E. de Saint-Priest, *Mémoires, op. cit.*, vol. II, p. 65.

54. *Mémoires de Madame Campan, Première femme de chambre de Marie-Antoinette*, édition présentée par Jean Chalon, notes de Carlos de Angulo, Paris, Mercure de France, 1988, p. 128.

55. Cf. *Mémoires ou Souvenirs et Anecdotes par M. le comte de Ségur, op. cit.*, vol. I, pp. 57-58, et, pour un jugement moins bienveillant, *Mémoires inédits de Madame la comtesse de Genlis, op. cit.*, vol. III, pp. 82-83, note 1.

56. Comte de La Marck, cité in Adolphe de Bacourt, Introduction à *Correspondance entre le comte de Mirabeau et le comte de La Marck pendant les années 1789, 1790 et 1791*, recueillie, ordonnée et publiée par M. Ad. de Bacourt, Paris, Le Normant, 1851, 2 vol., vol. I, p. 35.

57. É. Vigée Le Brun, *Souvenirs, op. cit.*, p. 233.

58. Vaudreuil joua dans le petit théâtre du Trianon le rôle du jeune premier dans *Les Deux Chasseurs et la Laitière*, *Le Roi et le Fermier*, *Le Devin du village*, *Les Fausses Infidélités*, et le 19 août 1785 il fut le comte d'Almaviva dans *Le Barbier de Séville*, avec Marie-Antoinette en Rosine.

59. F.-E. de Saint-Priest, *Mémoires, op. cit.*, vol. II, pp. 67-68.

60. Un joueur seul contre deux ou plusieurs autres.

61. Ch.-J. de Ligne, *Fragments de l'histoire de ma vie, op. cit.*, vol. I, p. 84.

62. *Mémoires de la baronne d'Oberkirch, op. cit.*, p. 210.

63. Joseph-Alexandre de Ségur, *Les Femmes, leur condition et leur influence dans l'ordre social chez différents peuples anciens et modernes*, Paris, Treuttel et Würtz, 1803, 3 vol., vol. III, p. 8.

64. Cf. Simone Bertière, *Marie-Antoinette, l'insoumise*, Paris, Éditions de Fallois, 2002, p. 227.

65. Comte de La Marck, cité in A. de Bacourt, « Avant-propos », in *Correspondance entre le comte de Mirabeau et le comte de La Marck, op. cit.*, p. 33.

66. *Mémoires de M. le baron de Besenval, op. cit.*, vol. II, p. 332.

67. *Mémoires secrets pour servir à l'histoire de la République des lettres en France depuis 1762 jusqu'à nos jours*, édition Adamson, *op. cit.*, 1783-1789, 36 vol., vol. XXV, p. 42, 16 janvier 1784.

68. *Mémoires de Madame Campan, op. cit.*, pp. 232-233.

69. La scène devait remonter aux premiers mois de 1784. Cf. M. de Bombelles, *Journal, op. cit.*, vol. I, p. 305, 7 février 1784.

70. *Mémoires de Madame Campan, op. cit.*, p. 233.

71. Comte de La Marck, cité in A. de Bacourt, Introduction à *Correspondance entre le comte de Mirabeau et le comte de La Marck, op. cit.*, vol. I, p. 37.

72. *Mémoires de M. le baron de Besenval, op. cit.*, vol. II, p. 364.

73. *Ibid.*, p. 365.

74. Joan Haslip, *Marie-Antoinette*, Londres, Weidenfeld & Nicolson, 1987 ; *Maria Antonietta*, traduction italienne d'Amina Pandolfi, Milan, Longanesi, 1989, 2ᵉ édition, 2006, p. 174.

75. Cf. *Mémoires du comte Alexandre de Tilly, op. cit.*, p. 138. Comte de La Marck, cité in A. de Bacourt, Introduction à *Correspondance entre le comte de Mirabeau et le comte de La Marck, op. cit.*, vol. I, p. 57.

76. J.-Ch. Petitfils, *Louis XVI, op. cit.*, pp. 427-428.

77. *Ibid.*, p. 427.

78. *Voyage en Espagne, à la suite de S. A. Royale Mᵍʳ le comte d'Artois, par Alexandre Ballet, valet de chambre de M. le comte de Vaudreuil*, 1782, manuscrit conservé à la Bibliothèque nationale de France, Département des manuscrits, FR 14692, pp. 104-118 ; cité partiellement in *Revue rétrospective, ou Bibliothèque historique contenant des mémoires et documents authentiques inédits et originaux, pour servir à l'histoire proprement dite, à la biographie, à l'histoire de la littérature et des arts*, troisième série, vol. II, 1838, p. 122.

79. Simon Shama, *Citizens, A Chronicle of the French Revolution*, New York, Vintage Books, (1989), 1990, pp. 244-245.

80. *Mémoires du comte Alexandre de Tilly, op. cit.*, p. 138.

81. Comte de La Marck, cité in A. de Bacourt, Introduction à la *Correspondance entre le comte de Mirabeau et le comte de La Marck, op. cit.*, vol. I, p. 57.

82. *Ibid.*, pp. 57-58.

83. *Ibid.* p. 58.

84. Cf. lettre du comte de Salmour au baron de Stutterheim, ministre des Affaires étrangères de Saxe, avril 1787, in « La Cour de France en 1787 », *Revue de la Révolution*, II, 1886, p. 166.

85. Comte de La Marck, cité in A. de Bacourt, Introduction à la *Correspondance entre le comte de Mirabeau et le comte de La Marck, op. cit.*, vol. I, p. 59.

86. *Ibid.*

87. F.-E. de Saint-Priest, *Mémoires, op. cit.*, vol. II, p. 79.

88. Cf. *Correspondance littéraire, philosophique et critique par Grimm, Diderot, Raynal, Meister, etc., op. cit.*, vol. XIV, p. 215 (septembre 1785).

89. L. Pingaud, Introduction à la *Correspondance intime du comte de Vaudreuil et du comte d'Artois, op. cit.*, vol. I, p. XXIV.

90. Le financier Claude Baudard de Vaudésir, baron de Saint-James, s'était ruiné pour construire la folie Saint-James.

91. Cf. *Correspondance secrète inédite sur Louis XVI, Marie-Antoinette, la Cour et la Ville de 1777 à 1792, op. cit.*, vol. II, p. 107, cité in L. Pingaud, Introduction à la *Correspondance intime du comte de Vaudreuil et du comte d'Artois, op. cit.*, p. XXV.

92. Cf. *Mémoires du comte de Paroy. Souvenirs d'un défenseur de la famille royale pendant la révolution (1789-1797)*, Paris, Plon, 1895.

93. G. Haroche-Bouzinac, *Louise Élisabeth Vigée Le Brun, histoire d'un regard, op. cit.*, p. 87.

94. C'est l'hypothèse de Geneviève Haroche-Bouzinac dans sa biographie de l'artiste qui fait référence (cf. note précédente).

95. É. Vigée Le Brun, *Souvenirs, op. cit.*, p. 223.

96. *Ibid.*, p. 268.

97. Cf. G. Haroche-Bouzinac, *Louise Élisabeth Vigée Le Brun, histoire d'un regard, op. cit.*, p. 125.

98. Thomas Blaikie, *Sur les terres d'un jardinier, journal de voyages, 1775-1792*, traduit par Janine Barrier, Paris, Éditions de l'Imprimeur, 1997, p. 105 [*Diary of a Scotch Gardener at the French Court at the End of the Eighteenth Century*, Londres, G. Routledge, 1931], cité in G. Haroche-Bouzinac, *Louise Élisabeth Vigée Le Brun, histoire d'un regard, op. cit.*, p. 122.

99. Mme de Staël, *Correspondance générale, op. cit.*, vol. I, p. 105, 9 août 1786, cité in G. Haroche-Bouzinac, *Louise Élisabeth Vigée Le Brun, histoire d'un regard, op. cit.*, p. 122.

100. « Le ciel, pour comble de faveur, / Lui donna pour Amie une charmante Fée, / Bien digne de mon Enchanteur [...] La Fée et l'Enchanteur ont passé l'onde noire / Non, mes Amis ; V*** et Le Brun que voilà / Ont changé mon conte en Histoire », in « Poésies diverses », *Œuvres de Ponce-Denis (Écouchard) Le Brun*, mises en ordre et publiées par Pierre-Louis Ginguené, et précédées d'une Notice sur sa vie et ses ouvrages, rédigée par l'éditeur, Paris, Gabriel Warée, 1811, 4 vol., vol. III, p. 379.

101. *Vers composés à l'occasion de la fête de M. de Vaudreuil*, in *Œuvres complètes de Chamfort*, recueillies et publiées avec une notice historique sur la vie et les écrits de l'auteur par Pierre-René Auguis, Paris, Chaumerot Jeune, 1824-1825, 5 vol., vol. V, p. 229.

102. É. Vigée Le Brun, *Souvenirs, op. cit.*, p. 223.

103. « Une importante reconstruction de la maison et des jardins fut entreprise par l'architecte Alexandre-Louis Delebrière, que Vaudreuil emploierait par la suite dans son hôtel parisien, où Robert Barthélemy et Callet réaliseraient des peintures décoratives pour la salle à manger, le cabinet de tric-trac et l'entrée de son théâtre privé. La salle de billard fut décorée de trois grands paysages de Robert avec des personnages de Boucher. », cf. Colin B. Bailey, « Courtiers as Collectors on the Eve of the Revolution : Joseph-Hyacinthe-François de Paule

de Rigaud, Comte de Vaudreuil (1740-1817) », in *Patriotic Taste. Collecting Modern Art in Pre-Revolutionary Paris*, New Haven/Londres, Yale University Press, 2002, p. 183.

104. É. Vigée Le Brun, *Souvenirs, op. cit.*, pp. 223-224.

105. *Ibid.*, p. 224.

106. *Mémoires de Madame Campan, op. cit.*, p. 229.

107. Lettre du comte de Vaudreuil à Beaumarchais, 15 septembre 1783, citée in Louis de Loménie, *Beaumarchais et son temps, Études sur la société en France au XVIIIᵉ siècle, d'après des documents inédits*, Paris, Michel Lévy Frères, 1856, 2 vol., vol. II, p. 316.

108. Lettre du comte de Vaudreuil au duc de Fronsac, Versailles, vendredi, s.d., cité in L. de Loménie, *Beaumarchais et son temps, op. cit.*, vol. II, p. 311.

109. É. Vigée Le Brun, *Souvenirs, op. cit.*, p. 224.

110. *Mémoires secrets pour servir à l'histoire de la République des lettres*, édition Adamson, *op. cit.*, vol. XXIII, pp. 206-207, 27 septembre 1783, cité in C. B. Bailey, « Courtiers as Collectors on the Eve of the Revolution », *op. cit.*, p. 175.

111. É. Vigée Le Brun, *Souvenirs, op. cit.*, p. 225.

112. Le *jus primae noctis.*

113. S.-R.N. de Chamfort, *Maximes et pensées, op. cit.*, n° 507.

114. É. Vigée Le Brun, *Souvenirs, op. cit.*, p. 225.

115. *Ibid.*, p. 269.

116. Lettre de Chamfort à l'abbé Morellet, 20 juin 1785, in « Lettres diverses », *Œuvres complètes de Chamfort, op. cit.*, vol. V, p. 287.

117. C. B. Bailey, « Courtiers and Collectors on the Eve of the Revolution », *op. cit.*, pp. 168-205.

118. Cité *ibid.*, p. 185.

119. L.-V. Thiéry, *Guide des Amateurs et des Étrangers voyageurs à Paris*, *op. cit.*, vol. II, p. 542.

120. Pierre-Louis Ginguené, « Notice sur la vie et sur les ouvrages du poète Le Brun », in *Œuvres de Ponce-Denis (Écouchard) Le Brun, op. cit.*, vol. I, p. XVII.

121. Cf. Roger Portalis, *Henri-Pierre Danloux peintre de portraits et son journal durant l'émigration (1735-1809)*, Paris, E. Rahir, 1910, p. 297, cité in C. B. Bailey, « Courtiers as Collectors on the Eve of the Revolution », *op. cit.*, p. 196.

122. C. B. Bailey, « Courtiers and Collectors on the Eve of the Revolution », *op. cit.*, p. 205.

123. Probablement le riche financier Simon-Charles-Boutin (1720-1794).

124. É. Vigée Le Brun, *Souvenirs, op. cit.*, pp. 193-194.

125. Pierre-Louis Ginguené, « Notice sur la vie de Chamfort », in *Œuvres de Chamfort. Recueillies et publiées par un de ses Amis*, Paris, Chez le Directeur de l'Imprimerie des Sciences et des Arts, l'an III de la République [1794], 4 vol., vol. I, p. XLIII.

126. *Œuvres de Ponce-Denis (Écouchard) Le Brun, op. cit.*, vol. III, p. 379.

127. *Ibid.*, vol. I, p. 292.

128. « Aux calomniateurs du comte de V*** », *ibid.*, vol. III, p. 293.

129. Lionello Sozzi, « Il Settecento », *Storia europea del Settecento francese*, sous la direction de Lionello Sozzi, Turin, Einaudi, 2013, 2 vol., vol. I, p. 82.

130. P.-L. Ginguené, « Notice sur la vie et sur les ouvrages du poète Le Brun », in *Œuvres de Ponce-Denis (Écouchard) Le Brun, op. cit.*, vol. I, p. XXX.

131. *Ibid.*

132. Cf. Sylvain Menant, « Chamfort : naissance d'un moraliste », in *Cahiers de l'Association internationale des études françaises*, XXX, 1, 1978, p. 188.

133. Cf. S.-R. N. de Chamfort, *Maximes et pensées, op. cit.*, nᵒˢ 13, 183, 222, 242, 310, 316, 317, 334, 363, 370, 821, 1057, respectivement pp. 25, 65, 75, 80, 99, 310, 100, 104, 111, 112, 228-229, 292.

134. Cf. « Discours de réception de Chamfort à l'Académie française », in *Œuvres complètes de Chamfort, op. cit.*, vol. I, pp. 251-253.

135. Maurice Pellisson, *Chamfort. Étude sur sa vie, son caractère et ses écrits*, Paris, Lecène, Oudin et Cie, 1895, p. 72.

136. Pierre-Louis Ginguené, « Notice sur la vie de Chamfort », in *Œuvres de Chamfort, op. cit.*, p. XXXII.

137. Noël Aubin, « Notice sur la vie de Chamfort », in *Chamfortiana ou Recueil choisi d'anecdotes piquantes et de traits d'esprit de Chamfort. Précédé d'une notice sur sa vie et ses ouvrages*, Paris, Marchands de Nouveautés, Imprimerie de Delance, an IX [1800], p. XXI.

138. Lettre de Chamfort à l'abbé Roman, 5 octobre [1784], in « Lettres diverses », *Œuvres complètes de Chamfort, op. cit.*, vol. V, p. 281.

139. Claude Arnaud, *Chamfort, op. cit.*

140. Pierre-Louis Ginguené, « Notice sur la vie de Chamfort », in *Œuvres de Chamfort, op. cit.*, vol. I, p. XI.

141. Il semble que Chamfort ait confié à son premier protecteur, le comte d'Angiviller, le secret de sa naissance et que celui-ci l'ait divulgué. Cf. C. Arnaud, *Chamfort, op. cit.*, pp. 57-59.

142. N. Aubin, « Notice sur la vie de Chamfort », in *Chamfortiana, op. cit.*, p. IX.

143. Cf. S. Menant, *Chamfort : naissance d'un moraliste, op. cit.*, p. 193.

144. Lettre de Chamfort à l'abbé Roman, 4 mars 1784, in « Lettres diverses », *Œuvres complètes de Chamfort, op. cit.*, vol. V, p. 274.

145. *Ibid.*, p. 275.

146. Lettre de Chamfort à l'abbé Roman, 4 avril 1784, *ibid.*, p. 289.

147. É. Vigée Le Brun, *Souvenirs, op. cit.*, p. 269.

148. S.-R. N. de Chamfort, *Maximes et pensées, op. cit.*, nᵒ 1019, p. 282.

149. *Ibid.*, nᵒ 763, p. 213.

150. P.-L. Ginguené, « Notice sur la vie de Chamfort », in *Œuvres de Chamfort, op. cit.*, vol. I, p. XLI.

151. Madame Élisabeth et le prince de Condé.

152. S.-R. N. de Chamfort, *Maximes et pensées, op. cit.*, nᵒ 335, pp. 104-105.

153. Friedrich Nietzsche, *Le Gai Savoir. Fragments posthumes*, textes et variantes établis par G. Colli et M. Montinari, trad. par Pierre Klossowski, Paris, Gallimard, 1967, p. 108.

154. Friedrich Nietzsche, *Par-delà bien et mal. La généalogie de la morale*, textes et variantes établis par G. Colli et M. Montinari, trad. par Cornelius Heim, Isabelle Hildenbrand et Jean Gratien, Paris, Gallimard, 1971, pp. 234 *sqq.*

155. Cf. « Éloge de Molière. Discours qui a remporté le prix de l'Académie française en 1769 », in *Œuvres complètes de Chamfort, op. cit.*, vol. I, pp. 1-31.

156. S.-R. N. de Chamfort, *Maximes et pensées, op. cit.*, n° 452, p. 131.

157. *Ibid.*, n° 671, pp. 187-188.

158. Cf. J.-P.-J.-A. de Labouïsse-Rochefort, *Souvenirs et Mélanges, op. cit.*, vol. II, p. 127.

159. S.-R. N. de Chamfort, *Maximes et pensées, op. cit.*, n° 258, pp. 84-85.

160. « Je veux [...] qu'on sache si bien l'art de détourner les choses, qu'on puisse dire une galanterie à la plus sévère femme du monde ; qu'on puisse conter agréablement une bagatelle à des gens graves et sérieux », Madeleine de Scudéry, « De la conversation », in *Conversations sur divers sujets*, Paris, Cl. Barbin, 1680, 2 vol., vol. I, p. 42.

161. Claude Arnaud, *Chamfort, op. cit.*, p. 125.

162. *Ibid.*

163. Cf. « l'honnête raillerie » de Boufflers dont nous parlons p. 237.

164. S.-R. N. de Chamfort, *Maximes et pensées, op. cit.*, n° 246, pp. 81-82.

165. N. Aubin, « Notice sur la vie de Chamfort », in *Chamfortiana, op. cit.*, p. XV.

166. *Ibid.*

167. P.-L. Ginguené, « Notice sur la vie de Chamfort », in *Œuvres de Chamfort, op. cit.*, vol. I, p. XXXIV.

168. *Mémoires de l'abbé Morellet, de l'Académie française, sur le Dix-huitième siècle et sur la Révolution*, introduction et notes de Jean-Pierre Guicciardi, Paris, Mercure de France, 1988, p. 311.

169. Lettre de Chamfort à l'abbé Roman, 4 mars 1784, in « Lettres diverses », *Œuvres complètes de Chamfort, op. cit.*, vol. V, p. 275.

170. S.-R. N. de Chamfort, *Maximes et pensées, op. cit.*, n° 222, pp. 75-76.

171. *Ibid.*, n° 322, pp. 101-102.

172. *Ibid.*, n° 317, p. 100.

173. Cf. C. Arnaud, *Chamfort, op. cit.*, p. 169.

174. S.-R. N. de Chamfort, *Maximes et pensées, op. cit.*, n° 1250, p. 338.

175. N. Aubin, « Notice sur la vie de Chamfort », in *Chamfortiana, op. cit.*, pp. XX-XXII.

176. P.-L. Ginguené, « Notice sur la vie de Chamfort », in *Œuvres de Chamfort, op. cit.*, vol. I, p. XXXIII.

177. Laurent Loty, *Forme brève et pessimisme. Le cas de Chamfort*, in « La Licorne », XXI : *Brièveté et écriture*, Actes du Colloque international de Poitiers sur la forme brève, sous la direction de Pierre Testud, novembre 1991, p. 227, cité in C. Le Meur, *Les Moralistes français et la Politique à la fin du XVIIIᵉ siècle, op. cit.*, p. 390.

178. Jean Dagen, « Préface » à Chamfort, *Maximes, Pensées, Caractères*, Paris, G.F. Flammarion, 1968, p. 23.

179. Cf. Maurice Pellisson, *Chamfort. Étude sur sa vie, son caractère et ses écrits*, Paris, Lecène, Oudin et Cie, 1895, p. 132.

180. C. Le Meur, *Les Moralistes français et la politique à la fin du XVIIIe siècle*, *op. cit.*, p. 393.

181. C. Arnaud, *Chamfort, op. cit.*, p. 121.

182. Lettre de Chamfort au comte de Vaudreuil, 13 décembre 1788, in « Lettres diverses », in *Œuvres complètes de Chamfort, op. cit.*, vol. V. p. 299.

183. *Ibid.*, p. 293. Il s'agissait de *Requête des filles sur le renvoi des évêques.*

184. M. Pellisson, *Chamfort. Étude sur sa vie, son caractère et ses écrits*, *op. cit.*, p. 116.

185. Lettre de Chamfort au comte de Vaudreuil, 13 décembre 1788, *op. cit.*, pp. 293-297.

186. *Ibid.*, p. 301.

1789

La lettre que Chamfort écrivit à Vaudreuil en décembre 1788 touchait le cœur du débat politique sur les institutions qui passionnait la France depuis trois mois et dont l'issue déciderait du destin du pays.

Le 25 septembre, en enregistrant la convocation des états généraux fixée par le roi en janvier de l'année suivante, le parlement de Paris s'était prononcé pour la division par ordre adoptée en 1614. Mais uni par l'aspiration commune à la bourgeoisie et au peuple d'obtenir, en reconnaissance de son importance numérique – les « vingt-quatre millions » de Chamfort –, une représentation égale à celle des deux autres ordres réunis, le tiers état avait réagi avec vigueur en invoquant le droit naturel et l'égalité entre les citoyens. Ainsi, le 5 octobre, Necker – revenu fin août au ministère des Finances – avait à nouveau convoqué l'Assemblée des notables de 1787 pour décider des modalités selon lesquelles les états généraux exécuteraient leur mandat.

Si Louis XVI ne s'était résigné à convoquer « la représentation » que sous l'urgence de la crise financière, pour beaucoup de Français « l'acte de représenter [1] » prenait désormais une signification politique nouvelle, et ils voyaient dans la réunion des états l'occasion, si longuement désirée, de proposer les réformes structurelles nécessaires au pays. C'est pourquoi, loin d'apparaître comme un pur problème technique, le débat sur les règles qui régiraient la partie avait enflammé l'opinion publique. La Société des Trente s'était aussitôt constituée [2] pour trouver la meilleure solution. Cette « conspiration d'honnêtes gens [3] » formée à l'initiative d'un conseiller du parlement, Adrien-Jean-François Duport, épaulé par Mirabeau, comptait de nombreux magistrats parmi lesquels une autorité comme Duval d'Éprémesnil, des disciples des Lumières tels que Condorcet, Chamfort, Sieyès ainsi que des membres de la noblesse libérale. On retrouvait là beaucoup des noms que nous avons souvent évoqués dans les chapitres précédents : en premier lieu Lauzun, qui avait aidé Duport et Mirabeau à lancer la Société, et avec lui La Fayette, le vicomte de Noailles, les frères Lameth, La Rochefoucauld-Liancourt, Talleyrand. Pour eux, il s'agissait de continuer la « croisade » commencée en Amérique : « C'étaient des courtisans contre la cour, des aristocrates contre les privilèges, des officiers qui voulaient remplacer la dynastie par le patriotisme national [4]. »

Au-delà de leurs divergences, les Trente étaient tous monarchistes, mais la plupart convenaient que s'en tenir aux anciennes lois du royaume constituait un anachronisme absurde et étaient convaincus qu'il fallait rédiger une constitution et reconnaître l'égalité de droits des citoyens. Leur préoccupation immédiate était de préparer les élections et d'établir un modèle de cahier de doléances à diffuser dans les bailliages. En matière de finance et d'économie, c'était le maître à penser de la rue de Bellechasse, le banquier Panchaud, qui indiquait la direction à suivre, diamétralement opposée à la politique de Necker. Et si le duc d'Orléans, qui de son côté présidait le Club de Valois, ne participait pas aux séances, il en était informé par Laclos.

Grâce aux pressions d'Éprémesnil, le 5 décembre, le parlement adopta une position neutre sur le problème de la représentation du tiers état, tandis que les notables ne reconnurent l'égalité numérique que pour la délibération sur les impôts. « Permettre à un peuple de défendre son argent, et lui ravir le droit d'influer sur les lois qui doivent décider de son honneur et de sa vie, c'est une insulte, c'est une dérision [5] », s'indignait Chamfort, mais la bataille n'en était qu'à ses débuts.

L'écrivain s'y consacrerait avec enthousiasme, sans l'ombre d'une ambition personnelle, choisissant le rôle de conseilleur occulte. C'est lui par exemple qui suggérerait à l'abbé Sieyès le titre du pamphlet politique le plus célèbre de l'histoire française : *Qu'est-ce que le tiers état ? Tout* [6]. Publié au début de l'année suivante, troisième d'une série de textes éblouissants composés en trois mois [7], cet opuscule s'ouvrait sur les trois questions fatidiques : « Qu'est-ce que le tiers état ? Tout. Qu'a-t-il été jusqu'à présent dans l'ordre politique ? Rien. Que demande-t-il ? À être quelque chose » et poursuivait en définissant la nation comme « un corps d'associés vivant sous une loi commune et représentés par la même législature », dont la volonté générale avait à son tour force de loi. Avec cet écrit, la révolution que Chamfort avait évoquée en termes très vagues à Vaudreuil quelques semaines plus tôt entrait en scène avec le langage et le programme politique auxquels elle se tiendrait à l'avenir.

Avant la fin de l'année [8], le conseil des ministres décida de doubler la représentation du tiers état aux états généraux et annonça que le nombre de députés serait le plus possible proportionnel à la population et aux impôts de chaque bailliage. « Dans le fait, le nombre des députés n'avait rien de décisif tant que chaque ordre opinait séparément et conservait une voix égale [9] », mais sur le plan des principes, c'était déjà une victoire éclatante.

« Ah ! Monsieur le Duc, écrivait fou de joie Mirabeau à son ami Lauzun, soyons aux États généraux, entrons à tout prix ; nous les mènerons et nous aurons des grandes jouissances qui vaudront mieux que tous les hochets de la Cour [10]. »

Lauzun n'avait pas besoin qu'on l'encourage. Il s'était initié dès son jeune âge à la réflexion politique à l'école de Choiseul et avait acquis au cours de ses nombreux voyages une expérience directe des caractéristiques et des méthodes de gouvernement des différentes monarchies européennes. Ses séjours en Angleterre et l'aventure américaine avaient définitivement orienté ses sympathies vers une monarchie constitutionnelle fondée sur l'équilibre des pouvoirs, garante de l'égalité des droits civils et politiques pour tous les citoyens, ouverte à l'initiative individuelle et au mérite. Depuis son retour des États-Unis, il discutait avec ses amis – dans sa petite maison de Montrouge comme rue de Bellechasse, chez Talleyrand, ou au Palais-Royal, chez le duc d'Orléans, et maintenant avec les Trente – des réformes nécessaires à la France. La gravité de la crise économique, financière et politique qui avait frappé le pays et l'incapacité du gouvernement à y remédier lui offrirent enfin la possibilité d'agir. Le duc entra donc en politique avec le même enthousiasme, les mêmes idéaux, le même besoin d'affirmation ou de revanche que nombre de ses vieux amis qui prenaient maintenant la même voie que lui. Mais il avait besoin, comme du vivant du marquis de Voyer d'Argenson, d'une intelligence supérieure avec qui dialoguer et il choisit, à juste titre, Mirabeau, lequel pour sa part avait élu Chamfort comme maître à penser. Lauzun avait rencontré Mirabeau en 1769 en Corse, quand tous deux servaient dans l'armée envoyée par Choiseul réprimer l'insurrection de Paoli. Lauzun avait vingt-deux ans, Mirabeau vingt, et bien qu'à première vue tout semblât les séparer, ils étaient devenus excellents amis. Neveu d'un grand ministre, déjà promu officier, jouissant de la considération générale, Lauzun était, comme nous le savons, beau, élégant, parfait homme du monde, tandis que Mirabeau, au corps massif et au visage marqué par la variole, avait des manières de charretier. Le premier pouvait à cette époque envisager une carrière prestigieuse, disposait d'un patrimoine immense, était déjà connu pour ses exploits galants. Le second, traité comme un paria par un père tyrannique, manquait du nécessaire pour vivre et avait des habitudes de débauché. Pourtant beaucoup de choses les rapprochaient : ils étaient tous deux en conflit avec leur famille, et si celle de Mirabeau se livrait sans frein à tous les excès tandis que celle de Lauzun dissimulait ses mésententes et ses vices derrière la perfection du style, la rancœur de leurs deux rejetons était aussi intense. Mirabeau avait été répudié par son père légitime, Lauzun n'avait jamais été reconnu par son père naturel, et tous deux avaient subi la violence de leurs parents respectifs. Ils avaient alors décidé de ne compter que sur eux-mêmes, de se réinventer une existence à leur image, rebelles aux règles d'une société patriarcale dont ils avaient subi les abus dès leur jeune âge.

Lauzun « fut aussitôt fasciné par le sous-lieutenant Pierre Buffière, aveuglé par sa flamme et sa fougue [11] », tandis que Mirabeau put admirer l'audace et l'esprit chevaleresque avec lesquels le duc se lançait dans sa première mission militaire. Ils cherchèrent l'un et l'autre à conquérir les faveurs de la belle Mme Chardon, la jeune épouse de l'intendant de Corse, et, vrai ou pas, prétendirent y avoir réussi, se découvrant frères en libertinage. Ils se retrouvèrent à Paris au début des années 1780, chez Panchaud, et, sans se laisser décourager par la réputation scandaleuse que traînait Mirabeau, Lauzun le présenta à Talleyrand, chanta ses louanges auprès d'Orléans, le recommanda à Calonne, lui prêta de l'argent et couvrit ses méfaits.

Grâce à l'appui du duc, Mirabeau, en dépit de sa situation de paria, put se faire connaître et exercer une influence de plus en plus forte sur ceux qui aspiraient à des réformes capables de sauver la monarchie en la conformant aux exigences du présent. Après l'échec de la politique de Calonne, Mirabeau eut la certitude absolue que, pour sortir de la paralysie institutionnelle, il fallait refonder l'État en créant un contre-pouvoir en mesure de balayer les intrigues de cour et le « despotisme » ministériel. La convocation des états généraux fut l'occasion qu'il attendait.

Jusque-là, dans les académies, les salons ou les clubs privés, des fleuves de paroles avaient coulé ; Mirabeau, lui, passa à l'action. Pour arracher sa nomination de député, que son ordre lui refusait, il incendia la Provence de son éloquence, s'imposa aux autorités locales, se fit élire représentant du peuple et revint à Paris en triomphateur. Jacques de Norvins, qui avait vingt ans à l'époque, n'oublia jamais l'émotion que suscitèrent en lui « les mots sublimes et terribles » que Mirabeau avait adressés aux nobles provençaux qui n'avaient pas voulu de lui sur leur liste : « Ainsi périt le dernier des Gracques de la main des patriciens. Mais avant d'expirer, il lança de la poussière vers le ciel en attestant les cieux vengeurs, et de cette poussière naquit Marius, Marius moins grand pour avoir exterminé les Cimbres que pour avoir anéanti dans Rome l'aristocratie de la noblesse. »[12] Lauzun aussi reconnut à cette époque que Mirabeau était un authentique génie de la politique et se laissa entraîner par son audace. Il se présenta comme député de la noblesse du Quercy et fut élu à une forte majorité. Il entama donc le dernier chapitre de sa vie, sous le nom de Biron qu'il avait pris à la mort de son oncle. C'est ainsi que nous l'appellerons désormais.

À la différence de Biron et de Mirabeau, le chevalier de Boufflers n'obtint pas de mission en Corse, mais à l'époque, la lutte armée de Pasquale Paoli contre les Génois l'avait rempli d'admiration. Ignorant que l'île était sur le point de passer sous domination française[13], il avait confié à la duchesse de Choiseul : « J'ai toujours eu la fantaisie des révolutions ; je serai bien aise de voir un pauvre peuple secouer un horrible joug. » Et un homme comme Paoli, dont la seule ambition était d'« assurer la liberté de sa nation », lui semblait « un digne successeur des Romains, et des Romains de la grande espèce »[14]. L'Antiquité représenterait toujours pour lui une patrie idéale où il pouvait fuir les frustrations que lui infligeait une monarchie qui donnait le pas à la faveur sur le mérite. Au Sénégal, dans les moments de plus grand désarroi, il aimait penser que, né romain ou athénien, il aurait pu prouver ce qu'il valait. Maintenant que tout le monde prenait la vertu et la liberté antiques comme modèles d'une renaissance française, Boufflers pouvait enfin espérer que sa « fantaisie des révolutions » devienne réalité. Très tôt, le chevalier avait professé son admiration pour les pays qui jouissaient du « plaisir de faire eux-mêmes leurs lois » et où la terre était cultivée par « des mains libres » [15]. Son esprit d'indépendance avait été conforté par la politique pro-parlementaire et anti-absolutiste de son oncle Beauvau et par le défi à l'autorité royale qu'avait lancé le clan Choiseul. Son expérience sénégalaise avait été pour lui la preuve définitive que la monarchie ne permettait pas à ses administrateurs de remplir efficacement et dignement leur mandat. D'ailleurs beaucoup de ses amis partageaient ses opinions et l'encourageaient à embrasser comme eux une carrière « bourgeoise », enfin affranchie de l'arbitraire de la faveur royale. Pourtant, quand le chevalier prit place comme représentant de la noblesse de Lorraine parmi les députés des états généraux, sa « fantaisie des révolutions » ne résista pas longtemps.

Retenu en Russie jusqu'à l'automne 1789, Louis-Philippe de Ségur ne put se présenter aux élections et délégua à son frère la tâche de défendre leur foi libérale commune. En réalité, il s'agissait pour le vicomte d'un choix presque obligé. Gentilhomme d'honneur du duc d'Orléans, avec qui il avait des liens de parenté et d'amitié, et protecteur de Laclos, Joseph-Alexandre se trouvait à « l'épicentre [16] » de la guerre personnelle sans merci que le premier prince du sang avait déclarée à Louis XVI et Marie-Antoinette. En se portant candidat le premier, Orléans visait à faire élire à l'assemblée de la noblesse de Paris le plus grand nombre possible de ses partisans, de façon à contrebalancer ceux de Versailles. Comme d'autres intimes du Palais-Royal, le vicomte présenta sa candidature. Le prince remporta une victoire éclatante et Ségur fut élu comme deuxième délégué suppléant avec de bonnes probabilités de participer, tôt ou tard, aux travaux des états généraux. Joseph-Alexandre n'avait pas l'idéalisme de son frère et, profondément sceptique, donnait le meilleur de lui dans la critique irrévérente et la moquerie, l'ambition politique venant après ses aspirations littéraires. Malgré tout, il était bien conscient que, au-delà de la rancœur et du désir de revanche, le parti Orléans pouvait contribuer de façon significative à une monarchie constitutionnelle capable de répondre au besoin de renouveau du pays. Son avis était partagé par Besenval, qui s'était détaché des Polignac, mais dut reconnaître qu'« il était impossible de faire aucun fonds sur ce prince, ni de le mener à jouer le rôle que sa position et ses richesses lui rendaient si facile [17] ».

Au moment de la convocation des états généraux, le comte de Narbonne espéra y siéger, mais sans succès. Il était d'âme trop noble pour jalouser ses amis élus et il continua à fréquenter assidûment La Fayette, Talleyrand, Biron, Mirabeau, les frères Lameth, et les assura de son soutien. Mme de Staël s'employa toutefois à le dédommager de cette exclusion en lui réservant une place d'honneur dans son salon de la rue du Bac, la coterie politique la plus influente de Paris. On notera que, seul parmi ses amis, Narbonne devint ministre sous Louis XVI.

Blessé par la décision du gouvernement qui, deux ans auparavant, l'avait exclu à grand bruit de l'Assemblée des notables, le duc de Brissac ne fut pas candidat pour représenter la noblesse d'Anjou aux états généraux. Il resta fidèle à son souverain, convaincu que son ordre ne s'accrocherait pas à une défense anachronique de ses privilèges.

Le comte de Vaudreuil pour sa part vit dans la convocation des états généraux un attentat contre l'autorité royale et une machination de Necker pour vaincre les résistances de la cour. Les faits lui donnèrent en quelque sorte raison.

Les premiers mois de 1789 furent consacrés à la préparation des états généraux dans un climat d'attente fébrile. Les centaines de publications sur la grande expérimentation politique en cours dont la France fut inondée montraient bien que les avis étaient partagés et l'avenir lourd d'inconnues. Tenaillée par un froid glacial et frappée par un manque cruel de travail, la population parisienne – grossie par un afflux de pauvres venus de province – payait les conséquences des récoltes désastreuses de l'année précédente et, malgré les efforts de Necker, était menacée de famine. Pourtant, rappellera Mme de La Tour du Pin, « jamais on ne s'était montré aussi disposé à s'amuser, sans s'embarrasser autrement de la misère publique [18] », tandis que Norvins désignera de façon lapidaire l'épilogue inattendu de cette dernière saison mondaine : « On dansa partout à Paris pendant cet hiver, et la noblesse qui allait tout perdre, et la bourgeoisie qui allait tout gagner [19]. »

Fidèle à son personnage, le vicomte de Ségur commença l'année en chantant des couplets à la louange de l'abbé Barthélemy, auteur du *Voyage du jeune Anacharsis*, à l'occasion d'une fête donnée par Mme de La Reynière. « Grâce à l'auteur on oublie / Tous les malheurs du moment, / Le passé par son génie / Nous console du présent [20] », concluait le poème, bien que Joseph-Alexandre eût toute conscience que le passé était devenu la clé de lecture d'un présent dont lui-même dressait inlassablement la chronique en vers. Il put le vérifier une fois de plus en invitant chez lui une dizaine de jours plus tard un jeune auteur de théâtre qui montait, Marie-Joseph Chénier, lequel donna lecture de *Charles IX ou l'École des rois*, une tragédie interdite depuis deux ans par la censure. Ceci n'avait rien d'étonnant puisque la pièce, centrée sur le massacre des huguenots la nuit de la Saint-Barthélémy deux siècles plus tôt, dénonçait avec virulence les responsabilités conjointes du trône et de l'autel. Et peu importait que la dynastie régnante à l'époque fût celle des Valois, parce que en dernier ressort, l'accusation portait contre le pouvoir « sans contrainte » de la monarchie absolue. Pourtant les invités – parmi lesquels figuraient des hôtes de marque tels que la duchesse d'Orléans et le prince Henri de Prusse – trouvèrent que la pièce « était admirable [21] ». Onze mois plus tard, portée par une opinion publique que Ségur avait confortée, *Charles IX* arriva enfin sur la scène du Théâtre Français [22]. La pièce dut son triomphe au jeune comédien qui volait au vicomte les faveurs de Julie Careau, Talma. Son interprétation révolutionnaire du roi dégénéré et criminel [23] inaugurait en France la saison du théâtre romantique. Les polémiques déchaînées par le spectacle menèrent à l'abolition de la censure royale, mais aussi à la scission de la troupe. On était le 4 novembre et Camille Desmoulins, présent dans la salle, déclara que *Charles IX* avait plus servi la cause de la Révolution que les journées d'octobre.

En ces premiers mois de 1789, le vicomte prit part aux discussions qui se tinrent au Palais-Royal au sujet des instructions qu'Orléans entendait donner aux représentants de ses bailliages. Leur rédaction fut confiée à Laclos, mais le duc insatisfait demanda à

Sieyès – que Biron lui avait fait rencontrer en grand secret à Montrouge – d'en revoir le texte. L'abbé préféra écrire une nouvelle intervention et ses *Délibérations*, « véritable programme politique[24] », furent publiées en même temps que les *Instructions* de Laclos. Reprenant les thèses de ses écrits antérieurs, Sieyès affirmait que les états généraux avaient pour finalité de donner une constitution à la France et que le tiers état, « seul dépositaire des pouvoirs de la nation », y jouerait un rôle déterminant.

Au succès de cette brochure dont le tirage atteignit les cent mille exemplaires s'ajouta la popularité acquise par Orléans auprès des Parisiens. Il est vrai qu'au cours de ce terrible hiver, le prince se distingua par sa générosité, distribuant vivres, bois et argent aux pauvres, aux sans-travail, aux veuves, aux orphelins, aux sans-abri. En outre, grâce à l'opération immobilière qui avait transformé le Palais-Royal en un vaste centre d'attraction, il pouvait se considérer comme le véritable roi de Paris. Sur les trois côtés de son jardin, le duc avait fait construire de longues galeries dont les arcades abritaient des restaurants, des cafés, des salles de lecture et de jeu, des magasins de luxe et de bimbeloterie à la mode ; il y avait même un cirque sur l'esplanade devant le palais. Aux étages, on pouvait louer des salons de luxe, des appartements de toutes les tailles et pour toutes les bourses. C'était une ville dans la ville où se donnaient rendez-vous selon les heures de placides familles bourgeoises et des gens du peuple, des travailleurs et des désœuvrés, des intellectuels et des étudiants, des joueurs, des voleurs, des prostituées. C'était surtout le miroir des humeurs populaires, une zone franche où, vraies ou fausses, les nouvelles circulaient sans contrôle et où tout le monde était libre de prendre la parole. « Là, on peut tout voir, tout entendre, tout connaître, écrivait non sans quelque inquiétude Mercier en 1783, les cafés regorgent d'hommes dont la seule occupation, toute la journée, est de débiter ou d'entendre des nouvelles, que l'on ne reconnaît plus par la couleur que chacun leur donne d'après son état[25]. » À l'époque de cette transformation, Louis XVI avait taquiné son cousin en regrettant que ses nouvelles activités de « boutiquier » ne lui permettent plus de venir le dimanche à Versailles. Mais bientôt le roi s'apercevrait que le Palais-Royal devenait un anti-Versailles[26] beaucoup plus influent que le sanctuaire même de la monarchie édifié par le Roi-Soleil à petite distance de la capitale.

Les six premiers mois de 1789 furent le moment de gloire d'Orléans. Le jour de l'ouverture des états généraux, il choisit son camp : « La place de député plutôt que celle de prince[27]. » Il avait avec lui « pour le rassurer contre tout reproche, son cœur, le peuple qui le flatte et le philosophe ami de l'égalité qui l'applaudit[28] ». Pendant un court laps de temps, il put ainsi se reconnaître pleinement dans le rôle du prince éclairé, libéral, défenseur des droits du peuple. Un rôle qui lui revenait par tradition familiale[29], auquel son cercle l'appelait et au nom duquel il s'opposait – comme régent ? comme lieutenant-général du royaume ? comme roi de rechange ? – à son cousin régnant. Mais il lui manquait le caractère, l'énergie, la trempe morale pour être à la hauteur de la tâche. Le courant orléaniste continua à se servir de lui pour mener la bataille monarchiste libérale jusqu'à la proclamation de la République[30], mais « après les instructions données à ses bailliages », le prince cessa pour Talleyrand d'« être un personnage politique actif [...] Il n'était ni le principe, ni l'objet, ni le motif de la Révolution. Le torrent impétueux l'emporta comme les autres »[31].

Le vicomte de Ségur ne tarda pas à prendre ses distances avec un programme politique qu'il jugeait trop risqué. L'esprit démocratique n'était pas son fort. Il avait horreur du populisme et décida de combattre Orléans au sein même du Palais-Royal, en jouant sur un terrain où il ne craignait pas de rival : la conquête du beau sexe.

La duchesse d'Orléans s'était toujours soumise à la volonté de son mari, mais à partir du moment où le duc rendit publique sa nouvelle relation avec Mme Buffon – tout en laissant Mme de Genlis soustraire à son épouse l'affection de leurs enfants et décider de leur conduite – et où surtout il manquait à la loyauté due au roi, la descendante en ligne directe de Louis XIV s'éloigna d'un homme qu'elle avait tendrement aimé. Soutenue par son amie intime, la jeune marquise de Chastellux qui, restée veuve, était devenue sa dame de compagnie, la duchesse d'Orléans hissa dans ses appartements le drapeau de la tradition dynastique et religieuse, sous les applaudissements des fidèles de la maison d'Orléans qui ne se reconnaissaient plus dans les choix du duc.

Comme son père, le maréchal de Ségur, comme sa belle-sœur, la comtesse de Ségur, nièce adorée du marquis de Chastellux[32] et maintenant intime de sa veuve, le vicomte décida de prendre le parti de la duchesse et de l'encourager à la résistance. Son assiduité était bien sûr motivée par l'espoir, même vague, qu'une prise de position vigoureuse de la duchesse d'Orléans ralentisse la périlleuse fuite en avant de son époux. Mais elle s'expliquait aussi par le charme féminin de la duchesse resté intact en dépit de ses maternités et de ses trente-cinq ans – « Une duchesse a toujours dix-huit ans », avait décrété une fois pour toutes la duchesse de Chaulnes – et par la beauté rayonnante de Mme de Chastellux. Laquelle avait sa préférence ? Difficile à dire, même si, grâce au journal de Gouverneur Morris, nous pouvons suivre ses visites au Palais-Royal jour après jour, pendant deux ans.

Homme de confiance de Washington et parmi les principaux rédacteurs de la constitution américaine, Morris avait trente-sept ans, un beau visage viril et une jambe de bois quand il arriva à Paris en février 1789, chargé par son gouvernement de négocier les modalités de remboursement de la dette américaine. Du 7 mars 1789 au 6 novembre 1792, il consigna tous les jours dans un style incisif ses rencontres, ses impressions, et le *work in progress* de la Révolution, dont il donne une chronique détachée et pénétrante. Ce témoin privilégié est pour nous particulièrement précieux parce qu'il a connu de près La Fayette, Talleyrand, les deux frères Ségur, Narbonne, Mme de Staël et leurs amis et qu'il donne sur eux des jugements percutants. Il nous aidera à les suivre dans certains moments clé de la chronologie révolutionnaire.

Le 27 mars, Morris fit la connaissance chez le baron de Besenval du vicomte de Ségur et se lia aussitôt d'amitié avec lui. Aux yeux de Joseph-Alexandre, Morris incarnait par sa fierté, son habillement austère et son « ton d'égalité républicaine[33] » le prototype du citoyen américain dont son frère Louis-Philippe lui avait chanté les louanges à son retour des États-Unis. La fascination que, de son côté, Ségur exerça sur Morris fut de même nature. L'élégance et l'aisance mondaine de Joseph-Alexandre étaient la quintessence de la société décadente dont le diplomate américain devait apprendre à décrypter les codes pour accomplir sa mission. En outre, tous deux pragmatiques, désenchantés et libertins, ils se comprenaient d'instinct. À la fois rivaux et complices, ils courtisèrent assidûment, chacun dans son style, la duchesse d'Orléans et sa dame de compagnie. Mais nous ignorons si, en se feignant amoureux de Mme de Chastellux, Ségur entendait démentir les rumeurs qui lui attribuaient une relation avec la duchesse ou s'il désirait réellement gagner les faveurs de la marquise. De même, nous ignorons si, comme c'est probable, les espoirs de Morris de « consoler [34] » la belle veuve se traduisirent dans les faits. Il est certain que Morris comme Ségur ne se faisaient pas d'illusions sur Orléans et s'efforçaient, avec l'aide de Mme de Chastellux, d'insuffler à la duchesse « plus de raison et de fermeté qu'elle n'en a[vait] naturellement [35] » à l'égard de son mari.

Le temps que Morris consacrait au beau sexe n'avait pas pour seule fin de satisfaire ses robustes appétits sexuels : il avait vite compris qu'il se trouvait « au pays de la femme [36] » et que les dames du beau monde constituaient une source inépuisable d'informations sur les stratégies toujours nouvelles des différentes factions politiques. Rien de plus instructif pour lui par exemple que sa relation avec Mme de Flahaut, qui était aussi jolie que libre d'esprit. La comtesse était la maîtresse de Talleyrand, dont elle avait eu un fils, et son salon était un des meilleurs observatoires politiques de la capitale. Mais la fréquentation de la comtesse de Ségur, de Mme de Chastellux et naturellement de Mme de Staël n'était pas moins utile. Les jugements que nous rencontrons dans le *Journal* du diplomate américain sont remarquables de précision, à commencer par la description de l'évêque d'Autun, « fin, rusé, ambitieux et méchant [37] ». Le portrait de Necker est féroce : non seulement il est présomptueux et dépourvu de véritable intelligence politique, mais « il a une tournure et des manières de comptoir, qui contrastent fortement avec ses vêtements de velours brodé. Son salut, sa manière de parler, etc., disent : "C'est moi l'homme !" [38] ». Morris en revanche révisera son verdict sur Mme de Staël – qu'il avait expédiée en décrétant : « Elle a absolument l'air d'une femme de chambre [39] » –, pour accueillir sans trop d'enthousiasme les avances assez explicites de Germaine, et finir par admettre qu'elle ne manquait pas de génie, mais que sa conversation était trop « brillante [40] » pour lui. L'ami La Fayette lui semblait terriblement vain, « fort au-dessous de ce qu'il a entrepris » et incapable de « tenir le gouvernail » [41] en cas de tempête. Il pensait de Mirabeau que, « toujours puissant dans l'opposition, [il] ne sera[it] jamais grand dans l'administration [42] ». Quant à Narbonne, qui hésitait entre « la voix du devoir et la conscience », Morris ne put s'empêcher de lui répondre que pour sa part il ne connaissait pas d'autre devoir que celui que lui dictait sa conscience, soupçonnant que celle de Narbonne « lui conseillera[it] de s'unir au parti du plus fort »[43].

D'ailleurs, s'il estimait que les représentants des élites n'étaient pas à la hauteur des responsabilités auxquelles ils aspiraient, son jugement global sur la société française n'était guère plus rassurant. Malgré son libertinage, Morris était fils de la culture puritaine d'outre-océan et pour lui la force politique d'une nation résidait avant tout dans son éthique. À Paris, l'incroyable corruption des privilégiés l'avait laissé sans voix. « Ce malheureux pays, égaré dans la poursuite des folies métaphysiques, présente au point de vue moral une immense ruine. Nous admirons l'architecture du temple, comme le reste d'une ancienne splendeur, tout en détestant le faux dieu auquel il était dédié[44]. »

Narbonne n'était pas le seul de son ordre à se demander s'il devait écouter l'appel du devoir ou suivre la voix de sa conscience. C'était un dilemme cornélien dont le républicain Morris ne pouvait saisir la nature.

Le 6 mai, lendemain de l'ouverture solennelle des états généraux à Versailles, le tiers état avait demandé la vérification en commun des pouvoirs des députés et, ne l'ayant pas obtenue, s'était constitué le 17 juin en Assemblée nationale. Après avoir prêté serment, les députés s'attribuèrent le droit de voter les impôts et furent rejoints, deux jours plus tard, par les délégués du clergé, qui avaient décidé de délibérer avec le tiers état. C'était la naissance de ce contre-pouvoir que Mirabeau appelait de ses vœux. Le 20 juin, ayant trouvé la salle des séances fermée, les députés occupèrent la salle du jeu de paume, jurant de ne pas se séparer avant d'avoir donné une constitution au pays. Le 23 juin, à la fin de la séance solennelle où Louis XVI ordonna aux trois ordres de se réunir séparément, le tiers état et une partie du clergé refusèrent de quitter la salle. Bailly répondit au maître des cérémonies, le jeune marquis de Dreux-Brézé, qui invitait les députés à suivre l'injonction royale, que la nation réunie ne pouvait pas recevoir d'ordre. Pressé par Marie-Antoinette et Artois – convaincus non sans raison que c'était la dernière possibilité de récupérer le contrôle de la situation –, Louis XVI rejeta aussi le plan de réformes que lui proposait Necker : un vote par députés et non par ordres, système bicaméral à l'anglaise, égalité fiscale, droit de tous à tous les emplois.

Pour les représentants de la noblesse qui espéraient une monarchie constitutionnelle, le moment était donc venu de choisir leur camp. Dans le cas du chevalier de Boufflers, c'est Mme de Sabran qui décida. Dans une lettre du 24 juin, manifestement inquiète des intentions exprimées par son amant à l'issue de la dramatique séance de la veille, la comtesse lui lançait un appel éploré. Après l'avoir assuré qu'elle ne pensait qu'à son honneur, sa réputation et son bonheur, elle le pressait de réfléchir : « Que ferais-tu, mon enfant, dans cette abominable Assemblée, si jamais ta faiblesse et ta trop grande déférence à des conseils perfides que l'intérêt seul de M. Necker dicte aux dépens du tien, pouvaient t'y entraîner ? Dans quelle humiliation ne serais-tu pas, si ce parti-là suit le sort de tous les partis contraires à la justice et à la saine raison ! Ils iront assez loin, peut-être, pour être déclarés aux yeux de l'Europe entière, traîtres au roi et à leur patrie. On verra dans tout son jour l'hypocrisie, la fausseté, la perfidie, les menaces infernales de cet abominable Genevois, dont l'orgueil a voulu la France entière pour piédestal, sans les ailes du génie pour l'y placer et maintenir. Et quand même il devrait triompher, les membres de cette bonne et antique noblesse, si dévouée de tout temps à l'honneur et au soutien du trône et de la monarchie française, doivent-ils participer à une indigne victoire ? Est-ce ainsi que le maréchal de Boufflers en a remporté ? Que dirait-il dans un moment aussi critique et de quel parti crois-tu qu'il serait ? [...] Au nom, dirai-je, de ton amitié première, au nom de ton intérêt et de ton repos, ne consulte que ta conscience et songe au sang qui coule dans tes veines. Adieu, mon enfant, adieu. Je meurs d'effroi en songeant que la plus chère partie de moi-même peut prendre un parti qui me fasse rougir [45]. »

Les deux amants avaient toujours divergé en matière de politique. Entrée par son mariage dans une des plus anciennes et illustres familles du pays, fréquentant la cour depuis sa jeunesse, Mme de Sabran était décidée à défendre une position sociale dont l'avenir de ses enfants dépendait en grande partie. Son amitié avec les Polignac et ses liens avec la famille royale avaient été source de tension avec Boufflers qui, regardé avec suspicion à Versailles, avait payé au prix fort son esprit d'indépendance. Il s'était enorgueilli de l'ostracisme de la cour jusqu'au moment où, pour espérer épouser un jour la femme qu'il aimait, il avait dû se mettre en quête d'une charge prestigieuse. Les difficultés auxquelles il s'était heurté jointes à l'insistance de Mme de Sabran l'avaient convaincu d'accepter les bons offices des Polignac pour tenter de rentrer en grâce auprès des souverains. De son côté, la comtesse avait applaudi au retour de Necker dans l'espoir que le chevalier, ami de sa détestable fille, en tire quelque avantage. Mais en dépit de ces concessions réciproques, Mme de Sabran restait profondément conservatrice, tandis que le chevalier ne quittait pas ses positions de réformiste éclairé. D'ailleurs elle avait toujours préféré penser que les convictions libérales et philanthropiques de son bien-aimé n'étaient que de belles chimères et qu'elles devaient le rester. Mais à présent, consciente qu'elle ne convaincrait pas Boufflers sur le terrain de la confrontation politique, la comtesse avait choisi de livrer bataille au nom des sentiments qui les unissaient plutôt que des idées qui les séparaient. C'est l'amour qui lui imposait de rappeler à son amant ce qui devait lui être le plus cher : son honneur de gentilhomme. Comment le chevalier errant, qui avait rêvé de gloire pour qu'elle soit fière de lui, pouvait-il trahir son roi au moment du danger et souiller le nom glorieux de sa famille ? Par un chantage subtil, sans jamais dire explicitement qu'elle pourrait difficilement continuer à aimer un homme qu'elle ne respecterait plus, Mme de Sabran formulait dans sa lettre au chevalier les futurs mots d'ordre de la résistance aristocratique. L'honneur, le respect des ancêtres et la fidélité au souverain devaient passer avant toute autre considération, et ceci indépendamment des erreurs politiques commises par la monarchie. En invoquant l'honneur, la comtesse plaçait Boufflers dos au mur. Elle savait que c'était son bien le plus précieux, puisqu'elle avait été la première à en faire les frais. Par crainte de passer pour un chasseur de dot, le chevalier avait refusé de l'épouser, l'obligeant à trouver un arrangement avec sa conscience au risque de compromettre sa réputation. Certes, le chevalier aurait pu répondre au *j'accuse* de sa bien-aimée en objectant que l'honneur pour lui consistait à se battre pour une juste cause, mais il n'eut pas le courage de la décevoir à nouveau en lui infligeant une blessure qui risquait de ne pas se refermer. Ainsi le 25 juin, quand quarante-sept représentants de la haute noblesse, parmi lesquels figuraient nombre de ses amis [46], passèrent à l'Assemblée, Boufflers ne suivit pas leur exemple et se déclara contre la réunion des trois ordres.

Mais quand, deux jours plus tard, Louis XVI revint sur sa décision et ordonna aux deux premiers ordres de rejoindre le tiers état,

Mme de Sabran revint à l'attaque. Dans une lettre du 24 juin, elle incita Boufflers à rester sur ses gardes et à ne pas se laisser influencer par ses amis, parce que c'était le duc d'Orléans – beaucoup plus dangereux que Necker – qui « infect[ait] les esprits par cette multitude à ses gages, à qui il [faisait] dire tout ce qu'il [voulait] dans le Palais-Royal », avec l'objectif « d'être dans peu le maître du royaume ». D'un autre côté, se démentant lui-même, le roi a perdu toute autorité et « si on le défend, ce sera malgré lui ». Lucide dans son pessimisme, la comtesse était consciente qu'« un jour, que dis-je, un seul instant peut changer tous les systèmes, et toutes les combinaisons dans une révolution qui n'a pour base que la folie d'un côté, et la faiblesse de l'autre »[47].

C'est bien du Palais-Royal que partit la révolution populaire. Le 28 juin, un groupe de soldats des Gardes françaises – un corps d'élite de trois mille six cents hommes chargé d'assurer la sécurité dans la capitale – déclara que pour aucune raison au monde ils ne tireraient sur la foule. Les mutins furent emprisonnés à l'Abbaye, mais, libérés par la foule et portés en triomphe au Palais-Royal, ils acceptèrent de revenir une nuit en prison avec l'assurance qu'on les relâcherait le lendemain. Le scénario aurait-il été différent si le commandement avait été assuré par Biron, que ses hommes adoraient, plutôt que par le marquis du Châtelet – le fils de la belle Émilie –, détesté par les soldats ? Devant l'insubordination grave du premier corps d'infanterie de la Maison du roi, le duc fut peut-être tenté de penser que c'était une bonne leçon pour Marie-Antoinette, qui l'avait privé par pur caprice d'une charge lui revenant de droit.

Tandis que le prix du pain, qui ne cessait d'augmenter depuis début juin, atteignait un niveau vertigineux, le déploiement progressif de troupes autour de la capitale alarmait la population. En effet, cédant aux pressions de sa femme, du comte d'Artois et des ministres les plus conservateurs, Louis XVI s'était résolu à imposer son autorité par la force et, le 11 juillet, remercia Necker sans aucun préavis. Quand il l'apprit, Gouverneur Morris courut supplier le ministre de se rendre aussitôt à Versailles pour avertir le roi – à l'évidence mal informé – de la gravité de la situation. Et comme Necker répondait qu'il était trop tard, il avait insisté : « Il n'est pas trop tard pour avertir le roi du danger dans lequel il se trouve, danger infiniment plus grand qu'il ne croit ; que son armée ne se battra pas contre la nation, et que s'il écoute les conseils violents, la nation sera sans aucun doute contre lui ; que l'épée lui a échappé des mains sans qu'il s'en aperçût, et que l'Assemblée nationale est maîtresse de la nation [48]. »

Les prévisions de Morris se confirmeraient et le premier qui en prit conscience fut le baron de Besenval.

Louis XVI s'était débarrassé de Necker pour lancer une contre-révolution préparée à l'insu du ministre. Espérant reprendre le contrôle de Paris, le roi avait confié au vieux maréchal de Broglie le commandement général des troupes, avec pour tâche de créer une ceinture de sécurité autour de la capitale, et à Besenval – aux ordres du maréchal – celui des trois régiments déployés en des points stratégiques du périmètre de la ville et chargés d'entrer en action en cas de révolte. Un plan, comme l'expliquera le baron dans ses Mémoires, qui péchait dès le départ, parce qu'au lieu d'envoyer une armée compacte, équipée d'artillerie, prête à occuper Paris, on avait préféré répartir les soldats sans tenir compte du fait que les ruelles tortueuses des vieux quartiers ne permettraient pas une action militaire coordonnée.

Le baron n'apprit le limogeage de Necker que le 12 juillet, quand la nouvelle arriva à la capitale, créant la panique. C'était le début de trois journées cruciales pour le destin du pays. Les Parisiens, qui voyaient dans le ministre suisse la seule personne capable de leur épargner la banqueroute et la famine, descendirent aussitôt dans la rue, tandis qu'au Palais-Royal un jeune orateur improvisé, Camille Desmoulins, debout sur une table du café de Foy, lançait son célèbre appel : « Aux armes, aux armes citoyens, prenons des cocardes vertes, couleur de l'espérance ! » Au lieu d'empêcher le pillage des armureries, les Gardes françaises fraternisèrent avec la foule.

Besenval, qui nous a laissé sa version des faits dans ses Mémoires, ordonna alors à ses troupes d'occuper la place Louis XV – bientôt rebaptisée place de la Révolution –, mais les soldats arrivèrent en même temps que le cortège des manifestants portant les bustes de Necker et d'Orléans. Le prince de Lambesc, cousin de la reine, qui commandait en personne le Royal-Allemand, crut bon d'ordonner la charge, transformant une manifestation pacifique en émeute. Au cri de « Les Allemands et les Suisses massacrent le peuple ! », la foule bombarda les soldats de cailloux, tandis que les Gardes françaises affrontaient les hommes de Lambesc. « Ce fut la première fois qu'une force armée organisée affrontait les soldats du roi, déterminée à contre-attaquer. Plus surprenant encore, les Gardes constituèrent une force suffisante pour repousser les troupes de cavalerie des Tuileries. À partir de ce moment, la bataille se jouait pour la souveraineté de Paris [49]. » Sans instructions de Versailles, « qui s'obstinait à regarder trois cent mille hommes mutinés comme un attroupement, et la révolution comme une émeute [50] », Besenval, qui commençait à douter de l'obéissance de ses propres troupes, ordonna à ses soldats de se replier sur la rive gauche pour se rassembler au Champ-de-Mars.

Le lendemain, l'assemblée des électeurs de la capitale qui s'était constituée en comité permanent décida de veiller à la sécurité des Parisiens en créant une milice. Les armes du Garde-meuble furent réquisitionnées et une délégation alla demander au marquis Virot de Sombreuil, qui commandait la garnison des Invalides, de remettre ses trente-deux mille fusils. Sombreuil essaya de gagner du temps : il répondit qu'il devait demander l'autorisation de Versailles et avertit Besenval « qu'en un mot, il ne fallait pas compter sur les Invalides et que, si les canonniers recevaient l'ordre de charger leurs pièces, il les tourneraient contre l'appartement du gouverneur [51] ». Des messages analogues arrivaient aussi du marquis de Launay, le gouverneur de la Bastille, forteresse que Besenval jugeait imprenable et où il avait fait mettre en sûreté le dépôt de munitions des Invalides.

Dans la nuit du 13, les insurgés incendièrent quarante des cinquante-quatre barrières qui contrôlaient l'entrée des marchandises dans la capitale et pillèrent les réserves de vivres du couvent Saint-Lazare. Le matin du 14, après avoir réclamé en vain des instructions à Broglie, Besenval réunit son état-major pour décider de la conduite à tenir. L'opinion générale fut que « cette effervescence devenait impossible à réprimer. D'autant que nos troupes s'ébranlaient visiblement ; qu'on les *pratiquait*, en dépit de notre vigilance ; et qu'un colonel m'assura, les larmes aux yeux, que son régiment ne marcherait point [52] ».

Le matin même, la foule envahit les Invalides sans rencontrer la moindre résistance de la part de la garnison et, s'étant emparée des fusils et des canons, se dirigea vers la Bastille pour piller son dépôt de munitions. Convaincu que Launay était en mesure de se défendre, Besenval resta au Champ-de-Mars où lui arriva un message de Du Puget, lieutenant du roi à la Bastille, qui lui demandait d'envoyer au gouverneur, trop enclin à se rendre, l'ordre formel de défendre la forteresse coûte que coûte. Interceptée et lue à voix haute devant la foule en colère, la réponse de Besenval confirmait : « M. de Launay tiendra jusqu'à la dernière extrémité : je lui ai envoyé des forces suffisantes [53]. » Ce n'est qu'en fin de journée qu'il apprit que la Bastille avait été prise et que la foule entendait maintenant converger vers le Champ-de-Mars pour le chasser de la capitale avec ses hommes. Sous la menace des canons que les Gardes françaises avaient placés de l'autre côté de la Seine, « affaibli par la défection, et certain de n'être bon à rien [54] », Besenval se replia sur Sèvres, sans attendre les ordres du maréchal de Broglie. Ainsi se termina « cette terrible journée, qui fit connaître au peuple toute sa force et à la cour tout son danger [55] ».

Le baron de Besenval avait soixante-huit ans et, malgré son indiscutable courage, finissait sa carrière en prenant la responsabilité d'ordonner sans combattre la plus humiliante des retraites. « Si j'engageais les troupes dans Paris, se justifiera-t-il dans ses *Mémoires*, j'allumais la guerre civile. Un sang précieux, de quelque côté qu'il coulât, allait être versé sans résultat utile pour le bien public. Toutes choses considérées, je crus que le plus sage était de retenir les troupes et de livrer Paris à lui-même. C'est à quoi je me déterminai, vers une heure du matin [56]. » Les mauvaises langues ne manquèrent pas d'insinuer que Besenval n'avait pas livré bataille au moment de l'assaut contre les Invalides pour éviter que sa belle demeure de la rue de Grenelle, toute proche, ne soit pillée [57].

C'est le duc de La Rochefoucauld-Liancourt, Grand-Maître de la garde-robe, qui, arrivant à Versailles en fin de soirée, informa Louis XVI de la chute de la Bastille et de la terrible fin du marquis de Launay et du prévôt des marchands, dont les têtes avaient été portées en triomphe sur des piques. C'est encore le duc – à qui on attribue la fameuse réplique « Sire, ce n'est pas une émeute, c'est une révolution » – qui convainquit le roi de se rendre le lendemain à l'Assemblée nationale, accompagné de ses frères, pour annoncer le retrait des troupes massées autour de la capitale. Et c'est toujours lui qui demanda à son grand ami Talleyrand [58] d'écrire la palinodie que devrait prononcer le roi. Rédigé par l'évêque d'Autun prêt à s'adapter à toute situation, cet appel habile à la collaboration des députés en vue de l'intérêt supérieur de la nation enthousiasma tout le monde. En le prononçant tête nue, Louis XVI reconnut de fait la souveraineté de l'Assemblée, supérieure à sa propre autorité. C'était la défaite définitive des partisans les plus intransigeants de la monarchie de droit divin : « Après ce qui vient de se passer, dénonçait Morris, on ne devrait pas permettre au comte d'Artois de rester en France [59]. » Le lendemain, 16 juillet, le roi annonça la démission de Breteuil, plénipotentiaire secret de Louis XVI en Belgique, ainsi que le retour de Necker au ministère des Finances et, toujours sur sollicitation de La Rochefoucauld-Liancourt, le 17, se rendit en personne à Paris pour se réconcilier avec ses habitants. Comme le voulait la tradition des « entrées » royales, le tout nouveau maire, Jean-Sylvain Bailly, l'attendait porte de Chaillot pour lui offrir les clés de la ville. Les mêmes, eut-il soin de préciser, qui avaient été remises à Henri IV quand il avait « reconquis son peuple ». Maintenant, c'était Paris qui avait « reconquis son roi ». Après s'être entendu rappeler, certes sous forme d'hommage, que sa visite ne faisait que répondre à la volonté populaire, Louis gagna la mairie en passant sous les épées croisées de la Garde nationale, dont La Fayette avait pris le commandement, et laissa Bailly épingler la cocarde tricolore sur son chapeau. Alors seulement la foule cria à l'unisson : « Vive le roi ! » Pour Louis XVI, rappellera Norvins, cette visite à Paris « où il dut quitter les couleurs de sa famille et de sa couronne et prendre celles de la Révolution fut la première station de son calvaire. Il revint à Versailles portant sur son chapeau le signe de sa mort dynastique [60] ». Morris pour sa part observait que si le roi n'avait pas été aussi faible, cette journée lui aurait servi de leçon pour le reste de sa vie. Mais influencé par de très mauvais conseillers, « il lui [était] impossible de ne pas mal agir [61] ».

« La nuit dernière au soir, note Gouverneur Morris le même jour, le comte d'Artois, le duc et la duchesse de Polignac, M. de Vaudreuil, bref, tout le comité Polignac ont décampé, désespérés », ajoutant non sans malice : « Les voyages peuvent être utiles au comte d'Artois, [...] il aurait raison de visiter des pays étrangers » [62]. C'était une décision pour le moins opportune. Partisan de la manière forte, cible d'innombrables libelles, Artois était avec les Polignac – comme Chamfort l'avait prédit en son temps à Vaudreuil [63] – en tête des listes de proscription des ennemis du peuple qui avaient circulé entre le 13 et 14 sous les arcades du Palais-Royal. Non seulement le roi n'était plus en mesure de garantir la sécurité de son frère et des amis de sa femme, mais leur présence constituait maintenant une menace de plus pour Marie-Antoinette elle-même. Depuis des années, l'ambassadeur autrichien signalait dans ses lettres le danger que représentait la présence des Polignac à Versailles : « Cette famille, écrivait-il à Joseph II, s'est rendue si odieuse par ses rapines et par l'abus qu'elle a fait de son crédit, que cela occasionne le déchaînement odieux et injuste dans lequel le public s'obstine à persévérer contre la reine [64]. » Et maintenant que Marie-Antoinette s'était enfin résignée à sacrifier à l'opinion publique « ses alentours favoris », Mercy-Argenteau regrettait qu'« elle ne se fût décidée longtemps auparavant » [65].

Les adieux dans la nuit du 16 au 17 furent émouvants. Ceux de Vaudreuil marquèrent une sorte de retour en grâce : « Arrivé près de la Reine, se souviendrait-il, je posai un genou en terre et je balbutiai quelques mots d'adieu. Son visage daigna se pencher vers le mien. Je sentis ses larmes qui roulaient sur mon front : "Vaudreuil, me dit-elle d'une voix étouffée, d'une voix dont l'accent me restera toujours dans la mémoire, vous avez raison. Necker est un traître. Nous sommes perdus." Je levai les yeux avec effroi pour la regarder. Elle avait déjà repris son air de calme et de sérénité. La femme s'était trahie devant moi seul ; le reste de la Cour ne vit que la souveraine [66]. » À minuit, avant de quitter Versailles, la duchesse de Polignac reçut un dernier message de Marie-Antoinette : « Adieu, la plus tendre des amies ! Que ce mot est affreux ! Mais il est nécessaire ! Adieu ! Je n'ai que la force de vous embrasser [67]. »

Pour ne pas attirer l'attention, Artois et les Polignac avaient choisi de suivre deux itinéraires différents : le comte irait vers les Pays-Bas, les Polignac vers la Suisse. Confronté au dilemme de suivre son prince ou la femme qu'il aimait, Vaudreuil estima que son devoir était d'escorter Artois parce que c'était lui qui courait le plus gros danger. Tandis que ses deux fils, le duc d'Angoulême et le duc de Berry, quittaient le château en carrosse, Artois s'éloigna à cheval, suivi par le capitaine de ses gardes, le prince d'Hénin, son premier écuyer, le marquis de Polignac, et quelques gentilshommes de son entourage en plus de Vaudreuil. Traversant la forêt, le petit groupe arriva à Chantilly où il prit place dans une voiture prêtée par le prince de Condé, dont les armoiries avaient été effacées en hâte, direction Valenciennes et la frontière du Quiévrain, qu'il franchit sans encombre, passant en Belgique. Ce n'est que début août que Vaudreuil retrouva les Polignac, qui s'étaient réfugiés en Suisse. Leur fuite avait été beaucoup plus mouvementée que la sienne et ils avaient couru plusieurs fois le risque d'être reconnus. Mais pour finir, le duc et la duchesse Jules avec leurs quatre enfants, la comtesse Diane et la comtesse de Polastron avec son enfant, s'étaient retrouvés au grand complet dans une villa à la campagne, à Gümblingen, à une lieue de Berne. Ne manquaient à l'appel que le duc de Guiche et le comte de Polastron, restés en France à la tête de leurs régiments. En revanche, les exilés recevraient bientôt la visite d'Artois, venu dans le plus strict incognito embrasser Mme de Polastron dont il se découvrait chaque jour plus amoureux. C'est de Gümblingen que, le 16 août, Vaudreuil envoyait des nouvelles de ses amis à Lady Foster : « Je les ai trouvés tous bien portants, bien courageux, supportant leurs revers avec la force et le calme que donne la bonne conscience [...] Le temps seul peut réparer les malheurs dont nous gémissons, et le courage, l'amitié et la philosophie nous donneront la force nécessaire pour attendre cette heureuse époque [68]. » Le comte ne pouvait imaginer que son attente durerait vingt-cinq ans.

Le départ du comte d'Artois et des Polignac, aussitôt suivis des princes de Condé et Bourbon, des Conti et des Rohan, marqua le début officiel de l'émigration. Entre cette date et la fin de la Terreur, cent cinquante mille personnes environ quittèrent la France pour chercher refuge dans les autres pays européens et aux États-Unis. L'émigré – néologisme qui apparut alors – devint une figure clé de l'époque révolutionnaire. L'émigration s'effectua par vagues successives qui répondaient à la radicalisation d'une « volonté générale » décidée à éliminer tous ceux qui barraient sa route – les partisans de l'absolutisme, les monarchistes libéraux, les Girondins –, mais elle ne se limita pas à l'aristocratie et au clergé. Sous la pression de la « grande peur », on vit émigrer, en plus des nobles et des riches propriétaires bourgeois, des membres de la petite bourgeoisie, des artisans, des ouvriers, des paysans [69]. Prisonnier d'une situation politique de plus en plus difficile, Louis XVI adopta une attitude ambiguë par rapport à l'émigration, qu'il condamnait officiellement, mais encourageait en secret. La noblesse trahissait-elle en abandonnant le roi aux mains de ses ennemis et en fragilisant sa position par les déclarations belliqueuses auxquelles elle se livrait hors des frontières ? Ou était-ce le souverain qui s'était montré incapable de défendre ses plus loyaux sujets et maintenant se désintéressait de leur sort avec cynisme [70] ? Et fallait-il remettre sur le trône l'oint du Seigneur ou le roi qui avait signé la constitution ? Le comportement de Louis XVI ne laissait-il pas supposer qu'il n'était plus en possession de toutes ses facultés et qu'on devait plutôt se tourner vers ses frères, Provence et Artois ? Questions, incertitudes, contradictions qui se révéleraient dans toute leur dimension dramatique à Coblence. Mais l'émigration de 1789 était encore « joyeuse », on l'imaginait de courte durée et ceux qui s'exilaient pouvaient emporter argent, bijoux, tableaux et objets précieux.

Une dizaine de jours après les Polignac, Besenval partit à son tour pour Berne. Son ingrate mission militaire dans la capitale l'avait exposé à la haine de la population, et Louis XVI en personne lui avait ordonné de rentrer en Suisse. Moins chanceux que les Polignac, le baron fut arrêté avant la frontière et placé sous surveillance dans la petite ville de Villenauxe. Il avait oublié d'emporter son congé officiel signé du roi et le conseil municipal refusa de le laisser repartir sans un nouveau passeport, visé par Versailles et la mairie de Paris. Il eut la grande chance que, ce 28 au matin, la voiture de Necker, rappelé par Louis XVI cinq jours à peine [71] après son limogeage, passait à tombeau ouvert près de Villenauxe, en route pour Paris. Informé par un ami de Besenval de l'arrestation de son compatriote, le ministre écrivit au vol un billet où il donnait au baron toute liberté de se rendre en Suisse. Mais le conseil municipal refusa d'en tenir compte et livra Besenval aux commissaires venus de Paris, qui le ramenèrent à la capitale et l'enfermèrent à l'Abbaye, en attendant qu'on le juge. Necker ne s'avoua pas vaincu. Fort de l'accueil enthousiaste des Parisiens, rappelle sa fille avec admiration, « il monta dans la salle de l'Hôtel de Ville, rendit compte aux magistrats nouvellement élus de l'ordre qu'il avait donné pour sauver M. de Besenval ; et leur faisant sentir avec sa délicatesse accoutumée tout ce qui plaidait en faveur de ceux qui avaient obéi à leur souverain, et qui défendaient un ordre des choses existant depuis plusieurs siècles, il demanda l'amnistie pour le passé, quel qu'il fût, et la réconciliation pour l'avenir[72] ». À la suite de l'intervention de Necker, l'assemblée de la mairie de Paris décida la libération de Besenval et le pardon de tous les ennemis, mais elle fut promptement rappelée à l'ordre par Mirabeau. Furieux du retour inattendu de Necker qui venait gêner ses projets ministériels, le « tribun » décréta qu'en réalité ces décisions étaient de la compétence de l'Assemblée et confirma aussitôt l'ordre de détention de Besenval dans l'attente de son procès. Mais en déclarant illégitimes les accusations portées contre le baron et en plaidant en sa faveur, Necker lui avait « sauvé la vie[73] ».

Besenval croupit trois mois dans la forteresse de Brie-Comte-Robert, à une trentaine de kilomètres de la capitale. Malgré son désir de respecter la légalité, l'Assemblée procédait avec une extrême prudence, dans la crainte que la décision de libérer Besenval ne provoque une réaction de la rue, poussant le peuple à se faire justice tout seul. C'était arrivé le 22 juillet – le jour même où la municipalité de Paris avait décrété l'arrestation du baron – au conseiller d'État Foullon et à l'intendant Bertier de Sauvigny. « Le cas de Besenval avait pris la dimension historique du premier test de la justice révolutionnaire[74]. » On décida enfin de confier l'instruction du procès pour lèse-nation au tribunal du Châtelet, formé de magistrats de la vieille école, appelés à juger en même temps quatre autres prévenus, qui avaient obéi aux ordres légitimes du roi avant que celui-ci ne reconnaisse l'autorité souveraine de l'Assemblée : l'ancien garde des Sceaux Barentin, le ministre de la Guerre Puységur et deux militaires, le maréchal de Broglie et le marquis d'Autichamp.

Transféré au Châtelet dans la nuit du 7 novembre, Besenval se sentit renaître. Après quatre mois dramatiques passés dans l'isolement et à la merci de l'humeur populaire, il bénéficia d'un régime carcéral adouci et put embrasser le vicomte de Ségur et son ancienne maîtresse, Mme de La Suze, retrouver ses amis et bâtir sa défense avec ses avocats.

Un charmant petit tableau d'Hubert Robert[75] nous montre sa cellule au Châtelet. Le peintre – qui ne pouvait certes pas imaginer que ce ne serait que le premier des nombreux intérieurs de prison qu'il peindrait bientôt, non pas comme visiteur mais comme détenu – a focalisé son regard sur la grande fenêtre ouverte qui occupe presque tout le mur du fond ; un chien roulé en boule sur l'appui de la fenêtre regarde le spectateur du tableau. Si on oublie les barreaux en fer qui encadrent sans la gêner la vue sur la ville et la Seine, on se croirait dans un atelier d'artiste désargenté plutôt que dans un « horrible cachot ». Besenval ne figure pas sur le tableau, mais une serviette en cuir posée au pied du mur et portant son nom gravé nous dit que son propriétaire n'est pas loin. Pendant les trois mois qu'il passa au Châtelet, sa cellule fut envahie par les visiteurs, malgré la foule qui manifestait devant la prison en réclamant sa mort. Son valet de chambre l'agrémentait de fleurs prises dans la serre de la rue de Grenelle et ordonnait ses repas chez les meilleurs traiteurs parisiens. Gouverneur Morris, qui fut parmi les premiers à lui rendre visite et l'accompagna le 21 novembre avec le vicomte de Ségur et son frère Louis-Philippe, de retour de Russie, à la première audience au tribunal, note dans son journal : « Les charges contre lui sont ridicules, mais elles auraient été suffisantes pour le faire massacrer, s'il avait été livré à la justice sommaire du peuple [76]. » D'ailleurs l'issue même du procès était tout sauf évidente : nombreux furent les témoignages à charge du baron, faux pour la plupart, et le climat des quatre audiences qui s'enchaînèrent entre le 21 novembre 1789 et le 21 janvier 1790 extrêmement tendu. L'habileté de son avocat, Raymond de Sèze, fut déterminante. Avec un courage égal à celui dont son client avait fait preuve au cours du procès devant un public déchaîné qui hurlait « À la lanterne Besenval ! À la potence Besenval ! », le futur défenseur de Louis XVI à la Convention prouva dans sa harangue finale que non seulement son client – victime d'une vile délation – était innocent, mais qu'il avait agi poussé par un haut sens des responsabilités, dans l'intérêt de tous les citoyens. « Son plaidoyer, dont les juges eux-mêmes ont demandé l'impression, rapportait le *Journal de Paris*, est le plus bel hommage qui puisse être rendu à la Constitution française [77]. »

Lavé de toute accusation, Besenval, escorté par la Garde nationale, revint rue de Grenelle, où l'attendaient ses amis en liesse, et c'est cet épilogue heureux qui clôt ses Mémoires : « Et comme tout est pour le mieux, je ressentis en ce moment une émotion qu'aucune autre circonstance de ma vie ne m'avait fait éprouver [78]. » Bien que ces épreuves n'eussent pas entamé son hédonisme souriant, sa santé proverbiale s'en ressentit gravement. Il avait déjà été frappé d'un malaise quand les caporaux des seize compagnies de Gardes suisses, flanqué chacun de deux soldats, étaient venus de leur propre initiative témoigner en sa faveur. Vaincu par l'émotion, il avait eu une crise cardiaque, qui serait suivie par d'autres. Revenu rue de Grenelle, le baron voulut un portrait de lui dans son salon, au milieu de ses tableaux et de ses porcelaines précieuses : il souhaitait laisser le souvenir d'un collectionneur, pas celui d'un militaire. Exécuté début 1791 par Henri-Pierre Danloux, *Le baron de Besenval dans son salon de compagnie*[79] a les mêmes dimensions que la *Vue de la cellule du baron de Besenval* d'Hubert Robert, avec qui il semble dialoguer. Assis sur une grande bergère, les jambes croisées, le buste légèrement penché en avant et son beau visage à la chevelure blanche de profil, le baron regarde en souriant devant lui, heureux d'avoir retrouvé le confort raffiné de son salon. Le bras droit sur le rebord de la cheminée en marbre richement sculptée, le baron appuie la joue dans la paume de sa main droite, tandis que la gauche tient une tabatière précieuse. Sur le mur derrière lui, on voit une dizaine de tableaux de sa collection, reproduits avec exactitude, reflétés par le haut miroir au-dessus de la cheminée. Typique des années 1770, son goût éclectique qui allait de la peinture flamande à l'école italienne en passant par la peinture française ancienne et moderne était désormais démodé et ses tableaux n'étaient pas de la qualité de ceux de son ami Choiseul. Pourtant, le portrait commandé à Danloux est « la seule peinture à l'huile réalisée au XVIIIe siècle appartenant à un collectionneur privé français et exposée dans son cabinet[80] ».

C'est dans ce havre de paix et de beauté que, chanceux jusqu'au bout, Besenval s'éteignit sereinement en plein drame révolutionnaire. Le soir du 12 juin 1791, le baron avait invité à dîner la famille Ségur au complet, son cousin, le baron de Roll, venu le voir de Suisse, et quelques collègues de la Garde suisse. C'est à l'un d'entre eux, Victor de Gibelin, que nous devons les détails de sa fin. Ne se sentant pas très bien, Besenval avait gardé la chambre, mais il rejoignit ses invités à la fin du dîner, enveloppé dans un drap blanc et proférant d'une voix sépulcrale : « C'est l'ombre du Commandeur qui vous rend visite. » Puis, satisfait de son bon tour, il salua ses hôtes et, accompagné par Gibelin, regagna son lit où, une heure après, il cessait de vivre[81].

Revenons en arrière à l'été 1789 et à la « grande peur » qui tenaillait la France après la prise de la Bastille. « Depuis quelque temps la terreur s'est emparée des esprits, écrivait Mercy-Argenteau à Kaunitz, elle est occasionnée par les violences que se permet le peuple dans les villes, même dans les campagnes ; le moindre soupçon, le moindre mécontentement décide de la vie d'un homme [82]. » Les paysans se hâtèrent d'incendier les châteaux et surtout les archives où étaient conservés les droits du seigneur. Incapable de contrôler la violence populaire, l'Assemblée tenta de l'endiguer en accélérant les réformes : le 20 août, les droits féodaux furent abolis ; le 26, les derniers articles de la Déclaration des droits de l'homme et du citoyen furent approuvés ; le 10 septembre, mettant en échec le parti monarchiste, les députés se prononcèrent pour une chambre unique et, le 11, pour le veto suspensif du roi, tandis que Mirabeau, devenu la personnalité phare de l'Assemblée, soutenait le principe de l'hérédité du trône par droit d'aînesse. Louis XVI essayait de gagner du temps et s'abstenait de donner son accord. Mais à Paris, on ne parlait que de complots, on craignait de plusieurs côtés qu'un coup de force du gouvernement ne remette en discussion les droits obtenus. Entre-temps le pain se faisait rare. Dans ce climat, la nouvelle d'un banquet offert par les gardes du roi aux officiers du régiment des Flandres appelé en renfort à Versailles eut un effet incendiaire. Le 5 octobre, la population de la capitale, femmes en tête, décida d'aller chercher le roi à Versailles pour le soustraire à l'influence de la cour et lui demander de remédier à la famine. La Fayette essaya d'empêcher la marche, mais la Garde nationale lui désobéit et partit elle aussi pour Versailles, l'entraînant à sa suite. Au château on tint conseil et Saint-Priest [83] proposa au roi soit de se réfugier en lieu sûr avec sa famille, soit de livrer bataille, mais Necker, qui trouvait humiliante l'idée d'un souverain en fuite, lui conseilla de rester. Mounier, alors président en fonction, le convainquit de signer les décrets pris par l'Assemblée au mois d'août, ainsi que la Déclaration des droits de l'homme. Mais il était trop tard. La foule se massa sans incidents devant le château en attendant les décisions – revenir à Paris et garantir l'approvisionnement en pain – que le roi avait renvoyées au lendemain. Mais à l'aube du 6 octobre, un groupe de révoltés en armes pénétra dans la cour par une entrée latérale. Les gardes du corps battirent en retraite, laissant des morts derrière eux. La foule enragée envahit alors le château, et le roi, avec la reine et le Dauphin, fut obligé de se montrer au balcon et de promettre de rentrer à Paris avec sa famille. Accourue à Versailles, Mme de Staël assista horrifiée à l'humiliation infligée aux souverains.

Presque aussitôt le bruit se répandit que, mêlés à la foule, Biron et Orléans avaient guidé la marche et l'assaut, et l'enquête ouverte contre eux par le Châtelet confirma cette hypothèse. Mirabeau lui aussi figurait parmi les prévenus. Le tourbillon de rumeurs et témoignages contradictoires sur le rôle joué par le premier prince du sang et le duc dans ces deux journées cruciales pour la monarchie ne nous permet pas de savoir ce qui se passa exactement [84]. L'alibi trop détaillé fourni par Orléans – qui n'était parti pour Versailles, affirma-t-il, qu'après avoir reçu la nouvelle de l'invasion du château – n'est pas convaincant. Et nous savons que dans les mois où l'on parla avec insistance d'une fuite du roi, Mirabeau n'excluait pas l'hypothèse d'une régence du duc, de façon à garantir le passage à une monarchie constitutionnelle. Même s'il ne nourrissait aucune estime pour Orléans, il voyait d'un bon œil sa grande popularité et se servit de leur ami commun Biron pour l'encourager à persévérer dans son rôle de prince libéral. En revanche, Mirabeau redoutait l'ambition démesurée et le manque d'intelligence politique de La Fayette qui, après avoir escorté la famille royale à Paris, s'attribuait le double mérite d'assurer sa protection et de se faire l'interprète des volontés du peuple. Résolu à devenir le conseiller de confiance de Louis XVI et le garant de la constitution, le héros des Deux Mondes pensa que le comportement à peu dire suspect du duc d'Orléans lui fournissait l'occasion idéale de se débarrasser d'un rival redoutable, « sur le compte duquel il voulait mettre les crimes du 6 octobre qu'il n'avait su ni prévoir ni empêcher [85] ». Et puisque l'Assemblée, inquiète de la nouvelle démonstration de force du mouvement populaire, avait demandé que soit ouverte une enquête sur les instigateurs présumés de la marche sur Versailles, La Fayette en profita pour soutenir l'existence d'un « complot Orléans », où trempaient le duc lui-même, Biron, Laclos et d'autres fidèles du Palais-Royal. Tandis que le Châtelet recueillait les témoignages, La Fayette affronta Orléans chez la marquise de Coigny, l'exhortant à partir pour Londres le temps que se dissipent les soupçons qui pesaient sur lui. Pour l'y encourager, Montmorin, le ministre des Affaires étrangères présent à leur rencontre, lui proposa une mission diplomatique. Partir valait un aveu de culpabilité, et Mirabeau et Biron tentèrent de convaincre le duc de refuser. Mais comme l'avait écrit le cardinal de Retz à propos d'un de ses aïeux, « pour être honnête homme il ne manquait à M. d'Orléans que le courage [86] », et celui-ci, impressionné par une seconde série de menaces de La Fayette, plus violentes, s'embarqua pour l'Angleterre. Le marquis tenta la même opération contre Biron, qui lui répondit avec hauteur : « Si je suis coupable, qu'on me juge. » Mirabeau, qui avait pourtant été mis en cause, s'en réjouissait auprès de La Marck – « M. de Biron sort de chez moi ; il ne part point ; il a refusé parce qu'il a de l'honneur » –, vitupérant en revanche contre Orléans : « On prétend que je suis de son parti ; je ne voudrais pas de lui pour mon valet » [87]. Même s'il était déçu par le comportement du duc, Biron lui conserva son amitié. En revanche, comme nous le verrons, il garda envers La Fayette une rancœur tenace.

Narbonne aussi se trouvait à Versailles en cette nuit fatidique, mais pour des raisons opposées à celles de ses amis. Informé de ce qui se passait, le comte, en sa qualité de chevalier d'honneur de Madame Adélaïde, s'était précipité au château pour prêter main-forte aux tantes du roi. Le lendemain, escortant à cheval leur carrosse dans le sinistre cortège qui emmenait la famille royale à Paris, le comte réussit habilement à le détourner et, aidé par la Garde nationale, conduisit sans incidents les deux princesses et sa propre mère au château de Bellevue. Depuis 1788, Narbonne était de garnison avec son régiment à Besançon, où il avait su imposer l'ordre et se faire respecter : « Son énergie, ses manières franches l'avaient rendu populaire dans toute la Franche-Comté [88]. » Nommé avec l'appui de Talleyrand commandant des Gardes nationaux, il assura la tranquillité du département avec équité et courage. Preuve de sa réussite, le *Petit dictionnaire des grands hommes de la Révolution* de Rivarol lui consacrait en 1790 un portrait aussi venimeux que bien informé : « Cet ex-courtisan, s'étant avisé d'être citoyen, et voulant se distinguer à quelque titre que ce soit [...] s'est fait patriote de province. Il s'est d'abord débarrassé de quelques grâces de l'ancienne Cour auprès de la fille du grand Necker, et il est parti, bien corrigé, pour la Franche-Comté [...] et si cette province tourne en petit royaume, comme il y a lieu de l'espérer, ce qui peut arriver de pis à M. de Narbonne, c'est de la gouverner [89]. » Mais, malgré ses sympathies constitutionnelles et l'influence exercée sur lui par Mme de Staël, Narbonne restait un monarchiste convaincu, profondément lié à la famille royale. Il eut l'occasion de le prouver quand les tantes de Louis XVI décidèrent d'émigrer. Les deux princesses y pensaient depuis longtemps et la constitution civile du clergé proposée par Talleyrand, qui leur fit craindre de ne plus pouvoir pratiquer leur foi religieuse, emporta leur décision. Elles demandèrent donc à Narbonne, en qui elles avaient toute confiance, de les accompagner à Rome où elles entendaient s'installer. Alors qu'il s'était déclaré à plusieurs reprises contre l'émigration et qu'il avait conscience de mettre en jeu la popularité dont il jouissait en Franche-Comté, il accepta sans hésiter. L'entreprise s'annonça malaisée. La municipalité de Paris refusa leur visa aux princesses, mais Louis XVI en personne signa leur passeport, qu'il fit ratifier par le ministre des Affaires étrangères, le comte de Montmorin. Il répondit simplement à Bailly, le maire, venu contester la décision des princesses, qu'en vertu de la Déclaration des droits de l'homme et au regard des lois de l'État tous les simples citoyens pouvaient voyager et sortir du royaume comme et quand ils l'entendaient. Ce qui n'empêcha pas la presse jacobine de pousser un cri d'alarme.

Le 19 février 1791, informées par un ami de Narbonne que le peuple se préparait à marcher sur Bellevue pour les ramener à Paris, les deux sœurs décidèrent de partir le soir même. Madame Adélaïde était accompagnée par la duchesse de Narbonne, Madame Victoire par la comtesse et le comte de Chastellux, respectivement sa dame de compagnie et son chevalier d'honneur. Ils avaient à leur suite huit valets, quatre pages, un chapelain, deux médecins et deux écuyers. Il semble [90] que Narbonne ait tenté en vain de convaincre Madame Élisabeth, la sœur cadette de Louis XVI, de partir avec ses tantes. À Moret, juste après Fontainebleau, le comte de Chastellux ordonna aux chasseurs du Hainaut qui composaient l'escorte de charger la foule déterminée à bloquer le convoi. Colonel titulaire du régiment, le vicomte de Ségur n'était pas présent, mais il dut justifier devant l'Assemblée l'action de l'officier qui commandait le détachement et cela contribua à sa décision de quitter l'armée. Les choses se compliquèrent au troisième jour du voyage : tandis qu'elle traversait la Bourgogne, la caravane fut bloquée par la population d'Arnay-le-Duc qui, se substituant à l'autorité municipale, déclara qu'elle ne laisserait pas passer les tantes du roi sans un passeport de l'Assemblée nationale. Narbonne retourna en toute hâte à Paris pour remettre à son ami Mirabeau, alors président de l'Assemblée, la requête des princesses qui demandaient qu'on les traite selon le droit commun, comme n'importe quelles citoyennes. Le lendemain, après un débat exténuant de plusieurs heures, Mirabeau arracha l'accord des députés et La Fayette dut faire intervenir la Garde nationale pour disperser la foule qui s'était rassemblée devant les Tuileries en signe de protestation. Le décret de l'Assemblée ne suffit toutefois pas à débloquer la situation. À la population d'Arnay-le-Duc, manifestement fanatisée par des agents jacobins, s'étaient joints des manifestants de toute la région et il ne resta plus aux deux commissaires appelés de Dijon par Narbonne qu'à informer l'Assemblée qu'on bafouait sa volonté. Quand, le 3 mars, les délégués de la municipalité d'Arnay-le-Duc revinrent de Paris munis de l'injonction de l'Assemblée de respecter ses ordres, le comte avait déjà pris la précaution d'amadouer les plus virulents des manifestants par de généreuses gratifications et la caravane put reprendre sa route et traverser sans encombre la frontière sarde à Pont-de-Beauvoisin. Les obstacles rencontrés par les filles de Louis XV montraient bien que si les municipalités étaient prêtes à ignorer les décisions de l'Assemblée, elles étaient incapables de maîtriser la violence de la rue.

Les deux princesses arrivèrent à Rome mi-avril où elles furent accueillies avec tous les honneurs par leur vieil ami, le cardinal de Bernis. C'est là que Narbonne apprit la mort soudaine de Mirabeau, le 2 avril, et la tentative de fuite à Varennes du 20 juin, deux nouvelles qui le consternèrent.

Comme l'a écrit François Furet, avec Mirabeau disparaissait l'homme symbole de la Révolution, le seul peut-être qui aurait pu empêcher sa dérive. Convaincu que celle-ci avait accompli son devoir en fondant d'un côté la souveraineté du peuple, et de l'autre l'égalité des citoyens devant la loi, le tribun estimait que seul un pouvoir monarchique fort garantirait ces conquêtes devant l'Assemblée législative. Depuis 1790, par l'intermédiaire de La Marck, il était devenu le conseiller secret de Louis XVI, espérant réconcilier le roi avec la nation et convaincre la Révolution de composer avec la monarchie[91]. La fuite à Varennes enterra cet espoir. Ses dernières paroles – « J'emporte avec moi le deuil de la monarchie, dont les débris vont devenir la proie des factieux [92] » – furent prophétiques.

Début juillet, malgré les prières de sa mère et de Madame Adélaïde, Narbonne rentra en France, animé du « désir sincère de servir le Roi [93] », dont le sort devenait chaque jour plus incertain. Son épouse en revanche décida de rejoindre la duchesse de Narbonne à Rome, emmenant l'aînée de leurs filles et laissant la plus jeune avec sa nourrice à Bellevue. Les deux conjoints ne vivraient dès lors plus jamais ensemble.

Début septembre 1791, Narbonne retrouva Mme de Staël à Paris. Tous deux voyaient dans la constitution – à laquelle Louis XVI s'était enfin résigné à prêter serment [94] – la dernière planche de salut de la monarchie et s'élancèrent ensemble à son secours. Germaine, qui avait trouvé dans le « beau Louis » le héros dont elle rêvait, déploya toute son énergie pour propulser Narbonne sur le devant de la scène politique. Maintenant que son père avait quitté ses fonctions ministérielles et s'était retiré à Coppet, c'était son amant qui lui permettrait de jouer par personne interposée le rôle politique interdit aux femmes. Subjugué par l'intelligence supérieure de Mme de Staël, Narbonne se laissa entraîner par sa fougue. Pendant quelque temps, Germaine espéra que le comte succède à Montmorin, ministre démissionnaire des Affaires étrangères, mais ce projet se heurta au veto du roi et, surtout, de la reine, qui détestait cordialement aussi bien Narbonne que Mme de Staël. En revanche les souverains sollicitèrent Louis-Philippe de Ségur, qui, depuis son retour de Russie en janvier 1790, était à la recherche fébrile d'une nouvelle charge à la hauteur de ses ambitions.

Comme le lui avait prédit Catherine de Russie, le comte avait trouvé la France « bien enfiévrée et bien malade [95] », ce qui avait ébranlé ses certitudes politiques. Revenant à Paris après pas moins de cinq ans d'absence, il manquait cruellement de repères. Besenval était en prison, son père abhorrait la Révolution et son frère la liquidait comme un phénomène d'envie sociale : « Voulez-vous savoir, disait le vicomte, ce que c'est qu'une révolution ? L'explication est tout entière dans ces mots : *Ôte-toi de là que je m'y mette* [96]. » Le scandale du Livre rouge (le registre des pensions accordées par Louis XVI à son entourage), qui avait éclaté peu après son arrivée, n'avait certes pas amélioré le climat familial. Sur la liste rendue publique en avril – mais pourquoi le roi ne l'avait-il pas brûlée, se demandait dans son exil un Vaudreuil catastrophé[97] –, le maréchal de Ségur n'était pas le dernier. Au cours de son ministère, il avait obtenu des pensions et des gratifications pour lui-même, ses enfants et pas moins de onze membres de sa famille, en plus de la promesse d'un duché héréditaire qui reviendrait à son fils aîné. Le maréchal se défendit dans des lettres indignées envoyées aux journaux et le comte vola au secours de son père en vantant ses mérites de soldat et de ministre. Mais le gouvernement révolutionnaire demanda la restitution des sommes indûment perçues[98].

À Paris, Louis-Philippe avait retrouvé ses compagnons de l'aventure américaine – La Fayette, Biron, Broglie, les frères Lameth, le vicomte de Noailles – qui l'invitaient à les rejoindre dans ce grand défi consistant à forger un pays nouveau en accord avec les idéaux hérités des Lumières. Mais Ségur prit vite la mesure de la réalité : une situation politique difficile, des esprits partagés, un avenir incertain, et il se garda bien de prendre position pour tel ou tel parti. Il se déroba avec diplomatie aux pressions de La Fayette – « Je partage bien plus vos vœux que vos espérances[99] » – et, oubliant que quelques mois plus tôt à peine il avait prêché l'engagement à Boufflers, adopta une politique de prudence. En attendant une charge conséquente, le comte mit à profit l'expérience qu'il avait acquise comme ambassadeur en Russie et s'inventa un rôle de médiateur d'une part entre la cour et l'Assemblée, d'autre part entre partisans de la monarchie constitutionnelle. Il tenta en premier lieu d'aplanir le conflit qui avait surgi entre La Fayette et Mirabeau au moment du « complot Orléans ». Mais après avoir promis de retirer les accusations d'instigation à la révolte que La Fayette avait lancées contre Mirabeau en témoignant devant le tribunal du Châtelet, le marquis ne tint pas parole. La rupture fut donc inévitable. En revanche Louis-Philippe devint un intermédiaire important entre Marie-Antoinette, qui l'avait couvert de faveurs à l'époque des Polignac, et ses amis de l'Assemblée. « Votre ami, écrivait Mirabeau à La Marck, mène absolument les affaires étrangères[100]. » Ségur défendit en effet avec d'excellents arguments politiques le désir royal de renouveler le pacte familial qui scellait l'alliance entre la France et l'Espagne. Même si l'Assemblée finit par prendre la décision opposée, le comte avait gagné un crédit suffisant pour obtenir, le 29 mars 1791, sa nomination comme ambassadeur près le Saint-Siège. Mais Pie VI, indigné du projet de l'Assemblée d'annexer Avignon, restée jusque-là sous la juridiction du pape, refusa de recevoir l'ambassadeur français dans ses États et Ségur, qui avait déjà débarqué avec sa famille à Civitavecchia, dut reprendre le chemin de Paris. Joseph-Alexandre quant à lui avait tourné l'épisode à la plaisanterie dans un de ses calembours : « Mon frère n'est donc plus ambassadeur à Rome, mais ambassadeur à la Porte [101]. »

La conclusion des travaux de l'Assemblée constituante et l'entrée en fonction de l'Assemblée législative le 1er octobre de la même année entraînèrent la démission de Montmorin et, comme cela avait déjà été le cas pour l'ambassade en Russie, Ségur et Narbonne se trouvèrent en compétition pour le même poste. Cette fois encore, Louis-Philippe l'emporta. En réalité, Marie-Antoinette avait choisi le marquis de Moustier, un royaliste intransigeant, qui avait décliné la proposition ; la reine s'était alors résignée à envisager Ségur comme solution de rechange. Pour elle, les constitutionnalistes étaient des traîtres et, au lieu de racheter le comte à ses yeux, les pas qu'il avait tentés en direction des députés libéraux pour trouver un accord – et cela à la demande de la reine elle-même – avaient augmenté sa méfiance [102].

Convoqué aux Tuileries, Ségur, pourtant conscient des difficultés qui l'attendaient, accepta la charge. Mais, le lendemain matin, alors que la nouvelle de sa nomination circulait déjà [103], il fit savoir qu'il y renonçait sans donner d'explication. Il semblerait qu'au terme de leur rencontre, le comte, qui se retirait à reculons comme l'exigeait l'étiquette, ait relevé la tête après la troisième révérence et ait aperçu dans un miroir l'expression contrariée de la reine au moment où elle lui tournait le dos [104]. Il n'avait alors plus eu de doutes : puisque Marie-Antoinette ne lui accordait pas la moindre confiance, sa mission était vouée à l'échec [105]. Et en effet, l'entreprise s'annonçait si désespérée que Gouverneur Morris « félicita [106] » Mme de Ségur de cette décision. Le comte en eut la confirmation quand, cinq mois plus tard, Antoine Valdec de Lessart, le ministre appelé pour le remplacer, dut démissionner, accusé de trahison par l'Assemblée législative.

Narbonne et Mme de Staël firent preuve de plus d'audace que Ségur. Leurs espoirs se ravivèrent quand le ministre de la Guerre, Duportail, démissionna à son tour et que, instruite par l'échec de la tentative précédente, Mme de Staël demanda l'aide de Barnave, qui formait avec Duport et Alexandre Lameth le triumvirat à la tête des Feuillants, alors majoritaires à l'Assemblée [107]. La reine, qui avait clairement signifié à Narbonne que sa candidature n'était pas vue d'un bon œil, fut incitée par le jeune député de Grenoble, devenu son paladin après la fuite à Varennes, à changer d'avis. « Le comte Louis de Narbonne est enfin ministre de la Guerre, d'hier, écrivait-elle à Fersen le 7 décembre. Quelle gloire pour Mme de Staël d'avoir toute l'armée... à elle ! Il pourra être utile s'il veut, ayant assez d'esprit pour rallier les constitutionnels et bien le ton qu'il faut pour parler à l'armée actuelle [108]. » Et d'ajouter : « Quel bonheur si je puis un jour redevenir assez [sic] pour prouver à tous ces gueux que je n'étais pas leur dupe [109]. » Hargne à part, l'analyse de la reine ne manquait pas de perspicacité.

Narbonne se mit aussitôt au travail, établissant son programme en concertation avec Germaine et ses amis Talleyrand, Biron et La Fayette [110]. Il misait sur une politique du centre avec les Feuillants, qui voulaient consolider les résultats de 1789 et établir un ordre fondé sur la propriété et sur l'égalité des possibilités et non des droits, et les Girondins, qui formaient l'aile constitutionna-liste de la gauche, en excluant l'extrême droite et les Jacobins [111]. Il jugeait indispensable de prendre position contre les émigrés qui, revendiquant leur fidélité au trône et vilipendant la Révolution, aggravaient encore la position de Louis XVI. Son initiative visait aussi à gagner la faveur de l'opinion populaire pour qui les émigrés étaient des ennemis déclarés de la patrie qui, dans un complot avec les puissances étrangères, projetaient de restaurer par la force leurs privilèges perdus. Pour assurer son salut, la monarchie ne devait pas demander le soutien des autres princes européens, comme s'y employait en grand secret le couple royal, mais réaffirmer son auto-rité avec l'appui exclusif des Français. Il fallait donc reprendre les rênes de l'armée, restaurer la discipline, renforcer les frontières et relancer ainsi l'image d'un roi courageux et patriote, prêt à défendre par les armes le prestige de la nation. Narbonne vit dans la guerre le moyen le plus sûr d'atteindre cet objectif : une guerre de démons-tration, rapide et à l'issue certaine, contre l'Électeur de Trèves, qui avait accueilli à Coblence les frères de Louis XVI et, à leur suite, un grand nombre d'émigrés décidés à repasser la frontière armés. Mais pour éviter que l'Autriche ne se porte au secours d'un État membre de l'Empire, il fallait s'assurer l'alliance de la Prusse et la neutralité de l'Angleterre. Dans ce but, le nouveau ministre demanda l'aide de Talleyrand et de Biron, les deux personnes en qui il avait le plus confiance. La correspondance de Biron [112] avec Narbonne et Talleyrand reflète ce moment de grâce où les trois amis unirent leurs forces pour mettre en œuvre un projet politique capable de rétablir le sort de la monarchie dans le respect des principes de la constitution.

En 1791, Biron avait quarante-quatre ans – sept de plus que Talleyrand, huit de plus que Narbonne – et derrière lui une vie intensément vécue. Des trois, c'était le seul qui connaissait de l'intérieur le métier de la guerre, et c'est lui qui avait le plus voyagé, noué des relations dans toutes les cours d'Europe, collectionné le plus de maîtresses, accumulé le plus de dettes, poursuivi le plus de rêves. Depuis la dissolution de l'Assemblée constituante en octobre, déçu par son expérience de député, en rupture avec la famille royale à cause de ses liens avec le duc d'Orléans et souffrant d'une mauvaise santé, il avait repris du service actif à Valenciennes. Ajoutons qu'en échange du règlement de ses dettes il avait promis à son père de rester loin de Paris. De toute façon, depuis le départ de Mme de Coigny pour Londres, la capitale avait perdu pour lui son principal attrait.

Animée comme Biron d'un profond ressentiment à l'égard de la famille royale, intime du Palais-Royal, la marquise, prenant exemple sur le duc, s'était ralliée tout de suite au changement et suivait avec assiduité les travaux de l'Assemblée, commentant à voix haute les interventions les plus substantielles. Un jour, lassé de ces interruptions répétées de Mme de Coigny et d'une de ses amies, l'abbé Maury, éloquent défenseur des droits du trône et de l'autel, avait affiché toute sa misogynie en demandant au président de faire taire « ces deux sans-culottes ». Le terme [113] avec lequel l'abbé avait voulu stigmatiser des femmes qui, en arborant hardiment un comportement réservé aux hommes, manquaient à la retenue de rigueur pour leur sexe, fit fortune comme synonyme de patriote révolutionnaire [114]. Ce seraient pourtant des sans-culottes qui pousseraient Mme de Coigny à émigrer. Le matin où se répandit dans Paris la nouvelle de la fuite à Varennes, la marquise poussa jusqu'aux Tuileries avec un ami pour voir ce qui se passait. La prenant pour une espionne, les sans-culottes la malmenèrent et l'enfermèrent jusqu'au moment où Biron vint la délivrer. Le bruit courut qu'on l'avait fouettée : une violence entrée dans les mœurs révolutionnaires – Théroigne de Méricourt qui en fut victime finit à l'asile d'aliénés – et d'autant plus humiliante que les femmes à cette époque ne portaient pas de sous-vêtements. On peut s'étonner de la désinvolture avec laquelle Ligne commenta la mésaventure qui avait frappé son idole, mais les sympathies révolutionnaires de la hautaine marquise avaient dû l'indigner, et la sachant en sécurité à Londres il se permettait de se moquer d'elle :

> Régnez en paix sur ces rivages ;
> Remettez-vous de ces outrages,
> Qui pourtant ne menaçaient pas
> Votre tête, dit-on, mais vos secrets appas,
> Que des gens curieux, prétextant la vengeance,
> Voulaient voir et montrer, pour l'honneur de la France [115].

En revanche, le départ de Mme de Coigny dix jours après « les outrages » affligea Biron et les lettres nostalgiques que la marquise lui envoya de Londres témoignent de l'intensité de leur relation [116].

La nomination de Narbonne chassa l'humeur noire du duc en lui rendant l'espoir d'occuper une charge importante et de s'illustrer de nouveau au service de son pays. Élevés tous deux à Versailles, Biron et Narbonne se connaissaient depuis leur plus jeune âge, partageaient la même conception chevaleresque de l'honneur et se portaient une affection sincère. L'amitié entre Biron et Talleyrand était plus récente : ils avaient appris à se connaître et s'apprécier au cours des discussions chez Panchaud et leurs convictions politiques les rapprochaient. Les lettres du duc reflètent cette différence de degré d'intimité avec ses deux correspondants. Il tutoie Narbonne et vouvoie Talleyrand, il est explicite avec le premier, plus prudent avec le second, mais dans les deux cas il termine ses lettres par un « je t'/vous aime et je t'/vous embrasse de tout mon cœur [117] ».

Dès son arrivée au ministère, Narbonne constitua trois grandes armées pour défendre les frontières : celle du Nord, sous le commandement de Rochambeau, chargée de tenir en respect les Autrichiens basés en Belgique ; celle du Centre, sous les ordres de La Fayette, qui devait mener l'offensive contre les émigrés ; et celle du Rhin, conduite par Luckner, prête à d'éventuelles interventions au-delà des frontières [118]. Il chargea une quatrième armée – celle du Midi – de défendre la frontière de Gênes jusqu'à Nice. Biron, à qui Narbonne avait demandé quelle destination il préférait, lui répondit que son grand désir était de retourner en Corse, l'île où il avait effectué sa première mission militaire, mais il ne voulait pas de traitement de faveur et se déclarait prêt à servir partout où sa présence serait jugée utile, exception faite de l'armée du Centre. Il n'avait pas pardonné à La Fayette l'enquête du Châtelet et ne voulait pas plus entendre parler « de sa gloire que de ses sottises[119] ». On décida donc qu'il resterait pour le moment à Valenciennes, sous les ordres de Rochambeau, qui avait déjà été son commandant en Amérique.

Se mettant au travail avec un enthousiasme renouvelé, Biron informa Narbonne de la situation dans l'armée et des problèmes les plus urgents – la discipline, l'entraînement des soldats et leur solde, les critères de sélection des cadres supérieurs – et lui suggéra de proposer tout de suite la promotion de Rochambeau et Luckner au grade de maréchal : promotion qui, en cas de guerre, leur donnerait une plus grande liberté d'action. Narbonne ne se limita pas à le remercier avec une politesse aristocratique pour ses lettres – « Continue-les-moi, je te prie et ordonne à jamais de ton serviteur et de ton ami[120] » –, il suivit aussitôt son conseil, et le 27 décembre Louis XVI signait le décret de nomination des deux derniers maréchaux de France de l'ancienne monarchie.

Mais rien n'était comparable à l'énergie que déploya le ministre Narbonne : tout en faisant face à une situation politique complexe où il lui fallait obtenir aussi bien l'approbation du roi – à qui la constitution avait reconnu le rôle de chef suprême des armées – que celle de la majorité à l'Assemblée, il voulut inspecter les frontières en personne, établir des contacts directs avec les hauts gradés et motiver les soldats. « Narbonne est véritablement d'une perfection inconcevable, écrivait Biron à Talleyrand, il voit tout et il est bien pour tout le monde ; son voyage fera un prodigieux et excellent effet sur l'armée ; mais il faut qu'il soit en fer pour y résister, car il ne dort pas du tout et se fatigue beaucoup[121]. » En effet, son voyage électrisa les troupes et, comme le général Louis Alexandre Berthier le déclara à Napoléon, mit un frein à l'émigration des officiers[122].

Mais bien vite Narbonne dut prendre acte que l'idée d'une guerre éclair contre la principauté de Trèves était dangereuse.

Officiellement Louis XVI et Marie-Antoinette avaient adopté la position de Barnave et Lameth, chefs des Feuillants, le parti alors au gouvernement qui espérait l'aide de l'empereur Léopold pour résoudre pacifiquement le problème des émigrés en Allemagne. En réalité les souverains comptaient sur un conflit qui pousserait les puissances européennes à intervenir pour arrêter la Révolution. Dès l'époque de la fuite à Varennes, le roi avait écrit à Breteuil : « Au lieu d'une guerre civile, ce sera une guerre politique, et les choses en seront bien meilleures. L'état physique et moral de la France fait qu'il lui est impossible de soutenir une demi-campagne [123]. » Informés des manœuvres secrètes du roi et de la reine, les Girondins aussi voulaient la guerre, invitant l'Assemblée à défendre la constitution par les armes. À l'inverse, les Jacobins, emmenés par Robespierre, s'opposaient avec virulence à une guerre qui, en cas de victoire, marquerait le triomphe de la Gironde et un regain de prestige du roi. Sans compter, ce qui était pire, que les démarches diplomatiques entreprises par Ségur à Berlin et par Talleyrand et Biron à Londres se révélèrent un échec total.

Biron avait d'emblée considéré comme une « sottise [124] » qui ne laissait rien présager de bon le choix de Lessart, ministre des Affaires étrangères, en accord avec le roi et la reine, d'envoyer Ségur en Prusse. À vrai dire, les deux missions effectuées par Mirabeau en Prusse, suivies en 1788 par l'édition pirate de son *Histoire secrète de la cour de Berlin*, ne jouaient pas en faveur de celle qu'on confiait à présent au comte. Mirabeau avait utilisé de façon déloyale sa correspondance diplomatique avec Talleyrand pour mettre en lumière la profonde corruption de la cour prussienne et les tares morales et intellectuelles de Frédéric-Guillaume, appelé à succéder au grand Frédéric. Non seulement l'*Histoire secrète* disait vrai, mais, à la différence du roi philosophe, Frédéric-Guillaume, qui subissait l'influence de son favori Bischofswerder et de la secte des Illuminés, exécrait la pensée des Lumières et avait été prévenu contre Ségur par la cour française elle-même et par le baron de Breteuil [125].

Arrivé à Berlin le 9 janvier 1792, le comte fut reçu « de la manière la plus mortifiante par le roi de Prusse, par la famille royale et par conséquent par toute la cour [126] » et, en butte à l'hostilité générale, ne tarda pas à découvrir qu'il courait à l'échec. On lui avait confié pour tâche de détourner la Prusse de la coalition antifrançaise en préparation. Mais le roi de France menait un double jeu puisqu'il affichait une politique de paix, tout en donnant des instructions à Breteuil pour pousser Frédéric-Guillaume à déclarer la guerre. Par ailleurs, le ministre des Affaires étrangères – émanation de Barnave et Lameth – et le ministre de la Guerre, qui convenaient pourtant tous deux de la nécessité de renforcer le prestige du roi et d'éviter l'intervention étrangère, misaient l'un sur la paix et l'autre sur une guerre démonstrative. La seule politique commune était la méfiance et le discrédit. Chacun avait ses agents et le moyen privilégié restait celui que la diplomatie secrète de l'Ancien Régime avait toujours utilisé : la corruption de l'entourage royal.

Ségur s'en tint aux instructions qu'on lui avait données et, reçu en audience par le roi, déploya toute sa diplomatie. Mais quand Frédéric-Guillaume lui demanda abruptement si les soldats français continuaient « à refuser toute discipline », le comte ne put s'empêcher de lui répondre : « Sire, nos ennemis en jugeront [127]. » Quelques semaines suffirent à Ségur pour se rendre compte que la France ne pouvait pas compter sur la neutralité de la Prusse et que cette dernière négociait un traité défensif avec l'Autriche. Il n'avait pas d'aide à attendre non plus des initiatives parallèles d'un émissaire de confiance de Biron envoyé à Berlin à son insu [128]. Le comte demanda donc à son ministre d'être rappelé et repartit pour Paris le 1er mars, fiévreux, atteint d'une grave affection pulmonaire et victime des calomnies les plus fantaisistes [129]. Pourtant sa dernière dépêche de Berlin – qui fut aussi la dernière de sa carrière diplomatique – rendait honneur à sa lucidité d'analyste : « Nous sommes dans une crise effrayante ; la destinée des Français dépend de leur conduite. Si le désordre continue, si le gouvernement n'a pas la force qui lui est nécessaire, on nous regardera à la fois comme des voisins dangereux et comme une proie facile, et, dans cette supposition, toute la valeur française ne pourrait nous préserver des plus grands malheurs [130]. »

La situation n'était pas meilleure sur le front anglais. Talleyrand avait proposé à Lessart d'envoyer Biron à Londres en « mission secrète », parce que personne ne connaissait le pays mieux que lui et ne pouvait compter sur un cercle de relations aussi large. Le ministre des Affaires étrangères lui ayant objecté qu'« un ami de M. le duc d'Orléans ferait mauvais effet dans le moment actuel » – ce qui était une façon de dire qu'il n'obtiendrait pas l'accord du roi et de la reine –, Talleyrand avait accepté de prendre sa place.

Mais il demanda à son ami de l'aider pour cette première mission diplomatique dans un pays où il n'était jamais allé : « Je vous demanderai pourquoi [...] vous ne feriez pas une visite de quatre jours à Mme de Coigny – cela me ferait grand bien [131]. » Biron attrapa la balle au bond et, le 18 janvier, Talleyrand le retrouva à Valenciennes, porteur d'une lettre de Narbonne [132] qui lui annonçait sa promotion comme lieutenant-général et lui confiait la mission d'acheter en Angleterre quatre mille chevaux dont l'armée avait un besoin urgent. La grande compétence du duc en ce domaine justifiait pleinement ce choix, mais il était difficile de conserver un secret à Paris et, dès le 10 janvier, Gouverneur Morris notait dans son journal que la mission de l'évêque d'Autun à Londres consistait à « faire contrepoids à l'Autriche, et offrir à l'Angleterre l'Île-de-France et Tabago [sic] ». Et il commentait : « C'est de bien mauvaise politique [133]. »

Les deux amis s'embarquèrent ensemble à Calais le 22 janvier et, dès leur arrivée à Londres, passèrent à l'action. Pour préparer Talleyrand à sa rencontre avec Pitt, Biron lui avait remis une note [134] où il se livrait à une analyse comparée de la situation économique et politique des deux pays et de l'intérêt réciproque de trouver un accord. Le duc était convaincu que seule une entente franco-anglaise pouvait garantir la paix en Europe. C'était une idée que Talleyrand partageait pleinement et qu'il ne concrétiserait que quarante ans plus tard, de retour à Londres comme ambassadeur de Louis-Philippe. Mais les Anglais étaient inquiets des dimensions que prenait cette Révolution qu'ils avaient encouragée en coulisses et qui menaçait à présent de s'étendre à toute l'Europe. Le gouvernement Whig regardait avec anxiété la sympathie qu'éprouvaient pour elle les radicaux, sensibles à la propagande de Thomas Paine et James Mackintosh. Décidé à attendre et à tirer le meilleur parti de la crise française, qui était pain bénit pour le commerce anglais, Pitt se limita à une déclaration générale de neutralité. Il ne prit guère en considération la proposition avancée par Talleyrand d'une alliance entre la France et la Grande-Bretagne, contraire au pacte familial invoqué par les Tuileries. C'était ce que Biron avait prévu : pour cette raison, il avait soutenu la nécessité de prendre contact avec les représentants de l'opposition, où il comptait de nombreux amis, de façon à appuyer la cause française au parlement. Mais il n'avait pas pu remplir son programme, parce que quelques jours après son arrivée, on l'avait incarcéré pour dettes.

Les difficultés avaient commencé dès son débarquement à Douvres, quand il avait découvert que tous les journaux rapportaient le motif de sa visite. La première conséquence avait été d'augmenter déraisonnablement le prix des chevaux, rendant insuffisante la somme dont il disposait. La seconde d'alerter un certain Foyard, maquignon qui réclamait une vieille dette et qui, le 6 février, l'avait fait arrêter. C'était en réalité une somme assez modeste que Biron aurait pu régler si cette demande n'avait été suivie d'une avalanche de titres de crédit, faux la plupart, qui augmentaient l'addition de façon vertigineuse clouaient en prison dans l'attente d'une caution très élevée. Rien de tout cela n'était le fruit du hasard : le duc était tombé dans un piège. Pour lui, il s'agissait d'une vengeance perpétrée par les ultra-monarchistes de mèche avec les émigrés installés à Londres [135] ; pour Mme de Coigny, d'un complot orchestré à Paris – par la cour ? par Narbonne lui-même ? – dans l'espoir de se débarrasser de lui un certain temps [136]. La marquise nourrissait aussi des soupçons sur Talleyrand qui, à son avis, ne se battait pas pour son ami et, paresseux non moins qu'avare, faisait semblant de ne pas disposer des fonds nécessaires pour la caution [137]. Mais il était délicat pour le gouvernement de voler au secours du duc, puisque son voyage n'était pas officiel, sans compter que le scandale suscité par son arrestation ne facilitait pas la mission de Talleyrand.

Par chance, Biron avait d'autres lettres de créance. Les dettes n'entachaient ni son honneur de gentilhomme ni sa réputation chevaleresque et nombreux étaient ceux en Angleterre, à commencer par George III, qui n'avaient pas oublié le beau geste de l'oncle dont il portait le nom. Pendant la guerre américaine, celui-ci avait payé les dettes de l'amiral Rodney emprisonné à Paris, permettant au commandant britannique de retourner vaincre les Français sur les mers [138]. La marquise de Coigny lui offrit ainsi ses diamants « en gage, en vente, en caution, quand et comme il vous plaira [139] », et elle n'était pas la première. Le prince de Galles, le duc de York et Lord Stormont se déclarèrent prêts à se porter garants pour lui, tandis qu'un Français qui lui était un parfait inconnu et son ami Lord Rawdon déposaient les quatre mille cinq cents livres sterling demandées pour sa remise en liberté. Le bilan de cette aventure n'en restait pas moins amer : « La désastreuse et inutile course que tu m'as fait faire en Angleterre est enfin terminée, écrivait-il de retour en France à Narbonne, je ne te reproche aucun des malheurs qui en résultent ni la longue et insupportable suite qu'ils auront pour moi ; je t'observerai seulement, que si je connaissais moins ta loyauté et ton amitié [...] je pourrais soupçonner la plus atroce des perfidies et j'aurais le droit de rendre mes soupçons publics [...] je suis heureux de n'avoir à me plaindre que de ta légèreté [140]. »

Narbonne se montra sincèrement désolé de cette mésaventure et Biron retourna à l'armée. La guerre contre l'Autriche que les trois amis avaient essayé de toutes les façons d'empêcher semblait désormais inévitable et était « peut-être la seule ombre d'espérance [141] » qui leur restait. Les atermoiements du roi, la faiblesse du gouvernement, les nouveaux désordres populaires provoqués par l'incessante augmentation des prix convainquirent Narbonne de se rapprocher de la Gironde. Poussé par Mme de Staël et fort de la popularité dont il jouissait à l'Assemblée, le comte demanda un entretien privé à la reine pour lui exposer son programme politique fondé sur le respect de la constitution et une fidélité inconditionnelle au roi. Mais quand il avança sa candidature comme Premier ministre, il s'entendit demander par la reine « s'il était fou [142] ». Narbonne tenta alors, toujours en concertation avec Mme de Staël, de recourir à l'appui de ses généraux. Il invita Rochambeau, Luckner et La Fayette à informer l'Assemblée des mesures et des dépenses nécessaires pour se préparer à la guerre, en excitant la fibre patriotique des députés. Puis, forçant la main au roi, il les admit au conseil des ministres. Enfin, il joua le tout pour le tout en menaçant de démissionner si son rival, le ministre de la Marine, Bertrand de Molleville – qui sabotait la constitution et finançait l'émigration en sous-main –, gardait son portefeuille. Mais est-ce lui, comme l'affirma Molleville, qui fit publier dans le *Journal de Paris* les lettres de solidarité que lui avaient envoyées les généraux ? Ou bien, comme le déclara La Fayette, un de ses amis à qui il les avait montrées ? Ou encore, comme le rapporta la *Correspondance politique*, la décision émanait-elle de Mme de Staël [143] ? Émile Dard a-t-il raison de soutenir qu'il s'agit d'une sorte de coup d'État militaire qui préfigurait celui du 18 Brumaire, mais auquel la France n'était pas encore prête [144] ? Ou Narbonne entendait-il seulement clarifier sa position devant l'opinion publique ? Irrités à juste titre par ces fuites et confortés par un revirement de dernière minute de

La Fayette, les autres ministres réagirent en réclamant la démission de Molleville et le limogeage de Narbonne. Résigné désormais à une politique du pire, le 10 mars, Louis XVI ordonna au comte de remettre son portefeuille à Grave, nouveau ministre de la Guerre. D'ailleurs quinze jours plus tard, aucun de ses collègues n'avait plus son fauteuil.

Les jeux étaient faits et le 20 avril la France déclarait la guerre à l'Autriche. Une guerre dont Narbonne avait été l'apprenti sorcier et qui ensanglanterait l'Europe pendant vingt ans.

Pour une fois, la nouvelle fut accueillie avec le même enthousiasme par les patriotes révolutionnaires, les monarchistes purs et durs et les monarchistes constitutionnels. Pour les uns, la guerre sanctionnerait aux yeux de l'Europe la légitimité de la France issue de la Révolution, pour les autres, elle ramènerait l'ordre et sauverait la monarchie, même si ses perspectives seraient différentes. Ceux qui l'attendaient avec le plus d'impatience étaient les milliers d'émigrés qui, depuis des mois, avaient afflué des quatre coins de la France à Coblence – Chateaubriand rappellera que son nom latin était en effet Confluentia [145] – pour servir dans l'armée des princes. Grands seigneurs et petite noblesse de province, bourgeoisie du barreau, prêtres réfractaires, commerçants, militaires, paysans, tous fuyant la violence jacobine, étaient décidés à libérer la France du fléau révolutionnaire. Tous professant une inébranlable foi monarchiste, tous désireux de restaurer l'Ancien Régime, tous attendant avec confiance un ordre du comte d'Artois et du comte de Provence pour se lancer dans la guerre sainte.

Parmi les très nombreux témoignages de ceux qui participèrent à cette croisade tragique, les lettres de Vaudreuil au comte d'Artois mettent en lumière les illusions, l'inexpérience, l'irresponsabilité, l'aveuglement politique qui causèrent son échec, portant le coup de grâce à la monarchie et dictant la condamnation à mort du couple royal. La correspondance entre Vaudreuil et Artois – dont seules quelques lettres du second nous sont parvenues – commença en septembre 1789, quand, laissant le prince en sécurité à Bruxelles, le comte avait rejoint les Polignac en Suisse. Dès la première lettre, Vaudreuil réaffirmait à Artois une dévotion dont il ne se départirait jamais : « Je vous jure que la preuve d'attachement que je donne à mes amis en restant avec eux sans vous est aussi forte que celle que je vous ai donnée en partant avec vous sans eux ; mais vous savez nos conventions, et je vous les rappelle : au moindre mot, je vole auprès de mon cher prince [146]. » En attendant, il continuerait à analyser avec lui l'évolution de la situation politique et à se prodiguer en recommandations et conseils. Au seuil de la cinquantaine, après une vie consacrée à la satisfaction de son plaisir et devant un avenir plus qu'incertain, le moment de la contrition était venu pour lui aussi. Mais il ne suffisait pas de pleurer « nuit et jour la dégradation de [s]a folle patrie et les malheurs de la Maison Royale [147] », pour la gloire de laquelle il était prêt à verser tout son sang. Il fallait aussi réfléchir aux raisons de cet état de fait et à la façon d'y remédier. C'est sans doute parce qu'il désirait inciter le peu méditatif Artois à réfléchir que Vaudreuil lui exposa systématiquement ses opinions, lettre après lettre. Mais il se rendit compte bien vite qu'il écrivait ainsi sa défense devant la postérité. Il pria donc « son » prince de conserver leur correspondance, car, affirmait-il, « elle servira un jour à me faire juger comme je crois le mériter [148] ».

Artois s'était établi avec sa famille et sa suite à Turin, où son beau-père, Victor Amédée III de Savoie, lui avait offert hospitalité et soutien, tandis que Vaudreuil et les Polignac, considérés avec réprobation par les habitants de Berne comme responsables des troubles dans leur pays, avaient été obligés de quitter la Suisse pour passer l'hiver à Rome. Pendant ce deuxième séjour dans la ville éternelle, le comte était trop préoccupé pour reprendre contact avec des artistes et des antiquaires. La prudence en effet lui imposait, comme aux Polignac, devenus le symbole de toutes les abominations de Versailles, de mener une vie très retirée. Ils ne fréquentaient donc pas cette première émigration « joyeuse » qui s'était réfugiée en Italie sous des dehors de Grand Tour et où se signalaient par la beauté, l'élégance et le brio la duchesse Aimée de Fleury – qui malgré ses succès ne parvenait pas à oublier Lauzun –, la princesse de Monaco, née Choiseul-Stainville et Mme Vigée Le Brun, qui avait fui Paris le soir du 6 octobre parce que sa position de peintre préférée de Marie-Antoinette la rendait hautement suspecte. Bien que dans ses *Souvenirs* l'artiste souligne qu'elle avait évité par prudence – Rome fourmillait d'espions – de fréquenter les Polignac et ne parle pas d'une rencontre avec Vaudreuil, nous savons que l'Enchanteur et la Fée [149] réussirent à se voir en secret plusieurs fois. Le comte n'écrivait-il pas à Artois que son « bon ange » lui avait fait la grâce de conduire à Rome cette Mme Le Brun qu'il aimait « tendrement »[150] ? Mais la personne qui pendant ce séjour romain l'aida à affronter avec lucidité et bon sens le drame que vivait la monarchie française et à définir la ligne de conduite à suggérer à Artois ne fut pas son ange gardien mais le cardinal de Bernis.

Apprenant à Turin la nouvelle de « l'affreuse journée du 6 octobre[151] » et du retour forcé du roi dans la capitale, Artois avait lancé sa croisade contre la Révolution en demandant l'aide des têtes couronnées d'Europe. Il avait commencé par l'empereur Joseph II, en lui adressant de Moncalieri une lettre où la naïveté le disputait à l'insolence. Poussé par le devoir, l'honneur, le patriotisme à s'éloigner de son pays, il avait vécu « dans le silence et dans la retraite », tant que son frère avait bénéficié d'« une liberté apparente ». Mais maintenant que Louis XVI était prisonnier aux Tuileries, son « silence deviendrait un crime » et sa « sagesse une lâcheté », et il se permettait de prendre l'initiative d'écrire à Sa Majesté pour lui dire qu'il n'imaginait pour elle « rien de plus grand, rien de plus noble, rien enfin de plus utile… que de secourir son beau-frère, de délivrer sa sœur, et de rendre au plus fidèle allié de V. M. l'état et la puissance nécessaires à la tranquillité de toute l'Europe »[152]. Joseph II, avec qui Louis XVI et Marie-Antoinette entretenaient déjà une correspondance secrète dans laquelle ils ne se lassaient pas de dénoncer les ingérences des princes, répondit à Artois en le rappelant durement au premier de ses devoirs, l'obéissance. « Ni aristocratique, ni démocratique », l'empereur se limitait à constater que son beau-frère ne manquait pas des moyens nécessaires pour protester contre les décisions de l'Assemblée et que jusque-là il s'était montré « parfaitement d'accord avec la Nation » en approuvant toutes ses initiatives. Qui donc pouvait s'arroger le droit d'« élever sa voix contre tout ce qui a été décidé et sanctionné par l'autorité la plus incontestable au monde, savoir : par le Roi réuni avec la Nation, représentée légalement par ses députés » ? Artois et les princes qui avaient décidé de quitter la France devaient comme tous les autres citoyens se soumettre « à tout ce que le Roi avec la Nation trouvera bon de statuer ». Après cette première affirmation de principe, qui ôtait toute légitimité à l'initiative d'Artois, l'empereur lui rappelait le rôle funeste qu'avait eu jusque-là ce parti aristocratique dont – fallait-il le préciser ? – le prince était devenu le principal point de référence. Ce parti qui, « faible par lui-même et hors de faire le bien qu'il entrevoit et désire, n'a encore de consistance que pour faire le mal ». Quelle bêtise de penser « réparer les maux de votre patrie et de soulager la situation du Roi » en recourant à la guerre civile ! La première erreur des princes était d'abandonner le souverain en fomentant des divisions et il n'y avait qu'une seule façon d'y remédier : « se rapatrier » pour « effacer de l'opinion publique toute idée de l'existence d'un parti contraire ou soi-disant aristocratique, en vous réunissant tous à concourir au bien de l'État, et en soumettant votre façon de l'envisager à celle du grand nombre qui fait l'autorité » [153]. Joseph II omettait d'ajouter, et ce n'était pas un hasard, que mener une contre-révolution armée avec l'appui des puissances étrangères était la façon la plus sûre de renforcer le gouvernement révolutionnaire et de créer une fracture irrémédiable entre les émigrés et le reste du pays.

C'était précisément le point sur lequel, fort de l'expérience de quarante ans acquise par Bernis, Vaudreuil insistait dans ses lettres à Artois au cours de ce séjour romain : « Toute influence étrangère ne ferait que réunir la nation entière [...]. Je suis épouvanté des dangers que courraient le Roi et la famille royale, prisonniers dans la capitale, si les puissances étrangères, à votre instigation, se mêlaient de nos affaires intérieures [...]. Quant aux puissances rivales ou ennemies de la France, il serait dangereux et il paraîtrait criminel de s'adresser à elles [154]. » Vaudreuil cherchait aussi à mettre en garde Artois contre Calonne [155] qui, de son exil londonien, se préparait à prendre sa revanche et devenir le « ministre des Affaires étrangères » de l'émigration à Coblence. Vaudreuil, qui à l'époque l'avait soutenu tant dans la faveur que dans la disgrâce, était maintenant obligé de rappeler à Artois que la réputation de l'ancien contrôleur des Finances était irrémédiablement compromise, et insurmontable l'aversion que la reine lui portait. Mais le prince ne l'écoutait plus, sourd à la recommandation qui revenait, obsédante : ne prendre aucune initiative sans l'agrément du roi et de la reine, parce que « les servir malgré eux est impossible ; car alors vous seriez un rebelle et responsable de tous les crimes que ces efforts feraient commettre [156] ». D'ailleurs il fallait admettre, insistait Vaudreuil, que c'est « l'opinion qui a commencé la révolution » et que c'est « l'opinion qui doit opérer la contre-révolution », mais pour voir cette dernière s'imposer, il fallait attendre « l'épreuve de la misère, de nouvelles calamités, de nouveaux excès de l'anarchie pour en faire sentir toute l'horreur et ramener les peuples au désir, au besoin de l'autorité » [157]. La prévision de Vaudreuil se révélerait exacte, mais neuf ans devaient encore passer avant que Bonaparte restaure l'autorité et mette fin à la Révolution par le coup d'État du 18 Brumaire. En attendant, les émigrés qui s'en étaient remis à l'autorité factice d'Artois endurèrent la plus douloureuse et humiliante des épreuves pour la plus ancienne noblesse d'Europe : la perte de leur honneur.

Non seulement Artois ne tint pas compte des conseils de l'Enchanteur, mais il finit par lui communiquer ses illusions. En novembre 1790, après avoir accompagné les Polignac à Venise, le comte retrouva Artois, les Condé et Calonne à Turin et se laissa séduire par leurs projets. Après l'échec de l'insurrection de Lyon – dont par ailleurs Vaudreuil avait dénoncé « les plans prématurés et mal concertés [158] » –, les princes, en désaccord ouvert avec Louis XVI, étaient plus que jamais décidés à prendre la tête de la contre-révolution en misant sur l'aide du nouvel empereur Léopold II. Privé désormais du conseil de Bernis, atterré par le consentement de Louis XVI aux décrets les plus inacceptables de l'Assemblée, le comte se persuada de la nécessité d'ignorer les indications des Tuileries et d'adopter la stratégie de Calonne. On note un changement de ton radical dans sa correspondance avec Artois à partir de son retour à Venise en mai 1791. « En proie à une véritable fièvre morale, il multiplie les lettres, se surprend à fredonner le *Ça ira*, comme un chant de guerre contre les Jacobins, et il s'écrie avec l'accent d'un paladin en quête d'aventures : "Je crois que j'irais seul attaquer les ennemis, tant je les méprise [159]". » Une lettre à son cousin, écrite probablement à la fin de cette même année, montre bien qu'il ne nourrissait désormais plus de doutes sur le fait que l'Europe entière prendrait les armes contre la Révolution : « Le moment est arrivé où la réunion de tous les souverains détruira l'échafaudage d'une constitution présentée par la philosophie moderne, mais véritablement imaginée par la cupidité. » Ce n'est qu'une question de temps, soutenait-il, mais « il faudra toujours finir par frapper ». Dans cette attente, il formait « les vœux les plus ardents pour le rétablissement de l'ordre et du bonheur public », et se déclarait décidé à ne pas remettre les pieds dans sa patrie tant que ne seraient pas rétablies « les bases de la constitution française et monarchique ». En attendant, sa place était aux côtés des princes « dont la loyauté et les vertus ont excité et forcé l'admiration »[160].

La fuite à Varennes permit aux princes de prendre leurs distances avec la politique des Tuileries et d'agir ouvertement de façon autonome. Contrairement au roi, le comte de Provence réussit à quitter la France et, ayant retrouvé Artois, décida avec lui d'accepter l'hospitalité de leur oncle maternel, l'Électeur de Trèves. Le 7 juillet 1791, annoncés par une salve de canons et accompagnés de leurs suites respectives, les deux princes entrèrent solennellement dans Coblence, faisant de la petite ville allemande au confluent entre le Rhin et la Moselle la capitale de l'émigration.

« Mon ami, on se croirait à Versailles[161] », confia Vaudreuil au marquis de Clermont-Gallerande en arrivant à Coblence, où on l'invita à entrer dans le Conseil des princes. L'« enthousiasme » du comte pouvait faire sourire mais, à sa façon, l'observation était vraie. Tandis que des milliers d'émigrés des conditions sociales les plus diverses, ayant abandonné tout ce qu'ils avaient de plus cher, sans argent et sans ressources, affluaient dans l'Électorat de Trèves pour défendre la monarchie et découvraient que rien n'était prêt pour les accueillir, Monsieur et le comte d'Artois tenaient chacun une cour comme à l'âge d'or de Versailles. La « maison » des deux princes n'aurait pu être plus grandiose et comptait « des pages, nombreuse livrée, des sentinelles à leur appartement, à peu près cent couverts par jour », note, effaré, dans son journal un émigré de la première heure, le comte d'Espinchal. On avait rétabli, précise-t-il, le rituel de Versailles et « cinq jours la semaine, les princes ont un grand dîner et reçoivent toute la noblesse et les présentations des arrivants », dans le respect de la plus stricte étiquette. « Enfin, on ne manque à rien de ce qui peut rappeler les abus de la cour et indisposer la noblesse des provinces contre les courtisans et les insolents[162]. »

Le premier à s'en inquiéter était Calonne, qui voyait se volatiliser les fonds destinés à la guerre. La haute noblesse qui était accourue à Coblence menait un train de vie fastueux, dépensant l'argent qui lui restait, dans la certitude que d'ici quelques mois elle rentrerait en France et reprendrait possession de ses biens et de ses privilèges. Quant aux critères présidant au choix des officiers pour l'armée en formation, on avait gardé les préférences malheureuses introduites par le maréchal de Ségur : plus que le grade et la compétence, c'était l'ascendance nobiliaire qui comptait, et, condition sine qua non, une attestation de foi monarchique indéfectible. Une forme de « jacobinisme à l'envers » auquel se heurteraient ces monarchistes constitutionnalistes – les monarchiens – que la Terreur força à émigrer et qui voulurent s'enrôler dans l'armée de Coblence. Le cas du duc de Lévis est exemplaire : ex-capitaine des gardes de Monsieur, coupable d'avoir partagé les espoirs de la noblesse libérale à l'Assemblée, il fut rejeté par la commission de sélection des officiers. Lévis se rabattit sur l'armée autrichienne où, grâce à la recommandation du prince de Ligne, il réussit à s'enrôler sous un faux nom, comme simple soldat [163]. C'est une préoccupation de nature sociale qui le poussa bien à contrecœur à prendre les armes contre son propre pays : la conviction, comme il l'écrivait à sa femme, que s'il ne le faisait pas, il leur serait difficile, la guerre terminée, de retourner vivre en France « avec quelque espèce de considération [164] ». La crainte de voir un membre de sa famille déroger aux impératifs du devoir et de l'honneur poussa aussi l'évêque de Laon à insister auprès de Mme de Sabran pour que son fils Elzéar rejoigne l'armée des princes. Après de longues hésitations, la comtesse se décida à écrire au comte d'Artois pour demander qu'Elzéar – qui n'avait pas une trempe de guerrier – soit désigné comme aide de camp et son soulagement dut être grand quand elle apprit que le jeune comte assisterait le duc de Polignac qui représentait les frères du roi à la cour de Vienne [165].

Dans ce royaume d'opérette où, prisonnière du passé, l'aristocratie française vivait son été de la Saint-Martin, haines, divisions, complots florissaient. Artois, Provence et Condé avaient chacun leur parti et poursuivaient des stratégies différentes. Incomparablement plus intelligent qu'Artois, dissimulateur et rusé, Monsieur attendait son heure, laissant son frère cadet lancer des appels, distribuer des promesses intenables, répandre l'optimisme avec son amabilité et son aplomb chevaleresque, dans l'attente confiante que l'Autriche et la Prusse se décident à entrer en guerre. Sur un point toutefois les trois princes étaient d'accord : le roi n'était plus en mesure d'exercer sa libre volonté et il leur revenait de défendre les intérêts de la monarchie. Pour leur part, Provence et Artois avaient en commun une inexpérience totale en matière militaire. Condé était le seul prince à connaître le métier des armes et en avait donné la preuve pendant la guerre de Sept Ans. Indigné par la légèreté et l'inconséquence de ses deux cousins, Condé ne tarda pas à prendre ses distances et se retira à Worms, où il leva une armée qui porta son nom pendant huit ans et gagna une réputation d'héroïsme à laquelle les officiers républicains eux-mêmes rendirent hommage [166]. On ne peut pas en dire autant de l'armée de Coblence, quand l'heure de se battre fut venue. Le casus belli fut la déclaration de Pillnitz [167], publiée après la fuite à Varennes, où l'empereur d'Autriche et le roi de Prusse se limitaient à communiquer que, « ayant entendu les désirs et les représentations de Monsieur et de monsieur le comte d'Artois », ils considéraient « la situation où se trouve actuellement le roi de France comme un objet d'intérêt commun pour tous les souverains d'Europe » [168]. Elle avait beau être empreinte de la plus grande prudence, cette déclaration constituait une interférence indue dans la vie politique d'un autre pays, et la France lui donna une réponse politique en déclarant la guerre le 20 avril 1792.

Entraînés malgré eux dans un conflit où les coûts et les risques semblaient supérieurs aux éventuels avantages, l'Autriche et la Prusse se gardèrent bien d'accorder aux exilés français un rôle de premier plan dans les opérations militaires. Tandis que ceux-ci espéraient marcher en rangs serrés à l'avant-garde de l'armée de coalition et reconquérir leur pays au nom du roi de France, Brunswick, qui détenait le commandement suprême des forces armées et considérait les émigrés comme une gêne inutile, les répartit en trois unités distinctes. Les quatre mille hommes emmenés par le duc de Bourbon durent rejoindre les troupes autrichiennes stationnées aux Pays-Bas, les cinq mille de Condé retrouvèrent Esterházy à Fribourg, et les dix mille qui formaient l'armée des princes, conduits par le vieux maréchal de Broglie, furent incorporés dans l'arrière-garde de l'armée de Brunswick pour marcher sous ses ordres sur Paris. Parmi les volontaires de la dernière heure se trouvait François-René de Chateaubriand qui avait rejoint l'armée des princes après le début de la guerre. En 1792, l'écrivain, alors âgé de vingt-quatre ans, « ne se souciait guère du sort de Louis XVI, qu'il tenait en piètre estime, et, malgré ses opinions "libérales", encore moins de la Révolution en marche [169] », mais il se rangea aux idées de Malesherbes, qui jugeait nécessaire que la noblesse d'épée réponde à l'appel aux armes lancé par les frères du roi.

« Mon zèle, reconnaîtra plus tard Chateaubriand, surpassait ma foi ; je sentais que l'émigration était une sottise et une folie [...]. Mon peu de goût pour la monarchie absolue, ne me laissait aucune illusion sur le parti que je prenais [170]. » En revanche l'armée des princes lui a inspiré des pages célèbres où se mêlent *pietas* et indignation. Formé de grands seigneurs, l'état-major brillait par l'élégance des uniformes, le scintillement des armes, l'abondance des vivres : « On ne voyait que fourgons remplis de comestibles ; on n'apercevait que cuisinières, valets, aides de camp. Rien ne représentait mieux la cour et la province, la monarchie expirante à Versailles et la monarchie mourante dans les bruyères de Du Guesclin [171]. » La troupe, elle, frappait Chateaubriand par sa pauvreté digne. En effet, les nobles de province qui avaient obéi à l'impératif de l'honneur comme le mythique héros de la guerre de Cent Ans constituaient « un assemblage confus d'hommes faits, de vieillards, d'enfants [172] » qui parlaient tous les dialectes. Mal équipés, sans armes, sans argent, les émigrés civils servaient aux côtés des militaires transfuges de l'armée française, où l'on comptait beaucoup d'officiers enrôlés comme simples soldats, dans une pagaille de vieux uniformes et de tenues pittoresques. « Cet arrière-ban, tout ridicule qu'il paraissait, avait quelque chose d'honorable et de touchant, parce qu'il était animé de convictions sincères [...] Toute cette troupe pauvre ne recevant pas un sou des princes, faisait la guerre à ses dépens, tandis que les décrets achevaient de la dépouiller et jetaient nos femmes et nos mères dans les cachots [173]. » Prêts à se sacrifier pour leur roi, les émigrés n'avaient pas prévu que leurs alliés autrichiens les traiteraient avec mépris, disposant d'eux comme de troupes subalternes, ni que leurs compatriotes les accueilleraient comme des « ennemis de la liberté, aristocrates, satellites de Capet [174] » quand eux-mêmes se pensaient des libérateurs. Ils s'attendaient à entrer triomphalement dans Paris, pas à subir l'humiliation de la retraite sous un déluge de pluie et de boue après la défaite de Valmy. Ils pouvaient encore moins imaginer qu'au moment même où, après la déposition de Louis XVI, la France subissait la Terreur et qu'on confisquait les biens des émigrés, Monsieur et Artois accepteraient la requête du roi de Prusse de dissoudre leur armée. Le dernier ordre des princes qui, le 23 novembre 1792, enjoignait aux soldats de se retirer « où ils voulaient », sans aucune indemnité, avait un goût d'ultime camouflet. Ruinés pour la plupart, les émigrés ne pouvaient pas rentrer en France où ils étaient condamnés à mort par contumace, et les autres pays européens se montraient peu enclins à les recevoir. L'armée autrichienne n'était pas non plus disposée à accueillir ceux qui auraient voulu continuer à se battre.

Si les frères du roi, comme l'écrivit le marquis de Marcillac, ne laissèrent à leurs soldats « que le désespoir pour ressource [175] », le prince de Condé se montra d'une tout autre trempe. Quand l'empereur lui demanda de congédier ses hommes, il se limita à répondre : « Il faudra les tuer jusqu'au dernier ! » Vienne n'osa pas insister [176].

Vaudreuil participa à la campagne des princes dans l'état-major d'Artois mais, en l'absence de lettres – sa correspondance s'interrompt dans les mois cruciaux du conflit –, nous ignorons comment il vécut l'échec d'une guerre sur laquelle il avait concentré toutes ses espérances. Dans les lettres suivantes, nous ne trouvons pas un seul mot sur les humiliations et les souffrances des émigrés qu'il avait contribué à envoyer au désastre. Sa préoccupation dominante restait la politique, même s'il était obligé de reconnaître ses erreurs. En avril encore, il était convaincu qu'au moment d'entrer en France « les Princes et les émigrés ser[aie]nt en première ligne, et que les troupes autrichiennes et prussiennes ne ser[aie]nt que comme auxiliaires [177] ». Mais, mi-juin, il commençait à nourrir de sérieux doutes sur la loyauté de la cour de Vienne [178] et finit par avouer : « Que de couleuvres, grands dieux ! Vienne nous a fait avaler [179] ! » Malgré la force de sa fidélité à Artois, les déclarations de son « preux » après le désastre – « Mais crois que mon âme est toujours la même ; je porte le nez plus haut que jamais, et je défie l'univers entier de m'abattre, ou même de me décourager [180] » – n'avaient plus le pouvoir de le rassurer. « Il m'a tant bercé d'illusions, confiait-il au comte d'Antraigues, que j'ai perdu une grande partie de ma confiance [181]. » Les nouvelles qui arrivaient de France – fin de la monarchie, détention de la famille royale au Temple, victoires de l'armée révolutionnaire, élection de la Convention – contribuèrent à jeter Vaudreuil dans un état de prostration grave. Se sentant inutile après la dissolution de l'armée de Coblence et l'éloignement de Calonne qui avait mis au service des princes la fortune de sa femme, il prit congé d'Artois et rejoignit les Polignac qui entre-temps s'étaient installés à Vienne. Là, le 6 mars 1793, ayant appris la mort de Louis XVI, il écrivit à Lady Foster qui lui demandait des nouvelles de sa santé : « J'apprends la plus déchirante catastrophe, la mort funeste du meilleur des hommes et des rois, du bienfaiteur de mes amis. Les détails de cette mort, le courage de ce monarque infortuné, la cruauté atroce, incroyable, de ses ennemis, ce testament sublime, le plus beau monument qu'un homme puisse laisser de ses vertus morales et chrétiennes, les dangers de la Reine et de toute cette auguste famille, la honte, le déshonneur ineffaçable de mon pays, tous ces objets funèbres ont tellement fermenté dans mon cœur et dans mon esprit qu'il a bien fallu succomber [182]. » Vaudreuil éprouva-t-il le remords d'avoir contribué au discrédit de la famille royale et failli à l'obéissance qu'il devait à Louis XVI en embrassant les choix velléitaires et ambitieux d'Artois qui avaient infligé le coup de grâce au souverain ? Ou n'y avait-il de place dans sa douleur que pour le souvenir des années heureuses où les Polignac avaient vécu en étroite symbiose avec Marie-Antoinette ? Toutefois ce n'est pas le comte qui « succomba » à la nouvelle de la mort de la reine, mais la duchesse Jules. Malade depuis longtemps, « victime de ses chagrins, de son attachement, de sa reconnaissance [183] », l'amie intime de la souveraine s'éteignit à Vienne le 5 décembre 1793, à quarante-quatre ans. Comme beaucoup de ses compagnons d'infortune, Vaudreuil le sceptique, l'anticlérical, trouva secours dans la religion. Il suivait dans cette voie sa maîtresse qui pourtant dans le passé n'avait pas caché son agnosticisme. Entraînée par l'exemple de sa belle-sœur, la comtesse de Polastron encouragerait aussi la conversion du comte d'Artois. Le libertinage passait décidément de mode. « Elle est allée rejoindre ses augustes bienfaiteurs, qui sans doute ont obtenu, pour le prix de leur martyre, que cette amie fidèle [...] fût réunie à eux pour toujours dans le sein de Dieu même », écrivait le comte à Lady Foster, en lui annonçant la mort de sa bien-aimée. Pour lui, qui restait parmi les vivants, l'exil devenait avant tout un état d'âme : « Je reste seul au monde, sur cette terre odieuse, sans objet, sans espoir [...] je n'ai plus rien, je ne suis rien. J'étais tout pour elle ; je possédais tout en elle ! Je ne désire même plus que faiblement le bonheur de mon pays si barbare, si ingrat. Quel bien puis-je désirer, puisque elle n'en jouira pas ! » [184]

En octobre 1791, les travaux de l'Assemblée constituante termi-
nés, le chevalier de Boufflers décida d'émigrer. Il aurait quitté Paris
bien avant s'il ne s'était pas senti tenu d'assumer jusqu'au bout le
mandat que lui avait confié le bailliage de Nancy. Son expérience
de député qui l'avait obligé à prendre position sur des réformes
beaucoup plus radicales que celles auxquelles il était préparé avait
été traumatisante. D'une nature tolérante et pacifique, le chevalier
misait sur une politique modérée, propre à concilier la fidélité à la
monarchie avec les exigences de renouveau, et il fut douloureusement frappé par le climat de violence qui s'était installé entre les
différents partis, envenimant les travaux de l'Assemblée. « Il semble
à mon âme, écrivait-il dès 1789 à Mme de Sabran, qu'elle est un
voyageur, naturellement sain et délicat, qui se trouve obligé à passer
une longue nuit dans un caravansérail, entre des pestiférés et des
lépreux. J'espère bien ne gagner ni la peste, ni la lèpre, mais n'est-ce
rien que le dégoût [185] ? » Boufflers ne manquait pas du courage
nécessaire pour défendre ses opinions, mais, virtuose de la conversation, il était piètre orateur. Il ne savait pas improviser à la tribune,
ce qui l'obligeait à lire ses discours, et son style était trop élégant,
sa voix trop faible, ses manières trop polies pour s'imposer à l'attention d'une Assemblée où tonnait un Mirabeau [186]. Cela ne l'empêcha pas de jouer pleinement son rôle de député [187], avec une
pondération et un bon sens qui, on ne s'en étonnera pas, lui
valurent l'approbation de Gouverneur Morris [188]. Anticlérical et
libre penseur, le chevalier proposa entre autres un projet de réforme
du clergé récusant les vœux perpétuels, mais il s'opposa à la natio-
nalisation des biens du clergé voulue par Talleyrand. Il soutenait
en effet que priver l'Église de ses moyens de subsistance ne répondait pas à la volonté de la nation et que la vente de ces biens non
seulement léserait les intérêts de ses créanciers – pensait-il à ses
propres bénéfices ? –, mais ferait s'effondrer le marché foncier, favo-
risant à de dangereuses spéculations aux dépens des paysans et de
l'agriculture. Après l'approbation du décret, il réclama des mesures
empêchant les nouveaux propriétaires de raser les forêts pour s'enrichir. En outre, fidèle à l'esprit de l'*Encyclopédie*, Boufflers encouragea la création d'un conservatoire national des arts et métiers et fit
voter un décret visant à protéger les découvertes dans le domaine
de l'industrie et du commerce par l'instauration de brevets garantis
par l'État [189]. Il veilla aussi à introduire un système de bourses pour

encourager les « arts nobles » et les « arts utiles », surtout au bénéfice des artistes [190].

Au plan strictement politique, le chevalier défendit à plusieurs reprises le droit exclusif de Louis XVI à prendre des décisions gouvernementales : à son avis, l'Assemblée devait se limiter à légiférer. « Tout ceci, écrivait-il à Mme de Sabran sans renoncer à ses références littéraires, me représente la *Thébaïde* où deux frères, le *Pouvoir législatif* et le *Pouvoir exécutif*, enfants inconciliables d'un père aveugle, le *Peuple*, ensanglantent la terre de leurs combats [191]. » En 1790, il avait fondé avec Malouet, La Rochefoucauld-Liancourt, Clermont-Tonnerre, Lally-Tollendal et d'autres amis le Club des Impartiaux qui se proposait de « ramener l'ordre, la paix et la sécurité ; c'est le seul moyen de sauver la patrie, de garder la foi promise et due aux créanciers de l'État, de ranimer le commerce et de rétablir la perception des revenus publics, sans lesquels on verrait bientôt périr la Constitution elle-même et la liberté [192] ». Un tel programme deviendrait bientôt obsolète. Du reste le Club s'était dissous depuis longtemps au moment de la fuite à Varennes. Et puis, comment aurait-on pu parler d'une « monarchie libre » quand « le roi ne peut plus sortir de son château et les Français ne peuvent point sortir de France. Et Dieu sait par où l'on en sortira ! » [193] ? Contrairement à son roi, le chevalier réussit fin novembre à franchir sans encombre la frontière suisse et, début 1793, rejoignit Mme de Sabran à Rheinsberg, la résidence d'Henri de Prusse. Dans une lettre du 22 janvier, le comte Maximilien de Lamberg informait Casanova de l'arrivée du chevalier au château, indiquant qu'il l'avait entendu déclarer que la France verrait bientôt la fin de la crise et que « le roi [serait] plus roi que jamais [194] ».

La comtesse de Sabran n'avait pas attendu la fuite à Varennes pour quitter le pays avec son fils Elzéar. Du reste, l'accueil que le frère du grand Frédéric lui offrait ainsi qu'au chevalier s'annonçait comme la moins douloureuse des émigrations, comme « une léthargie assez douce [195] ». Cultivé et profondément francophile, le prince Henri était en effet heureux de compter sur la collaboration de ces deux virtuoses de la vie mondaine pour insuffler à sa petite cour le véritable « esprit de société » parisien. En échange d'une hospitalité pleine d'égards, qui les mettait à l'abri de toute préoccupation économique, les deux amants devaient simplement persévérer dans leurs vieilles habitudes : converser, improviser des vers, composer des canevas théâtraux, jouer la comédie, inventer des passe-temps intelligents. De passage à Rheinsberg, Mme Vigée Le Brun les avait trouvés en pleine activité [196]. Mais il n'était pas facile d'afficher une inaltérable bonne humeur quand des nouvelles de plus en plus terribles arrivaient de France. Mme de Sabran avait laissé à Paris sa fille Delphine, qui se retrouverait en prison après avoir assisté héroïquement son beau-père, le général de Custine, et son jeune mari, tous deux envoyés à la guillotine. Peu après, la sœur bien-aimée du chevalier connaîtrait le même sort [197]. Une vieille relation de Boufflers, le général Dampmartin, de passage à Rheinsberg, fut frappé par son changement : « Le célèbre chevalier, si piquant d'imagination, si original de talent, si facile d'humeur, si heureux de caractère et si parfait d'obligeance ; ce chevalier possédait l'esprit français par excellence ; mais cet esprit qui avait fait les délices de la cour de Lunéville, de celle de Versailles et des salons de Paris, soutenait mal chez les Prussiens l'épreuve de l'expatriation. Il était semblable à ces fleurs ornées des couleurs les plus variées que les feux du ciel vivifient, mais dont les rigueurs d'un âpre climat dessèchent les charmes : son silence habituel n'était interrompu qu'à d'assez longs intervalles, et pour lors jaillissaient des mots ou neufs, ou fins, ou gais, ou d'une douce malice, mais toujours ingénieux. Pour bien saisir le sel de la plupart il était nécessaire d'avoir [...] *bu des eaux de la Seine* [198]. » Henri de Prusse aussi finit par se lasser de ses hôtes, et Boufflers et Mme de Sabran durent éprouver « combien la saveur est amère / du pain d'autrui, et combien c'est dur chemin / que de descendre et de monter l'escalier d'autrui [199] ».

En se remémorant les jours terribles qui avaient marqué la fin de la monarchie, Narbonne confia à Villemain « qu'il n'aurait pas laissé le Roi attendre le 10 août, ni peut-être le 20 juin dans le château des Tuileries, et qu'armé d'un titre et d'un reste de pouvoir, il aurait trouvé retraite pour Louis XVI, non pas à l'étranger, mais à la frontière [200] ». Nous savons en effet que même après sa démission forcée du ministère de la Guerre, le comte tenta de sauver la famille royale, échafaudant avec Mme de Staël un plan d'évasion audacieux. Après avoir été limogé par le roi et s'être défendu des attaques des Jacobins en illustrant avec éloquence son action de ministre devant l'Assemblée, le comte avait retrouvé La Fayette à Metz et repris son poste dans l'armée. Mais fin mai, son ami le renvoyait à Paris suivre les developpements politiques entraînés par la guerre. Comme l'avait prévu Barnave, les premières défaites subies par l'armée française sur le front belge – à Tournai, le général Dillon avait été massacré par ses soldats et Biron obligé de se replier sur Valenciennes – déchaînèrent la réaction populaire et poussèrent le pouvoir à l'extrême gauche. Craignant une invasion étrangère et la trahison de Louis XVI, exaspérée par le veto qu'il avait opposé à la déportation des prêtres réfractaires, une foule en armes envahit les Tuileries en chantant des couplets farouches contre « M. et Mme Veto », imposa au roi le bonnet phrygien et le garda en otage pendant des heures avec sa famille. Quand, malgré tout cela, le roi refusa de retirer son veto, le mouvement populaire, excité par *L'Ami du peuple* de Marat, réclama à grands cris sa déposition. En prévision à pire, Narbonne et Mme de Staël encouragèrent le couple royal à fuir. Parmi les nombreux projets plus ou moins réalisables qui s'étaient succédé après Varennes, celui qui avait germé dans l'esprit fertile de Germaine était assez ingénieux : Mme de Staël ferait mine de vouloir acheter la propriété de Lamotte, mise en vente par le duc d'Orléans et située en position stratégique sur la côte normande ; elle y effectuerait donc de nombreux repérages, voyageant toujours dans la même berline et selon le même itinéraire, s'arrêtant aux mêmes endroits, en compagnie d'un présumé homme d'affaires, de deux femmes de chambre et d'un enfant ayant la corpulence des membres de la famille royale et toujours vêtus de la même façon. Narbonne les accompagnerait à cheval, déguisé en page. Postillons et gardes aux postes de contrôle s'habitueraient ainsi à ces allées et venues et relâcheraient leur surveillance. Le moment venu, le roi, la reine, Madame Élisabeth et le Dauphin monteraient dans la berline habillés comme leurs doublures et, escortés par Mme de Staël et Narbonne, pourraient arriver au château de Lamotte sans éveiller la curiosité et de là s'embarquer [201]. Leur proposition ne fut pas retenue : Louis XVI avait fini par se persuader de la loyauté du comte, mais autant lui que Marie-Antoinette se méfiaient de Mme de Staël et préféraient écouter leurs conseillers qui considéraient les constitutionnels comme des traîtres. Ils ne voulurent pas examiner non plus le plan d'évasion conçu par Montmorin, en accord avec Liancourt, alors commandant des troupes en garnison à Rouen. Un an après, Talleyrand écrirait de Londres à Mme de Staël : « Après Varennes, la royauté a été sauvée par le parti constitutionnel ; le 10 août, elle a été perdue par le parti aristocratique qui s'est opposé jusqu'au dernier moment à ce que le Roi fût à Rouen [202]. » Les monarchistes intransigeants conservèrent leur haine pour les constitutionnels même après le 10 août. Au début du mois, le manifeste de Brunswick, qui menaçait de mettre Paris à feu et à sang s'il était fait violence à Louis XVI et sa famille, et le refus de l'Assemblée de procéder à la destitution du roi déchaînèrent la fureur du peuple qui prit d'assaut les Tuileries. Narbonne, Mathieu de Montmorency, La Tour du Pin-Gouvernet, Lally-Tollendal, François de Jaucourt, Stanislas de Clermont-Tonnerre et d'autres gentilshommes constitutionnels accoururent au château défendre le souverain, mais jusque dans le danger extrême les purs et durs refusèrent leur aide. Mme de Staël rappellera dans les *Considérations sur la Révolution française* le désespoir de Narbonne et de ses amis libéraux condamnés à l'impuissance : « Incapables cependant, malgré le refus qu'on leur faisait subir, de se rallier au parti contraire, ils erraient autour du château, s'exposant à se faire massacrer pour se consoler de ne pouvoir se battre [203]. » Ceci dit, les premiers qu'on massacra furent les Gardes suisses, pendant que le château était mis à sac et que le roi et sa famille cherchaient refuge à l'Assemblée. Incapables désormais de contrôler une situation qui leur avait totalement échappé, les députés suspendirent Louis XVI de ses fonctions et l'emprisonnèrent au Temple. Tandis que les massacres continuaient, s'ouvrit la chasse aux suspects. Restée seule à l'ambassade après le rappel de son mari en Suède et malgré sa grossesse avancée, Mme de Staël alla de maison en maison offrir son aide aux amis qu'elle savait menacés : Mathieu de Montmorency, La Tour du Pin-Gouvernet et Beaumetz se cachèrent en effet rue du Bac. Mais elle ne put rien pour Stanislas de Clermont-Tonnerre qui, le soir même, fut défenestré de la demeure où il avait trouvé refuge.

Narbonne fut plus chanceux. Recherché par les Jacobins, il réussit à courir chez Mme de Staël où, invoquant Dieu et la Sainte Vierge, il implora l'aide du chapelain de l'ambassade, le pasteur protestant Charles-Christian Gambs, qui, après le départ de Staël, était devenu le représentant de la Suède auprès du gouvernement français. Malgré ses ferventes convictions républicaines, celui-ci le cacha quatre jours sous l'autel de la chapelle [204]. Le courage et le sang-froid de Mme de Staël firent le reste. Comme elle le racontera elle-même, elle accueillit sans se démonter les commissaires venus perquisitionner chez elle à la recherche de suspects, leur rappelant qu'ils se trouvaient dans un siège diplomatique et violaient le droit international. Profitant de leurs faibles connaissances en géographie, elle les persuada que, la Suède confinant avec la France, ce pays se vengerait par une attaque immédiate et elle trouva la présence d'esprit de faire de l'humour sur l'absence de fondements de leurs soupçons. Enfin, mobilisant toute sa capacité de séduction, Germaine réussit à les convaincre. « Je les reconduisis ainsi jusqu'à la porte, se souviendra-t-elle, et je bénis Dieu de cette force extraordinaire qu'il m'avait prêtée dans cet instant[205]. » Il fallait maintenant trouver au plus vite le moyen pour Narbonne – contre qui un mandat d'arrestation avait été lancé entre-temps – de sortir de l'ambassade sans être vu et de quitter la France. Le chapelain, lui aussi désireux de se débarrasser du comte, présenta à Mme de Staël un médecin allemand de vingt-quatre ans, Justus Erich Bollmann, venu en France admirer les progrès de la Révolution. Conquis par la « franchise chevaleresque » de Narbonne, qui même dans le danger gardait toute sa gaîté et ses manières d'homme du monde, et attiré par le caractère romanesque de la situation – « une femme enceinte et prête d'accoucher, qui se lamente sur le sort de son amant […] ses larmes, un homme en danger de mort, l'espoir de le sauver […] le charme de l'extraordinaire, tout cela agit à la fois[206] » –, Bollmann accepta d'organiser la fuite du comte et de l'accompagner outre-Manche. Parfaitement pensé, le plan fonctionna à merveille. Narbonne quitta l'ambassade déguisé en charretier, passa la nuit chez Bollmann et le lendemain, munis de faux passeports anglais et affichant la plus grande désinvolture, les deux voyageurs sortirent sans encombre de la capitale, franchirent les nombreux postes de contrôle le long du trajet et arrivèrent sains et saufs à Boulogne, où ils s'embarquèrent pour Douvres. Le 23 août, le comte arrivait à Londres.

À trente-sept ans seulement, Narbonne pouvait considérer sa carrière politique terminée, et son exil avait le goût amer de la défaite. Aucune de ses attentes n'avait été remplie. Il avait cru, tout comme Mme de Staël, que la Révolution mènerait à la monarchie constitutionnelle avec deux chambres législatives et le pouvoir exécutif confié au roi, mais avait dû se résigner à une chambre unique et à la limitation du pouvoir royal. Et en misant sur l'action militaire pour redonner de la force et du prestige à Louis XVI, il avait appuyé une guerre qui se révélait fatale à la monarchie. Certes, il n'était pas le seul à s'être trompé : Talleyrand, Biron, La Fayette avaient nourri les mêmes espérances, mais aucun d'eux n'était aussi intimement lié à la famille royale ni ne vivait aussi profondément le deuil de la monarchie. Si ses amis étaient responsables de leurs choix, le comte, lui, ne pouvait pas ne pas se demander si les siens auraient été aussi hasardeux sans l'influence de Mme de Staël. Maintenant que l'aventure politique qui les avait si étroitement liés se soldait par un échec, que restait-il de leur compagnonnage sentimental ? La seule certitude que Narbonne n'avait pas perdue était son honneur de gentilhomme, et il s'en servit comme guide dans la longue traversée du désert qui l'attendait. Il endura donc l'expatriation forcée, la pauvreté, l'incertitude de l'avenir avec l'élégance et la nonchalance qui l'avaient caractérisé à la cour et à la ville et qui étaient devenues chez lui une seconde nature. Mais rien ne pouvait le défendre contre l'angoisse qui le tenaillait devant le crescendo de la violence révolutionnaire.

Au cours des premières semaines londoniennes passées dans la demeure que Talleyrand avait louée à Kensington Square, confiant à Mme de La Châtre le rôle de maîtresse de maison, Narbonne trouva un antidote à la dépression en cherchant un logement pour ses compagnons d'exil et lui. Le 15 septembre Talleyrand arrivait à Londres. Muni d'un passeport dans les règles obtenu de Danton, il ne figurait pas sur la liste des émigrés. Il fut suivi par Mathieu de Montmorency, Pierre-Victor Malouet et François de Jaucourt, tous trois sauvés par Mme de Staël et, petit à petit, par d'autres députés de la Constituante comme le marquis de Lally-Tollendal, le duc de Liancourt, le comte de Beaumetz. La demeure de Kensington Square devenait pour eux tous un lieu de rendez-vous et Justus Erich Bollmann, qui y avait été accueilli à bras ouverts en tant que sauveur de Narbonne, était ébahi de la liberté, de l'intérêt et du brio de leurs conversations [207]. Contrairement aux usages britanniques, les femmes, qui avaient épousé les convictions politiques de leurs amants, y participaient : il y avait Mme de Flahaut, qui avait quitté la France après les massacres de septembre grâce à l'aide de John Wycombe, lequel avait succédé dans son lit à Talleyrand et Morris ; la belle et brillante princesse d'Hénin, qui vivait séparée de son mari et était liée à Lally-Tollendal ; et naturellement

Mme de La Châtre, qui aimait François de Jaucourt, dont elle avait eu un enfant.

Pourtant, au-delà du soulagement de se retrouver vivants, en lieu sûr, et de leur recours au rite magique de la conversation pour exorciser la nostalgie de la patrie perdue, Narbonne et ses amis étaient conscients des nombreux dangers que présentait pour eux la capitale britannique. Restée neutre, l'Angleterre réservait aux expatriés français un accueil beaucoup plus cordial que les autres pays, compatissant à leurs malheurs et prodiguant des secours aux plus démunis. En outre Narbonne jouissait de l'avantage non négligeable d'y avoir séjourné plusieurs fois, d'en parler parfaitement la langue et de compter de nombreux amis à Londres. Il fut aussitôt reçu par des représentants en vue de la gauche parlementaire – Charles James Fox, Lord Grenville, Lord Erskine –, qui partageaient les grandes idées de la Révolution française et soutenaient, en opposition à Pitt, une politique de réformes radicales. Mais si l'aristocratie Whig sympathisait avec Narbonne et ses amis constitutionnels, ceux-ci étaient regardés avec suspicion par le gouvernement tory et surtout tenus à distance par les émigrés de la première heure. Les Noailles, Choiseul, Beauvau, Mortemart, Fitz-James, Duras, Osmond et beaucoup d'autres membres de la vieille noblesse française qui, dès 1789, avaient choisi l'Angleterre comme lieu d'exil et fréquentaient la haute société londonienne et les milieux de la cour étaient unanimes pour considérer les nouveaux venus comme responsables de la dictature jacobine et de la chute de la monarchie. Non seulement ils ne les aidaient en rien, mais ils soumettaient « les traîtres » à une féroce campagne de dénigrement [208]. La proclamation de la République, l'emprisonnement du roi et les massacres du 2 septembre ne firent qu'exacerber la situation, suscitant dans l'opinion publique anglaise une vague d'indignation qui grandirait avec le procès et la condamnation à mort de Louis XVI. Miss Berry, la jeune protégée d'Horace Walpole – qui avait succombé au charme de la civilisation mondaine française –, en dénonçait maintenant toutes les faiblesses intrinsèques dans une parodie du Credo : « Je crois en les Français, créateurs de la mode ; je reconnais leur supériorité dans la conversation et leur suprématie dans la danse. Je crois en leur fanatisme pour ce qui est nouveau, et non en l'enthousiasme pour ce qui est grand, et je n'attends ni cohérence dans leurs projets, ni constance dans leurs sentiments. Je crois en le Roi, le plus faible et le plus blessé des mortels, et en la Reine, son égale dans la souffrance et dans la compréhension ; et en le Dauphin, dont le règne ne viendra jamais. Je crois également en la folie des Princes, en la bassesse de leurs conseillers, en la cruauté et en la folie de leurs ennemis. Je n'attends ni résurrection de l'ordre, ni régénération de la morale, et je ne guette ni la venue de la liberté, ni la permanence de leur constitution. Amen [209] ».

D'abord Mecque des libéraux, comme l'a écrit Ghislain de Diesbach, Londres « est devenue la capitale du royalisme le plus intransigeant, le dernier bastion de cet Ancien Régime qui réunit plus de partisans, maintenant, qu'il en comptait trois ans plus tôt [210] ». Pour fuir l'hostilité des monarchistes purs et durs et ne pas augmenter les difficultés du gouvernement, mais aussi pour des raisons d'économie, de nombreux réfugiés cherchèrent à se loger hors de la capitale. Lally-Tollendal, la princesse d'Hénin et Liancourt retrouvèrent Mme de Genlis à Bradfield Hall, à mi-chemin entre Aylesham et Londres, sous l'aile protectrice du démocrate francophile Arthur Young. Pour sa part, avec l'argent que lui avait envoyé Mme de Staël, Narbonne décida de louer Juniper Hall, une vaste et confortable maison de campagne près du village de Mickleham, dans le Surrey, à vingt-cinq miles de Londres, et s'y installa avec Mme de La Châtre, Jaucourt, Mathieu de Montmorency, Charles de Lameth. Bientôt un autre grand ami de Narbonne les rejoindrait, le général d'Arblay, ex-chef d'état-major de La Fayette. Pour sa part, la duchesse de Broglie, qui avait fui la France après l'arrestation de son mari, le général Charles-Louis-Victor de Broglie, loua un modeste *cottage* tout près de Juniper Hall. Son fils Achille-Léonce-Victor-Charles âgé de sept ans à l'époque deviendra un jour le gendre de Mme de Staël. Arrivée la dernière, le 25 ou le 26 janvier 1793, Germaine passera à Juniper Hall « quatre mois de bonheur échappés au naufrage de la vie [211] », trouvant en ce lieu « le paradis terrestre [212] ». Elle allait pourtant y introduire la pomme de la discorde. Pendant presque un an, Juniper Hall fut un laboratoire où l'on expérimenta toutes les formes de la vie affective – la passion, l'amour, la pitié, l'amitié, l'honneur, le devoir – et où plusieurs histoires tressèrent une extraordinaire comédie sentimentale, où s'affrontèrent deux caractères nationaux profondément différents, l'Anglais puritain qui servira de modèle à l'Europe bourgeoise du siècle suivant et l'aristocrate français mondain, parvenu au terme de son parcours historique. On a conservé la trace écrite de cette partition à plusieurs voix grâce à l'activité épistolaire des personnages principaux, tout comme on peut en saisir l'écho dans les romans de Mme de Staël. Mais ce sont les correspondants anglais qui nous en ont laissé la chronique la plus détaillée.

Dès le début, l'arrivée des réfugiés français dans la paisible et bucolique vallée du Surrey avait suscité la curiosité du voisinage. William Lock et son épouse Frederica Augusta passaient de longues périodes de l'année à Norbury Park, la plus belle maison du district, qui dominait Juniper Hall d'une colline sur la berge opposée de la Mole. On disait – étranges géométries du destin – qu'il était un enfant naturel de Louis XV élevé à Londres et sa femme une filleule de Frédéric le Grand. Riches, cultivés, généreux mécènes, les Lock étaient des libéraux convaincus et vivaient, malgré une différence d'âge importante, une idylle conjugale fondée sur la convergence de leurs idéaux et la transparence de leur cœur. Tous deux réservèrent un accueil chaleureux aux nouveaux venus, leur offrant une amitié qui ne faiblirait jamais. Démocrates et admirateurs fervents de La Fayette, les Phillips ne furent pas en reste. Grands amis des Lock, ils vivaient dans un gracieux cottage de West Humble, à une heure de marche de Juniper Hall. Malesworth Phillips servait dans la marine tandis que son épouse Susanna – qui avant son mariage avait été une musicienne prometteuse – se consacrait à l'éducation de leurs trois enfants. Eux aussi avaient fait un mariage d'amour, mais les extravagances du mari et les difficultés économiques qui en avaient découlé avaient eu raison de leur entente initiale. En revanche, Susanna pouvait compter sur la solidarité sans bornes de sa sœur aînée, Fanny Burney, qui contrairement à elle ne s'était pas mariée et était l'auteur de deux romans à succès, *Evelina* et *Cecilia*, qui n'avaient toutefois pas amélioré son niveau de vie. Après cinq années éprouvantes comme dame de la garde-robe de la reine, charge qui lui valait une modeste pension, Fanny était retournée vivre avec son père, l'illustre musicologue Charles Burney, à qui elle vouait une admiration empreinte de respect. Très liées, les deux sœurs s'écrivaient assidûment. Intelligentes, cultivées, curieuses de tout, elles abordaient dans leur correspondance les sujets les plus variés, mais à partir de début octobre, leur attention fut accaparée par les « détails passionnants de la Colonie française [213] ». Introduite par Mrs Lock à Juniper Hall début novembre, Susanna put

enfin faire la connaissance de ses nouveaux voisins, qui la fasci-
nèrent. Non seulement c'étaient des patriotes intrépides qui avaient
risqué leur vie pour leurs idéaux, mais ils avaient le même âge
qu'elle – aucun n'avait dépassé les quarante ans – et étaient tous
affables, spirituels et merveilleusement exotiques. Elle se hâta de les
décrire, un par un, à sa sœur, en commençant par
Mme de La Châtre, seule femme du groupe. Sans être une beauté,
elle était élégante, cultivée, pleine d'esprit, « *lively and char-
ming*[214] ». Comme elle le reconnaissait elle-même, la comtesse
fuyait non seulement la Terreur mais aussi un mari exécrable qui,
d'idées politiques opposées aux siennes, avait rejoint les princes à
Coblence. Le soupçon n'effleura même pas Mrs Phillips, impressionnée par tant d'indépendance, que Mme de La Châtre était la
maîtresse du comte de Jaucourt, présent à Juniper Hall. Impatiente
de le connaître pour avoir entendu vanter son éloquence quand il
siégeait à l'Assemblée constituante, Susanna ne fut pas déçue et le
trouva « comique, amusant, sincère, spontané et plaisant », bref,
tout simplement « *delightful* »[215]. Le plus jeune du groupe était
« M. de Montmorency, ci-devant duc, qui fut parmi les premiers à
donner l'exemple en sacrifiant son intérêt personnel à ce que l'on
considérait alors comme l'intérêt général.[216] » en proposant à
l'Assemblée l'abolition des titres. À ce sujet, Susanna rapportait à
sa sœur une anecdote qui donnait un aperçu des traits d'esprit
incisifs dont Talleyrand régalerait bientôt les réunions de Juniper
Hall. On venait de lui raconter que quelques jours après le beau
geste de Montmorency, Talleyrand l'avait appelé par son nom de
famille, Mathieu Bouchard. « "Mais je suis Montmorency", s'écria
le jeune duc, citant aussitôt ses illustres ancêtres qui avaient com-
battu à Bouvins et à Saint-Denis. "Oui, oui, mon cher Mathieu,
l'interrompit l'homme d'esprit, vous êtes le premier membre de
votre famille à avoir déposé les armes."[217] »

Mais la vedette était tenue par Narbonne : beau, grand seigneur,
courtois et infiniment mélancolique, ses amis ne tarissaient pas
d'éloges à son sujet. Il avait incité le général d'Arblay à le rejoindre,
racontait Mme de La Châtre à Susanna, dès qu'il avait appris que
son ami, incriminé comme bras droit de La Fayette et réduit à la
misère, cherchait asile à l'étranger : il serait heureux de partager
avec lui le peu d'argent qui lui restait. Bel homme, ouvert et
viril[218], d'Arblay était le moins sophistiqué et brillant du groupe,

mais il frappait par une gentillesse délicate qui allait droit au cœur. Après les premières visites de courtoisie, les échanges entre Juniper Hall, Norbury Park et West Humble s'intensifièrent. Les invitations informelles et les journées enchanteresses se multiplièrent, tandis que croissaient l'étonnement et l'admiration des Anglais pour un style de vie capable de survivre à tant de malheurs. Il y avait matière à roman dans les lettres que Susanna et les Lock envoyaient à Londres, sans savoir qu'ils fournissaient à Fanny Burney les premiers éléments de ce qui serait sa plus belle histoire. Monarchiste intransigeante, partageant les positions rigoureusement tory d'un père austère qui regardait la Révolution française avec les mêmes yeux que son ami Edmund Burke, Fanny ne partageait pas les enthousiasmes progressistes des Phillips, mais les nouvelles que Susanna et les Lock lui envoyaient sur les Junipériens exercèrent sur elle un attrait irrésistible. Elle ne ferait leur connaissance qu'en janvier, quand elle rejoignit enfin sa sœur à West Humble. Moins d'un an après, défiant la désapprobation paternelle et en dépit du plus élémentaire bon sens, elle épousa le général d'Arblay.

Tandis que les deux sœurs, lectrices passionnées de Mme de Sévigné et fidèles à une esthétique épistolaire qui faisait de la lettre « la conversation des absents », donnaient de ce genre littéraire une version britannique dans le style Jane Austen, Mme de Staël entretenait avec Narbonne une correspondance enflammée. « Lettres brûlantes et à brûler – *a fine moral lesson too* (« une bonne leçon de morale ») [219] », écrirait des années plus tard Mme d'Arblay sur l'enveloppe qui les contenait. Narbonne les avait très probablement confiées à d'Arblay au moment de quitter l'Angleterre et elles étaient restées dans les papiers du général, échappant ainsi à la destruction que les descendants de Mme de Staël avaient opérée des lettres reçues de Narbonne ainsi que d'une grande partie de sa correspondance amoureuse. Heureusement Fanny n'osa pas brûler celles de Germaine et les garda, avec ses propres papiers et ceux de son mari dans une malle métallique d'où elles émergeraient un siècle plus tard [220].

« Ah ! qu'il est heureux le jour où l'on expose sa vie pour l'unique ami dont notre âme a fait choix ! le jour où quelque acte d'un dévouement absolu lui donne au moins une idée du sentiment qui oppressait le cœur par l'impossibilité de l'exprimer [221] ! » En évoquant le moment exaltant où elle avait sauvé la vie de Narbonne en exposant la sienne, Mme de Staël n'avait pas une vision juste d'elle-même. À en juger par les cent cinquante lettres qu'elle enverrait à son amant après sa fuite, ce n'était pas la capacité d'exprimer ses sentiments qui lui faisait défaut, c'était plutôt Narbonne qui se montrait incapable de répondre de façon appropriée à sa passion.

Écrites de Paris où elle resterait jusqu'au 3 septembre pour prêter secours à d'autres amis en danger, les premières lettres de Germaine ne laissent aucun doute : « Je ne sais que t'adorer, te regretter et donner la vie à ton enfant [222]. » Pour cet enfant, le deuxième qu'elle aurait de Narbonne et qui devait bientôt naître, elle avait renoncé à suivre son amant à Londres et était retournée en Suisse. L'atmosphère qui régnait à Coppet était sinistre. Sourde aux supplications de ses parents, elle était restée à Paris après le départ de son mari et le soulagement des Necker de l'avoir à nouveau avec eux n'avait d'égal que leur indignation pour sa relation scandaleuse avec Narbonne. Sa mère ne lui adressait plus la parole et, malgré l'indulgence sans borne, qu'il lui avait toujours montrée, son père ne lui épargnait pas ses reproches. Mais elle était prête à subordonner son adoration filiale à son amour pour Narbonne : « Je vous dirais une horreur, avouait-elle au comte peu de temps après son arrivée, c'est que je ne serai jamais à lui de toute mon âme, tant qu'il ne partagera pas mon sentiment pour vous [223]. »

Mais Germaine dut rapidement s'interroger sur les sentiments de Narbonne. Pourquoi ses lettres étaient-elles aussi rares ? Savait-il ce qu'était la passion ? Suffisait-il de l'inspirer pour la connaître [224] ? Elle ne perdait pas une occasion de lui rappeler la sienne – « un genre de passion qui absorbe tout mon être » – avec le ton et le langage des héroïnes de tragédie. Mais elle avait beau faire appel à « ce cœur si pur où repose toute [s]a destinée [225] », décliner inlassablement ce qu'il représentait pour elle – « vous, toi, ange, époux, amant, ami [...] tout [226] » –, Narbonne continuait à se montrer évasif, détaché, prudent.

Si c'était l'avenir qui le préoccupait, elle était prête à le rassurer. Passant sans embarras du registre du sublime à celui du pragmatisme bourgeois, Mme de Staël se livrait à une petite comptabilité : elle espérait obtenir assez de son père pour ne pas renoncer au train de vie qui leur était nécessaire, pour autant il ne lui semblait pas indispensable de divorcer de leurs conjoints respectifs. Les seules ressources sur lesquelles Narbonne pouvait compter étaient les biens de son épouse, dont elle n'avait pas de raison d'être jalouse. Et de son côté, elle savait bien que divorcer de Staël lui coûterait cher. Au fond, un mariage avec Narbonne n'aurait de sens que s'il comportait des avantages économiques pour tous les deux [227]. Elle espérait qu'une normalisation de la situation politique leur permettrait de rentrer un jour en France, « sinon, l'Amérique ensemble ; l'Amérique, si ton cœur en sait supporter la solitude, est encore le paradis avec toi [228] ». Même une nouvelle aussi tragique que l'annonce du procès de Louis XVI ne lui faisait pas perdre de vue ses propres intérêts. Par exemple, la défense du roi [229] que son père avait décidé d'envoyer à la Convention lui semblait très belle, « très digne d'estime sous plusieurs rapports », mais terriblement inopportune. Dictée par le besoin d'occuper la scène, l'intervention de Necker ne pouvait rien changer au destin de Louis XVI et fournissait au contraire aux Jacobins une excellente excuse pour ne pas lui rembourser le prêt qu'il avait consenti à la France dans le passé. En envoyant un exemplaire de ce texte à Narbonne, Germaine avouait sans aucune gêne : « Je suis très inquiète de son effet sur la fortune. Mon Dieu que je serais triste si elle me manquait ! […] l'amour de mon père pour l'éclat et le roi, deux choses si différentes, coûterait bien cher à notre bonheur [230]. » À l'évidence, Germaine ne s'était pas encore aperçue que Narbonne, partageant les positions de Necker, s'apprêtait à lui causer des soucis encore plus graves. Pour surprenant que cela puisse paraître, Mme de Staël prouvait qu'elle ne connaissait pas le comte. L'amour n'avait jamais fait partie de ses priorités et c'étaient l'ambition et la passion politique qui avaient scellé son union avec elle. Maintenant que toutes deux s'étaient écroulées comme un château de cartes, c'était la tragédie de la monarchie qui l'absorbait entièrement. La saison de l'héroïsme finie, les projets de bonheur conjugal que sa maîtresse lui proposait, l'allusion aussi insistante qu'indiscrète – et qui ne rentrait assurément pas dans les règles de l'adultère aristocratique – aux enfants nés de leur relation, son exaltation sentimentale et ses calculs de fille de banquier étaient incompatibles avec la façon d'être du comte et donnaient pour implicite un engagement qu'il n'avait pas. Mais comment se soustraire aux demandes d'une femme qui lui avait sauvé la vie et à qui il vouait une immense reconnaissance ? L'éloignement lui permettait de différer le problème, mais pas pour longtemps. Après avoir donné le jour le 20 novembre à un enfant qui comme elle vivrait pour l'aimer et lier encore plus étroitement leurs deux « inséparables destinées [231] », Mme de Staël se montrait plus décidée que jamais à le rejoindre en Angleterre.

En ce mois de novembre, les préoccupations de Narbonne étaient de tout autre nature. L'annonce du procès du roi, accusé d'intelligence avec l'ennemi et tenu pour responsable des défaites de Longwy et Verdun, avait jeté Juniper Hall dans la consternation. Le comte avait proposé aux ministres constitutionnels, qui se trouvaient alors à Londres, de rédiger « une Déclaration en commun, pour réclamer, aux termes de la Constitution de 1791, la responsabilité des actes de leurs Ministères, et l'autorisation de venir à la barre de la Convention se défendre chacun, en son nom, et pour sa part, dans le procès du Roi [232] ». N'ayant pas réussi à les convaincre, Narbonne demanda à la Convention un sauf-conduit pour rentrer à Paris témoigner au procès et revendiquer comme personnelles toutes les initiatives qu'il avait prises au cours des trois mois où il avait été ministre de la Guerre. Ses amis d'Arblay, Lally-Tollendal, Liancourt et Malouet suivirent son exemple. La Convention ayant repoussé toutes les requêtes, il envoya alors un texte – *La Déclaration de Louis de Narbonne, ancien Ministre de la Guerre, dans le procès du Roi* [233] – à Tronchet et Malesherbes qui avaient pris la défense du roi. Un témoignage qui démentait l'accusation – la plus grave du procès – d'une entente secrète entre Louis XVI et les puissances étrangères. Malesherbes remercia plusieurs fois le comte, l'assurant qu'il avait montré sa déclaration au souverain, lequel en avait été « touché et même attendri [234] », mais lui avait recommandé de ne pas la rendre publique par crainte de le compromettre. Précaution inutile car Narbonne se hâta de la publier à Paris comme à Londres, l'envoyant aux membres de la Convention. Quand elle apprit le bruit qu'avait suscité la lettre du comte à la Convention, Mme de Staël vit dans le geste de son amant non pas un acte de fidélité extrême au souverain qui l'avait tenu sur les fonts baptismaux et avec qui il avait passé son enfance, mais une cruauté perpétrée à son endroit. « Vous m'avez donné le coup mortel, Mr de Narbonne, lui écrivait-elle le 2 décembre. Je croyais que ma vie valait plus à vos yeux que la plus folle, la plus inutile, la plus dangereuse des démarches, soit pour le roi, soit pour vous. Mais il faut que le besoin de paraître vous ait rendu féroce [...] Quel homme a le droit de déchirer à plaisir le cœur qui l'aime, de lui donner d'intervalle en intervalle les douleurs, les angoisses de la mort ? Le devoir factice de se montrer, de faire parler de soi, bien plus que d'être utile, peut-il se comparer à cette barbarie ? Je n'en puis plus ; je vous hais, je vous méprise et je meurs dans les souffrances de l'enfer des damnés […] Si vous mettez les pieds en France, à l'instant même je me brûle la cervelle[235]. »

Avant la fin de l'année, Mathieu de Montmorency, Mme de La Châtre et Jaucourt rentrèrent en France pour tenter de sauver ce qui pouvait l'être avant l'entrée en vigueur du décret de la Convention du 22 octobre qui prévoyait le bannissement perpétuel des émigrés et la confiscation de leurs biens. Les adieux, auxquels avaient pris part les Phillips et les Lock, avaient été émouvants. Le soir suivant leur départ, Narbonne et d'Arblay avaient été invités à dîner à Norbury Park maintenant que Mme de La Châtre était partie, les amis anglais voulaient savoir si son mari était vraiment un monstre comme elle l'affirmait. Non sans embarras, d'Arblay tentait d'expliquer que La Châtre avait des manières un peu brusques, mais que c'était quelqu'un de très bien, quand un domestique vint avertir Narbonne qu'on le demandait. Quelques instants plus tard, le comte rentra en compagnie d'un petit homme à l'habillement incongru et aux manières directes qui n'était autre que M. de La Châtre. Congédié sans un sou de l'armée des princes, La Châtre était arrivé à Londres après un voyage aventureux et avait recherché sa femme et son fils, qu'il n'avait pas vus depuis deux ans. Ce coup de théâtre abasourdit tout le monde, mais La Châtre réussit à étonner encore plus l'assistance. C'était effectivement un homme brusque : il ne cilla pas en entendant qu'il n'avait manqué sa famille que d'un jour et, au mépris des règles les plus élémentaires de la politesse, s'installa au chaud, devant la cheminée, n'accordant d'attention qu'à Narbonne. « Ils ne s'étaient pas vus depuis le début de la Révolution, s'empressera de rapporter Susanna Phillips à sa sœur, et, puisqu'ils avaient été de bords différents, il était curieux de les voir à présent, dans leur malheur respectif, se retrouver en bons amis. » La Châtre raconta comment il avait fui en catastrophe en Angleterre, se retrouvant sans un sou, et commenta sa rencontre manquée avec son fils par un « Dieu sait si je le reverrai dans les quarante ans à venir » qui émut les Anglais ; mais tout de suite après « il poursuivit assez gaiement en se moquant de ses amis constitutionnaires, et M. de Narbonne, avec bien plus d'esprit et non moins de bonne humeur, le raillait en retour sur le parti de Brunswick. "Eh bien, dit M. de La Châtre, chacun son tour. Vous fûtes le premier à être ruiné. Vous avez conçu une constitution qui ne tient pas debout. — Pardonnez-moi, s'écria promptement M. d'Arblay, elle n'a jamais été essayée. — Elle a tout de même été écartée, cela ne fait aucun doute à présent, répondit M. de La Châtre, et il ne nous reste qu'à mourir joyeusement de faim tous ensemble" [236]. » Quels que fussent ses torts envers son épouse, le visiteur inattendu ne manquait pas d'humour.

La nouvelle du départ de Mme de La Châtre contraria en revanche Mme de Staël, qui comptait sur la présence de son amie pour justifier sa visite à Juniper Hall. Pour autant cela ne la détourna pas de son projet, dont elle ne se laissa dissuader ni par ses parents ni par Narbonne, lequel tentait de lui faire au moins repousser son voyage. Germaine n'écoutait qu'elle-même : « Le moment est venu, écrivait-elle à son amant, de choisir entre toi et le reste de l'univers et c'est vers toi que tout mon cœur m'entraîne. Puisse le don de ma vie embellir la tienne, puissai [*sic*]-je ne pas perdre à tes yeux par les sacrifices mêmes que je fais à ma passion, puisse [*sic*]-tu, s'ils altèrent à jamais ma réputation, estimer encore celle qui n'a reconnu pour loi que son amour [237]. » Narbonne n'avait plus qu'à se résigner.

À Juniper Hall, Mme de Staël trouva une bien sombre ambiance : Narbonne et d'Arblay avaient vécu dans l'angoisse le procès de Louis XVI, et l'annonce de sa mort, le 21 janvier, les avait plongés dans le désespoir. C'est à ce moment que Fanny Burney, en visite auprès de sa sœur, fit enfin leur connaissance. Après avoir tant entendu parler du courage, de la dignité et de l'affabilité des Junipériens, elle avait cessé de les considérer comme de dangereux révolutionnaires, et leur douleur la convainquit de la sincérité de leur foi monarchique. « M. de Narbonne et M. d'Arblay ont presque été détruits, écrivit aussitôt Fanny à son père, ils répètent inlassablement qu'ils sont français et, bien qu'ils soient parmi les hommes les plus accomplis et les plus élégants que j'aie jamais vus, ils nous brisent le cœur par leur incompréhension face à ce pays coupable. "— Est-ce vrai, crie M. de Narbonne, que vous conservez encore quelque amitié, M. Lock, pour ceux qui ont la honte et le malheur d'être nés français ?" Pauvre homme ! Il porte tous les symptômes de la jaunisse, et M. d'Arblay, à la réception de cette inexpiable nouvelle, s'est changé en une nuit, comme par quelque sortilège, lui qui avait si belle figure et si bon visage, en un homme maigre et misérable [238]. »

En réalité, Narbonne avait espéré jusqu'à la dernière minute une intervention anglaise pour défendre Louis XVI, sollicitant aussi bien ses amis de l'opposition que Pitt ; mais quand ce dernier s'était enfin décidé à le recevoir, il lui avait déclaré que « l'Angleterre ne pouvait s'exposer à intercéder en vain sur une telle chose et devant des tels hommes [239] ».

Après s'être imposée par la force, Mme de Staël ne tarda pas à se faire pardonner, ramenant à Juniper Hall le souffle de la vie. Rassurée par la proximité de son amant et abandonnant le registre tragique, elle donna à nouveau le meilleur d'elle-même, s'intéressant à tout, conversant, débattant, écrivant, lisant et ne cessant de surprendre et enchanter par le spectacle toujours nouveau de son infatigable intelligence. « Mme de Staël, fille de M. Necker, est maintenant à la tête de la pauvre colonie d'aristocrates français établie près de Mickleham, écrivait avec enthousiasme Fanny Burney à son père. C'est l'une des premières femmes que je rencontre qui possède de telles capacités et une intelligence si extraordinaire [240]. »

Son arrivée attira à Juniper Hall les amis constitutionnels : la princesse d'Hénin, Lally-Tollendal, Malouet, les frères Lameth et, naturellement, Talleyrand, lequel s'imposa tout de suite « avec son pouvoir de divertissement dans l'information et dans la raillerie » comme « l'un des premiers membres de ce groupe exquis », obligeant Fanny, qui avait entendu des horreurs sur lui à Londres, à changer d'opinion [241]. Dans le beau salon aux panneaux de bois élégamment sculptés en pur style Adam – que le visiteur de Juniper Hall peut encore admirer aujourd'hui [242] –, les exilés français s'entretenaient, lisaient à voix haute leurs écrits pour les commenter ensemble, offrant à leurs invités anglais « un merveilleux spectacle par excès d'agrément [243] » et les mêlant à leurs divertissements. Mme de Staël se lança à la conquête de Fanny, dont elle appréciait les romans, en lui écrivant des lettres en anglais, tandis que le général d'Arblay proposa à la jeune femme de lui donner des cours de français en échange de cours d'anglais. Ils prirent ainsi l'habitude d'échanger chaque soir des compositions libres où chacun écrivait dans la langue de l'autre, instaurant un rapport de complicité qui ne tarda pas à se transformer en amour.

Mais les jours de Juniper Hall et de son utopie étaient comptés. L'indignation suscitée par la condamnation à mort de Louis XVI et, fin janvier, l'entrée en guerre de l'Angleterre contre la France rendirent encore plus problématique la position des constitutionnels qui avaient cherché refuge en Grande-Bretagne. Une nouvelle loi, l'*Aliens Act*, exposait maintenant les émigrés français jugés dangereux à être emprisonnés ou expulsés sans procès, et Londres était le théâtre d'une véritable chasse aux sorcières. C'est dans ce climat que le docteur Burney reçut la lettre d'un ami de la famille qui lui exprimait sa plus vive appréhension pour « l'intimité » de leur chère Fanny avec l'« infâme » Mme de Staël, une « *Diabolic Democrate* » et une « *Adulterous Demoniac* », qui avait rejoint en Angleterre son amant Narbonne dans le seul but d'ourdir avec lui de nouvelles intrigues [244]. Le vieux musicologue qui avait constaté avec inquiétude l'enthousiasme croissant de sa fille pour les Junipériens lui ordonna de ne plus voir Mme de Staël et de revenir au plus vite à Londres. Fanny obéit à l'injonction paternelle, non sans exprimer « horreur et indignation » devant la l'« incessante persécution d'individus ruinés et désolés [245] », essayant de clarifier les positions politiques des constitutionnels, qu'elle jugeait désormais tout à fait légitimes, et insistant sur la nature purement intellectuelle du lien entre Narbonne et Mme de Staël avec des arguments, à savoir le peu de charme de la dame et la beauté du comte [246], qui n'auraient peut-être pas été appréciés par l'intéressée. L'arrivée de « l'atroce ambassadrice [247] » en Angleterre avait soulevé une marée de commentaires hostiles et Fanny ne pouvait pas s'offrir le luxe de s'exposer à des critiques qui mettaient en péril la pension que la reine lui accordait. En outre – coup dur pour son puritanisme –, elle commença à soupçonner que les relations entre Mme de Staël et Narbonne n'étaient peut-être pas si innocentes.

En réalité, ce que craignait le plus Fanny était de compromettre sa relation avec d'Arblay, et donc, de retour à Londres, elle s'arma de courage et lui écrivit pour lui confier combien la présence de Mme de Staël nuisait à Narbonne et comme il lui était difficile de la défendre : « "*Elle n'est ni Emigree, ni banni – c'est M. de N[arbonne] qui la séduit de son Mari et de ses Enfans !*" – C'est vainement que je parle du mœurs de son païs ; on ne me réponde jamais que *"Elle est Femme, elle est Mere !"* [*sic*] [248]. » Ainsi, poussé dans ses derniers retranchements, le pauvre d'Arblay ne trouva rien de mieux que de jurer sur son honneur que « sans pouvoir assurer que la liaison de Mme de S. et de Mr de N. n'ait pas été la plus intime possible », il pouvait néanmoins affirmer qu'« en ce moment cette liaison n'est que de l'amitié la plus respectable » [249]. Il n'en fallut pas plus pour que Fanny se tienne désormais à prudente distance d'une personne qu'elle continuerait à admirer mais ne pouvait plus estimer. Mme de Staël finit par comprendre les raisons pour lesquelles Fanny avait cessé de la fréquenter et en fut blessée, mais elle naviguait dans des sphères trop supérieures pour lui en garder longtemps rancune. Du reste, quelques jours passés à Londres lui firent toucher du doigt que sa présence en Angleterre était désormais injustifiable et elle se résigna à envisager le retour. Pour sauver les apparences et gagner du temps, elle écrivit à son mari en lui demandant de venir la rejoindre. M. de Staël se limita à l'assurer qu'il lui enverrait une personne de confiance qui l'attendrait à Ostende pour l'escorter en Suisse. Malgré tout, Germaine réussit à prolonger son séjour en Angleterre jusqu'à la fin du mois de mai.

En rien intimidée par les accusations dirigées contre Mme de Staël, Mrs Phillips continua à fréquenter assidûment Juniper Hall et à rendre compte de ses visites à sa sœur. De son côté, Fanny rédigeait à l'intention de Susanna un journal où elle la tenait informée des progrès de son histoire d'amour avec d'Arblay. Maintenant qu'elle connaissait assez bien les Junipériens, cette dernière pouvait percevoir les signes de crise dans la relation entre Mme de Staël et Narbonne. Malgré sa courtoisie habituelle, le comte laissait transparaître un certain embarras pour la désinvolture de sa maîtresse, tandis que celle-ci s'irritait de son apathie et de sa réticence à former des projets pour l'avenir [250]. Seule la nouvelle de la trahison du général Dumouriez – lequel, sachant qu'il devrait payer la défaite de Neerwinden de la guillotine, avait annoncé qu'il voulait marcher sur Paris pour restaurer la légalité [251] – raviva un instant les espoirs du comte. Mais, comme c'était déjà arrivé à La Fayette, l'armée n'avait pas suivi Dumouriez, qui dut se réfugier à l'étranger, et Narbonne était retombé dans son inertie. En revanche l'avenir était plus que jamais au centre des préoccupations de Germaine, affairée à réunir les conditions nécessaires pour que Narbonne et Talleyrand

– inscrit désormais lui aussi sur la liste des proscrits – puissent la suivre en Suisse.

Tensions, réticences et accès de mélancolie n'empêchaient pas les Junipériens de donner le meilleur d'eux-mêmes dans la conversation, et Susanna, totalement sous le charme, avait exprimé son admiration à Mme de Staël. « La conversation en France, lui avait répondu Germaine, n'est pas simplement un moyen de communication des idées et des sentiments, ou un échange d'instructions sur la marche de la vie ; c'est un instrument sur lequel nous aimons à jouer et qui réjouit et fortifie l'esprit, ainsi que le fait la musique dans certains pays ou le vin dans d'autres [252]. » Des propos qui annoncent presque à la lettre la fameuse définition qu'elle en donnera, des années plus tard, dans *De l'Allemagne* et qui montrent avec quelle précision et intelligence Susanna rapportait à sa sœur ce qu'elle voyait et entendait. De son côté, Bollmann, en visite à Juniper Hall au printemps, relève avec finesse deux façons différentes de converser : « Narbonne plaît, mais fatigue à la longue ; on pourrait au contraire écouter Talleyrand pendant des années. Narbonne cherche à plaire et on le sent ; Talleyrand parle sans le moindre effort et vit constamment dans une atmosphère de tranquillité parfaite et de contentement. Le langage de Narbonne est plus brillant ; celui de Talleyrand plus gracieux, plus fin, plus coquet. Narbonne n'est pas l'homme de tout le monde ; les personnes sentimentales ne peuvent le souffrir ; il n'a sur elles aucune prise. Talleyrand, sans être moins corrompu moralement que Narbonne, peut toucher jusqu'aux larmes même ceux qui le méprisent. Je connais à ce propos des exemples frappants [253]. »

Mme de Staël partit fin mai et, au moment de la quitter à Douvres, Narbonne l'assura qu'il ferait tout pour la rejoindre le plus vite possible en Suisse. Pendant leurs quatre mois de vie commune à Juniper Hall, le comte n'avait pas osé remettre en question leur relation : il détestait les scènes et, incapable de tenir tête à Germaine, il évitait de la contredire, espérant que sa résistance passive finirait par la décourager. Talleyrand avait peut-être raison quand il affirmait que Narbonne manquait du courage nécessaire « à prendre un parti » et qu'il ne possédait que « le courage qui est de la bravoure » [254]. Du moment que sa maîtresse s'était décidée à partir, il n'avait aucune hâte de se remettre sous sa coupe et trouva différents prétextes pour repousser son propre départ.

C'est à son retour en Suisse, quand le charme d'une cohabitation à l'abri des regards, dans la quiétude de la campagne anglaise, se fut évanoui, que Mme de Staël se rendit compte qu'elle n'était plus aimée. « J'ai la certitude que votre cœur ne m'aime plus que d'habitude et de reconnaissance [255] », lui écrivit-elle deux mois après leur séparation, mais la résignation ne rentrait pas dans ses habitudes. Les quatre-vingts lettres qu'elle envoya dès lors à Narbonne fixent le schéma du drame que Germaine rejouerait à l'intention des différents hommes pour lesquels elle s'enflammerait après lui. Le beau Louis avait été le premier, celui qu'elle avait aimé avec toute la passion de ses vingt ans et, dans la tentative extrême d'entamer son indifférence, Mme de Staël n'hésita pas à recourir au mépris, aux insultes, aux reproches, aux menaces, au chantage. S'il ne partageait pas ses sentiments, c'est qu'il était incapable d'aimer : « Jamais vous n'entrez dans la situation des autres ; votre esprit se livre, mais votre cœur ne sort jamais de lui-même [256]. » Sa conduite était « au dernier degré de la légèreté d'un Français de la cour [257] ». Il n'était pas un homme, mais « un enfant tigre », sa faiblesse le rendait « atroce » [258]. Il ignorait ce qu'était la reconnaissance : « Faut-il avoir la bassesse de vous rappeler ce que j'ai fait pour vous, ma vie exposée, donnée de tant de manières [259] ? » Et encore : « Votre atroce ingratitude est encore moins vil [*sic*] que tout ce que vous imaginez pour la cacher. Ma vie, ma fortune, ma réputation, mon repos, tout vous a appartenu [260]. » Il n'avait pas de cœur : « Tu me rends folle, tu es le plus barbare des hommes, je ferais pitié à Marat [261]. » Il était d'une « atrocité froide » : « J'entends mieux Robespierre que vous. » [262] Il n'était qu'un assassin cynique : « Viens donc plaisanter sur la tombe de la malheureuse dont tu dévores le sang et les pleurs ; homme cruel, que tu m'as fait du mal [263] ! » Mais même quand elle passait des accusations aux supplications, sa douleur était insupportablement mélodramatique : « Après une nuit de larmes, j'ai été prier Dieu sur le berceau de mon fils ; il s'est réveillé, je l'ai conjuré de demander *que son père eût pitié de moi* ; sa petite voix a répété ces paroles et il s'est endormi [264]. »

Mme de Staël ne se suicida pas comme elle en brandit la menace et son chagrin d'amour ne l'empêcha pas de continuer à veiller aux nombreux impératifs de sa vie, aussi contradictoires qu'essentiels. Si, dans ses lettres à son amant, Germaine se livrait sans pudeur au désespoir, dans l'*Essai sur les passions* qu'elle avait commencé à Juniper Hall, l'expérience vécue avec lui devenait matière à réflexion morale. Pourtant, au moment même où elle théorisait la nécessité de résister à l'appel des passions, elle cédait à l'une des plus basses en se vengeant de Narbonne dans une nouvelle à clé – *Zulma*[265] – où le comte, aisément identifiable, n'apparaissait certes pas sous son meilleur jour. En août, elle donnait la première grande preuve de son talent d'écrivain avec ses magnifiques *Réflexions sur le procès de la Reine*, que Talleyrand se chargea de faire publier à Londres. En même temps, Germaine savait bien que la liberté sentimentale d'une femme avait un prix et elle était prête à le payer avec un sang-froid absolu. Alors qu'elle suppliait Narbonne d'avoir pitié d'elle et de leurs enfants, elle proposait à M. de Staël de reprendre la vie commune au nom de leurs intérêts respectifs, trouvant sa consolation dans un nouveau roman d'amour. En effet, dès septembre, le comte Ribbing, le très beau Suédois qui avait fui son pays pour avoir participé à l'assassinat de Gustave III, avait accaparé son attention, devenant son amant en février de l'année suivante. Germaine ne se désintéressa pas pour autant du sort de ses amis et de leurs familles. Tandis que la Terreur battait son plein, elle mobilisa le réseau diplomatique de son mari et, en payant grassement, réussit à tirer de prison pour la deuxième fois ses chers Jaucourt et Mathieu de Montmorency, et à sauver la mère de Mathieu, la vicomtesse de Laval, et une vingtaine de personnes avec elle. Elle eut aussi la satisfaction de mettre en lieu sûr la deuxième fille du comte, restée en France avec sa nurse. « Fiez-vous à mon cœur, écrivait-elle à Narbonne dans la dernière lettre qu'elle lui adressa. Ah ! Mon Auguste ne m'est pas plus cher ; ce que j'aime en lui, n'est-il pas en elle ? Ma chère petite, je l'aurai, et personne *que vous* ne me l'ôtera[266]. » C'était une jolie façon de quitter la scène tête haute, en affirmant sa supériorité morale sans pour autant renier l'amour qu'elle lui avait porté.

Parmi les nombreuses raisons que Narbonne invoqua pour différer son voyage en Suisse figura le désir légitime d'aller se battre à Toulon. Fin juillet, la ville s'était insurgée contre la Convention et avait ouvert ses portes aux Anglais de l'amiral Hood. C'est alors que Talleyrand projeta avec Narbonne et d'Arblay de réunir tous les ex-députés de la Constituante et de former un exécutif dont Narbonne ferait partie comme ministre de la Guerre de façon à donner une légitimité politique à la révolte, garantissant des élections libres pour conjurer le danger d'une dérive réactionnaire. Le gouvernement anglais refusa cette proposition, au grand soulagement de Fanny Burney, devenue depuis peu Mme d'Arblay, et sur fond de énième crise d'hystérie de Mme de Staël. Talleyrand avait tenu son amie informée point par point de son projet. Or, non seulement Germaine l'avait trouvé insensé, mais elle était convaincue que « l'évêque » – cet homme dépravé « dont les jeux sont la vie et la mort [267] » – tramait dans son dos et dressait Narbonne contre elle. Elle cacha ses soupçons à l'intéressé, avec qui elle entretenait une intense correspondance à l'insu de Narbonne, et déversa toute son indignation sur son amant. « *Si vous allez à Toulon sans venir ici auparavant, je vous jure que je me tuerai. Prenez à présent le parti que vous voudrez*, mais sachez que vous êtes le plus misérable des hommes en préférant les plus folles idées aux devoirs les plus réels [...] L'évêque seul peut vous entraîner par ses perfides conseils [268]. »

Mais Talleyrand était pour Mme de Staël une irrésistible sirène et il abondait dans son sens : « C'est pour vivre avec vous que je fais tous mes arrangements [269] », lui assurait-il, et Germaine continua à bâtir pour lui des projets d'émigration en Suisse. Le 25 janvier 1794, l'ordre du gouvernement anglais de quitter le pays sous les cinq jours le prit au dépourvu [270] et devant la difficulté de trouver asile en Europe il décida de s'embarquer pour les États-Unis. « Quand on fait son cours d'idées politiques, c'est un pays à voir, écrivait-il à Mme de Staël en lui annonçant son départ. C'est à trente-neuf ans que je recommence une nouvelle vie : car c'est la vie que je veux ; j'aime trop mes amis pour avoir d'autres idées [...] J'ai à montrer combien j'ai aimé la liberté, que j'aime encore, et combien je déteste les Français [271]. » À vrai dire, c'étaient ses amis qui s'inquiétaient pour lui, beaucoup plus qu'il ne se mettait en peine pour eux. En apprenant la nouvelle de son expulsion, Narbonne s'était hâté d'en informer d'Arblay – « Concevez-vous rien de plus cruel, et une situation plus déplorable ? Que va-t-il devenir [272] ? » –, se précipitant ensuite à Londres pour plaider la cause de son ami. Toutes ses tentatives pour être reçu par Pitt ou

George III furent vaines, mais il réussit à retarder son départ de quelques semaines. Alors qu'il se débattait lui-même dans de graves difficultés économiques – pour vivre il avait dû vendre sa belle collection de bronzes –, il obtint un prêt pour Talleyrand, qui de son côté avait mis aux enchères sa précieuse bibliothèque, en donnant pour garantie ses propriétés de Saint-Domingue, et fit tout ce qu'il put pour lui, vantant auprès de ses amis « son calme, son courage, presque sa gaieté [273] ». De son côté, devenu conseiller de Napoléon, Talleyrand ne bougerait pas le petit doigt pour aider Narbonne à réintégrer l'armée et ne défendrait pas Mme de Staël – à qui il devait son retour en France et son poste de ministre des Relations avec l'étranger – des foudres de l'empereur. La Restauration venue, il tournerait le dos à d'Arblay, à qui il avait pourtant promis une amitié éternelle [274]. Narbonne avait trop d'élégance pour relever l'ingratitude de Talleyrand et il préféra parler d'une « résignation trop grande sur le malheur de ses amis ». Son indulgence était toutefois plus cinglante que l'indignation : « Il s'habituait à leur disgrâce, comme à sa propre élévation, et finissait par trouver, en cela, chaque chose à sa place. Son esprit ingénieux lui fournissait mille raisons de patience pour autrui [275]. » La Rochefoucauld n'avait-il pas dit : « Nous avons tous assez de force pour supporter les maux d'autrui [276] » ? Mais à en juger par le portrait perfide que Talleyrand tracerait de Narbonne dans ses Mémoires, il ne s'agissait pas seulement d'indifférence : le poids de la gratitude qu'il devait au comte lui sembla peut-être si lourd qu'il le poussa à lui refuser toute crédibilité morale et à se débarrasser de lui en niant jusqu'à leur amitié. Dans sa jeunesse, écrivait Talleyrand, son nom avait souvent été associé à celui du comte de Choiseul-Gouffier et du comte de Narbonne, tandis qu'en réalité seul le premier avait été son ami. Le caractère du second empêchait qu'on le considère comme tel : « M. de Narbonne a ce genre d'esprit qui ne vise qu'à l'effet, qui est brillant ou nul, qui s'épuise dans un billet ou dans un bon mot. Il a une politesse sans nuances ; sa gaîté compromet souvent le goût, et son caractère n'inspire pas la confiance qu'exigent des rapports intimes. On s'amusait plus avec lui qu'on ne s'y trouvait bien. Une sorte de grâce, que mieux que personne il sait donner à la camaraderie, lui a valu beaucoup de succès, surtout parmi les hommes spirituels et un peu vulgaires. Il plaisait moins aux hommes qui mettaient du prix à ce que dans notre jeunesse on appelait le bon ton [277]. »

C'est avec une vive surprise que, quelques mois après le départ de Talleyrand, Narbonne reçut une invitation à déjeuner du Premier ministre, qui l'avait jusque-là toujours soigneusement tenu à distance. Pitt le reçut avec beaucoup de cordialité en privé, dans sa maison de campagne, et le comte en comprit vite la raison. Contrairement à ce qu'il voulait faire croire, son hôte ne s'intéressait pas du tout à son opinion sur la situation politique française, mais cherchait des informations précises de nature militaire. Il tenait pour acquis que Narbonne, qui avait trouvé refuge en Angleterre, se rangeait de son côté dans le conflit contre la dictature féroce qui ensanglantait la France. Et qui mieux qu'un ex-ministre de la Guerre pouvait indiquer la stratégie gagnante pour briser la résistance des armées révolutionnaires ? L'enjeu – Pitt le souligna avec force – était « une question de vie ou de mort pour la civilisation ». Contenant son indignation, Narbonne lui répondit que « l'honneur était encore dans le camp de la République », que « l'excès du péril pouvait la rendre indomptable et que dans la tyrannie intérieure qu'elle subissait, au nom de la liberté, elle était passionnée pour l'indépendance de son territoire ». Certes, avec Dumouriez ou Biron, elle avait perdu de grands généraux, mais Pitt pouvait être sûr que « ces hommes-là manquant, demain il s'en fera d'autres par la vertu de la terre ; il en sortira du pavé des rues, comme il en est venu des châteaux. Personne ne vous livrera le secret et la force de la France, affirmait-il fièrement. Ce secret et sa force sont partout ». Quant aux informations qu'on lui demandait, concluait-il, il lui était impossible de ne pas les considérer comme incompatibles avec son honneur de soldat et de gentilhomme : « Je hais, comme vous, monsieur, la politique sanguinaire du Comité de la Convention ; je n'en attends pour moi que la proscription et la mort. Mais si de mon administration de la guerre et des souvenirs qu'elle m'a laissés, je tirais un seul mot nuisible à la défense militaire de mon pays, je me croirais un traître, et je le serais ; j'aime mieux n'être qu'un réfugié, chassé bientôt peut-être de son exil, comme il l'a été de sa patrie. » [278]

Aux prises avec une guerre chaque jour plus exigeante et difficile, Pitt n'apprécia pas la leçon que lui donnait Narbonne et il le sacrifia, comme il l'avait fait avec Talleyrand, à la haine des conservateurs et des émigrés. Quelques semaines plus tard, le comte reçut l'ordre de quitter le pays. Après avoir fait de son mieux pour défendre les intérêts de sa femme à Saint-Domingue, alors ensanglantée par la révolte des Noirs, il prit congé de d'Arblay et des amis de Juniper Hall avec beaucoup d'émotion et, le 20 juin 1794, s'embarqua pour la Hollande avec un passeport espagnol, auquel il avait droit en tant que fils d'un Grand d'Espagne. Un mois plus tard, il rejoignait Mme de Staël à Mézery, une bourgade non loin de Lausanne. Ils ne s'étaient pas vus depuis un an.

« Il est venu, j'ai rompu tous mes liens avec lui[279] », se hâtat-elle d'écrire à Ribbing, soutenant dans les lettres suivantes que Narbonne avait essayé de renouer. Jusqu'à quel point pouvons-nous la croire ? Le comte tenait-il encore à elle ou affichait-il par esprit de chevalerie un désappointement de circonstance ? Peut-être, selon une tactique qui lui était habituelle, Mme de Staël espérait-elle éveiller la jalousie de Ribbing, qui montrait déjà des signes de lassitude inquiétants. En tout cas, elle avait réservé un accueil affectueux à Narbonne. Les liens qui les unissaient étaient encore très forts et, après avoir traversé la Révolution ensemble, ils purent en ces derniers jours de juillet vibrer encore à l'unisson en apprenant la chute de Robespierre. Mais la fin de la Terreur sonna aussi le glas de leur entente politique. En effet, sous l'influence de Benjamin Constant, qui venait de faire irruption dans sa vie, Mme de Staël se déclarerait en faveur d'une France républicaine, tandis que Narbonne resterait fidèle à la monarchie. Néanmoins la fascination que le comte exerçait sur Mme de Staël demeurait et Benjamin Constant, qui, dans sa passion obstinée et apparemment sans espoir pour Germaine, craignait un retour de flamme – tandis que Ribbing ouvertement en fuite ne constituait plus un danger –, fit tout pour que Mme de Laval rende la chose impossible.

De presque vingt ans l'aînée de Mme de Staël, la vicomtesse était, au dire d'Aimée de Coigny, « la plus piquante, la plus gaie, la plus absolue et la moins bonne des femmes[280] ». Elle avait été dès les années 1770 un personnage en vue du beau monde parisien et s'était distinguée par sa liberté d'esprit dans une époque où le libertinage était pourtant effréné. La liste de ses amants comptait entre autres Lauzun, Talleyrand, Narbonne, Calonne, et elle avait su conserver d'excellents rapports avec chacun d'eux. Persévérante en amitié, elle ne l'était pas moins dans la haine. « Ennemie passionnée de Mme de Staël [281] », que ce soit à cause de l'hostilité qu'elle avait manifestée à la politique de Calonne ou de son ascendant sur son fils Mathieu, la vicomtesse avait envers elle une dette de reconnaissance, pour fâcheuse qu'elle fût. Non seulement son ennemie lui avait sauvé la vie, mais elle lui avait aussi offert l'hospitalité ainsi qu'à ses amis les plus chers, partageant affectueusement sa douleur pour la mort de son fils cadet, l'abbé Hippolyte de Montmorency, que Germaine n'avait pas réussi à sauver de la guillotine. L'arrivée de Narbonne balaya les scrupules de Mme de Laval. Jusque-là « si malheureuse, si triste, si douce […] elle prit tout à coup l'attitude d'une femme outragée plutôt que passionnée qui réclame son bien » et fondit sur le comte comme « une colombe de proie » [282]. Elle avait été la maîtresse du beau Louis avant Mme de Staël et, en dépit de ses cinquante ans, elle sut le reconquérir. Mme de Staël ne pardonna pas à Narbonne cette deuxième trahison qui scella leur rupture définitive. C'est aux côtés de Mme de Laval que le comte affronta les longues années difficiles qui l'attendaient encore. Après sa relation tumultueuse avec Mme de Staël et ses efforts pour suivre le rythme de son intelligence infatigable, Narbonne, qui avait désormais renoncé à la politique et à l'ambition, dut trouver l'élégante légèreté de la vicomtesse, sa vie mondaine et ses manières de grande dame infiniment reposantes et en harmonie avec cette civilisation aristocratique à laquelle il appartenait par la naissance et dont la Révolution avait sanctionné la fin. Dans les épreuves qu'il endura, ce style de vie, qui était une impérieuse nécessité esthétique, devint pour lui une forme de résistance morale à laquelle il ne dérogea jamais. Après Thermidor, il recommença à échafauder des projets : « Quant à moi, confiait-il à son ami d'Arblay, dès que je suis rayé, j'irai embrasser ma vieille mère et toute ma famille ; mais je reviendrai ensuite pour voir de faire quelque chose car il faut vivre. Je n'ai rien d'autre que la santé et quelques années devant moi, il faut travailler pour parer à la vieillesse. Ce que je ferai m'est impossible à te dire [283]. » Il comptait sur l'aide de Mme de Laval pour alléger cette épreuve.

En février 1791, ces mêmes Français de Londres qui se préparaient à lancer l'anathème contre Mme de Staël n'hésitaient pas à fêter Mme du Barry qui, pourtant, vingt-cinq ans plus tôt, avait indigné Versailles. Le simple fait d'avoir été la favorite de Louis XV apparaissait maintenant comme une solide garantie de son attachement à la sainte cause de la monarchie. En réalité, la comtesse n'avait pas traversé la Manche pour fuir les Jacobins mais pour récupérer les bijoux qu'on lui avait volés à Louveciennes. Le vol avait eu lieu dans la nuit du 10 au 11 janvier de cette même année, tandis que Mme du Barry se trouvait à Paris pour une grande réception donnée par Brissac à l'occasion de l'Épiphanie. À cette époque, la capitale était relativement tranquille et le duc n'avait pas changé de mode de vie. Profitant de l'absence de Mme du Barry et avec la complicité du Garde suisse chargé de la surveillance du château, les voleurs étaient entrés par une fenêtre du deuxième étage et avaient fait main basse sur les bijoux les plus précieux que la comtesse gardait sous clé dans sa chambre. Mme du Barry était rentrée en hâte à Louveciennes et une enquête avait aussitôt été ouverte, mais les voleurs semblaient s'être volatilisés. Sur le conseil de Brissac, et avec l'aide de son bijoutier de confiance, Mme du Barry avait dressé la liste détaillée des joyaux volés et l'avait fait imprimer et diffuser à plusieurs centaines d'exemplaires, promettant une récompense de deux mille louis à qui les retrouverait. L'information arriva jusqu'au baron Layon de Symons, le principal marchand de diamants de Londres, à qui les malandrins, n'osant pas revendre leur butin en France, étaient allés peu après proposer un premier lot de pierres précieuses. Symons comprit tout de suite, à leur grosseur et à leur taille, que les diamants qu'on lui proposait pour un prix dérisoire appartenaient à Mme du Barry et, comme c'était « l'un des rares joailliers honnêtes de la ville [284] », il les acheta, demandant à ses vendeurs de revenir le lendemain avec les autres bijoux dont ils lui avaient parlé. Mais cette fois, la police attendait les malfaiteurs, qui finirent en prison. Aussitôt avertie qu'on avait retrouvé ses bijoux, Mme du Barry partit les récupérer à Londres, accompagnée de son bijoutier et de quatre domestiques. Brissac, qui ne pouvait pas quitter les Tuileries, l'avait fait escorter par un de ses aides de camp, d'Escourre, et avait insisté pour payer les frais du voyage, soutenant avec l'esprit de chevalerie qui lui était coutumier que si elle n'avait pas eu la bonté d'accepter son invitation à passer la nuit à l'hôtel de la rue de Grenelle, le vol n'aurait pas eu lieu. Les bijoux avaient toujours été la grande passion de Jeanne. Elle aimait la beauté lumineuse des pierres précieuses, dont elle savait évaluer avec une certitude absolue la rareté, les dimensions, la perfection de la taille, choisissant avec goût la monture qui les mettait le mieux en valeur. Mais au-delà du plaisir esthétique, elle éprouvait un attachement viscéral pour les bijoux. Toutes ces pierres précieuses qu'elle avait amassées avec avidité depuis le début de sa faveur étaient l'attestation irréfutable de sa beauté, de sa capacité de séduction, la confirmation de sa valeur intrinsèque, de son « prix », comme auraient dit les précieuses un siècle plus tôt. Et pour quelqu'un comme elle qui avait connu la pauvreté, elles étaient aussi la garantie de ne jamais retomber dans l'indigence, d'être libre de vivre comme elle l'entendait. Elle engagea donc avec détermination la longue et complexe procédure juridique nécessaire pour récupérer son trésor. Accueillie par le maire de Londres en personne, elle identifia avec l'aide de son joaillier les bijoux retrouvés, fut confrontée aux voleurs – dont un seulement s'était déclaré coupable – et porta plainte contre eux. Entre-temps, elle fréquenta la fine fleur de l'émigration, de la vicomtesse de Calonne (dont le mari était alors à Coblence) au baron de Breteuil (ministre pendant cent heures, entre le renvoi de Necker et la prise de la Bastille), en passant par l'ancien ministre Bertrand de Molleville (le ministre de la Marine ennemi de Narbonne) et le duc de Rohan-Chabot (grand ami de Brissac). L'aristocratie anglaise elle-même ne manqua pas de lui faire bon accueil, à commencer par le puissant duc de Queensberry, qui avait fait sa connaissance à Paris quand elle était encore une courtisane de haut vol et qui voulut la présenter au prince de Galles – ancien compagnon de libertinage du duc d'Orléans –, lequel était très curieux de la rencontrer. Mais quand, entre avril et mai de la même année, Mme du Barry revint à Londres pour la deuxième fois, la situation s'était compliquée. En effet la loi anglaise ne prévoyait pas de juger des personnes ayant commis un délit dans un autre pays et – à l'exception de celui qui avait avoué et était anglais – les voleurs furent remis en liberté. En outre, l'un d'eux, un Français nommé Levet qui n'avait cessé de clamer son innocence, intenta un procès contre le bijoutier anglais qui les avait dénoncés. La comtesse dut donc se préparer à revenir en Angleterre.

Ni Mme du Barry ni Brissac ne semblèrent se soucier de l'écho que le vol des bijoux et les fréquents voyages de Jeanne suscitaient dans la presse révolutionnaire. Pourtant, avec le départ des tantes de Louis XVI fin février, le soupçon de complot était devenu un syndrome contagieux qui n'épargnait personne. Généreux et optimistes, les deux amants n'avaient rien à se reprocher : ils avaient accueilli avec enthousiasme la convocation des états généraux et les journées d'octobre n'avaient pas modifié leur attitude. Comme tous les grands seigneurs libéraux, le duc était persuadé que le pays avait besoin de réformes substantielles et tenait pour acquis que la voie nécessaire pour les réaliser comportât des épisodes de violence. Mais à son avis, il s'agirait d'incidents isolés qui – comme il l'écrivait à sa maîtresse – n'influeraient pas « sur les vrais points principaux qu'attend toute la France [285] ». Et que pouvait redouter Mme du Barry qui, bien avant la Révolution, avait donné preuve à Louveciennes d'un incontestable civisme ? Les convictions progressistes des deux amants et leur accord avec la politique de Necker s'accompagnaient toutefois d'une fidélité absolue à la monarchie. Après la marche sur Versailles et l'assaut contre le château, Mme du Barry avait recueilli et soigné à Louveciennes deux gardes blessés qui y avaient cherché refuge. Marie-Antoinette lui avait exprimé sa reconnaissance et, mettant de côté toute rancœur, Mme du Barry lui avait répondu que « les jeunes blessés » n'avaient d'« autre regret que de n'être point morts avec leurs camarades pour une Princesse aussi parfaite, aussi digne de tous les hommages que l'est assurément Votre Majesté ». Et elle renouvelait la proposition qu'elle lui avait faite au moment où les notables s'étaient réunis pour faire face au déficit de l'État : « Louveciennes est à vous, Madame. N'est-ce pas votre bienveillance et votre bonté qui me l'ont rendu ? Tout ce que je possède me vient de la famille royale [...] Je vous l'offre encore, Madame, avec empressement et toute sincérité : vous avez tant de dépenses à soutenir et des bienfaits sans nombre à répandre. Permettez, je vous en conjure, que je rende à César ce qui est à César. » [286] Une grande dame n'aurait su mieux faire.

Le 6 octobre, Brissac était allé attendre Louis XVI entouré d'un cortège de piques à son arrivée aux Tuileries et, « sans égards aux vociférations de la populace », s'était agenouillé devant le souverain et lui avait baisé la main, bien que le roi, laissant transparaître « un effroi qu'il n'avait pas pour lui-même », l'implorât : « Que faites-vous là ! Éloignez-vous, mon ami : ils vous regardent, ils vous massacreront » [287]. Dès lors, en qualité de colonel des Cent-Suisses – les gardes du corps du roi –, Brissac servit aux Tuileries. La fuite à

Varennes le prit de court. On avait préféré ne pas l'informer du projet parce qu'on craignait qu'il n'en parle à Mme du Barry[288]. C'est devant le retour forcé de Louis XVI et cette ultime humiliation de la monarchie qu'il cessa d'espérer. Il n'écouta pas ses amis qui lui conseillaient d'émigrer, rappelant « le mot de la reine Marie-Antoinette, pour une fois royale, "qu'un gentilhomme est toujours à sa place quand il est auprès du roi"[289] ». Du reste, rien n'aurait pu le séparer de Mme du Barry, à laquelle il ne se lassait de répéter : « Je vous écris dans un seul mot qui les renferme tous : je vous aime et pour la vie, malgré les dieux et leur envie[290]. » Et quand, de plus en plus isolé et vulnérable, Louis XVI lui demanda d'assurer le commandement de sa nouvelle garde personnelle, « confiant dans sa valeur et expérience au fait des armes [...] et surtout en sa fidélité et affection particulière à notre personne[291] », le duc ne put qu'accepter puisque l'enjeu était la sécurité du roi. Sa tâche consistait à créer, comme le prescrivait la nouvelle constitution, un corps de trois mille hommes provenant de l'armée ou de la Garde nationale en remplacement des Cent-Suisses. Le roi avait le droit de choisir un tiers des effectifs et Brissac veilla à enrôler des officiers fidèles à la monarchie, dont beaucoup avaient quitté leurs régiments pour ne pas devoir prêter serment à la constitution, parvenant à former ainsi une unité d'élite forte, disciplinée et de toute confiance. Mais le duc n'acceptait pas l'inertie du roi devant la gravité de la situation et il finit par l'encourager à réagir. Louis XVI lui répondit qu'il fallait attendre : c'est le peuple qui, las des désordres, le remettrait à sa place et il fallait que la noblesse suive son exemple. « Sire, se permit d'objecter Brissac, cela vous est facile, avec vingt-cinq millions de liste civile, mais nous, nobles, qui n'avons plus rien et qui avons tout perdu et tout sacrifié pour vous servir, il ne nous reste que deux partis : de nous réunir à vos ennemis pour vous détrôner ou de faire la guerre et de mourir au lit d'honneur, et Votre Majesté sait bien que si on m'en croit, c'est ce dernier parti que nous prendrons[292]. » Il fut le premier à faire les frais de l'attentisme du roi. L'entrée en guerre contre l'Autriche, la mobilisation armée des émigrés, les premières défaites et la crainte de nouvelles tentatives de fuite de la famille royale contribuèrent à rendre ce qui devait être la Garde constitutionnelle du roi fortement suspecte. Beaucoup de soldats provenant de la Garde nationale démissionnèrent et les clubs et la municipalité demandèrent l'ouverture d'une enquête.

Finalement, le 29 mai 1792, l'Assemblée législative décida de la dissoudre avant même qu'elle fût entrée en fonction. Et François Chabot, le terrible prêtre défroqué qui votera la mort du roi, dénonça Brissac pour avoir introduit dans ce corps « un esprit inconstitutionnel et antirévolutionnaire [293] », obtenant son arrestation. Louis XVI qui, fidèle à son mandat de roi très chrétien, comptait recourir au veto contre le décret sur la déportation des prêtres réfractaires, ne voulut pas envenimer davantage le conflit avec l'Assemblée et préféra ne pas s'opposer à une décision qui concernait sa sécurité personnelle. Par conséquent – comme le rappellera avec amertume Saint-Priest –, il abandonna à son destin le « généreux [294] » Brissac. Comme le montre la copie authentifiée de l'acte d'accusation contre le duc conservée dans les archives familiales [295], Louis XVI fut obligé de signer le décret qui le privait de celui qui avait pour tâche de le défendre, mais, apprenant dans la nuit la décision de la Convention, il se hâta d'envoyer le jeune duc de Choiseul, alors de service au château, informer Brissac – qui logeait aux Tuileries – de son arrestation imminente, l'exhortant à fuir. Le duc ne suivit pas le conseil royal. Déshonorante, la fuite lui semblait aussi un aveu de culpabilité, or il n'avait rien à se reprocher. Il passa la nuit à écrire une longue lettre à Mme du Barry et demanda à son ordonnance, le chevalier de Maussabré, de la faire porter à Louveciennes [296]. Arrêté à six heures du matin, il fut aussitôt transféré à Orléans, où venait d'être installée la haute cour nationale de justice, appelée à juger tous les crimes dénoncés devant l'Assemblée législative, et le 2 juin, Maussabré put informer Mme du Barry que le duc y était arrivé sans encombre.

Consciente de la gravité des accusations portées contre son amant et sachant que leurs lettres étaient soumises à la censure, la comtesse lui rappelait sa « tendre et fidèle amitié », ornant ses pages d'attestations de civisme : « Je sais que vous n'avez rien à craindre si la raison et la bonne foi régnaient dans cette assemblée [...]. Votre conduite a été si pure depuis que vous êtes aux *Tuileries* qu'on ne pourra vous rien imputer. Vous avez fait tant d'actes *de patriotisme* qu'en vérité je ne sais pas ce qu'on peut trouver à redire [297]. » De son côté, Mme du Barry reçut une lettre de la fille de Brissac, à cette époque émigrée à Spa, qui s'adressait à elle pour avoir des nouvelles de son père et lui demander conseil sur un éventuel retour en France. Tous les préjugés que l'orgueilleuse duchesse de Morte-mart avait pu nourrir à l'encontre de l'Ange furent balayés par le profond sentiment de solidarité qui unit les deux femmes dans l'adversité. « Ne trouvez pas mauvais, écrivait Mme de Mortemart à Mme du Barry qui lui avait manifesté son intention de se rendre à Orléans, que cette marque d'attachement pour celui qui m'est si cher vous acquière des droits éternels sur mon cœur, et agréez, je vous prie, l'assurance des sentiments que je vous ai voués pour la vie [298]. » Sans renoncer aux litotes et aux euphémismes voulus par les formes, Mme de Mortemart s'inclinait devant l'amour que Mme du Barry portait à son père et lui offrait une amitié qui ne se démentirait jamais.

Bien que les voyages fussent devenus dangereux, Mme du Barry partit sans hésiter pour Orléans, où elle réussit à obtenir l'autorisation de voir son amant qui avait été placé dans une cellule de l'ancien couvent des Minimes. Le moral de Brissac restait haut : il avait fait installer à ses frais dans le réfectoire en ruine un jeu de volant qui était à la disposition de tous les prisonniers et il passait son temps à lire et faire des collages. Les visites de Mme du Barry le remplirent de joie. Il affronta son procès – qui commença le 14 juin – soutenu par la certitude que les accusations qui le visaient étaient sans fondement. Brissac écrivait mal mais « parlait fort bien », et il répondit à ses juges avec une fierté militaire. Quand on lui demanda de décliner son identité, il s'imposa aussitôt au respect en déclarant : « Soldat depuis ma naissance, ayant servi dans tous les corps [299]. » Mais l'annonce de la prise des Tuileries le 10 août et de la chute de la monarchie ne laissa plus de doute sur le sort qui l'attendait. Le 11 août, Brissac rédigea son testament : il nommait sa fille sa légataire universelle, mais ajoutait un codicille concernant une personne qui lui était très chère « et que les malheurs des temps peuvent mettre dans la plus grande détresse [300] ». Ce codicille concernait bien sûr Mme du Barry, à qui le duc assurait une rente annuelle de vingt-quatre mille livres comme « faible gage de mes sentiments et de ma reconnaissance, dont je lui suis d'autant plus redevable que j'ai été la cause involontaire de la perte de ses diamants [301] ». Tout de suite après, il écrivit une dernière lettre à la comtesse : « Oui, vous serez ma dernière pensée. Nous ignorons tous les détails. Ah ! Cher cœur ! Que ne puis-je être avec vous dans un désert ! Puisque je n'ai pu être qu'à Orléans, où il est fort fâcheux d'être, je vous baise mille fois et mille fois. Adieu cher cœur [302]. » Le procès contre Brissac et les cinquante-neuf autres détenus en attente de jugement était encore loin quand les sections et les clubs jacobins de la capitale firent pression sur l'Assemblée et la Commune pour qu'on juge les prévenus à Paris, car la Haute Cour de justice d'Orléans, coupable d'avoir relaxé quatre accusés et laissé évader un prisonnier, était devenue suspecte elle aussi. Ainsi, le 2 septembre, jour où commençait le massacre des prisons, l'Assemblée ordonna le transfert des prisonniers d'Orléans au château de Saumur. C'est Claude Fournier, dit l'Américain, qui avait obtenu de guider le convoi. Ce révolutionnaire fanatique, tristement célèbre pour sa férocité, avait montré depuis la prise de la Bastille à celle des Tuileries qu'il savait manipuler avec habileté la violence populaire. Et c'est à la justice du peuple qu'il entendait livrer les ennemis de la Révolution qu'on lui avait confiés. Le 4 septembre, après avoir fait monter les prisonniers réduits à une cinquantaine sur sept chariots découverts escortés par cent quatre-vingts Gardes nationaux, Fournier se dirigea non vers Saumur comme il en avait reçu l'ordre, mais vers Paris, où la Terreur battait son plein. Mais quatre jours plus tard, à Arpajon, il fut rejoint par deux émissaires de l'Assemblée qui lui intimèrent l'ordre de dévier sur Versailles, l'informant qu'on le tiendrait pour responsable de « ce qui pourrait arriver aux prisonniers que l'on veut juger légalement [303] ». Cependant, à Versailles, où les prisonniers firent leur entrée le 9 septembre, vers midi, les forces de l'ordre perdirent le contrôle de la situation. Une foule menaçante, excitée par des sans-culottes accourus de Paris, les attendait près du château. Brissac eut le temps de passer devant la maison qu'habitait Mme du Barry à l'époque où il l'avait connue et d'arriver à la hauteur de son propre domicile avant qu'une multitude d'hommes armés de sabres, piques et baïonnettes prennent d'assaut le convoi. Fournier et la Garde nationale s'éclipsèrent, abandonnant les prisonniers aux mains des assassins. Brissac se trouvait sur le troisième chariot, facilement identifiable dans son habit bleu clair à boutons jaunes, « les cheveux roulés, une queue, des bottes aux pieds, assis sur la paille, tenant son chapeau à la main [304] ». Il était, avec l'ancien ministre des Affaires étrangères Lessart, le prisonnier le plus important, et les assaillants s'en prirent aussitôt à lui. Voici comment, sur la base du témoignage de ses deux domestiques, un de ses descendants racontera sa fin : « Voici Brissac face à face avec une affreuse mort. Il arrache un couteau, puis un bâton, assomme ses assaillants qui lui portent de terribles blessures au nez, à la bouche et au front. Son habit bleu est déchiré, sa perruque une éponge pourpre. Il s'aveugle dans son propre sang, n'est plus qu'un géant rouge aux yeux crevés qui, toujours debout, fait tournoyer son terrible bâton. C'est un hallali féroce que termine un coup de sabre mortel et que suit une curée chaude : on lui arrache le cœur que ses assassins promènent à Versailles en disant : "Ce cœur que vous voyez là, ça vient de Brissac, il s'est battu comme un enragé, mais il y a passé comme les autres" [305]. » Une rumeur veut que, d'abord fichée sur une pique et portée en triomphe dans les rues de Versailles, la tête de Brissac ait été jetée dans le jardin de Louveciennes [306].

La mort atroce de l'homme avec qui elle avait vécu les quinze années les plus sereines de sa vie soumit Mme du Barry à rude épreuve. « Une destinée qui devait être si belle, si grandiose. Quelle fin ! Grand Dieu ! » écrivait-elle à la fille du duc dans une lettre de condoléances où elle lui confiait : « Le dernier vœu de votre malheureux père fut que je vous chérisse comme une sœur » ; en la remerciant, Mme de Mortemart ne manquait pas de lui assurer qu'elle l'aimerait « en sœur » [307] tant qu'elle vivrait. Pourtant, malgré l'ampleur de son désespoir, Mme du Barry ne cessa d'aimer la vie. « Au milieu des horreurs qui m'environnent, ma santé me soutient. On ne meurt pas de douleur [308] », écrit-elle à un ami. Et elle n'avait certes pas oublié ses diamants, qui n'étaient pas encore rentrés en sa possession. Il se trouve qu'à Londres, les juges réclamaient sa présence parce que le bijoutier grâce à qui on avait retrouvé ses bijoux la citait à comparaître. Symons lui réclamait les deux mille louis promis en récompense. Ainsi, vers la mi-octobre, un mois à peine après la mort de Brissac, Mme du Barry repartit. Elle avait pris soin de remplir toutes les formalités nécessaires pour ne pas être inscrite sur la liste des émigrés et s'était munie d'un passeport délivré par la mairie de Louveciennes, validé par le département de Seine-et-Oise et le directoire de Versailles, ainsi que d'une lettre informant ladite mairie de son voyage. Elle était accompagnée par La Bondie, neveu de D'Escourre, sa femme de chambre personnelle et deux domestiques, ainsi que par la duchesse de Brancas, elle aussi dotée d'un passeport en règle. Mais les précautions de Jeanne s'arrêtèrent là. Installée dans une belle demeure près de Berkeley Square, elle recommença à fréquenter les émigrés sans tenir compte du fait que depuis sa dernière visite londonienne, la situation politique française avait radicalement changé. Avec l'entrée en vigueur du décret du 9 novembre 1791, c'était un crime d'entretenir des relations avec les émigrés, soupçonnés de conspirer contre la patrie et passibles de la peine de mort. Or, depuis le début de cette affaire de vol, Jeanne avait dérogé aux règles les plus élémentaires de la prudence. On peut penser qu'elle ne prit la mesure de l'incroyable quantité d'erreurs qu'elle avait commises qu'assise au banc des accusés devant le tribunal révolutionnaire. Ne s'était-elle jamais demandé quel rôle jouait vraiment le diligent Irlandais qui le premier l'avait informée de la réapparition de ses bijoux, conseillant Symons sur la conduite à tenir et faisant arrêter les voleurs ? Après avoir voyagé à travers l'Europe, Nathaniel Parker-Forth avait fait fortune en France à la fin des années 1770, comme connaisseur en chevaux, fournissant les écuries du duc de Chartres en destriers, chiens et jockeys anglais. Ses relations étroites avec les princes du sang et leurs entourages en avaient fait, au moment de la guerre américaine, un espion du gouvernement anglais, qui lui avait confié des missions diplomatiques à Versailles. Et quand il s'était établi à Londres avec la charge honorifique de juge de paix, il avait continué à séjourner fréquemment à Paris où il avait une maison, faisant des affaires de toute sorte et renseignant le gouvernement britannique. Intime du duc d'Orléans et son amphitryon à Londres, Parker-Forth était au courant de ses ambitions politiques et de ses manœuvres contre la famille royale et pouvait en rendre compte à Pitt, qui se servit de lui pour fomenter les désordres révolutionnaires et déstabiliser le gouvernement français, ainsi que le savaient bien les ambassadeurs français à la Cour de Saint-James. Maintenant, dans ce nouveau scénario politique, Parker-Forth avait trouvé un moyen pour s'enrichir en sus de l'espionnage, en aidant les royalistes français à émigrer et à transférer leurs capitaux en Angleterre, raison pour laquelle le gouvernement révolutionnaire le surveillait. Il avait su gagner la confiance de Mme du Barry qui, n'étant jamais sortie de France, ne parlait pas anglais, ignorait tout du *Common Law* et s'en remit entièrement à lui. C'est Parker-Forth qui s'occupa du procès ainsi que de l'organisation de ses quatre séjours sur le plan pratique, que ce fût pour le logement, les domestiques ou la fourniture de liquidités.

Tout comme Jeanne ne s'était jamais posé de questions sur son aimable mentor londonien, le soupçon ne l'avait jamais effleurée que, dès son premier voyage outre-Manche, chacun de ses mouvements et de ses contacts était observé et consigné par un agent secret des Jacobins, un certain Blache-Dumas, qui à l'époque enseignait le français en Angleterre. Sous les regards également vigilants de l'espion anglais et de son confrère français, Mme du Barry fréquenta les expatriés plus encore que les fois précédentes, reçut leurs condoléances pour la mort de Brissac, leur rendit visite, les invita à dîner, joua avec eux aux cartes tard le soir comme si tout ce monde était encore à Paris. Était-ce seulement le besoin de se distraire qui la poussait à un comportement aussi imprévoyant ? Ou la fin tragique de son amant et la chute de la monarchie l'avaient-elles entraînée dans le camp de la contre-révolution ? De quoi parlat-elle avec Narbonne et Talleyrand qu'elle rencontra dès son arrivée à Londres [309] ? Et si son geste courageux d'assister en grand deuil à la messe de funérailles célébrée à la mémoire de Louis XVI à l'ambassade espagnole était certainement dicté par son attachement à la famille royale, des doutes sérieux planent sur les sommes d'argent énormes qu'elle s'était fait transférer à Londres. Le premier versement de deux cent mille livres fut dévolu au cardinal de La Rochefoucauld pour assister les prêtres réfractaires qui avaient émigré par milliers en Angleterre ; le second, du même montant, alimenta un prêt au duc Louis-Auguste de Rohan-Chabot, alors à Londres, qui était très impliqué dans l'insurrection vendéenne. Par ailleurs, ces deux opérations avaient été exécutées par des banquiers parisiens, les Vendenyver, experts dans l'envoi de fonds aux émigrés. On peut donc se demander s'il s'agissait vraiment de l'argent de Mme du Barry – à l'époque notoirement endettée – ou si elle avait simplement servi de prête-nom. Avait-elle choisi consciemment de financer la lutte contre la dictature jacobine ou quelqu'un avait-il abusé de sa naïveté et de son bon cœur ? Une chose est certaine : Jeanne n'entendait pas émigrer et, le 27 février 1793, son procès contre Symons terminé [310], elle rentra précipitamment en France sans même attendre la restitution de ses bijoux. Elle avait appris que, sur la base d'une dénonciation qui la donnait pour émigrée, Louveciennes avait été mis sous scellés et elle entendait lever l'équivoque au plus vite. Étant donnée l'incertitude de l'époque, elle ne devait pas être mécontente que ses diamants restent en sûreté en

Angleterre. Comme l'Angleterre et la France étaient officiellement en guerre depuis le 1er février, elle demanda à Pitt un laissez-passer pour embarquer à Douvres et répondit au ministre qui essayait de la convaincre de ne pas partir qu'elle ne voulait pas trahir l'engagement pris quand elle avait reçu son passeport. « Eh ! Bien, madame ! Vous connaîtrez le sort de Regulus[311] », s'écria Pitt en prenant congé d'elle, sans imaginer que ce serait un Anglais qui réclamerait sa tête.

De retour chez elle après cinq mois d'absence, Jeanne découvrit que s'était installé à Louveciennes un inconnu qui la détestait. Il s'appelait George Greive, était natif de Newcastle et, après avoir tenté sans succès plus d'un métier, était devenu révolutionnaire professionnel. Il s'était entraîné en Amérique, aux côtés des insurgés, avant de venir en France où, embrassant la cause jacobine, il avait décidé de se forger une réputation en envoyant à la guillotine une victime exemplaire, susceptible d'exciter l'imagination et de déchaîner l'indignation. Greive, qui n'avait jamais rencontré Jeanne, ne nourrissait aucune rancœur personnelle à son endroit. En outre, depuis plus de vingt ans, l'ancienne favorite était retirée de la vie publique. Elle appartenait désormais au passé et ne constituait plus un objectif politique : Marie-Antoinette l'avait remplacée depuis longtemps dans l'imaginaire collectif. Si l'aventurier anglais lui voua une haine implacable, corrompant ses domestiques, dressant la population contre elle et la bombardant d'accusations, c'est parce que le scandale suscité par le vol des bijoux avait transformé la châtelaine de Louveciennes en un trophée de guerre. « Cette énumération éblouissante de diamants, de rubis, de perles ; ce tableau de pierreries, de bijoux sans nombre ; ces magnifiques promesses de pièces d'or par milliers, devaient éveiller l'attention, stimuler l'envie et appeler de dangereuses évocations d'un passé encore récent[312]. » Les journaux s'intéressèrent à elle, rappelèrent son passé de courtisane, s'indignèrent de ces flots d'argent soutirés aux caisses de l'État et insinuèrent qu'il s'agissait en réalité d'un vol simulé dans le seul but de pouvoir transférer ses bijoux en Angleterre[313]. Greive vit dans la dernière favorite de l'Ancien Régime l'occasion de dresser un vaste réquisitoire contre les abus de la monarchie française. Il avait fait des études de droit dans sa jeunesse et possédait un indéniable talent oratoire qu'il mit à profit tant dans ses délations contre Mme du Barry à la mairie de Louveciennes, au département de Seine-et-Oise et à la Commune, que dans un virulent pamphlet intitulé *Égalité controuvée*[314], se présentant comme « Greive, défenseur officieux des braves Sans-Culottes de Louveciennes, ami de Franklin et de Marat, factieux et anarchiste de premier ordre, et désorganisateur du despotisme dans les deux hémisphères depuis vingt ans[315] ». Mais, malgré son éloquence, ses dénonciations répétées, l'évidence des preuves, Mme du Barry continuait à tirer son épingle du jeu. Elle avait réussi à récupérer son château ; la mairie comme le département et la commune s'étaient exprimés en sa faveur et n'avaient pas entamé de procédure ; les habitants de Louveciennes s'étaient à nouveau rangés de son côté, et même un témoin clé comme Salanave, le cuisinier limogé, lui avait écrit une lettre d'excuses.

Pour sa part, ayant mesuré quel ennemi dangereux elle avait trouvé en Greive, Mme du Barry s'efforça à la discrétion : avec l'aide de Morin, son majordome de toute confiance, elle relégua au grenier les portraits de la famille royale, cacha la nuit dans le parc l'argenterie et les nombreux bijoux qui lui restaient, continua à recevoir ses amis et connaissances qui n'avaient pas émigré et vécut une dernière histoire d'amour avec Rohan-Chabot – preuve que malgré ses cinquante ans, Jeanne était encore capable de susciter des passions violentes, comme en témoigne une lettre du duc parvenue jusqu'à nous[316].

Greive put revenir à la charge grâce à la loi promulguée le 17 septembre 1793, qui prévoyait l'arrestation immédiate de tous les suspects et instituait le tribunal révolutionnaire en même temps que des comités révolutionnaires de surveillance et des groupes de sans-culottes chargés de traquer les traîtres à la patrie et les ennemis du peuple. Le justicier anglais ne perdit pas de temps : il obtint du Comité de sûreté générale de mener une enquête sur Mme du Barry et, cinq jours à peine après l'entrée en vigueur de la loi, muni d'un mandat d'arrestation en règle et escorté par les gardes, il fit irruption dans le château, prenant Mme du Barry totalement au dépourvu. À la vue de son persécuteur, la pauvre femme s'était réfugiée dans sa chambre et tentait de brûler des lettres, mais Greive l'entraîna de force et, ayant posé les scellés sur le château, la fit monter dans une voiture pour la conduire lui-même en prison. Tandis qu'enfermée à la prison de Sainte-Pélagie Jeanne en appelait au Comité de sûreté générale, en protestant qu'elle était « livrée entre les mains d'un homme qui s'[était] autrement déclaré son ennemi[317] » et qui l'avait traitée de façon indigne, celui-ci avait pris ses quartiers au château, passant au peigne fin ses papiers, contrôlant minutieusement ses comptes, notant tout ce qui pouvait servir à prouver son activité antirévolutionnaire. Pour étayer ses accusations, il bénéficia de la précieuse collaboration de Blache-Dumas, l'ancien espion londonien qui, expulsé d'Angleterre en vertu de l'*Aliens Act* au début de la guerre, était devenu commissaire du Comité de sûreté générale de qui dépendait maintenant le sort de Jeanne. Nous ignorons depuis combien de temps les deux hommes se connaissaient et on a même avancé l'hypothèse qu'ils étaient à l'origine du vol des bijoux. En tout cas, ils étaient faits pour s'entendre, partageant le même fanatisme, le même désir de revanche contre un ordre social qui les excluait et la même absence de scrupules. Des sentiments similaires poussèrent Zamor – le serviteur indien qui, entré au service de Mme du Barry encore enfant, lui avait servi de page pendant les glorieuses années versaillaises – à leur prêter main-forte. Déraciné de son lieu la naissance et sans possibilité de s'intégrer dans un pays où il avait été importé comme un divertissement exotique, Zamor nourrissait un ressentiment aigu pour sa condition de marginal et avait embrassé avec enthousiasme la foi révolutionnaire. Greive sut trouver les mots pour le convaincre de trahir Mme du Barry qui l'avait pourtant couvert de bienfaits.

Quand deux membres du Comité de sûreté générale l'interrogèrent enfin, Jeanne se contredit plusieurs fois, prise au dépourvu devant les questions préparées par Greive[318]. Un des points centraux de l'interrogatoire concernait ses relations avec les Vendenyver, et quand elle comprit que les banquiers avaient été arrêtés, elle fut prise de panique et eut du mal à trouver des réponses satisfaisantes. Convaincu de sa culpabilité, le Comité de sûreté générale la déféra au tribunal révolutionnaire, qui la convoqua le 19 novembre. Deux mois après son arrestation, elle comparut pour la première fois devant ses juges en même temps que Vendenyver et ses deux fils. L'interrogatoire fut mené par René-François Dumas, vice-président du tribunal révolutionnaire, en présence du ministère public représenté par Antoine Fouquier-Tinville, qui mit dix jours à rédiger son réquisitoire. Le 4 décembre, la prévenue fut transférée à la

Conciergerie, considérée comme « le vestibule de l'échafaud [319] », et, deux jours plus tard, son procès s'ouvrit. On l'accusait d'avoir conspiré contre la Révolution et financé la lutte armée de ses ennemis en envoyant de Londres, où elle avait émigré, des sommes exorbitantes [320]. Après avoir, dans un ultime sursaut de coquetterie, menti sur son âge en se rajeunissant de huit ans, Jeanne écouta à son tour les mensonges et les vérités déformées des nombreux témoins à charge. À elles seules les déclarations de Greive, Blache-Dumas et Zamor auraient suffi à la condamner [321]. Le 7 au soir, Fouquier-Tinville prit la parole. Préparé avec le plus grand soin, son réquisitoire, qu'il veillerait à faire publier [322], conférait au procès une « valeur symbolique [323] ». À moins de deux mois de l'exécution de Marie-Antoinette, la dernière des favorites était appelée à rendre des comptes. La Révolution, tonnait Fouquier-Tinville, ne faisait pas de différence entre la reine scélérate et la « Laïs célèbre par la dissolution de ses mœurs [...] à qui le libertinage seul avait fait partager les destinées du despote », parce que leur dépravation avait été semblable et que semblable devait être leur punition. Tout le passé de Jeanne revenait de façon implacable dans le réquisitoire du ministère public : « L'infâme conspiratrice qui est devant vous, pouvait au sein de l'opulence acquise par ses honteuses débauches vivre au sein d'une patrie qui paraissait avoir enseveli, avec le tyran dont elle avait été la digne compagne, le souvenir de sa prostitution et du scandale de son élévation. Mais la liberté du peuple a été un crime à ses yeux [...]. En frappant du glaive de la loi une Messaline coupable d'une conspiration contre la patrie, non seulement vous vengerez la République de ses attentats, mais vous arracherez un scandale public et vous affirmerez l'empire des mœurs qui est la première base de la liberté des peuples [324]. »

L'avocat de Mme du Barry était Chauveau-Lagarde, qui avait déjà défendu avec habileté et courage Marie-Antoinette, Charlotte Corday, Mme Roland et de nombreux accusés illustres. Mais la culpabilité de la prévenue était tenue pour acquise et quand, à onze heures du soir le 7 décembre, les juges rentrèrent dans la salle et qu'on lut la sentence qui la condamnait à être exécutée à onze heures du matin le lendemain, Jeanne était la seule à ne pas y être préparée. Elle poussa une légère plainte et s'évanouit. Le lendemain matin à dix heures, Mme du Barry demanda à voir ses juges et

pendant trois heures leur énuméra toutes les cachettes de ses tré-
sors [325]. Lui avait-on promis la vie sauve en échange ? Est-ce pour
cette raison que lorsqu'on la fit monter dans la charrette où l'attendaient les trois Vendenyver elle cria qu'elle était victime d'une
erreur, que pendant tout le trajet elle continua à crier et pleurer,
qu'elle refusa de monter sur l'échafaud où on dut la hisser de force
et qu'elle protesta de son innocence jusqu'au bout, implorant pitié ?
Pourtant, quand Louis XV avait contracté la variole, Jeanne avait
prouvé qu'elle ne craignait pas la mort, l'assistant jusqu'au bout,
sans se soucier de la contagion possible, et récemment elle avait
aidé plus d'une personne à ses risques et périls [326]. Mais, en fille du
peuple, elle ignorait ce qu'était la fierté aristocratique et, devant
une mort injuste et cruelle, fit appel aux sentiments de la foule
venue assister à son supplice. « Elle est la seule femme, parmi toutes
les femmes que ces jours affreux ont vues périr, qui ne put soutenir
l'aspect de l'échafaud, écrira Élisabeth Vigée Le Brun, une autre
fille du tiers état qui avait immortalisé sa radieuse beauté. Elle cria,
elle implora sa grâce de la foule atroce qui l'environnait et cette
foule s'émut au point que le bourreau se hâta de terminer le supplice. Ceci m'a toujours persuadée que, si les victimes de ce temps
d'exécrable mémoire n'avaient pas eu le noble orgueil de mourir
avec courage, la terreur aurait cessé beaucoup plus tôt [327]. »

Pendant sa détention, Mme du Barry avait certainement eu
l'occasion de se souvenir – d'une façon bien différente de celle de
Fouquier-Tinville – de ses années insouciantes de libertinage avec
une vieille connaissance de cette lointaine époque. Il s'agissait
de Biron, arrivé à Sainte-Pélagie deux mois avant Jeanne. Il avait
été, quand elle vendait encore ses charmes et qu'il s'appelait
Lauzun, un de ses clients les plus jeunes et les plus attirants. Le
duc avait dû garder des habitudes de galanterie jusqu'en prison
puisque Mme Roland, détenue elle aussi à Sainte-Pélagie, refusait
de répondre à un mari jaloux qui lui demandait si le général Biron
allait souvent en visite au « quartier des dames [328] ». Si c'était le
cas, il ne fait pas de doute que l'Ange l'accueillait avec le même
sourire qu'elle lui avait réservé quand ils s'étaient retrouvés à Versailles. Et ils ne devaient pas manquer de sujets de conversation.
Mais comment Biron était-il arrivé en prison ?

En février 1792, de retour de sa malheureuse expédition londonienne en compagnie de Talleyrand, le duc avait rallié à Valenciennes le quartier général de l'armée du Nord, où il servait comme lieutenant aux ordres du maréchal de Rochambeau. Moins de trois semaines plus tard, la démission forcée de Narbonne conduisit à la formation d'un nouveau gouvernement, non plus feuillant, mais girondin, avec Dumouriez au ministère des Affaires étrangères et Grave à celui de la Guerre. Biron connaissait Dumouriez depuis longtemps et il entama aussitôt une correspondance avec le ministre pour lui exposer ses convictions. Le duc défendait une politique de paix, mais pour l'appliquer il fallait inspirer le respect à l'Autriche et à la Prusse et renforcer les frontières, à commencer par la frontière belge : « Nous serions alors en mesure de déclarer au roi d'Hongrie que nous désirons maintenir la Paix, mais que à sa première réponse ambiguë, à la première marche de ses troupes qui pourrait nous inquiéter, nous entrerons dans le Brabant[329]. » Il fallait en faire autant avec l'Angleterre, placer à Brest une flotte de vingt navires prêts à appareiller pour l'Inde. Pour ce qui le concernait, comme il l'avait déjà indiqué à Narbonne, à part son souhait de retourner en Corse, il n'avait pas « d'autre ambition que de servir utilement la chose publique[330] ». Dumouriez s'était hâté de l'assurer de son soutien − « Il y a longtemps que nos opinions et nos sentiments s'accordent » −, ajoutant qu'il entendait faire de lui « un des plus forts arcs-boutants de [s]a machine politique et militaire »[331]. Mais le ministre devrait vite réviser ses positions. Pour des raisons certes opposées, la Gironde comme les Tuileries voulaient la guerre et, d'un autre côté, en Autriche, François II, qui avait succédé à Léopold II sur le trône de Hongrie et de Bohême, était nettement moins pacifiste que son père. Non seulement une campagne militaire victorieuse stopperait l'épidémie révolutionnaire, mais elle lui permettrait de consolider sa position en Allemagne en lui assurant la couronne impériale. Quand à la Prusse, elle offrait son soutien à l'Autriche et préparait le terrain pour un nouveau partage de la Pologne.

Puisque le 20 avril la France avait pris l'initiative de déclarer la guerre, Dumouriez décida de miser sur une action militaire agressive de façon à prendre l'adversaire par surprise. Pour sa part, conscient de la situation difficile de l'armée − formée pour moitié de volontaires novices dans le métier des armes, avec un encadrement décimé par l'émigration –, Rochambeau était partisan d'une stratégie défensive, mais il se vit contraint d'envahir la Belgique. Comme il doutait que l'opération puisse être un succès, il essaya de limiter les dégâts en gardant le gros des troupes en position de défense et en procédant avec la plus grande prudence. Il confia l'offensive à trois colonnes militaires aux ordres de Biron, Dillon et Carles, qui devaient pénétrer en territoire ennemi en marchant respectivement sur Mons, Tournai et Furnes. Dumouriez et Biron lui-même étaient persuadés que les Belges, depuis longtemps hostiles au gouvernement de Vienne, accueilleraient à bras ouverts les messagers de la liberté et que dans les rangs mêmes de l'armée autrichienne on compterait de nombreuses désertions en faveur de la France. Non seulement il n'en alla pas ainsi, mais ce furent les soldats français qui désobéirent à leurs chefs. La frontière traversée et le premier objectif militaire atteint, les soldats de Biron furent pris de panique pendant la nuit après une alerte totalement injustifiée et s'enfuirent. Biron réussit à reprendre le contrôle de la situation et conserver les positions acquises, mais Dillon fut massacré par ses soldats qui, aux premières salves échangées avec les avant-postes ennemis avaient perdu la tête, se croyant trahis, et s'étaient mutinés.

Devant l'échec d'une opération militaire qui lui avait été imposée par Paris, Rochambeau démissionna au grand regret de Biron et fut remplacé par le maréchal Luckner. Le nouveau commandant – à qui, soit dit en passant, Lajard, le nouveau ministre de la Guerre, avait donné carte blanche – opta pour une stratégie défensive : décevant l'Assemblée, il rappela les troupes sur leurs positions de départ. La priorité de l'armée du Nord était maintenant de défendre la Lorraine devant l'avancée de l'armée de Coblence. La menace d'invasion du territoire national eut comme effet immédiat de radicaliser la lutte politique, et Biron fut pris dans un engrenage dont il était désormais prisonnier. En l'espace de deux ans le duc servit successivement dans cinq armées différentes, répondant à au moins sept ministres de la Guerre, en régime monarchique comme républicain [332].

Avec sa nomination comme commandant suprême de l'armée du Rhin, Biron entama la dernière aventure de sa vie [333]. Le commandement d'une grande armée était une responsabilité à laquelle il ne se sentait pas porté et ce n'était pas un hasard s'il avait refusé celui de l'armée des Alpes que Narbonne lui avait offert en son temps, et celui de l'armée du Nord que lui avait proposé Dumouriez[334]. Mais la troisième fois, il n'avait pas su dire non. Il ne s'agissait plus de prouver sa valeur de soldat sur le champ de bataille, mais de prendre des décisions stratégiques, de coordonner l'action des généraux et des hauts gradés placés sous ses ordres, d'organiser une armée formée de volontaires enthousiastes mais inexpérimentés et de professionnels dont la loyauté n'était pas à toute épreuve. En outre, pour lui, la guerre n'avait jamais constitué une fin en soi mais une arme au service de la diplomatie, et sa vraie passion – celle qu'il avait partagée avec Mirabeau, Talleyrand et Narbonne – avait toujours été la politique. Pourtant, l'enfant gâté de l'Ancien Régime se révéla à la hauteur de la tâche.

Les événements du 10 août et la chute de la monarchie placèrent Biron – comme beaucoup d'autres officiers qui avaient prêté serment à la constitution par fidélité au roi – devant un grave cas de conscience. Le duc ne voulut pas abandonner son pays et ses soldats et se résigna à accepter la république comme un fait accompli. Sa priorité était de défendre la France de la coalition de puissances étrangères qui menaçait sa souveraineté, et la décision immédiate qui s'imposait à lui n'était pas choisir entre la monarchie ou la république, mais entre lutter contre l'envahisseur ou passer à l'ennemi. Et comme le modèle constitutionnel de type anglais pour lequel ses hommes et lui s'étaient battus n'avait pas fonctionné, il lui restait à espérer que la formule américaine donne de meilleurs résultats[335]. Moins cohérent que lui, le républicain La Fayette crut pouvoir sauver la monarchie en marchant sur Paris avec son armée, mais ses soldats ne le suivirent pas et il dut se livrer aux Autrichiens. Biron ne se faisait aucune illusion sur son cas personnel. Les méthodes politiques de la Convention étaient incompatibles avec ses convictions libérales et il savait que ses compétences professionnelles n'effaçaient pas aux yeux des Jacobins la tare de sa naissance aristocratique. Il se sentait de plus en plus un survivant dans un monde qui lui était profondément étranger. Ses meilleurs amis avaient émigré, beaucoup avaient connu une mort atroce, et il avait perdu l'espoir de revoir Mme de Coigny. D'ailleurs leur correspondance cesserait bientôt car, dans une Europe en guerre, il était devenu difficile de s'écrire. À en juger par la dernière lettre de la marquise qui nous soit parvenue, la chute de Louis XVI ne lui avait pas arraché une larme. « Sauf les massacres publics et particuliers, qui font toujours horreur à penser comme à voir, la conséquence directe de la déchéance me trouverait très philosophe, et je ne croirais pas le royaume perdu, parce qu'un roi qu'on soupçonne de conspirer contre lui n'est plus chargé de le défendre. » C'était de voir « la guerre civile et la guerre étrangère établies à la fois dans ce malheureux pays » qui l'angoissait et lui faisait dire, en avance sur Mme Roland : « Ô Liberté, quel mal tu nous causes pour les biens que tu nous as promis. » Biron, donc, ne pourrait plus trouver de soutien dans le réalisme politique de son idole, ni se laisser bercer par sa mélopée précieuse. Elle avait pris congé de lui par ces mots : « Adieu, croyez que mon cœur, mon âme et mon esprit sont tout à vous et en vous. » [336]

La seule femme restée à ses côtés pour lui apporter un peu de réconfort dans les rares moments volés à un travail exténuant était la douce et discrète Charlotte Laurent, qui depuis de nombreuses années le suivait comme son ombre. La jeune comédienne au maigre talent – dont, en 1785, la *Correspondance littéraire* avait signalé l'entrée à la Comédie par ces mots : « On dit qu'elle est moins froide partout ailleurs qu'au Théâtre. C'est M. le duc de Lauzun qui prend soin d'elle [337] » – avait été pour Biron une maîtresse conciliante, à qui il n'était pas tenu de manifester les égards imposés par la comédie de la séduction mondaine. On peut toutefois s'étonner de ce que Mlle Laurent n'avait ni esprit ni beauté, l'explication – trop peu chevaleresque – que le duc aurait donnée à un ami qui lui demandait les raisons de son choix laissant incrédule : « Si vous saviez comme elle est bête et comme cela est commode ! On peut parler devant elle des choses les plus importantes, avec une sûreté [338] ! » Certes, au fil des années, Mlle Laurent était devenue pour Biron une présence nécessaire. Quand, à la fin de l'Assemblée constituante, le duc reprit du service à Valenciennes, c'est elle qui veilla à l'intendance de ses résidences et de ses gens, fit avec grâce [339] les honneurs de la maison à l'occasion des déjeuners et des réceptions que le général offrait quotidiennement à ses officiers, et surtout prit soin de lui. Biron avait toujours été de santé délicate, mais désormais les crises de foie, les douleurs d'estomac et la goutte ne lui laissaient pas de répit, et Mlle Laurent s'était révélée excellente infirmière.

Biron sut s'opposer avec succès à l'avancée du duc de Brunswick qui, le 2 août, avait traversé le Rhin à Mannheim avec une armée de trente mille hommes. Mais il se heurta vite à l'ambition du général Custine – beau-père de la fille de Mme de Sabran – qui, fort de la popularité gagnée avec la reddition de Mayence, entendait prendre sa place à la tête de l'armée. Pour éviter un conflit d'autorité, Jean-Nicolas Pache, le nouveau ministre de la Guerre, décida de confier à Biron le commandement de l'armée d'Italie, en dépit des protestations des commissaires de la Convention, qui, s'étant rendus en inspection à Strasbourg, avaient recueilli des appréciations enthousiastes sur son travail.

Avant d'aller à Paris chercher les instructions relatives à ses nouvelles fonctions, le duc apprit que son épouse, qu'il n'avait pas vue depuis quinze ans, risquait d'être inquiétée pour avoir voulu émigrer. Après le 10 août en effet, Amélie de Boufflers avait cherché refuge d'abord en Angleterre, puis en Suisse, avant de revenir en France pour éviter la confiscation de ses biens. Biron adressa alors une lettre ouverte à la Convention en revendiquant dans un geste chevaleresque ses responsabilités de mari : « Un fidèle soldat de la République ose demander aux représentants du peuple de fixer leurs regards sur l'affreuse position d'une femme, qu'un instant de délire, dont elle peut administrer les preuves, expose au malheur d'être rejetée du sein de la patrie. Citoyens, cette femme est la mienne. Séparé de biens, éloigné d'elle depuis quinze ans, je sens, pour la première fois, avec de douloureux remords, que, sans la distance mise entre nous par les circonstances, plus confiante, plus rassurée, fière peut-être du patriotisme de son mari, cette femme, plus malheureuse que coupable, n'eût jamais mérité d'attirer sur elle la sévérité des lois [340]. »

Amélie de Boufflers pria son beau-père, le duc de Gontaut, de faire savoir à son mari qu'elle avait été « fort touchée » de son désir de lui être utile, mais aussi combien elle jugeait inopportune son initiative qui avait eu pour résultat d'attirer sur elle l'attention des autorités. De plus, la requête d'indulgence avancée par le duc équivalait à une reconnaissance de culpabilité [341]. Décidément, dans la bonne comme dans la mauvaise fortune, les deux conjoints étaient destinés à ne pas se comprendre.

Mi-décembre, Biron regagna Paris où il obtint une permission de plusieurs semaines pour se rétablir. Il s'installa avec Mlle Laurent à l'hôtel de Saint-Marc, dans la rue du même nom, et alla rendre visite à son père qui, non moins indigné par ses dettes que par ses choix politiques, l'accueillit froidement. Son séjour dans la capitale coïncida avec le procès de Louis XVI, que le duc suivit la mort dans l'âme. Non seulement Biron trouvait cette initiative juridiquement inacceptable du moment que la constitution de 1791 avait établi l'inviolabilité du roi, établissant que la seule peine dont il était passible était la déchéance de ses droits, mais il se demandait avec angoisse quel serait le comportement d'Orléans au moment de la sentence. Il éprouvait pour le duc un sentiment fraternel et était très attaché à ses enfants. Le duc de Chartres – le futur Louis-Philippe –, qui l'avait eu pour commandant à Valenciennes, rendra justice dans ses Mémoires à l'« ancienne, constante et fidèle amitié » que Biron avait portée « jusqu'à son dernier soupir »[342] à son père et, par transition, à son frère Montpensier et à lui. Élu à la Convention et rebaptisé Philippe Égalité, le cousin de Louis XVI se trouvait dans une position extrêmement difficile. Comme l'écrit Évelyne Lever, « la révolution allait beaucoup plus loin qu'il ne l'avait prévu [...] Il s'en rendit parfaitement compte lors des massacres de septembre, lorsque les assassins traînèrent jusqu'à lui le cadavre affreusement mutilé de la malheureuse princesse de Lamballe[343] ». Sans parti derrière lui, ballotté par une situation en constant changement, il siégeait avec la Montagne – le groupe politique radical de Robespierre qui occupait les places les plus hautes à gauche de la salle – et s'abstenait de prendre la parole. Il espérait par ce choix se protéger des attaques des extrémistes, mais c'est la Gironde qui, pour mettre la Montagne en difficulté, réclama son expulsion du pays avec tous les Bourbons. Et quand, après un débat d'une grande violence, la Convention décréta que – exception faite de Philippe Égalité – tous les Bourbons-Capets avaient une semaine pour quitter la France, Orléans, qui n'avait jamais eu un sens de l'honneur très développé, décida qu'il ne lui restait plus qu'à se battre pour sa survie. Au moment du procès du roi, ses enfants et ses amis les plus proches, à commencer par Biron, conscients de la fragilité de son caractère, tentèrent de le convaincre de ne pas commettre l'irréparable en votant la mort de son cousin. Au-delà de la différence évidente de perspective, les souvenirs du futur Louis-Philippe et ceux de Grace Elliott rendront compte du même drame. Le premier – qui sous les ordres du général Kellermann s'était distingué à Valmy et Jemmapes pour son courage et ses connaissances militaires et jouissait d'une solide réputation de patriote – raconte ses tentatives répétées pour convaincre son père de trouver une excuse et ne pas participer au procès. Mais l'issue de leurs entretiens n'avait guère été rassurante. Effrayé et désorienté, le duc n'était plus en mesure de se soustraire aux injonctions de la Montagne qui le tenait à sa merci. Il n'accueillit pas la proposition de son fils de sauver sa vie et son honneur en émigrant avec toute la famille aux États-Unis. Chartres était reparti désespéré pour le front, laissant à son frère Montpensier la tâche d'arracher à leur père au moins la promesse de ne pas voter la mort du souverain [344]. L'empêcher de commettre cette ignominie, ce fut aussi l'objectif de Biron, qui connaissait trop bien son ami pour espérer obtenir plus et usa de son ascendant, avec l'aide de Miss Elliott. Biron avait demandé à la belle courtisane anglaise – qui, après avoir été la maîtresse d'Orléans, était devenue son amie intime – d'inviter le duc chez elle pour lui parler en privé. C'est elle qui rapporte la teneur de cette conversation des années plus tard, dans son *Journal de ma vie durant la Révolution française*. « J'espère, monseigneur, que vous voterez pour la mise en liberté du roi », avait attaqué la jeune femme. « Certainement, et pour ma propre mort... », avait rétorqué Orléans avec colère. Biron était alors intervenu sur un ton qui n'admettait pas de réplique : « Le duc ne votera pas. Le roi en a mal usé toute sa vie avec lui, mais il est son cousin, et il feindra une maladie pour rester chez lui, samedi, jour de l'appel nominal, qui doit décider du sort du roi [345]. » Orléans les avait assurés qu'il ferait ainsi et que rien au monde ne l'obligerait à voter contre un membre de sa famille.

La Montagne en avait décidé autrement. Le 16 janvier, jour où la Convention devait se prononcer sur la peine à infliger au roi, deux de ses députés allèrent chercher le duc au Palais-Royal, en lui disant qu'il ne pouvait pas fuir ses responsabilités sur une question aussi grave. Dans la soirée, Miss Elliott rejoignit Biron à l'hôtel Saint-Marc, lequel, en compagnie de son fidèle aide de camp Rustan, de Mlle Laurent et de Dumouriez, attendait les résultats du vote. L'anxiété se teinta vite d'épouvante : les informations qui arrivaient toutes les demi-heures donnaient nettement l'avantage aux voix en faveur de la peine capitale et la nouvelle que le duc d'Orléans, manquant à toutes ses promesses, s'était présenté à la Convention pour approuver lui aussi la mise à mort de son cousin les laissa sans voix. « Le pauvre Biron qui était, hélas ! républicain, avait presque un accès de désespoir », et Rustan, qui n'avait pas émigré pour rester à ses côtés, « arracha son uniforme et le jeta dans le feu, en disant qu'il rougirait de le porter désormais »[346]. Orléans attendit d'être rentré au Palais-Royal pour pleurer sur sa honte. Son fils cadet le trouva écroulé dans son bureau : « Montpensier, lui dit-il en sanglotant, je n'ai pas le courage de te regarder […]. Je ne conçois plus comment j'ai pu être entraîné à ce que j'ai fait[347]. »

Le 23 janvier, deux jours après l'exécution de Louis XVI, Biron partit pour Nice prendre le commandement de l'armée d'Italie, obtenant d'emmener le jeune Montpensier[348] et les généraux Sheldon et Mieszkowski qui l'accompagnaient depuis son expédition au Sénégal. En vue de la guerre contre l'Angleterre, il avait pour mission de défendre la Corse, les Alpes maritimes et la côte, du Rhône jusqu'au Var. Mais pour l'heure, le plus urgent était de protéger Nice de l'attaque des troupes austro-piémontaises. Sa correspondance avec Paris[349] montre bien les difficultés énormes auxquelles il lui fallut de nouveau faire face. Comme déjà à l'armée du Rhin, Biron n'avait pas reçu les instructions promises, l'armée manquait de tout, la moitié seulement des vingt mille soldats était en mesure de se battre et il fallait de toute façon apprendre le métier et la discipline à la troupe. Cela ne l'empêcha pas de se consacrer à sa nouvelle tâche avec le zèle qui le caractérisait. Loin des horreurs de la capitale, immergé dans le lumineux paysage méditerranéen qui lui était cher, appelé à se battre à nouveau pour défendre la Corse, Biron eut un instant la sensation d'avoir retrouvé une patrie qui justifiait ses choix. La défaite française inattendue en Sardaigne et l'assassinat du représentant français à Rome furent pour lui l'occasion d'attirer l'attention du ministre des Affaires étrangères Lebrun sur la « nécessité de renforcer l'Armée d'Italie si l'on envisage une diplomatie française active dans la péninsule[350] ».

Mais la principale préoccupation du gouvernement révolutionnaire était de veiller à sa propre sécurité et, le 8 avril 1793, Biron reçut l'ordre du Comité de salut public d'arrêter Montpensier et de le conduire à Marseille sous bonne escorte. En larmes, Biron en informa le prince, âgé de dix-huit ans à l'époque, et l'aida à détruire tous les documents qui pouvaient se révéler compromettants[351].

Tous deux ne découvrirent les raisons de cette arrestation qu'en apprenant que le général Dumouriez et le duc de Chartres s'étaient réfugiés à l'étranger après leur tentative avortée de pousser l'armée à marcher sur Paris. Dumouriez avait déclaré qu'il voulait rétablir la constitution de 1791 et restaurer la monarchie, reconnaissant pour roi le petit Louis XVII, alors emprisonné au Temple. Mais beaucoup de gens subodoraient que le véritable objectif était plutôt d'installer les Orléans sur le trône, et la Convention donna aussitôt l'ordre d'arrêter tous les Bourbons qui se trouvaient encore sur le territoire national. C'est ainsi qu'à Marseille, à la forteresse de Notre-Dame-de-la-Garde, Montpensier put embrasser son père et Beaujolais, son benjamin. Transférés peu après au Fort-Saint-Jean, plus sûr, les trois Orléans passèrent ensemble six mois de régime carcéral dur jusqu'au 23 octobre, quand le duc prit affectueusement congé de ses fils pour être emmené à Paris et comparaître devant le tribunal révolutionnaire sous l'accusation de haute trahison. Philippe Égalité, qui avait été rigoureusement tenu à l'écart des intentions de Dumouriez et de Chartres, crut jusqu'au bout qu'il prouverait qu'il était totalement étranger à tout complot antirévolutionnaire, ignorant que Fouquier-Tinville avait décidé de son sort avant même de l'interroger. Pourtant, le 6 novembre, il écouta sa condamnation à la guillotine « avec autant d'indifférence que s'il se fût agi d'aller à l'Opéra[352] » et affronta la mort avec la détermination et le courage qui lui avaient toujours manqué dans la vie.

Juste après l'arrestation de Montpensier, Biron dut faire face à une mutinerie de ses troupes éprouvées par le froid et la faim et alarmées par la trahison de Dumouriez. Il ne rétablit l'ordre que grâce à son ascendant personnel sur les soldats, mais ne cacha pas à Paris la gravité de la situation et la nécessité de tenir compte de leurs besoins. Ces dix jours de révolte, écrivit-il au nouveau ministre Bouchotte, « sont peut-être ceux où j'ai le plus essentiellement servi la République[353] ». Mais la République le remercia en lui confiant le commandement de l'armée des Côtes de La Rochelle, occupée à réprimer l'insurrection vendéenne. Biron en fut consterné : on l'obligeait à quitter une armée avec laquelle, en quelques semaines, il avait déjà remporté de beaux succès militaires et au sein de laquelle il comptait de nombreux collaborateurs de confiance. Et il ne pouvait « s'éloigner sans peine » de la Corse –

« cette nouvelle Patrie que j'avais adoptée et qui m'avait adopté elle-même » – à qui il adressait « [s]es regrets de ne pouvoir plus lui consacrer [s]es services » [354]. Et surtout, en Vendée, il ne s'agissait plus de défendre la France de l'agression étrangère mais de mener une guerre fratricide. Biron fut probablement tenté de démissionner et, dans un premier temps, il déclara que son état de santé – en effet de plus en plus inquiétant – ne lui permettait pas d'assumer sa nouvelle mission. Mais il était couvert de dettes et l'armée lui donnait de quoi vivre et constituait son ultime protection, puisque son amitié pour le duc d'Orléans l'avait rendu irrémédiablement suspect. On peut se demander pourquoi la Convention l'avait choisi pour une tâche aussi délicate. La réponse que donne Clément C. Velay dans sa belle biographie, semble convaincante : le gouvernement révolutionnaire, qui avait hâte de résoudre le problème de la Vendée et n'excluait pas encore la possibilité d'arriver à un accord avec les insurgés, comptait aussi sur les capacités diplomatiques dont Biron avait donné la preuve dans ses postes précédents, en sus de ses capacités militaires. Mais le coup d'État du 2 juin porta à une radicalisation de la Terreur et à la décision d'écraser toute résistance. Les qualités pour lesquelles Biron avait été choisi devinrent suspectes : « Il ne sera plus considéré comme l'homme de la situation, mais comme un traître en puissance [355]. »

Ayant vécu l'expérience d'une guerre d'occupation à l'époque de son expédition corse, Biron savait comme il est difficile de vaincre la résistance de combattants entièrement dévoués à leur cause, soutenus par la population et connaissant parfaitement le terrain. Retrouvant la même situation en Vendée, avec le facteur aggravant de la guerre civile, il opta pour une stratégie où le recours à la force s'accompagnerait de la recherche d'un compromis acceptable pour les deux parties. Il réaffirma cette position dans les dépêches qu'il envoyait régulièrement au ministre de la Guerre, dénonçant l'indiscipline des soldats, leur inexpérience et les vexations auxquelles ils soumettaient la population, de même que le rôle néfaste de « l'innombrable quantité d'agents et sous-agents du pouvoir exécutif. Il est très connu qu'ils sont partout, enlevant chevaux et voitures, et insultant les propriétaires et sans que cela tourne au profit de l'armée [356] ». Il s'agissait de dangereux démagogues « qui prêchent partout l'insubordination, l'insurrection et le partage [357] », et les revers essuyés à Doué, Saumur et Angers découlaient exclusivement de l'inadaptation de l'armée républicaine : au lieu de chercher à affronter en terrain découvert un ennemi insaisissable, il fallait l'encercler et réduire progressivement son rayon d'action.

Le gouvernement était arrivé à une autre conclusion. Pour clore sans tarder l'épisode vendéen, il fallait adopter un « plan d'agir en masse [358] » et Paris demanda à Biron de s'organiser en conséquence. Avec beaucoup de courage, le duc se déclara prêt à démissionner ou à servir sous les ordres d'un autre général. Mais tant qu'il aurait la responsabilité de l'armée, il serait toujours « pénétré de ce principe qu'un républicain doit, quand il est convaincu qu'il fait une chose utile, risquer de porter sa tête sur un échafaud comme l'exposer au milieu des combats [359] ». Avant de susciter la réprobation de la Convention, la prise de position du duc gênait les ambitions de Ronsin, un comédien raté qui avait embrassé la foi républicaine, développant une passion pour les questions militaires. Envoyé en Vendée par le Comité exécutif début mai, chargé de l'approvisionnement de l'armée, Ronsin voulut se mêler aussi de l'aspect opérationnel, prônant une offensive de vaste envergure. Traité comme un incompétent par Biron [360], il décida de se venger. Exploitant la grogne de tous ceux contre qui Biron avait pris des mesures disciplinaires – à commencer par un meneur dénommé Rossignol –, Ronsin répandit la rumeur selon laquelle le commandant en chef de l'armée se réfugiait derrière des arguments techniques fallacieux pour favoriser la contre-révolution par un immobilisme pernicieux. Ronsin comme Rossignol utilisèrent la caisse de résonance des clubs de sans-culottes parisiens auxquels ils étaient tous deux liés. Et Robespierre, qui pour sa part comptait sur l'appui des clubs pour se débarrasser de Danton, écouta leurs accusations. Conscient d'avoir perdu la confiance du Comité de salut public et las de lutter contre une logique perverse qui faisait passer les enjeux politiciens avant l'intérêt du pays, Biron invoqua son état de santé pour demander à être relevé de ses fonctions [361]. Le 26 juillet il fut convoqué pour rendre compte de son action au Conseil exécutif et, quatre jours plus tard, il était déjà à Paris.

Aussi bien le ministre de la Guerre Bouchotte, que Gasparin, Barère et Hérault de Séchelles, qui le reçurent au Comité de salut public, l'invitèrent à rédiger un rapport sur les initiatives qu'il avait prises pendant les six semaines de son commandement en Vendée.

Il obtempéra, demandant qu'on lui reconnaisse le fait d'avoir régulièrement informé l'exécutif des difficultés rencontrées, d'avoir toujours agi avec son accord, d'avoir en somme mis en œuvre tout ce qui était en son pouvoir pour servir la république[362]. Mais le domestique de Biron, qui était allé chez le copiste retirer les exemplaires du rapport, fut arrêté alors qu'il revenait à l'hôtel de la Paix, Chaussée d'Antin, où le duc logeait. Le soir même, Biron était incarcéré à Sainte-Pélagie avec Mlle Laurent et le fidèle Rustan[363].

Tant qu'il avait occupé ses fonctions de général, le duc avait mis un point d'honneur à servir son pays en respectant à la lettre les règles imposées par la déontologie militaire, sans tenir compte des idées, préjugés et intérêts de ses différents interlocuteurs. Après son arrestation, il envoya encore à la Convention, au Comité de salut public et à Hérault de Séchelles des lettres où il réaffirmait la justesse de son action et sa non-implication dans quelque complot que ce fût. Il avait pris l'habitude depuis sa jeunesse de rédiger des comptes rendus, des rapports, des analyses politiques et diplomatiques et il continua jusqu'au moment où, n'obtenant aucune réponse, il comprit que ses explications n'intéressaient personne et que l'accusation de trahison portée contre lui n'était qu'un prétexte pour l'éliminer. Il était clair que la France désormais n'avait plus besoin de généraux comme lui ou comme son ami et rival Custine qui, le 28 août, sous le coup d'une accusation similaire, le précéderait à la guillotine. D'ailleurs Biron connaissait trop bien les menaces qui pesaient sur le pays pour ne pas se rendre compte que seule la main de fer de la Terreur pouvait sauver la république. Il fallait – comme l'a écrit son meilleur biographe – « attendre la dictature de Robespierre et surtout l'efficacité de Carnot pour que, graduellement, l'armée soit mieux équipée et que, officiers et soldats apprennent leur nouveau métier[364] ». Son devoir de commandant rempli jusqu'au bout et libre désormais de toute responsabilité, Biron redevint un homme de sa caste et éleva entre ses ennemis et lui la barrière infranchissable du mépris. « Il y a trop longtemps que ces gens-ci m'ennuient ; ils vont me faire couper le col, mais au moins tout sera fini[365] », déclarerait-il à Beugnot. Pendant les cinq mois qu'il passa à Sainte-Pélagie dans l'attente de son procès, le duc s'en remit aux bons soins de Mlle Laurent et de son aide de camp, il s'entretint aimablement avec les autres prisonniers, lut, but de nombreuses bouteilles de vin, passa le plus clair de son temps allongé sur son lit, montrant un désintérêt total pour son sort.

Enfin, le 29 décembre, il comparut devant le tribunal révolutionnaire où, tout en sachant que l'interrogatoire était une pure formalité et que son sort était déjà décidé, il nia sèchement avoir « jamais favorisé de fait ni d'intention [366] » aucune conspiration antipatriotique. D'ailleurs ne le considérait-on pas coupable simplement de sa naissance ? Dans son réquisitoire, en l'absence de la moindre preuve pour étayer l'accusation de trahison, Fouquier-Tinville l'accusait d'être « né dans la caste des ci-devant privilégiés ; ayant passé sa vie au sein d'une cour corrompue, à ramper servilement sous un maître, n'a pris le masque du Patriotisme, comme les traîtres Custine, La Fayette, Dumouriez et tant d'autres que pour tromper la Nation aux intérêts de laquelle il paraissait se dévouer, et abuser plus sûrement de la confiance qu'elle lui donnait pour la remettre dans les fers du despotisme [367] ».

Prononcée deux jours plus tard, sa condamnation à mort reprenait point par point les accusations du réquisitoire et jugeait Biron coupable d'avoir agi en Vendée comme « une colonne de l'armée ennemie » et avant encore, quand il commandait l'armée d'Italie, d'avoir voulu « en courtisan habile d'un tyran futur » prendre « sous ses ordres, le fils du traître Orléans, qui n'avait voté la mort du despote que pour le remplacer lui-même » [368], mais aussi d'avoir été complice de la trahison de Dumouriez. Biron accueillit la sentence en souriant et, de retour à la Conciergerie, prit congé des autres prisonniers en attente de jugement avec un « Ma foi, mes amis, c'est fini, je m'en vais ». Puis, prenant plume et papier, écrivit « sans rature, d'une écriture ferme et assurée [369] » deux lettres d'adieu. Dans la première, adressée à la citoyenne Laurent à Sainte-Pélagie, il exprimait à la jeune femme restée si longtemps à ses côtés sa préoccupation de la laisser seule et sans appui : « Quelques heures encore et mon sort sera terminé ; ma chère et malheureuse amie, tu seras plus à plaindre, car tes souffrances ne finiront pas sitôt et tu me pleureras longtemps. Si je pouvais entrevoir pour toi quelque bonheur dans l'avenir, cet espoir adoucirait beaucoup mon sort [370]. » Toutefois, il espérait que « l'unique amie [371] » qui lui restait au monde – allusion claire à Mme de Coigny et ultime déclaration du sentiment exclusif qu'il lui vouait –, ainsi que son père s'occuperaient d'elle. La même requête revenait dans la deuxième lettre, adressée à son cousin, le marquis de Gontaut [372], mais destinée en réalité à son père. Biron passait par l'entremise du cousin auquel il était le plus lié – le marquis était déjà venu à son secours quand il avait été emprisonné pour dettes à Londres – pour faire acte de soumission filiale auprès de ce « vieux monstre [373] » avec qui il était en conflit depuis toujours. Après toutes ces années d'éloignement, il choisit pour exprimer le sentiment qu'il lui devait le langage simple et naïf de l'enfant qu'il était quand son père, ne sachant à qui le confier, l'emmenait à Versailles. « Je suis condamné, je mourrai demain dans des sentiments de Religion dont mon cher Papa m'a toujours donné l'exemple et qui sont dignes de lui. Ma longue agonie reçoit beaucoup de consolation de la certitude que mon cher Papa n'abandonnera pas à des malheurs de toute espèce la citoyenne Laurent à l'amitié de qui j'ai dû tant de soulagement dans mes peines. J'ai chez moi, à Montrouge, deux femmes anglaises qui sont chez moi depuis vingt ans et qui sont détenues comme prisonnières depuis le décret sur les étrangers, elles n'avaient d'autre soutien que moi, je les recommande aux secours et à l'extrême bonté de mon cher Papa, je l'aime, je le respecte et je l'embrasse pour la dernière fois de tout mon cœur. Biron [374]. » La cérémonie des adieux achevée, Biron redevint lui-même. Après avoir dîné de bon appétit, il passa la soirée en lisant et s'endormit sereinement. Le lendemain matin, après s'être habillé avec soin, il se fit apporter des huîtres et du vin d'Alsace et invita le geôlier à trinquer avec lui. À l'arrivée du bourreau, il le pria de le laisser finir ses huîtres et lui offrit à boire en lui disant aimablement : « Vous devez avoir besoin de forces au métier que vous faites. » Puis, calme et hautain, comme le Don Juan de Baudelaire [375], il monta sur la charrette pour son dernier voyage.

Jusqu'à l'automne 1793, la famille Ségur avait échappé à la chasse aux suspects et ce n'est qu'en octobre que le Comité de salut public décida de prendre des mesures. Le 13 en effet, le vicomte fut incarcéré à Saint-Lazare et, un mois plus tard, le vieux maréchal envoyé à la prison de La Force. Le comte eut plus de chance. Après sa mission désastreuse à Berlin sous le ministère de Narbonne, malade et déprimé, Louis-Philippe s'était retiré avec sa femme et ses enfants à Fresnes, dans la propriété de campagne de son beau-frère d'Aguesseau, à quelques milles de la capitale. Il s'y trouvait le

10 août et au moment des massacres de septembre, mais début décembre, apprenant que son nom figurait sur la liste des émigrés, il était revenu à Paris, chez son père. Arrêté deux fois, il en réchappa, d'abord grâce à l'intervention d'un ami, puis grâce à son propre courage. Il avait refusé de monter la garde du roi, prisonnier au Temple, et, aussitôt dénoncé, avait été conduit devant le Comité de section où il s'était hardiment défendu. « J'ai été, dit-il à ses juges, l'ambassadeur de ce malheureux prince ; il m'a comblé de ses bontés ; je ne pouvais me joindre à ses geôliers, m'exposer à tirer sur lui, s'il avait tenté de briser les fers [376]. » Ému par ses paroles, le tribunal improvisé l'avait applaudi. Le procès du roi le poussa à prendre contact avec les députés de la Convention qu'il connaissait pour tenter de le sauver et il quitta définitivement Paris avant son exécution en emmenant le maréchal. Il avait acheté sur le conseil du précepteur de ses enfants, originaire du lieu, une petite propriété à Châtenay, près de Sceaux, où il s'installa avec sa famille. Quand, en novembre, les commissaires de la Convention vinrent chercher le maréchal, Louis-Philippe demanda en vain à prendre sa place et resta à Châtenay, assigné à domicile. La Révolution l'oublia et il vécut les années suivantes dans une extrême pauvreté, cultivant des pommes de terre, donnant des cours à ses enfants, écrivant des nouvelles, des vaudevilles, des comédies dans l'espoir d'en tirer profit un jour.

À la différence de son frère, le vicomte de Ségur continua long-temps à brocarder la Révolution. Après la prise de la Bastille et les mésaventures de Besenval, il avait cessé de fronder Versailles pour mettre sa verve satirique au service de la monarchie, à son avis seule forme de gouvernement capable de répondre aux exigences du pays. « Il faut que les gens qui tiennent à l'ancien système, se disent bien que la révolution est faite ; il faut que les partisans du nouveau, se disent et conviennent que l'on a été trop loin », écrivait-il dans son *Essai sur l'opinion, considérée comme une des principales causes de la Révolution de 1789*, prouvant que sa légèreté se doublait d'une bonne dose de lucidité et de bon sens. L'opinion publique ne devait plus être guidée par des « têtes brûlées », mais par des hommes capables et responsables parce qu'une chose était certaine : « Plus que jamais, d'ici à quelques années, l'opinion va décider de notre gouvernement, de notre sort [...] La liberté d'écrire, de penser,

ouvre un champ sans limite au choc des opinions [...] Aucun système n'est bien établi ; il faudra cependant qu'il y en ait un, auquel
le plus grand nombre se réunisse ; et ce sera celui qui réglera nos
destinées [377]. » Tout ceci ne l'empêchait pas de constater que les
idéaux réformistes s'étaient révélés une chimère et que la passion
politique avait « gâté son Paris », transformant « la capitale du plaisir en un foyer de disputes et d'ennui » [378]. Comme il était devenu
plus difficile de s'amuser dans les salons, il choisit de le faire dans
les colonnes des journaux. Gabriel de Broglie a reconstitué le rôle
de premier plan du vicomte dans *La Feuille du jour*, un quotidien
de huit pages in-octavo, dont le premier numéro sortit le
1er décembre 1790. Le fondateur, Pierre-Germain Parisau, était un
original qui savait mille métiers mais dont la passion dominante
était le théâtre. Le rédacteur, Jean-Baptiste Desprès, un homme de
lettres intelligent et cultivé qui avait été secrétaire du baron
de Besenval, avait invité le vicomte à collaborer. Bien que royaliste
et conservatrice, *La Feuille du jour* n'était pas une tribune idéologique mais « un journal piquant en anecdotes et en plaisanteries sur
tous les partis [379] » et ses rédacteurs manifestaient leurs convictions
politiques de façon apparemment fortuite, en marge des multiples
faits d'actualité dont le journal rendait compte. C'était une formule
qui permettait une grande liberté d'intervention, où « le ton était
vif, la polémique acérée, mais la gaieté et la galanterie n'étaient
jamais absentes [380] », et le vicomte s'y trouva parfaitement à son
aise. Il recourut pour épingler la Révolution aux formes littéraires
brèves – l'anecdote, la maxime, l'aphorisme – que de son côté
Chamfort maniait pour dénoncer des comportements comme le
sien. Les interventions étaient anonymes, mais le style de Ségur
équivalait à une signature. Exprimée sous forme de simples avis
rapportés, la gravité de la situation politique s'imposait avec l'évidence démystifiante de l'ironie et du paradoxe : « Ce qui me
dégoûte, disait une femme d'esprit, c'est de songer que ce qui se
passe aujourd'hui sera l'Histoire, un jour » ; « le grand malheur de
notre législature, c'est que tout est prématuré. Est-il bien sûr qu'il
ne faille pas préparer les hommes à la liberté, à l'égalité, comme on
les prépare à l'inoculation ? » [381]. Ses textes revêtaient parfois un
caractère plus personnel, en lien avec des événements familiaux.
D'autres enfin étaient de purs et simples règlements de comptes.
En avril 1791, à l'occasion du mariage de Julie, il publia une

annonce fort peu galante : « Le sieur Talma vient d'épouser Mlle Julie, veuve de MM. A, B, C, D, etc. [382]. » Et il commenta la mort du comte d'Adhémar, ami intime de la duchesse de Polignac, protégé de Besenval et de son père, mais coupable d'être un constitutionnel, par ces mots : « Cet enfant gâté du pouvoir arbitraire est mort démagogue [383]. »

Il continua surtout à écrire des comédies et à les faire jouer au Théâtre-Français – maintenant Théâtre de la Nation – où, dès 1787, il avait débuté comme auteur professionnel avec *Rosaline et Floricourt* [384]. Le 20 janvier 1790, la première de son proverbe *Le Parti le plus gai, ou à bon chat bon rat*, marqua le retour à la scène de sa grande amie Mlle Contat, qui s'était retirée sur l'Aventin pour protester contre le coup de force par lequel Talma, ignorant l'interdiction de la censure et le règlement de la Comédie, avait représenté *Charles IX* de Marie-Joseph Chénier. Mais la réconciliation entre les sociétaires qui avaient choisi la Révolution et ceux qui étaient restés fidèles à la monarchie ne dura pas. À Pâques de la même année, la troupe se scinda définitivement. À la suite du décret du 13 janvier 1791 qui mettait fin au vieux monopole théâtral, Talma quitta la Comédie et, entraînant à sa suite Mme Dugazon, Mme Vestris, Mlle Vanhove et quelques autres comédiens, s'installa dans la nouvelle salle du Palais-Royal, rue de Richelieu, débutant avec un *Henri VIII*, toujours de Chénier. La rivalité entre les deux troupes se transforma en guerre et la vieille Comédie-Française avec Mlle Contat, Mlle Raucourt, Dazincourt et Fleury tint tête comme elle put à l'extraordinaire talent dramatique de Talma et à sa révolution théâtrale [385]. Si avec *Le Parti le plus gai* et l'année suivante *Le Retour du mari* [386], le vicomte persévérait dans la comédie en vers, mettant en scène des couples aristocratiques aux prises avec les problématiques pour eux inédites de l'amour conjugal, dans *Le Fou par amour* [387], un drame historique en rimes suivies, il allait au-devant des nouveaux goûts du public, qui tentait d'exorciser la violence quotidienne avec des histoires d'amour et de mort situées dans des couvents et des châteaux en ruine.

Alors qu'il avait joué toute sa vie avec l'amour et que la société où il avait papillonné de conquête en conquête révélait sa fragilité, le vicomte découvrait la douceur d'un sentiment stable. Au seuil de la quarantaine en effet, il se lia avec Reine-Claude Chartraire de Bourbonne, une belle et riche aristocrate de trente ans, qui, mariée à douze ans avec le comte d'Avaux, vivait depuis longtemps séparée de son mari, complètement absorbé dans ses recherches ésotériques[388]. La duchesse d'Abrantès, qui la rencontrerait sous le Directoire, la définit dans ses Mémoires comme « la plus noble des amies, la plus digne des femmes[389] », et l'élégante discrétion avec laquelle elle mena sa relation avec le vicomte semblerait le confirmer. Elle divorça[390], sans éprouver la nécessité de se remarier, et n'alla pas vivre avec le vicomte, mais continua à habiter la belle demeure des d'Avaux à l'hôtel des Mesmes. En janvier 1793, la comtesse mit au monde un enfant que Ségur reconnut et à qui il donna son nom. Contrairement aux deux enfants nés de sa relation avec Julie, dont il se désintéresserait complètement par haine envers leur mère, il suivit l'éducation du petit Alexandre-Joseph et en fit son unique héritier.

Après la fuite à Varennes, Ségur dut cesser de plaisanter avec la Révolution. Le 10 août, quand les sans-culottes firent irruption chez Parisau et détruisirent le matériel typographique de *La Feuille du jour*, le vicomte, qui pourtant avait déclaré : « Quand on a cent mille livres de rente, on n'émigre pas[391] », envisagea de s'embarquer pour Saint-Domingue, où il possédait des propriétés héritées de sa mère. En fin de compte il ne partit pas mais, sachant que sa collaboration à *La Feuille du jour* lui avait attiré la haine des Jacobins, il essaya de se soustraire aux perquisitions en se cachant dans les environs de Paris et en changeant souvent de logement quand il se trouvait en ville. Précautions inutiles car, le 13 octobre, il fut arrêté et incarcéré à Saint-Lazare où, dix jours plus tard, Desprès le rejoignait. La comtesse d'Avaux ne voulut pas entendre raison et partagea sa détention. Le vicomte ne manqua pas de lui déclarer sa gratitude en vers :

> Ah ! Peut-on oublier cette adorable
> Qui, contre elle n'ayant ni délit ni soupçon,
> Force sans nul effroi les murs de la prison,
> Demande, obtient des fers et, méprisant la vie,
> Vient soigner un ami, si tendre, si fidèle,
> Mourant, non des maux, mais d'être éloigné d'elle[392] ?

Dans les premières semaines de sa détention, Joseph-Alexandre fut aussi réconforté par les échos du grand succès que remportait un *Roméo et Juliette*[393] mis en musique par Steibelt sur un livret de son cru et joué le 19 octobre 1793 au Théâtre Feydeau. Cette adaptation, une des premières [394], constituait en soi un défi. Tandis que l'odieux Talma, contrevenant aux règles du bon goût classique, se proposait de restituer au théâtre de Shakespeare son sublime tragique [395], Steibelt et Ségur avaient choisi de traiter *Roméo et Juliette* en opéra-comique, en alternant parties chantées et parties récitées et en misant sur un ton enlevé. Le vicomte, avait ramené le texte original de cinq à trois actes, diminué de moitié et actualisé les personnages – le frère devient un avocat, la nourrice une confidente – et opté pour une fin heureuse. Pour le vicomte, l'amour était indissolublement lié à la joie, et le livret déclinait des thèmes présents dans la plupart de ses pièces : l'amitié, l'obéissance filiale, le désir de choisir son conjoint. La tragédie n'avait jamais été dans les cordes de Joseph-Alexandre et ce n'est qu'en prison qu'il comprit tout le tragique de la réalité qui l'entourait désormais. Transformé en prison sous la Terreur, l'ancien couvent de Saint-Lazare, non loin de la porte Saint-Denis, était un vieil édifice de trois étages qui pouvait loger plus de sept cents détenus et comptait, à côté des contre-révolutionnaires véritables ou présumés de toute condition sociale – nobles, prêtres, militaires, magistrats, médecins, écrivains, artistes, comédiens [396] –, de nombreux détenus de droit commun. Hubert Robert, qui avait été arrêté comme Ségur en octobre, a représenté son imposant escalier central, les longs couloirs qui desservaient les cellules, la vaste cour, peuplés d'une foule de prisonniers occupés à se promener, converser, vaquer à leurs activités quotidiennes. En effet, Saint-Lazare était la prison parisienne où les conditions de vie étaient les plus supportables : les prisonniers avaient la permission de circuler librement, la correspondance avec l'extérieur était autorisée, les plus riches pouvaient bénéficier d'une cellule individuelle, la meubler eux-mêmes et faire venir leurs repas de l'extérieur. Les cellules des étages supérieurs disposaient de grandes fenêtres sans barreaux et Roucher, le poète, écrivait à sa femme que la vue y était magnifique et « l'air plus pur que celui des champs [397] ». Mais en avril 1794, le régime se durcit : les détenus ne furent plus autorisés à sortir des cellules ni à communiquer avec l'extérieur, meubles et objets personnels furent confisqués, les repas se prirent en commun. Le quotidien des prisonniers pâtissait de la présence des « moutons », espions qui rédigeaient la liste des

conspirateurs présumés à envoyer devant le tribunal révolutionnaire. « Un comité secret d'infâmes délateurs, / Jusqu'au fond des
prisons, préparait nos supplices [398] », écrira le vicomte de Ségur, se
rappelant combien cette cohabitation forcée était répugnante. Le
matin, à échéances de plus en plus rapprochées, un commissaire
donnait lecture publique de la liste des détenus appelés à comparaître le jour même devant le tribunal révolutionnaire. Adieux et
départs se déroulaient sous les yeux de tout le monde. Le vicomte
de Ségur quitta Saint-Lazare le 26 mai pour être transféré à la
prison de Port-Libre, mais il eut certainement le temps de croiser
au réfectoire ou à l'heure de la promenade une jeune amie des
temps heureux : Aimée de Coigny, duchesse de Fleury arrivée à
Saint-Lazare le 15 mars.

Nigretta avait connu bien des vicissitudes depuis le moment où
nous l'avons laissée à Naples en novembre 1791, écrivant à Biron
nonchalamment allongée sur une chaise longue et bercée par la
rumeur de la mer [399]. Pendant plusieurs mois elle avait fréquenté
la cour de Ferdinand IV et de Marie-Caroline en compagnie d'une
autre jeune et belle aristocrate française, la princesse de Monaco,
fille de cette comtesse de Choiseul-Stainville qui avait été le premier
amour de Lauzun. Wilhelm Tischbein, peintre et directeur de l'académie de peinture de Naples, se souviendra dans ses Mémoires que
« dans le monde et les fêtes, on les rencontrait toujours ensemble
se tenant par le bras » et que, « l'une blonde l'autre brune », elles
formaient un couple splendide. Tischbein raconte aussi une expédition sur le Vésuve en leur compagnie, destinée avec le recul à
prendre une valeur prophétique. Le but de l'excursion était un
ermitage sur les pentes du volcan, mais quand la joyeuse et élégante
compagnie arriva, l'ermite se mourait. La princesse de Monaco, qui
était très religieuse, voulut assister à ses derniers instants. « Ah !
dit-elle à ses compagnons, aurons-nous une fin aussi tranquille et
qui nous entourera à l'heure de notre mort ? Cet homme avait
certainement une belle âme : qu'est-ce qui a pu le pousser à se
retirer seul avec son âme et sa douleur ! Il a fui le monde et à sa
dernière heure, un beau monde l'a entouré. » Peu après, Tischbein
lut dans le journal que « la princesse de Monaco avait dû poser son
cou sur la guillotine la veille du jour où cet enragé [Robespierre]
avait été exécuté ; avant, elle avait coupé sa belle chevelure, en

priant qu'on l'envoie en Allemagne à son mari [...]. Malheureuse, quelle fin fut la tienne et quels gens t'entourèrent [400] ! »

Pour sa part, Aimée avait trop envie de vivre pour penser à la mort. L'Anglais aussi beau qu'un Hercule antique qui participait à l'expédition était venu remplacer le duc de Biron dans son cœur. Fils du « célèbre auteur de *Hermes* et d'autres ouvrages sur la langue et les arts [401] », Lord James Harris Malmesbury avait alors quarante-six ans et était un brillant diplomate. Après une ambassade à Berlin – où il s'était lié d'amitié avec Biron [402] –, Malmesbury avait représenté l'Angleterre à Saint-Pétersbourg et, en 1792, se trouvait à La Haye. En visite à Naples, il était tombé sous le charme de la duchesse de Fleury, laquelle, de retour à Paris, attendait un enfant. « Comme de raison, il l'aime avec passion, et en parle avec enthousiasme. Elle est toujours à Paris, et il lui propose sa maison à Londres pour venir faire ses couches, car enfin elle est grosse de quatre mois [403] », écrivait à Biron la marquise de Coigny qui, à Londres, avait reçu les confidences de Lord Malmesbury sur sa cousine. Nous ignorons si et quand Nigretta mit au monde un enfant et ce qu'il advint de lui, mais nous savons, d'après ce qu'elle dirait à Walpole, que le 10 août, au moment de la prise des Tuileries, elle se trouvait à Paris et qu'elle habitait près de la prison de l'Abbaye, puisque le 2 septembre elle avait entendu les cris des prêtres qu'on y massacrait [404]. Elle réussit toutefois à se procurer un passeport en échange d'une montre en or et se réfugia en Angleterre. À Londres, où Horace Walpole décréta qu'elle était « la plus jolie Française » qu'il eût rencontrée [405] et où la bonne société lui ouvrit les bras, elle ne renoua pas avec Lord Malmesbury mais perdit la tête pour un compatriote à la réputation sulfureuse. Aimée devait avoir un faible pour les hommes beaux, parce que le comte Casimir Mouret de Montrond était la beauté personnifiée – au point que cette caractéristique mentionnée comme signe particulier sur son passeport [406] –, exception faite d'un détail déplaisant : l'auriculaire de sa main droite, toujours gantée, était détaché de la paume jusqu'au poignet. Ce qui ne l'empêchait pas d'être un redoutable bretteur, si bien que depuis qu'il avait tué en duel le comte de Champagne qui l'avait accusé de tricher, personne ne se hasardait plus à contester ses gains trop faciles au jeu. « Il vit sur son mort », persiflerait Talleyrand, qui l'appelait « l'Enfant Jésus de l'enfer » [407]. Quand Nigretta s'éprit de lui, en cet automne 1792,

Montrond n'était pas encore « l'âme damnée[408] » de l'ancien évêque d'Autun – qui en ferait « son commensal, son conseiller et son confident », le chargeant des « missions les plus secrètes et les plus tordues »[409], depuis l'agiotage jusqu'à l'espionnage en passant par le double jeu politique –, mais le meilleur ami du duc de Fleury. Il avait dû se réfugier à Londres parce qu'il avait milité dans le Parti constitutionnel avec Théodore de Lameth – dont il avait été l'aide de camp – La Fayette, Narbonne et d'autres membres de la jeunesse dorée libérale, et il avait aussi mené bataille en faveur de la monarchie dans *Les Actes des Apôtres*, le journal qui, jusqu'au 10 août, tint tête à la presse révolutionnaire[410]. Quand le décret de la Convention du 22 octobre, qui prévoyait le bannissement perpétuel des émigrés et la confiscation de leurs biens, poussa Nigretta comme tant d'autres exilés à rentrer en France, Montrond la suivit et les amants s'enfermèrent à Mareuil-en-Brie, le château célèbre pour ses splendides jardins qu'elle possédait en Champagne. Leur présence ne passa pas inaperçue et pendant l'hiver 1793 ils furent tous deux arrêtés et interrogés, réussissant toutefois à se tirer d'affaire. Aimée divorça et reprit son nom de jeune fille pour montrer qu'elle n'avait rien à voir avec un mari qui se battait dans l'armée contre-révolutionnaire et déploya tout son charme féminin pour convaincre Biron de l'aider. Elle lui demanda de témoigner qu'elle avait passé chez lui à Strasbourg les semaines qu'elle avait en réalité vécues en Angleterre et de lui permettre de se réfugier, si la nécessité s'en faisait sentir, dans la « petite-maison » de Montrouge qui avait abrité leurs amours[411]. Dans les nombreuses lettres qu'elle lui écrivit, elle affirma avec une belle impudence que ses sentiments à son égard étaient inchangés – « Je suis encore votre Nigretta. Je vous aime toujours, et, à la lune près, je vous chéris autant qu'à Montrouge[412] » –, l'invitant à l'aimer « sans aigreur » et « sans regrets »[413]. Mais, plongé dans de tout autres préoccupations, Biron n'avait plus envie de jouer avec « la fille du Soleil » et surtout, en tant que général de la République, il ne pouvait pas se risquer à porter un faux témoignage ou à cacher des suspects chez lui. Il préféra lui laisser croire qu'il n'avait pas apprécié sa désinvolture sentimentale et ne répondit pas à ses requêtes.

Aimée et Montrond réussirent à échapper au danger jusqu'en février 1794. Puis, de nouveau arrêtés à Melun alors qu'ils tentaient de faire perdre leurs traces, ils furent transférés à Paris et internés à

Saint-Lazare. Quatre jours plus tard – le 19 mars –, le registre d'écrou signalait l'arrivée d'« André Chénier, âgé de trente et un ans, natif de Constantinople, citoyen [...] en vertu d'un ordre du Comité révolutionnaire, commune de Passy-les-Paris, pour être détenu par mesure de sûreté générale » [414] : les communards de Passy, qui l'avaient arrêté comme simple suspect, ne s'étaient pas aperçus qu'ils avaient mis la main sur un individu activement recherché. Contrairement à son frère Marie-Joseph, qui avait rejoint les rangs des Jacobins, André avait été feuillant et avait cru en une Révolution qui, sous la bannière de la raison et de la légalité, déboucherait sur une monarchie constitutionnelle. La campagne de presse acharnée qu'il avait menée au nom de ces principes dans les pages du *Moniteur* et du *Journal de Paris* [415] en fit un ennemi déclaré de la Montagne. Après le 10 août, réduit au silence, le poète se cacha à Versailles, jusqu'au moment où, en visite chez des amis à Passy, il tomba par hasard dans une rafle. Son père, resté sans nouvelles, découvrit en faisant le tour des prisons que son fils se trouvait à Saint-Lazare et demanda à Marie-Joseph, étroitement lié au groupe dirigeant jacobin, de défendre la cause de son frère avec qui il était brouillé. Ce dernier tenta en vain de le convaincre que toute intervention aurait pour effet d'attirer l'attention du tribunal révolutionnaire, qui encore l'ignorait, sur sa présence à Saint-Lazare. La stratégie la plus sage était donc le silence et l'attente. Marie-Joseph prévoyait-il que les excès de la Terreur mèneraient à la chute de Robespierre et essayait-il de gagner du temps ? Ou abandonna-t-il lâchement son frère à son destin, comme le soutinrent ses ennemis ? Dans tous les cas, son père ne l'écouta pas et fit appel à Barère – « le sot Barère [416] » des *Iambes* –, lequel l'aurait assuré que sous trois jours son fils « serait sorti », mais en omettant de préciser : pour être exécuté. Il est plus probable que la commission instituée pour enquêter sur le « complot des prisons » découvrit la présence d'André Chénier parmi les très nombreux détenus en attente de connaître leurs chefs d'accusation et le signala au tribunal révolutionnaire [417]. Transféré à la Conciergerie le 24 juillet – 6 thermidor – le poète fut jugé et condamné à mort comme ennemi du peuple. Il alla à la guillotine avec Roucher, le 25 juillet – 7 thermidor –, quarante-huit heures avant la chute de Robespierre.

Pendant les quatre mois qu'il passa à Saint-Lazare, le poète de l'innocence, de la beauté, de l'harmonie se voua à la vengeance et sacrifia les anciens dieux aux nouveaux – « fiel, bile, horreur [418] » –, revitalisant avec violence la poésie française. Mais dans ses *Iambes*, son indignation ne se déchaîne pas seulement contre les bourreaux – Marat, Collot d'Herbois, Robespierre, Danton [419] –, ces « vils scélérats », « monstres », « infâmes », « vampires », « noirs ivrognes de sang, lâches bourreaux des femmes » et « ces juges, ces jurés qui frappent l'innocence » [420]. Le regard qu'il porte sur ses compagnons d'infortune ne pourrait être plus impitoyable. L'humanité qui peuple les « longs corridors sombres [421] » de Saint-Lazare est peureuse, égoïste, insensible, amorale. Le comportement de la noblesse en prison, vite devenu légendaire, n'est pas moins irresponsable que celui qu'elle avait eu sous l'Ancien Régime :

> On vit ; on vit infâme. Eh bien ? il fallut l'être ;
> L'infâme après tout mange et dort.
> Ici même, en ses parcs, où la mort nous fait paître,
> Où la hache nous tire au sort,
> Beaux poulets sont écrits ; mari, amants sont dupes ;
> Caquetage, intrigues de sots.
> On y chante ; on y joue ; on y lève les jupes ;
> On y fait chansons et bon mots ;
> L'un pousse et fait bondir sur les toits, sur les vitres,
> Un ballon tout gonflé de vent,
> Comme sont les discours de sept cents plats béli[tres],
> Dont Barère est le plus savant.
> L'autre court ; l'autre saute ; et braillent, boivent, rient
> Politiques et raisonneurs ;
> Et sur les gonds de fer soudain les portes cri[ent].
> Des juges tigres nos seigneurs
> Le pourvoyeur paraît. Quelle sera la proie
> Que la hache appelle aujourd'hui ?
> Chacun frissonne, écoute ; et chacun avec joie
> Voit que ce n'est pas encor lui :
> Ce sera toi demain, insensible imbécile [422].

Seule Aimée de Coigny trouva grâce à ses yeux et le ramena le temps d'une ode dans le monde de l'espérance et des illusions fécondes. Elle était pourtant la quintessence de la légèreté et de la désinvolture morale d'une caste privilégiée que Chénier détestait. Il n'est pas improbable que le poète ait eu l'occasion de faire sa connaissance précédemment, puisque le château des Coigny à

Mareuil était proche de celui de son ami François de Pange où il était souvent invité, et il en savait assez sur elle pour la juger. Mais il fut conquis par sa beauté et son refus de céder au désespoir. Déjà l'année précédente, quand elle s'était retrouvée brièvement en prison [423], le comportement de Nigretta n'avait pas manqué d'étonner. Walpole parlait dans une lettre à Mary Berry d'« une jeune étourdie, qui ne fait que chanter toute la journée », en lui demandant : « Qui penses-tu que ce puisse être ? Nulle autre que notre jolie petite méchante Duchesse de Fleury ! [424] » Et Aimée ferait de même à Saint-Lazare. Abandonnant un instant « le triple fouet, le fouet de la vengeance [425] », Chénier répondit au chant de la jeune captive, qu'il érigea en symbole de la jeunesse innocente et du droit de vivre la vie dans sa plénitude, et aussi en allégorie de l'inspiration poétique et de la foi dans l'idéal [426]. Justement célèbres, les vers qui lui sont consacrés donnent la mesure du poète que Chénier aurait été s'il avait eu le temps d'« ouvrir [s]a ruche tout entière [427] ». Comme l'écrirait Leconte de Lisle, « André, en montant à l'échafaud, savait seul qu'un grand poète allait mourir [428] ».

> « L'épi naissant mûrit de la faux respecté ;
> Sans crainte du pressoir, le pampre tout l'été
> Boit les doux présents de l'aurore ;
> Et moi, comme lui belle, et jeune comme lui,
> Quoique l'heure présente ait de trouble et d'ennui,
> Je ne veux point mourir encore.
>
> Qu'un stoïque aux yeux secs vole embrasser la mort :
> Moi je pleure et j'espère. Au noir souffle du nord
> Je plie et relève ma tête.
> S'il est des jours amers, il en est de si doux !
> Hélas ! Quel miel jamais n'a laissé de dégoûts ?
> Quelle mer n'a point de tempête ?
>
> L'illusion féconde habite dans mon sein.
> D'une prison sur moi les murs pèsent en vain,
> J'ai les ailes de l'espérance.
> Échappée aux réseaux de l'oiseleur cruel,
> Plus vive, plus heureuse, aux campagnes du ciel
> Philomène chante et s'élance.
>
> Est-ce à moi de mourir ? Tranquille je m'endors
> Et tranquille je veille ; et ma veille aux remords

Ni mon sommeil ne sont en proie.
Ma bienvenue au jour me rit dans tous les yeux ;
Sur des fronts abattus, mon aspect dans ces lieux
Ranime presque de la joie.

Mon beau voyage encore est si loin de sa fin !
Je pars, et des ormeaux qui bordent le chemin
J'ai passé les premiers à peine,
Au banquet de la vie à peine commencé,
Un instant seulement mes lèvres ont pressé
La coupe en mes mains encor pleine.

Je ne suis qu'au printemps, je veux voir la moisson,
Et comme le soleil, de saison en saison,
Je veux achever mon année.
Brillante sur ma tige et l'honneur du jardin,
Je n'ai vu luire encor que les feux du matin ;
Je veux achever ma journée.

Ô mort ! Tu peux attendre ; éloigne, éloigne-toi ;
Va consoler les cœurs que la honte, l'effroi,
Le pâle désespoir dévore.
Pour moi Palès encore a des asiles verts,
Les Amours des baisers, les Muses des concerts.
Je ne veux point mourir encore. »

Ainsi, triste et captif, ma lyre toutefois
S'éveillait, écoutant ces plaintes, cette voix,
Ces vœux d'une jeune captive ;
Et secouant le faix de mes jours languissants,
Aux douces lois des vers je pliai les accents
De sa bouche aimable et naïve.

Ces chants, de ma prison témoins harmonieux,
Feront à quelque amant des loisirs studieux
Chercher quelle fut cette belle.
La grâce décorait son front et ses discours,
Et comme elle craindront de voir finir leurs jours
Ceux qui les passeront près d'elle [429].

Aimée, à qui le poète remit l'ode qui lui était dédiée, ne dut pas lui accorder beaucoup de considération si, comme il semblerait, elle offrit le manuscrit à un des moutons de Saint-Lazare, l'archéologue Millin de Grandmaison [430]. Mais en prison les mauvaises fréquentations pouvaient se révéler utiles. Montrond réussit à corrompre

Jaubert, un médiocre comédien belge qui préparait la liste des prisonniers appelés à comparaître devant le tribunal[431]. Pour cent louis, il fit effacer le nom de sa maîtresse et le sien et, en effet, on les oublia, mais ils ne quittèrent la prison que le 8 octobre 1794, deux mois et demi après la fin de la Terreur. Dans les Mémoires qu'elle écrivit au début de la Restauration, Aimée ne dit rien de ses six mois de détention ni de Chénier et se limite à commenter la mort de Robespierre d'un simple « Ouf[432] ! ».

Joseph-Alexandre de Ségur aussi dut son salut à un comédien raté, mais sans avoir à le payer. Transféré à Port-Libre – l'ancien monastère de Port-Royal qui passait pour être la prison la plus aristocratique de Paris –, le vicomte y vécut les derniers mois redoutables de la Terreur. La loi du 10 juin 1794 avait légalisé les exécutions de masse et il voyait tous les jours partir pour la guillotine amis et connaissances sans que son tour vienne jamais. Il ne pouvait certes pas imaginer qu'il disposait d'un saint protecteur parmi les employés du Comité de salut public. C'est là en effet, très exactement au bureau des détenus, qu'était entré comme copiste au début du printemps Charles La Bussière, un personnage digne de figurer dans un roman picaresque. Cadet de la noblesse pauvre, il avait abandonné le régiment où il servait et, attiré par le monde du théâtre, était monté sur les planches. Sa spécialité était le rôle du simplet et il s'y adonnait dans le petit théâtre Mareaux de la rue Saint-Antoine. Mais c'est dans les assemblées populaires qu'il dépoya le mieux son talent : il pouvait y donner libre cours à son goût pour la provocation en se jouant sans vergogne de la rhétorique révolutionnaire. Il s'amusait à interpréter le rôle de l'extrémiste, recueillant des vivats pour « une parodie de discours enflammé que terminait une tabarinade, au risque de se faire assommer sur place[433] ». Pour lui éviter une triste fin, ses amis lui avaient procuré un emploi qui constituait en soi une garantie de patriotisme et La Bussière se retrouva au cœur même de la machine de la Terreur. Sa tâche consistait à numéroter et enregistrer les documents que le Comité de salut public collectait sur tous les suspects en attente de jugement, pour les communiquer ensuite au tribunal révolutionnaire. Il s'aperçut vite que la procédure se déroulait de façon chaotique et approximative : les documents étaient transmis sans accusé de réception, les noms des accusés déformés et les accusations souvent infondées. Début mai, La Bussière détourna des dossiers concernant des personnes de sa connaissance puis, constatant que la chose passait inaperçue, il n'hésita plus et mit au point la farce la plus audacieuse et la plus géniale de sa vie. Le jour, il cachait les dossiers qu'il avait sélectionnés dans un tiroir, puis, imitant le zèle de ses supérieurs qui travaillaient jusqu'à l'aube, il retournait à son bureau le soir et plongeait les feuilles dans un seau d'eau pour en faire des boules qu'il mettait dans sa poche. Tôt le matin, il se rendait aux bains publics où il traitait encore le papier, obtenant des boules plus petites qu'il jetait dans la Seine. Grâce à la complicité tacite de ses collègues, qui fermèrent les yeux sur son petit manège, La Bussière sauva des centaines de gens, privilégiant les membres de la bonne société qu'il avait croisés dans les théâtres et les comédiens qu'il avait le plus admirés sur scène. Parmi eux, le vicomte de Ségur et son père : il connaissait bien Ségur pour l'avoir souvent rencontré à la Comédie et avoir même joué avec lui dans le théâtre privé de Mlle Guimard[434], et il savait qu'une grande amitié le liait à Mlle Contat. Il joua le tout pour le tout quand il tomba sur les dossiers des anciens membres de la vieille Comédie-Française – Dazincourt, Fleury, Raucourt, Mlle Contat et sa sœur Émilie – coupables d'avoir donné une énième preuve de leurs sentiments antirévolutionnaires en montant une comédie, *Paméla* de François de Neufchâteau, qui osait prêcher la modération. C'est Collot d'Herbois qui réclamait leurs têtes, à commencer par celle de Mlle Contat : ayant tenté la carrière d'acteur, il n'avait jamais pardonné aux sociétaires d'avoir repoussé sa candidature. Le dossier sur lequel ressortait un G – guillotine – à l'encre rouge et qui était accompagné d'un billet de Collot d'Herbois à Fouquier-Tinville où il lui ordonnait de les juger au plus vite finit promptement à la Seine. Dix jours plus tard, ne voyant pas arriver le dossier, Fouquier-Tinville écrivit une lettre menaçante au Comité de salut public où il dénonçait l'inertie coupable du bureau des détenus composé « de *royalistes* et de *contre-révolutionnaires* qui entravent la marche des affaires[435] ». La lettre arriva aux Tuileries le 6 thermidor. La Bussière continua à faire mine de rien, mais la panique fut générale. Assurément, sans le 9 thermidor, rien n'aurait pu sauver de la guillotine les comédiens et leur fervent admirateur.

Nous ignorons quand La Bussière trouva les dossiers de Ségur et du vieux maréchal, mais il ne dut pas hésiter un instant à les faire disparaître aussi. Non seulement grâce à lui Joseph-Alexandre eut la vie sauve, mais il sortit de prison en même temps que Mme d'Avaux et son père, tout de suite après Thermidor. C'est alors seulement qu'il comprit qu'il devait son salut à sa passion pour le théâtre. Libéré, le comte sentit le devoir de témoigner sur ses nombreux compagnons de réclusion qui, moins chanceux que lui, n'avaient pas échappé à la guillotine. La même année il publia un poème de quatre cent vingt-deux vers, *Ma prison*[436], qu'il avait commencé derrière les barreaux, où il rendait hommage à la dignité et à la force morale de la noblesse française, confrontée à la plus rude et inattendue des épreuves. Outre le souvenir du grand Malesherbes montant sur l'échafaud avec sa fille, son gendre et ses petits-enfants, Ségur évoquait dans les notes de son texte quelques-uns des plus beaux noms de l'aristocratie française. Des noms féminins surtout – les citoyennes Stainville de Monaco, Noailles, Périgord, d'Ossun, Luc, Berenger, Chimay, Ayen, Gramont –, toutes représentantes de ce « sexe adoré » dont le vicomte avait célébré le « doux attrait » et qui devenait maintenant objet de l'admiration générale pour son « brillant courage »[437]. Le vicomte ne manquait pas de rappeler aussi les deux poètes qui avaient été ses compagnons de détention à Saint-Lazare : « Quoi ! Chénier, quoi ! Roucher, vous périssez ensemble !... / Mais l'immortalité tous les deux vous ressemble ; / Comment espériez-vous éviter votre sort ! / Les talents, les vertus sont des arrêts de mort[438]. » Ségur avait-il eu l'occasion de rencontrer André Chénier à Saint-Lazare ? Même si celui-ci n'avait publié jusque-là que quelques poèmes, le vicomte connaissait bien son frère, Marie-Joseph, et avait certainement entendu parler de lui. Ce qui frappe, si on se limite à lire les *Iambes* et *Ma prison* comme de simples documents historiques, c'est la différence entre les témoignages des deux écrivains sur une même expérience. Si, pour stigmatiser la dictature jacobine, l'habile versificateur mondain se servait souvent d'un répertoire d'images semblables à celle du grand poète – « brigands », « tyrans », « tigres », « infâmes délateurs », « ministres de mort », « messager de mort », « la hache » qui « a moissonné tant d'êtres innocents » –, loin de mépriser comme Chénier une société qui avait perdu toute morale, il célébrait un héroïsme de caste. La noblesse française en tirerait dorénavant un titre de gloire et une rédemption.

Avec le 9 thermidor, la guillotine ralentit son rythme et Paris put respirer. Vingt jours après la chute de Robespierre, les sociétaires réintégrèrent leur théâtre, rebaptisé Théâtre de l'Égalité, avec *Les Fausses Confidences* de Marivaux : l'entrée en scène de Mlle Contat fut saluée par une ovation [439]. On imagine mal que le vicomte de Ségur n'ait pas été présent pour l'applaudir. Les acrobaties verbales raffinées du plus aristocratique des auteurs français de comédie annonçaient la fin d'un long cauchemar, mais tout le monde savait qu'il n'existait aucun passé auquel faire retour et que rien n'était joué pour l'avenir.

NOTES

1. Cf. Ran Halévi, « États généraux », in *Dictionnaire critique de la Révolution française*, dirigé par François Furet et Mona Ozouf, Paris, Flammarion, 1988, pp. 76-83.

2. Le 10 novembre 1788.

3. Lettre de Mirabeau au duc de Lauzun, 10 novembre 1788, citée in C. C. Velay, *Le Duc de Lauzun, op. cit.*, p. 248.

4. S. Schama, *Citizens, op. cit.*, p. 298.

5. Lettre de Chamfort au comte de Vaudreuil, 13 décembre 1788, in « Lettres diverses », *Œuvres complètes de Chamfort, op. cit.*, vol. V, p. 295.

6. Cf. C. Arnaud, *Chamfort, op. cit.*, p. 186.

7. Les deux autres sont *Essai sur les privilèges* et *Vues sur les moyens d'exécution dont les représentants de la France pourront disposer en 1789.*

8. Le 27 décembre 1788.

9. F.-E. de Saint-Priest, *Mémoires, op. cit.*, vol. II, p. 77.

10. Cité in J.-P. Desprat, *Mirabeau, op. cit.*, p. 412.

11. *Ibid.*, p. 68.

12. J. de Norvins, *Souvenirs d'un historien de Napoléon, op. cit.*, vol. I, p. 248.

13. Par le traité de Versailles de 1768.

14. Lettre du chevalier de Boufflers à la duchesse de Choiseul, 26 janvier 1768, in *Correspondance complète de Mme du Deffand avec la duchesse de Choiseul, l'abbé Barthélemy et M. Craufurt, op. cit.*, vol. I, pp. 152-153.

15. Cité dans notre chapitre sur Boufflers, p. 241.

16. Cf. G. de Broglie, *Ségur sans cérémonie, op. cit.*, p. 118.

17. *Mémoires de M. le baron de Besenval, op. cit.*, vol. III, p. 311.

18. *Mémoires de la marquise de La Tour du Pin, op. cit.*, p. 97.

19. J. de Norvins, *Souvenirs d'un historien de Napoléon, op. cit.*, vol. I, p. 208.

20. *Correspondance littéraire, philosophique et critique, adressée à un souverain d'Allemagne, depuis 1753 jusqu'en 1769, par le baron de Grimm et par Diderot*, Paris, Longchamps et Buisson, 1813, troisième et dernière partie, vol. V, p. 21.

21. Jean-Pierre-Louis de Luchet, *Mémoires pour servir à l'histoire de l'année 1789. Par une société de gens de lettres*, Paris, Lavillette, 1790, 5 vol., vol. II, p. 28.

22. Cf. *Correspondance littéraire, philosophique et critique, op. cit.*, troisième et dernière partie, vol. V, pp. 239-241 ; 274-275 ; 509-561.

23. Cf. Mara Fazio, *François-Joseph Talma. Le théâtre et l'histoire de la Révolution à la Restauration*, traduit de l'italien par Jérôme Nicolas, Paris, CNRS, 2011, pp. 32-38.

24. Évelyne Lever, *Philippe Égalité*, Paris, Fayard, 1996, p. 293.

25. L. S. Mercier, *Tableau de Paris, op. cit.*, vol. II, p. 937.

26. Cf. R. Héron de Villefosse, *L'anti-Versailles ou le Palais-Royal de Philippe Égalité, op. cit.*

27. J.-P.-L. de Luchet, *Mémoires pour servir à l'histoire de l'année 1789, op. cit.*, p. 58.

28. *Ibid.*, p. 59.

29. Cf. Gabriel de Broglie, *L'Orléanisme : la ressource libérale de la France*, Paris, Perrin, 1980.

30. *Ibid.*, pp. 149-155.

31. *Mémoires du prince de Talleyrand, op. cit.*, vol. I, p. 214.

32. Sur le marquis de Chastellux, cf. le portrait du comte de Ségur, *Mémoires ou Souvenirs, op. cit.*, vol. I, pp. 409-411, et la lettre du comte de Ségur à la comtesse de Ségur, 6 décembre 1782, in *Deux Français aux États-Unis, op. cit.*, p. 178. Mentionné aussi dans les Mémoires de Lauzun, dans les pages relatives à sa première expédition en Amérique.

33. Cité in Antoine de Baecque, « Préface » de *Journal de Gouverneur Morris, op. cit.*, p. 13.

34. *Journal de Gouverneur Morris, op. cit.*, 30 mars 1789, p. 33.

35. *Ibid.*, 22 octobre 1789, p. 136.

36. *Ibid.*, 8 octobre 1789, p. 118.

37. *Ibid.*, 6 juin 1789, p. 70.

38. *Ibid.*, 27 mars 1789, p. 31.

39. *Ibid.*

40. *Ibid.*, 30 octobre 1789, p. 144.

41. *Ibid.*, 18 septembre 1789, p. 102.

42. *Ibid.*, 8 novembre 1789, p. 154.

43. *Ibid.*, 12 juillet 1789, p. 81.

44. *Ibid.*, 19 novembre 1789, p. 223.

45. Lettre de Mme de Sabran au chevalier de Boufflers, 24 [juin 1789], citée in P. de Croze, *Le Chevalier de Boufflers et la comtesse de Sabran, op. cit.*, pp. 158-159.

46. Rappelons, outre le duc d'Orléans, Stanislas-Clermont-Tonnerre, Lally-Tollendal, le duc d'Aiguillon, le duc de Luynes, La Rochefoucauld-Liancourt, Alexandre de Lameth, Montmorency-Laval.

47. Lettre de Mme de Sabran au chevalier de Boufflers, 24 [juin 1789], citée in P. de Croze, *Le Chevalier de Boufflers et la comtesse de Sabran, op. cit.*, pp. 162-164.

48. *Journal de Gouverneur Morris, op. cit.*, 12 juillet 1789, pp. 80-81.

49. S. Schama, *Citizens, op. cit.*, p. 384.

50. *Mémoires de M. le baron de Besenval, op. cit.*, vol. III, p. 500.

51. *Ibid.*, p. 414.

52. *Ibid.*, p. 416.

53. *La Journée du 14 Juillet 1789. Fragment des mémoires inédits de L. G. Pitra*, introduction et notes de Jules Flammermont, Paris, Société de l'Histoire de la Révolution française, 1892, p. CXXXII, cité in J.-J. Fiechter, *Le Baron Pierre-Victor de Besenval, op. cit.*, p. 145.

54. *Mémoires de M. le baron de Besenval, op. cit.*, vol. III, p. 417.

55. J. de Norvins, *Souvenirs d'un historien de Napoléon, op. cit.*, vol. I, p. 217.

56. *Mémoires de M. le baron de Besenval, op. cit.*, vol. III, p. 412.

57. Cf. F.-E. de Saint-Priest, *Mémoires, op. cit.*, vol. I, pp. 233-234.

58. Cf. *Journal de Gouverneur Morris, op. cit.*, 15 juillet 1789, p. 88.

59. *Ibid.*

60. J. de Norvins, *Souvenirs d'un historien de Napoléon, op. cit.*, vol. I, p. 22.

61. Cf. *Journal de Gouverneur Morris, op. cit.*, 17 juillet 1789, p. 91.

62. *Ibid.*, 17 juillet 1789, p. 90.

63. Cf. notre chapitre sur Vaudreuil, p. 390.

64. Lettre du comte de Mercy-Argenteau à Joseph II, 14 août 1787, in *Correspondance secrète du comte de Mercy-Argenteau avec l'empereur Joseph II et le prince de Kaunitz*, publiée par le chevalier Alfred d'Arneth et M. Jules Flammermont, Paris, Imprimerie nationale, 1891, 2 vol., vol. II, p. 113.

65. Lettre du comte de Mercy-Argenteau à Joseph II, 23 juillet 1789, *ibid.*, vol. II, p. 257.

66. Cité in L. Pingaud, Introduction à la *Correspondance intime du comte de Vaudreuil et du comte d'Artois, op. cit.*, vol. I, p. XXVIII.

67. Cité in *Mémoires sur la vie et le caractère de Mme la duchesse de Polignac. Avec des anecdotes intéressantes sur la Révolution française, et sur la personne de Marie-Antoinette, reine de France. Par la Comtesse Diane de Polignac.* Chez J. Debrett, Piccadilly, vis-à-vis Burlington-House, 1796, p. 34.

68. Lettre du comte de Vaudreuil à Lady Elizabeth Foster, Berne, 16 août 1789, in *Correspondance intime du comte de Vaudreuil et du comte d'Artois, op. cit.*, vol. I, pp. 2-3.

69. Cf. Massimo Boffa, « Émigrés », in *Dictionnaire critique de la Révolution française, op. cit.*, pp. 346-354.

70. Cf. par exemple la prise de position intransigeante de Ghislain de Diesbach dans son *Histoire de l'émigration, 1789-1814*, Paris, Grasset, 1975.

71. Le 16 juillet.

72. *Considérations sur la Révolution française par Madame de Staël*, publiées posthumes en 1818 par le duc de Broglie et le baron de Staël, Paris, Charpentier, 1862, 2 vol., vol. I, 1re partie, chap. XXIII : « Le retour de Necker », p. 202.

73. *Ibid.*

74. Cité in J.-J. Fiechter, *Le Baron Pierre-Victor de Besenval, op. cit.*, p. 181.

75. Hubert Robert (1733-1808), *Vue de la cellule du baron de Besenval à la prison du Châtelet*.

76. G. Morris, *A Diary of the French Revolution, op. cit.*, vol. I, p. 309.

77. Cité in J.-J. Fiechter, *Le Baron Pierre-Victor de Besenval, op. cit.*, p. 181.

78. *Mémoires de M. le baron de Besenval, op. cit.*, vol. III, p. 435.

79. À la National Gallery de Londres.

80. C. B. Bailey, « Henri-Pierre Danloux, *The baron de Besenval in his "Salon de compagnie"* », in *An Aspect of Collecting Taste*, New York, Stair Sainty Matthiesen, 1986, p. 51.

81. Cf. J.-J. Fiechter, *Le Baron Pierre-Victor de Besenval, op. cit.*, pp. 197-198.

82. Lettre du comte de Mercy-Argenteau à Kaunitz, 17 août 1789, in *Correspondance secrète du comte de Mercy-Argenteau avec l'empereur Joseph II et le prince de Kaunitz, op. cit.*, vol. II, p. 263.

83. Cf. F.-E. de Saint-Priest, *Mémoires, op. cit.*, vol. II, pp. 13-16.

84. Sur l'éventuelle participation du duc d'Orléans à la marche sur Versailles, voir la mise au point d'Évelyne Lever, *Philippe Égalité, op. cit.*, pp. 354-357.

85. Comte de La Marck, *Correspondance entre le comte de Mirabeau et le comte de La Marck, op. cit.*, vol. I, p. 127.

86. Cardinal de Retz, *Mémoires, La conjuration du comte Jean-Louis de Fiesque, Pamphlets*, édition critique de Maurice Allem et Édith Thomas, Paris, Gallimard, 1956, p. 154.

87. Lettre du comte de Mirabeau au comte de La Marck, 14 octobre 1789, in *Correspondance entre le comte de Mirabeau et le comte de La Marck, op. cit.*, vol. I, p. 128.

88. É. Dard, *Un confident de l'Empereur, op. cit.*, p. 66.

89. Antoine de Rivarol, *Petit dictionnaire des grands hommes de la Révolution, par un Citoyen actif, ci-devant « rien »*, introduction d'Henri Coulet, présentation et notes de Jacques Grell, Paris, Desjonquères, 1987, pp. 83-84.

90. Cf. A.-F. Villemain, *Souvenirs contemporains d'histoire et de littérature, op. cit.*, vol. I, p. 22.

91. Cf. François Furet, « Mirabeau », in *Dictionnaire critique de la Révolution française, op. cit.*, pp. 299-305.

92. J. de Norvins, *Souvenirs d'un historien de Napoléon, op. cit.*, vol. I, p. 254.

93. Aglaé Saulx-Tavannes, *Mémoires de la duchesse de Saulx-Tavannes, 1791-1806*, introduction et notes du marquis de Valous, Paris, Calmann-Lévy, 1934, p. 169.

94. Le 14 septembre 1791.

95. *Mémoires ou Souvenirs et Anecdotes par M. le comte de Ségur, op. cit.*, vol. III, p. 531. Cf. la dernière page de notre chapitre consacré au comte de Ségur.

96. *Ibid.*, pp. 591-592.

97. Lettre du comte de Vaudreuil au comte d'Artois, 30 avril 1790, in *Correspondance intime du comte de Vaudreuil et du comte d'Artois, op. cit.*, vol. I, p. 179.

98. Cf. L. Apt, *Louis-Philippe de Ségur, op. cit.*, pp. 72-74.

99. *Mémoires ou Souvenirs et Anecdotes par M. le comte de Ségur, op. cit.*, vol. III, p. 574.

100. Lettre du comte de Mirabeau au comte de La Marck, 19 décembre 1789, in *Correspondance entre le comte de Mirabeau et le comte de La Marck, op. cit.*, vol. I, p. 434.

101. *Correspondance secrète inédite sur Louis XVI, Marie-Antoinette, la Cour et la Ville, op. cit.*, vol. II, p. 524, 7 mai 1791.

102. Philippe de Ségur, *Mémoires du général comte de Ségur*, Paris, Tallandier, 2010, 3 vol., vol. I *Un aide de camp de Napoléon 1800-1812*, p. 28.

103. Elle était annoncée le 20 octobre 1791 par *La Feuille du jour*, le journal auquel collaborait assidûment le vicomte de Ségur.

104. *Ibid.*, p. 16.

105. Cf. P. de Ségur, « Le Comte Louis-Philippe de Ségur (1753-1830) », *op. cit.*, p. 258. Cf. aussi la lettre de La Marck à Mercy-Argenteau, 28 septembre 1791, in *Correspondance entre le comte de Mirabeau et le comte de La Marck, op. cit.*, vol. III, p. 238 ; lettre de Montmorin à La Marck, 3 octobre 1791, *ibid.*, p. 243, et 15 octobre 1791, *ibid.*, pp. 249-245 ; lettre de Mercy-Argenteau à La Marck, 27 octobre 1791, *ibid.*, p. 257. Cf. aussi la lettre de Mme de Staël à Gouvernet, 23 octobre 1791, in Mme de Staël, *Correspondance générale, op. cit.*, vol. I, 1965, pp. 501-502.

106. *Journal de Gouverneur Morris, op. cit.*, 30 octobre 1791, p. 318.

107. Les Feuillants comptaient alors trois cent trente-quatre députés sur un total de sept cent quarante-cinq.

108. Lettre de Marie-Antoinette à Fersen, 7 décembre 1791, in *Le Comte de Fersen et la cour de France. Extraits des papiers du Grand Maréchal de Suède, comte Jean Axel de Fersen, publiés par son petit-neveu le Baron R. M. de Klinckowström*, Paris, Firmin Didot, 1877, vol. I, p. 269.

109. *Ibid.*, p 270.

110. Cf. Béatrice W. Jasinski, « Les conjonctures : janvier-août 1792 », in Mme de Staël, *Correspondance générale, op. cit.*, vol. II : *Lettres diverses, 1792 – 15 mai 1794*, 1965, pp. 305-358.

111. Les mots « droite » et « gauche » étaient apparus dans le langage politique moderne dès le début des travaux de l'Assemblée, en fonction de la place occupée par les députés. À droite du président siégeaient les monarchistes et à gauche les partisans de la Révolution.

112. *Un duc et pair au service de la Révolution, le duc de Lauzun (maréchal Biron), 1791-1792. Correspondance intime*, publiée par le comte de Lort de Sérignan, Paris, Perrin, 1906.

113. Les culottes qui arrivaient au genou et se portaient ajustées avec des bas en soie étaient réservées aux gentilshommes et aux riches bourgeois. Les travailleurs portaient des pantalons à la cheville.

114. Cf. Georges Touchard-Lafosse, *La Révolution, l'Empire et la Restauration, ou 178 anecdotes historiques dans lesquelles apparaissent, pour des faits peu connus, 221 contemporains français et étrangers*, L'Huillier, Paris, 1828, pp. 58-59, cité in P. Lacroix, « Notice sur la marquise de Coigny », in *Lettres de la marquise de Coigny, op. cit.*, p. 34.

115. Cité in *Lettres de la marquise de Coigny, op. cit.*, Notice, p. 40. Cf. aussi Ch.-J. de Ligne, *Mélanges militaires, littéraires et sentimentaires*, À mon refuge sur le Léopolberg près de Vienne, et se vend à Dresde chez les frères Walter, 1795-1811, 34 vol.

116. Cf. *Lettres de la marquise de Coigny et de quelques autres personnes apparte-nant à la société française de la fin du XVIIIᵉ siècle*, Paris, Imprimerie Jouast & Signaux, 1884.

117. Cf. lettre de Biron à Narbonne, 9 décembre 1791 ; et lettre de Lauzun à Talleyrand, 11 décembre [1791], in *Un duc et pair au service de la Révolution*, *op. cit.*, pp. 27 et 32.

118. L'armée du Nord contrôlait la frontière entre Dunkerque et Maubeuge, celle du Centre de Philippeville et Givet jusqu'à Bitsch et celle du Rhin de Landau jusqu'à Huningue.

119. Lettre de Biron à Talleyrand, 20 décembre 1791, in *Un duc et pair au service de la Révolution, op. cit.*, p. 78.

120. Note de Narbonne en marge de la lettre de Talleyrand à Biron du 12 décembre [1791], *ibid.*, p. 36.

121. Lettre de Biron à Talleyrand, 25 décembre 1791, *ibid.*, p. 87.

122. Cf. É. Dard, *Un confident de l'Empereur, op. cit.*, p. 95.

123. Cité in François Furet et Denis Richet, *La Révolution française*, Paris, Hachette, 1965 et Librairie Arthème Fayard, 1973, p. 148.

124. Lettre de Biron à Talleyrand, 7 janvier 1792, in *Un duc et pair au service de la Révolution, op. cit.*, p. 101.

125. Cf. L. Apt, *Louis-Philippe de Ségur, op. cit.*, p. 84.

126. *Journal d'émigration du comte d'Espinchal, op. cit.*, février 1792, p. 310.

127. P. de Ségur, « Le Comte Louis-Philippe de Ségur (1753-1830) », *op. cit.*, XLIII, 1908, p. 260.

128. Cf. lettre de Talleyrand à Biron, 5 janvier 1792, in *Un duc et pair au service de la Révolution, op. cit.*, p. 97.

129. Albert Sorel a reconstitué le tissu d'intrigues dont le comte de Ségur a été victime : « Mission du comte de Ségur à Berlin en 1792 », in *Le Temps*, 10 octobre 1878, pp. 3-6 ; 12 octobre 1878, pp. 3-7 ; 18 octobre 1878, pp. 3-5.

130. Cité in P. de Ségur, « Le Comte Louis-Philippe de Ségur (1753-1830) «, *op. cit.*, p. 261.

131. Lettre de Talleyrand à Biron, 5 janvier 1792, in *Un duc et pair au service de la Révolution, op. cit.*, pp. 98-99.

132. Lettre de Talleyrand à Biron, 16 janvier 1792, *ibid.*, p. 111, et lettre de Narbonne à Biron, 6 janvier 1792, *ibid.*, p. 112.

133. *Journal de Gouverneur Morris, op. cit.*, 10 janvier 1792, p. 333.

134. Lettre de Biron à Talleyrand, 27 janvier 1792, in *Un duc et pair au service de la Révolution, op. cit.*, pp. 116-119.

135. Cf. lettre de Biron à Narbonne, 21 février 1792, *ibid.*, p. 128.

136. Lettre de la marquise de Coigny au duc de Biron, Londres, [fin jan-vier 1792 ?], in *Lettres de la marquise de Coigny, op. cit.*, p. 90.

137. Lettre de la marquise de Coigny au duc de Biron, Londres, février 1792, *ibid.*, p. 101.

138. Cf. *Mémoires de Madame la duchesse de Gontaut, op. cit.*, pp. 75-76.

139. Lettre de la marquise de Coigny au duc de Biron, Londres, [fin jan-vier 1792 ?], in *Lettres de la marquise de Coigny, op. cit.*, p. 91.

140. Lettre de Biron à Narbonne, Boulogne, 21 février 1792, in *Un duc et pair au service de la Révolution, op. cit.*, p. 126.

141. Lettre de Narbonne à Biron, 11 février 1792, *ibid.*, p. 124.

142. Cf. É. Dard, *Un confident de l'Empereur, op. cit.*, p. 103.

143. Cf. B. W. Jasinski, *Les Conjonctures : janvier-août 1792*, in Mme de Staël, *Correspondance générale, op. cit.*, vol. II, pp. 337-338.

144. É. Dard, *Un confident de l'Empereur, op. cit.*, pp. 109-110.

145. F.-R. de Chateaubriand, *Mémoires d'outre-tombe, op. cit.*, vol. I, p. 454.

146. Lettre de M. de Vaudreuil au comte d'Artois, Berne, 8 septembre 1789, in *Correspondance intime du comte de Vaudreuil et du comte d'Artois, op. cit.*, vol. I, p. 4.

147. *Ibid.*, p. 6.

148. Lettre de M. de Vaudreuil au comte d'Artois, Venise, 29 mai 1790, *ibid.*, p. 194.

149. Cf. les vers de Lebrun-Pindare, *L'Enchanteur et la Fée*, in *Œuvres de Ponce-Denis (Échouard) Le Brun, op. cit.*, vol. II, p. 379.

150. Lettre de M. de Vaudreuil au comte d'Artois, (Rome), 23 avril 1790, in *Correspondance intime du comte de Vaudreuil et du comte d'Artois, op. cit.*, vol. I, p. 175.

151. Lettre du comte d'Artois à Joseph II, Moncalieri, 12 octobre 1789, in *Correspondance secrète du comte de Mercy-Argenteau avec l'empereur Joseph II et le prince de Kaunitz, op. cit.*, vol. II, p. 276.

152. *Ibid.*, pp. 276-277.

153. Lettre de Joseph II au comte d'Artois, Vienne, 30 octobre 1789, *ibid.*, pp. 278-279.

154. Lettre de M. de Vaudreuil au comte d'Artois, Rome, 12 novembre 1789, in *Correspondance intime du comte de Vaudreuil et du comte d'Artois, op. cit.*, vol. I, pp. 28-29.

155. Lettre de M. de Vaudreuil au comte d'Artois, Rome, 28 novembre 1789, *ibid.*, pp. 39-40.

156. Lettre de M. de Vaudreuil au comte d'Artois, Rome, 13 avril 1790, *ibid.*, p. 164.

157. Lettre de M. de Vaudreuil au comte d'Artois, Venise, 9 octobre 1790, *ibid.*, p. 328.

158. Lettre de M. de Vaudreuil au comte d'Artois, Venise, 16 octobre 1790, *ibid.*, p. 338.

159. L. Pingaud, Introduction à *ibid.*, vol. I, pp. XXXVIII-XXXIX.

160. Lettre du comte de Vaudreuil à son cousin [1791 ?], trois pages et demie in-quarto. L'original de la main de M. de Vaudreuil appartient à M. Bégis, Archives nationales de la Fédération de Russie (GARF, Moscou), fonds n° 728 (Collection des documents du Palais d'Hiver), inventaire 2 (Émigration française), n° 288, « Lettres du comte de Vaudreuil », feuillet 1728.

161. Charles-Georges de Clermont-Gallerande, *Mémoires particuliers pour servir à l'histoire de la révolution qui s'est opérée en France en 1789*, Paris, Dentu, 1826, vol. III, p. 207.

162. *Journal d'émigration du comte d'Espinchal*, 12 novembre 1791, *op. cit.*, pp. 284-287.

163. Cf. lettre de Gaston de Lévis à sa femme Pauline, Bruxelles, 4 septembre 1792, in *Écrire la Révolution : 1784-1795, Lettres à Pauline*, présentées et annotées par Claudine Pailhès, Cahors, La Louve Éditions, 2011, pp. 469 *sqq.*

164. Lettre de Gaston de Lévis à sa femme Pauline, 9 juillet 1792, *ibid.*, p. 436.

165. Cf. P. de Croze, *Le Chevalier de Boufflers et la comtesse de Sabran*, *op. cit.*, pp. 25-28.

166. Cf. G. de Diesbach, *Histoire de l'émigration, 1789-1814, op. cit.*, p. 157.

167. Le 25 août 1791.

168. Cité in F. Furet et D. Richet, *La Révolution française, op. cit.*, p. 147.

169. Jean-Claude Berchet, *Chateaubriand*, Paris, Gallimard, 2012, p. 213.

170. F.-R. de Chateaubriand, *Mémoires d'outre-tombe, op. cit.*, vol. I, p. 454.

171. *Ibid.*, p. 473.

172. *Ibid.*, p. 471.

173. *Ibid.*, pp. 471-472.

174. *Ibid.*, p. 477.

175. *Souvenirs de l'émigration ou Mémoires du marquis de Marcillac...*, in *Mémoires sur l'émigration (1791-1800)*, avec introduction, notices et notes par M. de Lescure, Paris, Firmin Didot, 1877, p. 114.

176. G. de Diesbach, *Histoire de l'émigration, 1789-1814, op. cit.*, pp. 213-214.

177. Lettre de M. de Vaudreuil au comte d'Artois, Vienne, 19 avril 1792, in *Correspondance intime du comte de Vaudreuil et du comte d'Artois, op. cit.*, vol. I, p. 82.

178. *Ibid.*

179. Lettre de M. de Vaudreuil au comte d'Antraigues, 24 juin 1792, *ibid.*, vol. II, p. 100.

180. Lettre du comte d'Artois à M. de Vaudreuil, Hamm, 15 juin 1793, *ibid.*, p. 140.

181. Lettre de M. de Vaudreuil au comte d'Antraigues, Vienne, 14 octobre 1793, *ibid.*, p. 153.

182. Lettre de M. de Vaudreuil à Lady Elizabeth Foster, Vienne, 6 mars 1793, *ibid.*, p. 123.

183. Lettre de M. de Vaudreuil à Lady Elizabeth Foster, Vienne, 19 décembre 1793, *ibid.*, p. 171.

184. *Ibid.*, p. 170-171.

185. Lettre du chevalier de Boufflers à Mme de Sabran, Paris, 7 août 1789, in P. de Croze, *Le Chevalier de Boufflers et la comtesse de Sabran, op. cit.*, p. 175.

186. Sur la difficulté des députés de la noblesse à s'adapter à la nouvelle éloquence révolutionnaire, cf. Jean-Claude Bonnet, *La « sainte masure », sanctuaire de la parole fondatrice*, in *La Carmagnole des Muses. L'homme de lettres et l'artiste dans la Révolution*, sous la direction de Jean-Claude Bonnet, Paris, Armand Colin, 1988, p. 205.

187. Pour un compte rendu approfondi des interventions de Boufflers à l'Assemblée, cf. N. Vaget Grangeat, *Le Chevalier de Boufflers et son temps, op. cit.*, pp. 86-94.

188. Au cours du mois de novembre (les 16, 22 et 24), le diplomate américain discute à plusieurs reprises avec Boufflers de ses projets. Cf. G. Morris, *A Diary of French Revolution, op. cit.*, vol. II, pp. 61, 68 et 70.

189. « Sur les inventions et découvertes en tous genres d'industrie », voté le 30 décembre 1790.

190. « Sur la distribution des récompenses nationales accordées à l'industrie en tous genres », voté les 9, 10 et 27 septembre 1791.

191. Lettre du chevalier de Boufflers à Mme de Sabran, Paris, [septembre ? 1791], in P. de Croze, *Le Chevalier de Boufflers et la comtesse de Sabran, op. cit.*, p. 281.

192. Journal des Impartiaux, rédigé par M. Salles de la Salle, Paris, Impr. de la Veuve Valade, 1790, p. 11, cité *ibid.*, p. 96.

193. Lettre du chevalier de Boufflers à Mme de Sabran, Paris, 11 août 1791, in Paul Bonnefon, « La fuite de Varennes (lettres inédites du Ch. De Boufflers) », in *Amateur d'autographes* (1904), p. 109.

194. Gustav Gugitz, *Casanova und Graf Lamberg : unveroffentlichte Briefe des Grafen Max Lamberg an Casanova aus dem Schlossarchiv in Dux*, Leipzig-Wien, Bernina, 1935, p. 227, cité in Alex Sokalski, « Repères biographiques », in Stanislas de Boufflers, *Contes*, édition d'Alex Sokalski, Paris, Société des textes français modernes, 1995, p. 24.

195. Lettre du chevalier de Boufflers à Mme Durival, Paris, 26 messidor, année VIII, in G. Maugras, *La Marquise de Boufflers et son fils, op. cit.*, p. 538.

196. É. Vigée Le Brun, *Souvenirs, op. cit.*, p. 500.

197. Le comte et la comtesse de Boisgelin furent guillotinés le 7 juillet 1794.

198. *Relation d'un voyage à Bruxelles et à Coblence* (1791), extrait des *Mémoires sur divers événements de la révolution et de l'émigration par A. H. Dampmartin, maréchal des camps et armées du roi*, 2 vol., Paris, Hubert, 1825 in *Mémoires sur l'émigration (1791-1800), op. cit.*, p. 348.

199. Dante, *Paradis*, traduit par L. Espinasse-Mongenet, Paris, Les Libraires associés, 1965, chant XVII, vv. 58-60, p. 461.

200. A.-F. Villemain, *Souvenirs contemporains d'histoire et de littérature, op. cit.*, vol. I, p. 40.

201. Cf. *Mémoires de Malouet*, publiés par son petit-fils le baron Malouet, 2 vol., Paris, Plon, 1874, vol. II, pp. 211-222.

202. Talleyrand à Mme de Staël, 8 octobre 1793, cf. Duc de Broglie, « Lettres de M. de Talleyrand à Mme de Staël, tirées des archives du Château de Broglie », *Revue d'histoire diplomatique*, 1890, 4e année, I, p. 89.

203. Mme de Staël, *Considérations sur la Révolution française, op. cit.*, vol. I, pp. 385-386.

204. Cf. Armand Lods, « Le Dernier chapelain de l'ambassade de Suède à Paris, Charles-Christian Gambs, 1759-1822 », in *Bulletin historique et littéraire*,

Société de l'histoire du protestantisme français, I (1892), quatrième série, 41, pp. 145-152 et 198-208.

205. Mme de Staël, *Considérations sur la Révolution française, op. cit.*, vol. I, p. 392.

206. Cf. Erich Bollmann, *Récit du sauvetage de Narbonne*, in Mme de Staël, *Lettres à Narbonne, op. cit.*, pp. 47-51. Cf. Karl Varnhagen von Ense, *Denkwürdigkeiten Justus Erich Bollmann's*, in *Denkwürdigkeiten und vermischte Schriften*, Leipzig, 1843, pp. 137-308. Voir aussi Friederich Kapp, *Justus Erich Bollmann*, Berlin, J. Springer, 1880.

207. Cf. Mme de Staël, *ibid.*, pp. 85-86. Sur Talleyrand à Londres, cf. Emmanuel de Waresquiel, *Talleyrand, le prince immobile*, Paris, Fayard, 2003, pp. 170-171.

208. Cf. Pierre-Louis Roederer, *Des fugitifs français et des émigrés*, in *Œuvres du comte P. L. Roederer*, 8 vol., Paris, Firmin Didot, 1853-1859, vol. VII, pp. 49-50.

209. Mary Berry, *Extracts from the Journals and Correspondence of Miss Berry, from the year 1783 to 1852*, édition critique de Lady Theresa Lewis, Londres, Longmans Green, 3 vol., vol. I, 1865, p. 381.

210. G. de Diesbach, *L'Histoire de l'émigration, 1789-1814, op. cit.*, p. 270.

211. Mme de Staël, *Lettres à Narbonne, op. cit.*, p. 89.

212. Mme de Staël, « Douce image de Norbury », et lettre à Mme d'Arblay, Coppet, 9 août (1793), in *Lettres à Narbonne, op. cit.*, p. 513.

213. Lettre de Frances (Fanny) Burney à Mrs Phillips, [post 4 octobre 1792], in *The Journals and Letters of Fanny (Fanny) Burney (Madame d'Arblay)*, édition critique de Joyce Hemlow et Althea Douglas, 12 vol., Oxford, Clarendon Press, vol. II, 1972, p. 1.

214. Constance Hill, *Juniper Hall : A Rendez-Vous Of Certain Illustrious Personages during the French Revolution, Including Alexandre d'Arblay and Fanny Burney* (1904), General Books, 2009, p. 25.

215. *Ibid.*, p. 28.

216. *Ibid.*, p. 24.

217. *Ibid.*

218. *Ibid.*, p. 25.

219. Georges Solovieff, « Introduction » à Mme de Staël, *Lettres à Narbonne, op. cit.*, p. 33.

220. Après un certain nombre de vicissitudes, les lettres ont enfin paru dans la belle édition de Georges Solovieff à laquelle nous nous référons ici.

221. Mme de Staël, *De l'influence des passions sur le bonheur des individus et des nations*, in *Lettres sur Rousseau, De l'influence des passions et autres essais moraux*, sous la direction de Florence Lotterie, textes établis et présentés par Florence Lotterie, annotés par Anne Amend-Söchting, Anne Brousteau, Florence Lotterie, Laurence Vanoflen, Paris, Honoré Champion, 2008, p. 199.

222. Lettre de Mme de Staël à Narbonne, [Paris,] 28 août [1792], in Mme de Staël, *Lettres à Narbonne, op. cit.*, p. 71.

223. Lettre de Mme de Staël à Narbonne, Coppet, 8 septembre [1792], *ibid.*, p. 81.

224. Lettre de Mme de Staël à Narbonne, Coppet, 12 septembre [1792], *ibid.*, p. 84.

225. *Ibid.*

226. Lettre de Mme de Staël à Narbonne, fragment de lettre non datée, *ibid.*, p. 145.

227. Cf. lettre de Mme de Staël à Narbonne, Rolle, 23 octobre [1792], *ibid.*, p. 125.

228. Lettre de Mme de Staël à Narbonne, Rolle, 27 octobre [1792], *ibid.*, p. 128.

229. Jacques Necker, *Réflexions présentées à la nation française sur le procès intenté à Louis XVI*, Paris, Volland, 1792.

230. Lettre de Mme de Staël à Narbonne, Rolle, 15 novembre [1792], in Mme de Staël, *Lettres à Narbonne, op. cit.*, p. 144.

231. Lettre de Mme de Staël à Narbonne, Rolle, [22 novembre 1792], *ibid.*, p. 149.

232. A.-F. Villemain, *Souvenirs contemporains d'histoire et de littérature, op. cit.*, vol. I, pp. 45-46.

233. *Ibid.*, p. 47.

234. *Ibid.*, p. 50.

235. Lettre de Mme de Staël à Narbonne, [Rolle, 2 décembre 1793], in Mme de Staël, *Lettres à Narbonne, op. cit.*, pp. 157-158.

236. Lettre de Susanna Phillips à sa sœur Frances (Fanny) Burney, in C. Hill, *Juniper Hall : A Rendez-Vous Of Certain Illustrious Personages, op. cit.*, pp. 40-41.

237. Lettre de Mme de Staël à Narbonne, Rolle, 23 décembre 1792, in Mme de Staël, *Lettres à Narbonne, op. cit.*, p. 175.

238. Lettre de Frances (Fanny) Burney à son père Charles Burney, Norbury Park, 28 janvier 1793, in *The Journals and Letters of Fanny Burney, op. cit.*, vol. II, 1972, pp. 8-9.

239. A.-F. Villemain, *Souvenirs contemporains d'histoire et de littérature, op. cit.*, vol. I, p. 51.

240. Lettre de Frances (Fanny) Burney à son père Charles Burney, Norbury Park, lundi 4 février 1793, in *The Journals and Letters of Fanny Burney, op. cit.*, vol. II, p. 10.

241. Cf. lettre de Frances (Fanny) Burney à Mrs Lock, Mickleham, giovedì [14 février 1793], *ibid.*, p. 14.

242. Juniper Hall appartient aujourd'hui au National Trust.

243. Lettre de Frances (Fanny) Burney à son père Charles Burney, Mickleham, 16-17 février 1793, in *The Journals and Letters of Fanny Burney, op. cit.*, vol. II, p. 19.

244. Cf. Linda Kelly, *Juniper Hall : An English Refuge from the French Revolution*, Londres, Weidenfeld and Nicolson, 1991, p. 45.

245. Lettre de Frances (Fanny) Burney à son père Charles Burney, Mickleham, 24 février [1793], in *The Journals and Letters of Fanny Burney, op. cit.*, vol II, p. 26.

246. Lettre de Frances (Fanny) Burney à son père Charles Burney, Mickleham, 22 février [1793], *ibid.*, p. 22.

247. « Derniers préparatifs », in *Journal d'émigration du comte d'Espinchal*, *op. cit.*, p. 327.

248. Lettre de Frances (Fanny) Burney à M. d'Arblay, composition du 25 février 1793, in *The Journals and Letters of Fanny Burney, op. cit.*, vol. II, p. 31.

249. Lettre de M. d'Arblay à Frances (Fanny) Burney, [Mickleham, post 6 mars 1793], *ibid.*, p. 32.

250. Cf. G. Solovieff, Introduction à Mme de Staël, *Lettres à Narbonne*, *op. cit.*, pp. 218-219.

251. Le 16 mars.

252. Lettre de Susanna Phillips à Frances (Fanny) Burney, citée in C. Hill, *Juniper Hall : A Rendez-Vous Of Certain Illustrious Personages, op. cit.*, p. 53. Traduction française in G. Solovieff, « Introduction » à Mme de Staël, *Lettres à Narbonne, op. cit.*, p. 205.

253. Lettre d'Erich Bollmann à Frau Brauer, 14 octobre 1793, citée in Mme de Staël, *Lettres à Narbonne, op. cit.*, pp. 498-499.

254. Lettre de Talleyrand à Mathieu de Montmorency, citée par Mme de Staël dans sa lettre à Narbonne du 8 mars [1794], *ibid.*, p. 386.

255. Lettre de Mme de Staël à Narbonne, [Coppet], 27 août [1793], *ibid.*, p. 287.

256. Lettre de Mme de Staël à Narbonne, [Coppet], 17 septembre [1793], *ibid.*, p. 290.

257. Lettre de Mme de Staël à Narbonne, [Nyon ?], 31 janvier [1794], *ibid.*, p. 361.

258. Lettre de Mme de Staël à Narbonne, Nyon, 3 février [1794], *ibid.*, p. 364.

259. Lettre de Mme de Staël à Narbonne, Coppet, 21 septembre 1793, *ibid.*, p. 294.

260. Lettre de Mme de Staël à Narbonne, Nyon, 8 octobre [1793], *ibid.*, p. 303.

261. Lettre de Mme de Staël à Narbonne, Coppet, 21 [septembre 1793], *ibid.*, p. 296.

262. Lettre de Mme de Staël à Narbonne, Nyon, 12 mars [1794], *ibid.*, p. 392.

263. Lettre de Mme de Staël à Narbonne, Nyon, 19 octobre [1793], *ibid.*, p. 342.

264. Lettre de Mme de Staël à Narbonne, [Nyon], 5 heures du matin, 16 octobre [1793], *ibid.*, p. 314.

265. Cette nouvelle fut publiée en 1794.

266. Lettre de Mme de Staël à Narbonne, Mézières, 16 mai 1794, citée in Mme de Staël, *Lettres à Narbonne, op. cit.*, p. 446.

267. Lettre de Mme de Staël à Narbonne, Nyon, 11 octobre [1793], *ibid.*, p. 306.

268. Lettre de Mme de Staël à Narbonne, Nyon, 14 octobre [1793], *ibid.*, p. 309-311.

269. Lettre de Talleyrand à Mme de Staël, High Hycombe, 8 novembre [1793], in Duc de Broglie, « Lettres de M. de Talleyrand à Mme de Staël, tirées des archives du château de Broglie », in *Revue d'histoire diplomatique*, IV, 1, 1890, p. 89 ; cf. aussi *ibid.*, pp. 79-94 ; 2, pp. 209-221.

270. Cf. lettre de Talleyrand à Mme de Staël, *ibid.*, 1, p. 90.

271. *Ibid.*, p. 91.

272. Lettre de Narbonne à d'Arblay, janvier [?] 1774, conservée à la New York Public Library, The Henry W. and Albert A. Berg Collection of English and American Literature, Frances Burney d'Arblay collection of papers, 337 ALS+AL in French, 31 ALS and 64 AL to Gen. D'Arblay, Folder 6.

273. Lettre de Narbonne à Mrs Phillips, citée in L. Kelly, *Juniper Hall*, *op. cit.*, p. 119.

274. Lettre de Narbonne à d'Arblay, *ibid.*, p. 120.

275. A.-F. Villemain, *Souvenirs contemporains d'histoire et de littérature*, *op. cit.*, vol. I, p. 93.

276. F. de La Rochefoucauld, *Maximes*, n° 19.

277. *Mémoires du prince de Talleyrand, op. cit.*, vol. I, pp. 35-36.

278. A.-F. Villemain, *Souvenirs contemporains d'histoire et de littérature*, *op. cit.*, vol. I, pp. 65-68.

279. Lettre de Mme de Staël à Ribbing, (vers la fin juillet), citée in Mme de Staël, *Lettres à Narbonne, op. cit.*, p. 454.

280. *Journal d'Aimée de Coigny*, « La jeune captive », présenté par André-Marc Grangé, Paris, Perrin, 1981, p. 205.

281. J. de Norvins, *Souvenirs d'un historien de Napoléon, op. cit.*, vol. II, p. 93.

282. *Ibid.*, pp. 95-102.

283. Lettre de Narbonne à d'Arblay, 17 frimaire, an IX, conservée à la New York Public Library, The Henry W. and Albert A. Berg Collection of English and American Literature, Frances Burney d'Arblay collection of papers, 31 ALS, and 64 AL to Gen. D'Arblay, Folder 6.

284. Joan Haslip, *Madame du Barry. The Wages of Beauty*, Londres, Weidenfeld & Nicolson, 1991, p. 158.

285. Cf. notre chapitre sur Brissac, pp. 195-196.

286. Lettre de Mme du Barry à Marie-Antoinette, in Gaspard Louis Lafont d'Aussonne, *Mémoires secrets et universels des malheurs et de la mort de la reine de France*, Paris, Petit, 1824, pp. 398-399, citée in Ch.-J. Vatel, *Histoire de Madame du Barry, op. cit.*, vol. III, p. 132. Cf. aussi *Mémoires secrets de 1770 à 1830 par le comte d'Allonville, op. cit.*, vol. II, pp. 180-181.

287. *Ibid.*, p. 241.

288. Cf. *Relation du départ de Louis XVI, le 20 juin 1791, écrite en août 1791, dans la prison de la Haute Cour nationale d'Orléans, par M. le duc de Choiseul, pair de France, et extraite de ses mémoires inédits*, Paris, Baudouin Frères, 1822, pp. 45 et 51-52.

289. P. de Cossé-Brissac, *Histoire des ducs de Brissac, op. cit.*, p. 308.

290. *Ibid.*

291. « Brevet de nomination de M. de Cossé-Brissac, comme commandant général de la garde du roi », cité in Ch.-J. Vatel, *Histoire de Madame du Barry*, *op. cit.*, vol. III, p. 158, note 1.

292. Lettre du comte d'Antraigues à Don Simon de Las Casas, ministre espagnol à Venise, citée in Jacqueline Chaumié, *Le Réseau d'Antraigues et la contre-révolution, 1791-1793*, Paris, Plon, 1965, pp. 108-109, cité in Jacques de Saint-Victor, *Madame du Barry : un nom de scandale*, Paris, Perrin, 2002, p. 263.

293. *Acte du corps législatif, Non sujet à la Sanction du Roi, Relatif au Sieur Cossé-Brissac donné à Paris, le 12 Juin 1792, l'an 4ᵉ de la Liberté*, Paris, Imprimerie royale, 1792, p. 2. Cf. aussi J. de Saint-Victor, *Madame du Barry, op. cit.*, p. 264.

294. Cf. F.-E. de Saint-Priest, *Mémoires, op. cit.*, vol. II, p. 49.

295. Articulé en quatre points – avoir enrôlé des personnes incompatibles ; ne pas avoir prêté serment à la constitution ; avoir répandu dans le corps un esprit inconstitutionnel et antirévolutionnaire ; avoir fait jurer aux sous-officiers de la garde d'accompagner le roi partout où il voudrait aller – l'acte accusait Brissac d'avoir « attenté à la Constitution & à la sûreté de l'État », *Acte du corps législatif, Non sujet à la Sanction du Roi, Relatif au Sieur Cossé-Brissac, op. cit.*, p. 2.

296. Ch.-J. Vatel, *Histoire de Madame du Barry, op. cit.*, vol. III, p. 150.

297. *Ibid.*, p. 161.

298. Lettre de Mme de Mortemart à Mme du Barry, 5 juin 1792, citée *ibid.*, p. 164.

299. *Ibid.*, p. 165.

300. Cf. copie authentique du 19 septembre 1811 du testament de Louis-Hercule-Timoléon de Cossé-Brissac, Archives départementales de Maine-et-Loire, Fonds de Brissac, 188 J 121, p. 5.

301. *Ibid.*, p. 6.

302. Lettre de Brissac à Mme du Barry, Orléans, 11 août 1792, 6 heures de l'après-midi, citée in Ch.-J. Vatel, *Histoire de Madame du Barry, op. cit.*, vol. III, pp. 168-169.

303. Cf. J. de Saint-Victor, *Madame du Barry, op. cit.*, p. 267.

304. Cf. le témoignage des deux domestiques du duc qui assistèrent au massacre, cité in Ch.-J. Vatel, *Histoire de Madame du Barry, op. cit.*, vol. III, pp. 178-180.

305. P. de Cossé-Brissac, *Histoire des ducs de Brissac, op. cit.*, p. 326.

306. Ch.-J. Vatel, *Histoire de Madame du Barry, op. cit.*, vol. III. pp. 181-182.

307. Les deux lettres ont été publiées in P. de Cossé-Brissac, *Histoire des ducs de Brissac, op. cit.*, pp. 327-328.

308. Cité in J. de Saint-Victor, *Madame du Barry, op. cit.*, p. 268.

309. Ch.-J. Vatel, *Histoire de Madame du Barry, op. cit.*, vol. III, p. 184.

310. Le verdict émis le 27 février 1793 établit à mille louis la récompense qu'elle devait verser au bijoutier.

311. Ch.-J. Vatel, *Histoire de Madame du Barry, op. cit.*, vol. III, p. 190.

312. *Ibid.*, pp. 142-143.

313. C'est ce que soutint son domestique indien Zamor à son procès (cf. *ibid.*, p. 266).

314. Georges Greive, *Égalité controuvée, ou Petite histoire de la protection, contenant les pièces relatives à l'arrestation de la du Barry… pour servir d'exemple aux patriotes trop ardents qui veulent sauver la République, et aux modérés qui s'entendent à merveille pour la perdre*, Paris, G.-F. Galletti, [s. d.].

315. Cf. Ch.-J. Vatel, *Histoire de Madame du Barry*, *op. cit.*, vol. III, p. 200, note 1.

316. *Ibid.*, pp. 201-202.

317. *Ibid.*, p. 208.

318. Cf. Convention nationale – Comité de Sûreté générale, « Interrogatoire de Madame du Barry », *ibid.*, pp. 221-232.

319. *Ibid.*, p. 247.

320. Cf. la « Note » de son défenseur Chauveau-Lagarde, *ibid.*, pp. 275-276.

321. Charles-Joseph Vatel a publié les notes prises pendant l'audience par Fouquier-Tinville (*ibid.*, pp. 258-276).

322. Cf. J. de Saint-Victor, *Madame du Barry*, *op. cit.*, p. 247.

323. *Ibid.*, p. 283.

324. Cité in Ch.-J. Vatel, *Histoire de Madame du Barry*, *op. cit.*, vol. III, pp. 272-274.

325. Cf. « Déclaration de Madame du Barry (Entre deux guichets) », *ibid.*, pp. 282-286.

326. Dans l'histoire de sa famille, le duc de Brissac se dit convaincu sur la base des informations fournies par Louis Dutens (1730-1812) dans ses *Mémoires d'un voyageur qui se repose*, qu'un prêtre irlandais offrit à Mme du Barry de corrompre ses geôliers et de s'enfuir, et qu'à partir du moment où le plan ne prévoyait qu'une seule personne, Jeanne préféra donner cette opportunité à Mme de Mortemart qui était cachée à Calais (P. de Cossé-Brissac, *Histoire des ducs de Brissac*, *op. cit.*, pp. 341-342).

327. É. Vigée Le Brun, *Souvenirs*, *op. cit.*, pp. 237-238.

328. Lettre de Mme Roland à Montané, [de Sainte-Pélagie, 11 septembre 1793], in *Mémoires de Mme Roland*, nouvelle édition critique contenant des fragments inédits et les lettres de la prison publiées par Claude Perroud, 2 vol., Paris, Plon, Nourrit et Cie, 1905, vol. II, pp. 373-374.

329. Lettre de Biron à M. Dumouriez, 19 mars 1792, in *Un duc et pair au service de la Révolution*, *op. cit.*, pp. 155-156.

330. Lettre de Biron à M. Dumouriez, Valenciennes, 31 mars 1792, *ibid.*, p. 165.

331. Lettre de M. Dumouriez à Biron, Paris, 27 mars 1792, *ibid.*, pp. 163-164.

332. D'octobre 1791 à juin 1792, il avait été affecté à l'armée du Nord ; du 5 juin au 16 décembre il commanda l'armée du Rhin ; de début février à mai 1793, l'armée du Midi – ou d'Italie – et, du 14 mai à juillet 1793, l'armée des Côtes de La Rochelle.

333. Biron prit le commandement de l'armée du Rhin – à la tête de laquelle il avait été nommé le 5 juin – le 18 juillet à Wissembourg, où il installa son quartier général. Il disposait de quarante-sept mille hommes auxquels devaient s'en ajouter huit mille autres.

334. Cf. « Appendice. Note relative au général Biron », rédigée par Biron en prison, in *Mémoires du duc de Lauzun*, *op. cit.*, p. 380.

335. Cf. C. C. Velay, *Le Duc de Lauzun*, *op. cit.*, pp. 335-336.

336. Lettre de Mme de Coigny à Biron, 17 [août 1792], in *Lettres de la marquise de Coigny*, *op. cit.*, p. 147.

337. *Correspondance littéraire et critique par Grimm, Diderot, Raynal, Meister, etc.*, *op. cit.*, vol. XIV, p. 282, note 1 (décembre 1785). Les *Mémoires secrets* aussi signalaient à cette date la présence de Mlle Laurent à la Comédie-Française (t. 29, pp. 113-114).

338. Mme de Genlis, *Souvenirs de Félicie*, *op. cit.*, p. 58.

339. Cf. René-Nicolas Dufriche, baron Desgenettes, *Souvenirs de la fin du XVIIIᵉ siècle et du commencement du XIXᵉ siècle ou Mémoires de R. D. G.*, Paris, Firmin Didot, 2 vol., vol. II, 1836, p. 273. Médecin militaire, Desgenettes servait en 1793 dans l'armée de la Méditerranée.

340. Lettre du général Biron à la Convention, Strasbourg, 18 novembre de l'an I de la République [1792], in *Lettres de la marquise de Coigny*, *op. cit.*, p. 237.

341. Lettre de la duchesse de Lauzun au duc de Gontaut, [novembre 1792], *ibid.*, p. 235.

342. *Mémoires de Louis-Philippe Duc d'Orléans écrits par lui-même. 1773-1793*, 2 vol., Paris, Plon, 1973-1974, vol. I, p. 241.

343. Évelyne Lever, *Philippe Égalité*, *op. cit.*, p. 443.

344. *Mémoires de Louis-Philippe Duc d'Orléans*, *op. cit.*, vol. II, pp. 291-303.

345. Grace Dalrymple Elliott, *Journal de ma vie durant la Révolution française* (*Journal of My Life during the French Revolution*, Londres, R. Bentley, 1859), traduction de Charles de Baillon, Paris, Les Éditions de Paris, 2001, pp. 91-92. Malgré des inexactitudes nombreuses et manifestes, les Mémoires de Miss Elliott sont généralement considérés comme fiables par les historiens.

346. *Ibid.*, p. 93.

347. *Mémoires de Louis-Philippe Duc d'Orléans*, *op. cit.*, vol. II, p. 321.

348. Ce serait un des chefs d'accusation formulés contre lui par Fouquier-Tinville à son procès devant le tribunal révolutionnaire et une preuve à charge retenue dans la sentence finale. Cf. « Jugement qui condamne Armand-Louis Biron à la peine de mort », in « Affaire Biron », première partie, Archives nationales, W 305, n° 370.

349. Cf. le chapitre « L'Armée d'Italie », in C. C. Velay, *Le Duc de Lauzun*, *op. cit.*, pp. 358-372.

350. *Ibid.*, p. 366.

351. Le prince rappellera la sollicitude affectueuse que lui manifesta Biron dans le compte rendu qu'il donnera de son séjour en prison. *Mémoires du duc de Montpensier (Antoine-Philippe d'Orléans) prince du sang*, Paris, Imprimerie Royale, 1837, pp. 1-7.

352. É. Lever, *Philippe Égalité, op. cit.*, p. 491.

353. Cité in C. C. Velay, *Le Duc de Lauzun, op. cit.*, p. 370.

354. Lettre de congé et de passage des consignes de sa charge de commandant en chef de l'armée des côtes au général Brunet. Aux commissaires de la Convention nationale corse. Nice, 9 mai 1793, an II de la République, in « Affaire Biron », troisième et dernière partie : « Correspondance officielle avec les ministres depuis le 8 Mai 1793 jusqu'à Juillet 1793 », Archives nationales, W 305, n° 370.

355. C. C. Velay, *Le Duc de Lauzun, op. cit.*, p. 375.

356. Lettre de Biron au ministre de la Guerre (n° 10), Niort, 16 juin 1793, an II de la République, in « Affaire Biron », troisième et dernière partie, *op. cit.*

357. Lettre de Biron au ministre de la Guerre (n° 14), Niort, 22 juin [1793], *ibid.*

358. C.C. Velay, *Le duc de Lauzun, op. cit.*, pp. 382-383.

359. Lettre de Biron au ministre de la Guerre (n° 11), 21 juin 1793, an II de la République, *ibid.*

360. Lettre de Biron au Comité de salut public, Niort, 1ᵉʳ juillet 1793, *ibid.*

361. Lettre de Biron au Comité de salut public, Niort, 29 juin [1793], *ibid.*

362. « De la Guerre de Vendée. Compte Rendu au Comité de salut public et au Conseil Exécutif provisoire par le Général Biron », in « Affaire Biron », deuxième partie, Archives nationales, W 305, n° 370.

363. Biron avait demandé de l'avoir comme « aide de camp » en Vendée. « Plein d'intelligence et d'activité », Rustan avait refusé un poste de colonel-général que lui offrait Custine pour ne pas le quitter. Cf. lettre du général Biron au ministre de la Guerre, 8 mai 1793, an II de la République, in « Affaire Biron », troisième et dernière partie, *op. cit.*

364. C. C. Velay, *Le Duc de Lauzun, op. cit.*, p. 387.

365. *Mémoires du comte de Beugnot, ancien ministre (1783- 1815)*, publiés par le comte Albert Beugnot son petit-fils, 2 vol., Paris, Édouard Dentu, 1866, vol. I, p. 173.

366. Cf. la transcription de l'interrogatoire, contresignée par Biron, in « Affaire Biron », première partie, *op. cit.*

367. Acte d'accusation d'Antoine Quentin Fouquier, Accusateur Public du Tribunal Criminel, 8 nivôse, *ibid.*

368. Sentence qui condamne Armand-Louis Biron à la peine de mort, 10 nivôse, *ibid.*

369. Yves Guéna, *Moi duc de Lauzun, citoyen Biron*, Paris, Flammarion, 1997, p. 421.

370. Archives nationales, W 134, dossier 1, pièce 66.

371. *Ibid.*

372. La lettre porte comme adresse : Au Citoyen Gontaut, rue Chantereine, Chaussée d'Antin.

373. Lettre de Mme de Coigny à Biron [Londres], 20 [février 1792 ?], in *Lettres de la marquise de Coigny, op. cit.*, p. 104.

374. Archives nationales, W 134, dossier 1, pièce 40.

375. Cf. Charles Baudelaire, *Don Juan aux Enfers*, XV, *Spleen et idéal*, in *Les Fleurs du mal*.

376. P. de Ségur, « Le Comte Louis-Philippe de Ségur (1753-1830) », *op. cit.*, p. 262.

377. Joseph-Alexandre de Ségur, *Essai sur l'opinion considérée comme une des principales causes de la Révolution de 1789*, [Paris], Vezard & Le Normant, 1790, pp. 45-46.

378. *Mémoires ou Souvenirs et Anecdotes par M. le comte de Ségur, op. cit.*, vol. III, p. 592.

379. *Journal d'émigration du comte d'Espinchal, op. cit.*, p. 403.

380. G. de Broglie, *Ségur sans cérémonie, op. cit.*, pp. 146-147.

381. *Ibid.*

382. *Ibid.*, p. 154.

383. *Ibid.*, p. 149.

384. Cf. notre chapitre sur le vicomte de Ségur, p. 149.

385. Cf. M. Fazio, *François-Joseph Talma*, pp. 38-53.

386. Le 25 janvier 1792, au Théâtre de la Nation. Morris va voir la pièce le 7 février et, tout en saluant l'interprétation de Fleury, la juge médiocre (cf. G. Morris, *A Diary of the French Revolution, op. cit.*, vol. II, p. 116).

387. Le 29 janvier 1792, au Théâtre de la Nation.

388. Le comte d'Avaux était une figure importante de la secte des Illuminés, il avait réuni autour de lui un cercle de disciples et parmi les ouvrages rares de sa bibliothèque figurait le fameux psautier d'Ingeborg (cf. G. de Broglie, *Ségur sans cérémonie, op. cit.*, p. 156).

389. *Mémoires complets et authentiques de Laure Junot duchesse d'Abrantès, op. cit.*, vol. III, p. 420.

390. La loi autorisant le divorce entra en vigueur le 20 septembre 1792.

391. G. de Broglie, *Ségur sans cérémonie, op. cit.*, p. 142.

392. Joseph-Alexandre de Ségur, *Ma prison depuis le 22 vendémiaire jusqu'au 10 thermidor, l'an III de la République*, Paris, Huet, l'an III de la République [1795], vv. 121-128, p. 8.

393. *Roméo et Juliette, Opéra en trois actes. Paroles du c. J. A. Ségur, musique du c. Steibelt...*, Paris, Huet, l'an II de la République [1794].

394. C'était la sixième adaptation par ordre chronologique. Les quatre premières étaient allemandes et la cinquième, sur une musique de Dalayrac et un livret de Boutet de Monvel, fut jouée à Paris le 7 juillet 1792, à peine un an avant celle de Steibelt et Ségur. Cf. Francesco Bissoli, « *Fotografare* » *Romeo and Juliet*, in « Vertemus. Prima serie di studi musicali e teatrali veronesi 2001 », I, 2001, pp. 125-151, et Winton Dean, *Shakespeare and Opera*, in *Shakespeare and Music*, sous la direction de Phyllis Hartnoll, Londres, Macmillan, 1964, pp. 89-175.

395. Cf. M. Fazio, *François-Joseph Talma, op. cit.*, pp. 69-72.

396. Cf. Gérard Walter, *André Chénier, son milieu et son temps*, Paris, Laffont, 1947, pp. 287-288.

397. Jean-Antoine Roucher, *Consolations de ma captivité, ou Correspondance de Roucher, mort victime de la tyrannie décemvirale, le 7 thermidor, an 2 de la République française*, deux parties, Paris, H. Agasse, an VI de la République [1797], première partie, p. 253.

398. J.-A. de Ségur, *Ma prison depuis le 22 vendémiaire jusqu'au 10 thermidor*, *op. cit.*, vv. 39-40, p. 4.

399. Cf. notre chapitre sur Lauzun p. 99.

400. J. H. Wilhelm Tischbein, *Aus meinem Leben*, texte et notes de Carl G. W. Schiller, 2 vol., Schwetschke, Braunschweig, 1861, vol. II, cité in Benedetto Croce, « Dalle memorie del pittore Tischbein », in *Aneddoti di varia letteratura*, Naples, Ricciardi, 1942, 2ᵉ édition, Bari, Laterza, 1954, 4 vol., vol. III, pp. 217-219.

401. B. Croce, « Dalle memorie del pittore Tischbein », *op. cit.*, p. 220.

402. Cf. *Mémoires du duc de Lauzun*, *op. cit.*, p. 190.

403. Lettre de la marquise de Coigny au duc de Biron, 12 [juin 1792], in *Lettres de la marquise de Coigny*, *op. cit.*, p. 138.

404. Lettre d'Horace Walpole à Lady Ossory, 8 octobre 1792, in *Horace Walpole's Correspondence with the Countess of Upper Ossory*, texte et notes de W. S. Lewis et A. Dayle Wallace avec l'assistance d'Edwine M. Martz, 3 vol., New Haven, Yale University Press, 1965, vol. III [vol. XXXIV de *Horace Walpole's Correspondence*, *op. cit.*], p. 165.

405. *Ibid.*, pp. 164-165.

406. Cf. Étienne Lamy, « Introduction » à *Mémoires de Aimée de Coigny*, Paris, Calmann-Lévy, 1902, p. 40.

407. Cité in André-Marc Grangé, « Introduction » à *Journal d'Aimée de Coigny*, « La jeune captive », Paris, Librairie Académique Perrin, 1981, p. 15, note 1.

408. E. de Waresquiel, *Talleyrand, le prince immobile*, *op. cit.*, p. 226.

409. Cf. le portrait qu'a donné de lui E. de Waresquiel, *ibid.*, pp. 226-228.

410. A. Omodeo, Introduction à A. de Coigny, *La Restaurazione Francese del 1814, Memorie*, *op. cit.*, p. 22.

411. Lettre d'Aimée de Coigny au citoyen Biron, Mareuil, 12 février [1793], in *Lettres de la marquise de Coigny*, *op. cit.*, p. 198.

412. Lettre d'Aimée de Coigny au citoyen Biron, Londres, [décembre 1792 ?], *ibid.*, p. 192.

413. Lettre d'Aimée de Coigny au citoyen Biron, Mareuil, 12 février [1793], *ibid.*, p. 199.

414. Cf. Francis Scarfe, *André Chénier : His Life and Work, 1762-1794*, Oxford, Clarendon Press, 1965, p. 317.

415. De février à juillet 1792, Chénier y publia vingt et un articles.

416. André Chénier, III, *Iambes*, in *Œuvres complètes*, édition Gérard Walter, « Bibliothèque de la Pléiade », Paris, Gallimard, 1958, p. 189.

417. Cf. Francis Scarfe, *André Chénier : His Life and Work*, *op. cit.*, pp. 320-323.

418. A. Chénier, IX, *Iambes*, *op. cit.*, p. 194.

419. A. Chénier, II, *ibid.*, p. 188.

420. A. Chénier, IV, *ibid.*, p. 190.

421. A. Chénier, IX, *ibid.*, p. 193.

422. A. Chénier, VIII, *ibid.*, p. 192-193.

423. Elle avait été arrêtée le 15 mars 1793.

424. Horace Walpole à Mary Berry, Strawberry Hill, 15 octobre 1793, *Horace Walpole's Correspondence with Mary and Agnes Berry and Barbara Cecilia Seton*, 2 vol., *Horace Walpole's Correspondence, op. cit.*, vol. 12 de la Correspondance générale et tome 2 de celle avec Mary Berry, p. 30.

425. A. Chénier, IX, *Iambes*, in *Œuvres complètes, op. cit.*, p. 195.

426. Voir à ce sujet les belles pages de Lionello Sozzi, *Il paese delle chimere*, Palerme, Sellerio, 2007, pp. 363-369.

427. A. Chénier, I, *Iambes*, in *Œuvres complètes, op. cit.*, p. 187.

428. Charles Leconte de Lisle, *André Chénier. De la poésie lyrique à la fin du XVIIIᵉ siècle*, « La Variété », 5ᵉ livraison, août 1840, cité in Catriona Seth, *André Chénier. Le miracle du siècle*, Paris, PUPS, 2005, p. 8.

429. André Chénier, « La jeune captive », *Odes*, VII, in *Œuvres complètes, op. cit.*, pp. 185-186.

430. Millin de Grandmaison publia l'ode dans *Le Magazine encyclopédique*, la revue qu'il dirigeait, en février 1795, en déclarant qu'elle avait été composée pour Aimée à l'époque où ils se trouvaient tous à Saint-Lazare et qu'il possédait le manuscrit. Le poème avait déjà été publié, six semaines après la mort de Chénier, dans la *Décade philosophique, littéraire et politique* du 20 nivôse, an III [9 janvier 1795]. Cf. A. Omodeo, Introduction à A. de Coigny, *La Restaurazione francese del 1814, Memorie, op. cit.*, pp. 30-31.

431. Cf. É. Lamy, Introduction Aux *Mémoires de Aimée de Coigny*, introduction et notes d'Étienne Lamy, *op. cit.*, p. 41.

432. *Journal d'Aimée de Coigny, op. cit.*, p. 126.

433. B. Dussane, *La Célimène de Thermidor, op. cit.*, p. 130.

434. Cf. G. de Broglie, *Ségur sans cérémonie, op. cit.*, p. 176.

435. B. Dussane, *La Célimène de Thermidor, op. cit.*, p. 136.

436. J.-A. de Ségur, *Ma prison depuis le 22 vendémiaire jusqu'au 10 thermidor, op. cit.*

437. *Ibid.*, vv. 129-132, p. 8.

438. *Ibid.*, vv. 278-281, p. 14.

439. « La pauvre Mlle Contat, à la veille d'être guillotinée a obtenu sa liberté, et pour la première fois depuis notre émigration a joué à la Comédie française. Une spectatrice me disait que rien n'égalait les applaudissements qu'elle a eus », écrivait Narbonne, heureux, à d'Arblay, de Lausanne, le 21 [mars ?] 1794, New York Public Library, The Henry W. and Albert A. Berg Barret Collection, Fonds Burney, 337ALS+AL in French, 31 ALS and 14 AL to Gen. D'Arblay, Folder 6.

OÙ L'ON TOURNE LA PAGE

Nous ignorons ce qu'il advint de Mlle Laurent après la mort de Biron, tandis que nous savons qu'incarcérée pour la seconde fois en octobre 1793 à la suite de l'arrestation de son mari, la duchesse de Lauzun échappa à la guillotine. Tombée dans la misère, elle loua une pièce au cinquième étage d'un immeuble rue de Bourbon, en face du splendide hôtel de Boufflers où elle s'était installée en 1787 à la mort de sa grand-mère, la duchesse de Luxembourg. En compagnie de deux fidèles domestiques qui se chargeaient généreusement de sa subsistance, elle pouvait contempler de sa fenêtre les jardins de son ancienne demeure. Mme de Genlis, qui était allée lui rendre visite, écrit dans ses Mémoires [1] que la duchesse mourut en 1827, oubliée de tous, à l'âge de soixante-seize ans.

Restée veuve en 1785, la duchesse de Choiseul avait payé de son patrimoine les dettes de son mari qui avoisinaient encore les trois millions, et s'était retirée dans un couvent. En 1793 elle fut incarcérée aux Oiseaux, où elle retrouva sa belle-sœur, la duchesse de Gramont, qui, le 17 avril 1794, après avoir refusé de répondre aux juges du tribunal révolutionnaire, affronta courageusement la guillotine. Mme de Choiseul sortit indemne de prison après Thermidor et mourut à Paris le 3 décembre 1801.

La marquise de Coigny rentra en France après Thermidor et devint une figure de la vie mondaine sous le Consulat. Admiratrice enthousiaste de Napoléon, elle donna sa fille Fanny pour épouse au général Sébastiani et assista la mort dans l'âme au retour de ces Bourbon qu'elle n'avait jamais cessé de détester. Mais elle resta, « par sa haute intelligence et par son admirable esprit, la reine de

547

la grande société de Paris[2] ». Elle mourut à Paris le 13 septembre 1832 à l'âge de soixante-treize ans.

Libérée après Thermidor, Aimée de Coigny épousa en 1795 Casimir de Montrond, dont elle divorça en 1802, après avoir dilapidé avec lui ce qui restait de son patrimoine. La prudence n'avait jamais été son fort, mais elle en balaya les derniers restes en se liant à un avocat ambitieux, Maillia-Garat (dont l'oncle avait lu la sentence de mort de Louis XVI), qui se révéla un raté doublé d'une brute et avec qui elle vécut plusieurs années dans la misère. Elle remonta la pente en nouant une relation sentimentale avec le marquis Bruno de Boisgelin et servit d'intermédiaire entre Talleyrand et lui pour préparer la chute de Napoléon et le retour des Bourbons. Elle s'éteignit à Paris, au seuil de la cinquantaine, le 17 janvier 1820, chez sa cousine, la marquise de Coigny. Deux ans avant sa mort, elle publia en vingt-cinq exemplaires seulement *Alvare*, un roman sur la pathologie de la passion amoureuse, qui mériterait d'être republié, et confia à Talleyrand certains passages de ses Mémoires, qui parurent en 1902.

Avec la fin de la Terreur, Joseph-Alexandre de Ségur retrouva toute sa bonne humeur et sut s'adapter avec beaucoup de naturel aux temps nouveaux. Aussi bien lui que son frère vivaient désormais de leur activité littéraire et c'est pendant le Directoire que le vicomte connut ses plus grands succès au théâtre. Le 17 mars 1795, il fit sa rentrée au Théâtre Feydeau avec *Le Bon Fermier* qui, de même que *Élize dans les bois* en 1797, mettait en scène la fidélité de ceux qui n'avaient pas cédé à la propagande jacobine et avaient respecté les anciens seigneurs. Il trouva la forme la plus adaptée à son talent dans le vaudeville, un genre théâtral qui connaissait une grande faveur à l'époque. Non seulement le vicomte produisit à un rythme soutenu ces comédies légères qui laissaient une large place à la chanson, mais il fut un des actionnaires du Théâtre du Vaudeville, fondé en 1792 par Barré, et participa aux dîners et concours poétiques des affiliés à la Société des dîners du Vaudeville. Il reprit aussi ses activités de journaliste en collaborant au *Déjeuner*, un quotidien littéraire de quatre pages dont le premier numéro parut le 1er janvier 1797 et qui mit la clé sous le paillasson quatre ans plus tard. Omniprésent aux rendez-vous de la bonne société d'après la

Terreur, imperturbable devant la vulgarité et les antécédents politiques de beaucoup de ces parvenus, veillant à ne pas prendre parti, il continua à se boucler et se poudrer les cheveux, à s'habiller à l'ancienne mode et à user du ton badin, galant et spirituel d'avant la Révolution. L'ironie lui suffisait pour tenir à distance insolents et fâcheux.

Le coup d'État du 4 septembre 1797, qui étouffa dans le sang un complot royaliste de vaste envergure, exposa de nouveau les deux frères Ségur, mais la belle Mme Tallien, amie intime de Mme d'Avaux, fit disparaître leurs noms de la liste des proscrits. À la chute du Directoire, le vicomte suivit l'exemple de son frère et se rallia à Bonaparte. Toutefois, quand le Premier consul lui offrit de reprendre le commandement d'un régiment, il répondit qu'il ne revêtirait plus l'uniforme d'avant la Révolution et que si la patrie l'exigeait, il servirait en civil [3].

Il inaugura le siècle nouveau en traduisant en vers le texte de *La Création*, le célèbre oratorio que Haydn avait achevé deux ans plus tôt, à la demande de son ami Steibelt, fraîchement nommé directeur de l'Opéra, qui connaissait bien sa sensibilité musicale et son expérience d'homme de théâtre. Puis, tandis que sous la poigne de fer de Napoléon une France nouvelle naissait, lui qui avait toujours vécu dans le présent, mettant sa plume au service de l'actualité, sentit la nécessité de témoigner des mœurs de la France du passé. Il reconstitua le rôle joué par les femmes au cours des siècles, en particulier en France, dans *Les Femmes, leur condition et leur influence dans l'ordre social chez différents peuples anciens et modernes*, et mena une réflexion pénétrante sur des concepts clés de l'esthétique mondaine classique dans *L'Homme d'esprit et l'homme aimable, Des genres, Sur le style des femmes, De l'esprit et du goût, Des conteurs et de l'art de conter, Du naturel considéré dans la société et sur la scène*. En 1805, il s'occupa aussi de la publication des Mémoires de Besenval, avant de se consacrer à son propre testament. Il mourut le 27 juillet 1805, dans les Pyrénées, où il était allé soigner une tuberculose, amoureusement assisté par Mme d'Avaux. Il avait quarante-neuf ans.

Julie Careau l'avait précédé dans la tombe le 9 mai et Félix de Ségur, le fils naturel né de leur relation, était mort le 7 février, tous deux emportés par le même mal. Depuis que Julie avait réalisé son rêve d'amour en épousant Talma, la chance l'avait abandonnée.

Après avoir dilapidé le patrimoine de sa femme, le comédien désormais célèbre l'avait quittée et elle avait été obligée de louer sa belle demeure de la rue Chantereine à son amie Joséphine de Beauharnais, devenue la maîtresse de Bonaparte. Restée seule, elle avait vu mourir les uns après les autres ses cinq enfants et la disparition de Félix, le dernier à décéder, lui avait porté le coup de grâce. Benjamin Constant, qui avait été son ami et l'avait assistée sur son lit de mort, lui rendit un hommage posthume dans *Lettre sur Julie*.

La Terreur finie, le comte Louis-Philippe de Ségur resta dans le petit village de Châtenay avec sa femme, leurs trois enfants et son père. Tombé dans l'indigence, il réussit à survivre avec sa famille grâce aux maigres revenus qu'il tirait de ses activités littéraires. Beaucoup moins heureux que son frère comme auteur de comédies et de chansons, il gagna une réputation d'historien avec deux livres importants sur des événements dont il avait une connaissance directe : l'*Histoire des principaux événements du règne de F. Guillaume II, roi de Prusse, et tableau politique de l'Europe depuis 1786 jusqu'en 1796*, qui fut jugé « l'un des premiers grands ouvrages sur la Révolution [4] », et *Politiques de tous les cabinets de l'Europe, pendant les règnes de Louis XV et Louis XVI*, où il exploitait des documents de première main comme la correspondance du comte de Broglie. Publiés respectivement en 1800 et 1801, ces travaux lui ouvrirent les portes de l'Académie française renaissante. L'arrivée au pouvoir de Napoléon changea radicalement sa vie, donnant un nouvel élan à son ambition. Les recommandations de Talleyrand et de Joséphine – grande amie de son frère – avaient prédisposé le Premier consul en sa faveur, ainsi que le coup de tête de son fils aîné, Philippe-Paul, qui, le 18 brumaire, croisant par hasard un régiment de dragons en marche vers Saint-Cloud, sentit bouillir dans ses veines « le sang guerrier [5] » de ses aïeux et s'enrôla sur-le-champ dans l'armée sans consulter sa famille. Philippe-Paul fut ainsi le premier à répondre à « l'appel de Bonaparte qui ouvrait les rangs de l'armée aux jeunes aristocrates [6] », de même que son père fut parmi les premiers représentants de la vieille noblesse de cour à se mettre au service du nouvel arbitre des destinées du pays. Après avoir été député de la Seine dans le Corps législatif [7] et conseiller d'État sous le Consulat [8], Ségur fut chargé par Napoléon d'organiser les solennités de son couronnement. Nommé Grand

Maître des Cérémonies, revêtu du titre de comte de l'Empire et doté d'un riche apanage, Louis-Philippe vécut pendant dix ans en étroit contact avec Napoléon, jouissant de façon ininterrompue de sa faveur. Ce qui ne l'empêcha pas, après la bataille de Leipzig, de voter la destitution de l'empereur, comme la presque totalité des sénateurs. « Tout est fini, écrivait-il à son fils. Toute résistance doit désormais cesser. Il n'y a plus qu'à se résigner, à adhérer, à se conformer à l'exemple universel [9]. » Néanmoins, à l'arrivée de Louis XVIII, il se présenta devant le roi, convaincu de pouvoir garder sa charge de grand maître des cérémonies. Le souverain l'accueillit très froidement en lui rappelant que cette fonction avait toujours été remplie par une autre personne, et que celle-ci était en vie [10]. Il le nomma en revanche pair de France. C'est cependant avec enthousiasme que Ségur salua le retour de Napoléon. Il retrouva toutes ses charges et sut cette fois être loyal jusqu'au bout : quand son empereur partit pour Sainte-Hélène, il offrit de le suivre et, tout en déclinant la proposition, Napoléon en fut ému. Privé de sa dignité de pair, de nouveau réduit à vivre de sa plume, Ségur se transforma en infatigable polygraphe. Pour donner une idée de l'abondance de sa production, il suffit de rappeler les quinze volumes de l'*Abrégé de l'histoire universelle, ancienne et moderne à l'usage de la jeunesse*, les sept de l'*Histoire de France* et les trois des *Mémoires ou Souvenirs et Anecdotes*, son œuvre la plus importante. En 1819, grâce à un tournant libéral de la politique de Louis XVIII, Ségur revint comme d'autres sénateurs de l'Empire siéger à la chambre haute. Après avoir tenté en vain de prêcher la modération pendant les six années désastreuses du règne de Charles X, il eut la joie de voir Louis-Philippe monter sur le trône comme roi des Français. Il mourut dix-huit jours plus tard, le 27 août 1830, à l'âge de soixante-dix-sept ans.

Après Thermidor, Louis de Narbonne vécut deux ans en Allemagne, étudiant et traduisant Schiller et, en 1798, après la paix de Campoformio, put enfin se rendre à Trieste auprès de sa mère. Madame Victoire était morte, mais le comte assista aux derniers moments de Madame Adélaïde. Tout en restant royaliste de cœur, il se convainquit que le vainqueur de Marengo était le seul homme capable de pacifier la France et de lui rendre son ancien prestige, ce qui le décida à rentrer dans sa patrie. Talleyrand et Mathieu de Montmorency signèrent une pétition pour faire effacer son nom de la liste des émigrés, et Fouché, ministre de la Police, qui avait été son professeur au collège de Juilly, intervint en sa faveur. Fin 1800, le comte put donc rentrer en France où l'on reconnut ses droits à la retraite de général et où il accepta l'hospitalité de Mme de Laval, rue Roquépine, près du faubourg Saint-Honoré. Malgré des moyens désormais limités, la vicomtesse y tenait un des salons les plus recherchés et les plus brillants de la capitale, fréquenté par la vieille aristocratie libérale – les Montmorency, Choiseul-Gouffier, Jaucourt, le comte de La Marck, la marquise de Coigny et sa cousine Aimée de Coigny –, comme par les étrangers en vue et par Talleyrand, qui se disputait la vedette avec Narbonne. En 1806, le comte donna sa fille aînée, Amable-Rion-Françoise-Louise, en mariage au comte Braamcamp de Sobral, un noble portugais destiné à une brillante carrière politique dans son pays ; et deux ans après, sa deuxième fille épousa le comte de Rambuteau, qui témoigna à son beau-père une dévotion filiale[11]. En revanche Narbonne sembla ignorer totalement les enfants nés de sa relation avec Mme de Staël et se limita à se montrer d'une grande courtoisie avec Auguste quand il eut l'occasion de le rencontrer. Impossible de dire si le jeune homme savait qu'il s'agissait de son père[12]. Toujours avec l'aide de Fouché, Louis réussit à faire rayer sa mère, la comtesse de Narbonne, de la liste des émigrés, mais la vieille duchesse, fidèle aux Bourbons, ne se résigna à rentrer en France qu'en 1810.

C'est cependant sans succès qu'il tenta d'obtenir un poste dans l'armée ou la diplomatie. Les demandes qu'il présenta entre 1800 et 1803, comme la lettre qu'il adressa directement au Premier consul restèrent sans réponse. Talleyrand, qui grâce à Mme de Staël avait décroché le ministère des Affaires étrangères, ne l'appuya en rien et ce n'est qu'après son limogeage en mai 1809 que Napoléon rappela Narbonne pour reprendre du service avec le grade de général, lui ordonnant de le rejoindre à Vienne où, à cinquante-quatre ans, il reprit la vie militaire avec une énergie de jeune homme. Au point que l'empereur lui-même s'étonna de l'attitude de son ancien ministre : « Je crois qu'au fond il vous craignait[13] », fit-il observer avec finesse à Narbonne. Nommé gouverneur de Raab puis de Trieste, et ministre plénipotentiaire à Munich – où il participa aux négociations qui allaient déboucher sur le mariage de Napoléon avec Marie-Louise –, Narbonne devint en 1811 aide de camp de l'empereur et son confident. Il fit toute la campagne de Russie à ses côtés et, pendant la tragique retraite, son courage et son stoïcisme souriant lui valurent l'admiration générale. En 1813, il fut envoyé comme ambassadeur à Vienne, puis comme plénipotentiaire à Prague, mais son habileté diplomatique n'empêcha pas l'Autriche de déclarer la guerre à la France. L'empereur exprima son mécontentement en le nommant gouverneur de Torgau, bastion français en Saxe. Malgré l'état désastreux des troupes, Narbonne ne se laissa pas abattre, mais, le 17 novembre 1813, à cinquante-huit ans, miné par le typhus, il mourut des suites d'une chute de cheval.

La vicomtesse de Laval survécut à Narbonne comme à son fils Mathieu et continua à recevoir un petit groupe d'hôtes triés sur le volet, devenant un emblème vivant de la civilisation mondaine de l'Ancien Régime. Sa relation avec Talleyrand dura jusqu'au bout et elle mourut à Paris le 4 juillet 1838, quelques semaines après lui.

Le meilleur et plus fidèle ami de Narbonne, le général d'Arblay, que nous avions laissé à Juniper Hall après son mariage avec Fanny Burney, célébré le 31 juillet 1793 à Mickleham, vécut neuf ans en Angleterre. Il revint en France en 1802, avec sa femme et leur fils, mais refusant de se battre contre le pays qui lui avait donné l'hospitalité il ne reprit pas du service actif et fut employé comme vice-directeur au ministère de l'Intérieur, pour réintégrer l'armée avec la Restauration. Il mourut en Angleterre le 7 mai 1818.

Avec l'arrivée à Rheinsberg d'un nouveau favori, le marquis de La Roche-Aymon, le chevalier de Boufflers et Mme de Sabran cessèrent de jouir de l'amitié du prince Henri et, ne voulant ni paraître ingrats ni être traités en importuns, décidèrent de quitter le château. Le chevalier saisit l'occasion que Frédéric-Guillaume offrait aux émigrés de coloniser les territoires acquis par la Prusse grâce au partage de la Pologne et se fit confier une vaste propriété à Wymysłów, en Silésie orientale. Il partit pour sa nouvelle destination en mai 1797 et Mme de Sabran le rejoignit le mois suivant à Wrocław, pour être finalement conduite à l'autel après avoir attendu dix-huit ans : puisque la Révolution les avait réduits tous les deux à la misère, il n'y avait plus de raison de différer ce mariage. Mais en Pologne aussi la fortune bouda Boufflers. C'était tout sauf un homme d'affaires et son optimisme, son amour de la nature, son intérêt éclairé pour l'agriculture ne suffirent pas à lui assurer la prospérité. Il se consola en continuant à écrire et, le 9 août 1798, prononça son discours de réception à l'académie de Berlin, *Sur la littérature*. Au bout de trois ans, il comprit qu'il préférait mourir de faim en France plutôt que vivre en Prusse [14]. Delphine de Custine obtint que les noms de sa mère et du chevalier soient rayés de la liste des émigrés grâce à l'intervention de Joséphine, avec qui elle s'était liée d'amitié pendant leur incarcération aux Carmes sous la Terreur. Et le 15 mai 1800, après huit ans d'exil, Boufflers présenta ses hommages au Premier consul qui avait déclaré : « Qu'on le fasse revenir, il nous fera des chansons [15]. »

Le chevalier s'en tint à ce programme. Il retrouva son fauteuil d'académicien comme membre de la seconde classe de l'Institut, où il prononça entre autres l'éloge de son oncle, le maréchal de Beauvau, qui avait tant compté pour lui, et celui de l'abbé Barthélemy, qu'il avait fréquenté à l'époque heureuse de Chanteloup. Se souvenant de ses études au séminaire, il publia un traité sur le libre arbitre, écrivit de nombreuses nouvelles – *La Mode*, *L'Heureux Accident*, *Le Derviche*, *Tamara* –, traduisit Sénèque, Ovide, Dante. Mais il était conscient de livrer en matière de goût et d'idées une bataille d'arrière-garde : « Le métier d'écrire, même pour vivre, serait fort joli, si l'on n'avait pas d'ordinaire encore plus *d'ennemis* écrivains que d'amis lecteurs [16] », confiait-il à une vieille amie de sa mère.

En 1803, les Boufflers s'installèrent dans une petite propriété de campagne à Saint-Léger, près de Saint-Germain-en-Laye, où, tels Philémon et Baucis, ils vécurent en tendre symbiose. Tout en menant une vie retirée, le chevalier avait appris à être courtisan et s'était assuré la bienveillance d'Élisa Bonaparte. Ce qui se révéla fort utile quand, à l'aube du 13 avril 1813, le fils adoré de sa femme fut arrêté et incarcéré à Vincennes. Elzéar de Sabran s'était émancipé de l'influence de sa mère pour tomber sous celle de Mme de Staël, à qui il vouait un véritable culte. Leur correspondance avait été interceptée par la police et Elzéar ne fut relâché que parce que Boufflers obtint l'intercession d'Élisa.

Nommé par Louis XVIII administrateur adjoint de la bibliothèque Mazarine, Boufflers mourut sept mois plus tard, le 18 janvier 1815, à l'âge de soixante-dix-sept ans. On l'enterra au Père-Lachaise, entre Delille et Saint-Lambert. Il avait voulu pour épitaphe sur sa tombe : « Mes amis, croyez que je dors. » Après tout, étymologiquement, le terme « cimetière » ne dérive-t-il pas du grec *koimáo*, « je dors » [17] ? Son vieil ami Ségur prononça son éloge à l'Institut. Comme les deux frères Ségur, comme Narbonne, comme son ami Ligne, le chevalier était resté jusqu'au bout, par fidélité envers lui-même, joyeux, galant et courtois : n'était-ce pas la façon la plus sûre de se renouveler constamment et d'être différent de tous les autres [18] ?

Sa femme, qui lui survécut douze ans, ne fut pas en reste : « Malgré ses souffrances et son âge, madame de Boufflers toujours bonne, toujours aimable, rappellera Mme Vigée Le Brun qui avait fait son portrait dans sa jeunesse, conservait ce charme qui plaît et qui attire tout le monde [19]. » Elle ne résista pas à la douleur de la mort de sa fille Delphine de Custine, amoureuse délaissée de Chateaubriand [20], et s'éteignit quelques mois après elle, le 27 février 1827.

Mme de Polignac décédée en décembre 1793, le comte de Vaudreuil resta encore deux ans à Vienne mais ne suivit pas les Polignac en Ukraine, où Paul Ier leur avait donné une propriété. Il décida de s'établir en Angleterre et d'épouser une cousine, fille de l'amiral Louis-Philippe de Rigaud, marquis de Vaudreuil, émigré outre-Manche avec toute sa famille. Avant même de la rencontrer, l'amant inconsolable de Mme de Polignac s'éprit de sa fiancée : « Comme cette Joséphine m'a transformé, ranimé ! écrivait-il à sa future belle-mère. Avant cette époque, je languissais, je mourais [...]. À présent, j'ai un objet dont je m'occupe, à tous les instants, et quel objet ! » Leurs trente ans de différence ne le préoccupaient en rien, puisque son âme était restée « très tendre et très jeune » [21]. Célébré à Londres le 8 septembre 1795, ce mariage fit du comte un mari fidèle et un père affectueux. Il s'installa à Twickenham, s'habituant à vivre avec très peu d'argent et à supporter, le sourire aux lèvres, les rumeurs sur les infidélités présumées de sa jeune épouse. Il se rendait fréquemment à Édimbourg, où résidaient Louis XVIII et le comte d'Artois, mais il ne s'occupa plus de politique et cessa d'invoquer la « vengeance divine » sur la « race infernale des athées et des régicides » [22]. Il prêchait au contraire la prudence et la modération et conseillait à Louis XVIII d'encourager les royalistes et les évêques émigrés à rentrer en France pour entretenir la flamme du sentiment monarchique. Il choisit pour meilleur ami Louis-Philippe d'Orléans, son voisin à Twickenham, et fut signalé par la police française comme le royaliste « le plus aimable et le moins entiché des vieilles idées [23] ». Il retrouva sa superbe ancienne quand, de retour en France à la suite de Louis XVIII, il fut couvert d'honneurs, nommé lieutenant-général, pair de France, membre de l'Institut et gouverneur du Louvre – charge qui lui permit d'habiter dans un appartement de fonction de l'ancien palais royal transformé en musée et de jouir à nouveau du contact quotidien avec les œuvres d'art qu'il avait collectionnées dans sa jeunesse. Il redevint l'Enchanteur, donnant des réceptions et des concerts en grand style, sans regarder à la dépense. Il mourut le 17 avril 1817, moins de trois ans après son retour en France, ne laissant que des dettes [24]. Il avait soixante-dix-sept ans. Son éloge à l'Institut fut prononcé par ce même duc de La Rochefoucauld-Liancourt qui avait annoncé la prise de la Bastille à Louis XVI. Vaudreuil s'en alla avec le seul regret de ne pas avoir obtenu de Louis XVIII le titre de duc pour son fils aîné. En revanche, monté sur le trône sous le nom de Charles X, Artois choisit le jeune duc de Polignac comme Premier ministre. Heureusement pour lui, Vaudreuil n'était plus là pour voir son meilleur ami et le fils qu'il avait eu avec la belle Gabrielle-Yolande célébrer le *De profundis* des Bourbons de France.

Quant à Chamfort, après avoir rompu tout rapport avec Vaudreuil, il fut secrétaire du club des Jacobins, rédigea des discours pour Mirabeau et Talleyrand, collabora à de nombreux journaux et entreprit le recueil des *Tableaux de la Révolution*. En 1792, il fut nommé directeur de la Bibliothèque nationale par le ministre de l'Intérieur, le Girondin Jean-Marie Roland de La Platière. Dénoncé sous la Terreur au Comité de sûreté générale et surveillé par la police, il tenta de se suicider et mourut des suites de ses blessures le 13 avril 1794, l'année où son ami Ginguené publiait ses *Maximes, caractères et anecdotes*.

Dès l'ouverture des états généraux, le prince de Ligne, contrairement à beaucoup de ses amis français, prit résolument parti contre la Révolution, clamant tout son mépris pour « les trois ordres sans ordre et la constitution dont parlent tant de gens dont la tête est si mal constituée [25] », se rangea du côté de l'armée des princes et prodigua son aide aux émigrés. En 1794, chassé par l'armée révolutionnaire de son bien-aimé château de Belœil et de ses propriétés dans les Pays-Bas autrichiens, il partit avec sa famille pour Vienne, où, dans un petit salon aux chaises en paille, il tint haut le flambeau de l'esprit français. Même la mort de son fils Charles qu'il adorait, à la veille de Valmy, n'entama pas son amour pour la France. Réduit à la misère ou presque, le prince connut des années difficiles au cours desquelles il se consacra entièrement à l'écriture. Mais, à partir de 1808, la chance recommença à lui sourire : il fut nommé feld-maréchal par l'empereur François Ier, récupéra Belœil et son patrimoine, et eut aussi la joie de se voir acclamé comme écrivain. Publiées à Paris en 1809 avec une préface de Mme de Staël, les *Lettres et pensées du maréchal prince de Ligne* reçurent un accueil triomphal et furent traduites en de nombreuses langues. Ligne mourut le 13 décembre 1814, à soixante-dix-neuf ans, en plein Congrès de Vienne. Ses funérailles solennelles, qui virent défiler les régiments de tous les pays où il avait servi, furent aussi celles de cette Europe de l'Ancien Régime, dont le prince avait été le symbole.

NOTES

1. *Mémoires inédits de Madame la comtesse de Genlis, op. cit.*, vol. VII, p. 375.

2. P. Lacroix, « Notice sur la marquise de Coigny », in *Lettres de la marquise de Coigny, op. cit.*, p. 62.

3. « Notice historique sur le vicomte de Ségur », in *Œuvres diverses du vicomte J.-A. de Ségur, op. cit.*, p. 6.

4. G. de Broglie, *Ségur sans cérémonie, op. cit.*, p. 233.

5. Cf. Philippe-Paul de Ségur, *Histoire et Mémoires par le Général Cte Philippe de Ségur*, 7 vol., Firmin Didot, Paris, 1877, vol. I, p. 48.

6. G. de Broglie, *Ségur sans cérémonie, op. cit.*, p. 227.

7. Le 27 février 1801.

8. Le 25 décembre 1802.

9. P. de Ségur, « Le Comte Louis-Philippe de Ségur (1753-1830) », *op. cit.*, p. 274.

10. G. de Broglie, *Ségur sans cérémonie, op. cit.*, p. 285.

11. Cf. *Mémoires du comte de Rambuteau*, publiés par son petit-fils, avec une introduction et des notes par M. Georges Lequin, Paris, Calmann-Lévy, 1909, pp. 21-22.

12. Cf. lettres d'Auguste de Staël à sa mère, 5 décembre 1805 et 27 février 1809, in Othenin d'Haussonville, « Auguste de Staël et ses parents », in *Cahiers staëliens*, nouvelle série, 53, 2002, pp. 148-149.

13. Cité in É. Dard, *Un confident de l'Empereur, op. cit.*, p. 154.

14. Cité in G. Maugras, *La Marquise de Boufflers et son fils, le chevalier de Boufflers, op. cit.*, p. 533.

15. *Ibid.*

16. Lettre du chevalier de Boufflers à Mme Durival, Plombières, 24 septembre 1810, *ibid.*, p. 548.

17. Cf. Florence Delay, *Mes cendriers*, Paris, Gallimard, 2010.

18. Cf. la lettre du chevalier de Boufflers à Mme Durival, Paris, 4 octobre 1806, in G. Maugras, *La Marquise de Boufflers et son fils, op. cit.*, p. 545.

19. É. Vigée Le Brun, *Souvenirs, op. cit.*, p. 272.

20. Jean-Claude Berchet (*Chateaubriand, op. cit.*, p. 480) parle de sa « déréliction amoureuse ».

21. Lettre de M. de Vaudreuil à la marquise de Vaudreuil, Vienne, 12 juillet, *Correspondance intime du comte de Vaudreuil et du comte d'Artois, op. cit.*, II, p. 235.

22. « Lettre de M. de Vaudreuil justifiant les maisons de Polignac, de Vaudreuil, de Guiche et de Talleyrand, accusés par un journaliste de Vienne d'avoir profité trop largement des générosités royales » (brouillon, s.d.), [Vienne, 1793]. Archives nationales de la Fédération russe GARF, Moscou. Fonds 728, inventaire 2 : 728-2-275-80 et 728-2-275-81.

23. Jean-Claude Méhée, *Alliance des Jacobins de France avec le Ministère anglais*, Imprimerie de la République, Paris, an XII de la République [1803], p. 61, cité in L. Pingaud, Introduction à la *Correspondance intime du comte de Vaudreuil et du comte d'Artois, op. cit.*, vol. I, p. XLIII.

24. Cf. « Inventaire après décès de Joseph-Hyacinthe François de Paule, comte Rigaud de Vaudreuil », 24 février 1817, conservé aux Archives nationales, Minutes et répertoires du notaire Jean Eustache Montaud, 12 novembre 1797 – 6 juillet 1832 (étude CVIII), Minutier central des notaires de Paris, numéro d'inventaire MC/RE/CVIII/23.

25. Philip Mansel, « Le prince de Ligne et les émigrés français, 1789-1814 », in *Nouvelles Annales Prince de Ligne*, X, 1996, p. 9.

Remerciements

Nombreuses sont les personnes à qui je souhaite exprimer ma gratitude pour m'avoir prodigué aide et conseils pendant la préparation de ce livre, mais je ne peux pas ne pas commencer par Teresa Cremisi, qui est à l'origine de ce projet des *Derniers Libertins* et qui, avec Alice d'Andigné, a généreusement facilité mes recherches. Le talent, à la fois souple et précis, de ma traductrice Dominique Vittoz marque la version française de mon texte ; quant au suivi éditorial, il a été mené de bout en bout avec compétence et efficacité par Anavril Wollman.

Comme pour tous mes autres livres, j'ai eu le privilège de compter pour premier lecteur Giuseppe Galasso et discuter avec lui des différentes questions historiographiques. Je voudrais lui dire ici combien ses encouragements m'ont été précieux. Un immense merci va aussi à Barbara Piqué pour ses nombreux conseils, à Francesco Scaglione qui a consulté pour moi tant de textes à la Bibliothèque nationale de Paris, à Pietro Corsi pour qui les dictionnaires biographiques n'ont pas de secrets, à Gigliola Fragnito et Francesco Bissoli pour leurs suggestions. Et, en reconnaissant ma dette à l'égard de Sue Carrell pour ses commentaires lumineux sur Mme de Sabran et le chevalier de Boufflers, je voudrais dire à Anka Begley Muhlstein que l'autographe de Boufflers qu'elle m'a offert a été mon talisman.

J'ai une pensée émue pour Roland Mortier et Raymond Trousson, maîtres et très chers amis, qui nous ont hélas quittés. Ma gratitude est très grande aussi pour mes amis français : pour Gabriel de Broglie dont le *Ségur sans cérémonie 1757-1805, ou la Gaieté libertine* a été une lecture particulièrement éclairante, tout comme l'ont été nos conversations ; pour Geneviève Haroche-Bouzinac toujours prête à partager son savoir avec une rare générosité ; pour Claude Arnaud qui, jugeant neuves mes pages sur Vaudreuil et Chamfort – sujets sur lesquels il m'avait si magistralement précédée –, m'a redonné confiance en mon travail quand j'en avais le plus besoin ; pour Emmanuel de Waresquiel qui sait tout de l'insaisissable Talleyrand. Et un merci spécial au marquis Charles-André de Brissac, à la comtesse François de Monteynard et à Yves Guéna pour leur grande gentillesse.

Je voudrais aussi exprimer ma reconnaissance à mes amis de Pologne : Jean Caillot, Jadwiga Czartoryska, Adam Zamoyski, Piotr Ugniewski, Piotr Kłoczowski, Piotr Salwa, qui m'ont aidée à saisir les nombreuses facettes de la personnalité d'Izabela Czartoryska, et à Joanna Borysiak de la Bibliothèque nationale de Varsovie et Janusz Nowak, chef du département des manuscrits de la Bibliothèque Czartoryski de Cracovie, qui m'ont donné accès aux manuscrits de la princesse. Et je ne saurais passer sous silence l'émotion qui m'a saisie quand Serena Vitale m'a appris qu'en 1919, en pleine révolution, Marina Tsvetaïeva avait consacré une pièce de théâtre au duc de Lauzun.

Trois des personnages de mon livre étant de grands collectionneurs d'art, j'ai bénéficié avec bonheur des conseils et de l'aide de Joseph Baillio, Xavier Salmon, Sylvain Bellenger, Christophe Leribault, Christian Michel, Jean-Pierre Biron, Serena Gavazzi, Anna Ottani Cavina. Qu'ils reçoivent l'expression de ma sincère reconnaissance, de même que Laure Depretto, qui a mené pour moi une première exploration dans les archives parisiennes, Elena Gretchanaïa, qui m'a rapporté des informations précieuses des archives russes, William Stingone et Lee Spilberg du Département des manuscrits et archives de la New York Public Library, Melinda Caron, Anne-Sophie Durozoy, conservatrice du Fonds manuscrits anciens de la Bibliothèque universitaire de Poitiers, Élisabeth Verry, directrice des Archives départementales de Maine-et-Loire, Ali Larbi des Archives nationales françaises.

Je n'ai pas besoin de rappeler à mon mari, Benoît d'Aboville, combien je lui suis redevable.

Enfin, concernant l'édition italienne, je suis heureuse de pouvoir remercier une fois de plus Roberto Calasso, mon éditeur de toujours, qui a accueilli cet ouvrage dans la « Collana dei casi » d'Adelphi, Ena Marchi, qui s'est battue avec détermination pour donner une forme plus narrative à mes libertins, et Pia Cigala Fulgosi, qui a supervisé l'appareil de notes avec la compétence qui lui est habituelle.

BIBLIOGRAPHIE

Sur Armand-Louis de Gontaut, duc de Biron et de Lauzun

Manuscrits

Université de Poitiers, Archives d'Argenson, P77 : lettres du duc de Lauzun au marquis de Voyer.

Paris, Archives nationales, « Affaire Biron », W 305/2, n° 370 :
- « Procès-verbal », contresigné par Biron, première partie.
- « Acte d'accusation », « Jugement ».
- « De la Guerre de Vendée. Compte Rendu au Comité de Salut Public et au Conseil Exécutif provisoire par le Général Biron », deuxième partie.
- « Correspondance Officielle avec les ministres depuis le 8 mai 1793 jusqu'à Juillet 1793 », troisième et dernière partie.

Archives nationales, W 134, dossier 1, pièce 66 : dernière lettre de Biron à Mlle Laurent.

Archives nationales, W 134, dossier 1, pièce 40 : dernière lettre de Biron à son père.

Œuvres

Publiée à Paris chez Barrois l'Aîné Libraire en décembre 1821, la première édition des *Mémoires du duc de Lauzun* fut mise sous séquestre à la demande du duc de Choiseul qui la jugea préjudiciable à l'honneur de sa famille. L'année suivante parut une deuxième édition d'où avaient été éliminés les noms des personnages et de nombreux passages. Il fallut attendre 1858 pour que les *Mémoires du duc de Lauzun (1747-1783)* soient republiés « entièrement conformes au manuscrit avec une étude sur la vie de l'auteur, seconde édition, sans suppressions et augmentée d'une préface et de notes nouvelles par Louis Lacour, Paris, Poulet Malassis et de Broise ». Cette fois c'est le prince Adam Czartoryski qui obtint la mise sous séquestre pour protéger la respectabilité de sa mère, la princesse Izabela Czartoryska, mais cela n'empêcha pas le livre de circuler. En Russie, en revanche, les Mémoires du duc plurent à Marina Tsvetaïeva qui, en 1919, s'en inspira pour une pièce de théâtre, *Fortuna*, où Lauzun apparaît en enfant chéri. Comme nous l'a aimablement signalé Serena Vitale, cette pièce s'inscrivait dans un cycle intitulé « Romantisme », destiné au théâtre de Iouri Zavadskij, et était un hommage en forme de provocation, dans Moscou affamée et déchirée par la guerre civile, à un passé aristocratique désormais révolu et au thème de la Révolution qui balaie tout. Dans notre portrait de Lauzun, nous avons utilisé l'édition Lacour. Parmi les nombreuses éditions successives, signalons pour l'intérêt de leur introduction les *Mémoires du duc de Lauzun*, édition complète précédée d'une étude sur Lauzun et ses Mémoires par Georges d'Heylli, Paris, É. Rouveyre, 1880.

Le Ton de Paris ou les amants de bonne compagnie, comédie en 2 actes, Paris, Honoré Champion, 1911 ; Paris, F. Juven, 1912 ; Genève, Slatkine Reprints, 1973.

Duc de Lauzun, « Journal du Sénégal, Janvier-mars 1779 », in *Bulletin du Comité d'études historiques et scientifiques de l'Afrique occidentale française*, 1920, 2, pp. 515-551.

Duc de Lauzun, *Lettres sur les États Généraux de 1789*, Paris, Bachelin-Deflorenne, 1865.

Un Duc et pair au service de la Révolution, le duc de Lauzun (maréchal Biron), 1791-1792. Correspondance intime, publiée pour la première fois in extenso sur le manuscrit original des archives historiques du ministère de la Guerre par le comte de Lort de Sérignan, Paris, Perrin, 1906.

Indications bibliographiques

Le portrait de Sainte-Beuve de 1851 (« Le duc de Lauzun », in *Causeries du lundi*, Paris, Garnier Frères, s.d., vol. IV, pp. 287-308), et les deux livres de Gaston Maugras, *La Fin d'une société. Le duc de Lauzun et la cour intime de Louis XV* (Paris, Plon, 1893) et *La Fin d'une société. Le duc de Lauzun et la cour de Marie-Antoinette* (Paris, Plon, 1902), sont des lectures préliminaires essentielles pour la connaissance du duc.

Le Duc de Lauzun. 1747-1793, préface du général Weygand (Paris, Plon, 1937), du comte R. de Gontaut-Biron, reconstitue ses campagnes militaires.

La meilleure biographie sur Lauzun est celle, très documentée de Clément C. Velay *(Le Duc de Lauzun (1747-1793) : essai de dialogue entre un homme et son temps*, Paris, Buchet-Chastel, 1983).

Pour sa part, Yves Guéna a préféré raconter la vie du duc sous une forme romancée : *Moi duc de Lauzun, citoyen Biron*, Paris, Flammarion, 1997.

Pour l'histoire d'amour de Lauzun avec LADY SARAH BUNBURY, voir *The Life and Letters of Lady Sarah Lennox, 1745-1826, daughter of Charles, 2nd duke of Richmond, and successively the wife of sir Thomas Charles Bunbury, Bart., and of the hon. George Napier ; also a short political sketch of the years 1760 to 1763 by Henry Fox, 1st Lord Holland*, édition par la comtesse de Ilchester et Lord Stavordale, 2 vol., Londres, John Murray, 1902, reprint Anonymous.

Voir aussi Stella Tillyard, *Aristocrats. Caroline, Emily, Louisa and Sarah Lennox, 1740-1832*, Londres, Chatto & Windus, 1994 (*Quatre aristocrates anglaises. La vie mouvementée des sœurs Lennox (1740-1832)*, trad. par Françoise Werner, Paris, Seuil, 1998).

Pour la relation de Lauzun avec IZABELA CZARTORYSKA, voir les lettres de la princesse à son mari, ainsi que son autoportrait, conservés à la Kraków Fundacja Czartoryskich, Biblioteka XX. Czartoryskich, manuscrits 6030 et 6067 ; la biographie de Gabriela Pauszer-Klonowska, *Pani na Puławach*, Varsovie, Czytelnik, 1978 ; les *Mémoires du roi Stanislas-Auguste Poniatowski*, 2 vol., vol. I, Saint-Pétersbourg, Imprimerie de l'Académie impériale des sciences, 1914 ; vol. II, Leningrad, Académie des sciences en Russie, 1924 ; Jean Fabre, *Stanislas-Auguste Poniatowski et l'Europe des Lumières*, Paris, Éditions Ophrys, 1984[2] ; Adam Zamoyski, *The Last King of Poland*, Londres, Phoenix Giant, [1992] 1998.

Voir aussi la description de Puławy in *La Pologne historique, littéraire, monumentale et pittoresque*, rédigé par un groupe d'écrivains sous la direction de Léonard Chodzko, édition d'Ignace-Stanislas Grabowski, 3 vol., Paris, Au bureau central, 1835-1842, vol. I, pp. 5-7.

Pour la relation de Lauzun avec LA MARQUISE DE COIGNY, voir les *Lettres de la marquise de Coigny et de quelques autres personnes appartenant à la société française de la fin du XVIIIe siècle*, édition de Paul Lacroix, Paris, Jouaust & Sigaux, 1884.

Pour sa relation avec AIMÉE DE COIGNY, duchesse de Fleury, voir Étienne Lamy, Introduction à *Mémoires de Aimée de Coigny*, introduction et notes d'Étienne Lamy, Paris, Calmann-Lévy, 1902, pp. 1-146 ; la belle Introduction d'Adolfo Omodeo à Aimée de Coigny (*La Jeune Captive*), *La Restaurazione francese del 1814, Memorie*, traduction italienne d'Ada Prospero, Bari, Laterza, 1938, pp. 5-45 ; ainsi que l'Introduction d'André-Marc Grangé au *Journal d'Aimée de Coigny*, « *La jeune captive* », Paris, Perrin, 1981, pp. 9-64. Voir aussi *Alvare* (Paris, Firmin Didot, s.d.).

Sur le vicomte de Ségur

Œuvres

Correspondance secrète entre Ninon de Lenclos, le Marquis de Villarceaux, et Mme de M..., Paris, Lejav, 1789.

Proverbes dramatiques (Le Parti le plus sage, Le Parti le plus gai, ou À bon chat, bon rat), Paris, Desenne, 1787.

Rosaline et Floricourt. Comédie en deux actes et en vers libres. Représentée pour la première fois sur le Théâtre-Français, le 17 novembre 1787, Paris, Desenne, 1790.

La Femme jalouse, Paris, Henry, 1790.

Essai sur l'opinion considérée comme une des principales causes de la révolution de 1789, [Paris], Vezard & Le Normant, 1790.

Le Fou par amour, drame historique en un acte et en vers. Théâtre de la Nation, 29 janvier 1791, Paris, 1791.

Le Retour du mari, comédie en un acte et en vers, Théâtre de la Nation, 29 janvier 1792, Paris, Galey, 1792.

Les articles parus dans le quotidien *La Feuille du jour* (1er décembre 1790-10 août 1792).

Roméo et Juliette, Opéra en trois actes. Paroles du c. J. A. Ségur, musique du c. Steibelt. Représentée, pour la première fois, à Paris, sur le Théâtre de la rue Feydeau, le 10 septembre (v. ft.), l'an deuxième de la République, une & indivisible, Huet, Paris, l'an II de la République.

Ma prison depuis le 22 vendémiaire jusqu'au 10 thermidor, l'an III de la République, par le Citoyen Alexandre de Ségur, le cadet, Paris, Huet, l'an III de la République.

Essai sur les moyens de plaire en amour par Ségur le jeune, Paris, Huet, 1797.

La Création du monde, oratorio en 3 parties, traduit de l'allemand, mis en vers français par Joseph A. Ségur. Musique de Haydn, arrangé pour le piano et pour le Théâtre des Arts par D. Steibelt. Exécuté pour la première fois au Théâtre des Arts, le 3 nivôse an IX, Paris, Melles Erard, [vers 1800].

Comédies, proverbes et chansons, par Joseph-Alexandre de Ségur, Paris, Colnet, 1802.

Les Femmes, leur condition et leur influence dans l'ordre social chez différents peuples anciens et modernes, 3 vol., Paris, Treuttel et Würtz, 1803.

Édition posthume des *Œuvres Diverses du vicomte J.-A. de Ségur, contenant Ses Morceaux de Littérature, ses Poésies fugitives ; la Correspondance secrète*

Bibliographie

entre Ninon de Lenclos, le Marquis de Villarceaux, et Mme de Maintenon. Précédées d'une notice sur la vie de l'Auteur, Paris, Dalibon, 1819.

Indications bibliographiques

Sur sa famille :

Pierre de Ségur, *Le Maréchal de Ségur (1724-1801), ministre de la Guerre sous Louis XVI*, Paris, Plon, Nourrit et Cie, 1895.

Georges Martin, *Histoire et généalogie de la maison de Ségur*, La Ricamarie, Imprimerie Mathias, 1991.

Essentiel pour la connaissance du vicomte de Ségur, de son frère Louis-Philippe et du style de vie aristocratique de l'époque, le beau livre de Gabriel de Broglie, *Ségur sans cérémonie 1757-1805, ou la Gaieté libertine*, Paris, Perrin, 1977, auquel nous renvoyons aussi pour la bibliographie complète des œuvres du vicomte.

Du baron de Besenval, dont la vie fut étroitement mêlée à celle des Ségur, rappelons ici les *Mémoires de M. le baron de Besenval, Lieutenant-Général des Armées du Roi, sous Louis XV et Louis XVI, Grand'Croix de l'Ordre de Saint-Louis, Gouverneur de Haguenau, Commandant des Provinces de l'Intérieur, Lieutenant-Colonel du Régiment des Gardes-Suisses, etc. ; écrits par lui-même, imprimés sur son manuscrit original, et publiés par son Exécuteur Testamentaire, Contenant beaucoup de Particularités et d'Anecdotes sur la Cour, sur les Ministres et les Règnes de Louis XV et Louis XVI, et sur les Événements du temps*, précédés d'une Note sur la vie de l'auteur d'Alexandre- Joseph de Ségur, 4 vol., Paris, F. Buisson, 1805.

Rappelons aussi les *Contes de M. le baron de Besenval, lieutenant-général des Armées du Roi*, avec une Note bio-bibliographique d'Octave Uzanne, Paris, A. Quantin, 1881.

Outre les portraits du duc de Lévis (*Souvenirs-Portraits de Gaston de Lévis (1764-1830) suivis de Lettres intimes de Monsieur Comte de Provence au duc de Lévis*, Paris, Mercure de France, 1993, pp. 158-165), et de Sainte-Beuve (« Le baron de Besenval », in *Causeries du lundi, op. cit.*, vol. XII, pp. 492-510), nous avons utilisé l'essai biographique de Jean-Jacques Fiechter, *Le Baron Pierre-Victor de Besenval (1721-1791)*, Lausanne-Paris, Delachaux et Niestlé, 1993 et l'important essai consacré à la collection d'œuvres d'art du baron de Colin B. Bailey (« Henri-Pierre Danloux, *The Baron de Besenval in his "Salon de Compagnie"*», in *An Aspect of Collecting Taste*, New York, Stair Sainty Matthiesen, 1986, pp. 5-6 et 48-53).

Pour la relation du vicomte de Ségur avec JULIE CAREAU, voir la *Lettre sur Julie* de Benjamin Constant et les « Notes biographiques sur Julie Talma » de Mme Constant de Rebecque qui figurent en avant-propos aux *Lettres de Julie de Talma à Benjamin Constant*, publiées par la baronne Constant de Rebecque, Paris, Plon, Nourrit et Cie, 1966.

Voir aussi Micheline Boudet, *Julie Talma, l'ombre heureuse*, Paris, Robert Laffont, 1989 ; Madeleine et Francis Ambrière, *Talma ou l'histoire au théâtre*, Paris, Éditions de Fallois, 2007 ; Mara Fazio, *François-Joseph Talma. Le théâtre et l'histoire de la Révolution à la Restauration*, trad. par Jérôme Nicolas, Paris, Éditions du CNRS, 2011.

Sur le duc de Brissac

Manuscrits

Archives départementales de Maine-et-Loire, Fonds de Brissac, 188 J 121 : « Duc de Brissac : testament et autres papiers ».

Archives nationales, fasc. W/16 Vaubernier Dubarry Vendenquer D : 9 : « Lettres de Brissac avant et depuis la Révolution peu importantes si ce n'est qu'elles prouvent ses liaisons intimes avec elle [Mme du Barry], ainsi que sa façon de penser sur la Révolution. Il est à remarquer qu'elle a employé toute une nuit à brûler sa correspondance avec lui le jour de sa mort à Versailles ». Huitième fasc. H. contenant dix lettres.

Indications bibliographiques

La vie du duc de Brissac a été racontée à la moitié du siècle dernier par le duc de Brissac de l'époque, dans le cadre de l'histoire de sa famille : « Le dernier gouverneur de Paris », in Pierre de Cossé-Brissac, *Histoire des ducs de Brissac. Maison de Cossé*, Paris, Fasquelle, 1952, pp. 271-330. On trouve aussi beaucoup d'informations et de documents de première main sur le duc dans l'enquête minutieuse et indispensable que Charles-Joseph Vatel a menée sur Mme du Barry (*Histoire de Madame du Barry*, 3 vol., Versailles, L. Bernard, 1883).

En l'absence d'une étude sur la collection d'œuvres d'art du duc, rappelons au moins les deux documents qui attestent sa passion de collectionneur. Le premier est le *Guide des Amateurs et des Étrangers voyageurs à Paris. Description raisonnée de cette ville, de sa banlieue et de tout ce qu'elles contiennent de remarquable : par M. Thiéry ; enrichie de vues perspectives des principaux monuments modernes*, 2 vol., Paris, Hardouin et Gattey, 1787, vol. II, pp. 569-573. Le deuxième est la liste des œuvres confisquées au duc au moment de son arrestation : « Rapport fait par Picault et Naigeon à la Commission temporaire des arts, le quitidi floréal, L'an

2d de la République française, une et indivisible, des Tableaux, Meubles, Bronzes, Marbres et Porcelaines retenus, inventoriés et transportés de la maison Brissac rue de Grenelle Germain au dépôt National Rue de Baune le 9.10.11 et 12 floréal ». À cette liste s'ajoute celle rédigée par Le Brun, avec les estimations des tableaux et l'indication de ceux qui étaient destinés au « Museum Central » (le Louvre) : « Inventaire des Objets provenans de Brissac rue de Grenelle F. B. Germain. Les quelques objets transportés au dépôt de Nesle et au Muséum, ou Inventoriés et Prisés par moi J. B. P. Le Brun Peintre adjoint à la Commission temporaire des arts le 23 Thermidor et Jours suivans l'an 2d de la République Française une et Indivisible », AN. F/17/1267.

Sa grande passion pour les livres est documentée par le « Catalogue des Livres de la Bibliothèque de Monseigneur le Duc de Brissac, mai 1789 », Bibliothèque nationale de France, Département des manuscrits, NAF-317.

Pour la longue relation qui le lia à MME DU BARRY, nous renvoyons d'abord à l'*Histoire de Madame du Barry* de Charles Vatel déjà citée, puis à Jean-Paul Palewski, « Voisins de campagne : Henry Seymour et Madame du Barry », in *Revue de l'histoire de Versailles et de Seine-et-Oise*, XXXIX, 1937 ; Joan Haslip, *Madame du Barry. The Wages of Beauty*, Londres, Weidenfeld & Nicolson, 1991 ; Jacques de Saint-Victor, *Madame du Barry. Un nom de scandale*, Paris, Perrin, 2002 ; Benedetta Craveri, « Madame du Barry. L'angelo dei bassifondi », in *Reines et favorites*, traduction d'Eliane Deschamps-Pria, Paris, Gallimard, 2007, pp. 311-328 ; Jeanine Huas, *Madame du Barry*, Paris, Tallandier, 2001.

Sur le « style » ou le « goût » du Barry cf. AA.VV., *Madame du Barry. De Versailles à Louveciennes*, Paris, Flammarion, 1992.

Sur le comte de Narbonne

Manuscrits

Peu d'écrits du comte de Narbonne sont arrivés jusqu'à nous, à commencer par ceux qui concernent sa vie privée. Signalons au lecteur les lettres envoyées au général d'Arblay et à ses amis anglais (The New York Public Library, The Henry W. and Albert A. Berg Collection of English and American Literature, Frances Burney d'Arblay collection of papers, « Scrapbook : Fanny d'Arblay and friends, England, 1759-1799 », n° 100 ; « Liasse Louis de Narbonne 1794-1799 »), et celles envoyées à partir de 1807 à sa cousine Françoise-Catherine de Narbonne-Lara, épouse du duc de Fézensac, pour lui donner des nouvelles de son fils

Raymond-Aymeric-Philippe-Joseph de Fézensac, un jeune et brillant officier qui avait fait avec lui la campagne de Russie et dont il suivait avec affection la carrière militaire (« Lettres à Mme de Fézensac », Collection Berg L.743 n° 1).

Parmi les documents à caractère officiel, signalons tous ceux relatifs à la courte période de son ministère (1791-1792), auxquels font aussi référence les cinq lettres envoyées à son ami Biron (in *Un duc et pair au service de la Révolution, op. cit.*) ; la lettre à la Convention où il demande de témoigner au procès de Louis XVI ; la *Déclaration de Louis de Narbonne, ancien ministre de la Guerre, en France, Dans le procès du Roi* envoyée à MM. Trochet et Malesherbes (une copie autographe est conservée dans « Scrapbook : Fanny d'Arblay and friends ») puis publiée (Londres, Chez les Marchands de Nouveautés, 1793). S'y ajoutent : la belle lettre du 24 décembre 1803 envoyée à Bonaparte qui avait ignoré sa requête de reprendre du service (*Mémoires du comte de Rambuteau*, publiés par son petit-fils avec une introduction et des notes de M. Georges Lequin, Paris, Calmann-Lévy, 1909, pp. 34-39) ; les douze lettres écrites à l'empereur à son retour dans la vie publique, à l'occasion de sa mission à Berlin (décembre 1812-janvier 1813), et les papiers relatifs à ses missions à Vienne et Prague (Archives du ministère des Affaires étrangères, Correspondance politique Bavière, vol. CLXXXVI : 16CP/186 ; Correspondance politique Bavière, supplément, vol. XV : 17CP/15 ; Correspondance politique Russie, vol. CLIV : 112CP/154 ; Correspondance politique Autriche, vol. CCCXCIV, CCCXCV et CCCXCVI : 11CP/394, 11CP/395 et 11CP/396).

Indications bibliographiques

Bien que les descendants de Mme de Staël aient détruit les lettres que lui avait envoyées Narbonne, nous pouvons entendre l'écho de sa voix dans celles que lui adressa Germaine entre août 1792 et mai 1794 (Mme de Staël, *Lettres à Narbonne*, préface de la comtesse Jean de Pange, introduction, notes et commentaires de Georges Solovieff, Paris, Gallimard, 1960).

C'est à partir des confidences reçues du comte qu'Abel-François Villemain a reconstitué sa biographie intellectuelle et politique (*Souvenirs contemporains d'histoire et de littérature par M. Villemain, membre de l'Institut. M. de Narbonne*, 2 vol., Paris, Didier, 1854-1855, vol. I). Le témoignage de Villemain est complété par celui, particulièrement intéressant, du gendre de Narbonne (*Mémoires du comte de Rambuteau, op. cit.*, pp. 20-120).

Et parmi les nombreux Mémoires contemporains où l'on parle de lui, il faut au moins rappeler le témoignage affectueux de la duchesse d'Abrantès qui rapporte la lettre de condoléances que le comte lui a envoyée à la mort de son mari (*Mémoires complets et authentiques de Laure Junot duchesse d'Abrantès. Souvenirs historiques sur Napoléon, la Révolution, le Directoire, le Consulat, l'Empire, la Restauration, la Révolution de 1830 et les premières années du règne de Louis-Philippe*, 13 vol., première édition complète, Paris, Jean de Bonnot, 1967-1968, vol. IX, pp. 506-507).

La belle biographie d'Émile Dard (*Un confident de l'Empereur, Le comte Louis de Narbonne, 1755-1813*, Paris, Plon, 1943) reste l'ouvrage de référence sur le comte de Narbonne.

Sur l'exil anglais de Narbonne, voir :
The Journals and Letters of Fanny Burney (Madame d'Arblay), 12 vol., édition de Joyce Helmow et Althea Douglas, Oxford, Clarendon Press, 1972-1984, et en particulier, le vol. II, contenant la correspondance de 1793 relative à Juniper Hall et à ses fiançailles et son mariage avec le général d'Arblay. De même que les lettres de Mrs Phillips conservées dans les Fonds Burney de New York précédemment cités.

Voir aussi :
Constance Hill, *Juniper Hall ; a Rendez Vous of Certain Illustrious Personages during the French Revolution, Including Alexandre d'Arblay and Fanny Burney*, General Books, 2009 ; et Linda Kelly, *Juniper Hall. An English Refuge from the French Revolution*, Londres, Weidenfeld and Nicolson, 1991.

Sur la vicomtesse de Laval et son fils Mathieu de Montmorency-Laval, voir :
L'*Histoire et généalogie de la Maison de Montmorency* de Georges Martin, La Ricamaire, Imprimerie Sud Offset, 2000, pp. 65-67 et pp. 76-82.

Sur le chevalier de Boufflers

Œuvres

Boufflers commença sa carrière d'homme de lettres à dix-huit ans avec l'entrée « généreux, générosité » du volume VII de l'*Encyclopédie* en 1757 et en publiant l'année suivante son discours de réception à l'Académie royale des sciences et des belles lettres de Nancy ; avec *La Reine de Golconde, conte* (s. n., s. l., 1761) et les *Lettres de Monsieur le chevalier de Boufflers pendant son voyage en Suisse, à Madame sa mère* (s. n., Paris, 1771), il conquit la notoriété. Il fut un infatigable versificateur et beaucoup de ses vers improvisés et de ses poèmes furent rapportés dans la *Correspondance littéraire, philosophique et critique par Grimm, Diderot, Raynal, Meister, etc., revue sur les textes originaux comprenant, outre ce qui a été publié à diverses époques, les fragments supprimés en 1813 par la censure, les parties inédites conservées à la Bibliothèque ducale de Gotha et à l'Arsenal de Paris,* Notices, notes et table générale de Maurice Tourneux, 16 vol., Paris, Garnier Frères, 1877-1882, par l'*Almanach des Muses* et d'autres chroniques de l'époque. Le premier recueil de ses écrits – *Œuvres du chevalier de Boufflers* – parut en 1780 (La Haye, Detune), suivi au fil des années de nombreux autres recueils, aussi bien de textes en prose que de poésie, jusqu'à la dernière éditée par ses soins (*Œuvres de Stanislas de Boufflers, membre de l'Institut et de la Légion d'honneur. Édition seule complète, ornée de seize gravures et du portrait de l'auteur,* 2 vol., Paris, Briand, 1813).

Pour une liste détaillée des œuvres de Boufflers et des études qui lui sont consacrées, nous renvoyons à l'excellente bibliographie de Nicole Vaget Grangeat (*Le Chevalier de Boufflers et son temps. Étude d'un échec,* Paris, Nizet, 1976, pp. 205-220).

Dans les pages consacrées ici à Boufflers, on a recouru à l'édition des *Œuvres complètes de Boufflers, de l'Académie française,* nouvelle édition augmentée, avec une note sur Boufflers de J. Taschereau, 2 vol., Paris, Furne, 1827 ; à l'édition des *Contes du chevalier de Boufflers de l'Académie française,* Avec une Notice bio-bibliographique par Octave Uzanne, Paris, A. Quantin, 1878 ; et à l'édition des *Poésies diverses du chevalier de Boufflers,* Avec une Notice bio-bibliographique par Octave Uzanne, Paris, A. Quantin, 1886. Il existe une très bonne édition moderne des *Contes,* par Alex Sokalski (Paris, Société des textes français modernes, 1995).

Pour la correspondance du chevalier de Boufflers avec Mme de Sabran nous avons utilisé les deux premiers volumes parus jusqu'à aujourd'hui de la belle édition, riche de nombreuses lettres inédites, par Sue Carrell (Comtesse de Sabran et chevalier de Boufflers, *Le Lit bleu, Correspondance, 1777-1785,* Paris, Tallandier, 2008 et *La Promesse, Correspondance, 1786-1787,* Paris, Tallandier, 2010). En attendant un dernier volume en cours qui rassemblera les lettres écrites entre 1788 et 1827, nous nous en sommes tenu pour les années de la Révolution à celles qu'a publiées Pierre de Croze-Lemercier in *Le Chevalier de Boufflers et la Comtesse de Sabran, 1788-1792,* Paris, Calmann-Lévy, 1894.

Pour le séjour sénégalais du chevalier, voir aussi Léonce Pingaud, « Le chevalier de Boufflers au Sénégal », in *Revue des questions historiques,* XXVI (1880), pp. 280-287 ; Paul Bonnefon, *Le Chevalier de Boufflers au Sénégal. Lettres et documents inédits,* in « Mercure de France », LXXXVI, juillet-août 1910 ; et l'édition circonscrite aux lettres envoyées du Sénégal par le chevalier de Boufflers (*Lettres d'Afrique à Madame de Sabran,* édition, préface, notes et dossier de François Bessire, Arles, Actes Sud, 1998) remarquable par son appareil de notes.

Bibliographie

Indications bibliographiques

Pour l'histoire familiale et les années de formation de Boufflers, les ouvrages de Gaston Maugras restent indispensables : *La Cour de Lunéville au XVIII⁰ siècle. Les marquises de Boufflers et du Châtelet, Voltaire, Devau, Saint-Lambert, etc.*, Paris, Plon, Nourrit et Cie, 1904 ; *Dernières années de la cour de Lunéville, Madame de Boufflers, ses enfants et ses amis*, Paris, Plon, Nourrit et Cie, 1906 ; *La Marquise de Boufflers et son fils, le chevalier de Boufflers*, Paris, Plon, Nourrit et Cie, 1907.

Malgré son siècle d'existence, la biographie de Nesta H. Webster, *The Chevalier de Boufflers. A Romance of the French Revolution*, New York, E. P. Dutton, 1916, est aujourd'hui encore la biographie la plus réussie du chevalier ; elle a été paraphrasée par Joseph Callewaert in *La Comtesse de Sabran et le Chevalier de Boufflers*, Paris, Perrin, 1990.

Bien qu'explicitement réducteur, l'essai historique et littéraire sur Boufflers le plus informé est celui déjà cité de Nicole Vaget Grangeat, *Le Chevalier de Boufflers et son temps, op. cit.*

Pour la biographie de Mme de Sabran, voir le témoignage d'Elzéar de Sabran, « Notice sur Madame la Comtesse de Sabran depuis Marquise de Boufflers », in Alex Sokalski et Susan L. Carrell, « Les souvenirs d'un fils : documents inédits sur la comtesse de Sabran », *Studies on Voltaire and the Eighteenth Century*, n° 302, Oxford, The Voltaire Foundation-University of Oxford, 1992 ; le portrait de Lucien Perey, « La jeunesse de Mme de Sabran », in *Figures du temps passé, dix-huitième siècle*, Paris, Lévy, 1990 ; et Gaston Maugras et Pierre de Croze-Lemercier, *Delphine de Sabran, marquise de Custine*, Paris, Plon, Nourrit et Cie, 1912.

Sur le comte de Ségur

Œuvres

Dans la vaste production historique et littéraire du comte de Ségur, nous nous limiterons à signaler les œuvres que nous avons utilisées en premier lieu pour tracer son portrait.

Mémoires ou Souvenirs et Anecdotes par M. le comte de Ségur, 3 vol., Paris, Alexis Eymery, 1824-1826.

Extraits de Lettres écrites d'Amérique par le comte de Ségur, colonel en second du régiment de Soissonnais à la comtesse de Ségur, dame de Madame Victoire (1782-1783), in *Deux Français aux États-Unis et dans la Nouvelle Espagne en 1782, Journal de Voyage du Prince de Broglie et Lettres du comte de Ségur*, édition du duc de Broglie, Paris, Société des Bibliophiles français, Mélanges par la société des Bibliophiles français, Pièce n° 6, Imprimerie Lahure, 1903.

Crispin Duègne, comédie, en trois actes et en prose ; *Caius-Marcius Corio-lan*, tragédie, en cinq actes et en vers ; *Le Sourd et le Bègue*, proverbe en un acte, en prose (« À quelque chose malheur est bon »).

L'Enlèvement, comédie-proverbe en un acte, en prose (« Chat échaudé craint l'eau froide »).

L'Homme Inconsidéré, comédie en un acte, en prose, in *Recueil des pièces de l'Hermitage*, s. l., s.d. [Saint-Pétersbourg, 1788-1789]. *Théâtre de l'Hermitage de Catherine II*, 2 vol., Paris, Buisson, an VII de la République [1799], publié à l'initiative de Ségur lui-même.

Contes, fables, chanson et vers, Paris, Buisson, 1801.

Galerie morale et politique, 2 vol., Paris, Alexis Eymery, 1824-1828.

Indications bibliographiques

Pierre de Ségur, *Le Maréchal de Ségur (1724-1801), ministre de la Guerre sous Louis XVI, op. cit.*

Philippe-Paul de Ségur, *Histoire et Mémoires par le Général Cte Philippe de Ségur*, 7 vol., Paris, Firmin Didot, 1877.

Sainte-Beuve, « Le comte de Ségur » (1843), in *Portraits littéraires*, texte et notes de Gérald Antoine, Paris, Robert Laffont, 1993, pp. 597-611.

Pierre de Ségur, « Le comte Louis Philippe de Ségur (1753-1830) », *Revue des deux mondes*, cinquième série, XLIII (1908).

Leon Apt, *Louis-Philippe de Ségur. An Intellectual in a Revolutionary Age*, The Hague, Martinus Nijhoff, 1969.

Gabriel de Broglie, *Ségur sans cérémonie 1757-1805, ou la Gaieté libertine*, Paris, Perrin, 1977.

Sur le comte de Vaudreuil

Archives nationales de la Fédération de Russie (GARF, Moscou), fonds n° 728 (Collection des documents du Palais d'Hiver), inventaire 2 (Émigration française), n° 288, où, à côté de la correspondance de Vaudreuil avec le comte d'Artois publiée par Léonce Pingaud, sont conservés lettres, notes et documents de l'Enchanteur.

Il faut attendre le départ de Vaudreuil de France et sa *Correspondance intime du comte de Vaudreuil et du comte d'Artois pendant l'émigration (1789-1815)*, introduction, notes et appendice de Léonce Pingaud (2 vol., Paris, Plon, Nourrit et Cie, 1889) pour avoir un témoignage direct de sa façon de penser et de sentir. Mais, à cette époque, le comte avait cinquante ans et, pour reconstituer les brillantes années de sa jeunesse, on s'en remet surtout aux informations de ses contemporains.

Bibliographie

Indications bibliographiques

Le *Guide des Amateurs et des Étrangers voyageurs à Paris*, *op. cit.*, vol. II, pp. 542-549 ; les catalogues des deux ventes aux enchères de ses tableaux par Le Brun ; l'essai remarquable de Colin B. Bailey (*Patriotic Taste. Collecting Modern Art in Pre-Revolutionary Paris*, New Haven-Londres, Yale University Press, 2002, pp. 163-205) témoigne de sa passion pour la peinture française contemporaine et de la sûreté de son goût.

Sur l'amitié qui lia Vaudreuil à CHAMFORT, voir la belle biographie de Claude Arnaud (*Chamfort*, Paris, Robert Laffont, 1988).

Voir aussi :

Œuvres complètes de Chamfort, recueillies et publiées, avec une notice historique sur la vie et les écrits de l'auteur, par P. R. Auguis, 5 vol., Paris, Chaumerot Jeune, 1824-1825.

Pierre-Louis Ginguené, « Notice sur la vie de Chamfort », in *Œuvres de Chamfort. Recueillies et publiées par un de ses Amis*, 4 vol., Paris, Chez le Directeur de l'Imprimerie des Sciences et des Arts, an III de la République [1794], vol. I.

Chamfortiana ou Recueil choisi d'anecdotes piquantes et de traits d'esprit de Chamfort, avec une « Notice sur sa vie et ses ouvrages », Paris, Marchands de Nouveautés, De l'Imprimerie de Delance, an IX [1800].

Maurice Pellisson, *Chamfort. Étude sur sa vie, son caractère et ses écrits*, Paris, Lecène, Oudin et Cie, 1895.

Jean Dagen, Préface à *Chamfort, Maximes, Pensées, Caractères*, Paris, Flammarion, 1968.

Sylvain Ménant, « Chamfort : naissance d'un moraliste », in *Cahiers de l'Association internationale des études françaises*, XXX, 1, 1978, 29ᵉ Congrès de l'AIEF.

Laurent Loty, *Forme brève et pessimisme. Le cas de Chamfort*, in « La Licorne », XXI : *Brièveté et écriture*, Actes du Colloque international de Poitiers sur la forme brève, sous la direction de Pierre Testud, novembre 1991.

Cyril Le Meur, *Les Moralistes français et la Politique à la fin du XVIIIᵉ siècle*, Paris, Honoré Champion, 2002.

INDEX

Révolution, fonde en 1790 à Lons-le-Saunier un club jacobin et, élu maire, se consacre à la chasse aux suspects. Avec l'appui de Robespierre, à qui il est lié, il est nommé vice-président, puis président du Tribunal révolutionnaire, mais avec Thermidor il monte à son tour sur l'échafaud, 493

DUMOURIEZ, Charles-François du Perrier du Mouriez, dit, (1739-1823), général français lié à la Gironde, en 1792 il est nommé successivement ministre des Affaires étrangères, ministre de la Guerre et, après le 10 août et la fuite de La Fayette, commandant suprême de l'armée du Centre. Tandis que son subordonné, le général François-Christophe Kellermann, met en déroute le 20 septembre 1792 à Valmy l'armée prussienne du général Brunswick, le 16 novembre Dumouriez bat les Autrichiens à Jemappes. Battu en mars 1793 à Neerwinden, sachant que les Jacobins réclameront sa tête, après avoir tenté en vain de faire marcher son armée sur Paris, il se réfugie en Autriche avec le duc de Chartres, 13, 472, 478, 496-498, 502, 504, 508

DUPONT DE NEMOURS, Pierre-Samuel du Pont de Nemours, dit, (1739-1817), économiste, inspecteur général du commerce sous Turgot, collaborateur de Vergennes, secrétaire de l'Assemblée des Notables, il est député aux états généraux. Le 10 août, il accourt aux Tuileries pour défendre le roi ; emprisonné, il est sauvé par Thermidor, 212

DUPORT, Adrien-Jean-François, (1759-1798), avocat, franc-maçon, il contribue à répandre le credo révolutionnaire dans la noblesse libérale. Député aux états généraux, il forme le triumvirat avec Lameth et Barnave, dirige le Parti patriotique, fonde le club des Feuillants, appuie la candidature de

Narbonne comme ministre, mais est opposé à la guerre. Arrêté après le 10 août, il émigre en Angleterre pour rentrer en France après Thermidor, 400, 433

DUPORTAIL, Louis-Antoine-Jean, (1743-1802), officier du Génie, il suit La Fayette en Amérique ; sur proposition de ce dernier il est nommé ministre de la Guerre le 10 octobre 1790 mais doit démissionner dès le 3 décembre. Pendant la Terreur, il émigre aux États-Unis où il devient chef du Génie de la Continental Army. Il meurt sur le bateau qui le ramène en France après Brumaire, 432

DURAS (famille de), 460

DURAS, duchesse de, *voir* KERSAINT, Claire-Louise-Rose-Bonne de Coëtnempren de

DURFORT DE CIVRAC, Angélique-Victoire de –, comtesse Henri-Georges-César de Chastellux, (1752-1816), dame d'honneur de Madame Victoire, 428

DURFORT, Charles, (1721-1796), chevalier de l'Ordre de Malte, gentilhomme de la chambre du duc d'Orléans, il obtient en 1784 le grade de lieutenant-général. Il démissionne de l'armée en 1791 pour rejoindre l'armée des Princes et meurt pendant l'émigration, 84

DURFORT, duchesse Marie de, 237

DURFORT, Étienne-Narcisse, comte de, (1753-1839), promu maréchal de camp en 1791, il émigre deux mois après et rejoint les princes à Coblence. Resté aux côtés d'Artois, il retrouve des postes de commandement sous la Restauration, 136

DUVAL D'EPRÉMESNIL, Jean-Jacques, (1745-1794), mène l'opposition parlementaire à la monarchie au nom des « libertés françaises » et rejette la Révolution au nom de la constitution du royaume. Adversaire de la réforme de

GOETHE, Johann Wolfgang von, (1749-1832), écrivain allemand, 44, 189

GONDI, François-Paul de –, cardinal de Retz, (1616-1679), coadjuteur puis archevêque de Paris (1654-1662) et cardinal (1652), Retz est un des principaux acteurs de la Fronde, qu'il raconte dans ses Mémoires (1717), 115, 427

GONTAUT, Armand-Louis de –, duc de Lauzun puis (1788) duc de Biron, (1747-1793), 10-13, 17-99, 114, 115, 117, 118, 134-125, 145, 153, 155, 158, 170, 190, 207, 209, 211, 233, 246-248, 259-261, 264, 300, 302, 305-308, 319, 325, 329, 357-359, 371, 381, 382, 386, 400-403, 405,-407, 414, 426, 427, 431, 433-441, 443, 456, 459, 478, 479, 495, 496-509, 515-517, 547

GONTAUT, Charles-Antoine-Armand, marquis puis duc de (1708-1798), frère de Louis-Antoine-Armand de Gontaut, père d'Armand-Louis de Gontaut, duc de Lauzun, 21-23, 28, 36, 63, 64, 204, 500, 509

GONTAUT, Jean-Armand-Henri-Alexandre de Gontaut-Biron, marquis de, (1746- ?), cousin de Lauzun, qui lui vient en aide à Londres quand il est emprisonné pour dettes, et à qui Lauzun envoie sa dernière lettre destinée à son père avant d'aller à la guillotine, 509

GONTAUT, Louis-Antoine-Armand de –, duc de Biron, maréchal de France, (1700-1788), oncle d'Armand-Louis, duc de Lauzun, il reçoit en 1745, pour sa contribution à la victoire de Fontenoy, le commandement du régiment des Gardes françaises. 63, 64, 440, 441

GÖRTZ, Johann Eustach, comte de, (1737-1821), illustre diplomate allemand, de 1779 à 1785 ambassadeur du roi de Prusse auprès de Catherine II, 312

GRAFFIGNY (ou Grafigny), Mme de, voir ISSEMBOURG D'APPONCOURT, Françoise d'

GRAMONT (famille de), 524

GRAMONT, Antoine-Louis-Marie de –, comte de Louvigny, duc de Guiche, (1755-1836), mari (1780) de Louise-Gabrielle-Aglaé de Polignac, 354, 356, 364, 420

GRAMONT, duchesse de, voir CHOISEUL-STAINVILLE, Béatrice de

GRAMONT, Geneviève de –, comtesse Charles-Pierre-Hyacinthe d'Ossun, (1751-1794), épouse de Charles-Pierre-Hyacinthe (1750-1791), comte d'Ossun, grand d'Espagne, fils de Pierre-Paul d'Ossun, auteur et signataire du Pacte de famille. Dame d'honneur (1785) de Marie-Antoinette, elle émigre en 1789, mais, apprenant que la reine désire la revoir et tout en sachant quel sort l'attend, elle rentre en France et meurt sur la guillotine peu avant Thermidor, 364

GRASSE, François Joseph Paul, marquis de Grasse-Tilly, comte de, (1723-1788), commandant de la flotte envoyée par Louis XVI au secours des insurgés américains, il bat la Royal Navy à Ouessant (1778) et à Chesapeake (1781), privant les Anglais concentrés à Yorktown de tout approvisionnement et fuite par la mer. Mais en 1782 à Saintes, aux Antilles, Grasse subit une défaite désastreuse devant l'amiral Rodney lequel, grâce au geste chevaleresque de l'amiral de Biron, qui avait payé ses dettes, avait pu sortir de prison et retourner au combat, 89

GRAVE, Pierre-Marie, marquis de, (1755-1823), lié aux Orléans, écuyer du futur Louis-Philippe, favorable à la Révolution. Le 9 mars 1792, il succède à Narbonne comme ministre de la Guerre, mais doit démissionner le 8 mai de l'année suivante, 442, 496

GRÉGOIRE, Henri-Jean-Baptiste, dit l'Abbé, (1750-1831), élu représentant du clergé aux états généraux, demande la réunion des trois ordres. C'est

Il épouse en premières noces Félicité-Sophie de Lannion (1745-1769), de qui il a trois fils – François-Armand-Frédéric, Alexandre-François, Frédéric-Gaétan – et une fille, Aglaé-Émilie-Joséphine. Il se marie en secondes noces (1780) avec Alexandrine-Charlotte-Sophie de Rohan-Chabot, dont il était l'oncle, 159, 215, 402, 419, 420, 459, 462, 463, 470, 558

LA ROCHEFOUCAULT-LANGEAC, Dominique de –, cardinal, (1712-1800), député du clergé aux états généraux, il vote pour la division des trois ordres et refuse de prêter serment à la Constitution. Il émigre après le 10 août 1792, 490

LA SUZE, Catherine-Louise de, *voir* SANTO-DOMINGO, Catherine-Louise de

LA TOUR DU PIN-GOUVERNET, Frédéric-Séraphin de Gouvernet, comte de –, puis marquis de La Tour du Pin, (1759-1837), il participe à la guerre d'Indépendance américaine, est ambassadeur de Louis XVI en Hollande et en Angleterre mais, au moment de la Terreur, émigre aux États-Unis avec son épouse, 457

LA TOUR DU PIN, marquise de, *voir* DILLON, Lucie-Henriette

LA VRILLIÈRE, marquis de, *voir* PHÉLYPEAUX, Louis

LA WOESTYNE, Charles Alexis, marquis de, (1759- ?), capitaine des Gardes du duc de Chartres, beau-fils de Mme de Genlis, ayant épousé en 1780 Caroline Brûlart de Genlis, 157

LACOUR, Louis Lacour de La Pijardière, dit Louis, (1832-1892), archiviste et bibliothécaire, 48

LAJARD, Pierre Auguste, (1757-1837), Proche des Feuillants, nommé ministre de la Guerre par

Louis XVI à la suite du renvoi du girondin Joseph Servan ; le 20 juin, il intervient en faveur du roi et de la famille royale, et s'efforce d'organiser la résistance à l'insurrection du 10 août. Poursuivi par les Jacobins, il s'enfuit en Angleterre, 497

LALANDE, Joseph Jérôme Lefrançois de, (1732-1807), Professeur d'astronomie au Collège de France, directeur de l'Observatoire de Paris, il fonde avec Helvétius la loge maçonnique des Sciences du Grand Orient de France et en 1776 la Loge des Neuf Sœurs, 85

LALLY-TOLLENDAL, Trophime-Gérard, comte de Lally, baron de Tollendal, puis marquis de, (1751-1830), député de la noblesse aux états généraux, il émigre en 1790, rentre en France deux ans après pour organiser la fuite de la famille royale, il émigre de nouveau, mais demande à la Convention nationale de participer à la défense de Louis XVI, ce qui lui est refusé, 454, 457, 459, 461, 467, 470

LAMBALLE, princesse de, *voir* SAVOIE-CARIGNAN, Marie Thérèse Louise de

LAMBERG, Maximilien Joseph, comte de, (1730-1792), diplomate et écrivain allemand, 454

LAMBESC, prince de, *voir* LORRAINE D'ELBEUF, Charles-Eugène de

LAMETH, Alexandre-Théodore-Victor de, (1760-1829), fils cadet du comte Louis-Charles de Lameth-Hennencourt et de Marie-Thérèse de Broglie, chevalier de l'Ordre de Malte et militaire, il embarque pour l'Amérique le 19 mai 1782 pour rejoindre son frère Charles comme intendant de camp du général de Rochambeau. Dans les bonnes grâces de Marie-Antoinette, mais profondément marqué par l'expérience américaine, il est membre de la Société des Amis des Noirs et, à la convocation des états généraux, il se lance comme son frère Charles en politique. Député de la noblesse du bailliage de Péronne et partisan d'une monarchie constitutionnelle, il est

général en chef. Mais après le 10 août, Luckner décide de démissionner, geste qui lui vaudra l'accusation de trahison et signera sa condamnation à mort, 435, 436, 441, 497

LUXEMBOURG, chevalier de, *voir* MONTMORENCY- LUXEMBOURG, Anne Paul Emmanuel Sigismond

LUXEMBOURG, duchesse de, *voir* NEUF-VILLE, Madeleine-Angélique de

LYCURGUE, (IXᵉ siècle av. J.-C.), législateur grec, 332

LYONS, Amy –, dite Emma Hart, Lady William Hamilton (1791), (1765-1815), 188-189

MACKINTOSH OF KYLLACHY, sir James, (1735-1832), historien écossais, élève d'Adam Smith, il publie en 1791 *Vindiciæ Gallicæ. Defence of the French Revolution* en réponse aux *Reflections on the Revolution in France* d'Edmund Burke, 439

MADARIAGA, Isabel de, (1919-2014), 330

MAILLIA-GARAT, *voir* GARAT, Jacques-Joseph

MAINE, Anne-Louise-Bénédicte de Bourbon, dite Mademoiselle d'Enghien puis Mademoiselle de Charolais, duchesse Louis Auguste de Bourbon du – (1692), (1676-1753), huitième fille d'Anne de Bavière, princesse Palatine, et de Henri Jules de Bourbon, prince de Condé. Son époux est le fils légitimé de Louis XIV et de Madame de Montespan. À partir de 1700, la duchesse habite le château de Sceaux où elle tient sa cour, 143

MAINTENON, marquise de, *voir* AUBIGNÉ, Françoise d'

MALESHERBES, Chrétien-Guillaume de Lamoignon de, (1721-1794), magistrat illustre, connu pour son soutien à l'*Encyclopédie* à l'époque où il était responsable de la censure royale, il prend la défense de Louis XVI et le suit sur la guillotine, 242, 299, 353, 449, 467, 524

MALOUET, Pierre-Victor, (1740-1814), propriétaire de vastes plantations de sucre à Saint-Domingue, il est à l'Assemblée constituante un des chefs du parti constitutionnaliste et, après le 10 août, émigre en Angleterre où, en 1793, il figure parmi les signataires du traité de Whitehall entre les propriétaires français et le gouvernement anglais. Auteur de *Mémoires* (1784), 454, 459, 467, 470

MANCINI-MAZARINI, Adélaïde-Diane-Hortense-Délie –, duchesse Louis-Hercule-Timoléon de Cossé-Brissac (1760), duchesse de Cossé puis de Brissac, (1742-1808), fille de Louis-Jules-Barbon, duc de Nivernais, 171-175, 183

MANCINI-MAZARINI, Louis-Jules-Barbon –, duc de Nevers, dit de Nivernais, (1716-1798), diplomate et écrivain, 171, 172, 174, 176, 184, 192, 256, 258, 276, 299, 349

MARAT, Jean-Paul, (1743-1793), d'origine suisse, député de la Montagne à la Convention, il mène avec le quotidien *L'Ami du Peuple* une campagne déterminante pour l'arrivée au pouvoir des Jacobins et prône le massacre des prisons, mais le 24 mai 1793 il est assassiné par Charlotte Corday, 456, 474, 492, 519

MARCILLAC, Pierre-Louis-Auguste de Crusy, marquis de, (1769-1824), militaire et mémorialiste, 451

MARGUERITE DE PROVENCE, (1221-1295), épouse de Louis IX, 241

MARIE CHRISTINE DE SAXE, princesse, (1735-1782), abbesse de Remiremont ; sœur de Marie-Josèphe de Saxe (1731-1767), épouse du Dauphin, fils de Louis XV, 247

MARIE LESZCZYNSKA OU MARIE LECZINSKA, reine de France, (1703-1768), épouse (1725) de Louis XV, 120, 223, 246

1778), veuve d'un riche propriétaire de plantations de Saint-Domingue, 348

RIGAUD, Joseph-Hyacinthe-François de Paule de –, comte de Vaudreuil, (1740-1817), 10-13, 125, 144, 185, 347-389, 399, 401, 405, 418-420, 431, 442-447, 451, 452, 555, 556

RIGAUD, Louis-Philippe de –, marquis de Vaudreuil, (1724-1802), lieutenant-général de la Marine, commandant en second sous le comte de Grasse pendant la guerre d'Indépendance américaine, député aux états généraux, membre du Comité de la Marine à l'Assemblée constituante, il contient la foule qui envahit Versailles les 5 et 6 octobre, il émigre en 1791 en Angleterre, 77, 78, 94, 348, 555

RIGAUD, Philippe de –, marquis de Vaudreuil, (1643-1725), gouverneur du Canada qui donne naissance aux trois branches de la famille. Le fils de son aîné Louis-Philippe (première branche) est le père de Louis-Philippe de Vaudreuil (1724-1802), marquis de Vaudreuil. Le troisième fils (troisième branche) est Joseph-Hyacinthe, père de Joseph-Hyacinthe-François de Paule, comte de Vaudreuil, 348

RIGAUD, vicomte de Vaudreuil, un neveu de Vaudreuil appartenant à la deuxième branche de la famille, 306

RIGAUD, Marie-Joséphine de –, comtesse Joseph-Hyacinthe François-de-Paule de Vaudreuil, (1774-1859), fille de Louis-Philippe de Rigaud, marquis de Vaudreuil, 555

RIVAROL, Antoine Rivaroli, dit le comte de, (1753-1801), écrivain, auteur du célèbre *Discours sur l'universalité de la langue française* (1784), journaliste, auteur d'épigrammes antirévolutionnaires, il émigre en 1792, 427

RIVIÈRE, Auguste Louis Jean-Baptiste, (1761-1833), copiste et miniaturiste, frère aîné de Suzanne, épouse de Étienne Vigée, frère de Mme Vigée

Le Brun, accompagne l'artiste dans son périple à travers l'Europe pendant la Révolution, 374

RIVIÈRE, Suzanne de –, Mme Étienne Vigée, (1764-1811), 374

ROBERT, Hubert, (1733-1808), peintre, 370, 422, 424, 514

ROBESPIERRE, Maximilien-François-Isidore de, (1758-1794), 13, 437, 474, 479, 501, 506, 507, 515, 518, 519, 522, 525

ROCHAMBEAU, Donatien-Marie-Joseph de Vimeur, vicomte de, (1750-1813), fils du général Rochambeau, il se bat sous ses ordres pendant la guerre d'Indépendance américaine puis est nommé gouverneur des Îles-Sous-le-Vent. Il rentre en Europe pour servir sous Napoléon et meurt à la bataille de Leipzig, 86, 88

ROCHAMBEAU, Jean-Baptiste-Donatien de Vimeur, maréchal de France, comte de, (1725-1807), il commence sa carrière militaire à seize ans dans la guerre de Succession autrichienne, pour servir ensuite pendant la guerre de Sept Ans et, promu général, aller se battre en Amérique aux côtés des insurgés. Quand la Révolution éclate, il reçoit le commandement de l'armée du Nord et, après la fuite à Varennes, refuse le fauteuil de ministre de la Guerre pour ne pas quitter l'armée. S'étant déclaré opposé à la guerre contre l'Allemagne, il est inculpé par le Comité de salut public et incarcéré à la Conciergerie. Thermidor le sauve de la guillotine, 83, 86-88, 90, 91, 248, 303, 305, 435, 436, 441, 496, 497

ROCHEFORT, Marie-Thérèse, comtesse de, *voir* BRANCAS, Marie-Thérèse de

RODET, Marie-Thérèse –, Mme François Geoffrin (1713), (1699-1777), anime un des plus célèbres salons parisiens, 324

RODNEY, George Brydges, (1717-1792), amiral anglais, 440

mèche avec Jean-Antoine Rossignol, il rend intenable la position de Biron. En septembre, il obtient sa nomination de général en chef de l'armée révolutionnaire de Paris. Mais, querelleur et violent, Ronsin s'est fait de nombreux ennemis et il est accusé de projeter une dictature militaire. Jugé, il est envoyé à la guillotine, 506

ROSEN-KLEINROOP, Sophie de –, duchesse puis (1804) princesse Charles-Louis-Victor de Broglie, (1764-1828), elle émigre après le 10 août avec son fils Achille-Léonce-Victor-Charles, 464

ROSSET DE ROCOZELS, André-Hercule de –, marquis puis (1788) duc de Fleury, (1767-1810), mari (1785) d'Aimée de Coigny ; militaire, en 1791 il émigre et rejoint l'armée des princes, 97, 517

ROSSIGNOL, Jean-Antoine, (1759-1802), révolutionnaire de la première heure, il participe à la prise de la Bastille, entre dans la Garde nationale et, détaché en Vendée comme lieutenant-colonel, est promu, sous le commandement du général Charles-Philippe Ronsin, général de brigade, et enfin nommé général en chef en Vendée en remplacement de Biron, 506

ROTHE, Thérèse-Lucie de –, comtesse Arthur de Dillon (1768), (1751-1782), fille du général Edward de Rothe, maîtresse du prince de Guéménée, elle est nommée Dame d'honneur de Marie-Antoinette. Sa mère, Lucie de Rothe, était la maîtresse de son oncle maternel, Richard-Arthur Dillon, archevêque de Narbonne, président des États de Languedoc, et vivait avec lui, menant un train de vie princier, au château de Hautefontaine, au nord de Paris, 35, 58, 91, 353

ROUCHER, Jean-Antoine, (1745-1794), poète, 514, 518, 524

ROUSSEAU, Jean-Jacques, (1712-1778), philosophe, 23, 42, 67, 81, 132, 157, 173, 191, 241, 239, 240, 378

RUBENS, Pierre-Paul, (1577-1640), peintre flamand, 351

RULHIÈRE, Claude-Carloman de, (1735-1791), historien et poète, 212

RUSTAN, fidèle aide de camp du duc de Biron, 502, 503, 507, 543 (n.363)

SABRAN (famille de), 241, 243

SABRAN, comtesse de, *voir* JEAN DE MANVILLE, Françoise-Éléonore de

SABRAN, Elzéar de, (1774-1846), poète et écrivain ; lié à Mme de Staël, il fait partie du groupe de Coppet, 243, 255, 257, 258, 448, 454, 554

SABRAN, Louis-Hector-Honoré-Maxime de –, (1739-1811), évêque de Nancy, puis de Laon, fils d'un cousin germain de Joseph de Sabran, il fut le tuteur de la veuve et des enfants du comte, 448

SABRAN, Louise Éléonore Mélanie, dite Delphine de –, marquise Armand de Custine (1787), (1770-1826), fille de Madame de Sabran, 243, 257, 258, 455, 554, 555

SABRAN-GRAMMONT, Joseph de –, comte de Baudinard, (1702-1775), 241

SAINT-AUBIN, Stéphanie-Félicité Ducrest de –, marquise de Sillery, Mme Charles-Alexis Brûlart, comtesse de Genlis (1763), (1746-1830), Écrivain infatigable, elle pratique tous les genres littéraires et, après la Révolution – à laquelle elle est d'abord favorable –, elle se considère comme la dépositaire des valeurs morales et mondaines de l'Ancien Régime, qu'elle évoque dans ses Mémoires et dans *Souvenirs de Félicie*, ainsi que dans le *Dictionnaire critique et raisonné des étiquettes de la cour, usages du monde...*, 18, 19, 97, 115, 156, 157, 255, 294, 350, 408, 461, 547

SAINT-EVREMOND, Charles de (1613-1703), écrivain, 133

SAINT-JAMES, Claude Baudard de Vaudésir, baron de, (1738-1787), trésorier

Liste des illustrations

Fig. 1. Huile sur toile, Versailles, Châteaux de Versailles et du Trianon © RMN-Réunion des Musées nationaux / Daniel Arnaudet / Gérard Blot

Fig. 2. Huile sur toile, 243 × 151 cm, Chicago, Art Institute of Chicago © The Art Institute of Chicago, IL, USA / Mr. and Mrs. W. W. Kimball Collection / Bridgeman Images

Fig. 3. Cracovie, Musée Czartoryski © Part of the Collection of the XX. Czartoryski Foundation in Kraków

Fig. 4. Huile sur toile, 66,5 × 98 cm, Versailles, Château de Versailles © Heritage Images / Getty Images

Fig. 5. Miniature. Collection privée

Fig. 6. Huile sur toile, 46,5 × 37 cm, Londres, The National Gallery © The National Gallery, Londres, Dist. RMN-Grand Palais / National Gallery Photographic Department

Fig. 7. Huile sur toile, 70,5 × 58 cm, Versailles, Châteaux de Versailles et du Trianon © RMN-Grand Palais (Château de Versailles) / Gérard Blot

Fig. 8. Huile sur toile, 69,2 × 51,4 cm, Philadelphia, Philadelphia Museum of Art © The Philadelphia Museum of Art, Dist. RMN-Grand Palais / image Philadelphia Museum of Art

Fig. 9. © Paris – Musée de l'Armée, Dist. RMN-Grand Palais / Pascal Segrette

Fig. 10. Huile sur toile, collection du Château de Coppet © MP / Leemage

Fig. 11. Anonyme, gouache, 15 × 20,5 cm, Collection particulière

Fig. 12. Huile sur toile, Collection particulière

Fig. 13. Huile sur toile, Versailles, Châteaux de Versailles et du Trianon © Château de Versailles, Dist. RMN-Grand Palais / Christophe Fouin

Fig. 14. Huile sur toile, Londres, The National Gallery © The National Gallery, Londres, Dist. RMN-Grand Palais / National Gallery Photographic Department

Fig. 15. Huile sur toile, collection privée © RMN-Grand Palais (Château de Versailles) / Gérard Blot

Fig. 16. Gravure anonyme. Collection particulière

Fig. 17. Huile sur toile, 63,5 × 39 cm, Rheinsberg, Château de Rheinsberg © Pierre Barbier / Roger-Viollet

Fig. 18. Huile sur toile, 40,5 × 30,5 cm, Paris, Musée Carnavalet © Musée Carnavalet / Roger-Viollet

Fig. 19. Huile sur toile, 37,5 × 46 cm, Paris, Musée du Louvre © Musée du Louvre, Dist. RMN-Grand Palais / Harry Bréjat

Fig. 20. © Archives Nationales de France

TABLE

Mise en page par
Pixellence/Meta-systems
59100 Roubaix

Cet ouvrage a été achevé d'imprimer en décembre 2016
dans les ateliers de Normandie Roto Impression s.a.s.
61250 Lonrai
N° d'impression : 1605644
N° d'édition : L.01ELJN000363.A004
Dépôt légal : octobre 2016

Imprimé en France